Karl Leonhard

Aufteilung der endogenen Psychosen und ihre differenzierte Ätiologie

Aufteilung der endogenen Psychosen und ihre differenzierte Ätiologie

von

Karl Leonhard

o. Professor emerit.
vormals Direktor der Universitäts-Nervenklinik
des Bereiches Medizin (Charité) der Humboldt-Universität zu Berlin

6., bearbeitete Auflage
Mit 21 Tabellen

AKADEMIE-VERLAG BERLIN 1986

1. Auflage 1957
2. Auflage 1959
3. Auflage 1966
4. Auflage 1968
5. Auflage 1980

1. italienische Auflage 1968
bei Giangiacomo Feltrinelli, Milano
1. USA-Auflage 1979
bei Irvington Publishers, Inc., New York
1. japanische Auflage 1986
1. sowjetische Auflage in Vorbereitung

ISBN 3-05-500 155-9

Erschienen im Akademie-Verlag Berlin, DDR-1086 Berlin, Leipziger Straße 3—4

Lizenznummer: 202 · 100/473/86
Printed in the German Democratic Republic
Gesamtherstellung: VEB Druckhaus „Maxim Gorki", 7400 Altenburg
Lektor: Karl Abel
Umschlaggestaltung: Eckard Steiner
LSV 2185
Bestellnummer: 762 640 6 (5245)

04200

Vorwort

Bei keiner Neuauflage meiner „Aufteilung der endogenen Psychosen“ hatte ich so viele Ergänzungen anzubringen wie in dieser 6. Auflage. Durch die umfangreichen Untersuchungen, die ich in den letzten Jahren durchführen konnte, ergaben sich unerwartete neue Erkenntnisse über die Ätiologie der endogenen Psychosen, so daß ich mich veranlaßt sehe, den Titel des Buches zu erweitern und anzufügen: „und ihre differenzierte Ätiologie“. Durch die vielen neuen Erkenntnisse hätte der Umfang des Buches an sich stark anwachsen müssen. Ich konnte dies dadurch vermeiden, daß ich den klinischen Teil kürzte. Es war früher nötig, viele Krankengeschichten anzuführen, um damit meine Beschreibungen zu veranschaulichen und möglichst konkret zu gestalten. Ich kann auf manche Krankengeschichten jetzt verzichten; sie sind in den früheren Auflagen zu finden, wenn man sie kennen möchte. So wird Raum dafür geschaffen, daß neben den klinischen Beschreibungen nun die Ätiologie ausführlich dargestellt werden kann. Wenn ich schon immer in den Formen, die ich bei den endogenen Psychosen beschrieb, selbständige Krankheiten sah, so wird diese meine Auffassung nunmehr noch viel stärker unterbaut, indem ich auch verschiedene Ätiologien aufweisen kann. Manche Formen werden vorwiegend erblich, andere vorwiegend psychosozial, aber wieder in verschiedener Weise psychosozial, bedingt. Der Einfluß von Geschwistern aufeinander, bzw. ihr Fehlen, gewinnt hier eine besondere Bedeutung. Eine ganz eigene Ätiologie weist die frühkindliche Schizophrenie auf, die in den früheren Auflagen noch nicht beschrieben worden ist. Ich lernte sie erst in den letzten Jahren kennen.

Karl Leonhard

Inhalt

Einleitung

Die Psychiatrie bemüht sich nun schon seit vielen Jahrzehnten um eine Klärung der endogenen Psychosen. Von der Überbetonung der Erblichkeit ist man abgekommen, man rückt stattdessen psychosoziale Faktoren ursächlich in den Vordergrund, weiß aber nicht, wie diese gestaltet sind. Die Theorien, die man aufstellte, haben sich nicht bestätigt. Aufgrund dieser Erkenntnis dreht sich jetzt das Rad wieder rückwärts, erbliche Ursachen treten in den Erörterungen wieder stärker hervor. In Anbetracht des mangelnden Fortschritts resignieren viele Autoren schon seit langem und meinen, man sollte auf eine ätiologische Forschung klinischer Art verzichten und abwarten, bis man körperliche Ursachen gefunden hat. Ich bin hier ganz anderer Meinung. Die bisherige Erfolglosigkeit der klinisch-ätiologischen Forschung rührt meines Erachtens daher, daß man die endogenen Psychosen nur in grober Weise in zwei Formen einteilte. Man faßt auf diese Weise auf jeder Seite eine Mehrzahl oder sogar Vielzahl von Krankheiten zusammen und kann dafür natürlich keine einheitliche Ätiologie finden. Vor allem die sogenannte Schizophrenie (Singular!) ist, als Einheit genommen, für eine ätiologische Forschung ganz ungeeignet. Schon klinisch sehe ich hier die gröbsten Unterschiede. Wie kann man eine phantastische Paraphrenie mit einer läppischen Hebephrenie oder eine negativistische Katatonie zu einer Einheit zusammenschließen? Kraepelins Einteilung in nur zwei Formen endogener Psychose hat in dieser Hinsicht eine sehr nachteilige Wirkung gehabt. Er selbst nahm zwar über die Zweiteilung hinaus viele feinere Trennungen vor, aber darauf achteten seine Nachfolger nicht, sie sahen nur noch die grobe Einteilung in die Dementia praecox bzw. Schizophrenie und die manisch-depressive Krankheit. Die Lehre von den psychischen Krankheiten, bei denen man keine äußere Ursache fand, wurde dadurch in einer erschreckenden Weise vereinfacht. Während die neurologische Schwesterdisziplin vielleicht hundert endogene Krankheiten kennt und immer noch weitere beschreibt, kennt die Psychiatrie nur zwei, jetzt vielleicht drei oder vier. Und während die Neurologen bei den erblichen Formen endogener Krankheiten für jede einzelne den Erbgang zu bestimmen suchen und sogar bei Formen, die klinisch als Einheit erscheinen, oft mehrere Erbformen feststellen, streiten sich die Psychiater immer noch über einen Erbgang der Schizophrenie, als ob man bei den so bunten, ja, teilweise extrem verschiedenen klinischen Bildern, eine einheitliche Krankheit und darüber hinaus auch noch einen einheitlichen Erbgang erwarten könnte.

Die Entwicklung der Psychiatrie wäre sicher anders verlaufen, wenn Wernicke, der große Gegenspieler Kraepelins, nicht so früh verstorben wäre. Er, der wie kein anderer aus der Vielfalt der endogenen Psychosen charakteristische Einzelbilder herauszugreifen und zu schildern verstand, wäre zwar ohne die ätiologische Betrachtungsweise Kraepelins sehr einseitig geblieben, aber er hätte durch seine klassischen Beschreibungen sicher erreicht, daß das Interesse an der klinischen Psychiatrie auch in bezug auf die vielen Einzelbilder erhalten geblieben wäre. Es gibt heute sicher nur noch sehr wenige Psychiater, die seinen „Grundriß“ gelesen haben. Wer sich dazu entschließt, bekommt eine Vorstellung davon, wie viel mehr ihm die Klinik der endogenen Psychosen bedeutet hat als den heutigen Psychiatern, die nur noch nach Schizophrenie und Manisch-depressiver Krankheit, vielleicht jetzt auch noch nach der „schizoaffektiven“ Psychose fragen. Freilich wird man sich nicht bei WERNICKES theoretischen Auffassungen, die immer wieder auf die Sejunktionstheorie hinauslaufen, aufhalten, sondern die Krankheitsbeschreibungen lesen. WERNICKE, der auf dem Gebiet der Gehirnpathologie so viele Schüler hatte, besaß sie leider nicht auf dem Gebiet der Psychiatrie. Allein KLEIST hat seine Lehre aufgegriffen und fortgeführt. Man wird den Geist dieser beiden großen Psychiater in meiner Darstellung finden.

Wenn man nicht wenige, sondern viele endogene Psychosen zu unterscheiden hat, dann wird die Psychiatrie allerdings zu einer schwierigen Wissenschaft. Die Unterscheidungen sind aber unvermeidbar, wenn man aus der Sackgasse, in der sich die Lehre von den endogenen Psychosen seit langem befindet, herauskommen will. Bei den phasischen Psychosen hat man sich nach den Untersuchungen von ANGST, PERRIS, WINOKUR und anderen endlich allgemein zu meiner Auffassung durchgerungen, daß monopolare und bipolare endogene Depressionen genetisch zu trennen sind, aber damit ist doch nur ein kleiner Anfang gemacht.

Für den Bereich der Schizophrenie stellt man seit Jahrzehnten einen eigenartigen Widerspruch fest. Die meisten Psychiater stimmen Eugen BLEULER zu, der einstmals nicht von einer Schizophrenie, sondern einer „Gruppe von Schizophrenien“ sprach und damit schon Zweifel an der Einheit zum Ausdruck brachte; aber die meisten wissenschaftlichen Veröffentlichungen lauten so, als ob es nur eine einzige Schizophrenie gäbe. Bei dieser widerspruchsvollen Haltung wird man der Lösung der vielen Probleme, die uns bei den Schizophrenien entgegentreten, nicht näherkommen. Will man nicht jede Einzelform endogener Psychose ins Auge fassen, dann sollte man wenigstens die Gruppen, deren jede doch wenigstens eine lockere Einheit zu bilden scheint, trennen. Man kann fünf Gruppen dieser Art unterscheiden: *Monopolare phasische Psychosen, manisch-depressive Krankheit, zykloide Psychosen, unsystematische Schizophrenien, systematische Schizophrenien.*

Die als letzte genannte Gruppe sollte ganz besondere Beachtung finden, weil sie die schwersten Psychosen enthält und trotzdem eine besonders geringe Belastung mit Kranken in der Verwandtschaft aufweist. Glücklicherweise konnte ich gerade hier in der letzten Zeit wichtige ätiologische Feststellungen treffen. Zwillingsuntersuchungen mit differenzierter Diagnostik brachten mir wichtige ätiologische Erkenntnisse. Nachuntersuchungen von schizophrenen Kindern führten mich weiter. Untersuchungen von vermeintlichen Idiotien, die schon KRAEPELIN teilweise für Schizophrenien der frühen Kindheit gehalten hat, brachten mir schließlich in neuester Zeit klinisch und ätiologisch wichtige Ergebnisse. Ich darf jetzt schon vorausschicken, daß die Befunde, die ich mitteilen werde, durchaus konkreter Art sind und, soweit sie wesentlich erscheinen, statistische Signifikanz besitzen.

KRAEPELIN sah seine Einteilung einstmals schon als ätiologisch an, da er bei einer verschiedenen Prognose mit Recht eine verschiedene Ätiologie vermutete. Es gelang aber nicht, seine prognostischen Vorstellungen aufrecht zu erhalten. Es blieb zwar auf der einen Seite die gutartige manisch-depressive Krankheit, aber bei den Fällen, die man jetzt als schizophren zusammenfaßt, findet man sowohl Formen, die ausheilen, wie auch solche, die mit einem Defekt enden. So sagt es heute in bezug auf die Prognose nichts aus, wenn die Diagnose Schizophrenie gestellt wird. Bei einer differenzierten Diagnostik erhält man dagegen zugleich mit der Diagnose eine Prognose. Man kann den Patienten und ihren Angehörigen sagen, daß eine vorliegende Motilitätspsychose, die man nach dem Zustandsbild von einer Katatonie getrennt hat, daß eine Glückspsychose, die man gegen eine paranoide Schizophrenie abgegrenzt hat, daß eine Angstpsychose, eine Verwirrtheitspsychose, daß alle diese Psychosen zu einer völligen Heilung der Krankheitsphase führen werden. Auch die *Therapie* gestaltet sich verschieden, je nachdem, ob Psychosen vorliegen, bei denen eine spontane Heilung vorausgesagt werden kann, oder um Psychosen, bei denen ein Defekt droht, wenn man nicht therapeutisch eingreift. Ich sehe heute leider sehr viele zykloide Patienten, die durch eine Dauermedikation in einem toxisch-krankhaften Zustand gehalten werden, während sie ohne die Medikation völlig gesund wären. Der Schaden wird dadurch noch verschlimmert, daß nach längerer Dauermedikation, wie ALBERT[1] feststellte, eine Gewöhnung derart eintritt, daß auch bei phasischen Psychosen eine Entziehung des Medikamentes zum Rückfall führt. Eine zykloide Psychose darf daher meines Erachtens nur im akuten Zustand psychopharmakologisch behandelt werden. Nach Abklingen desselben muß das Medikament sofort, wenn auch unter langsamer Senkung der Dosis, abgesetzt werden, damit keine Gewöhnung eintreten kann. Ich habe, um des Absetzens sicher zu sein, als ich die Klinik noch leitete, die Patienten erst entlassen, wenn das Medikament entzogen war. Rückfälle erlebte ich auf diese Weise nicht. Die Gewöhnung kommt sicher dadurch zustande, daß sich der Stoffwechsel auf die Zufuhr des Medikamentes einstellt und nach Entziehung desselben das neugewonnene Gleichgewicht wieder verliert.

Wenn ich die Patienten erst entließ, als sie frei von Medikamenten waren, verstieß ich dadurch gegen die moderne Forderung nach Frühentlassung. Dies bereitete mir keine Sorge, denn einerseits hat die Frühentlassung bei Patienten, die nur phasisch erkranken, keine große Bedeutung. Zum anderen galt es doch, kranke Menschen davor zu bewahren, durch ärztliche Maßnahmen einen Dauerschaden zu erleiden. Ich konnte mich nicht darauf verlassen, daß die Medikamente nach der Entlassung rechtzeitig entzogen wurden. Der Schaden bei diesem Versäumnis ist groß. Die toxische Senkung im Antrieb und in der Affektivität, oft zusätzlich extrapyramidale Symptome, stellen eine schwere toxische Krankheit dar. Sie droht unnötigerweise nicht wenigen Patienten, denn etwa ein Drittel der Fälle, die in der heutigen weiten Fassung des Begriffs schizophren genannt werden, ist zykloid und heilt aus. Man sieht, wie wichtig die differenzierte Diagnostik auch in der Therapie ist.

Wenn die Psychiatrie durch die prognostischen Grenzziehungen mit Abgrenzung vieler Sonderformen zu einem schwierigen Fach wird, so ist das meines Erachtens nur von Vorteil. Gerade die Leichtigkeit, mit der heute ein Psychiater seine Diagnose zu stellen vermag — er kann sie ja kaum verfehlen, wenn er von zwei Möglichkeiten eine auswählt —, hat dazu geführt, daß viele überhaupt nicht mehr lernen, ein psychiatrisches Bild richtig zu sehen und zu beschreiben. Man findet stattdessen eingefahrene psychiatrische Begriffe, mit denen man die Krankheit — meist soll es eine Schizophrenie sein — kennzeichnet und beurteilt.

Ein Nachweis, daß ein endogen auftretendes psychisches Krankheitsbild einer selbständigen Krankheitsform angehört, kann man dadurch erbringen, daß man es bei wiederholtem Auftreten beobachtet. Erscheint die Psychose immer wieder in ähnlicher Form, teils bei Patienten bei wiederholten Krankheitszuständen, teils bei Verwandten, die psychotisch wurden, so weist das auf eine selbständige Krankheit hin. Es muß hier allerdings eine Spielbreite der Symptome bei gleichem Leiden in Rechnung gezogen werden. Es fand sich, daß manche psychische Krankheiten getreu immer wieder in der

[1] ALBERT, Elfriede: Absetzversuche neuroleptischer Dauermedikation. In: Zur Klassifikation endogener Psychosen. Hirzel-Verlag, Leipzig 1986.

gleichen Form auftraten, daß andere dagegen eine erhebliche Spielbreite der Symptome zeigten. Um gerade hier die beweisenden Feststellungen vorzulegen, habe ich in früheren Auflagen des Buches viele Krankheitsfälle angeführt, bei denen sich weitere Patienten in der Familie fanden, die miteinander verglichen werden konnten.

Die Krankheitsfälle, auf die ich mich beziehe, mußten auch *statistisch* ausgewertet werden; ich konnte sie daher nicht nach Belieben auswählen, sondern mußte von bestimmten Voraussetzungen ausgehen. In bezug auf die phasischen Psychosen nahm ich die Fälle, die 1938—1942 in der Frankfurter Nervenklinik aufgenommen wurden. Ich habe diese zusammen mit NEELE ausgewertet und später statistisch ergänzt. NEELE[1] hat manche Erkenntnisse, die sich dabei ergaben, bereits dargestellt. Bei den Schizophrenien mußte ich Fälle haben, deren Krankheitsbeginn schon lange zurücklag, die also verlaufsmäßig gut überblickt werden konnten. Meine Untersuchungen in der Anstalt Gabersee[2] habe ich nicht statistisch ausgewertet. Ich gewann aber Fälle dadurch, daß KLEIST durch seine Mitarbeiter viele katamnestische Untersuchungen vornehmen ließ und mich dabei hinzuzog. Alle Fälle, die ich selbst mit ansah, bezog ich ein. Dazu kamen 55 Kranke, die in den Jahren 1937—1940 in der Klinik waren und damals schon einen Krankheitsverlauf von 10 Jahren oder darüber hinter sich hatten. Ferner konnte ich durch die Freundlichkeit von BRUNO SCHULZ eine größere Anzahl chronischer Schizophrener in bayerischen Anstalten untersuchen. Im ganzen stellten damit zunächst 526 phasische Psychosen, worunter hier sowohl diese selbst wie die zykloiden Formen verstanden werden, und 337 Schizophrenien meine Ausgangsfälle dar. Die Zahlen habe ich in Berlin außerordentlich vermehren können. Ich untersuchte in den letzten 15 Jahren in psychiatrischen Krankenhäusern und konnte bei 1465 Fällen (691 Männer und 774 Frauen) zusammen mit Frau v. TROSTORFF eine statistische Auswertung vornehmen. Dadurch steigt die Zahl der Schizophrenien, auf die ich mich beziehe, auf 1450 an. Die Zahl der phasischen (einschließlich zykloiden) Psychosen stieg zunächst durch Arbeiten meiner Mitarbeiter an der Klinik auf 1163 an. Dazu kamen durch meine Nachuntersuchungen der letzten 15 Jahre 352 Patienten (150 Männer, 202 Frauen), so daß ich mich jetzt auf 1515 phasische Psychosen, die statistisch ausgewertet sind, beziehen kann. Natürlich gehen die klinisch beobachteten Fälle in ihrer Zahl weit darüber hinaus, denn ich brauche kaum zu sagen, daß ich die endogenen Psychosen, die ich tagtäglich sah, nicht nur mit dem Interesse der Routine, sondern mit einem wissenschaftlichen Interesse zu betrachten pflegte. Die *Krankengeschichten*, die ich anführen werde, stammen vorwiegend aus meiner Frankfurter Zeit, so daß es sich um ältere Fälle handelt. Das ist von Vorteil, da seinerzeit noch keine psychopharmakologische Behandlung durchgeführt wurde. Die Bilder sind daher nicht künstlich verändert. Wenn man durch die Äußerungen der Patienten oft in eine andere Welt, besonders in die Zeitumstände zwischen den beiden Weltkriegen versetzt wird, so beeinträchtigt das das Verständnis der Bilder nicht.

Bei manchen endogenen Psychosen steht ätiologisch die Erbbedingtheit im Vordergrund, bei anderen sind psychosoziale Faktoren ausschlaggebend. Ich habe trotzdem keine Bedenken, weiterhin ganz allgemein von „*endogenen*" Psychosen zu sprechen und den heute häufig gebrauchten Zusatz („sogenannt") wegzulassen. Die psychosozialen Ursachen üben ihren Einfluß nicht unmittelbar vor Ausbruch der Krankheit aus, sondern in der Kindheit und Jugend; sie erzeugen in dieser Zeit eine innere Bereitschaft, aus der später die Krankheit entsteht. Wenn diese ausbricht, ist also doch die jetzt vorhandene endogene Disposition maßgebend.

[1] NEELE, Edda: Die phasischen Psychosen. Barth, Leipzig 1949.

[2] LEONHARD, K.: Die Defektschizophrenen Krankheitsbilder. Thieme, Leipzig, 1936.

A. Klinik der phasischen Psychosen (ohne die zykloiden)

Bis vor einigen Jahren waren sich die Psychiater fast alle darin einig, daß die manischen und die depressiven Krankheitsbilder sämtlich zur manisch-depressiven Krankheit zu rechnen seien. Erst die Untersuchungen von Angst[1] und von Perris[2] haben meiner Auffassung, daß monopolare und bipolare Formen genetisch zu trennen sind, zum Durchbruch verholfen. Winokur[3] und andere folgten nach. Meine ersten Untersuchungen führte ich zusammen mit Neele durch. Kleist, bei dem wir damals arbeiteten, schloß sich unserer Auffassung an. Er hatte bis dahin die Meinung vertreten, es gebe gar keine selbständige manisch-depressive Krankheit, sondern nur eine Melancholie und eine Manie, die eine gewisse Affinität zueinander hätten. Er war also bereits für die Selbständigkeit der monopolaren Formen eingetreten, war darin aber zu weit gegangen, indem er die eigene Existenz der manisch-depressiven Krankheit bestritt. Die genetische Verschiedenheit der monopolaren und bipolaren Formen konnte ich durch erbbiologische Untersuchungen erweisen, die bei der manisch-depressiven Krankheit eine wesentlich höhere Belastung mit Psychosen ergaben als bei den monopolaren Formen. Die beiden Krankheitsformen unterscheiden sich aber auch schon in ihrem klinischen Bild. Die bipolare Form bietet eine wesentlich buntere Gestaltung, sie schwankt nicht nur zwischen zwei Polen, sondern zeigt auch in jeder einzelnen Phase bald dieses, bald wieder ein anderes Zustandsbild. Die monopolaren Formen, deren es mehrere gibt — Angst, Perris, Winokur gehen nicht darauf ein — kehren dagegen bei einem periodischen Verlauf immer mit der gleichen Symptomatologie wieder.

Jede einzelne Form ist hier durch ein Syndrom ausgezeichnet, das keiner anderen zukommt. Bei den bipolaren Bildern lassen sich dagegen keine scharfen Syndrome aufstellen, da hier viele Übergänge zwischen verschiedenen Gestaltungen bestehen und auch oft Verschiebungen des Bildes im Laufe der gleichen Phase erfolgen. *Man erkennt daher die Zugehörigkeit zu den bipolaren Formen in der Regel schon in der ersten Phase.* Dementsprechend ist man im allgemeinen auch in der Lage, die Fälle, die nur zufällig nach einem Pol hin ausschlagen, aber doch tatsächlich auch die Bereitschaft nach dem anderen Pol hin besitzen, zu erkennen und dem Wesen nach als zweipolig aufzufassen. Die Unterscheidung erfolgt nach all dem besser zwischen *vielgestaltigen* (bipolaren) und *reinen* (monopolaren) Fällen. Sehr groß ist die Zahl der vielgestaltigen Krankheitsfälle, die die Krankheit im anderen Pol ganz vermissen lassen, nicht, sofern man auch auf leichtere Hinweise achtet. Nicht selten deutet sich die Gegenphase nur an, aber

---

[1] Angst, I.: Zur Ätiologie und Nosologie endogener depressiver Psychosen. Springer, Berlin—Heidelberg—New York 1966.

[2] Perris, G.: Study of Bipolar (Manic-depressive) and Unipolar Recurrent Depressive Psychoses. Act. psychiat. Scand. Suppl. 194 Munsgaard Copenhagen 1966.

[3] Winokur, G., Clayton, P., Reich, Th.: Manic depressive illness. The C. V. Mosby Company, Saint louis 1969.

doch so, daß sie nicht zu verkennen ist. Manische Kranke können stundenweise depressiv verstimmt sein, depressive Kranke können im Schwinden ihrer Verstimmung eine auffällige Angeregtheit mit Heiterkeit und Vielgeschäftigkeit zeigen. Beides mag noch nicht als Ausdruck einer eigenen Phase gewertet werden, aber es zeigt doch die Erkrankungsbereitschaft nach dem anderen Pol hin. Ferner lassen sich depressive Kranke durch ermunternde Gespräche oft anregen und aus ihrer depressiven Haltung herausführen. Sie werden lebhaft und gesprächig und brauchen kaum noch eine gedrückte Stimmung zu zeigen. Ja, es kann vorkommen, daß ein Kranker im Laufe des ermunternden Gespräches so lebhaft geworden ist, daß man ihn schließlich hypomanisch nennen möchte. Nachher fällt er dann gleich in seine depressive Haltung zurück. Bei den ihrem inneren Wesen nach monopolaren Formen kommen all diese Zeichen der Labilität nach dem Gegenpol hin nicht vor, eine monopolare Melancholie etwa zeigt, wie lange sie auch dauern mag und wie oft sie auch kommen mag, nie einen manischen Zug, und eine monopolare Manie nie einen Zug von Depression. Lediglich mit reaktiven Verstimmungen hat man zu rechnen, wenn ein manischer Kranker nach Ablauf seiner Psychose erkennt, welches Unheil er in seiner Krankheit angerichtet hat. Durch die normale Motivation sind solche Verstimmungen in der Regel ohne Schwierigkeit von depressiven Nachschwankungen manisch-depressiver Erkrankungen zu unterscheiden.

I. Manisch-depressive Krankheit

Das klinische Bild des von Kraepelin beschriebenen „manisch depressiven Irreseins" ist bekannt. Da man es aber immer nur von den Schizophrenien abzugrenzen versuchte und die anderen phasischen Psychosen, d. h. die reinen Formen und die zykloiden Psychosen gar nicht in Rechnung zog, bedürfen die Auffassungen über die Spielbreite der Symptome einer Nachprüfung.

In einem Teil der Fälle beschränkt sich das Symptomenbild auf das manische und melancholische Grundsyndrom. Das eine besteht bekanntlich in Euphorie, die leicht in Gereiztheit übergeht, gehobenem Selbstbewußtsein, Ideenflucht, Rededrang, Vielgeschäftigkeit, das andere in depressiver Verstimmung mit Lebensüberdruß, Insuffizienzgefühlen, Denkhemmung, psychomotorischer Hemmung, Entschlußerschwerung und depressiver Ideenbildung. Diese Syndrome werden wir auch bei der reinen Manie und reinen Melancholie wiederfinden, ja dort sind sie die charakteristischen Erscheinungsbilder, während in der manisch-depressiven Krankheit diese Grundsymptome nur ausnahmsweise rein vorhanden sind.

Häufiger finden sich bei der manisch-depressiven Krankheit Fälle, bei denen das Grundsyndrom in der Manie oder in der Melancholie oder auch in beiden Phasen abgewandelt ist. Wesentliche Einzelsymptome können fehlen. Eine Manie kann sich in euphorischer Stimmung erschöpfen, indem Ideenflucht und Vielgeschäftigkeit fehlen. So entsteht eine „unproduktive Manie". Fehlt nur die Vielgeschäftigkeit, dann entwickeln die Kranken auf Anregung einen ideenflüchtigen Rededrang, zeigen aber sonst keine Bewegungsunruhe. Es kann umgekehrt auch die euphorische Stimmung vermißt werden, während Ideenflucht und Vielgeschäftigkeit vorhanden sind. In der Melancholie ist ebenfalls gelegentlich die depressive Verstimmung mit den daraus entspringenden Minderwertigkeitsideen allein gegeben, während Denkhemmung und psychomotorische Hemmung fehlen. Vermißt man in einer Depression andererseits die Verstimmung, so daß nur die Denkhemmung und psychomotorische Hemmung oder vielleicht wieder nur eines dieser beiden Symptome vorhanden ist, dann entstehen einfach gehemmte Zustände.

Die Unvollständigkeit der Manien und Melancholien — ich möchte von manischen und melancholischen „*Teilzuständen*“ sprechen — kann noch weiter gehen. Bei den reinen Euphorien und Depressionen werden wir sehen, daß es verschiedene Formen von Affekt und dementsprechend verschiedene Formen affektiver Störung gibt. Gehetzte Depressionen, hypochondrische Depressionen, schwärmerische Euphorien, konfabulatorische Euphorien usw. scheinen dadurch zustande zu kommen, daß nur eine Gefühlsart krankhaft verändert ist. Es kommt hier zu einer Dissoziation noch innerhalb der Gefühlssphäre selbst. Auch solche Dissoziationen werden von der manisch-depressiven Krankheit gelegentlich nachgeahmt, so daß ihre Teilzustände einer gehetzten Depression, unproduktiven Euphorie usw. gleichen können. In ausgeprägter Form ist das zwar sehr selten, aber recht häufig beobachtet man, daß in einer Phase der manisch-depressiven Krankheit die eine oder andere Gefühlsart stärker betroffen ist, so daß wenigstens Anklänge an eine der reinen Euphorien oder Depressionen entstehen.

Seltener als Teilzustände sind *Mischzustände*, bei denen sich an die Stelle des fehlenden Symptoms das Symptom des Gegenpols hinzugesellt. Kraepelin hat sie eingehend geschildert. Euphorie kann sich mit psychomotorischer Hemmung verbinden, letztere kann sogar hochgradig sein, dann entsteht der manische Stupor. Unproduktive Manien, die als manische Teilzustände schon genannt wurden, können auch Mischzustände sein. Wenn zu euphorischer Stimmung und Vielgeschäftigkeit Denkhemmung kommt, dann tritt betont an die Stelle der manischen Ideenflucht eine Unproduktivität im Denken und Sprechen. Zu einer Depression kann sich umgekehrt die manische Denkstörung gesellen, so daß eine ideenflüchtige Depression entsteht, die mit Rededrang einhergeht. Sonst braucht keine Erregung zu bestehen; denn die Erregung im Denken führt erfahrungsgemäß an sich schon zu Rededrang. Tritt dagegen eine psychomotorische Erregung zur Depression, dann ist meist die Entscheidung schwierig, ob sich eine Ängstlichkeit lediglich zu entladen sucht und zu Erregungen führt, oder ob in der Erregung eine manische Komponente enthalten ist. Letzteres ist dann gesichert, wenn eine Vielgeschäftigkeit auch ohne Zusammenhang mit der depressiven Verstimmung zu erkennen ist.

Weitere Atypien der manisch-depressiven Krankheit entstehen dadurch, daß das Krankheitsgeschehen den üblichen Rahmen überschreitet und Symptome erzeugt, wie sie sonst den *zykloiden, d. h. ebenfalls bipolaren Krankheitsformen* eigen sind. Am bekanntesten ist die *verworrene Manie*, bei der die Denkstörung den Charakter hat, der sonst der Verwirrtheitspsychose eigen ist. Eine Bewußtseinsstörung braucht dabei nicht zu bestehen. Bei hyperkinetischen Erscheinungen treten Züge der Motilitätspsychose, bei ekstatischen Erscheinungen Züge der Glückspsychose zum sonst manischen Bild hinzu. Bei der stuporösen Depression nimmt die Hemmung Grade an wie in dem Mutismus der Verwirrtheitspsychose oder der Akinese der Motilitätspsychose. Heftige Angst entspricht der affektiven Störung der Angstpsychose.

Das Gesamtbild der manisch-depressiven Krankheit mit der Spielbreite ihrer Symptome wird anschaulich hervortreten, wenn ich *einzelne Kranke* anführe. Am lehrreichsten sind Fälle, in denen ein weiteres Krankheitsbild in der Familie vorgekommen ist. Solche werden daher bevorzugt angeführt. Die beschriebenen Kranken stammen meist aus meinen *Frankfurter Untersuchungen*. Wenn es sich demnach um ältere Fälle handelt, so ist das eher von Vorteil, da seinerzeit noch keine neuroleptische Behandlung durchgeführt wurde. Zunächst nenne ich eine Kranke, die selbst und in ihrer Verwandtschaft nur das *Grundsyndrom* der manisch-depressiven Krankheit zeigt. Bei manchen Fällen dieser Art scheinen atypische Züge nur deshalb zu fehlen, weil die Phasen besonders milde verliefen. Eine größere Intensität des Krankheitsvorgangs erzeugt leicht Übergänge zu den Bildern der zykloiden Psychosen.

Fall 1. Elisabeth Kol, geboren 1908, wurde im September 1937 depressiv, machte sich Vorwürfe, hielt sich für unfähig; fürchtete, der Vater werde sterben, sprach fast nichts mehr. Januar bis März 1938 war sie unauffällig, dann setzte eine Erregung ein mit Rede- und Tatendrang. So kam sie in die Klinik und war ideenflüchtig und teils heiterer, teils gereizter Stimmung. Nach Beruhigung wurde sie entlassen. Die *Mutters-Schwester* war 1921 zehn Tage in der Anstalt T. wegen depressiver Verstimmung. Sie mußte immer über religiöse Dinge nachgrübeln, machte sich Vorwürfe und klagte über Gefühlsverarmung ihren Kindern gegenüber.

Die Patientin zeigt nichts greifbar Atypisches. Wären im klinischen Bild nicht beide Pole zur Ausbildung gekommen, dann hätte man eine reine Manie bzw. reine Melancholie annehmen können. Häufig ist das nicht. In seltenen Fällen könnte es auch vorkommen, daß eine manisch-depressive Krankheit nur vorgetäuscht wird, indem zufällig eine reine Manie und eine reine Melancholie in einer Person zusammentreffen und eine zufällige Verbindung eingehen. Im folgenden Fall spricht das Sippenbild in diesem Sinn.

Fall 2. Stefan Sud, geboren 1900, der lediglich zur Begutachtung in der Klinik war, machte wiederholt leichte Manien mit gehobenem Selbstbewußtsein, Ideenreichtum, Betriebsamkeit und leichte Melancholien mit Energielosigkeit, etwas Selbstvorwürfen und leichter Hemmung durch. Er hat keine Psychose in der Familie, doch ergibt sich über die Eltern folgendes: Der *Vater* war immer sehr betriebsam, Mitbegründer von mehreren Gesellschaften, Verwalter vieler Ehrenämter und zehnmal Ehrenmitglied. Die *Mutter* ist still, feinfühlig, religiös. Sie machte bald nach der Eheschließung eine Verstimmung durch, die nach einer Wasserkur wieder abklang.

In den allermeisten Fällen manisch-depressiver Psychose zeigt schon die atypische Symptomatologie, daß es sich nicht um eine Verbindung reiner Manie und reiner Melancholie handeln kann. Die folgende Patientin mit ihren vielen atypischen Zügen diene als Beispiel dafür.

Fall 3. Maria Ma, geboren 1901, machte etwa seit dem 25. Lebensjahr Verstimmungen durch. 1942 war sie zwei Tage depressiv verzweifelt, dann zeigte sie einen Rededrang unter teils depressiver, teils heiterer Stimmung. In der Kinik hielt dieser Zustand noch einige Tage an, dann folgte eine schwere Hemmung mit fast völligem Mutismus. Schon nach wenigen Tagen war wieder ein herausforderndes Scherzen zu beobachten. Gereizte, weinerliche, erregte, stuporöse Tage folgten. Dann schloß sich ein Mischzustand an, in dem die Kranke den ganzen Tag antriebsarm im Bett lag, aber in ihren abgerissen erfolgten sprachlichen Äußerungen Ideenflucht oder Inkohärenz zeigte. Unter weiterem Wechsel klang die Phase vier Monate nach ihrem Beginn ab.

Bei atypischen Gestaltungen kann auch bald diese, bald jene Gefühlsart stärker betroffen sein. Es entstehen dann im Erscheinungsbild Anklänge an die „reinen Depressionen“, nicht die „reine Melancholie“.

Fall 4. Dorothea Drus, geboren 1890, machte 1926/27 eine „Nervenerschöpfung“ durch, 1938 war sie vier Wochen in der Nervenklinik G. wegen eines neurasthenisch-depressiven Zustands mit Klagsamkeit. 1940 bot sie in der Frankfurter Klinik zunächst ein ähnliches Bild, sie war mehr stimmungslabil als depressiv. Selbstmordversuche, die sie unternahm, hatten etwas demonstrativen Charakter. Dann trat aber an die Stelle der bisherigen Stimmungslabilität eine starke Angst, die noch mehr in der Anstalt G., wohin Drus 1941 verlegt wurde, hervortrat. Die Kranke weinte, jammerte, flehte, war voller Verzweiflung und suchte sich mit ihrer Bettjacke den Hals zuzuziehen. Nach Rückgang der Angst fragte sie einförmig drängend nach ihrer Entlassung. Im Mai genas sie rasch und wurde in freudiger Stimmung entlassen. Der *Vater* machte 1918 eine Manie durch, die öfter von einer weinerlichen Stimmung unterbrochen war, sonst aber nichts Atypisches bot.

Hätte man diese Kranke nur in ihrer Erregung beobachtet, dann hätte man bei ihren einförmigen Angstäußerungen wohl eine *gehetzte Depression*, wie sie später genauer beschrieben wird, angenommen. Durch die sehr andersartige Gestaltung im übrigen Verlauf wird diese Auffassung widerlegt. Das sehr wechselnde Bild läßt die Zugehörigkeit zur manisch-depressiven Krankheit erkennen, die Manie des Vaters bestätigt diese Auffassung.

Fall 5. Anna Hell, geboren 1914, war 1931 erst ängstlich erregt, halluzinierte („die Wände sagen, ich wäre ein Gauner"), war schwer zu fixieren. Dann wurde sie zunehmend stuporös, war schließlich völlig bewegungslos mit Andeutung von Salbengesicht. Ein depressiver Affekt war nicht mehr zu erkennen, gelegentlich lächelte die Kranke sogar. Nach einem Vierteljahr wurde sie gesund. 1937 zeigte sie sich in der Klinik und war jetzt hypomanisch, etwas vorlaut und distanzlos. 1939 wurde sie wieder depressiv und klagte in der Klinik vor allem über eine Gefühlsentfremdung: Sie habe kein Herz und kein Gefühl mehr, das Grünen und Blühen der Natur bedeute ihr nichts mehr, alles sei so farblos. Ihr Kind komme ihr fremd vor und ihr Mann auch. Sie fühle sich innerlich verändert, sei eine andere. Dazu kam ein Gefühl der Leistungsunfähigkeit. Nach etwa sechs Wochen klang die Depression ab. Hell war dann eher wieder hypomanisch.

Diese Probandin machte nach kurzer halluzinatorischer Ängstlichkeit einen akinetischen Zustand durch, der nichts Depressives mehr erkennen ließ. Auf ähnliche Zustände komme ich noch zu sprechen. Hier kommt es mir auf die zweite Phase an, die völlig anders gestaltet war und die Vielgestaltigkeit der manisch-depressiven Krankheit zeigt. In dieser Depression standen die Entfremdungserscheinungen völlig im Vordergrund. Auch im melancholischen Grundsyndrom ist die Klage über eine subjektiv empfundene Gefühlserkaltung auch häufig enthalten; bei der Probandin stellt aber die Klage, daß sie das normale Gefühl verloren habe, fast das einzige depressive Syndrom dar. Nur ein Insuffizienzgefühl kommt noch hinzu. Man würde nach diesem Bild in der zweiten Phase der Erkrankung eine *„teilnahmsarme Depression"* annehmen, wie sich bei Darstellung der reinen Formen ergeben wird. Die erste Phase und die hypomanischen Zwischenphasen zeigen aber, daß die „Entfremdungsdepression" nur eine Episode in der manisch-depressiven Krankheit darstellte.

Fall 6. Otto Wil, geboren 1907, bekam 1938 Angstgefühle und wurde bewußtlos nach Suicidversuch mit Schlafmitteln in die Klinik gebracht. Er war hier stark gehemmt, entschlußlos, machte sich Vorwürfe, klagte über Interessenlosigkeit und meinte, nie wieder gesund zu werden. Dazu kamen hypochondrische Beschwerden: Alles sei schief im Körper, alles hänge nach rechts herüber, Hände und Füße schliefen ein, die Beine zuckten, im Unterbauch stimme es nicht, der Darm funktioniere nicht mehr. Nach etwa sechsmonatiger Dauer klangen die Erscheinungen ab. Eine *Schwester* machte 1926 einen reaktiv begründeten Suicidversuch, 1934 wurde sie ohne Anlaß wieder depressiv und kam in die Anstalt M. Hier bot sie gewisse hypochondrische Züge und war teils gehemmt, teils etwas ängstlich erregt. Nach einem Jahr wurde sie manisch mit Rededrang und Ideenflucht. Im Abklingen bot sie eine Zeitlang einen stummen Bewegungsdrang. Dann wurde sie nochmals kurze Zeit depressiv. Eine *zweite Schwester* kam 1943 in die Frankfurter Klinik mit einer Depression, die zunächst mit Hemmung, Arbeitsunlust, Hoffnungslosigkeit, ängstlichen Befürchtungen und unbestimmten körperlichen Beschwerden einherging, nach einigen Wochen aber in eine schwere Erregung umschlug, in der die Kranke unartikuliert schrie, um sich schlug und von Vergiftung sprach. Die Stimmungslage war dabei ängstlich, aber mit einer gereizten Komponente. Sie starb in der Erregung unter den Erscheinungen einer Bronchopneumonie. Der *Vater* der drei Kranken kam mit 53 Jahren wegen einer Depression in die Anstalt M. Er war hier mit leichten Schwankungen zwei Jahre lang stuporös, stöhnte aber trotz der schweren Hemmung, rieb die Hände aneinander und jammerte vor sich hin. Schließlich heilte die Psychose ab. Es blieb nur eine etwas stille, schüchterne Art. 1933 starb er, ohne nochmals psychisch krank geworden zu sein.

Der zuletzt genannte Kranke (Vater) soll uns zuerst interessieren. Er bot im Alter von 53 Jahren das Zustandsbild, das ich als charakteristisch für die *„involutive Depression“*, die häufig in die *„erstarrende Rückbildungsdepression“* ausmündet, beschrieben habe[1], d. h. in ein ängstlich-stuporöses Verhalten, bei dem trotz der schweren Hemmung eine nestelnde Unruhe der Hände, häufig begleitet von stöhnenden Lauten, besteht. Bei meinen Kranken phasischer Psychose bestätigte sich meine Auffassung in dem Sinne, daß diese Form der Depression fast nur bei Personen im klimakterichen Alter vorkommt. Jedoch braucht keine Entwicklung zur erstarrenden Rückbildungsdepression zu erfolgen. In den wenigen Fällen aus einem späteren oder früheren Lebensalter lagen Komplikationen durch Arteriosklerose oder fieberhafte Erkrankungen vor. Das Nesteln könnte hier eine delirante Andeutung sein. Ob das Klimakterium in ähnlichem Sinne als exogene Noxe wirken kann, vermag ich nicht zu entscheiden. Bei dem oben genannten Kranken zeigt die Psychose bei seinen drei Kindern, daß es sich um eine manisch-depressive Krankheit gehandelt hat.

Bei der ersten Schwester des Probanden ist der Mischzustand von Interesse, in dem sie eine stumme Bewegungsunruhe bot, also wohl eine Erregung mit Denkhemmung. Unmittelbar vorher war sie noch ideenflüchtig erregt. Der weitere Umschlag ins Depressive folgte bald nach. Auch die zweite Schwester scheint in ihrer Erregung einen Mischzustand gehabt zu haben. Die Angst kann zwar an sich zu derartigen Erregungen führen, aber bei dem plötzlichen Umschlag aus einer vorher gehemmten Verfassung ist es wahrscheinlicher, daß die Erregung manischer Natur war, während der Affekt noch im Depressiven verharrte. Beide Schwestern hatten nur leichte hypochondrische Züge. Bei dem Probanden waren diese dagegen sehr ausgesprochen, sie sind der Anlaß dafür, daß ich die Sippe gerade an dieser Stelle anführe.

Derartig merkwürdige Klagen, wie sie hier vorgebracht wurden, haben uns bei der *hypochondrischen Depression* noch zu beschäftigen. Wären nicht gleichzeitig melancholische Symptome in Form von Hemmung, Entschlußlosigkeit, Selbstvorwürfen und Hoffnungslosigkeit vorhanden, dann würde man eine hypochondrische Depression vermuten. Es handelt sich dabei nicht um Befürchtungen um das körperliche Wohl — auch das nennt man hypochondrisch —, sondern um körperliche Mißempfindungen, die geradezu an hypochondrische Halluzinationen Schizophrener erinnern können. Daß es sich tatsächlich um eine manisch-depressive Krankheit handelt, dafür spricht das Gesamtbild der Depression. Die Bestätigung bringt die Sippe, die auch manische Zustände enthält. Die Depression hat hier also wieder eine bestimmte Gefühlsart besonders ergriffen und dadurch die Ähnlichkeit mit einer reinen Form erzeugt.

Fall 7. Marta Emm, geboren 1907, hatte schon jahrelang vor ihrer ersten schweren Erkrankung Verstimmungen, in denen sie vom Tod sprach. 1936 kam sie in die Klinik, war etwas ängstlich, jammerte, äußerte Selbstvorwürfe, sie sei eine schlechte Mutter. Ferner traten merkwürdige körperliche Klagen auf: Sie habe das Gefühl, daß der Kopf zu groß und die Hände zu lang würden; der Magen habe sich verändert; der Darm sei nicht mehr in Ordnung. Aber nicht nur ihr Körper, sondern auch die Umwelt kam ihr verändert vor, alles sei ihr größer erschienen. Sie habe auch das Gefühl gehabt, daß die Leute sie auslachten. Nach 4 Wochen wurde sie gebessert entlassen. 1940 erkrankte sie von neuem. Diesmal trat ein Insuffizienzgefühl stärker hervor, das Gefühl, mit nichts mehr fertig zu werden. Dazu kam eine Hoffnungslosigkeit, sie werde nie mehr gesund, zum Selbstmord fehlte ihr nur der Mut. Sie war antriebsarm, matt, gehemmt. Daneben bestanden wieder die Mißempfindungen und Entfremdungen: Sie habe Magendrücken, als ob sie sich übergeben müßte, ein Gefühl im Kopf, als ob er größer würde. Alles äußere sei ihr fremd, so von ihr

[1] Leonhard, K.: Involutive und idiopatische Angstdepression. Barth, Leipzig 1937.

weg. Es sei ihr, als ob sie gar nicht mehr richtig zu den Menschen gehöre. Sie könne auch nicht mehr richtig Gedanken fassen. Nach 4 Monaten besserte sie sich und konnte entlassen werden. Eine *Schwester* war sechsmal in der Klinik. Sie bot meist ein melancholisches Bild mit Hemmung; gelegentlich hatte sie auch ängstliche Erregungen. Entfremdungserscheinungen deuteten sich manchmal an. Zweimal hatte sie kurze manische Erregungen, einmal einen manischen Stupor, indem sie kein Wort sprach, aber still lachte und sich zu schmücken suchte. Der *Vater* war stimmungslabil und 1930 wegen einer reaktiven Depression kurze Zeit in der Frankfurter Klinik.

Bei Emm verbinden sich hypochondrische und Entfremdungserscheinungen. Letztere sind aber anderer Art als bei Fall 5. Dort ist es eine subjektiv empfundene Gefühlserkaltung, hier dagegen ein Fremdheitsgefühl dem eigenen Körper und den äußeren Vorgängen gegenüber. Wir werden bei den reinen Formen sehen, daß diese Form der Entfremdung eine häufige Erscheinungsform hypochondrischer Depression ist. Auch diese Verbindung kann also von der manisch-depressiven Krankheit nachgeahmt werden. Wieder zeigen die melancholischen Symptome, die Hemmung, Energielosigkeit mit dem Insuffizientgefühl, daß es sich nicht um eine echte hypochondrische Depression handelte, die viel eher durch eine Agitiertheit charakterisiert ist. Die Krankheit der Schwester bestätigt das Vorliegen einer manisch-depressiven Krankheit. Ihr Mischzustand eines manischen Stupors verdient für sich Interesse.

Fall 8. Hedwig Schab, geboren 1905, wurde 1932 erstmals schwermütig, glaubte sich ausspioniert, in der Zeitung werde über sie geschrieben, man spiele Theater. Nach einem Suicidversuch kam sie in die Klinik, sie war hier gehemmt, wortkarg, sprach mit tonloser Stimme über ihren Selbstmordversuch: „Ich bin ja so dumm gewesen, es sterben doch überhaupt keine Menschen, das gibt es ja gar nicht, daß Menschen sterben.“ Sie bestätigte ihre Eigenbeziehungen, daß man sie beobachtet habe, klagte aber jetzt mehr über hypochondrische Beschwerden. Es sei ihr, als ob Würmer in ihrem Leib herumkrabbelten, sie müsse ein Kind im Bauch haben, sie habe aber keinen richtigen Leib mehr, ihr Magen fehle. In heiterer, ausgeglichener Stimmung wurde sie nach sieben Monaten entlassen. 1936 erkrankte sie wieder, war diesmal mehr weinerlich als tiefer depressiv und hatte häufig eine lächelnde Miene. Bei der Intelligenzprüfung schweifte sie leicht ideenflüchtig ab. Hypochondrische Ideen traten diesmal nicht hervor, dagegen wieder viel Eigenbeziehungen. Man sage ihr Schlechtes nach, sie habe doch niemand umgebracht, man wollte sie töten, gebe ihr Gift ins Essen. Nach vier Monaten war sie wieder heiter, ausgeglichen und konnte entlassen werden. 1938 kam sie zum drittenmal in die Klinik. Sie war sehr labil, „weinte und lachte gleichzeitig“, äußerte wieder ihre Beziehungsideen, das Singen von Leuten auf der Straße galt ihr usw. Ihre Umgebung kam ihr verändert vor. Nach drei Monaten klang auch diese Phase wieder völlig ab. Die *Mutter* machte mehrere Depressionen durch, dann in der Anstalt I. einen manischen Zustand mit paranoisch-querulatorischen Zügen.

In der ersten Depression, die am tiefsten ging, bestanden hypochondrische Ideen die wieder mit Entfremdungserscheinungen verbunden waren. Unter anderem glaubte Schab, ihr Magen fehle und sie und andere Menschen könnten nicht sterben. Schon bei der ersten Depression und deutlicher bei den beiden folgenden Depressionen traten Beziehungsideen sehr eindrucksvoll hervor und beherrschten großenteils das Bild. Auf die Verbindung von Angst und Beziehungsideen werden wir bei der Angstpsychose noch stoßen. Wenn die Angst gering ist und äußerlich nicht gröber auffällt, wird man eher an die *argwöhnische Depression* erinnert, die uns bei den reinen Formen genauer beschäftigen wird. So wurde hier wieder eine reine Form von der manisch-depressiven Krankheit nachgeahmt. Freilich ist die Ähnlichkeit nur eine annähernde. Bei der ersten Phase geht die nihilistisch-hypochondrische Färbung in ganz anderer Richtung und bei den beiden anderen Phasen ist der schwankende Affekt nicht zu übersehen. Einmal kam es deutlich zu einem Mischzustand mit Ideenflucht bei depressiver Grundstimmung. Noch deutlicher tritt bei der *Mutter* die Bipolarität der Psychose hervor.

Bei manchen Kranken findet man eine *anankastische Färbung* ihrer Depression. In Andeutung ist das sogar recht häufig, besonders bei gehemmten Formen, bei denen die Entschlußerschwerung das anankastische Denken fördert. Eine deutlichere Färbung dieser Art kommt in der Depression wahrscheinlich nur dann zustande, wenn neben der manisch-depressiven Krankheit eine zwangsneurotische Anlage vorhanden ist. Etwas anderes ist es, wenn Zwangsneurotiker in Reaktion auf ihre krankhaften Erscheinungen, von denen sie vergeblich loszukommen suchen, depressiv werden. Bei dieser Form von „Zwangsdepression" erkennt man ebenso wie sonst bei reaktiven Depressionen, daß die Verstimmung völlig auf ihre Ursache bezogen ist. Depressionen zwangsneurotischer Färbung zeigen dagegen ihre Verstimmung auch ganz unabhängig von ihren Zwangsgedanken.

Auch Bilder, die an eine der *„reinen Euphorien"* erinnern, kommen bei der manisch-depressiven Krankheit vor. So bot eine Patientin in ihren Manien, die sonst typisch waren, eine überschwengliche Art, so daß man an eine *„schwärmerische Euphorie"* erinnert wurde. Sie erklärte u. a., sie habe im Auftrag Hitlers, auf den sie geschworen habe, eine geheime Mission erfüllt. Die *Mutter* dieser Patientin machte Manien durch, die sich teilweise in einer einfachen Freudigkeit äußerten und an eine *„unproduktive Euphorie"*, die uns auch noch beschäftigen wird, erinnerte.

Schließlich erwähne ich einen Patienten, bei dessen Manie man an eine *„konfabulatorische Euphorie"* denken konnte. Er verlangte 100000 Mann, um Offenbach zu besetzen, behauptete, der reichste Mann zu sein, von unzähligen Firmen die Vertretung übernommen und 25000 Geschäftsbriefe geschrieben zu haben. Er sei schon in der Fremdenlegion gewesen, habe in Spanien als Flieger mitgekämpft und sei dreimal abgestürtzt.

Bei manisch-depressiven Kranken, deren Psychose an eine reine Form erinnert, sollte man prüfen, ob man in ihrer Persönlichkeit einen Wesenszug finden kann, der eine Erklärung der Sondergestalt ermöglicht.

In manchen Fällen manisch-depressiver Krankheit treten Bilder auf, die an die eine oder andere *zykloide Psychose* erinnern. Häufig findet man das, wenn die Krankheit eine schwere Form annimmt. An eine *Verwirrtheitspsychose* klingt die *verworrene Manie* an.

Fall 9. Therese Fick, geboren 1912, machte eine verworrene Manie, die mit Personenverkennungen und Stimmungslabilität einherging, durch und eine Melancholie mit starker Hemmung, besonders Denkhemmung. Die *Mutters-Mutter* hatte mehrere Melancholien mit Hemmung, Entschlußlosigkeit und eine verworrene Manie. Zwei Schwestern dieser kranken Großmutter waren ebenfalls vorübergehend geisteskrank. Von der einen war keine Krankheitsgeschichte zu erhalten, die andere hatte eine Manie mit schwerster Verworrenheit. Von der letzteren Kranken waren wieder zwei Töchter vorübergehend geisteskrank, die eine hatte eine gehemmte Depression mit etwas Angst, die andere zwei Manien mit völlig inkohärentem Gedankengang und Personenverkennung.

Verworrene Manien kommen in ausgesprochener Form fast nur bei Frauen vor. Die Inkohärenz des Gedankengangs stellt hier den höchsten Grad von Ideenflucht dar. Bei der Verwirrtheitspsychose werden wir es anders finden. Meist besteht gleichzeitig ein hoher Grad von Rededrang, da dieser viel stärker als die sonstige Erregung von der Denkstörung bestimmt wird. Die Stimmung ist bei verworrenen Manien häufig nicht mehr rein euphorisch, sondern labil mit einer Neigung, flüchtig ins Depressive umzuschlagen. Vielleicht ist diese Labilität nicht mehr allein Ausdruck der manisch-depressiven Bipolarität, sondern teilweise der Labilität symptomatischer Psychosen vergleichbar, also ein Zeichen dafür, daß die manisch-depressive Psychose endotoxische Grade erreicht hat. Gelegentlich treten in der Verworrenheit Sinnestäuschungen auf. Auch darin könnte man eine endotoxische Wirkung des graduell übersteigerten Krankheitsvorgangs sehen, zumal das Bewußtsein auf der Höhe der Erkrankung gelegentlich etwas getrübt ist.

Eine Patientin hörte in ihrer verworrenen Erregung, wie sie nach ihrer Genesung berichtete, viele Stimmen; sie nahm außerdem Totengeruch wahr und hatte optische Erlebnisse. Sie sah einen goldenen Strahl an der Wand, sah ihre tote Cousine weiß gekleidet und sah ihren Beichtvater auf dem Bett sitzen. Da die Patientin gerade auch optische Sinnestäuschungen hatte, ist sehr an das Vorliegen einer Bewußtseinstrübung zu denken.

Je schwerer die Verworrenheit ist, je deutlicher Personenverkennungen und Sinnestäuschungen hinzutreten, desto mehr hat man sich die Frage vorzulegen, ob die Diagnose einer verworrenen Manie noch zu Recht besteht oder durch die Diagnose einer Verwirrtheitspsychose zu ersetzen wäre.

Noch wesentlich schwieriger ist die Differentialdiagnose oft in *stuporösen Zuständen.* Für die gehemmte Verwirrtheitspsychose ist der ratlose Stupor charakteristisch, in der manisch-depressiven Krankheit kommt es zum depressiven Stupor. — Im folgenden Fall wäre die Diagnose vielleicht fraglich geblieben, wenn nicht die Tante manische und melancholische Phasen gehabt hätte.

Fall 10. Emilie Räuch, geboren 1890, war achtmal wegen Depressionen in der Klinik. Dazwischen schoben sich kurze manische Zustände mit Erregung und Gereiztheit. In der Depression hatte sie etwas Beziehungsideen, sonst kaum Inhalte. Die Hemmung war dagegen sehr ausgesprochen und verstärkte sich in allen Phasen bis zum Stupor. Die Kranke erschien dann etwas ratlos, doch war in ihrem Gesichtsausdruck deutlicher die depressive Verstimmung erkennbar. Die *Mutters-Schwester* war sechsmal in Anstaltbehandlung, viermal wegen einer Manie ohne wesentliche Atypien, zweimal wegen einer Melancholie, die mit mäßiger Hemmung und wenig Inhalten einherging.

Ähnlich wie in das Bild der Verwirrtheitspsychose kann die manisch-depressive Krankheit auch in das der *Motilitätspsychose* übergreifen, wie der folgende Fall zeigt:

Fall 11. Maria Bat, geboren 1892, war achtmal in der Frankfurter Klinik wegen Manien, denen häufig gehemmt-depressive Nachschwankungen folgten. In ihrer Erregung war sie meist verworren und bot hyperkinetische Züge. Zum Beispiel tanzte sie, warf sich aufs Bett, stand wieder auf, rannte durch das Zimmer, schüttelte ihren Kopf, daß die Haare flogen, schlug im Takt an die Wand, breitete die Arme aus und machte viele andere ausdrucksvolle Bewegungen. Ein *Bruder* machte zu Hause manische und depressive Phasen durch und bot 1915 in der Frankfurter Klinik das Bild einer Manie mit expansiv-konfabulatorischen Zügen.

Manchmal ist der Stupor, der eine Depression begleitet, nicht dem ratlosen Stupor der Verwirrtheitspsychose vergleichbar, sondern der *Akinese* der *Motilitätspsychose,* die vor allem zu einer Erstarrung der Ausdrucksbewegungen führt. Die Störung ist hier nicht durch eine Denkhemmung bedingt wie beim ratlosen Stupor, sondern durch eine Hemmung in der Psychomotorik. Im folgenden Fall zeigt wieder das sonstige Krankheitsbild, daß es sich um eine manisch-depressive Patientin handelt.

Fall 12. Hildegard Mör, geboren 1895, war seit 1922 zehnmal in der Anstalt I. und einmal, 1940, in der Frankfurter Klinik. Sie machte Manien durch, die häufig etwas verworren waren. Mischzustände, in denen depressive Stimmung mit verworrener Erregung oder Heiterkeit und Ideenflucht mit psychomotorischer Hemmung verbunden waren, ferner Depressionen mit stuporösem Verhalten. Sie war dann völlig erstarrt, widerstrebend, mußte mit der Sonde ernährt werden, verharrte stundenlang in der gleichen Stellung. Die *Mutter* machte 1928 eine Manie von 14 Tagen durch, die nicht genauer beschrieben wird, 1933 bekam sie eine Depression, die in der Anstalt I.

über einen gereizten Zustand rasch wieder in eine Manie überging und mit Verworrenheit und Größenideen verbunden war. Eine *Mutters-Schwester* hatte 1927 in der Anstalt W. eine manische Erregung, die unvollkommen beschrieben wird, 1928 in der Anstalt M. eine Melancholie mit Selbstvorwürfen, Verarmungsideen und leichter ängstlicher Erregung.

Schließlich finden sich auch Übergänge zur dritten zykloiden Psychose, der *Angst-Glücks-Psychose* in ihren beiden Polen.

Fall 13. Hedwig Schleuß, geboren 1906, erkrankte 1942, glaubte sich von der Gestapo verfolgt, meinte, die Untermieterin arbeite mit dieser zusammen, fühlte sich von den Leuten auf der Straße beobachtet, behauptete, ein Kinderwagen auf der Straße sei nur als Staffage hingestellt worden, damit man sie besser beobachen könnte. Sie deutete jedes Geräusch in der Wohnung um und suchte nach einem Abhörapparat. Sie hörte auch Stimmen und behauptete, ihre Schwester gehört zu haben. In der Klinik bestätigte sie diese Ideen, brachte aber außerdem Selbstbeschuldigungen vor, sie habe Rechnungen falsch unterschrieben, sie sei ihrer Freundin nicht wert. Anfangs war sie mehr bewegungsarm und ratlos, dann wurde sie ängstlich erregt, flehte um Hilfe klammerte sich an. Nach einigen Wochen klang die Ängstlichkeit ab und wurde von einem hypomanischen Zustand abgelöst. Nach einem Rückfall in Ängstlichkeit, wieder mit Beziehungsideen, blieb endgültig eine hypomanische Wesensart bestehen. Die Kranke war lebhaft, gesprächig, lachte viel und wurde etwas querulatorisch, als die Entlassung nicht gleich erfolgte. Eine *Mutters-Schwester* war 1917 in der Frankfurter Klinik, depressiv, weinerlich, von hypochondrischen Ideen eingenommen, ein Nerv sei überanstrengt, die Gefühlsnerven seien weg, der Kopf sei, als ob ein Bluterguß drin wäre, das Herz brenne. Zeitweise war sie ängstlich erregt. Sie wurde geheilt entlassen.

Bei dieser Probandin spielten Beziehungsideen bei ängstlicher Grundstimmung eine große Rolle. Man konnte an eine Angst-Psychose denken. Es waren aber auch melancholische Symptome vorhanden. Der ausgesprochen hypomanische Zustand gab den Ausschlag für die Zurechnung zur manisch-depressiven Krankheit. Durch die Depression der Tante, die keine Beziehungsideen hatte, kann die Diagnose als bestätigt angesehen werden. — Züge der *Glücks-Psychose* bot der folgende Patient:

Fall 14. Josef Göpf, geboren 1871, war zwischen 1923 und 1940 fünfmal in der Frankfurter Klinik. Er hatte nur leichte depressive Verstimmungen, dagegen ausgesprochene Manien, die teils typisch waren, teils mit Beglückungsideen einhergingen. So wollte Göpf 1923 als Evangelimann durch die Welt gehen; er behauptete, er sei Geist und brauche nichts zu essen. Eine *Schwester* war 1937 in der Anstalt L. mit dem Bild einer stuporösen Depression und beging später Selbstmord.

Dadurch daß Fälle herausgesucht wurden, die Züge aus anderen endogenen Krankheitsformen aufwiesen, wurde eindeutig erkennbar, daß die manisch-depressive Krankheit in ihrem Erscheinungsbild *vielgestaltig* ist. In den allermeisten Fällen konnten längere Zeiträume überblickt und der gutartige Verlauf bestätigt werden.

Zusammenfassung.

Damit habe ich vor allem an Hand *belasteter Fälle* die Symptomatologie der manisch-depressiven Krankheit mit der Spielbreite ihrer Symptome dargestellt. Sie läßt sich überblicken, wenn man vom Manischen und Melancholischen *Grundsyndrom* ausgeht und in den atypischen Gestaltungen teils *Mischzustände* sieht, andererseits *Teilzustände*, die gelegentlich reine Euphorien und reine Depressionen vortäuschen, und ferner ein Übergreifen der Symptomatologie in diejenige *der anderen bipolaren Formen*, in Betracht zieht. Manche Anklänge an die zykloiden Psychosen lassen sich als Übersteigerung im Schweregrad auffassen, so bei verworren manischen und stuporös depressiven Bildern. Durch statistische Befunde wird die Darstellung ergänzt werden.

Manche Gesichtspunkte jedoch, die klinisch von Wichtigkeit wären, kommen weder hier noch dort zur Sprache, da ich nichts wesentlich Neues dazu beitragen kann. So hat sich mir etwa über die Dauer der Einzelphasen, die man bei Manien durchschnittlich etwa auf ein viertel bis ein halbes Jahr, bei Melancholien etwa auf ein halbes bis dreiviertel Jahr ansetzt, nichts Neues ergeben. Daß Phasen ausnahmsweise nur Stunden dauern, daß sie andererseits auch Jahre anhalten und sogar chronisch werden können, hat sich nach meinen Befunden ebenfalls bestätigt. Vernachlässigt habe ich jetzt die normalen Temperamente, die zur manisch-depressiven Krankheit gehören, nicht weil ich keine Möglichkeit gesehen hätte, das Bekannte zu ergänzen, sondern weil hierzu *Sonderuntersuchungen* durchgeführt wurden[1]. Daß hypomanische, hypomelancholische und zyklothyme Temperamente als eine Art Verdünnung der Manie, Melancholie und des manisch-depressiven Mischzustandes in den Familien der Kranken häufig sind, ist klar. Es ist aber darüber hinaus von großem Interesse, wieweit sich Ähnlichkeiten und Unterschiede gegenüber den Temperamenten, die den anderen bipolaren Psychosen eigen sind, gefunden werden können.

Die *körperlichen Befunde* bei der manisch-depressiven Krankheit wären nachzuprüfen, wenn Untersuchungen darüber bei den anderen phasischen Formen vorliegen.

II. Reine Melancholie und reine Manie

Die volle Bedeutung der Vielgestaltigkeit bei der manisch-depressiven Krankheit wird erst hervortreten, wenn jetzt die reinen Formen mit ihren festen Symptomenbildern zur Sprache kommen, zunächst die reine Melancholie und reine Manie. Manches wurde bereits vorweggenommen, da die manisch-depressive Krankheit mit ihren wechselnden Syndromen gelegentlich auch reine Formen nachahmt.

Die „Grundsyndrome“, von denen dort ausgegangen wurde, ergeben zugleich das Bild der reinen Melancholie und reinen Manie.

a) Reine Melancholie

Das wichtigste Symptom der Melancholie ist die *Gedrücktheit der Stimmung*. Eine Ängstlichkeit kann darin enthalten sein, doch gibt häufiger eine Apathie der Gedrücktheit das vorherrschende Gepräge. In ihrem teilnahmsarmen Verhalten können die Kranken „traurig“ wirken, doch beschreibt dieser Begriff, der einen höher seelischen Gemütszustand wiedergibt, die melancholische Gedrücktheit nicht richtig; diese erscheint doch mehr als ein körperliches Darniederliegen der Gefühle und gleicht nicht einer seelischen Traurigkeit. Wenn K. Schneider von „vitaler“ Depression spricht, kann man ganz besonders an die reine Melancholie denken. Mit Begriffen normalpsychologischer Art ist die Depression dagegen nicht zu umschreiben, lediglich die etwas allgemeine Bezeichnung der „Gedrücktheit“ läßt sich im Sinne dieser motivlosen, d. h. vom Seelischen her nicht verständlichen, Verstimmung auffassen. In leichteren Fällen

---

[1] Siehe darüber:

Leonhard, K., Korff, I. und Schulze, H.: Die Temperamente in den Familien der monopolaren und bipolaren phasischen Psychosen. Psychiat. Neurol. **143** (1962), 416–434.

Leonhard, K.: Die präpsychotischen Temperamente bei den monopolaren und bipolaren phasischen Psychosen. Psychiat. Neurol. **146** (1963), 105–115.

Leonhard, K.: Die Temperamente in den Familien der monopolaren euphorischen Psychosen. Psych. Neur. med. Psychol. **15** (1963) 203–206.

v. Trostorff, Sieglinde: Extraversion und Introversion sowie Kontaktfreudigkeit und Kontrastarmut bei normalen und psychotischen Persönlichkeiten. VEB Gustav Fischer, Jena 1970.

erscheinen die Kranken fast mehr apathisch als deutlicher depressiv, in schwereren Fällen kommt es aber zu einer tiefen Herabminderung der Stimmung. Bei den reinen Depressionen werden wir später als eine eigene Komponente der Gefühlsstörungen die Angst kennenlernen, sie ist auch in der melancholischen Depression mitenthalten, wenn auch in der Regel von anderen Gefühlskomponenten und von der Hemmung überdeckt. Oft wird sie subjektiv angegeben. Höhere Grade von Angst schließen die Diagnose einer reinen Melancholie aus; vor allem eine Angst, die zu heftiger Reaktion führt, kommt hier nicht vor.

Zur Gedrücktheit tritt bei der Melancholie eine *psychomotorische Hemmung*, die geringere oder höhere Grade zeigen kann und im wesentlichen der Tiefe der Verstimmung parallel läuft. Bis zum Stupor vertieft sich die Hemmung bei der reinen Melancholie nicht. Eine langsame Sprechweise, monotone und leise Stimme, ein etwas langsamer Ablauf aller Bewegungen, eine Armut an Ausdruckbewegungen, all das charakterisiert die melancholische Hemmung. Die Fähigkeit zu alltäglichen Handlungen wird nicht ernstlich beeinträchtigt. Stuporöse Depressionen sind im Rahmen der manisch-depressiven Krankheit, wie wir sahen, häufig, sie kommen auch bei den anderen bipolaren Psychosen vor, dagegen nicht bei reinen Formen.

Die *Denkhemmung*, das dritte Kardinalsymptom der reinen Melancholie, wird dann erkennbar, wenn man den Kranken Fragen stellt, die ein gewisses, wenn auch nur geringes Nachdenken erfordern, Die Reaktionszeiten verlängern sich jetzt deutlich über das hinaus, was schon durch die psychomotorische Hemmung zu erklären ist. Während einfachste Fragen, etwa nach den Personalien, noch relativ rasch beantwortet werden, dauert es unverhältnismäßig lange, bis man bestimmte Daten, die nicht bereit liegen, erfahren kann, oder bis man über etwas verwickeltere Zusammenhänge aus der Vorgeschichte genaue Auskunft erhält. Vielfach stellt man auch fest, daß schwierigere Fragen beim ersten Mal gar nicht verstanden werden. Bei Intelligenzfragen werden einfache Fragen, die normalerweise kaum ein Nachdenken erfordern, genügend schnell beantwortet. Je nach Begabung und Schulbildung macht sich bei diesem oder jenem Grad von Schwierigkeit aber die Denkhemmung bemerkbar und führt zu langen Reaktionszeiten. Hohe Grade nimmt auch die Denkhemmung bei der reinen Melancholie nicht an, ein Mutismus aus Denkhemmung kommt nicht vor.

Die weiteren Symptome der reinen Melancholie leiten sich aus den genannten drei Kardinalsymptomen ab. Die Denkhemmung sowohl wie die psychomotorische Hemmung setzen die Entschlußfähigkeit herab. Daher ist *Entschlußerschwerung* ein sehr wichtiges Symptom der reinen Melancholie. In leichteren Fällen ist es oft nicht leicht, eine Hemmung schon grob nachzuweisen, dann deutet in der Regel wenigstens die subjektiv empfundene Erschwerung der Entschlußfassung auf die Hemmung hin. Es fällt den Kranken, die sich vielleicht in einer schon laufenden Handlung noch ziemlich frei bewegen, schwer, mit einer Handlung zu beginnen. Auch wenn nicht viel daran zu bedenken ist, kommen sie nicht zum Entschluß. Dadurch kann eine Untätigkeit entstehen, die im häuslichen Milieu meist mehr auffällt als in der Klinik. Manchmal wird durch die Entschlußerschwerung eine *anankastische Anlage* manifest, wie wir es schon bei gehemmten Depressionen der manisch-depressiven Krankheit sahen. Es tritt dann zwar kein Zwangshandeln, dem die Hemmung entgegensteht, aber doch Grübelzwang auf.

Das Gefühl der Unzulänglichkeit, das *Insuffizienzgefühl*, ein weiteres sehr wichtiges Symptom der reinen Melancholie, leitet sich ebenfalls von der psychomotorischen und Denkhemmung ab, es enthält vor allem das Gefühl der Leistungsunfähigkeit, die aus der Hemmung entspringt. Die Kranken klagen, sie brächten nichts mehr fertig, kämen mit ihrer Arbeit nicht mehr vorwärts. Andererseits kann die Klage über Unzulänglichkeit auch eine objektiv nicht begründete Selbstentwertung im Sinne einer *Versündigungsidee* enthalten. Die Beziehungen sind wechselseitig, denn umgekehrt kann die Versündigungsidee teilweise in der objektiv vorhandenen Leistungsschwäche begründet sein. Entschlußerschwerung und Insuffizienzgefühl sind vor allem für die Differentialdiagnose gegenüber den anderen reinen Formen von Depression von großer Bedeutung, denn dort fehlen sie, da auch die Hemmung fehlt.

Weiterhin können mannigfache *depressive Ideen* das Krankheitsbild der reinen Melancholie auszeichnen. Wir werden bei den reinen Depressionen später sehen, wie in den verschiedenen Gefühlsschichten durch krankhafte Störung verschiedene abnorme Ideen erzeugt werden. Bei der reinen Melancholie sind alle Schichten betroffen, demnach kommen alle Formen der Ideenbildung vor. *Selbstvorwürfe*, *Minderwertigkeitsideen*, *Befürchtungen*, *Angstideen*, *hypochondrische Ideen*, *Entfremdungsideen* und *Beziehungsideen* werden beobachtet. Sie erscheinen aber alle nicht in der aufdringlichen Form, wie wir sie bei den reinen Depressionen kennenlernen werden. Die eine oder andere Form krankhafter Ideen kann auch bei reinen Melancholien, wohl in Abhängigkeit von der besonderen Wesensart des Betroffenen, stärker hervortreten, aufdringlich ist aber die Ideenbildung hier insgesamt nicht. Oft findet man sie erst, wenn man genau danach fragt. Es scheint, daß die Hemmung, vor allem die Denkhemmung, der abnormen Ideenbildung entgegenwirkt. So trifft man viele reine Melancholien, welche die drei Kardinalsymptome in der charakteristischen Form aufweisen, aber kaum abnorme Inhalte haben. Mit der Klage über mangelnde Lebensfreude, Entschlußerschwerung und Leistungsunfähigkeit können sich die Angaben der Kranken erschöpfen. Auch ausdrückliche Fragen nach dieser oder jener depressiven Idee werden oft verneint. Am seltensten fehlen Selbstvorwürfe, wohl weil sie auch vom Insuffizienzgefühl begünstigt werden. So stellt die stille, mäßig gehemmte Depression, die wenig Inhalte hat, das charakteristische Bild der reinen Melancholie dar. Da aufdringliche Symptome fehlen und auch die Depression selbst bei den wortkargen Kranken oft wenig in Erscheinung tritt, hat man nicht selten den Eindruck leichterer Erkrankung.

Tatsächlich handelt es sich aber um eine schwere Krankheit. Die *Selbstgefährlichkeit* der reinen Melancholie ist groß. Da die gesamte Gefühlsphäre depressiv verändert ist, geht die Fähigkeit zu normalen Gefühlsreaktionen völlig verloren, so daß die Kranken gar keinen Sinn für das Positive im Leben mehr haben. Sie gehen daher oft mit erstaunlicher Selbstverständlichkeit in den Tod, sie werden nicht von starken Affektregungen getrieben, wie wir es bei Angstpsychotikern sehen werden. Auch in Fällen, die man dem ganzen Bild nach für leicht hält, erlebt man bei der reinen Melancholie Suicide. Sie würden wahrscheinlich noch wesentlich häufiger sein, wenn nicht die Hemmung mit der Entschlußerschwerung der Tat entgegenstünde.

Die mangelnde Fähigkeit zu normalen Gefühlsreaktionen führt auch zu einer subjektiv empfundenen und objektiv erkennbaren *Interessenverarmung*. Auf der gleichen Grundlage entsteht ein Symptom, das wir bei der „teilnahmsarmen Depression" genauer kennenlernen werden, die Klage der Kranken, überhaupt kein Gefühl mehr zu haben, auch *Traurigkeit nicht mehr empfinden zu können*. Die Klage, nicht mehr weinen zu können, gehört fast notwendig dazu, denn Weinen tritt nur bei Gefühlsschwankungen auf, wie ich an anderer Stelle dargestellt habe[1].

Bei der manisch-depressiven Krankheit war es nötig, eine größere Zahl von Kranken anzuführen, um einen Überblick über das recht bunte klinische Bild zu gewinnen. Bei der reinen Melancholie gibt es kaum eine Spielbreite der Symptome, die Fälle gleichen

[1] LEONHARD, K.: Der menschliche Ausdruck. Barth, Leipzig 1976.

sich weitgehend; das liegt schon im Begriff der „reinen“ Form. Allerdings können insofern Verwechslungen vorkommen, als die manisch-depressive Krankheit gelegentlich einmal eine reine Form nachahmt. Das Familienbild gibt dann meist über die Fehldiagnose Auskunft. — Ich führe einen Krankheitsfall an.

Fall 15. Anna Schei, geboren 1867, war 1914 zum erstenmal depressiv und klagte über Druck im Kopf. 1923 kam sie mit einer neuen Depression in die Frankfurter Klinik. Sie konnte ihren Haushalt nicht mehr bewältigen, konnte nicht mehr recht arbeiten, hatte an nichts mehr Interesse und machte sich Vorwürfe deswegen. Teilweise war sie ängstlich. Sie soll zu Hause auch etwas erregt gewesen sein. In der Klinik saß sie mit leer-depressivem Gesichtsausdruck bewegungsarm da. Anfangs äußerte sie Selbstmordideen, später erklärte sie, sie empfinde gar nichts mehr, auch keine Trauer, sie sei wie ein Stück Holz. Weinen könne sie auch nicht mehr. Sie wurde gegen ärztlichen Rat entlassen, gesundete erst zu Hause und blieb dann fast 20 Jahre frei. 1942 kam sie wieder in die Klinik und war wieder depressiv und lebensüberdrüssig. Sie klagte diesmal, ihr Kopf sei eingeschnürt, als ob ein Ring herumgezogen wäre; an ihrem Haushalt habe sie kein Interesse mehr. Sie könne auch nichts mehr denken und nichts mehr lesen. Die Depression klang nach etwa einem viertel Jahr ab, bei der Entlassung war Schei nur noch etwas still und selbstunsicher. Eine *Schwester* erkrankte 1909, wurde ängstlich, erklärte, in ihrem Kopf müsse sich etwas verändert haben. Dazu kamen Selbstvorwürfe, sie habe als Kind gelogen, wolle nicht mehr essen, sondern sterben. Zu Hause soll sie zeitweise verzweifelt unruhig gewesen sein. In der Frankfurter Klinik, in die sie kam, saß sie gebeugt da und antwortete nur langsam und spärlich. Ihre depressiven Ideen hielt sie aufrecht. Einmal behauptete sie, Stimmen zu hören, doch war nichts Genaueres über den Inhalt zu erfahren, vielleicht meinte sie nur Gewissenstimmen. Nach drei Monaten konnte sie entlassen werden. Sie erkrankte hinfort nicht wieder. Die *Mutter* der Probandin hatte ebenfalls Depressionen und erhängte sich in einem melancholischen Zustand.

Im *Familienbild* der Probanden mit reiner Melancholie findet sich nur Depressives, das durch hypomelancholische Temperamente oft noch betont wird. Manien fehlen völlig. Die Psychosen der Verwandten lassen, soweit sie genügend beschrieben sind, immer wieder das typische Bild der reinen Melancholie erkennen. Nur wenige Besonderheiten sind zu besprechen. Bei der Schwester der erwähnten Probandin war in etwas unbestimmter Weise von Stimmen die Rede. Es scheint, daß bei der reinen Melancholie — ähnlich werden wir es bei anderen reinen Depressionen finden — die Ideen einen pseudohalluzinatorischen Charakter annehmen können. Gegen echte Sinnestäuschungen spricht die Tatsache, daß die Kranken so darüber klagen wie über andere subjektive Beschwerden, z. B. solche hypochondrischer Art, und höchstens die Befürchtung, aber nicht die Überzeugung haben, die Erlebnisse kämen von außen. Es soll ferner beachtet werden, daß die Probandin und ihre Schwester zu Hause manchmal ängstlich erregt gewesen sein sollen. In der Klinik waren sie beide gehemmt-depressiv und boten keinerlei Angstäußerungen. Es kommt nicht nur bei der Melancholie, sondern auch sonst häufig vor, daß von zu Hause wesentlich aufdringlichere Symptome berichtet werden, als dann in der Klinik zutage treten. Das erklärt sich wohl daraus, daß in der häuslichen Umgebung mit der oft ungeeigneten Behandlung durch die Angehörigen leicht seeliche Reaktionen ausgelöst werden, die in der Klinik ausbleiben, weil sie nicht Ausdruck der Krankheit selbst sind.

Wenn bei einer reinen Melancholie keine weitere Psychose in der Familie vorkommt, so sieht das Sippenbild doch meist anders aus als bei unbelasteten Fällen der manisch-depressiven Krankheit. Man findet in den Familien bei der reinen Melancholie viele stille, ernste Naturen, d. h. hypomelancholische Persönlichkeiten. Man findet auch immer wieder Suicide, ohne daß eine Psychose zu erkennen war. Die Temperamentsart der Probanden selbst ist ebenfalls häufig subdepressiv. Unsere Untersuchungen darüber wurden in Zusammenhang mit der manisch-depressiven Krankheit erwähnt.

Es kommt auch vor, daß ein subdepressives Temperament fließend in eine Phase reiner Melancholie übergeht. Ferner hört man manchmal, daß zu einem bestimmten Zeitpunkt eine Senkung des Temperaments eingetreten ist, nicht bis ins eigentlich Krankhafte, aber doch so, daß es zu einer allgemeinen Freudlosigkeit, häufig auch mit Selbstmordgedanken gekommen ist. Solche Hypomelancholien können jahrelang bestehen und dann vielleicht in eine deutliche Phase überleiten. Auch im Anschluß an Krankheitsphasen kommen solche chronischen Verstimmungen vor. Die Zustände von eindeutig krankhaftem Charakter dauern bei der reinen Melancholie ebenfalls gelegentlich übermäßig lange. Im allgemeinen pflegen sie aber, ähnlich wie die Depressionen der manisch-depressiven Krankheit in einem halben bis ganzen Jahr abzuklingen. Bei den reinen Depressionen werden wir die Neigung zu einem chronischen Verlauf wiederfinden, bei der reinen Melancholie betrifft sie mehr die subdepressiven Zustände als die eigentlichen Phasen. Die Zahl der Phasen ist bei der reinen Melancholie durchschnittlich wesentlich geringer als bei der manisch-depressiven Krankheit. Davon wird im statistischen Teil die Rede sein.

Zusammenfassung

Durch die klinische Beschreibung und das Familienbild glaube ich die Selbständigkeit der reinen Melancholie gegenüber der manisch-depressiven Krankheit erwiesen zu haben. Es handelt sich um eine *monopolare Krankheit*, die nichts Manisches enthält. Die klinische Abgrenzung gegen die manisch-depressive Krankheit ist nicht in jedem Fall möglich, doch sind die Fehldiagnosen, wie die Kontrolle durch die Familienuntersuchungen ergab, recht selten. Das klinische Bild ist ausgezeichnet durch Gedrücktheit, psychomotorische Hemmung, Denkhemmung, Entschlußerschwerung, Insuffizienzgefühl und wechselnde, aber nach keiner Richtung hin aufdringliche depressive Ideen. Die *Selbstmordgefahr* ist sehr groß. *Körperliche Symptome* ergänzen ähnlich wie bei den Melancholien der manisch-depressiven Krankheit das psychische Bild. Vergleichende Untersuchungen wären aber wünschenswert.

b) Reine Manie

Die reine Manie stellt in allen Zügen das Gegenstück der Melancholie dar. Vor allem entspricht die Gedrücktheit dort einer *Gehobenheit der Stimmung* hier. Man spricht vielfach von einer Heiterkeit, doch gibt dieser Begriff eines höher seelischen Gefühlszustandes diese bis ins Körperliche gehende Gehobenheit der Manie nicht wieder. Dagegen kann man den Begriff der Euphorie in diesem Sinne gebrauchen. Wie man von einer „vitalen" Depression spricht, ist es auch berechtigt, von einer vitalen Euphorie zu sprechen, die die manische Grundstimmung kennzeichnet.

Bei Manisch-Depressiven geht die Euphorie vielfach in eine Gereiztheit über. Auch der rein Manische kann gereizt werden, wenn er auf Widerstand stößt, aber mehr im Sinne von Reaktionen des Augenblicks. Eine Gereiztheit als wesentlicher Bestandteil der Grundstimmung enthält einen depressiven Anteil und kommt bei der reinen Manie nicht vor, während sie bei Manien der manisch-depressiven Krankheit häufig ist.

Das Denken ist durch *Ideenflucht* verändert. In leichteren Graden findet der Kranke nach Abschweifungen noch zum Thema zurück, in schwereren verliert er über oberflächliche Assoziationen den logischen Faden ganz. Dieser inneren Ablenkbarkeit geht eine Ablenkbarkeit durch äußere Eindrücke parallel. Bis zur Verworrenheit steigert sich die Ideenflucht der reinen Manie nicht; die deutlich verworrenen Manien gehören der manisch-depressiven Krankheit an. Zu der Erregung im Denken kommt die *psycho-*

motorische Erregung, die sich vor allem in einer Vielgeschäftigkeit äußert. Die Kranken machen sich an allem, was ihnen in die Augen springt, zu schaffen und mischen sich in alles ein, was um sie vorgeht. Viel Gesten und Mienen begleiten die Beschäftigungsunruhe. Diese behält bei der Manie noch ihre Motivierung, die Handlungen dienen noch irgendeinem Zweck, wenn auch nur einem oberflächlichen, die Ausdrucksbewegungen andererseits springen zwar leicht an, entsprechen aber doch dem augenblicklichen seelischen Zustand. Primitivere Reaktiobewegungen, die ihren Zweck verlieren, und Ausdrucksbewegungen, die selbständig auftreten, fehlen der Manie, wir werden sie bei der Motilitätspsychose finden. Der *Rededrang*, den man bei der reinen Manie immer findet, wird teilweise schon durch die Erregung im Denken, die zu einem Reichtum an Gedanken führt, ausgelöst. Die psychomotorische Erregung steigert ihn noch.

Die Entschlußfassung ist durch die Erregung im Denken und in der Psychomotorik erleichtert. Die Euphorie läßt überdies Schwierigkeiten nicht sehen. So kommt es in der reinen Manie zu einer *Kurzschlüssigkeit* im Schmieden von Plänen und in ihrer Ausführung. Verfehlte geschäftliche Unternehmungen, unverständliche Heiratsanträge u. ä. sind die Folge davon. Die Mühelosigkeit, mit der subjektiv alles abläuft, ist sicher vor allem für das *Gefühl der Leistungsstärke* verantwortlich, das allen reinen Manikern eigen ist. Es hat zur Folge, daß sich die Kranken nie krank fühlen, sondern oft gesünder denn je. Das *gehobene Selbstbewußtsein* hängt teilweise wieder von diesem Gefühl der Leistungsstärke ab, teilweise ist es unmittelbar die Folge der Euphorie, die an der eigenen Person nur Positives sehen läßt. *Größenideen* gehören dementsprechend zum Bild der reinen Manie, und zwar wesentlich mehr, als man es von den Manien der manisch-depressiven Krankheit her gewöhnt ist. Sicher kommt darin die Tatsache zum Ausdruck, daß der reinen Manie auch eine reinere Form von Euphorie eigen ist. Andere Ideen treten zurück, wohl weil die Flüchtigkeit des Denkens der Festsetzung von Wahnideen an sich hinderlich ist. Doch kann sich das, was bei den anderen reinen Euphorien aus dem krankhaften Affekt heraus an Ideen entsteht, auch bei der reinen Manie andeuten. Flüchtige Beglückungsideen und flüchtige Konfabulationen kommen vor. Auch hypochondrische Ideen können trotz eindeutig euphorischer Stimmungslage angedeutet sein. Die Gründe dafür werden wir bei der „hypochondrischen Euphorie“ kennenlernen. Die Größenideen tragen auch nicht den Charakter fester Wahnideen, sondern sie wechseln von Tag zu Tag und fügen sich somit zwangslos in das leichtflüssige Gesamtbild der reinen Manie ein. Ich füge einen Fall reiner Manie an.

Fall 16. Gustav Roh, geboren 1883, war 1926 auf einer Reise plötzlich gehobener Stimmung und gab viel Geld aus. Bald war die Stimmung wieder ausgeglichen. 1934 wurde er wieder erregt, äußerte Größenwahnideen politischer Art, erwartete den Posten des Herrn v. Papen, redete seine Frau mit „Exzellenz“ an. Auch sonst hatte er viele Pläne, z. B. wollte er mit blonden Mädchen mehrere Kinder zeugen. Er kam in die psychiatrische Abteilung eines Krankenhauses und entwickelte hier weitschweifig, ideenflüchtig und mit Rededrang seine Pläne. Wenn er auf seine „Freiheitsberaubung“ zu sprechen kam, wurde er gereizt, meist vergaß er sie aber in seiner gehobenen Stimmung, in der er sich „gesünder denn je“ fühlte, rasch wieder. Schon nach drei Wochen wurde er ruhiger und konnte entlassen werden. 1937 erkrankte er wieder und kam in das Sanatorium K. Er war wieder voller Pläne, wollte in der Schweiz eine Pension eröffnen, den Verlag Kosmos übernehmen, das goldene Sportabzeichen machen. In dem Sanatorium fühlte er sich wohl, er schäkerte mit den Mädchen, war liebenswürdig, witzig, führte überall das große Wort, hatte Rede- und Schreibdrang, zeigte Ideenflucht und fühlte sich wieder „kräftig und leistungsfähig wie noch nie“. Nach vier Wochen wurde er diesmal ruhiger, doch war er bei der Entlassung noch hypomanisch. 1939 trat eine neue Phase auf. Roh kaufte sich diesmal ein Grundstück und ein antikes Wohnzimmer, ferner Bilder von nackten Frauen. Er wollte ein Gymnastikbuch mit solchen Bildern herausgeben und damit viel Geld verdienen. Seine Zahlungen leistete er durch Schecks ohne Deckung. Er kam wieder auf die psychiatrische Abteilung eines Krankenhauses, entwickelte hier seine Pläne und rühmte seine körperliche und geistige Leistungsfähigkeit. Schon nach einem Tag wurde er in die Frankfurter Klinik verlegt, wo er in bester Stimmung war und vor allem von seinem erotischen Vorhaben sprach. Er entwickelte Schreibdrang, Rededrang, Ideenflucht, war dauernd in Beschäftigung und zeigte lebhafte Mimik und Gestik. Diesmal dauerte die Phase etwa drei Monate. Dann war Roh nur noch leicht hypomanisch, wie wohl auch in seinen gesunden Zeiten und konnte entlassen werden. Er ist nicht mit Psychosen belastet, doch sollen seine Geschwister alle etwas „exaltiert" sein.

Roh bot das Bild einer reinen Manie in eindrucksvoller Form. Depressive Züge fehlen völlig, dagegen deuten auch die Temperamente beim Probanden und seinen Geschwistern auf die manische Anlage hin. Die Symptome der reinen Manie sind alle ausgeprägt, euphorische Stimmung, Vielgeschäftigkeit, Rededrang, Ideenflucht. Das Gefühl der Leistungsstärke ist besonders ausgesprochen und bezieht auch die sexuelle Sphäre mit ein. Die ersten Phasen gehen sehr rasch vorüber, die letzte dauert etwa drei Monate, d. h. die für Manie auch sonst übliche Zeit. Wenn man das hypomanische Nachschwanken mit einrechnete, käme man wohl auf wesentlich längere Fristen, doch wäre hier die sichere Abgrenzung gegen das normale Temperament unmöglich. Im folgenden Fall kann man den Dauerzustand nicht mehr als eine Temperamentseigenart bezeichnen, vielmehr zeigt er eindeutig krankhafte Grade, so daß man von einer *chronischen Manie* sprechen muß.

Fall 17. Franz Misch, geboren 1875, war schon von jeher etwas erregt. 1928 nahm die Erregung zu. Er belästigte seine angebliche Verlobte, die ihn nicht haben wollte, und führte sich dabei recht schamlos auf. Er kam in die Frankfurter Klinik und war hier lebhaft, schimpfte auf andere Leute, wollte für Recht sorgen, zeigte ein gehobenes Selbstbewußtsein und entwickelte einen Rededrang. Er wurde in die Anstalt H. verlegt, beruhigte sich dort nach einem halben Jahr und wurde entlassen. 1934 wurde er neuerdings erregt. Beim Amtsarzt war er übermütiger Stimmung, gab sich jovial, rühmte seine Vorzüge und war stark ablenkbar. In der Klinik, in die er wieder kam, war er selbstbewußt, distanzlos, zeigte einen ideenflüchtigen Rededrang mit heftigen Gestikulationen. Er wurde gleich wieder in die Anstalt H. verlegt und dort ein wenig ruhiger im April 1935 entlassen. Im Juli 1935 kam er bereits wieder in die Frankfurter Klinik, da er zu Hause Frauen sexuell belästigt hatte. Beim Amtsarzt hatte er fast ununterbrochen gesprochen, war weitschweifig und ablenkbar gewesen. In der Klinik trat wieder sein gesteigertes Selbstgefühl hervor, er nahm sich der anderen „armen Kranken" an, schimpfte dann wieder polternd mit den Pflegern, ohne tiefer gereizt zu sein, produzierte sich mit Stolz als Ziehharmonikaspieler. Nach drei Monaten kam er in die Anstalt W., dort wurde er nach weiteren drei Monaten etwas beruhigt entlassen. Zu Hause blieb er erregt, 1938 wurde es wieder schlimmer, er machte Unruhe im Haus, schimpfte in gemeinen Ausdrücken, exhibitionierte vor Kindern. Er kam wieder in die Klinik und bagatellisierte hier alles in selbstgerechter Haltung. Gegen die Pfleger war er überheblich. Rededrang, Ideenflucht und Ablenkbarkeit waren wieder vorhanden. Er kam in die Anstalt H., blieb dort erregt und entwich 1939. Er kam wieder in die Frankfurter Klinik und war wie früher gehobener Stimmung, geschwätzig, ideenflüchtig und von leutseliger Überheblichkeit. In der Anstalt H. blieb er unverändert manisch. 1943 wurde er versuchsweise entlassen. 1944 kam er wieder in die Klinik, da er zu Hause allerlei Schabernack getrieben, nachts Ziehharmonika gespielt und an fremde Fenster geklopft hatte. Er war in der Klinik wie immer, schimpfte polternd über die Einweisung, ließ sich aber leicht ablenken, lachte und scherzte dann, schweifte ideenflüchtig immer weiter, rühmte seine Vorzüge als Hutmacher, wollte auch wieder seine Künste auf der Ziehharmonika vorführen. Er wurde wieder in die Anstalt verlegt.

Misch ist eine von Haus aus primitive Persönlichkeit. Dadurch bekommt seine manische Überheblichkeit und seine manische Vielgeschäftigkeit einen etwas phantasiearmen Charakter. Die manischen Symptome sind aber alle ausgeprägt, die gehobene Stimmung mit dem gesteigerten Selbstbewußtsein, die Vielgeschäftigkeit, Ideenflucht, Ablenkbarkeit und der Rededrang. Daß sich Misch gesund und leistungsstark fühlte, ist nicht eigens vermerkt, aber aus seiner ganzen Haltung erkennbar.

Ich führe den Fall wegen der Eigenart des Verlaufs an. Anfangs kam es nach manischen Anfällen immer wieder zu einer allerdings unvollkommenen Beruhigung, später blieb der Zustand unverändert der einer Manie mäßigen Grades. Am Ende der Beobachtung war der Patient seit 10 Jahren manisch. Chronische Manien kommen auch bei der manisch-depressiven Krankheit vor, aber häufiger fand ich sie bei der reinen Manie. Sie können hier, ähnlich wie wir es bei der reinen Melancholie gesehen haben, fließend in eine Temperamentseigenart übergehen. Hypomanische Temperamente, die bei meinen Probanden selbst wie bei ihren Verwandten häufig waren, begleiten die Menschen oft das ganze Leben lang. So scheint gelegentlich auch eine wesentliche deutlichere manische Verfassung zu einer festen Eigenschaft des Menschen zu werden. In einem anderen Fall reiner Manie dauerte der Zustand bei der Klinikaufnahme auch schon zehn Jahre und klang auch jetzt nicht ab. In mehreren anderen Fällen erschien die Manie nur wie der Gipfel eines chronisch hypomanischen Zustands.

Zusammenfassung

Die reine Manie ist gekennzeichnet durch Euphorie, Beschäftigungsunruhe, Reichtum an Ausdrucksbewegungen, Rededrang, Ideenflucht, gehobenes Selbstbewußtsein, rasch wechselnde Größenideen. Eine Übersteigerung der Erregung bis zur Verworrenheit oder Hyperkinese kommt nicht vor. Insofern erscheinen die reinen Manien milder als viele Manien der manisch-depressiven Krankheit. Dafür neigen sie aber mehr als diese zu einem *chronischen Verlauf*, manchmal nur in Form von Hypomanien. Die *körperlichen Begleiterscheinungen* sind ähnlich wie bei den Manien der manisch-depressiven Krankheit, doch tritt die Erhöhung des subjektiven körperlichen Kräftezustands noch mehr hervor als dort, da Übersteigerungen der Erregung, die wieder körperlich schaden können, fehlen.

III. Reine Depressionen und reine Euphorien

Reine Melancholie und reine Manie stellen keine rein affektiven Erkrankungen dar, vielmehr ist das Denken und Wollen ebenfalls gestört. Es gibt aber auch Psychosen, bei denen nur die Gefühlsseite krankhaft verändert ist, jedoch nicht in ihrer Gesamtheit, sondern immer nur in einer bestimmten Schicht. So jedenfalls deute ich die reinen Depressionen und reinen Euphorien. Die krankhafte Ideenbildung scheint hier durch die Art des krankhaften Affekts bedingt zu werden. Die Zahl der Formen von Gemütskrankheit steigt durch die reinen Depressionen und reinen Euphorien erheblich an. Das mag den Überblick erschweren, doch lassen sich die Bilder gerade wegen ihrer reinen Gestaltung klar gegeneinander abgrenzen. Auch sind sie für die Psychologie des normalen Gefühlslebens, wie ich an anderer Stelle zeigen konnte[1], von größtem Interesse. Die praktische Erfahrung ergibt die Notwendigkeit, all diese Einzelformen zu beachten.

a) Reine Depressionen

Die reinen Depressionen sind häufig genug, um immer wieder zur Beobachtung zu kommen. Wenn man die Bilder einmal kennt, wird man nur selten Schwierigkeiten haben, sie richtig zu diagnostizieren.

[1] Leonhard, K.: Biopsychologie der endogenen Psychosen. Hirzel-Verlag, Leipzig 1970.

1. Gehetzte Depression

Was man „agitierte Melancholie“ nennt, kann auch der Angstpsychose angehören, häufiger aber hat man damit Fälle der gehetzten Depression im Auge, die ich in meinen früheren Veröffentlichungen auch „reine Angstpsychose“ nannte[1]. Eine Angst, die eine gehetzte Erregung mit sich führt, beherrscht hier völlig das Bild, ja stellt das einzige wesentliche Symptom der Krankheit dar.

Man darf den Gefühlszustand der Kranken sicher nicht völlig einer normalen Angst gleichsetzen, das zeigen die Ideen, die auf dem Boden dieses krankhaften Affekts erwachsen und nicht nur Befürchtungen zum Inhalt haben; es können, wie wir sehen werden, auch Selbstvorwürfe oder hypochondrische Vorstellungen sein. Es scheint sich um einen Unlustaffekt zu handeln, welcher der Angst zwar am meisten verwandt ist, aber doch darin nicht völlig aufgeht. Nach den Äußerungen der Kranken kann man immer wieder eine tiefe Gequältheit erkennen, welche die ganze Persönlichkeit bis ins Körperliche hinein erschüttert. Sie steht so sehr im Vordergrund, daß die Ideenbildung meist nebensächlich erscheint und gelegentlich auch fehlt. Sicher handelt es sich wieder um einen Affektzustand, der einem normalen Gefühlszustand wenig vergleichbar ist.

Eine Selbstmordneigung ist bei der gehetzten Depression häufig vorhanden, jedoch weniger im Sinne einer primären Lebensverneinung, mehr als Flucht aus dem qualvollen Zustand. Die Selbsttötung kann auch trotz direkter Angst vor Tod und Höllenstrafen erfolgen. Das zeigt wieder den Unterschied gegen eine normale Angst. Dieser wird ferner darin erkennbar, daß die Erregung, die durch die normale Angst zwar häufig, aber nicht notwendig ausgelöst wird, dieser pathologischen Angst ganz notwendig anhaftet. Die gehetzten Depressionen sind, wie schon der Name sagt, von Angst getrieben, in ständiger Unruhe. Bei Fehlen äußerer Anregung kann die Unruhe auch einmal für kurze Zeit aufhören, aber der geringste Anlaß löst sie wieder aus.

Im einzelnen äußert sich die Erregung darin, daß die Kranken stöhnen, klagen, weinen, schreien, flehen, sich anklammern, umherlaufen, die Hände ringen u. ä. m. Anfangs können sich verschiedene Angstäußerungen mischen, aber später setzt sich fast immer die eine oder andere Form durch und wiederholt sich nun in einförmiger Weise immer von neuem. Vor allem die sprachlichen Äußerungen können bis zum Iterativen einförmig werden. So kann eine Kranke tagelang, ja wochen- und monatelang immer von neuem mit den gleichen Worten stöhnen, sie sei verloren, oder man möge ihr doch helfen. Man neigt vielfach dazu, bei solchen Einförmigkeiten an schizophrene Stereotypien zu denken. Damit haben sie aber gar nichts zu tun, sie bestätigen im Gegenteil, wenn die Angst dahinter steht, daß es sich um eine gutartige Form, nämlich die gehetzte Depression handelt. In seltenen Fällen ahmt, wie wir sehen werden, die Angstpsychose dieses Bild nach.

Beeinflussungsversuche sind bei der gehetzten Unruhe völlig zwecklos. Man mag es mit Freundlichkeit oder mit Strenge, mit Beredsamkeit oder mit Drohung versuchen, die Unruhe läßt sich nicht ändern. Im Gegenteil verstärkt sich das Jammern und Stöhnen meist noch, wohl weil die Beeinflussungsversuche nur als neue Anregung wirken. Am meisten erreicht man, wenn man den Kranken aus dem Weg geht und ihr Klagen nicht anhört. Wahrscheinlich leiden sie auch subjektiv nur verstärkt, wenn man versucht, darauf einzugehen, da sie dadurch eher aufgestachelt als beruhigt werden. Den Mitkranken und dem Pflegepersonal ist es freilich oft unmöglich, das einförmige

---

[1] LEONHARD, K.: Involutive und idiophatische Angstdepression. Georg Thieme, Leipzig 1937, und: Das ängstlich-ekstatische Syndrom. Allg. Z. Psychiatr. 110 (1939), 101.

Jammern zu ignorieren; denn es kann außerordentlich störend werden. Vor allem, wenn es auch nachts anhält, wirkt es geradezu aufreizend auf die Umgebung. Man ist dann leicht geneigt, die Angst, die etwas ungemein Zwingendes für die Kranken zu haben scheint, zu übersehen, und in dem störenden Verhalten Eigensinn oder geradezu Bösartigkeit zu erblicken. Aber schon die Gesetzmäßigkeit, mit der die Erscheinung bei allen Kranken dieser Art auftritt, zeigt, daß sie von charakterlichen Zügen völlig unabhängig ist. Wenn die Erregung einmal etwas zum Stillstand kommt und auch auf Anregung nicht sofort wieder hervortritt, dann wirken die Kranken mehr erschöpft als wirklich beruhigt. Sie gehen gelegentlich auch Anregungen aus dem Weg, um den labil-ruhigen Zustand aufrechterhalten zu können. Nicht selten leitet sich aber mit der labilen Beruhigung die endgültige ein.

In anderen Fällen nimmt die Erregung mit Abnahme der Angst nur eine andere, oft noch lästigere Form an. Aus dem einförmigen Jammern und Flehen kann dann ein *einförmiges Drängen* werden. Mit der gleichen Nachhaltigkeit, mit der die Kranken vorher über ihre furchtbaren inneren Qualen geklagt haben, können sie jetzt ihre sofortige Entlassung verlangen. Sie können dabei geradezu querulatorisch erscheinen, doch unterscheidet sie das Drängende, das sie an sich haben, das immer noch etwas Gequältes behält, von anderen querulierenden Kranken. Beeinflussen läßt sich auch dieses Drängen nicht, so daß man wieder, und zwar noch mehr als bei stark hervortretender Angst, in Versuchung kommt, an Eigensinn zu denken. Die richtige Schlußfolgerung ist hier sicher die, daß die Unruhe nicht zufällig und auch nicht psychologisch ableitbar zur Angst hinzukommt, sondern daß der pathologische Affekt auch bei geringer Tiefe dieses treibende Element unmittelbar in sich schließt. Daraus entnehme ich, daß bei der gehetzten Depression eine tiefe Gefühlsschicht erkrankt ist, in der das Handeln triebhaft und von der höheren Persönlichkeit her kaum beeinflußbar erfolgt.

Dem entspricht es, daß die Angst der gehetzten Depression keine seelischen Inhalte zu haben braucht. In einem einförmigen Klagen über das furchtbare innere Leiden erschöpfen sich oft die Äußerungen der Kranken, ja ein lautes Stöhnen kann der einzige äußere Ausdruck der Angst sein. Häufig freilich sucht sich die Angst doch einen Inhalt, im Beginn, wenn sich noch keine Einförmigkeit geltend macht, oft auch einen mehrfachen Inhalt. Befürchtungen, allein oder mit der ganzen Familie gemartert, zerstückelt, verbrannt zu werden, können geäußert werden. Daneben bestehen oft Versündigungsideen, die aber den Zusammenhang mit der Angst in der Weise verraten, daß die Sünden nur als die Ursachen der drohenden Strafe im Diesseits oder auch in der Hölle angesehen werden. Auch hypochondrische Ideen sind häufig und zeigen ebenfalls ihrer Art nach den Zusammenhang mit der Angst, denn teils stellen sie Befürchtungen um das körperliche Wohl ohne eigentliche Mißempfindungen dar, teils haben sie eine Einengung an Hals und Brust, d. h. eine ängstliche Beklemmung zum Inhalt. In jeder Form erscheinen die depressiven Ideen bei der gehetzten Depression mehr äußerlich, für die Psychose selbst bedeutungslos. Das Gesamtbild bleibt durchaus das gleiche, mag ein Kranker etwa jammern, er habe Furchtbares zu leiden oder mag er jammern, er habe eine furchtbare Sünde begangen. Am gehetzten depressiven Bild ändert sich auch nichts, wenn gar keine Idee vorhanden ist. Wie wesentlich dieser Umstand ist, werden wir bei der „selbstquälerischen Depression" im vollen Umfang erkennen.

Gelegentlich nehmen die ängstlichen Inhalte auch halluzinatorischen oder vielleicht eher pseudohalluzinatorischen Charakter an. Die Kranken glauben dann, die Vorbereitungen zu dem Schrecklichen, das ihnen noch bevorsteht, zu sehen, oder glauben sie aus Geräuschen oder Worten zu hören. Auch diese Sinnestäuschungen behalten etwas Peripheres, die Kranken ziehen keine Konsequenzen daraus, sie werden dadurch auch nicht stärker verängstigt als sie ohnedies schon sind. Der Affekt scheint sich auch hier nur einen Inhalt zu suchen, vielleicht kaum anders, als wenn der Mensch normalerweise in heftigen Affekten das Befürchtete schon vor sich sieht. Es kommen hier auch beim Normalen illusionäre Verkennungen vor. Wir werden bei der Angstpsychose ganz andere Sinnestäuschungen finden, die den nicht nur ängstlich, sondern auch mißtrauischen Kranken viel mehr bedeuten. Sie sind im übrigen bei der gehetzten Depression nicht häufig und setzen wohl eine individuelle Disposition voraus.

Gleichgültig, ob die Angst viele oder wenige Inhalte hat, ist es sehr schwer, die Kranken auf etwas anderes zu fixieren als das, was sie aus ihrer Angst heraus vorbringen wollen. Oft kann man nicht einmal die einfachsten Daten aus ihrem Leben erfahren, da sie statt jeder sinnvollen Antwort nur immer von neuem ihre Klagen äußern. Daß sie an sich wohl antworten möchten, ergibt sich daraus, daß sie nach wiederholten Fragen oft eigenartig flüchtig und nebenher Antwort geben, so als ob sie kurze Augenblicke, in denen das Drängen der Angst etwas zurücktritt, ausnützen müßten. Je länger eine Antwort ausbleibt, desto eher kommt man wieder in Versuchung, ein eigensinniges Verweigern derselben anzunehmen, aber es ist wieder nur die Angst, die das Denken und Handeln so völlig beherrscht, daß nichts sonst Platz findet.

In unserer jetzigen therapeutischen Ära der *neuroleptischen Behandlung* sieht man die Agitiertheit der Kranken nicht mehr in solch schwerer Form. Das einförmige Jammern läßt sich zwar auch durch Medikamente nicht ganz unterdrücken, es ist aber doch günstig, daß ich meine Patienten so vorstellen kann, wie sie sich ohne moderne Medikamente verhielten.

Fall 18. Irma Krei, geboren 1912, erkrankte 1941 plötzlich mit starker ängstlicher Unruhe und wurde in die Klinik gebracht. Hier lief sie aus dem Bett, faltete die Hände, griff sich an die Brust, klammerte sich an, jammerte laut und einförmig. Gelegentlich stieß sie hastig hervor, sie sei unschuldig, meist waren es nur unartikulierte Laute, die sie äußerte. Dieser schwere ängstliche Zustand blieb, durch Opium kaum gemildert, acht Wochen bestehen, dann trat rasch eine Beruhigung ein und die Kranke konnte in ausgeglichenem Zustand entlassen werden. Eine *Schwester* war wegen seelischer Krankheit in der Anstalt W. und blieb später gesund. Eine Krankengeschichte war leider nicht zu erhalten.

Eine *andere Kranke* jammerte, weinte, und suchte sich zu strangulieren. Sie rief: „Was habe ich denn verbrochen, daß ich so entsetzlich leiden muß?“ Bei diesen beiden Patientinnen füllte sich die Angst kaum mit Inhalten, sie blieb fast objektlos. Bei anderen Kranken findet man bald diesen, bald jenen Inhalt. Eine Patientin nannte sich Frevlerin, die unschuldig bleiben wollte und doch nicht blieb. Zugleich schrie sie: „Schießt mich tot, quält mich nicht mehr solange!“ Wieder eine andere jammerte einförmig, ihr Gehirn sei vergiftet, sie müsse ersticken. Eine Kranke behauptete, sie habe sich an den Bettelstab gebracht, für sie und ihr Kind gebe es keine Rettung mehr. Wenn ihrer Verarmungsidee die objektive Tatsache entgegengehalten wurde, daß sie ein Vermögen von 400000 M besaß, antwortete sie nur mit neuem Stöhnen und äußerte: „Lieber Gott, es ist entsetzlich.“ Daß es bei dieser Patientin gerade zu einer Verarmungsidee gekommen war, ist sicher psychologisch zu erklären. Wahrscheinlich wäre ihr, die ihren ganzen Lebensplan auf ihrem Vermögen aufgebaut hatte, die Verarmung besonders schmerzlich gewesen. Der krankhafte Affekt, der bei der gehetzten Depression die Inhalte mehr zufällig aufgreift, führte aus äußeren Gründen gerade zu dieser Idee. — Einen weiteren Kranken führe ich an, weil es hier zu *Sinnestäuschungen* kam.

Fall 19. Robert Schmelz, geboren 1888, erkrankte 1939 und kam gleich in die Klinik. Er lief händeringend umher, verzerrte das Gesicht, schrie, er werde verhaftet, seine Verwandten müßten mit ihm sterben. Dann rief er einförmig, sich ständig wiederholend: „Das ist ja gar nicht wieder gut zu machen.“ Er fürchtete, mit Syphilis angesteckt zu werden und andere anzustecken. In noch zunehmender Angst schrie er: „Es ist in 1000 Jahren nicht mehr gut zu machen.“ Er hörte, wie man Martern für ihn vorbereitete, hörte, wie ein Mitkranker unter der Decke mit den Werkzeugen hantierte, hörte auch, wie jemand sagte: „Heute nacht sollen ihm die Hoden abgedreht werden.“ In suicidaler Absicht stürzte er sich vom Tisch herunter. Nach sechs Wochen wurde er in die Anstalt N .verlegt und blieb dort zunächst ganz unbeeinflußbar in ängstlicher Erregung. Erst nach einem halben Jahr erfolgte zunehmende Beruhigung. Schmelz war schließlich völlig ausgeglichen und konnte entlassen werden. Eine *Schwester* war 1899—1900 im Alter von 24 Jahren in einer Anstalt wegen geistiger Störung und blieb dann immer gesund. Der Name der Anstalt konnte leider nicht mehr ermittelt werden.

Die Sinnestäuschungen dieses Patienten lassen die schwerste Angst erkennen, hörte er doch unter anderem die Ankündigung, daß ihm in der Nacht die Hoden „abgedreht“ werden. In dieser Form stellen die Halluzinationen kaum eine Komplikation der Krankheit dar, sie werden von der schweren Angst erzeugt und gehören zur Krankheit selbst. Von Bedeutung ist auch, daß sich der Patient in suicidaler Absicht vom Tisch herunterstürzte. Der Versuch konnte kaum Aussicht haben, zum Ziel zu führen, aber der Affekt der gehetzt depressiven Kranken drängt gewaltsam nach einer Entladung aus dem unerträglichen Zustand. Die Suicidversuche haben bei der gehetzten Depression ganz allgemein einen anderen Charakter als bei der reinen Melancholie. Die gehetzt Depressiven gehen nicht aus Verneinung des Lebens in den Tod, sondern weil sie die Qualen nicht mehr länger ertragen können. Eine Patientin, die sich strangulierte, tat es in Gegenwart der Schwestern, also doch auch wieder ganz unzweckmäßig. Die Suicide haben etwas Raptusartiges an sich. Die Kranken können sogar Angst vor dem Tod äußern und sich trotzdem in Verzweiflung zum Fenster hinausstürzen.

Die folgende Patientin hatte schwere Angst vor Höllenstrafen und bat trotzdem, sie zu töten. — Sie soll außerdem auf eine gleichartige Belastung und einen *chronischen Verlauf* der gehetzten Depression hinweisen:

Fall 20. Kath. Schürg, geboren 1900, erkrankte erstmals 1932 und wurde in der Anstalt I. aufgenommen. Sie war ängstlich und jammerte ununterbrochen. Sie sei sündig und verloren, müsse ewig in der Hölle brennen. Sie ließ sich in ihrem Jammern nicht unterbrechen, klammerte sich an, bat, sie zu töten, suchte sich selbst die Pulsader zu öffnen. Die Unruhe hielt das folgende Jahr an, ernste Suicidversuche folgten. In einförmiger Weise jammerte die Kranke immer von neuem, sie sei ewig verdammt, es sei nicht mehr zu helfen, sie sei jetzt schon ein lebender Leichnam. Erst anderthalb Jahre nach der Aufnahme trat eine Besserung ein, doch blieb eine leicht ängstlich-depressive Verstimmung bestehen. Vor allem war die Patientin während der Periode ängstlich und reizbar. 1939 trat eine Verschlechterung ein. Schürg konnte vor Ängstlichkeit nicht mehr arbeiten. Sie kam wieder in die Frankfurter Klinik, war weinerlich und unruhig. Meist hielt sie sich zurück, auf Anregung von außen her begann sie zu klagen. Nach vier Wochen wurde sie entlassen, nach einem halben Jahr kam sie schon wieder zur Aufnahme. Sie war diesmal mehr labil als eigentlich depressiv. Sie wurde nach zehn Tagen in die Anstalt W. verlegt und dort nach fünf Wochen entlassen. Die *Mutters-Mutter* der Probandin erkrankte 1889 im Klimakterium, indem sie dauernd jammerte: „Ich bin krank, ich kann meine Pflichten nicht mehr tun, ich bin unheilbar, ich muß sterben.“ Sie kam, nachdem der Zustand zu Hause schon acht Monate gedauert hatte, Januar 1890 in die Frankfurter Nervenklinik. Hier rief sie laut: „Ach Gott, ach Gott! Seien Sie barmherzig, soll ich denn wirklich heute noch gerichtet werden?“ Sie schlug verzweifelt die Hände über den Kopf und schrie weiter: „Jetzt holen sie mich, jetzt verbrennen sie mich.“ Dann traten hypochondrische Ideen hervor, ihr Leib werde platzen, sie habe Gift bekommen. Das Heulen, Schreien, Klagen hielt ständig an, immer wieder schrie sie ihr Leiden hinaus: „Es ist furchtbar, gräßlich, entsetzlich. Das war noch nie da und wird nie wieder kommen.“ Sie fürchtete, in einen siedenden Kessel zu kommen. Die Klagen wurden allmählich einförmiger. Während sie auf der Abteilung beschäftigt wurde, jammerte sie ohne Unterbrechung vor sich hin „Ach Gott, ach Gott, ich habe keinen Stuhlgang.“ Nach zehn Monaten wurde sie gegen ärztlichen Rat entlassen, bereits nach zehn Tagen kam sie wieder. Eine Krankengeschichte wurde aber erst 1892 wieder geführt, wo es heißt, sie jammere laut, sie werde verbrannt und zerstückelt. Dann hieß es, sie sei ruhiger. Damit trat endlich die Heilung ein; vier Wochen nach diesem Eintrag wurde die Kranke entlassen und blieb 20 Jahre gesund. Sie starb 1951 an Altersschwäche.

Bei dieser Probandin schloß sich an eine gehetzte Depression ein chronisch-depressives Verhalten an, aus dem sie, solange ich sie beobachten konnte, nie mehr ganz heraus kam. Es handelte sich kaum um eine eigentliche Psychose, mehr einen subdepressiven Zustand. Die gehetzte Depression war aber immer noch zu erkennen, da die Patientin bei Anregung gleich wieder zu jammern begann. Die Krankheit erscheint in der Sippe wieder, denn die Mutter der Mutter bot ebenfalls das Bild einer gehetzten Depression in besonders deutlicher Ausprägung. Die Dauer von 3 Jahren paßt zu dem protrahierten Verlauf bei der Enkelin, dann trat völlige Heilung ein, die bis zum Tod Bestand hatte. Bei anderen Fällen gehetzter Depression, in denen eine Belastung bestand, konnte ich keine genauere Beschreibung der Psychosen in der Verwandtschaft erhalten. Es fehlte aber insgesamt jeder Hinweis auf Manien oder Hypomanien. Dagegen kamen in den Sippen mehrere Suicide vor, sie waren seltener als bei der reinen Melancholie.

Zusammenfassung

Die gehetzte Depression ist ausgezeichnet durch einen *qualvoll-depressiven Zustand ängstlicher Färbung*, der begleitet ist von einer ständigen Unruhe vom Charakter ängstlicher Gehetztheit. Angstvorstellungen kommen meist hinzu, häufig auch Versündigungsideen und hypochondrische Befürchtungen. Im Beginn kann die Unruhe und die Ideenbildung noch wechseln, bei längerem Bestehen des Leidens wird beides einförmig. Das Klagen erfolgt dann oft fast stereotyp mit immer dem gleichen Inhalt. In jedem Fall zeigt die Unruhe eine große Nachhaltigkeit, die sich durch nichts überwinden läßt. Auch ablenken lassen sich die Kranken nicht von ihren Klagen, ja oft ist es nicht einmal möglich, auf indifferente Fragen Antwort zu erhalten. Durch ihre Unbeeinflußbarkeit können die gehetzten Depressionen fälschlicherweise den Eindruck des Eigensinns erwecken. Mit abklingender Angst geht das ängstliche Jammern häufig in ein Drängen über, das querulatorisch wirkt, in dem aber ein ängstlich-gequälter Unterton erkennbar bleibt. Gehetzte Depressionen können rasch ablaufen, sie neigen aber deutlich zu *protrahiertem Verlauf*. Vor allem in leichterer Form, in der das Drängen über das Jammern überwiegt, ziehen sie sich gelegentlich über mehrere Jahre hin. Vermutlich zeigen die Kranken auch in ihrem *Temperament*, d. h. völlig außerhalb der Psychose, häufig Züge ängstlicher Unrast, doch reichen für sichere Feststellungen dieser Art meine Untersuchungen nicht aus. Auch über den *Körperbau* habe ich nicht genügend Erfahrungen gesammelt. Die pyknische Konstitution scheint häufig zu sein, man darf sich durch die Abmagerung, welche bei der ängstlichen Unruhe meist entsteht, nicht täuschen lassen.

2. Hypochondrische Depression

Die Unluststimmung bei der gehetzten Depression hat etwas Vitales an sich. Noch mehr reicht die zweite reine Depression, die ich nenne, die hypochondrische, ins Körperliche herein, aber wieder in ganz anderer Art. Dort wirkt das vom Seelischen her so unbeeinflußbare Getriebensein körperlich, hier weisen eigenartige Mißempfindungen unmittelbar auf die körperlichen Organe hin. Der Begriff des Hypochondrischen wird etwas mehrdeutig gebraucht, er bezeichnet einmal Befürchtungen um das körperliche

Wohl, zum anderen aber körperliche Mißempfindungen, für die man keine Organerkrankung verantwortlich machen kann. Nur die letzteren weisen auf die hypochondrische Depression hin, die ersteren kommen auch bei anderen depressiven Zuständen vor.

Die Mißempfindungen der hypochondrischen Depression können auf den ganzen Körper bezogen sein, seine Oberfläche sowohl wie sein Inneres. Die Lokalisation hat aber immer etwas Unbestimmtes an sich, es werden meist größere Gebiete, nicht umschriebene Stellen als verändert angegeben. Ähnlich unbestimmbar sind die Mißempfindungen ihrer Art nach. Über ein Schmerzen, Brennen, Stechen, Bohren, Drücken, Reißen u. a. mehr können die Kranken klagen, aber für die gleiche Mißempfindung nicht nur mit einem von diesen Ausdrücken, sondern vielleicht allen zugleich. Die Mißempfindung kann also keinesfalls eindeutiger Qualität sein. Oft lehnen die Kranken auch alle genaueren Bezeichnungen, die man ihnen vorschlägt ab, und erklären, sie könnten die Empfindungen nicht genauer beschreiben, diese seien den Beschwerden, die sie bei körperlichen Erkrankungen gehabt hätten, nicht ähnlich. Oft suchen sie dann Vergleiche, aus denen hervorgeht, daß die Mißempfindungen wirklich einen ganz eigenen Charakter besitzen müssen, erklären etwa, es sei so, als wäre die Haut aus Gummi, als wäre das Blut elektrisch, als trockneten die Nerven aus, als wäre der Darm verwachsen usw. Auch wenn sie von einem Brennen, Stechen usw. sprechen, fügen sie häufig hinzu, es sei aber ein anderes Stechen, Brennen, als man sonst habe, mehr ein inneres Stechen. Man überzeugt sich nach den Schilderungen der Kranken davon, *daß es sich um Mißempfindungen handelt, die der normale Mensch nicht kennt.* So wie bei den hypochondrischen Schizophrenien Sensationen aus dem Innern des Körpers auftreten, die der Gesunde nicht nachempfinden kann, so geschieht es auch bei dieser Form von Depression. Die Ursache ist in beiden Fällen freilich völlig verschieden. Bei der Depression darf man eine besondere Form der Gefühlsstörung hinter diesen Sensationen vermuten.

Gelegentlich werden Mißempfindungen in die Herzgegend lokalisiert, dann kann die Frage auftauchen, ob es sich nicht um ein ängstliches Beklemmungsgefühl handelt, das wir bei der gehetzten Depression angetroffen haben. Bei der hypochondrischen Depression bleiben die Herzsensationen aber nie isoliert, sondern sind immer von Mißempfindungen sonst am Körper begleitet. Die Frage nach Angst verneinen die Kranken meist, sie können sie jedoch auch bejahen und solche Mißempfindungen der Herzgegend im Auge haben. Ängstlich erscheinen die hypochondrischen Depressiven auch oft durch ihre Unruhe, wenn sie klagend und weinend von ihren Beschwerden sprechen. Es handelt sich aber nie um die qualvoll drängende Unruhe, die wir bei der gehetzten Depression antrafen. Die Neigung zum Jammern ist auch sehr wechselnd; wenn der Affekt tiefer geht, dann werden die Kranken leicht hoffnungslos und klagen weniger. Ihre Unruhe bleibt also psychologisch viel verständlicher als bei der gehetzten Depression.

Psychologisch ist es auch zu verstehen, wenn sich an die Mißempfindungen oft hypochondrische Befürchtungen anknüpfen. Wie schon gesagt, beweisen Befürchtungen um das körperliche Wohl für sich allein nichts, aber man findet sie häufig zusätzlich. Die Beschwerden werden dann nicht nur als solche angegeben, sondern gleichzeitig wird der Verdacht ausgesprochen, ein schweres körperliches Leiden, Krebs, Tuberkulose usw., liege ihnen zugrunde. Manche Kranke neigen dazu, solche Folgerungen anzuschließen, andere nehmen die Mißempfindungen als solche hin und klagen darüber, ohne sich über ihre Entstehung Gedanken zu machen. Eine weitere Ideenbildung fehlt bei der hypochondrischen Depression fast ganz. Es kommt wohl vor, daß sich gewisse Minderwertigkeitsideen andeuten, auch leichte Beziehungsideen kommen vor, aber einen wesentlichen Gefühlswert erreichen diese Ideen nie. Gegenüber den Mißempfindungen und den daran geknüpften Befürchtungen fallen sie nicht ins Gewicht. Auch Sinnestäuschungen können sich andeuten, indem die hypochondrischen Befürchtungen in Stimmen halluzinatorische Form annehmen, doch setzt das wohl eine individuelle Disposition voraus. Niemals werden die hypochondrischen Erlebnisse selbst zu Trugwahrnehmungen, sie werden immer als krankhafte Erscheinungen gewertet, niemals als Beeinflussungen von außen. *Das ist sehr wesentlich zur Abgrenzung gegen die hypochondrischen Schizophrenen*, die sich nicht krank, sondern von außen her belästigt fühlen.

Neben den Mißempfindungen spielen bei der hypochondrischen Depression *Entfremdungserscheinungen* eine Rolle. Wir werden bei der teilnahmsarmen Depression eine Entfremdung der Art kennenlernen, daß die Kranken eine Erkaltung ihres Gefühls, vor allem des Mitgefühls mit anderen Menschen behaupten. Diese Form der Entfremdung kommt bei der hypochondrischen Depression nicht vor, vielmehr handelt es sich um eine Form, die die Beziehung zu den hypochondrischen Beschwerden nicht verleugnen kann. Wenn die Kranken z. B. klagen, ihr ganzer Leib sei innerlich verändert, dann könnte man sogar daran denken, sie wollten damit nur auf ihre Mißempfingungen hinweisen. Bei genauerer Prüfung stellt sich aber oft heraus, daß den Kranken ihr Körper nicht wegen der neuartigen Empfindungen verändert vorkommt, sondern im Gegenteil wegen eines Mangels an Empfindungen. Sie behaupten nämlich, sie spürten ihren Leib, ihre Arme, ihre Beine gar nicht mehr, sie hätten kein Gefühl mehr darin, es sei alles wie tot. Das Körpergefühl scheint also mit den Sensationen und Entfremdungen teils in einem Zuviel, teils einem Zuwenig verändert zu sein. Oft geht die Klage weiter und bezieht die Wahrnehmungswelt ein. Dann erklären die Kranken, sie würden von allen Eindrücken nicht mehr richtig berührt, sie könnten nicht mehr richtig schmekken, tasten, sie könnten Kälte, Wärme, Schmerz nicht mehr richtig wahrnehmen. Wenn die Entfremdung noch weitergeht, dann erscheinen auch die Vorstellungen verändert, die Kranken behaupten, sie könnten sich nichts mehr richtig vorstellen, nicht mehr die Einrichtung ihres Zimmers, nicht mehr das Gesicht eines Menschen, den sie eben erst gesehen. Für den ganzen Körper wird vielfach die Folgerung daraus gezogen, er sei tot, abgestorben, er könne im eigentlichen Sinne gar nicht mehr sterben, weil er schon tot sei. Für sich selbst als Persönlichkeit erscheint vielfach die Schlußfolgerung, sie sei eine andere geworden, nicht mehr sie selbst, die sie früher war. Es entsteht also das Symptom der *Depersonalisation*. In Andeutungen findet man die Entfremdungserscheinungen bei den meisten hypochondrischen Depressionen, sofern diese eine gewisse Tiefe erreichen.

Der Affekt erreicht allerdings ganz allgemein bei der hypochondrischen Depression nicht solche Tiefen wie bei der Melancholie, gehetzten oder selbstquälerischen Depression, obwohl, wie die Mißempfindungen zeigen, zweifellos vitale Schichten der Persönlichkeit ergriffen werden. Oft erscheinen die Kranken mehr wehleidig, klagend als tiefer depressiv. Die Selbstmordneigung ist wesentlich geringer als bei den genannten anderen Formen. Trotzdem beeinträchtigt eine hypochondrische Depression schon in leichterer Form das Allgemeinbefinden erheblich. In schwerer Form ist der Zustand sehr quälend. Ob die Kranken sehr viel oder weniger darüber jammern, hängt sehr von ihrer sonstigen Persönlichkeit ab, *eine Hemmung fehlt aber immer*.

Fall 21. Karl Web, geboren 1908, mußte mit zwölf Jahren einmal für ein halbes Jahr in der Schule aussetzen, weil er so nervös war. Ernstlich erkrankte er 1938, äußerte viele körperliche Beschwerden und kam in die Frankfurter Klinik. Hier klagte er über Herzbeklemmung, Magendrücken, Schwäche und Schwere in den Beinen. Es sei, als ob etwas im Körper wäre, was ihn zusammenzöge. Er habe ein inneres Unruhegefühl, dazu ein taubes Gefühl in den Armen und eine

Schwäche in den Beinen. Er fühle die Gliedmaßen „ungewöhnlich leicht“, als ob er sie ganz leicht in die Luft heben könnte, und dann wieder sei alles so schwer. Ein Knacken und Dehnen gehe durch den Körper, als ob die Haut zerreißen wollte. Web klagte sehr, litt sehr unter seinen Mißempfindungen und war dabei depressiver Stimmung. Bereits nach vier Wochen besserte er sich, klagte weniger und wurde nach Hause geholt. Dort wurde er im Laufe der folgenden Wochen vollends gesund.

Fall 22. Willi Rem, geboren 1893, erkrankte 1942, behauptete, aus Versehen Lysol getrunken zu haben. Seine Speiseröhre sei verbrannt, im Körper seien Abszesse. Er klagte und weinte viel, arbeitete nicht mehr, machte Suicidversuche und kam in die Frankfurter Klinik. Hier jammerte er ständig. Er habe brennende Schmerzen in Brust und Bauch, im Rachen sei eine Entzündung, in den Zähnen steche es, es sei nicht auszuhalten, man möge seinem Leben doch ein Ende machen. Es entwickele sich wohl Krebs in seinem Körper. Rem wurde nach drei Wochen in die Anstalt E. verlegt und klagte hier weiter. Es sei ein Zucken im Leib. Das Essen gäre im Magen. Er werde langsam totgemacht. Manchmal verweigerte er die Nahrung, da er darunter noch mehr Schmerzen bekomme. Auch nachts habe er keine Ruhe. Unter Heilkrampfbehandlung schien es erst etwas besser zu werden, dann kam wieder das alte Jammern. Im Arm, in den Fingern, im Nacken, in der Speiseröhre sei ein Kribbeln. Er habe zu viel Schleimabsonderung in der Speiseröhre und müsse daher immer schlucken. Acht Monate nach seiner Aufnahme in die Klinik und gut ein Jahr nach der Krankheit besserte er sich schnell und konnte geheilt entlassen werden.

Die beiden angeführten Fälle zeigen das charakteristische Bild der hypochondrischen Depression mit der depressiven Stimmung und den merkwürdigen körperlichen Beschwerden. Im zuerst angeführten Fall 21 geht die Verstimmung weniger tief, die Beschwerden sind aber eher reichlicher vorhanden. Sie werden hier als solche hingenommen, quälend empfunden, aber nicht gedanklich verarbeitet. Im Fall 22 dagegen stehen neben den Beschwerden immer wieder die Befürchtungen. Ein inneres Leiden, eine Verbrennung mit Lysol, Krebs, eine abnorme Schleimabsonderung wird vom Kranken als Ursache der Beschwerden vermutet. Er äußert auch die Befürchtung, durch die körperlichen Erscheinungen allmählich zugrunde zu gehen. Die Diagnose einer hypochondrischen Depression stützt sich nicht auf diese Befürchtungen, sondern auf die Mißempfindungen, auf denen sie aufbauen. Die tiefere Depression des zweiten Falles führt zu stärkerem Klagen. Zeitweise besteht hier ernste Selbstmordneigung. Entfremdungserscheinungen deuten sich im Fall 21 dadurch an, daß zeitweise ungewöhnliche Leichtigkeit in den Beinen empfunden wird. Viel deutlicher treten die *Entfremdungen* in den beiden folgenden Fällen hervor:

Fall 23. Elise Günt, geboren 1889, hatte 1933 zum erstenmal einen depressiven Zustand mit Schlaflosigkeit und Darmbeschwerden. 1941 erkrankte sie im Klimakterium wieder, wurde ängstlich, weinerlich und klagte über Darmbeschwerden. Nach einigen Monaten war es wieder besser. 1942 folgte aber erneut eine Depression, die die Kranke in die Frankfurter Klinik führte. Hier klagte sie, sie habe keinen Willen zur Arbeit mehr und leide unter körperlichen Beschwerden. Sie habe das Gefühl, als ob sich im Körper, am meisten zwischen den Schulterblättern, etwas bewege. Im Magen sei ein Druck, im Kopf ein Spannen und Brennen. Der Zustand verschlimmerte sich noch, das Klagen wurde eindringlicher. Es sei ein furchtbares Brennen im Leib, Magen und Darm würden wie zusammengezogen, das Blut brenne, die Haut sei wie Gummi. Das normale Gefühl habe sie dagegen verloren, es sei, als wären die Körpernerven ganz trocken, als arbeitete gar nichts mehr in ihr, als wäre ihr Körper ganz tot. Im Leib und in den Beinen habe sie ein Leeregefühl. Sie könne auch Schmerz, Hitze und Kälte nicht mehr empfinden. Würde man sie nackt in die Winterkälte hinausstellen, sie würde nicht frieren. Ja, sie könne auch nicht mehr sterben, weil in ihr schon alles ausgetrocknet und tot sei. Gerüche und Geschmäcke nehme sie auch nicht mehr richtig wahr; das Sehen und Hören sei dagegen weniger gestört. Sie könne sich aber auch nichts mehr vorstellen, nicht ihren Mann, nicht ihre Bekannte, überhaupt nichts von der Außenwelt. „Ich habe nichts mehr im Bild, ich kann mir in meinem Kopf nichts mehr vorstellen.“ Zeitweise klagte die Kranke wesentlich mehr über diese Entfremdungserlebnisse als über die Mißempfindungen. Der für sie sehr quälende Zustand klang in sieben Monaten ab, dann war Günt frei von Beschwerden, guter Stimmung und wurde entlassen.

Fall 24. Mildred Marsch, geboren 1914, wurde im Herbst 1937 depressiv, im März 1938 verschlimmerte sich der Zustand; der Kranken kam jetzt alles verändert vor, ihr Denken, ihr eigener Körper, die Umwelt. Nichts interessierte sie angeblich mehr, alles war ihr wie in weiter Ferne. Der Körper erschien ihr so leblos, als wenn er nicht mehr ihr gehörte. Dazu kamen viele körperliche Mißempfindungen, Brennen im Körper, Kribbeln im Kopf, Angsgefühl auf dem Herzen, Schmerzen im Rücken. August 1938 wurde Marsch in der Frankfurter Klinik aufgenommen und bestätigte all die Beschwerden und ergänzte dazu, wenn sie selbst spreche, komme es wie aus weiter Ferne, als wäre sie es gar nicht. Sie klagte viel, war oft auch mehr unzufrieden. Nach zwei Monaten wurde sie wieder nach Hause geholt. Der depressive Zustand klang erst nach einem weiteren Jahr ab, als ihr Vater schon hier in Behandlung war. Der *Vater* (ebenfalls Proband) wurde erstmals 1917, als er in England interniert war, depressiv, weinte, klagte über Schmerzen und Brennen unter der Brust und im Rücken. 1937 erkrankte er neuerdings, wurde energielos und klagte über Schmerzen im Rücken, in der Magen- und Herzgegend. Im Sanatorium H. besserte sich der Zustand nicht. Marsch kam daher April 1939 in die Frankfurter Klinik. Hier jammerte er sehr und bat um Hilfe. Im ganzen Körper brenne es, am Hals, Kopf, auf der Brust. Es steche und brenne, wie wenn er von tausend Messern durchstochen würde. Außerdem sei alles schlaff und erlahmt, es komme ihm so vor, als ob sein Körper vom Magen und Darm aus nicht richtig ernährt würde. Im Mai wurde Marsch nach Hause geholt, im Juni kam er wieder. Er klagte wieder über Beschwerden am ganzen Körper, es brenne im Leib, die Schmerzen reichten vom Rücken her durch den Kopf hindurch, auch in den Knochen spüre er es. Oft sei es ihm, als würde vom Rücken her die Brust abgedrückt. Dazu kamen wieder Klagen darüber, daß er kein Empfinden mehr habe, daß alles wie betäubt und an den Beinen und Sehnen alles schlaff sei. Etwas gebessert kam er im August in die Anstalt H. und klagte weiter, er habe Reißen am ganzen Körper. Auch 1940 hielt der hypochondrisch-depressive Zustand an, Marsch klagte, die Schmerzen kaum aushalten zu können. Allmählich besserte er sich aber, er klagte weniger und war schließlich ausgeglichen. Im Oktober 1940 wurde er geheilt entlassen.

Bei der Probandin 23 treten die Entfremdungserscheinungen neben den Mißempfindungen besonders eindrucksvoll hervor, sie erstrecken sich auf den Körperempfindungsbereich, die Sinnesorgane und das Vorstellungsvermögen. Man konnte bei dieser Kranken den Eindruck haben, daß das Hervortreten der Entfremdungserscheinungen den höheren Grad der Krankheit anzeigte. Bei der Probandin 24 schienen diese aber eher früher vorhanden zu sein als die Mißempfindungen, jedenfalls klagte diese Kranke auch in leichter Depression darüber. Eindrucksvoll ist hier die Belastung durch den Vater. Bei ihm stehen die Mißempfindungen ganz im Vordergrund, die Entfremdungen deuten sich nur an. Das entspricht auch meiner sonstigen Beobachtung, daß diese beim Mann wesentlich seltener sind. Ich kenne noch eine zweite Sippe, die nicht zu der hier bearbeiteten Untersuchungsreihe gehört, in der ebenfalls eine Frau an einer hypochondrischen Depression mit sehr eindrucksvollen Entfremdungserscheinungen litt, während ihr Sohn eine hypochondrische Depression ganz ohne Entfremdungserscheinungen durchmachte. In diesem Fall ist noch besonders bemerkenswert, daß der Sohn in seiner Depression anakastische Züge hatte; denn in psychophathischen Zuständen von Entfremdung wird die Erscheinung durch eine übertriebene Selbstbeobachtung, die auf dem Boden einer Zwangskonstitution erwächst, begünstigt. Bei der hypochondrischen Depression ist das anscheinend nicht der Fall. Einer meiner Mitarbeiter (K.-H. Richter[1])

[1] Richter, K.-H.: Ber die Entstehung von Entfremdungserscheinungen bei der hypochondrischen Depression. Psychiat. Neurol. med. Psychol. 20 (1968), 181—184.

konnte feststellen, daß hypochondrische Entfremdungen durch eine affektive Erregbarkeit und eine Introversion des Denkens begünstigt werden.

In manchen Fällen treten neben den hypochondrischen und Entfremdungsideen andere Inhalte in flüchtiger Weise auf. Eine Probandin äußerte wiederholt Selbstvorwürfe; der Inhalt derselben bestand jedoch in der Behauptung der Kranken, sie sei selbst an ihrem Leiden schuld, sie hätte sich anders behandeln lassen sollen. Man kann hier eher von einer Erklärungsidee für die hypochondrischen Beschwerden sprechen. Bei einer anderen Probandin wird von Stimmen und von Eigenbeziehungen berichtet, aber auch hier erkennt man die hypochondrische Depression als Ausgangspunkt, da die Stimmen der Kranken sagten, sie werde all ihre Organe verlieren, aber trotzdem am Leben bleiben. Die Eigenbeziehungen andererseits bestanden darin, daß die Kranke meinte, sie werde von anderen gemieden, weil sie so schrecklich aussehe. Die Stimmen wie die Eigenbeziehungen haben demnach die körperlichen Beschwerden zum Inhalt und zwar teils Entfremdungen, teils Mißempfindungen. Wenn sich die hypochondrischen Erlebnisse in Stimmen kleiden, so hängt das wohl wieder mit einer individuellen Disposition zusammen, wie wir es bei der gehetzten Depression und bei der reinen Melancholie fanden. Die charakteristische Gestalt der hypochondrischen Depression wird durch diese Besonderheiten, die übrigens selten sind, nicht beeinträchtigt. — Das eindeutige Bild ist auch in dem folgenden Fall gegeben, der sich durch einen *chronischen Verlauf* auszeichnet:

Fall 25. Franziska Stil, geboren 1878, erkrankte 1928, als sie im Klimakterium war, sie war schwermütig, klagte über Kopfschmerzen und Magenschmerzen. Nach einem kurzen Aufenthalt in der Kuranstalt K. ging es wieder besser. 1937 kam sie in die Frankfurter Klinik, scheint aber schon längere Zeit vorher wieder krank gewesen zu sein. Sie war klagsam und brachte viele hypochondrische Beschwerden vor. Nach 13 Tagen wurde sie wieder entlassen. Im folgenden Jahr war sie in einer Pflegeanstalt. 1939 kam sie wieder in die Klinik, nachdem sie einen Suicidversuch gemacht hatte. Sie war depressiv, oft aber auch mehr unzufrieden, und klagte ständig. Sie habe Schmerzen am ganzen Körper, könne nicht sitzen und nicht liegen, die Arme seien geschwollen, der Rücken dick, das Genitale jucke, aus dem Scheitel komme der Schmerz heraus, es steche wie mit Nadeln. Sie wurde nach vier Monaten entlassen, kam zwei Monate später wieder und klagte, es sei nicht auszuhalten mit den Schmerzen in den Schultern, Armen, Beinen. Sie war dann eine Zeitlang in einem Altersheim, hielt es aber dort auch nicht aus. 1942 kam sie wieder in die Klinik und klagte jetzt, sie habe furchtbare Schmerzen im Nacken, der ganze Kopf tue weh, in den Beinen sei ein Rieseln, wie wenn innerlich Eis wäre, in den Armen dagegen ein Brennen wie von Feuer, der ganze Körper zittere, die Speiseröhre ziehe es zusammen. Magen und Darm funktionierten nicht mehr, die Speisen blieben tagelang im Magen liegen. Sie war sehr weinerlich und quengelig. Nach sieben Wochen wurde sie in die Anstalt E. verlegt und klagte hier weiter, teils deutlich depressiv, teils mehr nörgelnd. Eine Krampfbehandlung änderte nichts an ihrem Zustand. Ein Jahr nach der Aufnahme scheint sie etwas ruhiger geworden zu sein, die hypochondrischen Klagen schwanden aber nie ganz und waren auch bei der Entlassung zweieinhalb Jahre nach der Aufnahme noch vorhanden.

Eine andere Patientin war bei der Aufnahme in die Frankfurter Klinik schon 5 Jahre krank und bot bei ihrer Entlassung weiter das typische Bild einer hypochondrischen Depression. In beiden Fällen dauerte die Depression jahrelang und heilte möglicherweise überhaupt nicht mehr ab. Bei der zweiten Kranken lautete die Diagnose „hypochondrische Psychopathie", sicher zu Unrecht, denn bis zum Alter von 28 Jahren bot die Kranke nichts Hypochondrisches. Dann erst setzte die Veränderung ein. Es scheint, daß solche Fälle, die als hypochondrische Psychopathien aufgefaßt werden, aber tatsächlich chronische hypochondrische Depressionen darstellen, nicht ganz selten sind. Wenn die Hypochondrie schon seit Jahren besteht, ist es begreiflicherweise oft schwer festzustellen, ob sie von jeher bestand, also konstitutioneller Natur ist, oder ob sie zu einem bestimmten Zeitpunkt unerwartet einsetzte. Ich sah in der Sprechstunde eine Kranke, die eine hypochondrische Depression mit allen Symptomen bot, mit mäßiger Verstimmung und vielen körperlichen Mißempfindungen. Sie war 53 Jahre alt und hatte ihre Depression bereits seit 20 Jahren. Vorher dagegen, also bis zu ihrem 33. Lebensjahr, war sie eine muntere, frische Persönlichkeit ohne jede hypochondrische Neigung. Schon bei der gehetzten Depression stießen wir auf chronische Verläufe, bei der hypochondrischen Depression scheinen sie noch häufiger zu sein. Die Diagnose wird dadurch nicht erschüttert, da die Krankheit auch in jahrelangem Bestehen ihren Charakter in keiner Weise ändert, die Erscheinungen werden nur allmählich etwas milder. Ein Fortschreiten ist nie zu erkennen, die Persönlichkeit bleibt völlig erhalten. Eine Verwechslung mit einer hypochondrischen Schizophrenie ist trotz eines chronischen Verlaufs nicht möglich, einmal weil die Depression hinter allen Klagen immer erkennbar bleibt, zum anderen, weil die Mißempfindungen nie als Beeiflussungen von außen gewertet werden. Bei hypochondrischen Neurosen andererseits fehlt die Depression. Darauf muß man allerdings sehr achten, damit man nicht „sensohypochondrische Neurosen", wie ich sie nenne[1], mit hypochondrischen Depressionen verwechselt.

Die Belastung mit Psychosen ist bei der hypochondrischen Depression, wie wir später sehen werden, besonders gering. Für das Vorliegen einer genotypisch bipolaren Psychose ergab sich auch an Hand der Temperamente bei keiner meiner hypochondrischen Kranken ein Anhalt. Ein manisches Element fand sich weder bei dem Probanden noch bei ihren Verwandten. Meine Mitarbeiterin E. Schulze[2] konnte bei 12 von 15 Fällen hypochondrischer Depression präpsychotisch eine Bereitschaft zu körperlichen Mißempfindungen feststellen.

Zusammenfassung

Die hypochondrische Depression ist durch *körperliche Mißempfindungen* ausgezeichnet, die der Schilderung nach recht eigenartiger Natur sind. Häufig schließen sich daran Befürchtungen um das körperliche Wohl, doch sind nicht diese, sondern nur die Mißempfindungen für die Diagnose wesentlich. In Andeutung meist und in ausgesprochenem Maße nicht selten sind sie mit *Entfremdungserlebnissen* verbunden, die die Körperempfindungen, die Sinneswahrnehmungen und Vorstellungen betreffen. Die Entfremdung aus Mangel an Mitfühlen, wie wir sie bei der teilnahmsarmen Depression finden werden, kommt dagegen bei der hypochondrischen Depression nicht vor. Auch sonstige depressive Inhalte fehlen oder sind höchstens angedeutet. Die Kranken klagen in der Regel sehr über ihre körperlichen Beschwerden, ohne aber eigentliche Erregungen zu zeigen. Der Zustand kann sehr quälend sein, doch wird die ganze Persönlichkeit von der Depression weniger tief ergriffen als bei der Melancholie oder gehetzten Depression. Die Selbstmordneigung ist dementsprechend gering. Nicht selten kommt es zu einem *chronischen Verlauf*, gelegentlich heilt der depressiv-hypochondrische Zustand anscheinend überhaupt nicht mehr aus, ohne daß sich an dem Zustandsbild etwas Wesentliches ändert. *Körperbaulich* sind die hyochondrischen Depressiven wohl vorwiegend pyknisch, doch habe ich keine genaueren Feststellungen getroffen.

---

[1] Leonhard, K.: Individualtherapie der Neurosen. VEB Gustav Fischer, Jena, 3. Aufl. 1981.

[2] Schulze, E.: Persönlichkeitsstruktur bei der hypochondrischen Depression. Psychiat. Neurol. med. Psychol. **20**, 176—181 (1968).

3. Selbstquälerische Depression

Während bei der gehetzten Depression die Unlust im Grunde objektlos ist und bei der hypochondrischen Depression eine Bindung an das körperliche Empfinden besteht, ist die Unlust der selbstquälerischen Depression primär mit höher seelischen Ideen verknüpft. Sie scheint sich sogar in diesen Ideen zu entwickeln. Die depressive Verstimmung braucht zunächst nach außen hin kaum hervorzutreten, die Kranken können mit depressiver Miene still für sich sein. Wenn man gleichgültige Fragen an sie richtet, braucht sich an diesem Verhalten auch noch nichts zu ändern. *Sobald sie aber auf ihre krankhaften Ideen zu sprechen kommen, tritt der Affekt heftig hervor*, mit zunehmender Gequältheit bringen sie ihre krankhaften Überzeugungen vor. In dieser affektiven Spannung ist es schwer, die Kranken abzulenken; wenn es aber gelingt, dann sinkt damit auch der Affekt wieder ab. Die gehetzten Depressionen dagegen sind ohne seelischen Inhalt ebenso gequält wie mit einem Inhalt; wenn sie einförmig nur über ihre fruchtbaren inneren Qualen klagen, sind sie in keiner anderen Verfassung, als wenn sie Versündigungsideen vorbingen. Bei den selbstquälerischen Depressionen dagegen sammelt sich in der Versündigungsidee, in der Minderwertigkeitsidee, in der Angstidee immer von neuem der depressive Affekt. Diese enge Bindung an bestimmte Vorstellungskomplexe zeigt, daß hier eine Gefühlsschicht ergriffen ist, die deutlich höherer seelischer Natur ist als die ergriffene Gefühlsschicht bei der gehetzten Depression und auch bei der hypochondrischen Depression, bei der man kaum von seelischen Inhalten, sondern fast nur von körperlichen Empfindungen sprechen kann.

Die *Angst* spielt auch bei der selbstquälerischen Depression eine große Rolle, aber nur in Form von ganz bestimmten Befürchtungen. Lenkt man die Kranken von diesen ab, dann ist auch keine Angst mehr erkennbar, objektlos ist sie also nicht vorhanden. Sehr betont sind Versündigungsideen und andere Minderwertigkeitsideen. Verarmungsideen spielen in selbständiger Form keine wesentliche Rolle, äußere Verarmung enthält als Idee nicht den unmittelbaren Affektton wie persönliche Bedrohung, Entwertung oder Schuld. Bei der gehetzten Depression kann die Verarmungsidee eher in den Vordergrund treten, da sich hier der Affekt in seiner grundsätzlichen Objektlosigkeit mehr nach äußeren Gesichtspunkten einen Inhalt sucht. Nur in seinem sehr bestimmten Zusammenhang, der ihr einen ungleich tieferen Gefühlston verleiht, kehrt die Verarmungsidee bei der selbstquälerischen Depression immer wieder: Nicht der Kranke selbst soll an Verarmung leiden — das wäre nicht schlimm —, aber seine nächsten Angehörigen sollen davon betroffen werden, die Kinder, die des besonderen Schutzes bedürfen, sollen Not leiden. Hier mischt sich also das Mitleiden mit dem Leiden der Angehörigen ein und führt zu einer charakteristischen Idee der selbstquälerischen Depression.

Man sieht, daß gerade solche Vorstellungen, denen schon normalerweise ein hoher Gefühlswert eigen ist, bei der selbstquälerischen Depression krankhaft überwertig werden. Der Gefühlston ist oft noch dadurch vertieft, daß die Vorstellungen die Extreme zum Inhalt haben. Nicht irgendeine kleinere oder größere Sünde haben die Kranken ihrer Überzeugung nach begangen, sondern die furchtbarste Sünde, die es überhaupt gibt. Sie glauben nicht minderwertig wie mancher andere Mensch zu sein, sondern verächtlicher als jeder, vielleicht verächtlicher als ein Tier. Sie werden ihrer Meinung nach nicht bloß leiden und sterben, sondern die schlimmsten Höllenqualen auszustehen haben, die es nur gibt. Und die Angehörigen müssen, wie sie meinen, all das Furchtbare mit ihnen leiden. In solchen Übersteigerungen erscheinen vielfach die Ideen; die Kranken können sich oft gar nicht genug tun in der Schilderung des Furchtbaren, das sie innerlich bewegt. Wenn man ihnen widerspricht, dann betonen sie erst recht mit Eindringlichkeit, daß alles so sei, wie sie gesagt hätten. Auch von sich aus versuchen sie immer wieder von neuem, den Arzt von der Richtigkeit ihrer Auffassungen zu überzeugen. Durch dieses dauernde Aufrühren der tief depressiven Ideen erscheinen die Kranken in ausgesprochenem Maße *selbstquälerisch*. Es ist, als müßten sie sich immer von neuem durch die schrecklichen Vorstellungen selbst martern.

Viele Ideen sind auch so gestaltet, daß sie gleichzeitig mehrere Gefühlswerte in sich tragen. Gleichzeitig Angstidee und Versüdigungsidee stellt es z. B. dar, wenn die Kranken erklären, ihrer warteten in der Hölle furchtbare Strafen wegen ihrer schweren Sünden; gleichzeitig eine Versüdigungsidee und eine Minderwertigkeitsidee enthält die Äußerung mancher Kranken, ihre bloße Gegenwart müsse ihrer Umgebung ein Greuel sein; Angst, Schuld und Mitleiden gleichzeitig drückt die Idee anderer Kranker aus, durch ihre Schuld werde die ganze Familie eines schrecklichen Todes sterben. Es ist verständlich, daß sich auch durch solche Verbindungen der Gefühlswert der Ideen noch vertieft. Ob bei einem Kranken mehr die eine Art oder mehr die andere Art der Idee im Vordergrund steht, das mag von individuellen Neigungen abhängen. Im allgemeinen überwiegen die Ideen der Selbstentwertung über die Ideen der Angst.

Andere depressive Inhalte als die genannten finden sich bei der selbstquälerischen Depression nicht. Hypochondrische Klagen fehlen. Auch in der Form von Befürchtungen für das körperliche Wohl, wie wir sie nicht nur bei der hypochondrischen, sondern auch bei der gehetzten Depression fanden, kommen sie kaum vor. Entfremdungsideen fehlen der selbstquälerischen Depression ebenfalls, weder wird der Körper als verändert empfunden, noch erschient die Umgebung dem Gefühl ferngerückt. Das Interesse an der Umwelt nimmt allerdings ab, da die Kranken ganz von ihren Ideen erfüllt sind. *Beziehungsideen* können sich insofern andeuten, als manche ihre vermeintliche Verworfenheit aus dem Benehmen und den Worten der Personen der Umgebung bestätigt glauben. Aber schon diese Form von Beziehungsideen, bei denen man fast eher nur von einer Unwertidee sprechen kann, ist bei der selbstquälerischen Depression selten. Ähnlich selten sind *Halluzinationen*, doch kommt es gelegentlich vor, daß die Kranken zu hören oder zu sehen glauben, daß ihre oder ihrer Angehörigen Marterung vorbereitet wird. Wahrscheinlich sind wieder besondere Anlagen im Spiel, wenn sich Beziehungsideen und Halluzinationen andeuten. Im Gesamtbild fallen sie nie ins Gewicht.

Wenn die Kranken ihre Ideen vorbringen, können sie in eine erhebliche Erregung geraten, können klagen, weinen, ihre Behauptungen sogar laut herausschreien. Sie lassen sich auch ungern von ihren Ideen ablenken, doch zeigen sie kein solch hartnäckiges Beharren wie die gehetzt Depressiven. Es fehlt auch das unmittelbare Getriebensein. Wenn sie ihre Ideen wieder einmal mit aller Eindringlichkeit vorgebracht haben, beruhigen sie sich für eine Weile und können dann apathisch in sich versunken sein und sogar gehemmt erscheinen. Eine echte Hemmung liegt aber nie vor, eine kleine Anregung kann genügen, um aus der Apathie wieder eine Erregung entstehen zu lassen. Wie die psychomotorische Hemmung, so fehlt auch die Denkhemmung. Eine Verwechslung mit einer reinen Melancholie ist daher nicht möglich. Dort sind auch die Ideen, die an sich ähnlich sein können, nie so reichlich und in solcher Übersteigerung vorhanden. Immerhin wird man oft an Melancholie erinnert wie denn auch wieder an gehetzte Depression. Dementsprechend haben Wernicke und Kleist mit ihrem Begriff der *Angstmelancholie* sicher größtenteils solche Fälle im Auge. Die *Selbstmordneigung* ist bei der selbstquälerischen Depression wohl etwas geringer als bei der Melancholie, die unmittelbare Gefahr aber größer, weil keine Hemmung der Ausführung der Absicht im Wege steht.

Fall 26. Maria Klin, geboren 1888, erkrankte erstmals 1908 und kam in die psychiatrische Abteilung des Krankenhauses St. Bei der Aufnahme war sie ziemlich aufgeregt, dann lag sie ruhig im Bett. Auf Befragen erzählte sie, sie habe die Sünde wider den Heiligen Geist begangen, der Heiland habe sie verlassen. Sie war öfter ganz verzweifelt über ihre Schuld. Nachts stöhnte sie gelegentlich, bei Tag brachte sie oft jammernd ihre Ideen vor. Nach vier Monaten wurde sie in etwas freierem Zustand entlassen. Zu Hause wurde sie bald vollends frei und blieb es die folgenden Jahrzehnte. Erst 1939 erkrankte sie wieder, klagte über einen ständigen Druck auf der Brust, wollte sich das Leben nehmen, brachte wieder religiöse Ideen vor. Sie kam in die Frankfurter Klinik und erklärte hier, sie sei schlecht, verworfen, von Gott verlassen, ein Heer Teufel stecke in ihr und wolle sie zu Unsittlichkeiten verführen. Sie werde vom Teufel geholt und bestraft. Sie betete viel, brachte jammernd ihre Ideen vor, suchte immer wieder mit neuen Worten ihre Schlechtigkeit zu schildern. Wenn man sie nicht anregte, wurde sie aber ruhig und hielt sich für sich. Sie wurde nach drei Monaten in die Anstalt W. verlegt. Dort war sie zunächst still, sprach fast nicht, hatte einen starr depressiven Gesichtsausdruck. Bei der Exploration setzte aber auch hier eine Erregung ein, klagend wurden die depressiven Ideen vorgebracht. Die Kranke erklärte, sie habe unsittliche Dinge gemacht, und ihre Schwester müsse nun dafür leiden. Wahrscheinlich schlage und foltere man diese, vielleicht sei sie auch hier in der Anstalt. „Das ist schrecklich schrecklich." Es sei furchtbar, daß diese für ihre (der Patientin) Sünden leiden müsse. Wenn sie sich ausgesprochen hatte, verhielt sie sich immer wieder ruhig. Dem Arzt gegenüber, dem sie ihre Ideen vorbrachte, erschien sie meist erregt, die Pflegerinnen dagegen schildern in ihren Berichten fast nur ein ruhiges Verhalten. Nach 6 Wochen wurde sie in die Anstalt G. verlegt. Hier verhielt sie sich die folgenden Monate ganz ebenso, weinte und jammerte, wenn sie ihre Ideen vorbrachte, war sonst depressiv in sich versunken. Fünfviertel Jahr nach ihrer Aufnahme in die Frankfurter Klinik wurde sie rasch frei, korrigierte ihre Ideen und konnte geheilt entlassen werden. Die *Mutter* hatte dreimal in ihrem Leben Depressionen, die den Erkrankungen der Probandin sehr ähnlich gewesen sein sollen. Eine Klinik- oder Anstaltsaufnahme war aber nicht erfolgt.

Man hat bei dieser Patientin das typische Bild der selbstquälerischen Depression vor sich; die Kranke ist völlig von ihren abnormen Ideen erfüllt. Eine andere Kranke rief beschwörend, man dürfe doch ihre Kinder nicht ermorden. Eine Kranke äußerte in extremer Übersteigerung ihrer Ideenbildung, sie habe das Furchtbarste getan, was ein Mensch nur tun könne; das verworfenste Geschöpf sei besser als sie; sie sei gar nicht wert, daß man sie nur ansehe oder anspreche. Manchmal deuten sich bei den Kranken *Beziehungsideen* an. Eine Kranke meinte, sie werde wegen ihrer Schlechtigkeit mit dem Tod bestraft, und behauptete, die Zeitungen seien voll von Berichten darüber. Eine andere Kranke meinte, sie habe durch ihre Sünden ihre Angehörigen getötet und fügte an, *Stimmen* hielten ihr die Sünden vor und kündigten ihr den Tod an. Es ist erkennbar, daß Beziehungsideen und Phoneme keinen eigenen Krankheitswert haben, sondern nur Ausdruck der schweren Schuldgefühle sind.

Chronische Verläufe scheinen bei der selbstquälerischen Depression kaum vorzukommen. Ich habe Chronizität nur einmal bei einer älteren Frau beobachtet. *Suicide* kamen in den Familien meiner Fälle vor, aber seltener als bei der reinen Melancholie und bei der gehetzten Depression. Ob das vielleicht nur zufällig ist, kann ich nicht sagen, bei den Probanden selbst war die Selbstmordneigung groß.

Zusammenfassung

Im Mittelpunkt der selbstquälerischen Depression stehen krankhafte Ideen, welche Selbstvorwürfe, Selbstentwertungen, Angst um die eigene Person und mehr noch um die Angehörigen zum Inhalt haben. *An den Ideen scheint sich der krankhafte Affekt immer wieder erst zu entwickeln.* Häufig gehen die Ideen ins Extrem, die Kranken übersteigern sich dann geradezu in ihren Behauptungen, die schlechtesten und verächtlichsten Menschen zu sein und furchtbar bestraft zu werden. In selbstquälerischer Weise kommen sie immer wieder auf ihre Ideen zurück und suchen andere von ihrer Richtigkeit zu überzeugen, wobei sie in Erregung geraten. Wenn jedoch eine Anregung, die Ideen zu äußern, fehlt, dann verhalten sie sich ruhig, erscheinen in sich versunken und hängen wohl still ihren Ideen nach. Ein Getriebensein, wie es den gehetzten Depressionen eigen ist, fehlt; es besteht andererseits auch keine Hemmung. Aus einem apathisch-ruhigen Verhalten kann jederzeit eine Erregung werden, wenn die Ideen zur Sprache kommen. *Körperbaulich* tritt bei der selbstquälerischen Depression der leptosome Habitus vielleicht nicht so sehr zurück wie bei anderen depressiven Erkrankungen.

4. Argwöhnische Depression

Schon bei den bisher beschriebenen Depressionen sind wir gelegentlich auf Beziehungsideen gestoßen, doch erschienen sie immer nur flüchtig, besaßen keine selbständige Stellung, sondern ließen sich aus anderen depressiven Ideen, die viel mehr hervortraten, verstehen. Ganz anders ist es bei der argwöhnischen Depression. Hier beherrschen die Eigenbeziehungen neben der gedrückten Stimmung das Bild. KLEIST hat eine „*depressive Beziehungspsychose*“ unterschieden, während ich selbst eine Zeitlang glaubte, die Fälle gehörten alle zur Angstpsychose.

Wie sich die Verstimmung der selbstquälerischen Depression immer wieder in den Minderwertigkeitsideen zu erneuern scheint, so die argwöhnische Verstimmung in den *Eigenbeziehungen*. Dazu kommen gelegentlich *akustische Trugwahrnehmungen*, die allerdings meist gar nicht von Beziehungsideen zu trennen sind, denen sie ihrem Inhalt nach völlig entsprechen. Meist hören die Kranken nur aus wirklichen Gesprächen etwas Falsches heraus. Echte Halluzinationen kommen aber sicher vor.

Die Beziehungsideen zeigen immer eine *depressive Grundlage*; mit Gedrücktheit und Ängstlichkeit machen die Kranken ihre abnormen Beobachtungen, nicht mit Gereiztheit und Feindlichkeit, wie es bei den schizophrenen Beziehungsideen die Regel ist. Der Idee selbst sieht man freilich nicht immer an, auf welchem Boden sie erwachsen ist. Wenn ein Kranker beobachtet, daß sich die anderen Leute mit Verachtung von ihm abwenden, so kann er von einem feindseligen Affekt gegen seine Umgebung beherrscht sein, er kann aber auch umgekehrt in den vermeintlichen Angriffen der Umgebung nur die berechtigte Reaktion auf sein eigenes Verschulden sehen. In dieser zweiten Form deuten sich die Beziehungsideen gelegentlich, wie wir sahen, bei der selbstquälerischen Depression an. Bei der argwöhnischen Depression sind sie ähnlich gestaltet, doch tritt der depressive Hintergrund nicht immer so klar zutage, da die Depression an sich nicht so tief geht. Aber immer ist doch der argwöhnisch Depressive leidend, nicht streitend.

Der genauere depressive Inhalt der Beziehungsideen kann verschieden sein. Im eben gegebenen Beispiel drückt er ein Gefühl der Schuld aus. Das ist bei der argwöhnischen Depression sehr häufig. Der Unterschied gegenüber einer eigentlichen Versündigungsidee besteht dann darin, daß sich der krankhafte Inhalt von Anfang an in Beziehung zu den Vorgängen der Umgebung entwickelt. Das ist das Kennzeichen der gesamten Ideenbildung bei der argwöhnischen Depression. Demgegenüber ist es von untergeordneter Bedeutung, ob der depressive Inhalt sonst mehr diese oder jene Gestalt hat. Neben dem Gefühl der Minderwertigkeit und der Schuld spielt die Angst eine große Rolle, dann wird aus dem Benehmen der anderen Menschen eine Bedrohung erschlossen. Auch manches andere, was den Menschen affektiv bewegt, kann zum Inhalt der Beziehungsidee werden, Unglück der Familie, Verlust der Stellung, des Besitzes. Man sieht, daß es sich hier um sekundäre Ausgestaltungen handelt, die individuell verschieden sind. Primär ist nur die Tatsache, daß die Vorgänge der Umgebung mit depressiven

Gefühlen aufgefaßt und entsprechend mißdeutet werden. Die Depression ist demnach an intellektuelle Vorgänge geknüpft. Das zeigt, daß hier eine recht hohe Gefühlsschicht krankhaft ergriffen sein muß, eine Schicht, die nicht im Körperlichen ruht, sondern den intellektuellen Vorgängen zugeordnet ist.

Dem entspricht es, daß die Depression an Gefühlstiefe deutlich hinter den bisher besprochenen Formen zurückbleibt. Andererseits darf aber die Verstimmung nicht in den Hintergrund treten, der Argwohn darf nicht das Gesamtbild beherrschen, der Zustand muß immer der einer Depression bleiben, wenn die Diagnose zu Recht bestehen soll. Die Selbstmordneigung ist bei der Argwöhnischen Depression auch keineswegs gering.

In der Untersuchung erscheinen die Kranken in erster Linie depressiv, sie sind still gedrückt oder auch mehr ängstlich, je nachdem, ob sie sich vorwiegend verachtet und entehrt oder mehr bedroht fühlen. Es kann auch zu leichteren ängstlichen Erregungen kommen. Tiefe Angstzustände mit stärkerer Erregung deuten dagegen, sofern sie mit Beziehungsideen einhergehen, auf die Angstpsychose hin. Auch ein rascher Wechsel zwischen verhältnismäßig freiem Verhalten und starker Angst spricht für Angstpsychose, denn die argwöhnische Depression stellt, wie alle reinen Formen, einen mehr gleichmäßigen Zustand dar, der nur reaktiv schwankt, aber nicht den groben Wechsel der zweipoligen Krankheiten zeigt. Im häuslichen Milieu bietet die argwöhnische Depression eher als in der Klinik Erregungen ängstlicher Färbung, da dort die wechselnde und oft ungeeignete Behandlung leicht heftigere Reaktionen auslöst.

Fall 27. Anna Mül, geboren 1909, erkrankte 1942, wurde ängstlich, meinte, wenn Leute zusammenstanden, sie sprächen über sie, sagten, sie habe gestohlen und sei schlecht. Da sie mit ihren beiden Kindern ins Wasser gehen wollte, kam sie in die Frankfurter Klinik. Hier erklärte sie, man beschuldigte sie zu Unrecht; sie habe zwar einmal im Geschäft zuviel Geld herausbekommen, sei aber gleich noch einmal hingegangen und habe es gemeldet. Trotzdem bediene man sie in den Geschäften jetzt schlecht und werfe ihr Diebstahl vor. Alle Leute hätten sie komisch angesehen, in der Zeitung habe schon etwas von ihr gestanden, hier in der Klinik heiße es auch: „Verbrecher“. Auf die Frage, ob sie es wirklich gehört habe, weicht sie aus: „Ich weiß nicht, die stehen immer zusammen, ich habe doch niemand umgebracht.“ Zu Hause habe sie immer gemeint, sie werde abgeholt, sie sei schließlich ihrer Angst nicht mehr Herr geworden und daher mit ihren Kindern in den Main gegangen. Ihr Mann wolle sie wohl auch los sein, um eine andere heiraten zu können. Mül war anfangs recht erregt, bat um Hilfe, drängte nach Hause, später hielt sie sich mehr zurück. Nach einem viertel Jahr klang der ängstliche Zustand ab. Mül wurde entlassen. Zu Hause war sie erst noch etwas ängstlich und mißtrauisch, dann unauffällig. 1943 erkrankte sie von neuem. Der Ehemann, der sich tatsächlich von ihr scheiden lassen wollte, berichtete nun von Eifersuchtsszenen, bei der Kranken selbst trat vor allem wieder die Depression hervor. Sie ging vor der Aufnahme wieder mit ihren beiden Kindern ins Wasser, doch wurden alle gerettet. In der Klinik bestätigte sie, daß sie sterben wolle, das Leben habe doch keinen Sinn mehr für sie, und ihre Kinder wolle sie nicht allein zurücklassen. Die Leute hätten ihr dauernd nachgestellt, weil sie in der Nervenklinik gewesen sei. Immer heiße es: „Idiot“. Sie habe auch einmal eine Äußerung gegen Hitler getan, das wüßten jetzt alle. Mül war auch diesmal recht ängstlich und gequält. Sie wurde nach vier Wochen in die Anstalt W. verlegt. Hier weinte sie, erklärte, an ihr sei nichts mehr zu retten, sie habe immer Angst vor der Polizei, vielleicht sei alles eine Strafe, weil sie nicht viel in die Kirche gegangen sei. Nach einem viertel Jahr, d. i. Anfang 1944, klang die Depression wieder ab. Mül klagte nicht mehr, korrigierte ihre depressiven Ideen, wurde in einem Anstaltshaushalt beschäftigt, da der Mann sie nicht abholte. August 1944 machte sie eine leichte Verstimmung durch, die rasch abklang. 1945 und Anfang 1946 machte sie wieder Depressionen durch, die wenig beschrieben werden, aber immer mit Beziehungsideen einhergingen. Dann blieb der Zustand gut. Mül war fleißig, ausgeglichener Stimmung und wurde im Juli 1946 nach Hause entlassen. Ihr *Vater* erkrankte 1927, wurde depressiv, glaubte sich von seinem Geschäftsführer in einem landwirtschaftlichen Betrieb gedrückt. Nachdem dieser Zustand schon monatelang in milder Ausprägung bestanden hatte, stieg die Depression im August an, der Kranke glaubte, er könne sein Korn nicht mehr einbringen, die Leute wollten ihm etwas wegnehmen, hielt sich den ganzen Tag ohne Kopfbedeckung in der prallen Sonne auf dem Feld auf, kam dann verwirrt nach Hause, und mußte in die Anstalt L. gebracht werden. Hier war er zeitlich und örtlich desorientiert, perseverierte, wehrte ab und hielt krampfhaft Vorübergehende fest. Auf die Beine gestellt ließ er sich zusammensinken, die Nahrung mußte ihm mit der Sonde eingeführt werden. Nach acht Tagen besserte sich der Zustand, die Desorientierung hielt aber noch an. Auch die Personen der Umgebung verkannte er, jetzt teilweise im ängstlichen Sinn, indem er glaubte, ein Richter sei im Saal. In der Folgezeit wurde er rasch vollends frei und erwies sich jetzt als amnestisch für die ganze Zeit der akuten Erkrankung. Er erinnerte sich noch, daß er in der Sonne auf dem Feld war, alles Weitere hatte keine Erinnerung in seinem Gedächtnis hinterlassen. Er war jetzt unauffällig, auch von depressiven Erscheinungen wird nichts mehr berichtet. Sechs Wochen nach der Aufnahme wurde er entlassen mit der Diagnose: Amentia, hervorgerufen durch starke Sonnenbestrahlung. Zu Hause blieb er gesund, auch seine vor der Amentia vorhandene Ängstlichkeit scheint nicht mehr aufgefallen zu sein. 1939 wurde er nachuntersucht und unauffällig befunden.

Bei dieser Patientin tritt das Bild der argwöhnischen Depression sehr eindrucksvoll hervor. Die Kranke ist depressiv, sogar in einem Grad, daß sie mit ihren Kindern ins Wasser gehen will; ihre depressiven Ideen kleiden sich aber alle in die Form von Beziehungsideen. Sie hat Befürchtungen und Versündigungsideen, doch treten beide nicht einfach als solche hervor, sondern es werden ihr in den Reden der Leute, in Andeutungen der Zeitung Verbrechen vorgeworfen und Bestrafungen in Aussicht gestellt. Wahrscheinlich hatte auch ihr Vater eine argwöhnische Depression, er fühlte sich von seinem Geschäftsführer gedrückt und zog sich in seiner Angst, die Leute würden ihm sein Korn nehmen, wenn er es nicht beschleunigt einbringe, einen Sonnenstich zu. Der kurze amentielle Zustand in der Anstalt, der eine völlige Amnesie hinterließ, war jedenfalls eindeutig exogener Natur. Die endogene Psychose, die vorher bestand, scheint durch die exogene Einwirkung unterbrochen worden zu sein, wie man es ja ähnlich nicht nur nach den therapeutischen Schocks, sondern auch nach anderen Einwirkungen auf das Gehirn, etwa Strangulationsversuchen, beobachtet.

Bei der Häufigkeit, mit der das Beziehungssyndrom auch bei anderen Psychosen als bei der argwöhnischen Depression vorkommt, ist die Differentialdiagnose oft schwierig. Das gilt erst recht, wenn der Verlauf keine eindeutige Heilung aufzeigt. Und doch widerlegt ein *chronischer Verlauf* noch keineswegs das Vorliegen einer argwöhnischen Depression, wie in Parallele zu chronischen Verläufen anderer reiner Formen zu vermuten ist und wie folgender Fall zeigen soll:

Fall 28. Hans Ler, geboren 1902, wurde 1936 ängstlich und mißtrauisch, glaubte, die Leute sähen ihn für minderwertig an, machte einen Suicidversuch und kam Juni 1936 in die Klinik H. Hier klagte er von sich aus darüber, daß er alles auf sich beziehen müsse; wenn er eine Uhr sehe, müsse er denken: „Deine Uhr ist abgelaufen“. Unter anderem glaubte er, man wolle ihm ein Verbrechen zur Last legen, hörte auch Stimmen ähnlichen Inhalts und machte sich selbst Vorwürfe, daß er über seine Verhältnisse gelebt habe. Er war gedrückter Stimmung und machte einen Erhängungsversuch. Dezember 1936 wurde er entlassen, ohne wesentlich gebessert zu sein. Er blieb auch zu Hause ängstlich und mißtrauisch, bezog weiter harmlose Dinge auf sich, glaubte, alles geschehe seinetwegen. Im November 1937 wurde er in der Kuranstalt M. aufgenommen. Hier klagte er, jedermann verlange von ihm, er solle sich töten. Er fühle sich bespitzelt und deutete harmlose Bemerkungen von Mitkranken wahnhaft um. Januar 1938 wurde er wieder entlassen. Das Gefühl, beobachtet zu werden, blieb auch weiterhin bestehen. Er glaubte immer, die Leute wollten ihm durch Bewegungen und Zeichen etwas andeuten. Er konnte aber trotzdem wieder als Finanzbeamter tätig sein. Juli 1939 kam er zur Begutachtung in die Frankfurter Klinik.

Hier erklärte er, er sehe noch manchmal, daß Leute gegen ihn Zeichen machten. Er komme nicht von dem Gedanken los, daß man ihm nicht gut gesinnt sei. Aus den Unterhaltungen seiner Kollegen höre er Unfreundlichkeiten heraus. Seine Stimmung sei immer noch gedrückt, manchmal möchte er noch seinem Leben ein Ende machen.

In diesem Fall liegt ganz das Bild einer argwöhnischen Depression vor. Minderwertigkeitsideen, Selbstvorwürfe, Befürchtungen treten in Gestalt von Eigenbeziehungen hervor. Die Stimmung ist erheblich gedrückt, es kommt zu mehreren ernsten Selbstmordversuchen. Die Psychose nimmt aber einen chronischen Verlauf; der Zustand wird zwar allmählich milder, aber er heilt nicht ab. Hat man schon bei einem akuten Beziehungssyndrom an eine beginnende Schizophrenie zu denken, so natürlich noch viel mehr wenn die Psychose nicht abklingt. Aber bei Schizophrenien, die mit Beziehungsideen depressiver Art beginnen, geht die Depression meist bald in eine feindselige Gereiztheit über. Wir werden das besonders bei der affektvollen Paraphrenie finden. Man beobachtet bei Schizophrenien dagegen nicht, daß eine depressive Verstimmung chronisch bestehen bleibt und immer nur von Beziehungsideen depressiven Inhalts, d. h. der Minderwertigkeit, der Versündigung, der Befürchtung, begleitet wird. Der chronische Verlauf erscheint auch gar nicht mehr auffällig, wenn man sich an das erinnert, was wir bei anderen reinen Depressionen gefunden haben. Es handelt sich um eine Eigenart, die den reinen Formen mehr oder weniger allgemein zukommt.

In den Familien argwöhnisch Depressiver war mehrmals eine Neigung zu *Mißtrauen* zu beobachten, was wohl auf eine Bereitschaft zur argwöhnischen Depression hinweist. Wahrscheinlich kann auch hier die Wesensart eine Art Verdünnung der eigentlichen Psychose darstellen. *Selbstmord* findet sich bei mehreren Probanden, er scheint bei der argwöhnischen Depression verhältnismäßig häufig zu sein.

Zusammenfassung

Bei der argwöhnischen Depression verbinden sich mit gedrückter oder auch mehr ängstlicher Verstimmung Beziehungsideen, die depressive Inhalte haben. Aus den Vorgängen der Umgebung entnehmen die Kranken Hinweise dafür, daß sie für minderwertig oder sündig gehalten werden oder daß ihnen etwas Schlimmes bevorsteht. Neben den Eigenbeziehungen geben gelegentlich auch Stimmen die depressiven Inhalte wieder. Wie andere reine Depressionen nehmen hin und wieder auch die argwöhnischen einen chronischen Verlauf. Wenn die Verbindung depressiver Verstimmung mit Eigenbeziehungen depressiven Inhalts bleibt, besteht kein Anlaß, die Diagnose zu ändern. Bei kürzerer Beobachtung kommen aber Verwechslungen mit Beziehungssysdromen anderer Genese leicht vor. Die Selbstmordneigung ist bei der argwöhnischen Depression anscheinend ziemlich groß. In den Sippen finden sich mißtrauische Temperamente, die wohl der argwöhnischen Depression als Eigenarten normaler Breite entsprechen. Körperbaulich scheint, wie ich aber nur eindrucksmäßig sagen kann, der leptosome Habitus nicht selten zu sein.

5. Teilnahmsarme Depression

Bei der hypochondrischen Depression war ausführlich von Entfremdungserscheinungen die Rede, die sich auf die Wahrnehmungen des eigenen Körpers und der Umwelt bezogen. Eine ganz andere Form von Entfremdung habe ich jetzt darzustellen. Von „*Entfremdungsdepression*“ im Sinne Kleists könnte man daher in zweifacher Bedeutung sprechen. Die Entfremdung, die jetzt zur Sprache kommt, hat mit der hypochondrischen Form von Entfremdung nichts zu tun, vielmehr scheint hier eine Art Erkaltung des Gefühlslebens einzutreten, weniger objektiv erkennbar als subjektiv in sehr unlustvoller Weise empfunden. Einen Mangel an Gefühl haben die immer erneuten Klagen der

Kranken zum Inhalt. Bei der Melancholie haben wir diese Entfremdung schon angetroffen, doch geht sie dort nur in andere depressive Symptome mit ein. Bei der teilnahmsarmen Depression dagegen beherrscht sie das ganze Krankheitsbild. Je tiefer triebhaft oder körperlich die Gefühle sind, desto weniger werden sie von der Entfremdung ergriffen, je höher und feiner sie sind, desto mehr leiden sie. So klagen die Kranken nicht darüber, daß etwa Hunger, Durst, Wollust, Kälte, Schmerz u. a. die richtige Gefühlsstärke verloren hätten, sondern darüber, daß Freude und Leid sie nicht mehr berührten. Es scheinen gerade die Gefühle zu sein, die seelischer Natur sind, d. h. Regungen, die erst durch höhere menschliche Verarbeitung des Erlebens entstehen. Eine besonders hohe Gefühlsschicht ist demnach ergriffen. Je egoistischer Gefühle sind, desto leichter mischen sich tiefere, d. h. mehr körperliche Regungen bei, desto besser bleiben sie daher erhalten, je altruistischer die Gefühle sind, desto höher seelisch sind sie, desto eindeutiger werden sie von der teilnahmsarmen Depression ergriffen. Das *Mitfühlen* in der Freude und im Leid ist dementsprechend bei der teilnahmsarmen Depression besonders stark verändert. Die Kranken klagen darüber, daß ihnen alles gleichgültig geworden sei, daß sie von nichts mehr berührt würden, sie klagen aber noch verstärkt darüber, daß sie für die anderen Menschen, für ihre Angehörigen, ihre Kinder kein warmes Gefühl mehr aufbrächten, sich nicht mehr mitfreuen und nicht mehr mitleiden könnten. Der Begriff der *Teilnahmsarmut* bringt diesen Tatbestand zum Ausdruck, er läßt an den Mangel an seelischer Anteilnahme an den Geschehnissen überhaupt denken, insonderheit aber an die Anteilnahme im Sinne des Mitfühlens. Die Bezeichnung ist genauer als der Begriff der Entfremdung, der nichts darüber aussagt, in welchem Sinne denn etwas, was früher nahe war, jetzt fremd erscheint. In höheren Graden führt die Teilnahmsarmut leicht zur „*Depersonalisation*", indem die Kranken sagen, sie seien nicht mehr die gleichen Menschen wie früher, denn sie hätten ja jedes Gefühl verloren. Die Depersonalisation kann aber auch, wie wir sahen, aus der hypochondrischen Form von Entfremdung entstehen. Wieder anders ist die Entfremdung bei Psychopathen oder in Dämmerzuständen zu werten.

Die Erkaltung des Gefühls bei der teilnahmsarmen Depression ist zunächst rein subjektiv, von den Kranken selbst behauptet, objektiv stellt man sie nicht fest. Die Kranken sorgen sich eher übertrieben als zu wenig um ihre Angehörigen. Vielleicht zeigt sich aber darin das Bemühen, in Taten und in Worten das an Fürsorge zu ersetzen, was sie in ihrem Gefühl ihrer Angabe nach nicht mehr besitzen. Berücksichtigt man das, so wird man doch auch objektiv eine gewisse Teilnahmslosigkeit finden. In der Klinik beobachtet man, daß sich die Kranken wenig um ihre Umgebung kümmern und anscheinend auch affektiv wenig davon berührt werden. Von den Angehörigen hört man, daß sie zu Hause interessearm gewesen seien, daß sie sich auch wirklich um nichts mehr gekümmert hätten, daß man sie auf alles habe aufmerksam machen, zu allem habe schieben müssen.

Man könnte meinen, es handle sich dabei vielleicht um eine Hemmung, wie sie melancholischen Kranken eigen ist. Das ist aber nicht der Fall. Wenn die Kranken auf ihre Entfremdungserscheinungen zu sprechen kommen, dann können sie sehr lebhaft werden, können mit Hast und Gequältheit klagen, wie es bei der echten Hemmung niemals vorkommt. Die Verarmung an Initiative ist also wohl die Folge der Teilnahmsverarmung. Auch nach den Äußerungen der Kranken ist dieser Zusammenhang gegeben. Mit der Klage über einen *Mangel an Gefühlen* verbindet sich regelmäßig die Klage über einen *Mangel an Willen.* Die Kranken erklären nicht so wie Melchancholische, daß sie nicht mehr leistungsfähig seien, nichts mehr fertigbrächten, sondern sie geben meist direkt an, es fehle ihnen der Wille. Sie scheinen diesen Mangel ebenso unmittelbar zu empfinden wie den Mangel an Gefühl. Vermutlich handelt es sich im Grunde genommen um das gleiche Symptom. Die höheren seelischen Gefühle, die bei der teilnahmsarmen Depression gestört sind, stellen gleichzeitig einen Ausgangspunkt für den höheren Willensantrieb dar.

Von manchen Kranken wird der Mangel an Willenskraft mehr betont als der Mangel an Gefühl. Ihr äußeres Verhalten ist deshalb nicht anders. Solange man sich mit den Kranken nicht eigens beschäftigt, sind sie eher still, arm an Antrieb, wenn man sie aber anregt und nach ihrem Ergehen fragt, dann werden sie fast immer klagsam und können dann sogar heftig über ihren quälenden Zustand jammern. Sie erinnern so an die selbstquälerischen Depressiven, die auch aus ihrem mehr apathischen Verhalten heraus zu erregtem Klagen übergehen können, wenn man sie nach ihren Beschwerden fragt. Freilich so erregt wie die Selbstquälerischen werden die Teilnahmsarmen nie.

Auf der Senkung des Willens mag es beruhen, daß sich bei manchen Kranken ein *Grübelzwang* andeutet. Andere Symptome können sich in loser Form hinzugesellen. Die meisten Kranken machen sich über ihre Gefühlserkaltung Vorwürfe. Das ist wohl psychologisch zu erklären. Auch Beziehungsideen deuten sich gelegentlich an, indem sich andere vorwurfsvoll zeigen sollen, wesentlich werden sie nie. Eine Angst fehlt der teilnahmsarmen Depression, die Stimmung ist vielmehr die eines einfachen Gedrücktseins, das sich bis zu einer inneren Gequältheit steigern kann. Häufig ist eine *Selbstmordneigung* vorhanden, wenn es auch in der Regel nicht zu ernsten Selbstmordversuchen kommt. Meist geht die teilnahmsarme Depression doch nicht allzusehr in die Tiefe. Das könnte damit zusammenhängen, daß nach der Angabe der Kranken ja nicht nur die Freude, sondern auch der Schmerz mit geringerer Gefühlstiefe empfunden wird.

Letzteres unterscheidet die teilnahmsarme Depression von den anderen reinen Depressionen, denn bei all diesen verlieren wohl Lustgefühle an Tiefe, aber in keinem Fall findet man sonst die Angabe, daß auch Unlust vermindert empfunden werde. Diese Eigenart hängt sicher mit der Besonderheit der Gefühlsschicht zusammen, die bei der teilnahmsarmen Depression ergriffen ist. Im Für und Wider des höheren Denkens schwanken diese höheren Gefühle ebenso wie Willensregungen hin und her und nehmen an Tiefe zu. Fällt der lustvolle Pol aus, so erlahmt damit auch der unlustvolle Gegenpol. Genaueres darüber habe ich in meiner „Biologischen Psychologie“[1] dargestellt. Bei der reinen Melancholie sind alle Schichten des Gefühls betroffen; daher kann man hier, wenn auch wenig eindrucksvoll, ähnliche Angaben wie bei der teilnahmsarmen Depression finden.

Die Zahl der Fälle in meiner Untersuchungsreihe ist, wie wir später sehen werden, wesentlich niedriger als die der anderen reinen Depression. Ob das auch dem objektiven Vorkommen entspricht oder ob diese Kranken vielleicht nur seltener der Klinik zugeführt werden, weiß ich nicht.

Fall 29. Nikolaus Traut, geboren 1906, fühlte sich 1937 zum erstenmal bedrückt und war bei einem Nervenarzt in Behandlung. 1940 erkrankte er ernstlich und kam in die Frankfurter Klinik. Hier klagte er darüber, es sei ihm, als ob er innerlich nichts mehr wäre, als ob er nichts mehr erleben könne. Er komme sich ganz nutzlos vor, denn er interessiere sich für nichts mehr, alles sei ihm gleichgültig, auch für seine Angehörigen bringe er kein Gefühl mehr auf. Freude und Trauer erlebe er nicht mehr. Es wäre ihm lieber, gar kein Leben mehr zu haben, als eines, das doch keines sei. Es würde auch nichts an seinem Zustand ändern, wenn er auf den Mond ginge, die „große Leere“ in seinem Innern würde doch bleiben. Der Kranke verhielt sich still, zeigte wenig Teil-

[1] Leonhard, K.: Biologische Psychologie. Barth, Leipzig, 4. Aufl. 1966; Barth, Frankfurt a. M., 5. Aufl. 1972.

nahme an seiner Umgebung, wurde aber lebhafter, wenn er sich über seine innere Leere aussprach. Nach etwa fünf Monaten ging die Depression zurück, die Lust zur Arbeit erwachte und Traut konnte in ausgeglichenem Zustand entlassen werden. Der *Vater* hatte mehrmals in seinem Leben Depressionen, in denen er pessimistisch in die Zukunft sah und sich leistungsunfähig fühlte. Die Verstimmungen gingen immer wieder vorüber, ohne daß eine Anstaltsaufnahme erfolgte.

Fall 30. Maria Web, geboren 1878, war 1927 zum erstenmal depressiv und kam in ein Sanatorium. Eine Krankengeschichte ließ sich nicht finden. Nach zehn Monaten klang die Verstimmung wieder ab. 1941 machte Web wieder eine kurze Verstimmung durch. 1942 erkrankte sie ernster und kam in die Frankfurter Klinik. Hier gab sie an, lebensüberdrüssig zu sein und sich viel Sorgen zu machen. Vor allem aber klagte sie darüber, daß sie nicht mehr das richte Empfinden habe. Es sei ihr einerlei, ob sie lebe oder nicht, sie könne sich nicht mehr freuen und nicht mehr traurig sein. Sie könne auch mit ihrem Sohn, der erst kürzlich aus dem Konzentrationslager zurückgekommen sei, nicht mehr richtig mitfühlen. Es sei, als ob in ihr etwas gestorben wäre. Auch ihre Willenskraft habe sie verloren, zu einem Entschluß komme sie nicht mehr. Sie mache sich über all das Vorwürfe, vor allem über ihr Verhalten zum Sohn, aber sie könne trotzdem nicht anders sein. Die Kranke war vorwiegend still, hielt sich für sich, klagte aber lebhaft, wenn man sich mit ihr beschäftigte. Nach drei Monaten besserte sich der Zustand, so daß die Entlassung erfolgen konnte. Ein Jahr später stellte sie sich in der Klinik vor und war völlig ausgeglichen. Eine *Schwester*, die immer etwas ängstlich war, machte alle paar Jahre eine Depression durch, in der sie sich, wie es heißt, ähnlich verhielt wie die Probandin. Eine genauere Beschreibung wurde nicht gegeben, Anstaltsaufnahme erfolgte bei keiner der Phasen.

Die beiden Patienten zeigen das chrakteristische Bild der teilnahmsarmen Depression. Die subjektive Gefühlsverarmung und die Entschlußerschwerung treten eindrucksvoll hervor. Von ungewöhnlichen Zügen ist bei der teilnahmsarmen Depression auch sonst kaum etwas zu berichten. Eine Patientin mußte immer *grübeln*, wie ihre Zukunft sein werde, mußte zwanghaft immer daran denken, ob sie sich zusammen mit ihrem Kind das Leben nehmen solle. Im Hintergrund dieser Erscheinung war die teilnahmsarme Depression nicht zu übersehen; denn vordringlich klagte die Patientin darüber, daß sie für ihren Mann und ihr Kind kein Gefühl mehr aufbringe; sie klagte sich in diesem Zusammenhang der „Gemütsrohheit“ an. Es deuten sich damit *Selbstvorwürfe* wegen der subjektiv empfundenen Gefühlserkaltung an. Auch *Beziehungsideen* können in einem ähnlichen Zusammenhang flüchtig erscheinen.

In besonders eindrucksvoller Weise zeigt folgender Fall das Bild der teilnahmsarmen Depression. Ich führe ihn aber nicht deshalb, sondern wegen des chronischen Verlaufs an:

Fall 31. Alfred Puck, geboren 1909, war 1931 erstmals beim Nervenarzt, der nichts Krankhaftes fand. 1932 war er wegen nervöser Erschöpfung und seelischer Depression in einem Kurort. Die folgenden Jahre arbeitete er, aber ohne Freude, „ohne jedes innere Gefühl“. So etwas wie „Schwingen der Seele“ war bei ihm nicht vorhanden. 1937 „löschte das Lebenslicht völlig aus“. Er war jetzt, wie er angab, völlig gefühllos, er brachte nicht einmal mehr die innere Spannkraft auf, traurig zu sein. Er hatte das Gefühl, daß er gar nicht mehr da sei. Es fehlte ihm auch jede Willenskraft, er mußte die letzte Energie aufraffen, wenn er morgens noch ins Geschäft wollte, er fühlte sich völlig entschlußlos. 1938 kam er in die Frankfurter Klinik, brachte die geschilderten Klagen vor und fand immer wieder neue Beschreibungen für seine innere Leere. Seine Seele sei wirklich tot, das Gefühl für andere Menschen sei ihm völlig verlorengegangen. Er sprach lebhaft, wenn er seinen Zustand schilderte, saß aber sonst antriebsarm herum. Etwas freier wurde er nach zwei Monaten entlassen. Doch hielt der abnome Zustand an, Puck war weiter gedrückt und energielos, aber doch beruflich tätig. 1940 trat eine Verschlechterung ein, so daß er in der Privatklinik K. aufgenommen werden mußte. Hier klagte er wieder über Gefühllosigkeit, innere Verödung, Beziehungslosigkeit zu den Menschen und Dingen. Er wurde in seinen Klagen lebhaft, schilderte sehr plastisch, wandte auf seinen inneren Zustand den Vers Schillers an: „Leer gebrannt ist die Stätte.“ Dann wieder erschien er apathisch und energielos. Nach drei Monaten wurde er freier, beschäftigte sich spontan. Nach vier Monaten wurde er entlassen. Puck ging dann wieder seinem Beruf als Kaufmann nach, doch hielt der depressive Zustand weiter an, wenn auch mit gewissen Schwankungen. 1946 war Puck zur Begutachtung nochmals kurz in der Frankfurter Klinik, weil er sich auf unrechtmäßigem Wege Bohnenkaffee verschafft hatte, um seine Energie anzuregen. Er sprach sich auf Befragen wieder sehr anschaulich über seinen Zustand aus: „Ich sehe das Schöne, die Natur, die Berge, aber ich kann es nicht empfinden." „Manchmal bin ich innerlich wie tot, dann habe ich morgens nicht mehr die Kraft, aufzustehen." „Ich habe keine Leidenschaften wie andere Leute." „Ich kann reden und befehlen, aber die Seele ist tot und mein Körper lebt weiter, als ob nichts geschehen wäre." „Auch die Schrecken des Krieges habe ich nicht so empfunden wie die anderen Menschen." Wenn er all das vorbrachte, wurde er lebhaft und gesprächig. Ohne Anregung sank er aber rasch in sich zurück und verhielt sich apathisch. Seine Stimmung war immer gedrückt. Oft trug er sich mit Selbstmordgedanken, ohne aber bis zu einem Selbstmordversuch zu kommen. 1947 erhielt er eine kleine Buße für sein Vergehen und war unverändert in seinem freudlos-depressiven Zustand.

Dieser Patient schildert immer mit neuen Worten und neuen Vergleichen seinen Mangel an Gefühl und auch Mangel an Willen. Der Zustand schwankte an Tiefe; in die Anstalt K. kam Puck 1940 in einem besonders schlechten Zustand, bei der Entlassung 4 Monate später war er dagegen fast frei. Phasische Schwankungen deuten sich also zweifellos noch an, im ganzen ist der Zustand aber chronisch. Der Beginn läßt sich nicht mehr sicher festlegen, da Puck, wie die teilnahmsarmen Depressiven auch sonst, dazu neigte, sein früheres Leben, das ihm jetzt in der Rückschau freudlos erschien, schon als freudlos erlebt zu betrachten. Es fehlte hier sicher oft nur die Erinnerung an die Gefühlstöne, die den Erlebnissen seinerzeit noch eigen waren. Seit 1937 ist bei dem Patienten keine Heilung mehr eingetreten. Die Depression war zwar 1947 nicht so tief wie 1938 und 1940, aber sie bestand fort. Sie hat auch ihren Charakter in den vielen Jahren in keiner Weise geändert, es schwanden keine Symptome und kamen auch keine neuen Symptome hinzu. Daher kommt auch keine andere Krankheit als eine teilnahmsarme Depression in Frage. Für einen psychopathischen Zustand geht die Depression viel zu tief. Eher möchte ich annehmen, daß manche Zustände von Entfremdung, die man als psychopathisch beschrieb, tatsächlich teilnahmsarme Depressionen mit chronischem Verlauf waren. Die Verhältnisse liegen wohl ebenso wie bei den chronischen hypochondrischen Depressionen, die man leicht als Psychopathien anspricht, wenn man der Vorgeschichte nicht genau nachgeht und übersieht, daß die Abnormität zu einem bestimmten Zeitpunkt einsetzte.

Es mag aber vorkommen, daß Entfremdungserscheinungen bei einem Menschen von jeher bestanden haben, so daß sie nicht als Krankheit, sondern als psychopathische Eigenart zu werten sind. Auch dann ist ein Zusammenhang mit der teilnahmsarmen Depression möglich. Bei allen reinen Depressionen erscheint die Wesensart, die den Kranken von jeher eigen war, manchmal wie eine Verdünnung der Krankheit selbst. Es ist daher möglich, daß es Menschen gibt, die nie eine eigentlich teilnahmsarme Depression durchmachen, aber doch die subdepressive Konstitution dieser Krankheitsform aufweisen. Leichtere Krankheitsfälle findet man auch bei den Kranken selbst nicht selten. Die Verstimmung greift schon an sich nicht so tief wie bei anderen Depressionen. Selbstmordversuche, die bei den Kranken selbst selten sind, wurden auch in den Sippen meiner Fälle nicht genannt.

Von besonderem Interesse war mir ein Patient, der ausnahmsweise beide Formen der Entfremdung aufwies, die hypochondrische wie die teilnahmsarme. Die Sippenuntersuchung klärte den Tatbestand auf. Der Bruder des Patienten litt an einer manisch-depressiven Krankheit. In ihrer Vielfestaltigkeit hatte diese zwei Gefühlsschichten selektiv ergriffen und dadurch das ungewöhnliche Bild erzeugt.

Zusammenfassung

Die teilnahmsarme Depression ist gekennzeichnet durch eine Gedrücktheit der Stimmung, die von einer subjektiv wesentlich mehr empfundenen als objektiv erkennbaren Gefühls- und Willensverarmung begleitet ist. Die höheren seelischen Gefühle, nicht nur im Sinne der Freude, sondern auch im Sinne des Leids, verlieren ihre Tiefe. Vor allem die Fähigkeit des Mitfühlens mit anderen Menschen geht subjektiv verloren. Die Kranken können lebhaft klagen, im ganzen fällt aber doch auch objektiv eine Teilnahmslosigkeit und Initiativverarmung auf. Andere depressive Symptome spielen in dem Krankheitsbild keine Rolle, es kommt lediglich häufig zu psychologisch naheliegenden Selbstvorwürfen wegen der Teilnahmsarmut. Die Tiefe der Depression ist geringer als bei anderen reinen Formen, Selbstmordversuche sind seltener. Ein chronischer Verlauf kommt vor, am Zustandsbild selbst ändert sich dabei nichts. *Körperbaulich* sind mir keine Besonderheiten aufgefallen, ich habe sowohl pyknische wie leptosome Kranke teilnahmsarmer Depression gesehen.

b) Reine Euphorien

Die reinen Euphorien sind sehr seltene Krankheiten, wie aus der statistischen Aufstellung hervorgehen wird. Bei dieser Seltenheit wäre es an sich nicht möglich, den Nachweis eigener Krankheitsformen zu erbringen, wenn auch die Bilder teilweise sehr eindrucksvoll sind. Sie erhalten aber eine große Stütze von den reinen Depressionen her, denn so wie die reine Manie der reinen Melancholie gegenübersteht, so jeder reinen Depression eine reine Euphorie. Die Krankheiten sind nicht zweipolig wie die manisch-depressive Krankheit, aber man kann sie gegenpolig nennen, indem jeder Form eine gegensätzliche entspricht. Auch die reine Manie bedurfte wegen ihrer Seltenheit schon einer gewissen Stütze von ihrem Gegenpol, der reinen Melancholie, her. Die Bilder der reinen Euphorien klangen auch bei der manisch-depressiven Krankheit gelegentlich an, bei der Angst-Glücks-Psychose werden wir das wieder sehen, aber in ihrem Gesamtbild findet man sie von vielgestaltigen Psychosen noch seltener nachgeahmt als die reinen Depressionen.

1. Unproduktive Euphorie

Das Bild der unproduktiven Euphorie wird beherrscht von einem *tiefen Wohlbefinden*, das die Kranken in einen Zustand ruhiger Zufriedenheit versetzt. Bei der Angst-Glücks-Psychose habe ich früher Zustände einer „einfachen Freudigkeit" beschrieben. Sie stellen dort meist nur kurze Episoden im Krankheitsablauf dar, geben jedoch in diesen Fristen das Bild wieder, das der unproduktiven Euphorie in ihrem ganzen Verlauf eigen ist.

Die Kranken erscheinen schon nach ihrem Gesichtsausdruck glücklich zufrieden, sie zeigen meist ein freudiges Lächeln. Auf Befragen bestätigen sie, daß sie sich so wohl fühlen, wie früher nie. Ein Kranker meinte, nur in seiner Verlobungszeit sei er ähnlicher Stimmung gewesen. Das freudige Gefühl braucht keinen Inhalt zu haben, es scheint mehr aus dem Körperlichen zu kommen, hat einen „vitalen" Charakter. Darin erkennen wir, daß die unproduktive Euphorie den Gegenpol zur gehetzten Depression bildet, die ebenfalls von einem inhaltlosen und vitalen Gefühlston getragen wird. Auch die psychomotorische Ausstrahlung ist entsprechend gegensätzlich, dort findet man das Getriebensein aus dem tiefen Unlustgefühl heraus, hier eine gleichmäßige Ruhe in der wunschlosen Freudigkeit.

Gewisse Inhalte sucht sich, wie wir sahen, die an sich objektlose Unlust der gehetzten Depression, das gleiche finden wir bei der unproduktiven Euphorie. Die Ideen gehen hier ins Expansive, eine Selbsterhöhung in irgendeiner Form, Reichtum, hohe Stellung ist ihr Inhalt; auch eine erotische Beglückung kann es sein. Ein Kranker, der einfacher Soldat war, erklärte sich zum Offizier, ein anderer hielt um die Hand eines Mädchens, das ihn kaum kannte, an und sah trotz ihrer Ablehnung mit glücklicher Zufriedenheit der baldigen Verbindung entgegen. Wenn man sich mit den Kranken über ihre Ideen unterhält, dann erkennt man, daß diese im Gesamtzustand recht unwesentlich sind. Kommen sie zur Sprache, so ändert sich an der Euphorie nichts, diese steigt dabei nicht an. Die Kranken legen auch keinen großen Wert auf ihre Anerkennung. Sie bleiben auf Widerspruch zwar dabei, aber sie können auch, ohne sich dabei irgendwie in ihrer Stimmung zu ändern, erklären, wenn es nicht so sei, dann liege nichts daran. So erinnern die Ideen an manische Größenideen, die etwas Spielerisches an sich haben und von den Kranken selbst nicht sehr ernst genommen werden. Bei der schwärmerischen Euphorie wird dagegen eine ganz andere Bindung des Affekts an die Ideen hervortreten und dadurch erst ihre Bedeutungslosigkeit bei der unproduktiven Euphorie ganz klar erkennen lassen.

Es sind auch immer nur wenige Ideen, die sich zeigen. Mit Eintreten der affektiven Störung erscheinen sie, werden in der Folgezeit locker festgehalten und nur spärlich durch weitere ergänzt. So bleiben diese Euphorien immer *unproduktiv*, auch wenn das Wohlgefühl, objektiv erkennbar und subjektiv bestätigt, recht deutlich ist.

Die Züge der unproduktiven Euphorie bleiben auch dann erhalten, wenn die Ideen eine Beglückung anderer zum Inhalt haben, wie wir es viel ausgesprochener bei der schwärmerischen Euphorie kennenlernen werden. Im Fördern anderer kann der Mensch auch für sich selbst Glück finden, je nach Anlage der eine mehr, der andere weniger. So ist es verständlich, daß die unproduktiven Euphorischen gelegentlich behaupten, sie wollten anderen Menschen etwas Schönes, z. B. Frieden, bringen. Auch an solche Ideen sind die Kranken nur lose gebunden, so daß eine Verwechslung mit schwärmerischen Euphorischen hier ebenfalls nicht in Frage kommt.

Gelegentlich suchen sich die Kranken im Sinne ihrer Ideen zu betätigen; so hielt der genannte Kranke um die Hand des Mädchens an. Der Kranke, der gleich ausführlich beschrieben wird, betätigte sich auch etwas im Sinne seiner euphorischen Idee. Im ganzen ist aber der *Antrieb gering*. Die glückliche Zufriedenheit läßt keinen Betätigungsdrang entstehen. Auch in der Klinik verhalten sich die Kranken eher still, sie sprechen frei, aber ohne Rededrang, sie verlangen auch kaum nach Entlassung. Ein Kranker erklärte, er bleibe gerne hier, denn er fühle sich hier so wohl wie noch nie vorher. Durch ihr ruhiges Verhalten unterscheiden sich die Kranken von den reinen Manien, die Rededrang und Ideenflucht entwickeln und sich auch sonst immer irgendwie betätigen.

Die unproduktiven Euphorien klingen in der Regel in einigen Wochen bis Monaten ab, neigen aber zu periodischer Wiederkehr. Ob chronische Fälle und Übergänge zu normalen Temperamenten vorkommen, wie wir es bei den reinen Depressionen fanden, kann ich nicht sagen. — Ich führe einen Fall unproduktiver Euphorie an:

Fall 32. Karl Gerst, geboren 1896, erkrankte erstmals 1938. In seiner Eigenschaft als Polizeiwachtmeister fragte er einige Gäste eines Hotels ohne Grund nach ihren Personalien und wurde in die Anstalt B. gebracht. Hier war er etwas wichtigtuerisch, kümmerte sich um andere Kranke, bot sonst kaum etwas Auffälliges und wurde nach acht Wochen wieder entlassen. 1941 wurde er wieder auffällig. Er hatte als Wachtmeister Streifendienst, übernahm aber gleich die Verkehrsregelung dazu und gab jedem auf der Straße die Hand. Er wurde in die Frankfurter Klinik gebracht und erklärte hier, er fühle sich seit drei Wochen freier, wohler und gesünder, er habe sich noch nie so glücklich gefühlt wie jetzt. Durch seine Verkehrsregelung habe er den Menschen einen Dienst erweisen wollen. Es sei gut, daß er in die Nervenklinik gekommen sei, denn hier könne er sich der Kranken annehmen, er sei auch bereit, Blut zu spenden. Er hielt andere Kranke zur Arbeit an, unterhielt sich gerne, ohne einen Rededrang zu entwickeln und hatte immer einen strahlend zufriedenen Gesichtsausdruck. Nach sechs Wochen klang die Euphorie ab, und Gerst konnte in ausgeglichenem Zustand entlassen werden.

Bei der ersten Erkrankung von Gerst wurde die euphorische Stimmung nicht genauer beschrieben, sie sprang bei dem unproduktiven Verhalten wohl zu wenig ins Auge. Daß er damals jedenfalls etwas expansiv war, zeigt sein Verhalten im Hotel. Auch bei der zweiten Erkrankung maßte er sich Rechte an, die ihm nicht zukamen, aber, wie diesmal erkennbar war, aus seiner euphorischen Stimmung heraus. Die Euphorie stand in der Klinik dann ganz im Vordergrund des Bildes, der Kranke fühlte sich so wohl wie noch nie. Seine Betätigung und seine Ideen waren nur spielerischer Ausdruck seines Wohlbefindens.

Zusammenfassung

Die unproduktive Euphorie ist ausgezeichnet durch ein *motivloses Wohlbefinden*, das aus einer mehr körperlichen Gefühlsschicht zu stammen scheint. Nur spärlich kommen Ideen hinzu, die im Sinne der Euphorie gelegen sind, bei den Kranken aber keine größere Wertigkeit besitzen. Entsprechend ihrer glücklichen Zufriedenheit zeigen die Kranken wenig Betätigungsdrang. Gelegentlich suchen sie ihre euphorischen Vorstellungen in die Wirklichkeit umzusetzen, zeigen aber auch dabei keinen Nachdruck.

2. Hypochondrische Euphorie

Die hypochondrische Euphorie stellt ein merkwürdiges Krankheitsbild dar, auf das ich erstmals anläßlich zweier Begutachtungen deutlich aufmerksam wurde. In der Untersuchungsreihe, von der ich damals ausging, fanden sich acht solcher Fälle, die ich allerdings erst aus anderen Diagnosen (Hypochondrie oder hypochondrische Psychopathie) herauslösen mußte.

Die *Beschwerden* der Kranken sind ähnlich wie bei der hypochondrischen Depression; oft sind die Schilderungen noch merkwürdiger als dort. Die mannigfachsten und eigenartigsten Mißempfindungen spielen sich überall im Körper ab und werden durch normalverständliche Bezeichnungen, wie Stechen, Brennen, Bohren usw. mehr verglichen als wirklich beschrieben. Das wird klar, wenn man die Kranken zu genauerer Bestimmung ihrer Beschwerden auffordert und dann etwa erfährt, es sei, als ob das Gehirn abgeschnitten wäre, als ob der Magen sich dehnte, der Schlund gespannt werde usw. Die Behauptung, innere Organe hätten sich verschoben, kehrt bei der hypochondrischen Euphorie noch häufiger wieder als bei der hypochondrischen Depression. Man wird dabei wieder sehr an schizophrene Sensationen erinnert, doch ist die Differentialdiagnose, wie wir noch sehen werden, auch in chronisch verlaufenden Fällen hypochondrischer Euphorie mit Sicherheit zu stellen.

Über diese Mißempfindungen klagen die Kranken sehr, sie leiden sichtlich darunter, sie können sogar erklären, die Beschwerden seien auf die Dauer unerträglich; und doch sind sie in ihrer Grundstimmung euphorisch. Zwischen ihren Klagen bricht immer wieder eine gehobene Stimmung hervor, sie wird auch durch die Klagen selbst nur unvollkommen verdeckt; oft haben die Kranken, während sie sich heftig beschweren, einen heiteren Gesichtsausdruck. Zum Teil kommt ihnen der Gegensatz selbst zum Bewußtsein und sie erklären, trotz all dieser Beschwerden könnten sie doch immer fröhlich sein. Die Mißempfindungen zeigen, daß sicher die gleiche Gefühlsschicht erkrankt ist wie bei der hypochondrischen Depression. Es scheint, daß die euphorische Gefühlsstörung ebenso wie die depressive dazu führt, daß aus dem somatischen Empfindungen auftauchen, die der Normale nicht kennt. An anderer Stelle habe ich mich damit auseinandergesetzt[1]. Da die Mißempfindungen von der psychischen Persönlichkeit nicht eingeordnet und verarbeitet werden können, sondern ein Fremdkörper bleiben, sind sie auch dann störend und lästig, wenn die Stimmung gleichzeitig nach der euphorischen Seite hin verschoben ist.

In Zusammenhang mit krankhaften Empfindungen kommt es bei der hypochondrischen Depression vielfach zu *Entfremdungserscheinungen* im Bereich des Körpergefühls. Bei der hypochondrischen Euphorie fand ich diese Entfremdung selten, sie scheint insgesamt weniger zum Bild zu gehören als bei der Depression.

Bei Vorbringen ihrer Beschwerden werden die hypochondrisch euphorischen Kranken häufig sehr lebhaft und gesprächig, sie schildern eindringlich, was sie zu leiden haben und verlangen Abhilfe. Wenn sie auf anderes zu sprechen kommen, bleiben sie lebhaft und angeregt, zeigen dann aber keinen deutlichen Rededrang mehr. Abzulenken sind sie schwer, vor allem von ihren Beschwerden, Ideenflucht zeigen sie nicht. Wenn sie sich heftig über ihre Mißempfindungen beklagen, kommt es vor, daß sie etwas theatralisch einige Tränen herausdrücken und oberflächlich betrübt erscheinen. Solche reaktiv verständlichen Verstimmungen gehen aber schnell vorüber und lassen immer wieder die euphorische Grundhaltung nachfolgen. Oft haben die Kranken in ihren Klagen etwas Querulatorisches an sich, doch gilt das mehr für die chronisch verlaufenden Fälle, auf die ich noch einzugehen habe. Zunächst führe ich einen charakteristischen Fall an.

Fall 33. Betti Rot, geboren 1896, hatte erstmals 1924 nervöse Beschwerden am Körper, hielt sich eine Zeitlang zur Erholung in einem Bad auf und fühlte sich dann wieder wohl. 1937 erkrankte sie neuerdings und kam in die Anstalt S. Hier klagte sie, der ganze Rücken klopfte, der Kopf schmerze, am Rückgrat sei etwas verletzt. Sie war lebhaft und übersprudelnd in ihren Klagen. Nach einem Vierteljahr, Januar 1938, wurde sie in die Frankfurter Klinik verlegt und erklärte hier mit lachendem Gesicht, sie sei „lebendig gestorben". Sie habe ein merkwürdiges Gefühl im Kopf, ein Zerren der Finger, Klopfen im Rücken, ein Ziehen in den Augen, ein Schrumpfen im Gehirn. In ihrem Kopf müsse ein Knoten sein, in ihrer Schädeldecke ein Spalt. Sowohl der heitere Affekt wie die hypochondrischen Klagen blieben bestehen. Die Kranke nannte sich eine blühende Todeskandidatin. Einmal äußerte sie auch, sie habe kein richtiges Gefühl mehr, sie könne nicht mehr normal empfinden. Nach zehn Wochen wurde sie in die Anstalt W. verlegt. Auch hier wurden weiter bei oberflächlich heiterem Affekt viele hypochondrische Klagen geäußert. Nach etwa zehn Monaten besserte sich beides. Rot konnte in ausgeglichenem Zustand entlassen werden.

Bei dieser Probandin tritt der Kontrast zwischen den hypochondrischen Klagen und der heiteren Stimmung sehr eindrucksvoll hervor; er führt dazu, daß die Kranke über sich selbst zu scherzen vermag und sich eine „blühende Todeskandidatin" nennt. Entfremdungserscheinungen deuten sich an. Schon ihre Angabe, sie sei lebendig gestorben, deutet auf eine Entfremdung des Körpers hin, ihre spätere Angabe, sie habe nicht mehr das normale Empfinden, bringt die Bestätigung.

[1] Leonhard, K.: a. a. O. (Biopsychologie der endogenen Psychosen).

Nur vier von den acht Fällen meiner ersten Serie nahmen diesen günstigen Ablauf, die restlichen vier Fälle verliefen *chronisch*. Hätte ich nicht bei den reinen Formen auch sonst immer wieder einen chronischen Verlauf gefunden, dann müßten dadurch erhebliche Zweifel an der Diagnose entstehen. Aber auch wenn man diese Beobachtungen an anderen reinen Formen heranzieht, bleibt die Tatsache auffällig, daß so viele Fälle einen chronischen Verlauf nehmen. Ich führe zunächst einen Fall an:

Fall 34. Helene Fis, geboren 1874, war bis zum 50. Lebensjahr unauffällig. Seit 1924 klagte sie über körperliche Beschwerden. 1932 kam sie zum erstenmal in die Frankfurter Klinik. Sie war inzwischen wegen ihrer vielen Beschwerden wiederholt operiert worden, ohne daß man etwas gefunden hatte. Sie klagte jetzt über Schmerzen auf der Lunge, im Leib und im Hals, über Herzklopfen, Schwäche im Magen, Jucken im Kopf und im Hals. Es sei ihr, als wenn sich am Magen etwas dehnte, als ob der Zungennerv geschwächt wäre, als ob sich ein Brocken im Magen hochhöbe, als ob im Schlund etwas spannte. Im Hinterkopf habe sie ein Gefühl, als ob sie auf Drähten läge. Bei all ihren Klagen, die sie etwas weitschweifig und umständlich vorbrachte, erschien sie aufgeheitert und in guter Stimmung. Sie selbst erklärte dazu, es sei ein Wunder, daß sie trotz der „furchtbaren Schmerzen" noch lebensfroh sei und immer noch lachen könne. Ein Bauchbruch, den sie von einer Operation zurückbehalten hatte, störte sie gar nicht. Nach fünf Tagen wurde sie wieder entlassen. 1936 erschien sie in der Klinik und beschwerte sich, daß man sich nicht genügend bemühe, ihr gegen die Beschwerden zu helfen. Eine gleiche Beschwerde richtete sie an das Stadtgesundheitsamt. Eine Besserung war nicht eingetreten und folgte auch weiterhin nicht. 1939 wurde die Kranke neuerdings in die Frankfurter Klinik aufgenommen. Sie klagte jetzt über Schmerzen und ein „dummes Gefühl" im Kopf, Schmerzen vom Hals bis zur Magengegend, Druck im Leib u. a. m. und verlangte operiert zu werden. Obwohl sie unter Stöhnen über ihre „furchtbaren Schmerzen" klagte, war sie guter Stimmung, sprach lebhaft und wurde dabei sehr angeregt und heiter. Nach einem Vierteljahr starb sie an Brochopneumonie im Alter von 65 Jahren, ohne daß sich an ihrem Zustand noch etwas geändert hatte.

Bis zu ihrem 50. Lebensjahr war Fis gesund und versorgte als Ehefrau ihren Haushalt. Dann setzte die Veränderung ein, die bis zu ihrem Tod mit 65 Jahren bestehen blieb. Der Beginn in einer bestimmten Zeit des Lebens widerlegt, ebenso wie wir es bei den chronisch verlaufenden Fällen hypochondrischer Depression sahen, die Auffassung, es könnte sich um eine hypochondrische Psychopathin gehandelt haben. Gegen eine schizophrene Erkrankung spricht hier wie dort die Tatsache, daß über den ganzen Verlauf hin kein Fortschreiten zu erkennen war, sondern das gleiche Bild von Anfang bis zu Ende unverändert bestehen blieb. Überdies würde die chronisch euphorische Stimmungslage ohne Affektverflachung in keiner Weise zu einer Schizophrenie passen. Die Mißempfindungen selbst erinnern in ihrer oft grotesken Gestalt wohl an schizophrene Sensationen, sie wurden aber niemals wie jene als Beeinflussung von außen empfunden. Die hypochondrischen Euphorischen zweifeln ebenso wie die hypochondrischen Depressiven niemals daran, daß ihre Mißempfindungen krankhafte Vorgänge darstellen. Das Bild entspricht in den chronischen Fällen völlig dem, das hypochondrische Euphorien bei phasischem Ablauf bieten. Eine andere Deutung erscheint daher nicht möglich. Die Neigung zu chronischem Verlauf, der in gewissem Grade allen reinen Formen zukommt, ist anscheinend bei der hypochondrischen Euphorie besonders groß. Es mag andererseits auch sein, daß die chronischen Fälle verhältnismäßig häufig in klinische Behandlung kommen, da sie oft in etwas querulatorischer Weise Abhilfe für ihre Beschwerden verlangen. Bei der Lästigkeit der Mißempfindungen ist diese Reaktionsweise nicht verwunderlich, sie ist der hypochondrischen Euphorie wohl deshalb mehr eigen als der hypochondrischen Depression, weil die euphorische Stimmung eher die Schuld bei anderen suchen läßt als die depressive. Auch im Querulieren kommen die hypochondrischen Euphorischen aber nie auf den Gedanken, die Umwelt für die Mißempfindungen selbst verantwortlich zu machen, wie es Schizophrene tun, sie verlangen nur Hilfe in ihrer Krankheit. Wenn man die chronischen Fälle mit in Rechnung zieht, ist die hypochondrische Euphorie nicht so selten, daß sie nicht immer wieder einmal zur Beobachtung käme. Zu begutachten hatte ich solche Fälle mehrmals, die Vorgutachter wußten dann regelmäßig nicht, wie sie diese Menschen, die so viel klagten und dabei doch heiter und zufrieden erschienen, beurteilen sollten.

Zusammenfassung

Bei der hypochondrischen Euphorie verbinden sich *Mißempfindungen* mannigfacher Art mit einer *gehobenen Stimmungslage.* Die Kranken beklagen sich lebhaft über ihre Beschwerden und leiden sichtlich darunter, sind aber nach ihrem Verhalten, ihrem Mienenspiel und ihren eigenen Angaben euphorischer Stimmung, die sich höchstens vorübergehend durch die Beschwerden trüben läßt. Häufiger als andere reine Formen neigen die hypochondrischen Euphorien zu einem *chronischen Verlauf.* Die Klagen bekommen dann leicht einen querulatorischen Ton, die euphorische Grundstimmung bleibt aber erhalten.

3. Schwärmerische Euphorie

Bei der unproduktiven und bei der hypochondrischen Euphorie schien die gehobene Stimmung im Körperlichen begründet zu sein, es fehlte ihr eine Bindung an höher seelische Inhalte. Bei der schwärmerischen Euphorie ist das anders. Wie sich bei der Krankheit des depressiven Gegenpols, bei der selbstquälerischen Depression, die Verstimmung in den depressiven Ideen immer von neuem entfacht, so schwillt bei der schwärmerischen Euphorie die Stimmung in Verbindung mit den euphorischen Ideen immer von neuem an. Und so maßlos wie häufig die Kleinheitsideen der selbstquälerischen Depression, so maßlos sind auch häufig die Größenideen der schwärmerischen Euphorie. Das zeigt hier wie dort, daß eine Gefühlsschicht erkrankt ist, in der nicht körperliche Vorgänge, sondern seelische Inhalte verankert sind. Die Ideen der schwärmerischen Euphorie erinnern sehr an diejenigen, die wir bei der Angst-Glücks-Psychose kennenlernen werden. In beiden Fällen behaupten die Kranken gelegentlich, ihre Überzeugungen seien ihnen von einer höheren Macht eingegeben worden. So haben die schwärmerischen Ideen einen völlig anderen Charakter als die mehr spielerischen Ideen der unproduktiven Euphorie. Die Eingebungspsychose von Kleist, die der expansiven Autopsychose durch autochthone Ideen von Wernicke entspricht, läßt sich sowohl auf die schwärmerische Euphorie wie auf die Angst-Glücks-Psychose beziehen.

Die schwärmerischen Euphorischen befinden sich anhaltend in gehobener Stimmung, aber es handelt sich nicht um ein gleichmäßiges ruhiges Glücksgefühl wie bei der unproduktiven Euphorie, vielmehr steigt das Gefühl mächtig an, wenn die Ideen zur Sprache kommen. Die Kranken haben dann etwas Begeistertes, etwas Schwärmerisches an sich und sprechen sich mit innerer Ergriffenheit aus. Wendet man sich wieder ab oder lenkt man das Gespräch auf etwas Gleichgültiges, dann sinkt die schwärmerisch gehobene Stimmung ab, und die Kranken erscheinen jetzt eher weniger gehoben als die unproduktiven Euphorischen. Mehr als die Euphorie bleibt bei gleichgültigen Themen die etwas feierliche Haltung und etwas pathetische Redeweise erkennbar. Die Euphorie hat mit diesem Charakter etwas Schwerflüssiges an sich. Der Begriff der Heiterheit, der trotz seiner Ungenauigkeit auf die Euphorie manischer und unproduktiver Euphorischer angewandt wird, paßt für die Gehobenheit der schwärmerischen Euphorischen gar nicht mehr, denn die Leichtigkeit, die im Begriff der Heiterkeit mitschwingt, fehlt diesen Kranken völlig. Sie sind vielmehr bis ins Ekstatische erfüllt von ihren freudigen Affekten. Ihrem Inhalt nach sind die Ideen der schwärmerischen Euphorischen fast immer gleichzeitig egoistisch und altruistisch, ersteres, indem sich die Kranken mächtig, reich, erotisch begünstigt fühlen, letzteres, indem sie ihre Macht zum Wohle anderer anwenden möchten. So erklären sie sich regelmäßig nicht nur für einflußreich, sondern nennen sich Führer der Menschheit, die nicht nur sich selbst, sondern auch allen anderen das Glück bringen möchten, vielleicht die Seligkeit im Diesseits oder Jenseits, vielleicht einen ewigen Frieden oder ewige Gesundheit. Häufig führen sie ihre Berufung auf Gott zurück, von dem sie sich erleuchtet glauben, der ihnen ihre Ideen „eingegeben" hat. In weniger religiösen Zeiten können sie sich auch aus sich selbst heraus berufen und befähigt fühlen, das Große zu leisten. In milderer Ausgestaltung begnügen sie sich damit, in ihrer engeren Umgebung als Bringer des Glücks aufzutreten, indem sie etwa den Angehörigen die Errettung aus Not und in der Klinik den Mitkranken die Heilung ankündigen. Eine rein egoistische Ausgestaltung der Idee, also reiner Größenwahn kommt bei den Kranken nicht vor, eher schon eine rein altruistische. Die Kranken können ausdrücklich erklären, es sei ihnen nicht um ihre eigene Stellung zu tun, sie wollten nur den anderen helfen. Es scheint, daß von dem pathologischen Affekt der Art, wie er bei diesen Kranken vorhanden ist, die Regungen altruistischer Art gegenüber den Regungen egoistischer Art in den Vordergrund gerückt werden. Jedenfalls sind die Ideen der schwärmerischen Euphorie in erster Linie Beglückungsideen, erst in zweiter Linie Größenideen. Das gilt ebenso auch für die Ideen der Angst-Glücks-Psychose bzw. Eingebungs-Psychose, wie KLEIST sehr betont.

Die Auffassung der Kranken, ihre Ideen seien ihnen von Gott eingegeben, stützt sich manchmal auf *halluzinatorische Erlebnisse*, die auf der Höhe des Affekts auftreten können. Sie sind vorwiegend optischer Natur und erinnern an traumhafte Erlebnisse. Gott oder ein Heiliger erscheint den Kranken und gibt entweder durch seine bloße Erscheinung oder auch durch Worte die Anregung zu großen Taten. Obwohl die Kranken die Erscheinungen als real angeben, handelt es sich mehr um Pseudohalluzinationen als echte Trugwahrnehmungen. Sie werden niemals als ichfremd empfunden, sondern geben nur das wieder, was die Kranken in ihrer schwärmerischen Affektivität in sich tragen. So erzählen sie davon ohne jedes Erstaunen, nur mit der Begeisterung, mit der sie auch ihre sonstigen Ideen vorbringen.

Weitere Symptome sind der schwärmerischen Euphorie nicht eigen, eine psychomotorische Erregung, die bei der Angst-Glücks-Psychose sehr häufig ist, fehlt. Das Denken ist nur in dem Sinne beeinträchtigt, daß sich die Kranken schwer auf etwas anderes als ihre Ideen fixieren lassen. — Ein Fall soll das Krankheitsbild der schwärmerischen Euphorie veranschaulichen.

Fall 35. Heinrich Horch, geboren 1907, erkrankte 1940. Er hörte nachts die Stimme Gottes: „Du bist ein ungläubiger, lasterhafter Mensch, aber dir werde ich mich ganz besonders offenbaren." Er kam in die Frankfurter Nervenklinik und erklärte hier, er müsse ein Buch über die Bibel schreiben, man werde noch Großes erleben durch ihn. Später erklärte er sich als Universalmensch, der ungewöhnliche Kräfte besitze, auch des Körpers. Er bat, das ihm abgenommene Blut zu gleichen Teilen an die Patienten zu verteilen, damit sie gesundeten. Er wolle allen Menschen wohltun. Schon nach drei Wochen wurde er gesund und konnte entlassen werden. Sein *Vater* war von jeher sehr religiös nach der Art der Sektierer. Im Alter von 60 Jahren steigerte sich diese Art ins Krankhafte. Er wurde sehr merkwürdig, wollte alle Menschen bekehren und äußerte bei vielem: „Das hat mir Gott eingegeben." Später beruhigte er sich wieder.

Der Proband zeigt in charakteristischer Weise das Bild der schwärmerischen Euphorie. Schon die pathetische Haltung, die feierliche Sprechweise läßt erkennen, daß er von seinen Ideen ganz erfüllt ist. Immer mischt sich das Glücksgefühl über eigene Macht und Größe mit dem Glücksgefühl, anderen Gutes tun zu können. Im Beginn treten pseudohalluzinatorische Erlebnisse auf. Besonders bemerkenswert ist die Belastung durch den Vater. Dieser machte sichtlich ebenfalls eine Phase schwärmerischer Euphorie durch, so daß eine gleichartige Belastung vorliegt. Darüber hinaus scheint er sein ganzes Leben lang die Züge dieser Psychose in einer verdünnten Form geboten zu haben, da er von jeher ein Sektierer war. Seine Krankheit stellte so nur eine krankhafte Übersteigerung seiner sonstigen Wesensart dar. Bei den reinen Depressionen fanden wir mehrmals Ähnliches. Ein anderer Kranker, der im Verlauf von 20 Jahren vier schwärmerische Euphorien durchmachte, äußerte u. a.: Die Freude über das, was wir erleben werden, ist unsagbar groß. — Ich brauche Eure Hilfe, ich brauche die Hilfe der ganzen Welt. — Deutschland wird größer und mächtiger werden, ich werde in der Regierung den Vorsitz führen. — Ich werde unter dem Schutz des himmlischen Vaters stehen. — Die freie Wahl des Volkes wird entscheiden, ob ich der Nachfolger Hindenburgs werde; gerne werde ich dem Ruf des Volkes folgen. — Ich weiß, daß ich eine große Aufgabe zu erfüllen habe. — In milderen Zuständen der Krankheit nannte der Patient sich „Meister" und versprach, die größte Orgel der Welt zu bauen. Die Neigung der reinen Depressionen, gelegentlich einen chronischen Verlauf zu nehmen, fand sich bei meinen ersten Fällen schwärmerischer Euphorie nicht. Aber in meiner Berliner Untersuchungsreihe traf ich auf einen Patienten mit chronisch verlaufender schwärmerischen Euphorie.

Zusammenfassung

Bei der schwärmerischen Euphorie bindet sich das Glücksgefühl an Ideen, die gleichzeitig eine *Selbsterhöhung* und eine *Beglückung anderer* zum Inhalt haben. In ihnen ergeben sich die Kranken in schwärmerischer Weise, oft bis zu ekstatischen Graden des Gefühls. Bei Ablenkung von den Ideen sinkt der Affekt dagegen ab, so daß die Euphorie als Dauerzustand gar nicht so sehr in Erscheinung zu treten braucht. Allerdings behalten die Kranken auch bei gleichgültigen Themen etwas feierlich Gehobenes, das auf die besondere Art des Affekts hinweist. Nicht selten geben sie an, die Ideen seien ihnen von höheren Mächten eingegeben, und verweisen dabei manchmal auf *pseudohalluzinatorische Erlebnisse.*

4. Konfabulatorische Euphorie

In der argwöhnischen Depression hatten wir eine reine Form vor uns, bei der die depressive Ideenbildung unter Herstellung von Beziehungen, die auf eine intellektuelle Funktion hinweisen, zustande kam. Etwas Ähnliches sehen wir bei der konfabulatorischen Euphorie, die von Kleist als expansive Konfabulose beschrieben wurde. Auch hier scheint der Verstand dauernd beteiligt zu sein und den krankhaften Affekt mit Inhalten zu erfüllen. Es werden aber weniger Beziehungen hergestellt, als freistehende Vorstellungskomplexe erzeugt. Darin kommt sicher die verschiedene Wirkungsweise der beiden Affektrichtungen zum Ausdruck, denn der depressive Affekt führt das Denken mehr zu einem Reflektieren am Gegebenen, der euphorische dagegen zu einer freien Phantasietätigkeit.

Die Euphorie geht bei den konfabulatorischen Kranken nicht so in die Tiefe wie die der schwärmerischen. Auch das steht in Parallele zu dem, was wir im Depressiven sahen, denn der Affekt bleibt bei den Argwöhnischen graduell auch erheblich hinter dem der Selbstquälerischen zurück. Die Euphorie der Konfabulatorischen hat etwas Leichteres an sich, ist aber nicht so leichtflüssig wie die Euphorie Manischer. Spielerisch kann man die Erzählungen, die deutlich vom Affekt durchdrungen sind, nicht nennen.

Die Konfabulationen haben stets freudige Erlebnisse zum Inhalt. Das ist vielfach an der Selbsterhöhung, die sie enthalten, erkennbar. Dann erzählen die Kranken etwa, daß sie mit dieser und jener hochgestellten Persönlichkeit verhandelt hätten, daß sie selbst große Macht besäßen, große Ehrungen oder auch Reichtum empfangen hätten, daß das Volk ihnen gehuldigt habe u. ä. m. Wenn dieser expansive Ton fehlt, dann ist es Sensationslust, was uns aus den Konfabulationen entgegenleuchtet, dann wird von Reisen mit abenteuerlichen Vorgängen berichtet, gefährlichen Fahrten auf dem Meer, Kampf mit Räubern, wilden Tieren usw. Auch Begegnungen mit Gott können in den Konfabulationen erscheinen und Eingebungen von Gott behauptet werden. Dann bekommen die Kranken leicht auch etwas Begeistertes und erinnern so an schwärmerische Euphorien. Man erkennt aber, wenn man sie nur weitererzählen läßt, sehr schnell den Unterschied. Während Schwärmerische in ihren Ideen verharren und mit ihrem ganzen Affekt darauf festgelegt sind, schreiten die Konfabulatorischen schnell fort und haben noch viele andere phantastische Erzählungen anzufügen. Im wesentlichen scheinen sich diese auf Erinnerungstäuschungen aufzubauen, wie der Begriff der Konfabulation ausdrückt, aber oft handelt es sich wahrscheinlich auch nur um phantastische Einfälle, denen der Erlebnischarakter fehlt. Besonders wenn sich die Kranken irgendwelche höheren Stellungen zuteilen, braucht keine anschauliche Untermalung auf die Herkunft dieser Idee aus einer vorgetäuschten Erinnerung hinzudeuten. Vermutlich mischen sich in der krankhaft gesteigerten Phantasietätigkeit echte Konfabulationen von Erlebnischarakter mit phantastischen Einfällen, die gedanklicher Natur sind. Dazu können sich vielleicht auch Trugwahrnehmungen gesellen, doch sind diese schwer gegen die nur konfabulierten Wahrnehmungen abzugrenzen.

Die Kranken erzählen gerne, sie werden dabei lebhaft und gesprächig, schweifen gerne von den Fragen, die man ihnen stellt, auf ihre Konfabulationen ab, die ihnen affektiv viel näherstehen. In ihrer lebhaften Art erinnern sie an Manische, Schizophrenen ähneln sie dagegen nicht. Die konfabulatorisch Paraphrenen zeigen zwar, wie wir später sehen werden, auch eine verhältnismäßig natürliche Art, aber doch nicht die Lebhaftigkeit der konfabulatorisch Euphorischen. Die Konfabulationen selbst haben bei den Schizophrenen etwas Starres an sich, es sind feste Erinnerungsfälschungen, die immer wieder in der gleichen Weise vorgetragen und nur langsam durch neue ergänzt werden. Die Konfabulationen der Euphorischen dagegen sind flüssiger, im einzelnen weniger festgelegt und durch flüchtige Einfälle, denen der Erlebnischarakter fehlt, durchsetzt. So kann man mit Sicherheit schon aus dem Zustandsbild, ohne den Verlauf abwarten zu müssen, die richtige Diagnose stellen. Es kommen auch wieder Verdünnungen der konfabulatorischen Euphorie vor, die nur als Wesenseigentümlichkeiten erscheinen und den subdepressiven und subeuphorischen Temperamenten entsprechen, von denen bei den reinen Formen wiederholt die Rede war. Der *Vater* eines konfabulatorischen Euphorischen, der nicht zu der hier verarbeiteten Untersuchungsreihe gehört, war von solcher konfabulatorischer Wesensart. Er erging sich in Berechnungen, die den Beginn des Reiches Christi feststellen sollten, schilderte die Naturereignisse, die es einleiten würden, kündigte Anarchie und Not an, teilte die Nationen nach ihrer religiösen Wertigkeit ein usw. Man stellte das nur nebenher anläßlich der Erkrankung seines Sohnes fest. Er ging sonst seinem Beruf nach und erschien nicht krank. Er hatte auch nichts Schizoides an sich, sondern war aufgeschlossen und zugewandt. — Nun ein Krankheitsfall:

Fall 36. Hans Fers, geboren 1903, erkrankte erstmals 1917, also mit 14 Jahren, erzählte wirre Dinge, er habe eine Villa, könne reiten, ein dickes Mädchen habe ihn mit in den Wald genommen, er sei Doktor und Stabsarzt von Beruf. Er kam in die Klinik und beruhigte sich hier sehr schnell, so daß er nach vier Wochen bereits wieder entlassen wurde. Fast in jedem der folgenden Jahre soll er eine Zeitlang „wirr gesprochen“ haben. 1926 kam er wieder in die Klinik. Diesmal erzählte er von wilden Tieren, die er einmal gesehen habe: „Ich weiß nicht, ob es Traum oder Wirklichkeit war.“ Er habe Zeichen gesehen wie Jeanne d'Arc und höre eine innere Stimme in sich: „Zum Wiederaufbau des deutschen Reiches zu goldenen Zeiten.“ Tag und Nacht habe er Erscheinungen, die er deutlich sehe. Er werde König der Weltrepublik. „Die Krone setze ich mir selbst auf mein edles Haupt. Ich werde hier gekrönt in Frankfurt vom Adel von Frankreich und Deutschland.“ Die Soldaten würden dann „zum Spielzeug“ ausgebildet, nicht zum Krieg. Er werde die Schönste heiraten. Er sei mit einem Gaul durch die Flammen geritten zur Versöhnung Deutschlands und Frankreichs. „Das Völkerdenkmal in Leipzig ist jetzt begraben.“ Einen Pfleger nannte Fers: „Richard von Löwenherz mit der gebissenen Wange.“ Er sprach viel und war dabei weitschweifig. In drei Monaten klang der Zustand ab. Fers wurde einsichtig, erklärte seine Ideen für Unsinn und wurde entlassen. 1929 erkrankte er wieder, wollte sich für die Fremdenlegion anwerben lassen und kam wieder in die Klinik. Hier erklärte er u. a.: „Ich kann doch nichts dafür, daß ein Schatz auf mich gefallen ist in dem verwunschenen Schlosse“; „ich muß die Weltachse tragen“; „die Meteore sprengen die Erde.“ Stimmen sagten ihm, Preußen habe sich mit den Juden befreundet; er sei in Amerika eingesetzt. König Fuad habe in Berlin Friedensverhandlungen abschließen wollen. Er wurde nach drei Wochen in die Anstalt E. verlegt, konfabulierte dort zunächst noch, erzählte u. a.: „Ich bin durch das Feuer geritten im Geist als deutsche Jeanne d' Arc.“ Nach etwa einem Vierteljahr war er wieder beruhigt, blieb aber, da er anscheinend — die Krankengeschichte ist kaum geführt — kleinere Rückfälle hatte, im ganzen ein Jahr in der Anstalt. Dann war er unauffällig und wurde entlassen. 1932 heiratete er. 1934 kam er wieder in die Klinik und äußerte u. a.: „Ich bin Kaiser Friedrich der Dritte, König der Weltrepublik“; „in den masurischen Seen stehen die Toten auf, schwimmen nach oben und wachen lebend auf;“ „den Kiel werde ich legen für ein neues Schiff zum Andenken an den Türkenkrieg der Perser gegen die Araber“; „dann werden auch Luftkreuzer gebaut am Bodensee“; „es gibt einen Garten in der Wüste, die Eisenbahn fährt durch für die Wüstenkinder.“ Nach sieben Wochen war er wieder frei und wurde entlassen. 1939 war er wieder in der Klinik und äußerte u. a.: „Ich habe jetzt gesehen, daß die Erdbewegung sich gedreht hat, daß alles sich verschoben hat“; „die Pferde, die auf dem Schlachtfeld von Verdun liegen, die stehen auch wieder auf, das sagt mir Gott“; „ich habe Afrika und den Balkan mit erobern müssen.“ Nach vier Wochen war er ausgeglichen und wurde entlassen. Zu Hause war er wieder völlig gesund. 1941 wurde er zum Militär eingezogen, aber wegen einer neu ausbrechenden Erkrankung wieder entlassen und wieder in der Klinik aufgenommen. Jetzt erklärte er u. a., er müsse Pläne machen für die Drahtseilbahn nach Frankreich; er habe bei der Fremdenlegion in Afrika die Wache gehalten; die deutsche Fernartillerie habe durch das Trommelfeuer eine Ecke aus der Sonne geschossen und die Kraft des Strahlens vermindert. „Als die Messe in Frankfurt war, kamen rote und grüne Kugeln herunter, Blitze, die haben die dunklen Wolken erhellt.“ Nach drei Monaten war er wieder einsichtig, korrigierte seine Ideen und suchte sie dadurch verständlicher zu machen, daß er viel lese und dann in der Krankheit das Gelesene mit dem Wirklichen vermische. Zu seinem Erlebnis mit dem feurigen Pferde sei er durch die geflügelten Pferde an einem Frankfurter Theater gekommen. In den Zuständen habe er immer ein Glücksgefühl, oft auch das Gefühl, von Gott erleuchtet zu sein. Er wurde entlassen, ging wieder seinem Beruf nach, war unauffällig. 1944 kam er wieder in die Klinik und erklärte u. a., am Mond habe ein Stück gefehlt, es könne sein, daß der Erdball Löcher und Risse bekomme. „Die Raketen gehen ins Erdreich hinein und verbinden sich mit der feurigen Masse, dann wird sich die Erdkruste langsam auflösen“; „Die Zeit ist auch etwas verringert und geht schlechter herum.“ Nach drei Wochen war er ausgeglichen und wurde entlassen. Nach acht Monaten kam er aber schon wieder, da er zu Hause wieder konfabuliert hatte. In der Klinik war er aber von Anfang an kaum mehr auffällig, sprach sich frei und einsichtig aus und wurde nach drei Wochen entlassen. 1945 war er wieder in der Klinik und erzählte u. a.: Er sei einmal in Rom gewesen, dann weiter nach Afrika gefahren und von dort nach Amerika übergesetzt. Das benutzte Pferd habe er in Frankfurt aus Dankbarkeit ausgestellt. Er erzählte in einem deutlichen Rededrang und sprach oft weiter, wenn niemand mehr zuhörte. Nach sechs Wochen war er wieder ausgeglichen. Im Abklingen des Zustands erschien er leicht mürrisch, er wollte nicht gerne an seine Erzählungen erinnert werden, war sichtlich verstimmt, daß er solch Unsinn erzählt hatte. In der Erkrankung selbst dagegen hatte er immer einen freudig gehobenen bis leicht begeisterten Gesichtsausdruck. 1946 kam er wieder in die Klinik und erzählte von einer angeblichen Reise nach Afrika und Arabien. Er wurde nach 11 Tagen in die Anstalt E. verlegt. Dort entlassen, war er später noch wiederholt in der Klinik, immer mit den gleichen konfabulatrischen Zuständen, die einige Wochen anhielten und dann einem normalen Verhalten Platz machten.

Die Psychose dieses Patienten ist ungemein eindrucksvoll, da eine Vielzahl von Phasen immer wieder das charakteristische Bild der konfabulatorischen Euphorie darstellt. In seinen ersten Erkrankungen hatte Fers manchmal etwas Ekstatisches an sich, so daß man an eine schwärmerische Euphorie hätte denken können, wenn nicht damals schon die vielen Konfabulationen hervorgetreten wären. Später konfabulierte er expansiv ohne wesentliche ekstatische Note, zuletzt beherrschten die phantastischen Konfabulationen allein das Krankheitsbild. Wahrscheinlich prägt sich darin das Älterwerden des Kranken aus, der im mittleren Lebensalter nicht mehr so überschwenglich war wie in der Jugend. Die lange Beobachtungszeit, die eine Heilung aus jeder Phase erkennen läßt, schützt vor der Verwechslung mit einer schizophrenen Krankheit. Aber auch schon das Bild selbst läßt eine Schizophrenie ausschließen. — An anderer Stelle[1] habe ich einen Kranken mit einem ähnlich eindrucksvollen Krankheitsbild beschrieben, dessen Mutter ebenfalls eine konfabulatorische Euphorie hatte.

Zusammenfassung

Die konfabulatorische Euphorie ist durch *phantastische Erzählungen bei gehobener Stimmungslage* ausgezeichnet. Teils handelt es sich um Erinnerungstäuschungen, teils auch nur um phantastische Einfälle. Der Inhalt ist freudiger Art, häufig gibt er eine Selbsterhöhung wieder, häufig ist er auch nur durch seine phantastisch-sensationelle Art lustvoll erregend. Auch Trugwahrnehmungen können eine Rolle spielen, doch ist die Entscheidung derart, daß etwas krankhaft wahrgenommen, nicht bloß konfabuliert ist, im Einzelfall schwer möglich.

5. *Teilnahmsarme Euphorie*

Die Annahme einer teilnahmsarmen Euphorie beruht mehr auf einer theoretischen Forderung als einer praktischen Erfahrung. Wenn, wie wir bisher sahen, jeder reinen Depression eine reine Euphorie entspricht, dann hat sicher auch die teilnahmsarme Depression ihren euphorischen Gegenpol. Er scheint allerdings besonders selten zu sein. Schon die teilnahmsarme Depression ist nicht häufig, seltener als die anderen reinen Depressionen. Wenn die teilnahmsarme Euphorie im gleichen Verhältnis seltener ist als die anderen Euphorien, dann wird man davon kaum einmal einen Fall zur Beobachtung bekommen. So hatte ich in der ersten Untersuchungsreihe nur eine Kranke.

Nach theoretischen Erwägungen, die ich an anderer Stelle angestellt habe[2], glaube ich, daß sich die Krankheit im Gegenpol der teilnahmsarmen Depression ebenfalls mit *Gefühls- und Initiativabschwächung* verbindet. Die beiden Formen dürften sich durch die

---

[1] Leonhard, K.: Monopolar Manias and Euphorias. Revista da Associacão Brasileira de Psiquiatria. **3**, 67—76, 1981.

[2] Leonhard, K.: a. a. O. (Biopsychologie der endogenen Psychosen).

Grundstimmung, nicht aber durch die Inhalte unterscheiden, so wie sich die hypochondrische Depression und die hypochondrische Euphorie nicht nach den Inhalten, sondern nur nach der Affektlage unterscheiden. Der folgende Fall entspricht dieser theoretischen Erwartung:

Fall 37. Hermine Os, geboren 1905, erkrankte 1941 und wurde energielos. Sie raffte sich zu nichts mehr auf, nicht zum Arbeiten, nicht zum Schreiben, nicht zum Lesen. Sie erschien sich selbst sehr lahm. Sie kam in die Frankfurter Klinik und klagte hier vor allem darüber, daß sie so gleichgültig sei, alles nur so verschwommen empfinde und für ihre Kinder keine Teilnahme mehr aufbringe. Bei diesen Klagen war sie aber nicht depressiv, sondern lächelte zufrieden. Nach vier Wochen wurde sie entlassen und kam in das Sanatorium H. Hier klagte sie ebenfalls bei munterer Art über Energielosigkeit. Nach einem Vierteljahr war sie besser und konnte entlassen werden. Zu Hause fühlte sie sich mehrere Monate gut, dann trat ein Rückfall ein, so daß Os ein Jahr nach ihrer ersten Aufnahme zum zweitenmal in der Frankfurter Klinik aufgenommen werden mußte. Sie bot ganz das gleiche Bild wie früher, klagte, daß sie nichts fertig bringe, sich zu nichts mehr aufraffen könne und nicht mehr das richtige Gefühl habe. Sie verhielt sich auch objektiv antriebsarm, lag am liebsten im Bett. Sie lächelte aber immer zufrieden, wenn man mit ihr sprach Nach acht Wochen wurde sie wieder freier, bekam mehr Antrieb und konnte entlassen werden.

Bei diesem Krankheitsbild möchte ich eine teilnahmsarme Euphorie annehmen, da sich die Klage über Gefühls- und Willensverarmung mit einer euphorischen Stimmung verband. Die Teilnahmslosigkeit trat objektiv stärker hervor als bei den Depressionen, sicher weil ihr eine zufriedene Stimmung mehr entgegenkommt als eine depressive. Vor der Annahme einer Hebephrenie schützte, abgesehen von dem hohen Erkrankungsalter, der phasische Verlauf, und im Symptombild die natürliche Haltung der Kranken, die trotz der subjektiven Gefühlserkaltung etwas Warmes behielt und eher an einen still hypomanischen als einen hebephrenen Zustand denken ließ. Hebephrene pflegen überdies ihre Gefühlsverarmung selbst kaum zu empfinden.

Fall 38. In meiner Berliner Untersuchungsreihe traf ich wieder auf eine Teilnahmsarme Euphorie. Marie Sch., geb. 1937, von Beruf Apothekenassistentin, war von Natur ausgeglichen. Sie fand nicht leicht Anschluß, hatte aber immer Freundinnen. 1962 suchte sie mich auf, weil sie sich, wie sie sich ausdrückte, seit einem halben Jahr anders fühlte als sonst. Die Veränderung kam damals „schlagartig“ über sie. Sie klagte darüber, daß sie innerlich nicht mehr empfinden könne. Es sei ihr immer gleich zumute, ob sie etwas Lustiges oder Trauriges erzähle. Sie nehme zwar alles auf, was sie höre oder was sie anfasse, sie könne auch feststellen, ob etwas schön sei, aber alles erscheine ihr so fremd, es fehle das richtige Gefühl. Wenn sie etwas sage, sei es ihr, als ob sie innerlich zwar denke, aber die Dinge, von denen sie spreche, ferngerückt wären. Es sei ihr auch, als ob ihr Gesicht ausdruckslos bliebe, wenn sie etwas Gefühlvolles erzähle, als ob auch ihre Hände ausdruckslos wären, wenn sie etwas mit Gesten begleite. Bei anderen Menschen erkenne sie an den Bewegungen die innere Lebhaftigkeit, sich selbst empfinde sie als unbeteiligt. Andere hätten allerdings noch nie etwas darüber geäußert, sie merkten es wahrscheinlich nicht. Auch ihren Eltern sei der abnorme Zustand nicht bekannt. — Während die Patientin diesen Bericht gab, zeigte sie sich lebhaft, frisch und heiter. Ich riet ihr, sich zur weiteren Beobachtung in die Klinik aufnehmen zu lassen, sie war jedoch dazu nicht bereit, da sie sich nicht eigentlich krank fühlte. Als ich mich ein Jahr später nach ihr erkundigte, schrieb sie, es gehe ihr wieder gut. Sie war inzwischen verheiratet. Meiner Einladung, sich noch einmal bei mir vorzustellen, folgte sie nicht.

Man erkennt auch bei dieser Patientin den Mangel an Teilnahme. Alles Gefühlvolle war ihr ferngerückt. Wenn sie glaubte, auch ihre Mienen und Gesten seien nicht mehr natürlich, so hatte sie sicher auch hier einen mangelnden Gefühlshintergrund der Ausdrucksbewegungen im Auge. Gleichzeitig war die Patientin aber in einer lebhaften Haltung und einer heiteren Stimmung. Sie fühlte sich trotz der eindrucksvollen Schilderung, die sie von ihren Beschwerden gab, nicht ernstlich krank. Ein Mangel an Antrieb, der zu vermuten war, wurde in der einmaligen Untersuchung vielleicht durch ihre heitere Art überdeckt. Vielleicht sieht man teilnahmsarme Euphorische deshalb so selten, weil sie sich im allgemeinen nicht veranlaßt sehen, einen Arzt aufzusuchen. Ihrer Umgebung fiel die Patientin anscheinend gar nicht auf.

Zusammenfassung

Wenn ich die teilnahmsarme Euphorie richtig abgegrenzt habe, zeichnet sie sich durch eine subjektiv empfundene und auch objektiv erkennbare Gefühls- und Willensabschwächung bei euphorischer Stimmungslage aus.

B. Klinik der zykloiden Psychosen

Die psychotischen Syndrome im Bereich der zykloiden Psychosen findet man schon bei Wernicke[1] und Kleist[2] beschrieben, wenn ich auch manches anders sehe. Die Angst-Glücks-Psychose erscheint bei Wernicke in zwei getrennten Krankheitsformen, der Angst-Psychose einerseits, der „expansiven Autopsychose durch autochthone Ideen" andererseits. Der Begriff „Motilitätspsychose" wurde ebenfalls von Wernicke geprägt, jedoch trennte er die periodische Katatonie nicht davon ab. Die Differentialdiagnose gegenüber den schizophrenen Formen wurde später von Kleist und Fünfgeld[3] gegeben. Die beiden Pole der Krankheit erfaßte Wernicke mit der Bezeichnung „zyklische Motilitätspsychose". Die Verwirrtheitspsychose erscheint bei ihm als „periodische maniakalische Allopsychose" oder auch als „agitierte Verwirrtheit". Die gehemmte Verwirrtheitspsychose erkennt man bei seinem Begriff der „intrapsychischen Akinese". Kleist sprach in diesem Fall von einem „ratlosen Stupor". Der Begriff „Verwirrtheit" stammt von Meynert. Kleist rechnete die Angstpsychose und die Glückspsychose, die er als „Eingebungspsychose" bezeichnete, zu seinen „paranoiden Randpsychosen", die Motilitätspsychose und die Verwirrtheitspsychose zu den „zykloiden Randpsychosen".

Die zykloiden Psychosen, deren drei zu unterscheiden sind, heilen in jeder Phase völlig aus. Sollte es in einem Fall anders sein, dann handelt es sich um eine Fehldiagnose. Nur mit chronischen Verläufen entsprechend einer chronischen Manie ist in sehr seltenen Fällen zu rechnen. Man kann ferner vermerken, daß zykloide Kranke nach wiederholten Phasen und Hospitalisierungen manchmal eine gewisse Einbuße der inneren Spannkraft erleiden. Das gilt aber ebenso für die manisch-depressive Krankheit und läßt sich reaktiv deuten. Die Heilung der zykloiden Psychosen wurde durch ausführliche Nachuntersuchungen, die ich zusammen mit Frau v. Trostorff durchgeführt habe, bestätigt[4]. Der Hinweis auf diese Nachuntersuchungen ist wichtig, da die Fälle, über die im Folgenden berichtet wird, zwar alle bis zur Heilung ihrer Phasen, aber nur teilweise über längere Fristen beobachtet werden konnten. In der letzten Zeit hat sich Perris (1974)[5] eingehend mit den zykloiden Psychosen beschäftigt und ihre Sonderstellung bestätigt.

Trotz der Heilbarkeit soll betont werden, daß zwischen ihnen und besonderen Formen von Schizophrenie, nämlich den *unsystematischen Schizophrenien*, eine gewisse Verwandtschaft besteht. Den 3 zykloiden Psychosen stehen 3 unsystematische Schizo-

---

1 Wernicke, C.: Grundriß der Psychiatrie. Georg Thieme Leipzig 1900.

2 Kleist, K.: Über zykloide, paranoide und epileptoide Psychosen und über die Frage der Degenerationspsychosen. Schweiz. Arch. Neurol. Psychiat. **23** (1928), 1.

3 Fünfgeld, E.: Die Motilitätspsychosen und Verwirrtheiten. S. Karger, Berlin 1936.

4 Leonhard, K. und S. v. Trostorff: Prognostische Diagnose der endogenen Psychosen. VEB Gustav Fischer, Jena 1964.

5 Perris, C.: A Study of Cycloid Psychoses. Acta Psychiatrica Scandinavica Supplementum 253 Munksgaard Copenhagen 1974.

phrenien gegenüber, die manche Ähnlichkeiten im Symptombild aufweisen. Es mag sein, daß der Krankheitsvorgang hier und dort ähnliche Gehirnfunktionen betrifft, genetisch ist die Trennung aber als gesichert anzusehen. Darauf werde ich ausführlich eingehen. Zu anderen Schizophrenien als den unsystematischen Formen zeigen die zykloiden Psychosen keine Beziehung; systematische und kombiniert-systematische Formen sehen nach Zustandsbild und Verlauf völlig anders aus.

I. Angst-Glücks-Psychose

Die *Glückspsychosen* sind wesentlich seltener als die *Angstpsychosen*. Darin zeigt sich eine Parallele zur manisch-depressiven Krankheit, die ebenfalls häufiger in Gestalt einer Depression als in Gestalt einer Manie auftritt. Je genauer man allerdings darauf achtet, desto häufiger wird man feststellen, daß auch bei Fehlen eigentlicher ekstatischer Phasen die Angst doch für kurze Zeit, vielleicht nur für eine Stunde oder noch kürzer, von einem Zustand der Beglückung unterbrochen wird, in welchem Berufungs- und Erlöserideen hervortreten. Zur Bestätigung der Bipolarität der Psychose sind solche vorübergehenden Zustände sehr wertvoll. Zur Diagnose bedarf es ihrer aber nicht. Man kann die Angst-Glücks-Psychose auch schon aus dem Zustandsbild der Angstphase allein erkennen.

Angstideen, z. B. gemartert, getötet zu werden, Angehörige zu verlieren, prägen bei der Angstpsychose das Bild. Aber sie sind selten in reiner Form gegeben, sondern erscheinen fast immer in Verbindung mit *paranoischen Symptomen*. Es handelt sich um eine Angst mit Mißtrauen und Eigenbeziehungen. Die Kranken haben nicht nur von innen heraus Angst, sondern sie sehen diese immer von neuem in den Vorgängen ihrer Umgebung begründet. Sie glauben zum Beispiel, daß Polizeibeamte ihnen nachgingen, daß ein Mann ihnen bedrohlich in den Weg getreten sei, daß man ihr Haus umstellt habe, daß die Mitkranken in der Klinik sie mieden, daß das Personal über ihre bevorstehende Verhaftung spreche. Zu diesen *Beziehungsideen* kommen gelegentlich unbestimmtere *Umdeutungen*, bei denen die Vorgänge der Umgebung nur irgendwie bedrohlich erscheinen, ohne daß eine genauere Festlegung erfolgt. Nimmt diese letztere Form der Ideenbildung, die auf eine Ratlosigkeit hindeutet, überhand, dann neigt sich die Differentialdiagnose nach der Verwirrtheitspsychose hin, bei der wir die Bedeutungsideen wiederfinden werden. Die Grundstimmung der Angstpsychosen bleibt auch bei einem ratlosen Zug in erster Linie ängstlich. Von den Beziehungsideen gibt es Übergänge zu *illusionären* und *halluzinatorischen Erlebnissen*. Wenn die Kranken etwa behaupten, aus den Gesten sprechender Menschen hätten sie entnommen, daß man ihre bevorstehende Hinrichtung bespreche, dann handelt es sich um Beziehungsideen, wenn sie angeben, auch diesbezügliche Worte verstanden zu haben, dann scheinen Illusionen vorzuliegen; wenn sie schließlich von ihrer Hinrichtung sprechen hören, obwohl überhaupt nicht gesprochen wurde, dann müssen Halluzinationen angenommen werden. All das kommt bei der Angstpsychose vor und ist vielfach nicht zu trennen. Manchmal werden von den Kranken auch Geruchserlebnisse angegeben, bei denen besonders schwer zu unterscheiden ist, ob nur Gerüche falsch gedeutet oder ob Gerüche halluziniert wurden. Ähnliches gilt für die Behauptung, im Essen sei Gift gewesen. Diese mangelnde Bestimmtheit des Symptoms, das Schwankende zwischen Beziehungsidee und Halluzination ist für die Angstpsychose charakteristisch.

Sehr häufig findet man *hypochondrische Erlebnisse*, ein Kribbeln, ein Hitzegefühl, etwas wie eine Erschütterung des Körpers usw. Manchmal behaupten die Kranken auch, sie würden körperlich *beeinflußt*. Sie lassen sich aber selten darauf festlegen, daß es sich um Erscheinungen handelt, die von außen her erzeugt werden, sondern schildern dann doch mehr Mißempfindungen, wie man sie bei der hypochondrischen Depression vor sich hat. Je deutlicher die Kranken davon sprechen, daß sie von außen her beeinflußt, vielleicht auch hypnotisiert würden, desto mehr ist, wie wir sehen werden, an eine affektvolle Paraphrenie zu denken. Einfache Mißempfindungen sind dagegen bei der Angstpsychose kaum seltener als die Beziehungsideen. Sie können sogar das Bild beherrschen. Im Wesen der „Vielgestaltigkeit" aller bipolaren Psychosen liegt es, daß bald diese, bald jene Symptome vorwiegen. Weiter kommen in wechselndem Ausmaß Minderwertigkeitsideen, Selbstvorwürfe, gelegentlich auch Entfremdungsideen vor.

Die paranoischen Symptome gelten für viele Psychiater als prognostisch ungünstig, ja vielfach sogar als besonders charakteristisch für beginnende Schizophrenie. Je deutlicher aber die zugrunde liegende Angst ist, desto weniger berechtigt ist diese ungünstige Prognose. Die lebhafte, ja oft außerordentlich heftige Angst unterscheidet die Krankheit auch von der argwöhnischen Depression, wie dort schon erwähnt wurde.

Der unmittelbare Ausdruck der Angst ist sehr verschieden. Die Kranken können in höchster Erregung jammern, stöhnen, schreien, flehen und jede Annäherung abwehren, so daß sie gelegentlich die Erregung gehetzter Depressionen noch hinter sich lassen. Sie können aber auch bis zur Bewegungslosigkeit erstarrt sein und nur durch ihren Gesichtsausdruck die Angst verraten. Aus der Erstarrung kann plötzlich wieder eine Erregung werden. Inwieweit es sich dabei um psychologisch verschiedene Reaktionsweisen auf die Angst handelt, inwieweit eigene psychomotorische Symptome vorliegen, ist nicht immer zu entscheiden. Sicher kommt beides vor.

So wie wir bei der manisch-depressiven Krankheit immer wieder ein Übergreifen der Symptome auf eine der anderen vielgestaltigen Psychosen gesehen haben, so finden wir es auch bei der Angst-Glücks-Psychose. Psychomotorische Symptome stellen ein Überschneiden mit der Motilitätspsychose her. Akinesen kommen, wenn auch in der Regel nur für kurze Zwischenepisoden, bei der Angstpsychose vor, auch ohne daß ein hoher Grad von Angst eine solche Erstarrung psychologisch verständlich machen könnte. Daneben findet man auch ratlose Formen von Stupor, die ein Hinübergreifen auf die Verwirrtheitspsychose andeuten. Symptome, die den erregten Pol der Motilitätspsychose oder der Verwirrtheitspsychose kennzeichnen, können sich der Angstpsychose ebenfalls beigesellen. Es entstehen dann Zustände, die man mit den Mischzuständen der manisch-depressiven Krankheit vergleichen kann. Manchmal ist im Augenblick nicht zu entscheiden, welche Form vielgestaltiger Psychose nun eigentlich vorliegt. Mit Rückgang der Erscheinungen treten aber die ungewöhnlichen Symptome in der Regel zurück, und die Angstpsychose mit dem ihr eigenen Bild tritt klar hervor.

Leichtere Formen der Erkrankung können Melancholien ähnlich sehen, zumal eine allgemeine Gedrücktheit neben der Angst durchaus vorkommt. Minderwertigkeits- und Versündigungsideen können bestehen. Auch nach der manisch-depressiven Krankheit hin zeigt sich also die Vielgestaltigkeit der Angst-Glücks-Psychose. Von den reinen Formen wird, wie dort schon angedeutet, am ersten die gehetzte Depression nachgeahmt. Allerdings ist es selten, daß die paranoischen Begleiterscheinungen so zurücktreten, daß man endgültig eine gehetzte Depression annehmen möchte. Bei geringerer Angst und Vorherrschen der Beziehungsideen kann schließlich eine argwöhnische Depression vorgetäuscht werden.

Der andere Pol, die *Glückspsychose*, erinnert an die schwärmerische Euphorie. Unter einem Glücksgefühl, das häufig ekstatischen Charakter hat, treten ganz ähnliche Ideen auf wie dort. Die Kranken fühlen sich erhöht, oft maßlos, ja bis zur Göttlichkeit erhöht, wollen sich aber nicht nur in dieser Macht sonnen, sondern vor allem auch andere glücklich machen. So handelt es sich um Berufungs-, Beglückungs-, Erlöserideen. Die Berufung zu der hohen Aufgabe wird häufig auf Gott zurückgeführt, die Idee selbst als eine *Eingebung von Gott* empfunden. Bei weniger heftigen Affektwallungen können sich die Kranken aber auch ohne Beziehung auf einen höheren Auftrag zu Helfern anderer aufspielen, etwa zu Helfern gegen Krankheiten. Man kann die gesamte Ideenbildung dieser Kranken unter dem Begriff der *Glücksideen* zusammenfassen, wobei man an die eigene Beglücktheit wie die Beglückung anderer denken muß. Frauen wollen gelegentlich nicht selbst tätig sein, sondern durch ihr Kind wirken, wie Maria durch Jesus, oder zusammen mit einem Mann, meist einem hochgestellten, dessen Heiratsantrag sie in erotisch unterlegtem Glücksgefühl erwarten. Auch areligiöse Menschen können in der Glückspsychose religiöse Ideen äußern. Es ist andererseits ähnlich häufig, daß sich die Kranken sozial oder politisch berufen fühlen und vielleicht eine allgemeine Gerechtigkeit oder den ewigen Frieden bringen wollen. Das Bild der Glückspsychose wird, ebenso wie wir es bei der schwärmerischen Euphorie sahen, ergänzt durch *pseudohalluzinatorische Erlebnisse*, die mit Vorliebe Begegnungen mit Gott oder einem Heiligen zum Inhalt haben. In solchen Erscheinungen, die teils optisch, teils akustisch, teils beides zugleich sind, erfolgt häufig die vermeintliche Berufung der Kranken zu ihren hohen Aufgaben. Oft deuten die Kranken auch tatsächliche Beobachtungen um, so daß entsprechend den ängstlichen Erlebnissen ekstatische Beziehungsideen entstehen. Eine harmlose Bemerkung kann dann als Berufung aufgefaßt werden.

Auf der Höhe der Erkrankung tritt häufig, in Andeutungen oder auch stärkerem Maße, eine Inkohärenz des Gedankengangs hinzu, so daß man wie bei der Angstphase von einem Hinübergreifen in die erregte Verwirrtheitspsychose sprechen kann. Hyperkinetische Züge im Sinne der Motilitätspsychose können ebenfalls hinzutreten. Andererseits ist ein Verharren in bestimmten Stellungen bei der Glückspsychose nicht selten. Wenn es irgendeine pathetische Geste, z. B. die des Segnens ausdrückt, ist es psychologisch als Folgeerscheinung der ekstatischen Affektlage verständlich. Es kommt aber auch vor, daß die Kranken längere Zeit fast bewegungslos sind und kein Wort sprechen, ohne daß man einen Sinn hinter diesem Verhalten erkennen kann. Dann kann man vermuten, daß zum ekstatischen Affekt, den man noch am Gesichtsausdruck der Kranken feststellt, ein Stupor als selbständige Krankheitserscheinung getreten ist, mag dieser im Sinne der akinetischen Motilitätspsychose oder der gehemmten Verwirrtheit zu deuten sein. Eine Ratlosigkeit neben der Euphorie kann auf letztere Entstehung hindeuten, während die Akinese an der starren Haltung erkennbar ist. In leichterer Ausprägung kann ferner auch wieder die manisch-depressive Krankheit nachgeahmt werden. Man kann als Nachschwankungen und auch als länger dauernde Zwischenphasen Bilder sehen, die Manien bzw. Hypomanien durch gehobene Stimmung, Vielgeschäftigkeit und Ideenflucht gleichen. Durch Bevorzugung einzelner Gefühlsschichten können auch andere reine Euphorien als die schwärmerische Form nachgeahmt werden, etwa die unproduktive Euphorie oder die konfabulatorische Euphorie.

Der Affekt der Angst- wie der Glücks-Psychose hat neben der Neigung zu hohen Graden die Besonderheit an sich, oft plötzlich anzusteigen und ebenso schnell wieder abzusinken. Die Angst wie die Ekstase hat diesen *schwankenden Charakter*. In einer Stunde können die Kranken in höchster Angst durch den Saal rennen, in der nächsten ruhig Auskunft geben und vielleicht sogar durch ein Lächeln bemüht sein, ihre Beruhigung zu beweisen. In höchster Ekstase andererseits können sie mit pathetischen Haltungen verharren oder predigend zu den Mitkranken sprechen, um sich gleich darauf ohne

Zeichen innerer Ergriffenheit in den Abteilungsbetrieb einzufügen. Bei der schwärmerischen Euphorie und bei der selbstquälerischen Depression sahen wir den Affekt ansteigen, wenn von den Ideen die Rede war. Das findet man bei den Angst-Glücks-Psychosen auch, aber in geringerem Maße. Wenn Stimmungsschwankungen hervorgerufen werden, dann weniger von den Ideen her als durch sonstige Anregungen. Ungewöhnliche Vorgänge auf der Abteilung, etwa eine Blutentnahme, eine Einspritzung, können eine Angstattacke erzeugen, der Besuch eines Geistlichen auf der Abteilung oder das Klagen einer Mitkranken, der Hilfe gebracht werden soll, können ekstatische Gefühlswallungen hervorrufen. Aber im Grunde genommen ist die Affektivität der Angst-Glücks-Psychose von innen heraus labil.

Das führt nicht selten zu der merkwürdigen Erscheinung, daß schwerste Angstvorstellungen ohne innere Erregung geäußert werden und ekstatische Ideen ebenfalls. Wenn die Kranken bei Äußerung ihrer Angstideen lächeln, dann suchen sie damit zwar meist nur ihre Angst zu verbergen, aber auch wenn man das weiß, kontrastiert es oft noch sehr mit dem Inhalt der Ideen, nach denen ein Lächeln überhaupt nicht mehr möglich sein sollte. Ekstatische Ideen andererseits tragen die Kranken gelegentlich sogar mit einem leicht mißmutigen Gesicht vor. Auch hier mag der Ausdruck den Zweck haben, darüber hinwegzutäuschen, wie wichtig den Kranken ihre Ideen in Wirklichkeit doch sind. Aber diese Neigung, zu dissimulieren, zeigt selbst schon, daß der Affekt jetzt nicht mehr ganz hinter den Ideen steht. Die Erklärung für die auffällige Erscheinung ergibt sich daraus, daß die Kranken in ihren extremen Affekten zu ihren Ideen kommen, zu den ängstlichen wie ekstatischen, nach dem meist rasch folgenden Rückgang des Affekts aber noch nicht korrigieren können, sondern nur etwas unsicher werden. Die Ekstase dauert in ausgeprägter Form meist erheblich kürzer als die Angst, so daß hier das Konstrastieren mit den Ideen noch leichter auftritt als bei Angst. Ein ähnliches Schwanken des Affekts gibt es bei den reinen Formen nicht. Bei der manisch-depressiven Krankheit findet man zwar recht häufig eine Labilität der Stimmung, aber auch nicht in ähnlichem Ausmaß wie bei der Angst-Glücks-Psychose.

Das Schwanken der Stimmung braucht sich nicht nur zwischen dem einen Pol und dem normalen Mittelmaß zu bewegen, es kann auch von einem Pol zum anderen Pol verlaufen, kann sogar zwischen den Extremen höchster Angst und Ekstase hin und her gehen. So können Kranke, die eben noch schwerste Befürchtungen geäußert haben, unvermittelt ekstatische Haltungen einnehmen und erklären, jetzt hätten sie es überwunden, jetzt komme für sie und für alle Menschen die Erlösung. Ein solcher Affektwechsel beeinflußt wieder in besonderer Weise die Ideenbildung. Überzeugungen, die sich unter pathologischen Affekten bilden, lösen sich, wie wir ja eben sahen, nur allmählich wieder, wenn der Affekt nicht mehr hinter ihnen steht. Da sich andererseits Angstideen mit einem ekstatischen Affekt, und ekstatische Ideen mit einem Angstaffekt nicht vereinbaren lassen, kommt es typischerweise zu einer Formulierung der Ideen, die ihnen ein *doppeltes Gesicht* gibt. Die Kranken glauben dann, einem großen Schicksal entgegen zu gehen, das in schwerem Leid, aber auch hohem Lohn bestehen wird. Je nach augenblicklicher Stimmung tritt mehr das eine oder mehr das andere in den Vordergrund. Für diese Art von Ideen bietet die Religion mit ihrer Lehre von Strafe und Erlösung einen geeigneten Inhalt. Besonders eindrucksvoll zeigt sich die ängstliche und ekstatische Richtung zugleich, wenn Kranke glauben, sie müßten einen „Opfertod“ für andere sterben. Die religiöse Färbung findet man bei Angstpsychosen häufig auch da, wo kein Affektwechsel zum Ekstatischen hin erkennbar ist. Vermutlich deutet er sich aber auch hier an und führt die religiöse Richtung der Angstideen herbei. Weder bei der manisch-depressiven Krankheit noch sonst bei einer Depression bekommen die

Angst- und Minderwertigkeitsideen annähernd so häufig wie bei der Angstpsychose den Charakter der Sünde vor Gott.

Trotz der Vielgestaltigkeit der Psychose soll betont werden, daß doch immer wieder eine Angst mit paranoischen und hypochondrischen Erscheinungen oder ein Glücksgefühl mit Beglückungsideen das Gesamtbild beherrscht.

Fall 39. Helene Hem, geboren 1884, erkrankte erstmals 1931, als sie ins Klimakterium kam. Sie wurde gedrückt, bekam Angstgefühle und klagte über innere Unruhe und Grübelsucht. Nach einer Behandlung von sechs Wochen in der Kuranstalt K. wurde sie gebessert entlassen. Neun Monate später mußte sie aber wieder aufgenommen werden. Sie klagte diesmal über mangelnde Willenskraft, über Angstgefühle, innere Unruhe, Stechen in den Augen. Dabei fiel eine etwas starre Miene auf. Nach zwei Monaten konnte sie wieder entlassen werden. Sie war dann wieder gesund, bekam aber in der Folgezeit fast jeden Herbst eine Verstimmung, die sich bis zum Frühjahr hinzog. 1940 erkrankte sie im Anschluß an einen Grippeinfekt wieder; sie war diesmal erregt und mußte in der Frankfurter Klinik aufgenommen werden. Hier erklärte sie, sie sei nicht krank. „Ich bin glücklicher als der glücklichste Mensch.“ Eine Frau K., die ihr nachgestellt habe und ihr die Nervenkrankheit angetan habe, sei vom Teufel in die Hölle geholt worden. Die Gehobenheit nahm ein ausgesprochen feierliches Gepräge an. Die Kranke sprach nur noch in getragenem Tonfall, als ob sie Litaneien beten würde, und sang mit geschlossenen Augen religiöse Lieder. Auf die Frage, ob sie begnadet sei, nickte sie verklärt. Unter anderem erklärte sie: „Das Allerheiligste kommt gleich. Die Mutter Gottes ist mir erschienen, sie hat ein himmelblaues Gewand angehabt, hat im Himmel gestanden und mir zugewunken“; „das Jüngste Gericht kommt morgen, ihr werdet staunen, was da vorgeht, die Sterne werden vom Himmel fallen, der Mond wird seinen Schein nicht mehr geben, die Sonne wird verfinstert, die Toten werden auferstehen, ich bin so glücklich wie noch nie.“ Sie forderte die Mitkranken auf, niederzuknien und das Allerheiligste zu erwarten. Die Ekstase hielt in dieser Höhe nur einige Tage an, dann klang sie allmählich ab. Eine gehobene Stimmung bestand aber länger. Schließlich ging auch diese zurück, die Kranke wurde einsichtig, korrigierte ihre Ideen und erklärte dazu, sie habe nicht anders gekonnt. Sie habe die Mutter Gottes gesehen und dabei das Wissen bekommen, daß sie die Menschen erlösen müsse. Acht Wochen nach der Aufnahme erschien die Kranke eher etwas gedrückt und wurde in diesem Zustand entlassen. Zu Hause nahm die Depression allmählich zu. Ein halbes Jahr nach der Entlassung erfolgte Neuaufnahme in die Frankfurter Klinik, da die Kranke Suicidideen äußerte. Sie war jetzt sehr ängstlich und mißtrauisch, glaubte, man rede über sie und wolle ihr etwas antun. Ferner klagte sie über Schmerzen auf der Brust, Stechen im Kopf, wie wenn Feuer drin wäre, Stechen auch im ganzen Körper. Sie weinte und jammerte viel. Dann wieder stand sie antriebsarm herum. Nach fünf Wochen wurde sie etwas freier und konnte entlassen werden. Zu Hause ging es gut, wenn sie auch öfter etwas verstimmt war. 1944 erkrankte sie wieder, hatte Angst, glaubte, die Leute stellten ihr nach, wollte sich das Leben nehmen und kam wieder in die Klinik. Hier klagte sie, sie könne nichts mehr arbeiten und nicht mehr richtig denken. Am ganzen Körper spüre sie es wie Feuer, wie Disteln, wie Nadelstiche. Eine Angst quäle sie, aber sie wisse nicht, wovor. Teils klagte sie lebhaft, teils verhielt sie sich eher bewegungsarm. Sie wurde nach vier Wochen in die Anstalt W. verlegt. Hier war sie anfangs noch ängstlich, klagsam und hypochondrisch, besserte sich aber rasch. Nach einem Vierteljahr wird sie als völlig gesund und unauffällig geschildert. Sie zeigte auch volle Krankheitseinsicht. Auf eigenen Wunsch blieb sie zunächst weiter in der Anstalt und ersetzte eine Pflegerin. März 1946 war sie nach einer Grippe vorübergehend etwas verstimmt, weiterhin dann wieder völlig unauffällig und wurde entlassen. Eine *Schwester* erkrankte 1925, drei Monate nach einem Partus, wurde ängstlich erregt, konnte nicht mehr arbeiten, klagte über innere Unruhe, wollte sich selbst und ihr Kind umbringen. Nachdem dieser Zustand ein Vierteljahr angehalten hatte, wurde die Kranke in die Anstalt M. gebracht. Hier war sie mehr affektlabil als depressiv, klagte, sie habe sich innerlich verändert, spüre eine Abneigung gegen ihr Kind, es sei ihr, als ob in ihrem Kopf etwas schabe. Die Depression schien im wesentlichen schon abgeklungen zu sein. Die Stimmung glich sich rasch vollends aus, so daß die Entlassung erfolgen konnte.

Die Glückspsychose dieser Patientin ist sehr eindrucksvoll. An den feierlichen Haltungen und der schwärmerisch-religiösen Ideenbildung ist der ekstatische Affekt zu erkennen. Auf der Höhe der Krankheit kam es zu optischen Sinnestäuschungen, in denen die Patientin die Mutter Gottes sah. Die Angstpsychosen, mit Beziehungsideen und hypochondrischen Erscheinungen, ebenfalls charakteristisch gestaltet, heben sich phasisch gegen die Glücksphase ab. Eine andere Kranke zeigte die Angst-Glücks-Psychose dagegen mit rasch wechselnden Affekten. Sie bat, man möge sie doch nicht erschießen, fürchtete aber gleich darauf den Tod nicht mehr, sondern wollte sich sogar opfern, um den Haß auf der Erde abzuschaffen. Eine Patientin bezeichnete sich als Sünderin, wollte aber zugleich durch ihren Opfertod die Welt erlösen und den Menschen den Frieden bringen. Ein männlicher Kranker glaubte, er werde den Weltuntergang verschulden, hörte aber zugleich eine göttliche Stimme, durch die er hohe Aufträge erhielt.

Wenn der ekstatische Pol fehlt, bestätigt manchmal die Familienuntersuchung, daß er genetisch doch vorhanden ist. Im folgenden Fall zeigt die Krankheit des Bruders, daß die Probandin, die nur Angstphasen durchmachte, tatsächlich eine Angst-Glücks-Psychose hatte.

Fall 40. Katharina Klin, geboren 1905, erkrankte erstmals 1936, hatte keine Lust mehr zu arbeiten, glaubte, die Leute guckten ihr nach, sie dächten, sie hätte ein Kind abgetrieben. Sie machte sich selbst bei anderen schlecht, erklärte, sie müsse erschossen werden. Wegen zunehmender ängstlicher Erregung wurde sie in der Frankfurter Nervenklinik aufgenommen. Hier jammerte sie sehr, sie wolle sterben, der Arzt schreibe alles verkehrt auf, die Kranken lachten über sie, man halte sie für eine Verbrecherin, sie werde auch elektrisiert. Im Wechsel mit der Erregung verhielt sie sich oft vorübergehend fast stuporös. Nach vier Monaten beruhigte sich Klin und wurde entlassen. 1942 erkrankte sie wieder, äußerte Suicidideen und wurde wieder in die Klinik gebracht. Jetzt war sie verzweifelt, erklärte, sie sei eine große Sünderin, antwortete eine Zeitlang gar nicht, sondern starrte leer vor sich hin, dann wieder lief sie in ängstlicher Unruhe umher. Sie wurde nach drei Wochen in die Anstalt G. gebracht und zeigte hier einen ähnlichen Wechsel zwischen Erregung und Ruhe. Ängstlich blieb sie aber immer, Selbstmordversuche machte sie aus dem erregten wie auch aus dem äußerlich gehemmten Zustand heraus. In der Remission erklärte sie, es sei ihr alles verändert vorgekommen, sie habe alles auf sich bezogen. Auch aus ihrem ratlosen Gesichtsausdruck hatte man damals entnehmen können, daß sie die Umgebung falsch auffaßte. Nach einem Dreivierteljahr klang der ängstliche Zustand ab, die Stimmung glich sich aus, Klin wurde entlassen. Ein *Bruder* erkrankte 1934 nach einer Appendektomie und kam in die Frankfurter Klinik. Hier erklärte er, die Welt habe sich verändert, sie stehe still. Gleichzeitig war er gehobener Stimmung, verkannte seine Umgebung, hielt einen Mitkrankten für Hitler. Bald schlug seine Stimmung mehr ins Ängstliche um, er erklärte jetzt, die Schornsteine rauchten nicht mehr, wahrscheinlich sei er daran schuld. Nach kurzem folgte wieder eine ekstatische Phase, in der er angab, Strahlen seien in seinen Händen, eine Gotteskraft ruhe in ihm, er werde eine neue Religion aufbauen. Zeitweise entwickelte er einen inkohärenten Rededrang, sang, pfiff und machte turnerische Bewegungen. Er sprach von Engelsgestalten und einem geistlichen Gesicht, das er gesehen habe. Obwohl er äußerlich euphorisch erschien und lachte, sprach er zwischendurch wieder von einer Sünde, die er begangen habe. Nach acht Monaten trat eine Beruhigung ein, so daß die Entlassung erfolgen konnte. Nach einer Woche kam er aber schon wieder in die Klinik und erzählte, die Leute hätten zu Hause merkwürdig gegrüßt, auf einer Brücke sei alles wie vergoldet gewesen, als ob es aus einem anderen Weltteil stamme. Ein Stamm, auf den er sich setzte, habe von unten herauf pulsiert. Ein Schwebegefühl sei in ihm gewesen. Er schwankte wieder zwischen Gehobenheit und Gedrücktheit, zeitweise hatte er Angst, in eine Gruft geworfen zu werden. Nach drei Monaten erschien er wieder unauffällig und wurde entlassen. Zwei Monate später kam er in die Anstalt G. und war hier vorwiegend ekstatisch, die Welt kam ihm wundervoll vor. Nach vier Monaten wurde er freier und konnte entlassen werden. Zu Hause blieb er dann mehrere Jahre gesund. 1940 erkrankte er von neuem, er wurde sexuell gegen seine Frau sehr aktiv, war gereizt. Er erklärte, im Hals brenne es so komisch. Er kam wieder in die Anstalt G. und erzählte hier, es seien überall so schreckliche Geräusche gewesen, das Ticken der Uhr und Knistern des Kopfkissens sei so merkwürdig gewesen, im Mund sei so ein süßlicher Geschmack. Es sei ihm auch so, als ob das Weltsystem des Kopernikus nicht mehr stimme. In seinem Körper spüre er Strahlungen, die von den Gegenständen ausgingen. Er war bei diesen Erzählungen noch ängstlich, wurde aber bald euphorisch und etwas pathetisch. Er erklärte jetzt, er wolle ein deutscher Mann bleiben. Nach drei Monaten wurde er freier, erzählte, er habe so sonderbare Vorstellungen gehabt und Stimmen gehört, es sei ein Rückfall seiner früheren Geisteskrankheit gewesen. In ausgeglichener Stimmung und in voller Krankheitseinsicht wurde er entlassen.

Bei den angeführten Patienten traten keine Symptome hervor, die am Vorliegen einer Angst-Glücks-Psychose hätten zweifeln lassen. Überschneidungen mit den beiden anderen zykloiden Psychosen sind sonst aber häufig. Ich könnte Fälle anführen, bei denen nicht zu entscheiden war, welche zykloide Psychose vorlag. Am eindeutigsten zeigt sich das bei zwei Schwestern, von denen eine zu einer Probandin bei der Angst-Glücks-Psychose, die andere zu einer Probandin bei der Verwirrtheitspsychose wurde. Es war nicht zu entscheiden, welche der beiden Psychosen genetisch tatsähchlich vorlag. Das darf aber nicht zu dem Gedanken verleiten, daß genetisch gar kein Unterschied bestehe. Auch sollte man sich dadurch nicht leicht veranlaßt sehen, nur allgemein eine zykloide Psychose zu diagnostizieren, sondern sollte in jedem Fall bemüht sein, die genauere Form festzustellen. Denn nur wenn man trotz der Überschneidungen die charakteristischen Syndrome feststellen kann, sichert man die Zugehörigkeit zur Gesamtgruppe. Keinesfalls darf man bei Psychosen nur deshalb zykloide Formen annehmen, weil sie irgendwie unklare Bilder bieten, vielmehr müssen diese immer die typischen Syndrome enthalten. Erst recht ist es nicht erlaubt, nachträglich nur deshalb eine zykloide Psychose anzunehmen, weil ein günstiger Verlauf erfolgt ist. Der Verlauf bringt nur die Bestätigung der vorher gestellten Diagnose. Neben den Überschneidungen innerhalb der zykloiden Psychosen hat man weitere zu beachten. Die Überschneidungen der Angst-Glücks-Psychose mit den Bildern der *Manisch-depressiven Krankheit* wurden ausführlich besprochen. Die Differenzialdiagnose gegenüber der *Affektvollen Paraphrenie* wird uns noch beschäftigen.

Zusammenfassung

Die Angst-Glücks-Psychose ist *in ihrem einen Pol* durch Angst ausgezeichnet, die mit Mißtrauen, Eigenbeziehungen, hypochondrischen Ideen, Minderwertigkeitsideen und nicht selten auch mit Sinnestäuschungen und manchmal mit Beeinflussungserlebnissen einhergeht, *in ihrem anderen Pol* durch ekstatische Verstimmung und Glücksideen, zu denen sich Beziehungsideen und Sinnestäuschungen gesellen können. Die Grundsymptome brauchen nicht immer im Vordergrund zu stehen, es können auch Bilder auftreten, die mehr oder weniger deutliche Züge der manisch-depressiven Krankheit, der Verwirrtheitspsychose oder Motilitätspsychose aufweisen. Darin zeigt sich die Vielgestaltigkeit der Angst-Glücks-Psychose. Die ängstlichen Phasen sind häufiger als die ekstatischen, so daß Angstpsychosen allein oft, Glückspsychosen allein dagegen selten vorkommen. Die *Dauer* der einzelnen Krankheitszustände ist ähnlich wie bei der manisch-depressiven Krankheit, doch findet in der gleichen Phase oft ein rascher Wechsel zwischen ängstlicher und ekstatischer Stimmung statt. *Präpsychotisch* findet man häufig Züge, die auf die spätere Erkrankung hinweisen, d. h. eine Neigung zu starker Affekterregbarkeit. Ich spreche von überschwenglichen Temperamenten.[1]

[1] Leonhard, K.: Akzentuierte Persönlichkeiten. VEB Verlag Volk und Gesundheit, Berlin, 2. Aufl. 1970.

II. Erregt-gehemmte Verwirrtheitspsychose

Die *Grundstörung* der Verwirrtheitspsychose liegt im Denken, das in der Erregung *inkohärent* wird und in der Hemmung nicht mehr vorwärtsschreitet. Die Inkohärenz ist hier anderer Art als bei verworrenen Manien, sie läßt sich nicht als höherer Grad der Ideenflucht auffassen wie dort. Es kommen zwar auch ideenflüchtige Wendungen vor, sie werden aber bei geringeren Graden der Störung nicht häufiger, sondern im Gegenteil seltener. Dagegen fallen verwirrte Kranke in geringerer Erregung dadurch auf, daß sie dauernd von Dingen sprechen, die nicht zur Sache gehören, von irgendwelchen Erlebnissen zu Hause oder in der Klinik, von denen jetzt gar nicht die Rede war. Man versteht nicht, warum sie sich eben darüber äußern, aber man kann an dem umschriebenen Thema, das sie sich im Augenblick gewählt haben, oft keine Störung der logischen Folge feststellen. Der Arzt kommt etwa zur Visite und erwartet, daß der Patient von seinem Ergehen spricht oder von Vorgängen auf der Abteilung oder von einem Besuch seiner Angehörigen. Statt dessen berichtet er von einem Erlebnis, das er vor Jahren irgendwo einmal gehabt hat. Warum das geschieht, bleibt unklar. Es ist auch nicht durch Zwischenfragen zu erfahren. Vielmehr kann nun irgend eine neue Erzählung einsetzen, deren Zusammenhang mit der augenblicklichen Situation wieder offen bleibt. Ich spreche bei dieser Art von Denkstörung von *Inkohärenz der Themenwahl.* Man erkennt hier zugleich, daß zur Verwirrtheitspsychose keine Ablenkbarkeit durch die augenblicklichen Vorgänge der Umgebung gehört.

Wenn die Denkstörung noch geringer ist — leichte Fälle sind häufig — wird das Thema nicht völlig verlassen, es bestimmt vielmehr mit einem Teilbegriff seines Inhalts das folgende Thema. Man erkennt diesen Denkablauf am besten, wenn man Intelligenzfragen stellt. Fragt man zum Beispiel nach dem Unterschied zwischen einem Baum und einem Strauch, dann kann anstelle der logischen Antwort ein Bericht über die Beerensträucher im Garten zu Hause erfolgen. Bei der Frage nach dem Unterschied zwischen schenken und borgen kann über Geschenke bei Festlichkeiten gesprochen werden. Ich nenne dies *abschweifende Themenwahl.* Der Unterschied gegenüber einem ideenflüchtigen Abschweifen besteht darin, daß jeder Gedanke eine Zeitlang festgehalten und behandelt wird, während die Ideenflucht zu immer weiteren Vorstellungen fortschreitet.

Die Erregung im Denken führt unmittelbar zu einer sprachlichen Erregung, so daß der *inkohärente Rededrang* das wesentlichste Symptom der erregten Verwirrtheitspsychose darstellt. Wenn das Denken andererseits in höheren Graden der Hemmung geradezu stehenbleibt, dann fallen auch die sprachlichen Äußerungen aus, so daß *Mutismus* zustande kommt. Die *Denkhemmung* als Ursache eines Stupors läßt sich daraus erschließen, daß die Kranken nur insofern bewegungsarm werden, als kompliziertere Bewegungen, die eine eigene Denkleistung zur Voraussetzung haben, ausbleiben. Einfache Bewegungen auf Aufforderungen hin und automatisierte Bewegungen bleiben dagegen erhalten. So ziehen sich die Kranken auf Verlangen selbständig an und aus, sie essen selbst, sie gehen auch selbständig zur Toilette. Alle Bewegungen laufen allerdings etwas träge ab, wohl weil vom Denken her kein eigener Willensimpuls hinzukommt. Mimisch und in den sonstigen Ausdrucksbewegungen besteht auch nur eine Verarmung, wie sie aus der gedanklichen Leere verständlich ist, keine Erstarrung. All das ist zur Unterscheidung dieses Stupors von der *Akinese,* die bei der Motilitätspsychose genauer zur Sprache kommen wird, wichtig.

In der Unzulänglichkeit ihres Denkens sind die Kranken der gehemmten Phase unfähig, die Vorgänge der Umgebung richtig zu beurteilen und einzuordnen, sie werden dadurch *ratlos*. Die wenigen sprachlichen Äußerungen, die sie tun, lauten häufig, sie kennten sich gar nicht aus, was denn vorgehe, was alles zu bedeuten habe. An dem suchenden, fragenden Blick, dem häufig ein ängstlicher Zug beigegeben ist, erkennt man mimisch die *Ratlosigkeit*.

Sowohl die Erregung wie die Hemmung des Denkens führt zu abnormen Ideen. In ihrer *Erregung* zeigen die Kranken mit Vorliebe Personenverkennungen, die aber meist flüchtig und oft nur spielerisch sind. Sie erinnern nicht an die merkwürdigen Behauptungen mancher Schizophrener, es werden nur Personen der Umgebung für Bekannte gehalten. Häufig sind auch flüchtige Beziehungsideen und akustische Halluzinationen. Im *Stupor* andererseits kann man über krankhafte Inhalte zunächst nichts erfahren, doch berichten die Kranken nachträglich von ihren Erlebnissen. In leichteren Formen, wenn die Kranken nicht völlig mutistisch, sondern nur wortkarg sind, kann man auch während der Erkrankung selbst krankhafte Ideen feststellen. Da die Patienten bei den Vorgängen der Umgebung die Zusammenhänge nicht mehr verstehen, kommt ihnen alles merkwürdig vor, sie suchen nach der Bedeutung der Geschehnisse, die sie nicht mehr durchschauen. Wenn es bei diesen ratlosen Fragen nach Bedeutungen bleibt, handelt es sich um *Bedeutungsideen*. Häufig erzeugt das Unverständliche aber eine Ängstlichkeit, so daß die Kranken nun fürchten, es sei etwas gegen sie im Gang. Aus den Bedeutungsideen werden damit *Beziehungsideen*. Im besonderen Maße trifft dies zu, wenn eine Ängstlichkeit als selbständiges Symptom zur Ratlosigkeit tritt. In diesem Fall treten die Beziehungsideen auch schon bei geringerer Hemmung hervor. Man muß sich dann sehr vor der Fehldiagnose einer Schizophrenie hüten. Beziehungs- und Bedeutungsideen sprechen nur dann für eine Schizophrenie, wenn keine gröbere Hemmung und keine tiefere Angst besteht. Kranke der gehemmten Verwirrtheitspsychose behaupten in ängstlicher Haltung etwa, es werde etwas vorbereitet, man verheimliche es aber, alles sei getarnt, alles sei nur eine Probe, Zauberei werde getrieben, das Essen habe komisch geschmeckt, es gingen so viele Menschen aus und ein, die Autos führen so schnell usw. *Sinnestäuschungen* kommen häufig hinzu. Vorwiegend sind es akustische Halluzinationen, aber auch optische und somatopsychische können auftreten.

Bei der Vielgestaltigkeit der Psychose findet man wieder manche ungewöhnliche Gestaltungen. Ist die Intensität des Krankheitsvorganges gering, dann kann die *manisch-depressive Krankheit* nachgeahmt werden. Bilder, die ganz manisch aussehen, kommen vor, Bei dem Zustandsbild einer *verworrenen Manie* bleibt es im Augenblick oft unentschieden, ob die Phase der manisch-depressiven Krankheit oder der Verwirrtheitspsychose angehört. Wenn die Kranken zugänglich bleiben, auf alles eingehen, ihre Umgebung trotz der Verworrenheit noch beobachten, so spricht das für Manie, da verwirrte Kranke leicht die sinnvolle Zuwendung zur Umgebung verlieren. Auch ein leichtbeschwingtheiterer Affekt spricht für die Manie. Personenverkennungen weisen dagegen fast immer auf eine Verwirrtheitspsychose hin. Noch schwieriger ist es oft, eine gehemmte Verwirrtheit von einer *stuporösen Depression* der manisch-depressiven Krankheit abzugrenzen. Die Depression spricht zwar für das eine, die Ratlosigkeit für das andere, aber einmal ist im Stupor die Gefühlslage oft schwer zu beurteilen, zum anderen ist eine depressive Färbung bei der Verwirrtheitspsychose nicht selten.

Häufig ist der Affekt mehr ängstlich als einfach gedrückt, so daß sich ein Überschneiden der Verwirrtheitspsychose mit der *Angstpsychose* ergibt. Die Ideenbildung der Verwirrtheitspsychose nimmt hier eine betont ängstliche Färbung an. Die Beziehungs- und Bedeutungsideen bekommen den Charakter der Bedrohung. Die bedeutungsvollen Vorgänge der Umgebung erscheinen dem Kranken als Vorbereitung zu seiner Verfolgung, vielleicht Verhaftung oder Mißhandlung. Auch andere Inhalte, wie sie sonst der Angstpsychose eigen sind, hypochondrische Ideen, Minderwertigkeitsideen, können hinzukommen. Wenn die Angst nicht der gehemmten, sondern der erregten Verwirrtheitspsychose beigesellt ist, dann entsteht eine Art Mischzustand. Solche ängstliche Verwirrtheitspsychosen sind recht häufig, wohl häufiger als verwirrte Angstpsychosen, d. h. Fälle, die ihrem Wesen nach Angstpsychosen sind, aber Züge der Verwirrtheitspsychose aufweisen. Allerdings ist die Angst meist nur vorübergehend, indem sie immer wieder durch gehobene, aber auch indifferente Gefühlszustände abgelöst wird.

Gelegentlich kommt bei gehemmten Verwirrtheitspsychosen für kurze Zeit eine leicht *ekstatische Stimmung* vor, die dann an spärlichen Äußerungen und an dem freudigen Gesichtsausdruck erkennbar ist. Viel häufiger sind ekstatische Gefühlswallungen bei erregten Verwirrtheitspsychosen. Da umgekehrt Glückspsychosen, wie wir sahen, inkohärent werden können, ist die Differentialdiagnose im Augenblicksbild wieder oft unmöglich. Bei den Glückspsychosen ist aber die Inkohärenz meist nur von kurzer Dauer, bei den Verwirrtheitspsychose die Ekstase von geringerem Grade, so daß man meist zur Klarheit kommt.

Die Differentialdiagnose wird allerdings noch dadurch erschwert, daß ein rascher *Affektwechsel*, den wir bei der Angst-Glücks-Psychose gefunden haben, auch bei Verwirrtheitspsychosen häufig vorkommt. Es ist jedoch weniger der Wechsel zwischen Angst und Ekstase, als eine einfache Affektlabilität zwischen Unlust und Freudigkeit. In dieser Form ist der Affektwechsel für die Verwirrtheitspsychose sogar besonders charakteristisch.

Häufig greift die Verwirrtheitspsychose in die Symptomatik der *Motilitätspsychose* über. Zum Stupor können akinetische Symptome kommen, zur Inkohärenz hyperkinetische. Die Züge der Motilitätspsychose können sogar vorübergehend das Bild beherrschen. Es kommt vor, daß Kranke zunächst das charakteristische Bild einer erregten Verwirrtheitspsychose aufweisen und kurz darauf das Bild einer hyperkinetischen Motilitätspsychose. Die Differentialdiagnose ist dann unmöglich und kann sogar unsicher bleiben, wenn man die ganze Krankheitsphase überblickt. Auch eine Mischung aus gegensätzlichen Polen kommt gelegentlich wieder vor. In inkohärenter Erregung mit Rededrang kann gleichzeitig die Starrheit der Haltung und Mimik auf eine begleitende Akinese hinweisen, in einem ratlosen Stupor können, ohne daß sich an der Ratlosigkeit etwas ändert, zwecklose Bewegungen als Ausdruck einer Hyperkinese eingeschaltet sein. Durch große Einförmigkeit weisen sie dann auf die bestehende Denkhemmung hin.

Das häufige Überschneiden der Verwirrtheitspsychose und Motilitätspsychose in ihrem Symptombild könnte den Verdacht erwecken, daß es sich nur um zwei Äußerungsformen der gleichen Krankheit handle. Statistisch werden sich aber deutliche Unterschiede ergeben. Die Sippenbetrachtung zeigt ebenfalls, daß die Belastung im allgemeinen gleichartig ist und kein wahlloser Wechsel zwischen dem Bild der Verwirrtheitspsychose und dem Bild der Motilitätspsychose erfolgt. Schließlich ergab sich bei unseren Zwillingsuntersuchungen, wie wir sehen werden, ein eigenartig gegensätzliches Verhalten von Verwirrtheitspsychose und Motilitätspsychose. — Im folgenden werden zwei belastete Fälle von Verwirrtheitspsychose beschrieben:

Fall 41. Margarete Hil, geboren 1913, erkrankte 1941, wurde erregt, sprach viel, schlug eine Scheibe ein und wurde in die Frankfurter Klinik gebracht. Hier war sie heiter, geschwätzig, ideenflüchtig. Sie verkannte die Personen ihrer Umgebung und konfabulierte, sie habe den Arzt vor drei Jahren in einem Weinstübchen kennengelernt. Dann wurde die Stimmung mehr gereizt, um weiterhin zwischen Heiterheit, Gereiztheit und Weinerlichkeit hin und her zu schwanken. Der Gedankengang wurde ganz inkohärent, z. B. äußerte die Kranke: „Ich reiß dich auch an den

Beinen — ja ein gefallenes Mädchen — ich liebe die Freiheit — gestern stand der Kurt vor der Tür, der hat das Herz auf dem rechten Fleck — nein, wir dürfen nicht sterben ..." Dem Arzt gab sie einen falschen Namen und behauptete, er habe früher ein Verhältnis mit ihr gehabt. Von anderen Personen behauptete sie, sie hätten mehrere Namen. Eine Krankenschwester erklärte sie für ihre leibliche Schwester. Häufig schimpfte sie verworren. Nach vier Monaten klang die Erregung ab, so daß die Entlassung erfolgen konnte. Sie beruhigte sich zu Hause vollends.

Eine *Schwester*, die ebenfalls Probandin ist, Katharina Mark, geboren 1909, erkrankte 1940, irrte planlos in der Stadt umher, belästigte Passanten durch ihre verworrenen Reden, wurde in die Frankfurter Klinik aufgenommen. Hier wehrte sie sich gegen alles, schlug um sich, behauptete, ihr Mann stehe unten im Garten, wechselte dauernd in ihrer Stimmung zwischen Gereiztheit und Freundlichkeit, gab auf Fragen keine geordnete Antwort, entwickelte dagegen einen verworrenen Rededrang: „Deutschland, Deutschland über alles — hat der Kaiser ein schlechtes Gewissen — wo bleibt mein Mann, wo bleibt der Kaiser, wo bleibt der Pfarrer — wer hat den lieben Gott schon gesehen — selig sind, die nicht sehen und doch glauben — einen Ring will ich haben, und wenn's nur ein Blechring ist — dann nehme ich meine Kleider und gehe — geben Sie mir Wasser zum Händewaschen ..." Sie jammerte und weinte, um kurz darauf wieder gehobener Stimmung zu sein, teils vergnügt, teils ekstatisch. Einmal erklärte sie: „Ich bin Hitler" und verharrte in Schwurhaltung. Unter Cardiazolschockbehandlung besserte sie sich rasch und konnte sechs Wochen nach der Aufnahme entlassen werden.

Bei den zwei kranken Schwestern lagen die charakteristischen Bilder einer erregten Form von Verwirrtheitspsychose vor. Die eine von ihnen scheint eine kurze ekstatische Wallung durchgemacht zu haben, da sie sich als „Hitler" bezeichnete. Sonst fanden sich nur leichte Stimmungsschwankungen, wie sie zum Bild der Verwirrtheitspsychose gehören. Eine andere Patientin bezeichnete sich als Tochter Hitlers und hatte ihre kurze ekstatische Phase während einer gehemmten Verwirrtheitspsychose. Ich beschreibe sie.

Fall 42. Helene Heus, geboren 1914, erkrankte 1940, hatte große Angst, hörte über sich reden und schimpfen. Sie wurde in der Frankfurter Klinik aufgenommen und war hier stuporös. Nur selten einmal erfolgte eine Antwort, aus der eine ratlos-ängstliche Stimmung erkennbar war. Sie blieb in diesem stuporösen Zustand, blickte, statt eine Antwort zu geben, nur ratlos um sich. Unter Cardiazolschockbehandlung trat allmählich eine Besserung ein. Vier Monate nach der Aufnahme war Heus ausgeglichen und konnte entlassen werden. Sie war zu Hause wieder in ihrem Beruf tätig. Nach zehn Monaten erkrankte sie neuerdings, wurde wieder in der Frankfurter Klinik aufgenommen. Sie war wieder stuporös, sprach nur ganz selten ein Wort, zeigte auch Ratlosigkeit in ihrem Gesichtsausdruck, dagegen nichts Ängstliches. Vielmehr erschien sie zugleich freudig gehoben. Ihre spärlichen Äußerungen deuteten auf Glücksideen hin. Sie bezeichnete sich als die Tochter Hitlers und erklärte, in ganz Deutschland werde es bekannt gemacht. Unter Cardiazolschockbehandlung klang dieser Zustand ab. Heus war erst noch scheu, verlegen, dann aber ganz frei und unauffällig. Sie wurde knapp drei Monate nach der Aufnahme wieder entlassen.

Die erste gehemmte Phase ging bei dieser Patientin mit Angst einher, die zweite mit einem ekstatischen Zustand. Da sie die meiste Zeit fast völlig mutistisch war, war von krankhaften Ideen kaum etwas zu erfahren. Nach ihrer Genesung scheint man sie nicht danach gefragt zu haben. — Die folgende Patientin gibt ein Beispiel für einen bipolaren Verlauf:

Fall 43. Elisabeth Schrib, geboren 1889, erkrankte erstmals 1932 und kam in die Frankfurter Klinik. Sie war erregt, entwickelte einen Rededrang, deklamierte in geziertem Tonfall. Die Stimmung wechselte, erotische Neigungen traten hervor. Dann setzte eine hyperkinetische Unruhe mit Tänzeln, Gestikulieren, aber auch einförmigem Schlagen und Iterieren einzelner Worte ein. Anschließend wurde Schrib fast mutistisch, erschien ängstlich und beklagte sich über die Masken die überall seien; auch die Schwestern seien nur Masken. Dann folgte wieder eine Erregung, diesmal fast nur sprachlich mit Ideenflucht und Inkohärenz. Fünf Monate nach der Aufnahme trat eine Beruhigung ein, Schrib wurde entlassen. 1939 erkrankte sie wieder, bekam einen „Tobsuchtsanfall", wurde wieder in die Frankfurter Klinik aufgenommen. Sie weinte, schrie, sprang mit ängstlichem Ausdruck aus dem Bett, entwickelte einen inkohärenten Rededrang. Dann wieder war sie ratlos gehemmt, erklärte, sie wolle mit elektrischen Sachen nichts zu tun haben. Weiterhin wechselte sie dauernd zwischen inkohärent erregten und ratlos gehemmten Zuständen hin und her. Nach 10 Wochen trat eine Beruhigung ein. Schrib war nur noch etwas labil in ihrer Stimmung und wurde entlassen. Nach sechs Tagen kam sie aber bereits wieder. Jetzt war sie gehemmt und erzählte, es sei ihr zu Hause alles so fremd, so leer vorgekommen, die Reklame in der Straße habe sie so komisch gefunden. Ihr Mann sei anders gewesen, das Glas seiner Brille habe sich auf einmal verdreht. „Wie komisch, wenn ich ihn angefaßt habe, war er so leer." „Die Leute, die gehen so sonderbar; und ab und zu Verwechslungen." Es sei ihr selbst ein Rätsel, wie das alles gekommen sei. Sie habe auch das Gefühl, sie selbst und andere Personen würden gelenkt. Nach vier Wochen schwand dieser ratlos gehemmte Zustand, Schrib wurde freundlich, aufgeschlossen, bot keine Auffälligkeiten mehr und wurde entlassen. Ein *Bruder* erkrankte 1929, führchtete, vergiftet zu werden und wurde in der Frankfurter Klinik aufgenommen. Hier war er depressiv, stöhnte, er habe einen Fehler gemacht, sein Gehirn habe versagt, er habe plötzlich Geister vor Augen gehabt. Sein Freund habe ihn verfolgt, seine Schwestern seien nach der Gesichtsfarbe nicht gesund gewesen. Man halte ihn für homosexuell, bezeichne ihn als Juden. Das Essen rieche so komisch. Er war mißtrauisch, zurückhaltend. Dann wurde er fast plötzlich frei, geordnet, krankheitseinsichtig. Er wurde zehn Wochen nach der Aufnahme gegen Revers entlassen. Zu Hause besserte er sich weiter und war dann viele Jahre gesund. 1939 erkrankte er von neuem und beging Suicid, ehe er in klinische Beobachtung gebracht werden konnte.

Diese Patientin zeigte anfangs hyperkinetische Züge, dann trat nichts mehr auf, was aus dem Rahmen einer erregt-gehemmten Verwirrtheitspsychose herausgefallen wäre. Ihre letzte Phase ist besonders gut beschrieben und läßt die gehemmte Verwirrtheitpsychose mit den vielen Bedeutungsideen eindrucksvoll erkennen. Die Patientin erzählte halb einsichtig, als die Hemmung nur noch gering war. Ihre Angabe, daß sie sich zeitweise „gelenkt" vorgekommen sei, fügt sich in das ratlose Bedeutungssyndrom ein. — Der Bruder hatte wohl eine gehemmte Verwirrtheit mit Angst.

Bei Beschreibung der Angst-Glücks-Psychose erwähnte ich zwei Schwestern, von denen die eine Probandin bei dieser Psychose, die andere Probandin bei der Verwirrtheitspsychose ist. Auch im folgenden Fall hätte ich wohl keine Differentialdiagnose stellen können, wenn die kranken Schwestern nicht von jeher besonders religiös gewesen wären. Die eine war Ordensschwester, die andere gehörte einer religiösen Kongregation an. Die religiöse Haltung, die sie schon mitbrachten, als sie psychotisch wurden, konnte ihre schwärmerisch-religiösen Ideen teilweise erklären, so daß die Verwirrtheitssymtome als Ausdruck der Krankheit selbst ein größeres Gewicht erhielten.

Fall 44. Mathilde Wig, Lehrerin und Klosterschwester, geboren 1901, erkrankte erstmals 1936, wurde erregt, hielt sich für gottbegnadet, behauptete, sie habe eine Mission vom Heiligen Vater zu erfüllen, sie könne hellsehen und prophezeien und sei eine neue Stigmatisierte. Ihr Körper sei verändert; da sie Angina habe, fließe Mark aus ihren Knochen. Sie kam in die Anstalt R., war hier heiter, erregt, sprach fast ohne Unterbrechung in verworrener Art, schrie, tanzte auch manchmal, behauptete, die Wundmale Christi zu haben. Nach sechs Wochen beruhigte sie sich rasch, war freundlich, geordnet und wurde entlassen. Sie gab wieder Unterricht, wurde aber ein Vierteljahr nach der Entlassung wieder auffällig. Sie sprach wieder von göttlicher Begnadung, machte geheimnisvolle Andeutungen, schien immer wieder etwas zu hören und legte den Finger bedeutsam auf den Mund. Dann wurde sie sehr erregt und sieben Monate nach ihrer Entlassung der Anstalt wieder zugeführt. Hier war sie zunächst ängstlich, fürchtete sich vor den anderen Kranken und vor dem Tod, wehrte sich gegen alles, war sehr erregt, schrie stundenlang in verworrener Weise, gab

Stimmen zu, sprach auch von körperlichen Mißempfindungen. Allmählich wurde sie ruhig, blieb aber ängstlich und erschien jetzt etwas ratlos. Ein halbes Jahr nach der Aufnahme wurde sie beurlaubt, war aber zu Hause bald wieder erregt und wurde von neuem in die Anstalt gebracht. Sie sprach von göttlichen Zeichen, hörte die Stimme ihrer Priorin, erklärte, alles komme vom Unterleib, zeigte einen Rededrang mit Ideenflucht und Inkohärenz. Die verworrene Erregung dauerte unter Schwankungen ein halbes Jahr an, dann kam es bei der Patientin zu einer nachhaltigen Beruhigung. Sie blieb drei Jahre gesund. 1941 erkrankte sie wieder, wurde erregt, sprach viel, zeigte gehobene Stimmung und wurde in die Frankfurter Klinik gebracht. Hier lief sie ziellos im Saal umher, ging auf keine Frage ein, sprach völlig verworren. Die Stimmung war meist heiter, dazwischen aber auch ängstlich. Einmal war sie in ratlos ängstlicher Erregung und schrie: „Ich bin voll von Läusen und Wanzen." Unter Schwankungen kam es drei Monate nach der Aufnahme zur Beruhigung, so daß Wig in ausgeglichenem Zustand entlassen werden konnte.

Ihre *Schwester*, Aloisia Wig, geboren 1911, ist ebenfalls Probandin. Sie erkrankte 1941, betete in der Kirche mit einem auffälligen Pathos, erklärte, sie habe sich Gott als Sühne angeboten und werde sterben. Man brachte sie in die Frankfurter Klinik, wo sie von Anfang an heftig erregt war. Sie ging aus dem Bett, schlug nach den Schwestern, wurde durch alle Eindrücke der Umgebung abgelenkt, entwickelte einen Rededrang, der zusammenhanglos war, aber viele religiöse Äußerungen enthielt, u. a., sie sei in der Mitte des Domes, sie müsse sich für die Welt aufopfern, sie warte auf den, der da kommen solle, sie werde sich mit ihm verloben. Die Stimmung war immer gehoben. Unter Cardiazolschockbehandlung wurde die Erregung geringer, am längsten blieb der Rededrang bestehen, der allmählich aber nicht mehr inkohärent, sondern nur noch abschweifend war. Dann wurde die Patientin leicht gehemmt, etwas ratlos, stellte aus dem Namen des Arztes eine Beziehung zu ihrer religiösen Kongregation her. Schließlich war, ein Vierteljahr nach der Aufnahme, die Psychose abgeklungen. Wig war ausgeglichen und wurde entlassen.

Die religiöse Färbung eines Krankheitsbildes kann zwar von der Angst-Glücks-Psychose selbst erzeugt werden, aber wenn die religiöse Haltung schon die gesunde Persönlichkeit beherrscht, kann man sie nicht so ernstlich als Folge der Krankheit auffassen. So konnten die beiden Schwestern Probanden der Verwirrtheitspsychose werden.

Bei einer von ihnen und bei manchen anderen Patienten wird in der Krankengeschichte eine *Ideenflucht* erwähnt. Teilweise mag es sich hier um einen Übergang zu manischen Zuständen handeln, häufiger ist aber wohl nur die ärztliche Abgrenzung der Ideenflucht gegen die Inkohärenz nicht erfolgt.

Zusammenfassung

Die Verwirrtheitspsychose geht in der erregten Phase mit einer Inkohärenz des Denkens, in der gehemmten Phase mit einer Hemmung des Denkens einher. Bei geringeren Graden der Denkerregung kommt es nur zu einer „Inkohärenz der Themenwahl". Mit der Denkerregung ist ein Rededrang, mit der Denkhemmung eine Sprachverarmung bis zum Mutismus verbunden. An abnormen Inhalten kommen in der Erregung vorwiegend Personenverkennungen, dazu auch häufig Beziehungsideen und Sinnestäuschungen, vor allem akustischer Natur, vor. In der gehemmten Phase treten bei Ratlosigkeit viele Beziehungs- und Bedeutungsideen auf, seltener Halluzinationen. Das Zustandsbild ist sehr häufig nicht rein gegeben, es kommen entsprechend der Vielgestaltigkeit der Psychose Züge vor, die sonst der Motilitätspsychose, der Angst-Glücks-Psychose oder der manisch-depressiven Krankheit eigen sind. Der Verlauf ist wechselnd, oft ist nur der eine Pol der Erkrankung ausgeprägt, häufig folgen beide Pole aufeinander. Die präpsychotische Wesensart weist, wie Frau *von Trostorff*[1] feststellte, häufig in Temperamentsbreite ein abschweifendes oder im Gegenteil langsames Denken auf. Über sonstige Wesenszüge haben wir keine genaueren Untersuchungen angestellt. *Körperbaulich* scheint die pyknische Gestalt vorzuherrschen.

[1] v. Trostorff, S.: Präpsychotische Temperamente bei den zykloiden Psychosen. Arch. Psychiat. 208 (1966), 61–90.

III. Hyperkinetisch-akinetische Motilitätspsychose

Die *Hyperkinese* der Motilitätspsychose stellt eine psychomotorische Form der Erregung dar, ist also nicht von Störungen des Denkens oder Fühlens abhängig, wie die Erregung der Verwirrtheit oder der Angst-Glücks-Psychose. So erklärt es sich, daß diejenigen Bewegungsformen vermehrt sind, die keine höhere psychische Leistung zur Voraussetzung haben, sondern unwillkürlich entstehen, d. h. die Ausdrucks- und Reaktivbewegungen. Erstere treten in Zuordnung zu bestimmten seelischen Zuständen auf, letztere, die KLEIST in ihrer kranhaften Übersteigerung *Kurzschlußbewegungen* nennt, erfolgen in unmittelbarer Reaktion auf Sinneseindrücke. Bald überwiegen bei der Motilitätspsychose die ersteren, bald die letzteren, bald auch sind beide in gleichem Maße an der Bewegungsunruhe beteiligt. Dementsprechend gestikulieren die Kranken, machen etwa Bewegungen, die ein Winken, Drohen, Anlocken, Abwehren, Verbieten, Aufmuntern usw. zum Inhalt haben. Sie zeigen Kopf- und Schulterbewegungen, die andere seelische Inhalte ausdrücken. Sie stampfen mit dem Fuß auf, als wären sie voller Ungeduld. Sie bieten ein Mienenspiel, das Freude, Leid, Zorn, Erotik, Sorge, Enttäuschung und vieles andere mehr darstellt. Mit Reaktivbewegungen zeigen die Kranken die Hyperkinese, indem sie an ihrem Körper, ihren Haaren, ihren Kleidern herumgreifen, ihre Betten wegwerfen, oder wegstrampeln und wieder heranholen, die Matratzen herauszerren, an den Bettstellen rücken, auf Stühle, Tische steigen, an den Türen rütteln, an der Wand klopfen, andere Kranke festhalten und anderes mehr. Bei vielen turnerischen und tänzerischen Bewegungen verbinden sich Ausdrucks- und Reaktivbewegungen.

Wenn die Hyperkinese von mäßigen Graden ist, dann bleiben Ausdrucks- und Reaktivbewegungen von durchaus natürlicher Art. Bei Ansteigen der Erregung verlieren die Bewegungen etwas an Natürlichkeit, sie werden übertrieben, jedoch nicht deutlicher verzerrt. Erst in schwerer Hyperkinese kommt ein „Grimassieren“ und eine ähnlich ungeordnete Unruhe des übrigen Körpers zustande. In solchen Zuständen wird die Prognose in bezug auf das Leben oft ungünstig, denn die Erregung kann sich bis zum Bild der „tödlichen Katatonie“ (STAUDER) oder besser gesagt, „bedrohlichen Hyperkinese“ (NEELE) verstärken, aber die Prognose für die geistige Krankheit bleibt günstig. Verzerrte Ausdrucks- und Reaktivbewegungen geben dann eine ungünstige Prognose, wenn sie schon bei einer weniger heftigen Bewegungsunruhe in Erscheinung treten. Das werden wir bei der periodischen Katatonie kennenlernen.

Die *Sprache* ist an einer reinen Hyperkinese wenig beteiligt. Sprachliche Äußerungen bedürfen einer Denkvorbereitung, sie werden also durch die psychomotorische Erregung nicht gefördert. Unartikuliertes Schreien, häufig mit Ausdruckscharakter, also etwa als Johlen, als Zornäußerung, ist dagegen häufig. Das Sprechen selbst kann durch die Ausdrucks- und Reaktivbewegungen sogar behindert werden, so daß sich die Kranken stumm verhalten. Die *„stumme Hyperkinese“* hat schon WERNICKE beschrieben. Andererseits beobachtet man bei der Motilitätspsychose gelegentlich, daß fortlaufend kurze Sätze, die keinen Zusammenhang haben, ausgestoßen werden. Vielleicht handelt es sich hier um Äußerungen, die von der Hyperkinese in ähnlicher Weise ohne Denkvorbereitung ausgelöst werden wie unartikulierte Laute. Man braucht bei dieser Form der Inkohärenz keine Überschneidung mit der Verwirrtheitspsychose anzunehmen. Bei der Verwirrtheitspsychose tritt die Zusammenhanglosigkeit in einem fortlaufenden Sprechen auf.

Der Gegenpol der Hyperkinese, die *Akinese,* stellt die rein psychomotorische Form der Hemmung dar und ist daran erkennbar, daß ebenfalls gerade die unwillkürlichen Bewegungsformen betroffen sind. Bei der gehemmten Verwirrtheit fällt nur das Handeln aus, das einer Denkvorbereitung bedarf, die Reaktivbewegungen bleiben erhalten, und die Expressivbewegungen werden nur spärlicher, weil eine Verarmung an Denkinhalten besteht. In der Akinese kommt es dagegen zu einer Aufhebung der Reaktivbewegungen und zu einer Erstarrung der Ausdrucksmotorik. Die Kranken kommen in schweren Fällen auch einfachsten Aufforderungen, die normalerweise ganz automatisch befolgt werden, nicht nach, sie stehen nicht mehr auf, ziehen sich nicht mehr an, suchen die Toilette nicht mehr auf. Sie wehren auch Hautreize nicht mehr ab oder erst, wenn sie heftig werden und tiefere Reflexe in Gang bringen. Die Haltung ist steif, am Rumpf, am Kopf, an den Armen fehlt das Ausdrucksspiel, das Gesicht ist starr. Bei unvollkommener Akinese werden Willkürbewegungen noch ausgeführt, man erkennt die Akinese trotzdem an der Starrheit der Haltung und Mimik und der Verzögerung der Reaktivbewegungen. So kann man in der Regel auch in leichteren Fällen von Akinese die Differentialdiagnose gegen einen Stupor der Verwirrtheitspsychose stellen. Handlungen aus eigener Initiative und Sprechen, das im Stupor ausfällt, fehlen auch in der Akinese, denn Impulse, die zentral vielleicht noch richtig entstehen, können bei der psychomotorischen Störung nicht mehr zum Erfolg führen. Gelegentlich sind in der Akinese Haltungsverharren und Gegenhaltung vorhanden, andererseits kann auch eine allgemeine Muskelschlaffheit bestehen. Wahrscheinlich hängt es von dem sonstigen, vor allem affektiven Zustand ab, ob sich reflektorische Muskelspannungen einstellen oder nicht.

Das charakteristische Bild der hyperkinetisch-akinetischen Motilitätspsychose wird wieder häufig dadurch verwischt, daß sich Züge aus einer der anderen vielgestaltigen Psychosen beimischen. Vor allem sind häufig *Verwirrtheitssymptome* vorhanden. Eine Hyperkinese kann mit einem inkohärenten Rededrang verbunden sein, wenn sich eine Denkerregung im Sinne der Verwirrtheitspsychose hinzugesellt. Auch Personenverkennungen, Beziehungsideen und Halluzinationen kommen vor. Eine Akinese andererseits kann mit Ratlosigkeit und, wie die nachträgliche Befragung ergibt, auch mit der ratlosen Ideenbildung vergesellschaftet sein. In Form des „Mischzustandes“ kann auch eine Denkhemmung zur Hyperkinese kommen, wodurch, wie schon bei der Verwirrtheitspsychose erwähnt, die Bewegungen einförmiger werden. Zur Akinese umgekehrt kann sich eine Erregung im Denken gesellen, die gelegentlich eine Akinese mäßigen Grades zu durchbrechen vermag, so daß bei deutlich starrer Haltung und starrer Mimik ein inkohärenter Rededrang auftritt.

Auch Symptome im Sinne der *Angst-Glücks-Psychose* begleiten die Motilitätspsychose nicht selten. Die Hyperkinese kann mit gehobener Stimmung und Glücksideen, aber auch mit Angst und ängstlichen Beziehungsideen einhergehen. Der Akinese kann sich ebenfalls Angst, seltener Ekstase, beimengen. Beides ist bei der mimischen Erstarrung schwer zu erkennen, so daß gelegentlich erst die nachträgliche Befragung Hinweise auf die Affektschwankungen ergibt.

Schließlich kommen auch Bilder vor, die an Manien und Melancholien erinnern. Wenn zu einer Hyperkinese mäßiger Ausprägung ein heiterer Affekt tritt, was nicht selten ist, dann kann die Differentialdiagnose gegen eine Manie schwierig werden. Vor allem im Ansteigen und Abklingen von Motilitätspsychosen kommen solche Zustände vor. In der Regel allerdings bleibt die Trennung zwischen dem manischen Beschäftigungs drang und der wesentlich primitiveren Hyperkinese erhalten. Akinesen andererseits können Übergänge zu stuporösen Depressionen zeigen. — Die Differentialdiagnose schließlich gegenüber der *periodischen Katatonie* wird uns noch ausführlich beschäftigen.

Zur Veranschaulichung werden wieder einige Kranke angeführt, zunächst eine Patientin mit Hyperkinese, dann eine Patientin, die über Jahrzehnte hin mehr Akinesen als Hyperkinesen bot.

Fall 45. Maria Streub, geboren 1914, erkrankte 1938. Sie war gehobener Stimmung, sang viel, zeigte einen Rededrang und verlor dabei den Faden. Sie wurde in die Frankfurter Klinik gebracht, wo sie eine schwere Hyperkinese bot. Sie sang, tanzte, warf sich auf den Boden, zeigte beschwörende Gesten und andere pathetische Gebärden, schlug um sich, stampfte mit dem Fuß auf, schnitt Gesichter, blinzelte mit den Augen, schlug dem Arzt auf die Stirn und warf sich ihm dann in die Arme. Sie zeigte sich in dem lebhaften Bewegungsspiel heiter, schnippisch, erotisch oder auch zornig. Unter Cardiazolschockbehandlung besserte sie sich schnell, wurde nach Aussetzen der Behandlung zunächst rückfällig, dann wieder besser und blieb drei Monate nach der Aufnahme anhaltend ruhig. Sie behielt ein lebhaftes heiteres Temperament, das sie von jeher besaß.

Fall 46. Käthe Dint, geboren 1897, erkrankte zum erstenmal 1916, sprach teils viel, teils war sie ganz stumm. Sie kam in die Anstalt M. und war hier ideenflüchtig, überheblich, schnippisch. Sie wurde als Psychopathin aufgefaßt und nach zwei Monaten wieder entlassen. Ihr Zustand wechselte zu Hause weiter. 1919 kam sie wieder in die Anstalt M. Sie war wieder lebhaft, gesprächig, dazwischen leicht verstimmt. 1920 war sie mit einem ähnlichen Zustand wieder in der Anstalt. 1923 erkrankte sie schwerer. Zu Hause soll sie erregt gewesen sein, in der Anstalt M. war sie anfangs schwer gehemmt. Sie lag steif da, hielt die Augen geschlossen und bot bei passiven Bewegungen einen Widerstand, ließ den Urin unter sich gehen, mußte mit der Sonde ernährt werden. Nach einigen Tagen wurde sie plötzlich erregt, sprang umher, kletterte zum Fenster hinauf, redete kein verständliches Wort, schrie aber mit den Gebärden der Angst. Dann trat wieder ein starrer Zustand mit Katalepsie auf. In ähnlicher Weise wechselte die Kranke mehrmals. Fünf Monate nach der Aufnahme trat eine nachhaltige Besserung ein, so daß die Entlassung erfolgen konnte. Zu Hause schwankte Dint weiter in leichterer Form. 1925 wurde sie wieder in der Anstalt M. aufgenommen. Sie war wieder starr, lag steif da, redete nichts. Nach einigen Wochen wurde sie erregt, lief nackt umher, wusch sich stundenlang. Dann trat eine Beruhigung ein, Dint erzählte jetzt, daß sie ihre Umgebung verkannt habe und in ihrer Hemmung viel Schreckliches, aber auch viel Schönes erlebt habe; sie habe einmal fünf Eide geschworen und einmal Engelstimmen gehört. Drei Monate nach der Aufnahme wurde Dint genesen entlassen. Zu Hause war sie ein Jahr lang unauffällig. 1926 kam sie wieder zur Aufnahme. Sie war teils wieder stumm und akinetisch, teils ausgeglichen. Sie erzählte von ihren Erlebnissen in der Akinese. So habe sie einmal das Gefühl gehabt, das Weltall zu sein, und habe die Luft abstellen wollen, um dadurch wieder Mensch zu werden. Nachdem ein halbes Jahr lang Hemmung, Erregung und vernünftiges Verhalten gewechselt hatten, wurde Dint „vom Anfall genesen“ entlassen. Sie war dann ein Jahr lang normal, fleißig und hilfsbereit. 1927 wurde sie wieder erregt, wollte aus dem Fenster springen, um ihrem sündigen Leben ein Ende zu machen und kam wieder in die Anstalt M. Sie war hier teils wieder stuporös, teils heiter. 1928 war sie größtenteils in einem „katatonen Stupor“, dazwischen aber immer wieder freundlich und aufgeschlossen. 1929 machte sie ein lang anhaltendes akinetisches Stadium durch, dann wurde sie langsam frei. 1930 war sie „seelisch frei und vergnügt“. Es setzten dann wieder leichtere Verstimmungen ein, doch konnte Dint in gutem Zustand entlassen werden. Sie arbeitete dann zu Hause fleißig und hatte viele Interessen. Nach einem halben Jahr wurde sie wieder verstimmt, klagte über körperliche Mißempfindungen. In der Anstalt war sie akinetisch, unter der Decke vergraben, mutistisch, biß die Zähne aufeinander und hielt die Augen geschlossen. Dann wurde sie erregt, schlug um sich, sprang umher. Drei Monate nach der Aufnahme war sie wieder ausgeglichen und völlig unauffällig. Sie erzählte, sie habe in ihrer Erkrankung diesmal gemeint, die Welt gehe unter. Noch im gleichen Jahr, 1931, kam sie aber wieder zur Aufnahme und lag starr, bewegungslos da und mußte mit der Sonde ernährt werden. Dieser Zustand dauerte einige Wochen, dann setzten wieder leichtere Schwankungen ein. 1932 wurde sie beurlaubt, zu Hause verhielt sie sich zunächst wieder unauffällig, aber schon nach sechs Wochen wurde sie neuerdings in die Anstalt aufgenommen, da sie nichts mehr redete. Bei der Aufnahme war sie schon wieder etwas freier und erzählte, sie habe wieder gemeint, in einer anderen Welt zu sein, teils in einer dunkleren, teils in einer lichteren Welt. Sie wechselte dann in leichteren Zuständen von Hemmung und Erregung. 1933 wurde sie entlassen. Es ging jetzt mehrere Jahre gut; abgesehen von Verstimmungszuständen bot Dint nichts Auffälliges mehr. 1936 war sie wieder mit einem „katatonen Stupor" zwei Monate in der Anstalt. Acht Monate lang war sie dann zu Hause wieder völlig unauffällig. 1937 war sie wieder in der Anstalt mit Stupor und starrer Haltung und Mimik. Die Akinese, die wieder Sondenfütterung nötig machte, hielt mehrere Monate an. Dann war Dint munter, betriebsam und wurde entlassen. 1939 wurde sie wieder in der Anstalt aufgenommen und war diesmal erregt, lief umher, dann wurde sie stuporös. 1940 wechselte sie, war teils stuporös, teils überaktiv, lebhaft, zugänglich. 1941 redete sie noch viel, konnte aber entlassen werden. Fünf Monate später wurde sie in der Frankfurter Klinik aufgenommen. Sie war hier mutistisch, wehrte sich aber in heftiger Erregung gegen die Blutentnahme. Anschließend wurde sie tief akinetisch, lag starr da, hielt den Kopf von der Unterlage abgehoben, mußte mit der Sonde ernährt werden, was sie sich reaktionslos gefallen ließ. Nach einigen Wochen löste sich die Akinese, kam aber nach einem kurzen freien Zustand wieder. Drei Monate nach der Aufnahme wurde Dint nachhaltig frei. Sie war lebhaft, gesprächig, hatte lebhaftes Mienenspiel, scherzte und schrieb natürliche, gefühlswarme Briefe nach Hause. Irgendeine Persönlichkeitsveränderung war nicht nachzuweisen.

Die zuletzt beschriebene Kranke verdient ein besonders Interesse, da sie im Laufe von mehr als zwei Jahrzehnten viele schwerste Akinesen, die man verständlicherweise als kataton auffaßte, durchmachte. Sie hatte trotzdem 25 Jahre nach ihrer ersten Psychose nicht den geringsten Defekt. Im Gegenteil war sie nach Abklingen der Akinese, die sie 1941 in der Frankfurter Klinik durchmachte, besonders lebhaft, aufgeschlossen, zugewandt, also von einer leicht hypomanischen Temperamentsart.

Ich führe nun eine Kranke an, die das Hinübergreifen der Motilitätspsychose in das Symptomenbild der Verwirrtheitspsychose zeigt.

Fall 47. Paula Tom, geboren 1921, erkrankte erstmals 1938 und kam in die Frankfurter Klinik. Sie bot einen Rededrang, der mit Inkohärenz einherging. Die Stimmung war heiter, ging aber leicht in Weinerlichkeit über. Die Motorik war lebhaft, eine eigentliche Hyperkinese bestand jedoch nicht. Nach zehn Wochen war Tom ausgeglichen und wurde entlassen. 1941 erkrankte sie wieder und wurde neuerdings in die Klinik aufgenommen. Diesmal bot sie eine schwere Hyperkinese, schlug um sich, warf ihr Bett heraus, gestikulierte, grimassierte, wälzte sich und sprach dabei nur zusammenhanglos einzelne Worte und Sätze. Unter Schockbehandlung wurde sie ruhiger und war jetzt wieder ähnlich wie bei der ersten Aufnahme, entwickelte einen ideenflüchtig-inkohärenten Rededrang und war heiter im Wechsel mit Weinerlichkeit. Es folgte ein Rückfall in die Hyperkinese, die nur wenige Tage dauerte. Dann trat endgültige Beruhigung ein. Tom wurde 6 Wochen nach der Aufnahme entlassen. Eine *Schwester* war 1927 im Alter von 17 Jahren in der Frankfurter Klinik und bot eine Hyperkinese mit Schreien, Strampeln, Wälzen und viel Gesten und Mienen. Schon nach wenigen Tagen wurde sie ruhiger und wurde von den Angehörigen abgeholt. Zu Hause gesundete sie vollends.

In diesem Fall glich das Bild in der ersten Phase eher einer Verwirrtheitspsychose. In der zweiten Phase trat dann das reine Bild einer erregten Motilitätspsychose hervor. Die Hyperkinese war von schwerer Form. Noch schwerer zeigte sie sich bei der Schwester. Wenn sie hier schon in wenigen Tagen abklang, so ist das nicht ungewöhnlich, Motilitätspsychosen zeigen oft sehr kurze Phasen, neigen andererseits zu gehäuften Phasen. WERNICKE beschrieb eine menstruell recidivierende Motilitätspsychose.

Es folgen schließlich zwei Fälle, die das Hinübergreifen der Motilitätspsychose in die Angst-Glücks-Psychose erkennen lassen. Im ersten Fall trat eine Angst mit Mißtrauen hervor, im zweiten begann die Krankheit mit einem ekstatischen Zustand.

Fall 48. Elisabeth Dor, geb. 1908, erkrankte 1942, wurde ängstlich, glaubte, man wolle sie vergiften und wurde in der Frankfurter Nervenklinik aufgenommen. Hier war sie verzweifelt, blickte angstvoll um sich, sagte ratlos: „Was liegt nur gegen mich vor?" Sie war mißtrauisch gegen ihren Mann, er sei untreu und habe andere Leute gegen sie aufgehetzt. Er wolle sie aus dem Haus haben. Sie wurde immer unruhiger, jammerte, lief aus dem Bett, rannte umher, rang die Hände, war auch sonst dauernd in gestikulatorischer Bewegung, hing sich an andere Kranke, kletterte am Fenster hinauf. Nachdem dieser erregte Zustand drei Monate gedauert hatte, folgte ein fast plötzlicher Umschlag in eine völlige Akinese. Die Kranke lag völlig bewegungslos da, hielt die Augen geschlossen, mußte gefüttert werden und öffnete dabei kaum den Mund; sie ließ wenn man sie aufsetzte, den Kopf vornüber sinken. Nachdem dieser Zustand vier Wochen angehalten hatte, trat wieder eine Erregung auf, die aber in mäßigen Grenzen blieb und allmählich in einen ruhigen Zustand überleitete. Sechs Monate nach der Aufnahme war Dor wieder gesund, vergnügt, lebhaft, fleißig und wurde entlassen.

Fall 49. Maria Trös, geboren 1923, erkrankte 1941, war gehobener Stimmung, verzückt und äußerte, sie habe die Stimme der Mutter Gottes gehört, sie wolle für Deutschland sterben. Sie wurde in der Frankfurter Klinik aufgenommen, lachte und weinte hier durcheinander, äußerte noch Beglückungsideen, war aber von Anfang an vor allem hyperkinetisch. Sie pfiff, sang, turnte, warf ihre Beine in die Luft, gestikulierte mit den Händen, schlug um sich, hatte viel mimische Bewegungen. Schon nach drei Wochen klang der Zustand ab. Trös war jetzt ruhig, ausgeglichen und wurde fünf Wochen nach der Aufnahme entlassen. Eine *Schwester* hatte in den Entwicklungsjahren eine „ähnliche Krankheit". Sie war eine Zeitlang „verrückt", verwirrt und erregt. Sie wurde wieder gesund, ohne in eine Anstalt zu kommen.

Bei der erstgenannten Patientin ist neben der affektiven Begleiterscheinung der Ablauf der Krankheit besonders eindrucksvoll, da eine schwere Hyperkinese geradezu plötzlich in eine schwerste Akinese umschlug.

Bei allen zykloiden Psychosen kann es, wenn die Krankheit einen besonders hohen Grad erreicht, zu einer *Bewußtseinstrübung* kommen. Bei dem folgenden Kranken mit einer schweren akinetischen Motilitätspsychose deuten die optisch-szenischen Sinnestäuschungen darauf hin. Ähnlich sind sicher die *traumhaften Zustände* zu deuten, die die ausführlich beschriebene Patientin *Dint* in ihren schweren Akinesen hatte.

Fall 50. Friedrich Hoff, geboren 1901 erkrankte 1940, wurde still, sprach fast nichts mehr, reagierte nicht mehr auf Fragen, wollte weinen, konnte aber nicht, wurde in der Frankfurter Klinik aufgenommen. Hier bewegte er sich sehr langsam, sprach nichts, wurde allmählich noch stärker gehemmt, so daß er dann völlig erstarrt war mit Gegenhalten, Amimie und Salbengesicht. Die Akinese hielt vier Wochen an, dann löste sie sich rasch. Hoff erzählte jetzt, er habe in der Bewegungslosigkeit immer Angst gehabt, gefürchtet, seiner Familie sei etwas passiert. Ferner habe er viele Bilder gesehen. Einmal habe eine ganze Gerichtsverhandlung stattgefunden, er sei verurteilt worden mit der Begründung, er könne der Welt nichts mehr nützen. Hoff war jetzt ausgeglichener Stimmung, psychomotorisch frei und wurde entlassen.

Die Akinese war bei diesem Kranken wieder sehr kurz. Es scheint, daß besonders die schweren Hyperkinesen und Akinesen der Motilitätspsychose zu diesem kurzen Ablauf neigen. Auch die Kranken mit *„bedrohlicher Hyperkinese"* pflegen schnell abzuheilen, wenn man verhütet, daß sie an Erschöpfung sterben.

Zusammenfassung

Die Motilitätspsychose ist in ihrem *erregten Pol* ausgezeichnet durch eine Bewegungsunruhe, die sich vorwiegend aus Expressiv- und Reaktivbewegungen aufbaut. Im *gehemmten Pol* werden ebenfalls Reaktiv- und Expressivbewegungen ergriffen, die Willkürbewegungen nur insofern, als sie auch der Psychomotorik bedürfen. In leichteren Fällen erkennt man die Störung, trotz der noch ablaufenden Willkürbewegungen, an der Starre der Haltung und Mimik. Dadurch ist auch in leichteren Fällen eine Akinese vom Stupor der Verwirrtheitspsychose zu unterscheiden. Zu den Zentralsyndromen der Motilitätspsychose treten häufig Züge einer der anderen bipolaren Erkrankungen. Besonders häufig gesellt sich zur Hyperkinese ein inkohärenter Rededrang. Eine Inkohärenz von der Art, daß zusammenhanglose Redensarten mit Unterbrechungen ausgestoßen werden, ist schon der Motilitätspsychose selbst eigen, das Hinzutreten des Rededranges aber weist auf einen Zug der Verwirrtheitspsychose hin. Ein zirkuläres Schwanken der Psychose zwischen den beiden Polen findet man häufig. Die *Akinesen* sind seltener als die *Hyperkinesen*. Dagegen ist die Dauer der ersteren oft größer, sie können sich über Monate hinziehen, während für die Hyperkinesen eine kurze Dauer von wenigen Wochen charakteristisch ist. *Körperbaulich* tritt, soweit man ohne genauere Untersuchungen sagen kann, das leptosome Element wesentlich stärker hervor, als bei der Verwirrtheitspsychose. *Präpsychotisch* findet man häufig ein „Bewegungstemperament“ mit einem Reichtum an Ausdrucksbewegungen und oft einer tänzerischen Begabung (v. TROSTORFF[1]).

[1] v. TROSTORFF a. a. O.

C. Klinik der unsystematischen Schizophrenien

Systematische und unsystematische Schizophrenien haben in ihrem Wesen nichts miteinander zu tun. Der gemeinsame Name läßt sich nur aus der Tradition rechtfertigen, da man sich seit KRAEPELIN und BLEULER daran gewöhnt hat, alle endogenen Psychosen, die zu einem Defekt führen, unter dem Begriff der Schizophrenie zusammenzufassen. Die inneren Beziehungen der unsystematischen Schizophrenie laufen in viel höherem Grade zu den zykloiden Psychosen hin als zu den systematischen Schizophrenien. Die Verwandtschaft wird vor allem dadurch betont, daß jeder dieser heilbaren Formen eine unsystematische Schizophrenie entspricht; von der Angst-Glücks-Psychose geht eine Beziehung zur affektvollen Paraphrenie, von der Motilitätspsychose zur periodischen Katatonie, von der Verwirrtheitspsychose zur Kataphasie. Die Differentialdiagnose ist hier oft schwierig. Dagegen hat man nur selten Mühe, sich zwischen einer systematischen und unsystematischen Schizophrenie zu entscheiden. Nicht nur das Symptombild, sondern auch der Verlauf ist hier ganz verschieden. Die systematischen Formen verlaufen schleichend progredient, die unsystematischen dagegen großenteils remittierend oder sogar klar periodisch. Eine periodische Katatonie kann ähnlich viele Attacken aufweisen wie eine manisch-depressive Krankheit. Auch eine Bipolarität ist für die unsystematische Schizophrenie ähnlich charakteristisch wie für die zykloiden Psychosen.

I. Affektvolle Paraphrenie

Unter den von KRAEPELIN beschriebenen Paraphrenien findet sich eine *Paraphrenia systematica*, die dadurch charakterisiert ist, daß ein anfängliches Beziehungssyndrom allmählich in einen schweren Zustand mit Sinnestäuschungen, Erinnerungsfälschungen und Größenideen übergeht. Zu diesem Krankheitsbild, das in meiner Ausdrucksweise freilich nicht systematisch genannt werden kann, hat die affektvolle Paraphrenie deutliche Beziehungen. „Systematisch" soll in meiner Ausdrucksweise auf Hirnsysteme hinweisen. KRAEPELIN hat dagegen eine Systematisierung der Wahnbilder im Auge, die bei der affektvollen Paraphrenie zu finden ist. Wenn man nur die leichteren Fälle ins Auge faßt, entspricht diese auch der progressiven Beziehungspsychose KLEISTS. Man darf den Blick aber nicht allein auf das Wahnhafte richten, vielmehr ist die Störung des Affekts von besonderer Bedeutung. Durch diese wird die genannte Beziehung zur Angst-Glücks-Psychose hergestellt, in ihr liegt auch noch in chronischen Zuständen der Schwerpunkt der Diagnose. Der pathologische Affekt, den SPECHT[1] in der Paranoia aufdeckte, ist für die affektvolle Paraphrenie ausschlaggebend, während er bei anderen Formen paranoider Schizophrenie kaum eine Rolle spielt.

---

[1] SPECHT, G.: Über den pathologischen Affekt in der chronischen Paranoia. Deichertsche Verlagsbuchhandlung Nachf. (G. BÖHME), Erlangen—Leipzig 1901.

Im Beginn tritt die Affektstörung oft sehr massiv hervor. Das Krankheitsbild kann von schwerer *Angst* beherrscht sein, die mit wahnhaften Inhalten verbunden ist, wie wir es ähnlich bei der Angstpsychose gesehen haben. Beziehungsideen und Sinnestäuschungen geben der Angst einen Inhalt. Meist läßt sich die Ideenbildung aber von Anfang an nicht mehr ganz von der Angst ableiten. Die Beziehungsideen können etwas Unlogisches, vielleicht sogar Absurdes an sich haben und deuten dadurch auf einen beginnenden Defekt hin. Die Sinnestäuschungen können schon im Beginn nicht nur Bedrohliches oder Entehrendes, sondern auch einfache Beschimpfungen oder gleichgültige Mitteilungen enthalten. Im Hypochondrischen tritt an die Stelle der einfachen Befürchtung oder einfachen Mißempfindungen die hypochondrische Halluzination, die auf die Außenwelt bezogen wird. Eine etwas zweifelnde Haltung lernten wir hier auch schon bei der Angstpsychose kennen, die Prognose wird aber getrübt, wenn die Kranken ganz eindeutig der Auffassung sind, daß von außen her Einflüsse in ihren Körper hineingetragen werden. Je größer die Angst ist, desto mehr darf man ihr an Abnormität der Ideen noch zur Last legen, ist diese dagegen trotz verhältnismäßig geringer Angst erheblich, dann ist keine Angstpsychose mehr zu vermuten, sondern eine affektvolle Paraphrenie. Andererseits kann die Paraphrenie mit einem *ekstatischen Zustand* beginnen, so daß hier Verwechslungen mit der Glückspsychose vorkommen. Wenn die Kranken göttliche Erscheinungen oder Berufungen halluzinieren, gibt das aber keine ungünstige Prognose. Auch Beziehungsideen im Sinne der Ekstase sind der Glückspsychose eigen. Dagegen zeigt es wieder die beginnende affektvolle Paraphrenie an, wenn die Sinnestäuschungen ihre Beziehung auf die Ekstase verlieren und die Beziehungsideen unlogische Formen annehmen.

Die Affektivität der affektvollen Paraphrenie ändert sich im Laufe des Prozesses. Aus der Angst wird allmählich eine *Gereiztheit*; die Beziehungsideen haben dementsprechend jetzt nicht mehr einen ängstlichen Inhalt, sondern enthalten feindselig-gereizte Umdeutungen der Vorgänge der Umgebung. Man kann von einem *gereizten Beziehungssyndrom* sprechen, dem häufig aber nicht notwendig weitere abnorme Ideen und Sinnestäuschungen beigemischt sind. Es kommen auch Entwicklungen vor, bei denen von Anfang an mehr eine Gereiztheit als eine Ängstlichkeit besteht. War der Affekt anfangs ekstatisch, dann kann er auch weiter in dieser Richtung verschoben bleiben, doch sinkt seine Tiefe ab, während die Ideenbildung zunimmt. Der expansive Charakter der Ideen, von dem gleich die Rede sein wird, kann noch mit einer ekstatischen Färbung zusammenhängen, er findet sich aber als Defekterscheinung später auch manchmal bei ängstlichen bzw. gereizten Formen. Wie bei der Angst-Glücks-Psychose kommt es ferner bei der affektvollen Paraphrenie vor, daß beide Affektpole abwechseln, dann mischen sich entsprechend auch ekstatische Ideen mit denen eines ängstlich-gereizten Beziehungssyndroms.

Bei weiterem Fortschreiten ist das Zustandsbild dann nicht mehr von der Richtung der anfänglichen Affektlage abhängig. Man findet zwar oft während des ganzen Verlaufs ein Vorherrschen unlustig-gereizter oder freudig-gehobener Stimmungslage, aber die krankhaften Inhalte werden in diesen fortgeschrittenen Stadien hier wie dort phantastisch. Sinnestäuschungen können jetzt auf allen Gebieten massiv hervortreten, von Stimmen und Körpersensationen werden die Kranken belästigt, auch optische Erscheinungen können bestehen. Geruchs- und Geschmackshalluzinationen sind nicht selten. Häufig kommen Verkennungen dazu. Die Personen der Umgebung erhalten Namen und Stellungen, die für den Normalen unverständlich sind, da objektiv meist keinerlei Beziehung von der tatsächlichen Person zu der angenommenen besteht. Häufig sind es hochgestellte und allgemein bekannte Persönlichkeiten, die genannt werden. Ferner findet man in diesen fortgeschrittenen Stadien Größenideen. Erinnerungsfälschungen kommen manchmal dazu. All das deutet darauf hin, daß zu der Affektstörung eine tiefergreifende Veränderung getreten ist, die vor allem die logische Denkfähigkeit beeinträchtigt. Bei einem solch phantastischen Bild scheint man nun weitgehend das vor sich zu haben, was wir später bei der phantastischen Paraphrenie der systematischen Schizophrenien genauer kennenlernen werden. Und doch bleibt die Grenzziehung immer möglich.

Kraepelin meinte, bei den Fällen, die er paraphren nannte, bleibe die Gesamtpersönlichkeit besser erhalten als bei anderen Schizophrenien. Das gilt für die affektvolle Paraphrenie in leichten Zuständen, aber in schweren kaum noch. Die Kranken können auch recht stumpf werden; sie verlieren dann das Interesse an allem und finden sich gleichgültig in ihren Anstaltsaufenthalt. Von einer erhaltenen Persönlichkeit kann man jetzt nicht mehr sprechen. Es ist aber richtig, daß die affektvollen Paraphrenen später als die meisten anderen Schizophrenen und tatsächlich oft auch überhaupt nicht in diese schweren Zustände des Persönlichkeitszerfalls geraten. Wichtiger ist jedoch etwas anderes. Es kommt nicht darauf an, ob das Gefühlsleben, das in erster Linie dem zugrunde liegt, was man Persönlichkeit nennt, gut oder schlecht erhalten ist, sondern es kommt auf die Beziehung des Affekts zu den abnormen Inhalten an. So wie die Ideen im Beginn ängstlich oder ekstatisch geartet sind, so behalten sie bei der affektvollen Paraphrenie auch bei phantastischen Bildern einen affektiven Hintergrund. Mögen die Kranken sonst stumpf sein, ihre Ideen tragen sie stets mit Affekt vor. Erkennt man das nicht sofort, so braucht man den Kranken nur zu widersprechen, man wird dann sofort das Ansteigen des Affekts bemerken. Mit schwerer Gereiztheit können sie dann von den vermeintlichen Verfolgungen sprechen, mit Begeisterung von ihrer Selbsterhöhung. Damit wird erkennbar, daß der *pathologische Affekt* auch jetzt noch richtungsgebend im Krankheitsgeschehen ist, mag die phantastische Natur der Ideen auch beweisen, daß die Defekte das Denken einbeziehen. Dieses Hervortreten des Affekts in den Ideen gibt mir die Berechtigung, von einer *affektvollen* Paraphrenie zu sprechen. Da die Gefühlsregungen bei normalen Anlässen vermindert sind, aber im Zusammenhang mit den Ideen immer wieder in der gleichen Weise anspringen, hat man den Eindruck einer erstarrt-eingleisigen, nicht mehr modulationsfähigen Affektivität.

Durch die Art, wie die Kranken ihre Ideen vorbringen, unterscheiden sie sich sehr eindeutig von den systematisch phantastischen Schizophrenen. Diese erzählen ohne tiefere affektive Beteiligung von ihrer krankhaften Innenwelt, bringen ihre Größenideen kaum in einem anderen Tonfall vor als ihre Verfolgungsideen. Und wenn man diesen Kranken widerspricht, dann geraten sie vielleicht in etwas oberflächliche Aufwallung, aber eine tiefere Erregung stellt sich auch dann nie ein. Man kann daher meist unbedenklich über die phantastische Ideenbildung scherzen, bei den affektvollen Paraphrenen erzielt man dadurch leicht ähnliche gereizte Reaktionen wie bei einem Paranoiker, mit dem sie, wie wir gleich noch sehen werden, eine Verwandtschaft haben.

Unter der modernen *psychopharmakologischen Behandlung* vermindert sich die Erregbarkeit auch bei der affektvollen Paraphrenie. Die Kranken sind nun teilweise bereit, Widerspruch entgegenzunehmen; es geschieht aber unter deutlich erkennbarer innerer Spannung. Manchmal bestreiten sie auf Vorhalt, das behauptet zu haben, was sie vorher tatsächlich wahnhaft geäußert hatten. Auch dies weist noch auf einen inneren Affekt hin. Da dieser unter der Medikation abgesunken ist, bricht er nicht mehr ungehemmt hervor, er ist aber noch deutlich genug vorhanden, um zu verhindern, daß die Ideen durch eine Diskussion in Zweifel gezogen werden. Die Leugnung macht eine Aussprache unmöglich. Es muß ganz allgemein aber zugegeben werden, daß die Diagnose der affektvollen Paraphrenie durch die moderne medikamentöse Therapie mehr erschwert wird, als es bei anderen endogenen Psychosen der Fall ist. Die Medikation dämpft vordringlich den Affekt und drängt dadurch gerade das differentialdiagnostisch wichtigste Symptom der Krankheit zurück.

Was die affektvolle Paraphrenie in einem phantastischen Zustand, abgesehen von der Affektivität, von einer systematischen Form phantastischer Prägung unterscheidet, das kann wechseln. Selten sind die paranoischen Inhalte, die wir bei den systematisch Kranken finden werden, alle deutlich. Sinnestäuschungen sind dann vielleicht vorhanden, aber nicht sehr ausgeprägt, oder sie betreffen nur ein Sinnesgebiet, vielleicht das akustische, während Sensationen nicht nachweisbar sind. Oder die Wahnvorstellungen dieser oder jener Art treten im Gesamtbild auffällig gegenüber den Sinnestäuschungen zurück. Oder ein Symptom steht ganz im Vordergrund, während sich andere Züge nur andeuten. Durch solche Besonderheiten des halluzinatorisch-paranoischen Bildes kann man in der Regel schon eine Abgrenzung gegen die systematische Form treffen, aber ausschlaggebend bleibt immer das Verhalten des Affekts.

Die schweren Grade des Defekts sind bei Frauen wesentlich häufiger als bei Männern. Von mehreren Psychosen in einer Sippe ist manchmal der männliche Kranke einfach paranoisch, der weibliche phantastisch. Ob sich das psychologisch deuten läßt, indem der männliche Verstand mit seiner stärkeren logischen Tendenz länger Widerstand leistet, oder ob der Prozeß an sich hier oft früher stillsteht, kann ich nicht entscheiden. Die affektvolle Paraphrenie ist überhaupt bei Frauen häufiger. Im ganzen mag die phantastische Symptomgestaltung etwa in einem Drittel der Fälle affektvoller Paraphrenie erreicht werden. In einem zweiten Drittel etwa kommt die Krankheitsentwicklung am Übergang vom Beziehungssyndrom zum phantastischen Bild zum Stillstand. So wechselnd wie in der phantastischen Gestaltung die einzelnen Symptome ausgeprägt sein können, so wechselnd kann auch der eine oder andere phantastische Zug einen Hinweis in dieser Richtung geben, ohne daß sonst diese Entwicklung schon erfolgt wäre. In einem letzten Drittel schließlich kommt die affektvolle Paraphrenie im Stadium eines einfachen paranoischen Bildes zum Stillstand. Dann besteht vielleicht ein gereiztes Beziehungssyndrom als Dauerzustand oder aber auch, wenn die Grundstimmung mehr gehoben ist, ein chronischer Größenwahn.

Bleibt die Krankheitsentwicklung noch früher stehen, dann kann ein Verfolgungswahn oder ein Größenwahn mit systematisiertem Aufbau entstehen, also das Bild einer *Paranoia* im Sinne Kraepelins. Da die Affektstörung der Paraphrenie nach beiden Polen hin gerichtet sein kann, erfolgt auch die Wahnentwicklung leicht nach beiden Seiten, so daß häufig ein Verfolgungs- und Größenwahn zugleich besteht. Charakteristischerweise hat der Größenwahn bei der Kraepelinschen Paranoia häufig eine ekstatische Färbung, denn die Kranken treten mit Vorliebe als Propheten oder Wunderheiler auf, ganz so wie wir es bei der affektvollen Paraphrenie finden. Dementsprechend glaube ich, daß die Fälle der Kraepelinschen Paranoia überhaupt der affektvollen Paraphrenie angehören. Andere schizophrene Formen erzeugen keine solchen Bilder, bei der affektvollen Paraphrenie dagegen beobachtet man alle Übergänge von phantastischen Formen bis zu den leichtesten, die für sich allein betrachtet nicht mehr sicher schizophren erscheinen. Diese Feststellung ergab sich besonders eindeutig bei der *Familie Stot*, die ich mit ihren 18 affektvollen Paraphrenien beschrieben habe.[1] Unberührt von

[1] Leonhard, K.: Eine Sippe affektvoller Paraphrenie mit gehäuften Erkrankungen aus Verwandtenehen (zugleich ein Beitrag zur Frage der Paranoia). Arch. Psychiat. **184** (1950), 291–356.

dieser Auffassung bleiben allerdings die psychopathischen Formen von Paranoia, d. h. einfache Entwicklungen aus psychopatischer Konstitution heraus, zu denen die meisten Fälle von *Querulantenwahn* gehören.

Die doppelte Richtung der Wahnbildung, die wir im Stadium der Paranoia beobachteten, ist für die späteren Stadien der affektvollen Paraphrenie ebenfalls charakteristisch. In der phantastisch fortgeschrittenen Entwicklung des Leidens findet man fast immer Größenideen und Verfolgungsideen nebeneinander. Manche Kranke kommen allerdings auch in diesen späten Stadien viel leichter in Gereiztheit, andere viel leichter in Begeisterung, wenn man ihre phantastischen Inhalte zur Sprache bringt.

Schon die Verschiedenheit der Symptombilder im Laufe der Entwicklung einer affektvollen Paraphrenie zeigt den *unsystematischen Charakter* dieses Leidens an. Die Bestätigung erhält man dadurch, daß nicht selten Züge der verwandten Psychoseformen beigemischt sind. Verwirrtheitssymptome mischen sich nicht nur dem paranoischen Angstsyndrom der akuten Zustände häufig bei, sondern nicht selten auch den Endzuständen. Dann entstehen Paraphrenien mit Verworrenheit, die dadurch an die Kataphasie erinnern. Auch katatone Züge kommen im Rahmen der affektvollen Paraphrenie vor. Ferner sind Kranke nicht selten, die durch Rededrang und Ideenflucht etwas Manisches an sich haben, und zwar wieder nicht nur in akuten Schüben, sondern auch im Endzustand. Melancholische Symptome dagegen sind nur in den akuten Schüben häufig, im Endzustand stellt man sie nicht mehr fest. Gegenüber den systematischen Schizophrenien gibt es nicht nur die genannte Ähnlichkeit mit der phantastischen Form, auch eine konfabulatorische Färbung trifft man gelegentlich.

Der Verlauf der affektvollen Paraphrenie ist teils chronisch teils remittierend. Ich veranschauliche das Bild wieder vor allem durch belastete Fälle und bringe zunächst einen Fall mit leichtem Defekt.

Fall 50. Luise Kin, geboren 1888, erkrankte 1922, glaubte, sie habe etwas angestellt, werde von der Polizei geholt und geköpft. Sie wurde in die Frankfurter Klinik gebracht und erzählte hier, man sei komisch zu ihr gewesen, habe ihr Schimpfworte nachgerufen, in den Zeitungen in Andeutungen über sie geschrieben; wahrscheinlich habe sie ein Herr beim Onanieren beobachtet. Neben ihrer Ängstlichkeit war sie mißmutig und ablehnend. Sie kam in ein Heim und 1923 in die Klinik zurück. Auch jetzt noch erwartete sie ein Todesurteil, weil sie sich unanständig betragen habe, behauptete, man habe sie beobachtet, auffällig gegrüßt usw. Sie war diesmal deutlicher gereizt. Sie blieb 1924 in der Klinik und arbeitete in einem Büro, war fleißig, aber ohne Initiative. 1925 war sie zeitweise gereizt, bezog harmlose Bemerkungen auf sich, wollte sich dem Gericht stellen. Sie wurde jetzt in die Anstalt H. verlegt. Hier äußerte sie weiter ihre Beziehungsideen, ihre Feinde seien Polizei und Gericht. Beweise habe sie „sehr viele heimliche.“ Sie wurde erregt, wenn sie von ihren Ideen sprach, sonst war sie feundlich und etwas stumpf. 1926 war sie manchmal verstimmt, beschäftigte sich aber in einem Büro. Sie kam in Familienpflege. 1928 kam sie in die Anstalt zurück, da sie viel geschimpft hatte, kam aber bald in eine andere Familienpflege. Da sie jedoch meist unzufrieden war, dazu schnippisch und hochfahrend, kam sie 1930 endgültig in die Anstalt zurück. Hier war sie die folgenden Jahre meist freundlich, aber bei den geringsten Angelegenheiten beleidigt und erregt. Dann kam auch heraus, daß sich ihre Beziehungsideen immer noch um die alte Sache drehten: Das Haus wurde umstellt, die Gerichtsverhandlung wegen der Onanie einberufen und ihr Todesurteil gesprochen. 1938 nannte sie es eine Gemeinheit der Polizei, sie für Jahre in die Anstalt zu schicken, statt sie sofort wegen des erhobenen Vorwurfs zu verhören. Außerdem gaben aber die wechselnden Tagesereignisse Anlaß zu paranoischer Umdeutung. Man gebe ihr schlechtes Essen, werfe ihr vor, sie lege sich aus Faulheit ins Bett usw. „Jeden Tag andere Frechheiten“. Als ich sie 1939 zusammen mit Schwab nachuntersuchte, mußte sie sehr vorsichtig gefragt werden, weil sie gleich ärgerlich wurde. Sie erzählte von den angeblichen Verfolgungen, „lauter Ironie, Spott und Hohn“ bzw. „Frechheiten und Gemeinheiten“. Die Schwestern kratzen sich z. B. auffällig auf dem Kopf herum und sagen ihr vieles „durch die Blume hintenherum“.

Sie hielt auch noch daran fest, daß man es darauf anlege, ihr Gerichtsverfahren und Todesurteil herbeizuführen.

Ein *Bruder*, Rudolf Kin, geboren 1879, erkrankte 1912 und kam in die Frankfurter Klinik. Er war ängstlich, zitterte, meinte, die Jesuiten verfolgten ihn, eine Stimme habe ihm Unglück angekündigt. Dann aber sagte ihm eine Stimme, er sei der Erlöser der Menschheit. Zeitweise schrie er laut um Hilfe, zeitweise lag er starr im Bett. Nach gewisser Beruhigung wurde er entlassen, aber nach einem Vierteljahr wiedergebracht, nachdem er zu Hause ein Zimmer demoliert hatte. Er sprach jetzt leise, geschraubt und wurde in die Anstalt H. verlegt. Hier nahm er 1913 militärische Haltungen an, äußerte, man gebe ihm falsche Kleidungsstücke, war sehr weitschweifig. 1914 war er reizbar, schlug zu, zuckte in der Erregung mit der Schulter und hatte eine fehlerhafte Ausdrucksweise. Er erklärte z. B.: „Ich bin nicht für den Vermögensverzehren", und bat um sein „Unterrecht". Zeitweise schrie er erregt gegen die Wand „Schafsköpfe". Das Schimpfen mit den Stimmen, eine Aggressivität und merkwürdige sprachliche Äußerungen werden immer wieder erwähnt. Einmal erklärte er: „Ich erhebe geistig vollständig Anspruch auf meine Gedanken. Das, was ich sage, ist Bildung. Ich bin ganz in der Orientierung." 1915 fiel sein Kopfschütteln auf, das vielleicht zur Abwehr gegen Sinnestäuschungen erfolgte. 1916 machte er zu seinem Kopfschütteln auch noch stoßende Bewegungen mit den Armen. Er erklärte einmal: „Meine Gedanken sind hochdeutsch, aber die Gedanken betreffs Entlassung sind englisch, französisch, plattdeutsch." Sein Neffe sei dagewesen und habe ihm einen englischen, französischen und deutschen Gedanken zugewackelt. Er schimpfte häufig und schrie auch den Arzt wütend an. Er starb an einem Herzinfarkt.

Eine *Schwester*, Therese Ju, geboren 1885, veränderte sich 1932, erzählte von einem angeblichen reichen Onkel in Amerika. Allmählich wurden ihre Ideen phantastischer. Sie behauptete, Hitler sei ein Stiefbruder ihres Mannes, ihre Söhne würden große Männer, ein Vetter sei „der Hauptwächter in Deutschland", ihr Mann habe den Arbeitsdienst ins Leben gerufen, damit die Mädchen sittlich erzogen würden. Sie blieb trotz dieses Zustandes zunächst zu Hause. 1941 wurde sie aber häufig erregt, redete sich „in Ekstase" und wurde daher in die Frankfurter Klinik aufgenommen. Hier erzählte sie, ihr Mann und Adolf Hitler seien schon 1890 als Zollbeamte an der holländischen Grenze zusammengewesen, sie habe Hitler auch schon als Kind gekannt. Ein Dr. K. habe als Mitglied einer organisierten Bande an ihrer Mutter schon Eingriffe gemacht. „Man hat meiner Mutter die Gebärmutter vorgelegt, daß sie noch mehr Kinder bekam." Sie sprach mit viel Affekt, wurde begeistert und geradezu ekstatisch, wenn sie von den großen Taten sprach, die ihre Verwandten zusammen mit Hitler vollbracht haben sollten. Auf der Abteilung fiel ihre überhebliche Art auf. Sie wurde nach fünf Wochen in die Anstalt W. verlegt und blieb dort weiter phantastisch paranoid.

Bei der Probandin schritt die affektvolle Paraphrenie im wesentlichen nur bis zum Stadium eines einfach paranoischen Bildes fort. Die Wahnbildung blieb rein persekutorisch, nachdem ein ängstlicher Zustand die Psychose eingeleitet hatte. In einer reizbaren Verfassung deutete sie dauernd die Vorgänge der Umgebung um und bezog sie auf sich, so daß das genannte *reizbare Beziehungssyndrom* gegeben war. Bemerkenswerterweise war eine Systematisierung angedeutet. Aus ihrem Angstzustand nahm sie die Befürchtung, wegen Onanie vor eine Gerichtsverhandlung gezogen zu werden, in ihren Verfolgungswahn herüber und trat in stärkeren Erregungen immer wieder mit der Behauptung hervor, man lege es nur darauf an, sie endlich verurteilen zu können. Ihren Anstaltsaufenthalt führte sie dauernd auf die angebliche Anklage zurück. Ihre *Schwester* hatte ein phantastisches Bild mit konfabulatorischen Zügen. Sinnestäuschungen fehlten. Beim *Bruder* deuteten sich auch phantastische Züge an. Daneben hatte er kataphasische Symptome, wies also Züge der anderen unsystematischen Schizophrenie auf. Was die Psychosen trotz des verschiedenen Bildes zusammenhält, das ist der *Affekt*, der sich an die krankhaften Ideen knüpfte. Die Probandin und ihr Bruder gerieten in tiefe Gereiztheit, wenn sie ihre Beschwerden vorbrachten, und die Schwester wurde bei ihren Erzählungen geradezu ekstatisch.

Wie die vorige Probandin, aber doch in anderer Form, bot die folgende Probandin ein mildes Bild affektvoller Paraphrenie. Es fand sich hier eine Systematisierung, die sich bei der vorigen Patientin nur angedeutet hat.

Fall 51. Antonie Daf, geboren 1874, war von jeher empfindlich und mißtrauisch. 1907 glaubte sie, Personen würden zu ihr geschickt, um sie auszukundschaften. Im Volkstheater, in dem sie damals häufig war, sah der Direktor während des Spiels immer nach ihr. Auch sonst wurde sie durch allerlei sonderbare Wahrnehmungen in ihrem Verdacht bestärkt, daß die Leute vom Volkstheater etwas mit ihr vorhätten. Besucher des Theaters schikanierten sie, indem sie sich an ihren Platz herandrängten. Weiter sah dann die Frau des Direktors bei bestimmten Stellen immer nach ihr. Sie begann diese Frau daher zu hassen. Sie schrieb nun Briefe an den Direktor und beschuldigte zuletzt seine Frau der Untreue mit einem jüdischen Rechtsanwalt, den sie angeblich auf einer Fotografie mit ihr zusammensah. Erst im Jahre 1912 wurde sie in die Nervenklinik M. gebracht. Hier erzählte sie: Der Theaterdirektor S. grüßte sie auffällig, dann tat er in seiner Loge so, als ob er schriebe und wollte ihr damit das Zeichen geben, daß sie ihm schreiben solle. Wenn er mitspielte, oder wenn er sich nach dem Spiel verneigte, sah er immer nach ihr. Sie merkte daher, daß er sich zunehmend für sie interessierte. Einmal kam der Direktor, als sie ihn wieder ansah, so in Erregung, daß er sich den Schweiß abwischen mußte. Seine Frau sah inzwischen von ihrer Loge aus scharf auf sie. Er war im Theater nicht immer anwesend, wenn er aber da war, dann war das Theater nochmal so schön. Frau S. suchte ihren Mann von ihr abzuhalten, sie rückte in der Loge möglichst vor ihn. Aus diesem Grunde sah er einmal mit todtraurigem Blick zu ihr herüber. S. begann dann auch Inserate in die Zeitung zu setzen, die sich auf sie bezogen. Sie erkannte sie immer daran, daß sie so schön gesetzt waren. Um S. immer wieder zu sehen, ging sie so oft ins Theater, daß ihre Einnahmen, die sie durch Massage und durch Sticken hatte, nicht mehr ausreichten. Ihre Einkünfte gingen auch zurück durch Belästigungen, denen sie angeblich ausgesetzt war. Es kamen Herren, die kein Geld hatten, oder die höhnisch lachten, oder die sich gleich auskleideten, alles, um sie zu kränken. Sie wußte erst nicht, wie diese Belästigungen zustande kamen. Als aber im Theater die Leute auch in den Pausen nach ihr sahen und sich anstießen, erkannte sie, daß es auf Direktor S. zurückging. Sie schrieb daher immer wieder an ihn, er möge mit diesen Dingen Schluß machen. Ein Herr ging ihr eine Zeitlang immer nach. Sie schrieb es an S., sofort erschien er nicht mehr. Sie wußte daher, daß er in dessen Auftrag gehandelt hatte. Als er auf die vielen Briefe keine Antwort gab, sie aber durch Inserate aufforderte, zu ihm zu kommen, ging sie einmal in sein Büro. Er wandte sich aber von ihr ab, als ob sie Gift wäre. Da sie trotzdem weiter schrieb, wurde sie auf die Polizei bestellt und mußte versprechen, nicht mehr zu schreiben. Da sie ihr Versprechen nicht halten konnte, wurde sie später zum Amtsarzt bestellt, der ihr erklärte, S. sei der Meinung, sie spinne. Trotzdem machte er ihr in Inseraten weiterhin Mitteilungen, so daß sie entnehmen konnte, daß er sie grenzenlos liebe. Er deutete auch an, daß er sich scheiden lassen wolle. Da er sich wegen seines Kindes nicht scheiden lassen konnte, hielt sie sich für verpflichtet, ihm mitzuteilen, daß das Kind nicht von ihm sei. Dieses hatte sie einmal in der Loge gesehen und war ihr gleich dem Rechtsanwalt K., bei dem ihre Freundin Haushälterin war, sehr ähnlich erschienen. Später hatte sie dann eine Fotografie mit dem Rechtsanwalt und Frau S. gesehen. Sie wurde nach diesen ihren letzten Mitteilungen polizeilich in die Klinik eingewiesen. Hier fiel ihr ein sonderbarer Geruch auf. Auch zu Hause waren ihr schon öfter merkwürdige Gerüche vorgekommen. Sie wurde von der Klinik nach 14 Tagen in die Anstalt E. verlegt. Hier protestierte sie gegen ihre Aufnahme und schrieb an S., er möge sie befreien. Nach vier Monaten wurde sie entlassen. 1926 kam sie wegen Magenbeschwerden ins Krankenhaus S. Hier berichtete sie, daß der Direktor S. sie schon seit vielen Jahren liebe und auch heiraten wolle, aber von der Verwandtschaft daran gehindert werden. Sie wurde auf die psychiatrische Abteilung verlegt. Sie erzählte weiter: Nach der Entlassung 1912 fiel ihr auf, daß die katholischen Gottesdienste nicht mehr würdig verliefen. Daher schrieb sie an den Kardinal, der die Mißstände abstellte. Ihrem Eingreifen war es zu danken, daß ein Deutscher als Kardinal gewählt wurde, als der letzte gestorben war. 1917 wurde ihr mitgeteilt, daß S. in Weimar sei, das war aber nur Schwindel, denn wenn sie mi Theater war, spielte er immer irgendeine Rolle. „Alle die Aufpasser, die sie umgehen, teilen ihm mit, wenn sie ins Theater geht, und dann spielt er für sie, weil er sie liebt." Er kam auch öfter als Postbote oder Hausierer zu ihr. Sie erkannte ihn nicht und merkte erst später, daß er es war. Auch in anderen Verkleidungen suchte er sie auf. Im übrigen verständige er sich durch Inserate mit ihr wie früher. Schließlich dauerte ihr die Sache doch zu lange, sie schrieb energisch, bekam aber dafür unfreundliche Inserate zu lesen. Sie verlangte jetzt Entschädigung für die verlorenen Jahre, wandte sich an alle Stellen bis zum Justizminister, wurde aber überall abgewiesen. Inzwischen war Direktor S. entschlossen, sie zu heiraten, wartete aber noch auf eine Anerkennung für sie, damit er sie als standesgemäß nehmen könne. Der Papst war so erfreut über ihre kirchlichen Vorschläge, daß er ihr die Anerkennung geben wollte. Aber dieser Brief wurde vom Kardinal B. unterschlagen. Seit 1918 weiß sie, daß sogar Gott es haben will, daß sie zu ihrem Recht kommt. Bei dieser Gelegenheit erwähnt sie, daß sie im Beginn der Beeinträchtigung, d. h. etwa im Jahre 1907, telepathisch beeinflußt worden sei. 1923 sollte sie einmal vergiftet werden. Sie bekam von einer Familie, bei der sie in Untermiete war, etwas ins Essen, durch das sie häßlich und unförmig wurde.

Daf erzählte lebhaft mit adäquatem Affekt und Anflug von Humor. Machte man sie auf die Unwahrscheinlichkeit ihrer Erzählung aufmerksam, dann wurde sie erst böse, dann erklärte sie: „Sie reden aber dumm", und hörte auf, weiteres zu erzählen. Sie weigerte sich, nach Hause zu gehen und eine Stelle anzunehmen, wollte vielmehr endlich von Herrn S. geheiratet werden. Sie wurde in die Anstalt E verlegt. Hier wollte sie die Anstalt für eine Erkrankung des Handgelenks verantwortlich machen. Bei Theatervorführungen glaubte sie immer Herrn S. in irgendeiner Rolle zu erkennen. Sie sah ihn auch in Personen, die vor ihrem Fenster vorbeigingen, hörte ihn im Radio sprechen. Sie hetzte gerne, vertrat die Interessen anderer Kranker. Seit etwa 1935 tritt an die Stelle des Direktors S. der Filmschauspieler Hans Albers, von dem sie nun geheiratet werden will. Einmal merkte sie, wie „Ultrastrahlen" auf ihre Nerven losgelassen wurden, ein andermal sah sie in der Kirche ein Kreuz. Sie schrieb jeden Sonntag an „ihren Hans Albers", beschäftigte sich aber sonst fleißig. Als ich sie 1939 zusammen mit B. Schulz[1] nachuntersuchte, hielt sie ihre Ideen aufrecht. Es stellte sich heraus, daß sie mit Hans Albers nur den Direktor S. im Auge hatte. Der Direktor sei gestorben, habe man ihr gesagt, aber es sei ja in Wirklichkeit Hans Albers. Obwohl sie jetzt 65 Jahre alt sei, wolle sie ihn doch noch heiraten, „weil es eben die wahre Liebe ist". Wenn sie recht unglücklich ist, dann sagt er das Programm im Radio an, damit sie weiß, daß er wieder da ist. Daf war bei der Unterredung lebhaft, gesprächig, aufgeschlossen, schweifte gerne etwas ab, ohne deutliche Ideenflucht zu zeigen. Gestik und Mimik waren natürlich. Die Stimmung war gut, sie freute sich immer noch im Gedanken, daß Herr S. bald kommen werde, um sie zu befreien. Eine affektive Verflachung war nicht festzustellen, ihre ganze Art hatte etwas Hypomanisches an sich.

Mehrere Verwandte waren geisteskrank. Mehr erfahren konnte ich nur von einem Mutters-Bruder, Mathias Halb, geboren 1940. Er kam 1872 in die Anstalt M., war damals aber schon sechs Jahre lang krank. „Die Krankheit begann mit vollkommener Geistesverwirrtheit, welche manchmal in Tobsucht ausartete, so daß die Frau ihm aus dem Weg gehen mußte." In der Anstalt hatte er Erregungen, warf mit dem Nachttopf eine Fensterscheibe ein und suchte zu entweichen. Sonst war sein Blick leer, gleichgültig. Auf Fragen gab er lauter verkehrte Antworten. Er mußte wegen „tobsüchtiger Erregung" oft isoliert werden. So blieb er auch die folgenden Jahre. 1875 heißt es: „Blödsinn, sitzt mit blöder, halb lächelnder Miene den ganzen Tag vollkommen ruhig, apathisch und teilnahmslos auf einer Bank. Auf Fragen gibt er keine Antwort oder spricht leise sinnloses Zeug." Die folgenden Jahre wird immer von neuem berichtet, daß er Kleider und Bettzeug zerreiße. 1878 wurde er im Endstadium einer Lungentuberkulose nach Hause geholt.

Bei dieser ausführlich wiedergegebenen Probandin Daf kann man von einer echten *Paranoia* im Sinne Kraepelins sprechen. Ich könnte jedenfalls nichts angeben, was dem eindeutig widerspräche. Wenn sie in ihren späteren Jahren Hans Albers für den Direktor S. einsetzte, so ist das psychologisch genügend verständlich. Als S., wie sie

[1] Schulz, B., und K. Leonhard: Erbbiologisch-klinische Untersuchungen an insgesamt 99 im Sinne Leonhards typischen bzw. atypischen Schizophrenien. Z. f. d. ges. Neurol. und Psychiat. **168** (1940), 587–613.

erfuhr, gestorben war, mußte sie sich einen Ersatz suchen. Auffälliger ist, daß sie schon früher S. in verschiedenen Verkleidungen zu sehen glaubte, aber das geschah nicht in Form einer wirklichen Verkennung, sondern sie kam immer nur hinterher auf den Gedanken, der Besucher könnte S. gewesen sein. Freilich, die Ideen werden auch sonst oft recht phantastisch, indem sie z. B. eine persönliche Anerkennung vom Papst erwartet und meint, der Kardinal gönne ihr diese nicht und habe den Brief unterschlagen. Ähnliches sieht man aber doch auch sonst bei Paranoikern. Keine Bedeutung möchte ich auch der Tatsache zumessen, daß gelegentlich von Geruchssensationen die Rede ist. Da Daf, wie sie angeb, von jeher einen sehr empfindlichen Geruch hatte, handelt es sich sicher nicht um echte Halluzinationen, sondern um Umdeutungen tatsächlicher Geruchswahrnehmung. Sonst bestanden nie Halluzinationen.

Was Daf in jahrzehntelanger Krankheitsentwicklung bot, war das Bild eines *systematisierten Wahns* bei erhaltener Affektivität, Aktivität, Intelligenz, d. h. eben erhaltener Gesamtpersönlichkeit. Die Kriterien, die Kraepelin für seine Paranoia gibt, sind demnach erfüllt. Die Systematisierung um den Direktor S. bleibt von Anfang bis zum Ende erhalten. Als die Kranke mit religiösen Reformplänen begann, schien zunächst ein neuer Wahn einzusetzen. Es ist auch möglich, daß sie damals eine leichte ekstatische Schwankung hatte, die diese Richtung bedingte. Aber die Einreihung in das alte Wahnsystem trat doch sehr schnell hervor. Als Belohnung ihrer Vorschläge erwartete sie von den geistlichen Würdenträgern eine Anerkennung, die sie für die Heirat mit Herrn S. standesgemäß machen sollte. So ist der Zusammenhang auch hier gewahrt. Im ganzen ist der Wahn mehr expansiv als persekutorisch, denn über allem steht doch der Glaube, von S., der standesmäßig weit über ihr stand, geliebt zu werden. Aber die Verfolgungsideen wurden keineswegs nur sekundär durch den Mangel an Erfolg bedingt, vielmehr zeigen die Eigenbeziehungen und Umdeutungen, daß auch dem Verfolgungswahn seine selbständige krankhafte Bedeutung zukommt.

Daß solch ein Krankheitsbild der affektvollen Paraphrenie angehört, die auf der anderen Seite doch schwere phantastische Bilder erzeugt, geht daraus hervor, daß es alle Übergänge von den schwersten zu den leichtesten Fällen gibt. Auch innerhalb der gleichen Familie finden sich oft die Übergänge. Die erwähnte *Sippe Stot* enthielt mehrere Bilder, die der Paranoia Kraepelins entsprachen oder wenigstens weitgehend ähnelten, dazu Fälle chronisch gereizter Beziehungspsychose, schließlich ausgesprochen phantastische Gestaltungen. Die Katatonie in der Verwandtschaft der Probandin Daf hat nosologisch wohl keine Beziehung zu deren Psychose. Da mehrere Verwandte von Daf geisteskrank waren, ist daran zu denken, daß sich in der Familie als zweite Komponente eine periodische Katatonie fand, die eine starke Belastung mit Psychosen aufweist. Von den 18 Schizophrenen in der Familie Stot nannte ich zwar selbst 3 Fälle kataton. Ich würde aber hier jetzt ebenfalls nur noch von katatonen Zügen sprechen, denn in ihren Schwankungen zwischen Erregung und Hemmung erkennt man bei den Patienten immer wieder zugleich depressive, ängstliche, manisch gefärbte, ekstatische Schwankungen.

Wenn Fälle reiner Paranoia im Rahmen der affektvollen Paraphrenie selten sind, so muß man bedenken, daß die Paranoia ganz allgemein ein außerordentlich seltenes Leiden darstellt. Wenn man sie vor allem bei Frauen kaum beobachten kann, so entspricht das der Tatsache, daß die affektvolle Paraphrenie beim weiblichen Geschlecht zu schwereren Formen neigt als beim männlichen und häufiger zu phantastischen Bildern fortschreitet.

Soll es bei einer affektvollen Paraphrenie zu einer Systematisierung kommen, dürfen auch keine akuten Schübe dazwischen treten. Tiefere Affektschwankungen nach der einen oder der anderen Seite hin zerreißen den Zusammenhang, da sie immer wieder Neues hervorbringen. Bei Beginn ihrer religiösen Ideen hatte Daf vielleicht eine ekstatische Schwankung, aber tief ging sie nicht. Der erotische Wahn entsprach zwar einem ähnlichen Glücksgefühl, war aber ohne Schwankung.

In Gegenüberstellung zur milden Paraphrenie bei der geschilderten Patientin führe ich nun eine ausgesprochen *phantastische Gestaltung* an.

Fall 52. Berta Dieh, geboren 1872, schrieb schon im Jahre 1900 eine beleidigende Karte an eine Frau, von der sie sich ausgelacht glaubte. Später folgten noch öfter derartige Beschwerden, die auf Beziehungsideen zurückgingen. Schwere Krankheitserscheinungen traten erst 1929 auf, die Kranke glaubte jetzt, sie solle von den Angehörigen beiseite geschafft werden. 1930 schrieb sie einen Brief an die Polizei, in dem sie u. a. um Auskunft bat, „ob es auf Wahrheit beruht, daß mich der Reichspräsident von Hindenburg in das Kirchenbuch und auch in das Standesamtregister als seine Frau hat eintragen lassen und an welchem Tag und Datum das geschah". Sie kam darauf in die Frankfurter Klinik. Hier verlangte sie die sofortige Entlassung und berief sich auf den Sohn Hindenburgs. Gegen ihren Mann äußerte sie Beschuldigungen, er gebe sich mit seiner Nichte und anderen Frauen ab. Hindenburg habe sie vor Jahren als seine Braut ausgegeben. Die Enkel Hindenburgs hätten mit ihren Verwandten Blutschande getrieben. Vor Jahren habe sie die Königin von Holland kennengelernt. Sie wurde nach vier Wochen in die Anstalt H. verlegt. Hier hatte sie körperliche Mißempfindungen und behauptete, in ihrem Munde entstehe Krebs. Sie war gereizt, schlug die Pflegerin, gab dem Arzt falsche Namen und behauptete, Hindenburg sei in Untersuchungshaft. 1931 schimpfte sie viel. 1932 erklärte sie, die Anstalt sei ein Bordell, die Frauen würden für geschlechtliche Zwecke ausgenützt, im Essen sei Gift. Sie drohte dem Arzt mit Hinrichtung. 1933 erklärte sie, Hindenburg wolle sie los sein und habe den Ärzten 10000 Mk versprochen, wenn sie sie umbrächten. 1934 erklärte sie, eine „Pilzkrankheit" ihrer Züge sei ihr durch das Attentat eines Frankfurter Dentisten beigebracht worden. 1935 rief ihr der „Beobachtungsposten" dauernd etwas zu, z. B., sie solle ermordet werden. 1936 hatte sie durch Gift im Essen furchtbare Schmerzen. 1937 sah sie ihren Mann in der Anstalt, hatte Geruchssensationen und querulierte um ihre Entlassung. 1938 klagte sie ständig über die „Giftmittel". 1939 schimpfte sie viel. 1940 habe ich sie zusammen mit Schwab nachuntersucht. Sie erzählte von einer angeblichen Begegnung mit Kaiser Wilhelm II., verkannte die Personen der Umgebung, glaubte sich von Prinzen umgeben, die angeblich in der Anstalt eingesperrt waren. Sie berichtete von Stimmen, die von oben herunter kamen, und von vielen Sensationen, die zum Teil phantastisch geschildert wurden. So behauptete sie, daß Blähungen der Drüsen in den Kopf getrieben würden. Sie entwickelte viel Affekt, trat mit Nachdruck für ihr Recht auf Entlassung ein, war gekränkt, wenn man sie nicht aussprechen ließ, brach in Tränen aus, als über ihre Äußerungen etwas diktiert wurde und lehnte es ab, weiter Auskunft zu geben, wenn man sie so verkenne und beleidige.

Eine *Schwester*, Friederike Ma, geboren 1871, kam 1905 in die Anstalt A., nachdem sie einen Herrn durch ihre Liebesanträge belästigt hatte. Sie war bei der Aufnahme heiter, erklärte, sie fühle sich wohl wie ein Fisch im Wasser, führte erotische Gespräch, weinte dann auch einmal und berichtete von Beziehungsideen. Die Kundschaft in ihrem Laden habe sie schikaniert, immer wieder andere Wünsche gehabt und doch nichts gekauft. Die Stimmung wechselte weiterhin, war meist heiter, dazwischen aber flüchtig depressiv. Sie unterzeichnete sich mit dem Namen ihres Geliebten und fügte an: „Millionärsgattin". Dazwischen schimpfte sie viel und behauptete, man schikaniere sie. 1906 hielt sie an ihrem Liebeswahn fest und beschimpfte die Ärzte als „Direktionshurenbengel". 1907 schrieb sie einen Brief an den Kaiser, er möge sie herausholen, und glaubte Gift zu bekommen und unter Hypnose zu stehen. 1908 war sie feindselig gegen ihre Umgebung. 1909 nannte sie sich „Prinzeß Luise Friederike aus Pfalz-Zweibrücken beim Rhein und Meisenheim". Sie klagte viel über körperliche Beschwerden. 1910 fragte sie in einem Brief nach ihrem „Schatz", d. h. den vermeintlichen Bräutigam von früher. 1912 war sie abweisend und schimpfte viel. Sie behauptete, Geld sei ihr gestohlen worden. 1913 verlangte sie nach ihrem angeblichen Mann und redete in einem Brief an die Kaiserin diese mit „liebe Schwägerin" an. 1914 schrieb sie an den Kaiser und nannte ihn ihren Bruder. Die folgenden Jahre war sie ablehnend und gereizt,

1920 verhielt sie sich etwas freundlicher und hielt sich für die Schwester des Kaisers. 1921 war sie wieder mehr gespreizt, behauptete, der Arzt intrigiere gegen sie. Sie wehrte sich mit obszönen Ausdrücken gegen angebliche sexuelle Belästigungen. Sie nannte sich „Prinzessin von Preußen" und war gereizt und hochfahrend. In diesem Zustand wurde sie 1922 nach Hause geholt. Später kam sie in eine Anstalt, die keine Krankengeschichte führte und starb hier.

Bei der Probandin kam es zu einem phantastischen Bild, nachdem erst jahrelang ein Beziehungssyndrom bestanden hatte. Wir finden also die charakteristische Entwicklung der affektvollen Paraphrenie. An dem phantastischen Zustand ließen manche Züge den Unterschied gegenüber phantastischen Paraphrenien der systematischen Gruppe erkennen. So fehlten absurde Ideen mit physikalischen Unmöglichkeiten. Wichtiger ist das Verhalten der Affektivität. Die Patientin war außerordentlich empfindlich, brach in Tränen aus als man ihre Ideen nicht genügend ernst nahm, und verweigerte weitere Auskunft. Aber nur an ihre wahnhafte Innenwelt knüpfte sich der Affekt, sonst war die Patientin recht abgestumpft, fügte sich gleichmütig in ihren Anstaltsaufenthalt und hatte an nichts außer ihren Wahnideen ein wesentliches Interesse. Die Familienbetrachtung bestätigt das Vorliegen der affektvollen Paraphrenie. Die Schwester der Probandin bot ein paranoisches Bild mit Verfolgungsideen und Liebeswahn. Später deutete sich die phantastische Entwicklung in der Maßlosigkeit ihrer Ideen an.

Ängstliche und ekstatische Züge deuteten sich schon bei bisher beschriebenen Fällen mehrfach an, sie treten im folgenden Fall besonders deutlich hervor. Außerdem zeigt der Patient Züge, die an die Kataphasie erinnern.

Fall 53. Josef Ho, geboren 1892, erkrankte 1933 und kam auf die psychiatrische Abteilung des Krankenhauses S. Er war ängstlich und äußerte viele Beziehungsideen. Man habe ihn bespitzelt, die Kollegen hätten sich zusammengestellt und über ihn gesprochen, indirekt habe man ihn fühlen lassen, daß zwischen ihm und seiner Frau etwas nicht in Ordnung sei; u. a. habe er das aus einer Handbewegung eines Kollegen geschlossen. Die Bahnpolizei habe wahrscheinlich Gerüchte über ihn verbreitet, denn ein Bahnpolizist habe einmal auf ihn gedeutet und gesagt: „Der kommt noch um seinen Beruf." Wahrscheinlich werde er aus seinem Beruf entlassen und bestraft. Über das alles habe er sich so aufgeregt, daß er sich das Leben habe nehmen wollen (zwei Selbstmordversuche). Auch auf der Abteilung sprach man angeblich schlecht von ihm und beschuldigte ihn eines großen Vergehens gegen das Berufsgeheimnis. In den folgenden Tagen wurde er sehr reizbar und griff Kranke an, von denen er sich beeinträchtigt glaubte. Er hörte jetzt auch Tag und Nacht Stimmen, die ihm seine Entlassung ankündigten. Dann wieder bekam er einen schweren Angstzustand, rannte mit dem Kopf gegen das Fenster und brachte sich Schnittwunden bei. Er wurde zehn Wochen nach der Aufnahme in die Anstalt E. verlegt. Hier war er sehr ängstlich, hörte Stimmen, er sei vom Reichsgericht zum Tode verurteilt. Dieser Zustand hielt noch drei Monate an, dann wurde der Kranke etwas ruhiger, halluzinierte aber weiter. Er wurde gegen ärztlichen Rat entlassen. Ein halbes Jahr später kam er in die psychiatrische Klinik M. Er war wieder depressiv, äußerte Beziehungsideen und hörte Stimmen, die ihn beschuldigten. Er wurde in die Anstalt E. verlegt. Hier war er noch ein halbes Jahr in wechselnder Stärke ängstlich, dann wurde er ekstatisch. Er fühlte sich als „Gottesmensch" und erklärte, er sei als Christus aufgestellt. Er sei auch bereit, als Apostel und Märtyrer sein Leben hinzugeben. Er hörte jetzt auch die Stimme Gottes. Dieser Zustand dauerte wieder einige Monate, dann war Ho gereizt, schimpfte häufig gegen seine Stimmen und äußerte ein „zerfahrenes Gerede". 1935 war er gereizt, hatte Beziehungsideen, wurde aggressiv. 1936 war er reizbar, widerstrebend, vermutete Gift im Essen. 1937 war er von Stimmen geplagt, die ihn beschimpften. Seine gereizten Zustände waren immer wieder von einem freieren Verhalten mit Freundlichkeit unterbrochen. 1938 warfen ihm die Stimmen Abtreibung vor. Er wurde in Zusammenhang damit häufig erregt. Dann wieder war er freundlich. 1929 war er reizbar und halluzinierte. Als ich ihn 1939 zusammen mit B. Schulz nachuntersuchte, war er etwas pathetisch, zeigte gehobenes Selbstbewußtsein, glaubte, von Gott begnadet zu sein und Gott sprechen zu hören. Aber auch andere Stimmen gab er zu. Seine Reden waren oft sehr unklar, er ließ sich auf Fragen schwer fixieren. Bei der experimentellen Prüfung zeigte er eine schwere Denkstörung. (Kiste und Korb?) „Kiste, kommt darauf an, ob viereckig, ob aus Holz, ist alles 6 mal 6 ist 36, so kommt man auf 150 bis 300 Stellen". (Frage wiederholt!) „Ist eine Frage, ist neue Sache, könnte man auch sagen, was ist zwischen Tisch und Stuhl für ein Unterschied." (Also Tisch und Stuhl?) „Das andere ist viereckig, andere Tische sind rund, genauso wie Stuhl, verschiedene Stühle und Bänke, verschiedene Gedanken machen, ich kann nicht sagen, mit was das zusammenhängt." (Treppe und Leiter!) „Treppe, wenn ich auf eine Treppe gehe, habe ich den Gedanken an eine Stufenleiter oder an den Ölberg, eine Leiter z. B. für Ölbergandacht." (Keine Rose ohne Dornen?) „Ja, Rose, ich kenne die Rosen schon, verschiedene Rosen braucht man für den Stufenaltar, Hochaltar, Rosen ohne Dornen." Ein *Bruder*, Alois Ho, geboren 1882, kam 1936 auf die psychiatrische Abteilung des Krankenhauses S. Er litt seit einiger Zeit an Minderwertigkeitsgefühlen, hatte ängstliche Befürchtungen, getraute sich oft fast nichts zu essen. Abends stand er lange da und rieb seinen Kragenknopf am Arm. Auch zwei Selbstmordversuche hatte er schon gemacht. Er erklärte, das Reiben führe er aus, weil er denke, am Kragenknopf sei Schweiß. Alles müsse bei ihm sehr ordentlich sein. Außerdem war er reizbar und empfindlich. Im Büro behandle ihn ein Vorgesetzter schlecht. Er war ängstlich, bot aber nichts gröber Psychotisches und wurde mit der Diagnose „abnorme Reaktion" nach acht Tagen wieder entlassen.

Bei dem Bruder dieses Probanden hat es sich wahrscheinlich doch um eine leichte paraphrene Psychose gehandelt. Die Ängstlichkeit und Reizbarkeit paßt zu den Bildern, die der Proband bot. Bei diesem ging die affektvolle Paraphrenie mit tiefen ängstlichen und ekstatischen Schwankungen, einer Reizbarkeit und einem paranoisch-halluzinatorischen Zustand einher. Daneben bestand eine Denkstörung, die an eine *Kataphasie* erinnerte. Wir haben oben kataphasische Beimengungen bei dem Bruder der *Probandin 50* (Luise Kin) gefunden. Zwischen allen drei unsystematischen Schizophrenien gibt es Überschneidungen. Selten kommt es sogar aber vor, daß man zu keiner differentialdiagnostischen Entscheidung kommen kann. Der Verlauf war bei dem Patienten Ho in Zusammenhang mit den affektiven Schwankungen remittierend.

Zusammenfassung

Die affektvolle Paraphrenie verläuft remittierend oder schleichend, wobei sie zunächst vorwiegend ein *Beziehungssyndrom* bietet. Andererseits finden sich im Beginn häufig und nicht selten auch im Laufe der späteren Entwicklung affektive Schwankungen im Sinne von *Angst* oder *Ekstase*. Die Affekte gehen immer mit einer krankhaften Ideenbildung einher. In der Angst finden sich Eigenbeziehungen, häufig auch Halluzinationen, in der Ekstase ebenfalls Trugwahrnehmungen, vor allem aber Glücksideen. Im Beginn kann die Unterscheidung von einer gutartigen *Angst-Glücks-Psychose* schwierig sein, doch wird in der Regel bald erkennbar, daß sich die Wahnideen und Sinnestäuschungen nicht mehr voll aus der Angst und Ekstase ableiten lassen, sondern unlogisch werden. Die körperlichen Mißempfindungen, die von den Kranken der Angst-Glücks-Psychose im wesentlichen noch auf ihren abnormen Zustand zurückgeführt werden, haben bei der affektvollen Paraphrenie oft von Anfang an halluzinatorischen Charakter im Sinne äußerer Beeinflussung. Die affektiven Schwankungen sind oft mit Gereiztheit verbunden, die sich mit Vorliebe allmählich aus der Angst entwickelt. Man findet dann ein gereiztes Beziehungssyndrom, das weniger ängstliche, als feindselige Umdeutungen der Umgebung enthält. In diesem Stadium kann die affektvolle Paraphrenie dauernd stehenbleiben. Auch leicht ekstatische Verstimmungen können als Dauerzustand bleiben und einen chronischen Größenwahn erzeugen. Noch häufiger schließlich ist die Affektivität nach beiden Seiten hin krankhaft verändert, so daß Verfolgungs- und Größenideen gleichzeitig bestehen. Eine Systematisierung der Wahnideen deutet sich oft an, gelegentlich ist sie ausgesprochen gegeben, so daß das Bild einer Paranoia im Sinne Kraepelins entsteht.

Häufig bleibt die affektvolle Paraphrenie nicht in diesem Stadium stehen, sondern schreitet weiter fort. Das Unlogische, das sich schon im Beginn andeuten kann, tritt in der Wahnbildung immer deutlicher hervor, so daß schließlich ausgesprochen *phantastische Gestaltungen* entstehen mit Größenideen, Erinnerungsfälschungen, Personenverkennungen, absurden Ideen und Trugwahrnehmungen auf allen Sinnesgebieten. Selten sind alle diese Züge so gleichmäßig ausgeprägt wie bei der systematischen Form phantastischer Schizophrenie. Manche können fehlen, andere können abnorm stark in den Vordergrund treten. Ausschlaggebend für die Diagnose ist das Verhalten des *Affekts*. Während phantastische Paraphrene der systematischen Gruppe keine tiefere Bindung an ihre Wahnwelt haben, so daß sie affektlos davon erzählen, bleibt bei der affektvollen Paraphrenie immer eine affektive Verankerung der Wahnideen bestehen. Die Kranken sprechen mit Gereiztheit einerseits oder mit Stolz andererseits davon. Auch in einer absurden Ideenbildung bleibt demnach der paranoische Affekt erhalten. Unabhängig von ihrer Wahnwelt können die affektvollen Paraphrenen dagegen stumpf werden.

II. Kataphasie (Schizophasie)

Das Krankheitsbild der Kataphasie umfaßt die Schizophasie, wie sie einerseits von Kraepelin, andererseits von Kleist beschrieben wurde. Kraepelin hob eine schwere Verworrenheit der sprachlichen Äußerungen neben einem verständigen Handeln hervor. Kleist legte mehr Wert auf das Vorhandensein von Wortneubildungen und Wortverwechslungen, wie sie in der Schilderung Kraepelins wenig hervortreten. Meine eigenen Auffassungen schlossen sich zunächst mehr an Kraepelin an, da er ein sehr geschlossenes Krankheitsbild beschrieben hat, wie man es immer wieder einmal sieht. Seine Beschreibung ist aber sicher zu eng. Darüber belehrten mich meine Familienuntersuchungen, die eine erhebliche Variationsbreite im Zustandsbild ergaben und mich auch stärker auf sprachliche Verfehlungen im Sinne Kleists aufmerksam machten. Zur endgültigen Abgrenzung des Krankheitsbildes kam ich schließlich dadurch, daß ich auch die *gehemmte Form* der Krankheit erkannte und beschreiben konnte.[1] Mein Mitarbeiter Otremba hat die beiden Gestaltungen an eindrucksvollen Fällen bestätigt[2].

Da die Bezeichnung der Schizophasie im wesentlichen die erregte Gestaltung im Auge hatte, wählte ich den Begriff der *Kataphasie*, durch den auf den Abbau der sprachlichen Funktionen sowohl in den erregten wie den gehemmten Zuständen hingewiesen werden soll. Durch die Ausrichtung nach zwei Polen hin findet die Kataphasie erst den vollen Anschluß an die beiden anderen *unsystematischen Schizophrenien*, denn sowohl bei der affektvollen Paraphrenie als auch bei der periodischen Katatonie findet man diese Tendenz, sich nach zwei Polen hin zu äußern. Die Parallele vervollständigt sich insofern, als auch bei der Kataphasie im Endzustand teils der eine oder der andere Pol im Krankheitsgeschehen betont sein kann, teils aber auch wieder das Defektsyndrom ohne polare Betonung vorliegt.

Ich nehme nicht an, daß bei der Kataphasie das Sprechen unabhängig vom Denken gestört ist, wie Kraepelin und Kleist meinten, es läßt sich vielmehr immer eine Störung im Denken nachweisen. Wenn sich die Kranken im Alltag verständig benehmen, so besagt das nicht viel, da bei gewohnten Tätigkeiten kaum mehr eine eigentliche Denktätigkeit nötig ist. Es kommt dabei fast mehr auf Affektivität und Aktivität an, die tatsächlich sehr gut erhalten sein können. Ich sehe eine Denkstörung, die das Sprachliche allerdings auffällig stark beteiligt, als das zentrale Symptom der Kataphasie an. Dadurch ergibt sich eine Beziehung zur *Verwirrtheitspsychose*. Die affektvolle Paraphrenie sahen wir mit der Angst-Glücks-Psychose in Beziehung stehen, die periodische Katatonie werden wir der Motilitätspsychose gegenüberstellen. In ähnlicher

1 Leonhard, K.: Die Spielbreite der unsystematischen Schizophrenien, besonders der Kataphasie. Arch. Psychiat Nervenkr. **202** (1961), 513–526.

2 Otremba, G.: Über das Krankheitsbild der Kataphasie. Psych. Neur. med. Psychol. **15** (1963), 61.

Weise können wir auf Grund der Denkstörung von der Kataphasie auf die Verwirrtheitspsychose zurückblicken.

Im Beginn kann man Schwierigkeit haben, die Differentialdiagnose zwischen diesen beiden Krankheiten zu stellen. Auch bei der Kataphasie findet man verworrene Erregungen und Zustände ratloser Hemmung. Man erkennt allerdings in der Erregung meist frühzeitig die tiefer greifende Störung im Denken, die über eine Inkohärenz hinausgeht und *logische Entgleisungen* enthält. Man stellt andererseits in der Hemmung über die Ratlosigkeit hinaus eine *Abstumpfung der Reaktionsbereitschaft* fest.

Bei der erregten Form von Kataphasie wird das Bild von einem *verworrenen Rededrang* beherrscht. In schweren Fällen ist das Krankheitsbild ganz besonders eindrucksvoll. Die Kranken sprechen lebhaft, wenden sich dem Untersucher zu, scheinen ihm Interessantes erzählen zu wollen, man versteht aber kein Wort. Es ist, als ob sie eine fremde Sprache sprächen. Es tauchen immer wieder neue Worte und Begriffe auf, bei denen man den Zusammenhang untereinander und den Zusammenhang mit dem, was vorher gesprochen wurde, nicht erkennt. Regelmäßig ist dabei auch die grammatische Ordnung zerstört. Sätze werden angefangen und nicht zu Ende geführt. Deklination und Konjugation stimmen nicht, ein Substantiv erscheint etwa ganz unerwarteterweise im Genitiv statt im Nominativ, ein Verb vielleicht im Infinitiv, während man es in der dritten Person erwartet. Man weiß oft auch gar nicht, welche Worte zu Sätzen zusammengeschlossen sein sollen, d. h., man hört eine fließende Rede und ist nicht im klaren, wo ein Satz zu Ende ist und ein neuer beginnt. Man kann, wenn man ein Stenogramm liest, Komma und Punkt manchmal fast willkürlich da oder dort einsetzen. Solche Formen von Kataphasie sieht man einerseits in schweren Endzuständen, andererseits in erregten Schüben. Die letzteren sind erregten Phasen der Verwirrtheitspsychose vergleichbar, doch meist schon viel paralogischer.

In mehreren meiner Fälle fiel mir in akuten Schüben eine große *Einförmigkeit der sprachlichen* Äußerungen auf. Die gleichen Worte konnten in verschiedenen, meist sinnlosen Verbindungen immer wieder erscheinen. Ich dachte erst an eine Mischung mit dem Bild der periodischen Katatonie, bei der Iterationen häufig sind, es scheint aber doch, daß eine Einförmigkeit bis fast zur Verbigeration ein eignes Symptom der Kataphasie darstellen kann. Vielleicht sind hier Denkerregung und Denkhemmung in irgendeiner Form vermischt. Die Kranken, die ich im Auge habe, boten sonst nichts Katatones.

Wenn die Verworrenheit Ausdruck eines akuten Schubes ist, dann sind die Kranken auch zu keiner zusammenhängenden Tätigkeit fähig. Im Defektzustand dagegen benehmen sie sich trotz ihres verworrenen Sprechens geordnet und führen Tätigkeiten, die man ihnen gibt, verständig aus. Man darf den Kontrast aber auch nicht zu groß sehen, es sind doch nur einfache Arbeiten, die man den Patienten gibt. Sie können auch im Handeln manchmal unlogisch werden. Einer meiner Kranken, den ich im Kolleg vorstellen wollte, handelte gar nicht situationsgerecht, sondern legte sich unerwarteterweise auf den Fußboden des Hörsaals. Ein anderes Mal zog er sich im Untersuchungszimmer nackt aus, obwohl er nach der ganzen Situation hätte merken müssen, daß eine körperliche Untersuchung gar nicht vorgesehen war. Man muß das relativ verständige Handeln zu einer anderen Tatsache, die ebenfalls sehr wesentlich zur Kataphasie gehört, in Parallele setzen. Die Patienten können aus konkreten Sachverhalten heraus auch viel geordneter sprechen, als sie in ihrer freien Rede tun. Wenn sie von Tagesereignissen etwas mitteilen, geschieht das oft in durchaus korrekter Form. Es scheint, daß das Denken noch einer genügenden Ordnung fähig ist, wenn es konkret durch die unmittelbaren Erlebnisse des Alltags angeregt wird. Man hat hier sogar ein *charakteristisches Merkmal der Kataphasischen Denkstörung* vor sich. Der gleiche Kranke, der eben geordnete Antworten gab, kann gleich darauf fortfahren, völlig verworren zu sprechen.

Von der schwersten Form erregter Kataphasie gibt es alle Übergänge zu leichten und beginnenden Veränderungen. Je nach Grad der Störung kann man kürzere oder längere Gespräche geordnet führen, ehe unlogische Wendungen auftreten. Manchmal deutet sich die Störung im einfachen Gespräch überhaupt nur da und dort in etwas ungewöhnlichen Ausdrucksweisen an. Dann kann man die Erscheinung verdeutlichen, wenn man den Kranken *Intelligenzfragen* stellt, etwa Unterschiedsfragen erklären oder Sprichwörter deuten läßt. Bei solchen Denkaufgaben beginnt die logische Ordnung viel eher zu versagen als bei einfachen Gesprächen. Die Antworten zeigen ferner häufig, daß die intellektuelle Leistung an sich richtig in Gang kam, d. h. man erkennt aus den Antworten, daß die Lösung innerlich vorschwebte, aber es finden sich doch gleichzeitig Entgleisungen in eine falsche Richtung. Manchmal hat man hier auch wirklich den Eindruck, daß das Denken erst in der sprachlichen Formulierung entgleist sei.

Man sollte diese *psychisch-experimentelle Prüfung*, die man nicht fälschlicherweise als Intelligenzprüfung auffassen darf, bei keinem Verdacht auf eine endogene Psychose unterlassen, denn es ist bei allen Formen wichtig, festzustellen, ob eine formale Denkstörung vorliegt und welcher Art sie ist. Ich habe mir ein festes Schema gebildet und gebe in jedem Fall: Sechs Unterschiedsfragen mit konkreten Begriffen (Kiste/Korb, Treppe/Leiter, Bach/Teich, Berg/Gebirge, Baum/Strauch, Kind/Zwerg), drei Unterschiedsfragen mit abstrakten Begriffen (Irrtum/Lüge, geizig/sparsam, borgen/schenken), sechs Produktivitätsfragen mit Satzbildung aus drei Begriffen (Kind/Wiese/Blumen, Acker/Jäger/Hase, Sonne/Vorhang/Zimmer, Reiter/Pferd/Graben, Auto/Kurve/Baum, Bauer/Ernte/Regen), sowie sieben Sprichwörter. Wenn der Patient die letzteren noch nicht gehört hat, schadet es nichts, ein Gesunder wird sich in diesem Fall trotzdem vernünftige Gedanken dazu machen oder aber einfach erklären, er könne keine Bedeutung angeben. Ähnliches gilt, wenn ein Patient eine Frage aus Intelligenzmangel nicht beantworten kann. Bei einer formalen Denkstörung werden dagegen unlogische Gedanken geäußert.

Es seien einige Antworten wiedergegeben, bei denen sich durch die experimentelle Prüfung eine schwere Störung mit Wortverwechslungen, Wortentstellungen, Wortneubildungen und einem grammatikalischen Zerfall besonders schön demonstrieren ließ:

(Kiste und Korb) „Haben beide andere Eigenschaften in ihrer Fertigkeit“. (Treppe und Leiter) „Die muß man stellen auf die Vorhaben“. (Bach und Teich) „Der Bach hat einen Ausläufer“. (Baum und Strauch) „Der Ausgang von Baum und Strauch ist der gleiche“. Anderer Patient: „Strauch ist ein ‘gestäudetes’ Gewächs, ein in sich verschlossenes Gewächs“. (Kind und Zwerg) „Ein Zwerg ist ein stabiler Faktor, ein Kind ist ein nachgiebiger Faktor“. (Sparsam und geizig) „Ein Sparsamer ist ein ‘friedlichgehender’ Mensch, und geizig ein ‘falschansehende’ Manier.“ Dazu sagte der vorige Patient: „Geiziger Mensch ist ein raffinierter, sparsamer Mensch ist ein ‘genügender’ Mensch“. Zum Sprichwort „Der Apfel fällt nicht weit vom Stamm“ sagt der eine: „Abblenden des Apfels, daß er nicht in andere Menschen gelangt, ohne zu kaufen oder zu erwerben“. Der andere: „Zum Menschen kommt die Erblichkeit von Vater und Mutter, fällt auch nicht weit ab“. — Die Antworten eines dritten Patienten sind mit ihren kurzen Formulierungen, in denen man trotz der sprachlichen Auffälligkeit eine gedanklich brauchbare Lösung erkennt, besonders eindrucksvoll: (Kiste und Korb) „Kiste ist ein rechtwinkliger Bestand.“ (Treppe und Leiter) „Treppe ist ein Freigang“. (Bach und Teich) „Teich ist ein Stillstand“. (Berg und Gebirge) „Berg ist ein einmaliger Aufstieg“. (Irrtum und Lüge) „Irrtum ist materialdeckend“. Hier schwebt dem Patienten wohl der Gedanke vor, daß beim Irrtum im Gegensatz zur Lüge etwas verdeckt, das heißt unbekannt ist.

Tritt die Kataphasie in Gestalt der *Denkhemmung* auf, dann versiegen die sprachlichen Äußerungen mehr und mehr, so daß jetzt auch keine gedanklichen Entgleisungen mehr festgestellt werden können. Liegt eine schwer gehemmte Form der Kataphasie vor, dann sprechen die Kranken überhaupt nichts mehr. Die Diagnose und Differentialdiagnose wird dann recht schwierig, es ist jetzt vor allem gegenüber dem ratlosen Stupor der Verwirrtheitspsychose die Abgrenzung zu treffen.

Im Vordergrund steht wie dort der *Mutismus*, während einfache Reaktivbewegungen erhalten sind. Der Gesichtsausdruck der Kranken zeigt aber nicht nur die Ratlosigkeit der gehemmten Verwirrtheitspsychose, sondern es ist zugleich eine Leere oder auch *Stumpfheit des Ausdrucks* erkennbar. Die Kranken verfolgen die Vorgänge der Umgebung nicht mit innerer Unsicherheit, einem inneren Fragen, sondern verfolgen sie meist gar nicht, sind stumpf und auf sich zurückgezogen. Andererseits fiel mir öfter eine Zuwendung auf, die nicht sinnvoll erschien, sondern etwas Zwanghaftes an sich hatte. Wenn man die Kranken ansprach, begannen sie, statt eine Antwort zu geben, den *Untersucher zu fixieren.* Trat ich zur Seite, dann folgten sie mit ihrem Blick. Fixierte ich sie nun meinerseits, so änderte sich ihre Haltung nicht, wir fixierten uns gegenseitig. Mehrere zeigten dabei eine Miene der Art, daß die Brauen zusammengezogen wurden, das heißt, eine Miene, die der Mensch einnimmt, wenn er sich innerlich intensiv auf etwas besinnen möchte. Manche Kranke hatten diesen mimischen Ausdruck als Dauerhaltung. Wahrscheinlich ist er eine Folge der Denkhemmung, die den Patienten zu einer verstärkten gedanklichen Anstrengung veranlaßt. Das Leere und Stumpfe im Ausdruck bleibt bei diesen Patienten trotzdem erhalten, da er so gleichförmig ohne Modulation verharrt. Ein wirkliches Nachdenken ist also wohl nicht mehr vorhanden.

Etwas Katatones haben die Kranken trotz ihres stummen Verhaltens nicht. Die Psychomotorik im engeren Sinne ist nicht verändert, die Patienten bewegen sich nur langsam. Wie der Mutismus der gehemmten Verwirrtheitspsychose nicht der Akinese der Motilitätspsychose entspricht, so stellt auch der Mutismus der Kataphasie keinen katatonen Stupor dar.

Daß auch in diesem Zustand nicht nur eine Hemmung, sondern auch eine logische Störung des Denkens besteht, kann man erweisen, wenn die stuporösen Kranken doch einmal einige Worte sagen, die dann völlig unverständlich sein können. Besonders eindrucksvoll für die Denkstörung im Stupor war mir eine Kranke, die ich jahrelang beobachten konnte. Sie entwickelte zeitweise einen Rededrang, in welchem sie völlig unverständlich war, und verhielt sich zu anderen Zeiten stuporös mit dem charakteristischen stumpfen Ausdruck der gehemmten Kataphasie. Aus dem Mutismus heraus gab sie aber oft unerwartet einige völlig verworrene Äußerungen von sich. Man konnte sehen, daß die Denkstörung im Stupor fortbestand.

Wenn ich erregte und gehemmte Zustände der Kataphasie getrennt beschreibe, so gebe ich damit Bilder wieder, die man häufig beobachtet. Als den einfachen *Defektzustand* muß man aber eine Gestaltung auffassen, die in der Mitte steht, bei der weder Rededrang noch Wortarmut vorhanden ist, und doch die Denk- und Sprachstörung das Bild beherrscht.

Die *Affektivität* erscheint, wenn man sich mit den Patienten über Gleichgültiges unterhält, zunächst gut erhalten. Sie sind meist freundlich, aufgeschlossen und richten ihre Reden gerne an die Personen ihrer Umgebung. Aber diese freie Haltung täuscht darüber hinweg, daß ihnen tiefere Gefühlsregungen fehlen. Manchmal kann man schon auf Grund ihrer zufrieden-flachen Zuwendung den Verdacht auf eine Kataphasie haben, obwohl man noch nicht auf die Denk- und Sprachstörung gestoßen ist, die ja nicht gleich bei den ersten Worten hervorzutreten braucht. Durch diese Gleichmütigkeit unterscheiden sich die Kataphasiker eindrucksvoll von den affektvollen Paraphrenen, bei denen man, auch wenn keine Gereiztheit besteht, doch eine gewisse affektive Gespanntheit erkennt. Die heitere Grundstimmung ist nicht in allen Fällen zu finden, auch ein mehr mißmutiges Verhalten kommt vor. Die Flachheit ist auch dann vorhanden. Überdies gilt die freundlich-zufriedene Zuwendung nur für die mehr erregten Formen von Kataphasie.

Die *Aktivität* ist bei den mehr erregten Formen meist gut. Die Kranken lassen sich nicht nur zur Arbeit anstellen, sondern suchen sich auch von sich aus Beschäftigung. Je mehr sich aber das Bild nach dem gehemmten Zustand hin verschiebt, je mehr eine Wortarmut an die Stelle der Gesprächigkeit tritt, desto mehr stumpft neben der Affektivität auch die Aktivität ab.

Für die gehemmten Stadien der Kataphasie sind *Beziehungsideen* charakteristisch, die hier wohl eine ähnliche Grundlage haben wie bei der gehemmten Verwirrtheitspsychose, deren „bösartige Verwandte" die Kataphasie ja ist. Wenn Beziehungsideen lange Zeit im Vordergrund einer Psychose stehen, hat man nicht nur an die affektvolle Paraphrenie zu denken. Wenn diese Ideen bei der Kataphasie im ganzen doch viel seltener sind als bei der affektvollen Paraphrenie, so liegt das wohl an der Flachheit des Affekts, die der Ideenbildung entgegensteht.

Bei der erregten Form der Kataphasie kann man *Konfabulationen* finden, die meist eine expansive Note haben. Die Kranken können berichten, daß sie die Welt weithin bereist haben, vieles Sensationelle erlebt haben, hoher Abstammung sind, als Kinder vertauscht worden sind usw. Ein Patient hat schon im ersten Weltkrieg mit Atomflugzeugen gekämpft, hat die Amerikaner aus dem Mittelmeer vertrieben und dann in Afrika Baumwolle angebaut. Ein anderer rühmte sich, er sei einmal wie Jesus eine halbe Stunde lang auf dem See Genezareth spazieren gegangen. Man braucht nicht daran zu denken, daß es sich um eine Überschneidung mit der Wahnbildung affektvoller Paraphrener handeln könnte. Man findet die Konfabulationen nur bei lebhaft-heiteren Kataphasikern, die gar nichts Gespanntes an sich haben. Sie entstehen wahrscheinlich dadurch, daß in dem erregten und verworrenen Denken Phantasien auftauchen, die mit einem heiteren bis ekstatischen Affekt festgehalten werden.

Die charakteristischen Bilder der Kataphasie können wieder durch Züge der anderen unsystematischen Schizophrenien und ebenfalls der zykloiden Psychosen eine besondere Färbung erhalten. Echt *katatone Symptome* in Form einer parakinetischen Bewegungsunruhe und auch in Form akinetischer Zustände mit Starrheit kommen vor. *Affektive Schwankungen* im Sinne der Angst-Glücks-Psychose bzw. der affektvollen Paraphrenie, also Angst und Ekstase, mit entsprechender Ideenbildung sind im Beginn sogar recht häufig.

Der *Verlauf* ist bei der Kataphasie ähnlich wie bei der affektvollen Paraphrenie. Schleichend-progressive wie remittierende Fälle sind häufig. Remissionen, in denen die Kranken wieder berufsfähig sind, sind nicht selten. — Zur Veranschaulichung gebe ich zunächst ein Stenogramm wieder, das ich bei einem erregten Kataphasiker aufnahm. Es gibt höchste Grade gedanklicher und sprachlicher, vor allem grammatikalischer Störung wieder. Das Wort „Diktator" im ersten Satz kam dadurch zustande, daß ich den Patienten aufgefordert hatte, zu diktieren:

„Ich will nicht immer den Diktator spielen, ich war schon das dritte Mal entlassen in der Höchster Farbwerke, gab auch Speisekarte zurück, die nicht vergütet wurde. Ich sehe viel Geld und gehe danach. Wegen Hochwerkvermögen war er gut, hat zwei Scheine gehabt. Westdeutscher verlangt 100 Millionen Mark, Ziegeleibesitzer. Meister Luzius müssen wir hier zahlen, wir verlieren oft. Da wäre Trennung. Das Vermögen, das fremde Vermögen hoch verliert, frage nur Druckerei Wagner, zehn Pfennig klein und 30 Jahre vielleicht. Zwei Abonnenten geht sehr schwer. Ich habe Herren hier, reinrassige, Wolf bei der Ausstellung, verliert das Hausgeld. Die Prüfung wegen Rasse und Frauenhand wäre auch ein Herrentier. Ich bin jetzt im Hause ein Jahr lang links und rechts geimpft und wer kein Menschenfresser ist, ist über 30 Jahre. Aber das ist oft anders, wenn er schwach genährt ist, sind andere Leute unzufrieden. Ich wüßte jetzt auch nicht, was los ist. Ich meine, um 4 Uhr gibt es schließlich Pellkartoffel statt Brot. Ich habe gesagt, wenn ich hinstelle und wir brauchen es, dann weiß ich, wo es ruht. Kann so nicht den anderen Topf dienen, meint er, Arnold heißt er (Mitkranker, der in der Spülküche arbeitet). Ich könnte mal gar keine Aussage machen, also daß es noch mal sechs Wochen hier ist und einen Fluchtversuch, also er wäre drei Wochen hier, das wäre doch Zeit. Das ist nur, daß er hier Wohnung hat. In der Höchster Farbwerke sind die Leute hereingefallen, er hat schlechte Betten oder hohe Maschinen. Wer viel reist, wird immer dümmer. So ist es. Einen Schein auf der Höhe wollen viele Leute nicht. Ich mache mir auch nichts aus der Goldmark auf der Höhe. Vier Milliarden Goldmark als Kriegsminister, zu zwei und drei reicht es nicht. Wenn es gekauft sein muß, einer doch die Höhe. Ja, ich weiß nicht, um was es hier, da weiß ich gar nicht was, mit wem ich hier bin. Die Hakenkreuzregierung hat Rotekreuzware. Der war Bettler, der braucht nicht die Führung wagen. Ich meine, der hat auch sein Notizbuch, hat seine Schreibereien gemacht. Der hat der 16. Revier festgehalten, die haben auch Napoleon sein Schild eingenommen, die Flaschenbierhandlung Brauereifüllung Blum. Klein und groß auch gegen hohe Menschen. Leute haben schlechte Tiere, auf der Straße. Das ist oft, der eine heißt, es geht um Arnold. Der Luther hat erlaubt, er darf im Schlafsaal schlafen. Wenn die Augen geschlossen wären gegen höhere Leute. Brauchen Sie drei hohe Maschinen zur Ruhe, denn ist besetzt. Ich habe immer gesagt, wenn zwei hohe Maschinen sind, kann ich meine Einstellung haben. Nein, es müßte darauf sein. Ich bekam gleich ein Bad und ging nicht nackt davor. Sie wollen oft Tiere wegen Badetier. Frottierhandtücher sind es oft. Das Tier lebt mit. Das ist der Spruch, daß er frei kommt.“ (Wen meinen Sie?) „Der Hund der krank ist und wird auch operiert. So einen Hundefraß erwärmen, geht auch schwer.“

Drei kranke Brüder boten in verschiedener Verteilung alle wesentlichen Symptome der Kataphasie, eine schwere Verworrenheit, andererseits Stuporen, ferner in akuten Schüben ängstliche Zustände mit Beziehungsideen und ekstatische Zustände mit Glücksideen. Konfabulationen deuten sich wenigstens an.

Fall 54. Johannes Vog, geboren 1880, erkrankte 1924 und kam in die Frankfurter Klinik. Er war sehr ängstlich, dazu ratlos. Alles kam ihm verändert vor, die Leute hatten komische Augen, man redete über ihn und sah nach ihm, schrieb in der Zeitung von ihm. Er fühlte sich auch beeinflußt und hypnotisiert. Zeitweise war er sehr ängstlich, jammerte und rang die Hände. Er wurde nach acht Monaten entlassen, kam aber bald wieder und war weiter ratlos und ängstlich. Er hörte jetzt auch viel Stimmen: „Zwei Stimmen streiten sich um meinen Kopf.“ Er jammerte einförmig und erklärte einmal, er komme sich selbst wie der Mittelpunkt der Welt vor. Er war oft verworren in seinen Äußerungen, z. B. erklärte er: „Ach, Herr Professor, ich habe ja nur eine Sache auf ihrem Mittelpunkt, das wäre ich und meine Familie.“ Auch bei der experimentellen Prüfung gab er abwegige Antworten. (Wer anderen eine Grube gräbt ...?) „Das ist etwas, da möchte ich sagen, da haben eben doppelte Kräfte mitgespielt.“ Er kam in die Anstalt H., war auch dort ratlos und tat verworrene Äußerungen. Er entwich 1926 und kam wieder in die Frankfurter Klinik. Es kam ihm auch jetzt noch alles merkwürdig vor. Er sprach von Andeutungen und Anspielungen, hatte Beziehungsideen und hörte Stimmen. In der Anstalt verlegt, entwich er wieder, kam neuerdings in die Frankfurter Klinik und war jetzt sehr verworren. Er fühlte sich am Körper beeinflußt, hörte Stimmen und erklärte: „Auf meinen Wink hat die Welt still gestanden. Ich habe den Regen aufgehalten.“ In der Anstalt wird in den folgenden Jahren immer wieder beschrieben, daß er mit Gestikulieren und in heiterer Stimmung ein völlig verworrenes Gerede vorbringt. Zum Beispiel äußerte er einmal 1935: „Nein, ich begreife, daß es sofort in Ordnung kommt, wenn ich draußen bin, daß die Familie sofort der Begriff aller Begriffe ist. In Treue fest, sagt man. Es ist mir gesagt worden, das wäre der Trick von dem Theaterfreund, von dem Caruso.“ Trotz dieser Verworrenheit beschäftigte er sich ordentlich im Anstaltsbereich. Als ich ihn 1939 zusammen mit Meyer nachuntersuchte, wandte er sich uns mit lebhaften Mienen und Gesten zu und sprach, als ob er etwas Wichtiges zu sagen hätte. Tatsächlich war nichts zu verstehen. (Warum hier?) „Von der Pflegerin ist es wohl verlangt worden, sie konnten sich nicht mehr helfen vor Irrtum um die neue Weltordnung, die Tiere waren alle verhext. Wir wollen uns mit neuen Monaten preisen.“ (Was bedeutet das?) „Auf Privatsache, Vernunftehe, Familie, rechts kriegen unsere Geschichten.“ (Was soll das?) „Denken und Sein, Sein oder Nichtsein, ... Walter Hauch, den haben sie geulkt, so Aberulk. Alphabetisch sagt man, 25, 172. Mit ‚D‘ haben sie es nicht so. Die haben sich mit dem ‚D‘ gemacht, sie hätten sich auflösen müssen, Das Gründ, das Getreide, der Frühling. Die Flieger ulken sich immer ...“ (Kiste und Korb?) „Rund und viereckig, es gibt auch lange, hohe Wäschekörbe, das sind die Witze von Flaschenkorbsekt.“ (Baum und Strauch?) „Der Baum ist praktischer als der Strauch.“ (Kind und Zwerg?) „Das ist so ein stummer Vergleich, das sind, die sich bestaunen, d. i. die Intelligenz von Denken und Sein“. (Not bricht Eisen?) „Das sind ungeordnete Sachen, das war, glaube ich, die Pferdezucht und Kuh und Schweinen, die waren alle nicht in Ordnung.“

Ein *Bruder* Jakob Vog, geboren 1878, erkrankte 1912 und kam in die Anstalt K. Er äußerte Größenideen, nannte sich Hauptmann und Rittergutsbesitzer. Er war meist heiter, dazwischen aber gereizt. Die Größenideen hielten die folgenden Jahre an, auch die Verstimmungszustände. Der Kranke beschäftigte sich aber fleißig im Anstaltsbereich. Gelegentlich kam es zu verkehrten Handlungen. So entfernte er sich einmal von der Anstalt und wollte Kühe und ein Pferd einkaufen. Außerdem wird von „verschrobenen Reden“ gesprochen. Seit 1918 treten keine Stimmungsschwankungen mehr auf, die Größenideen halten an. 1922 heißt es, er bringe seine Ideen in ganz verworrener Form vor. 1923 wollte er einem Bauern einen Hund abkaufen. 1924 heißt es, eine Verständigung mit dem Kranken sei nicht möglich, er antworte kaum auf einfachste Fragen richtig, oft bringe er ganz bizarre Sachen vor. Es werden in den folgenden Jahren gelegentlich wieder gereizte Verstimmungen genannt. Meist war er aber „harmlos zufrieden“, aber ganz verworren. 1930 wird er „leicht manisch“ genannt, „schwatzt viel Unsinn und läßt zuweilen Größenideen durchblicken“. Von Stimmen ist öfter die Rede. Einmal war aus seinen verworrenen Äußerungen zu entnehmen, daß er die Pferde des Gutshofes für die seinen hielt. Er änderte sich die folgenden Jahre nicht mehr, blieb fleißig, aber zugleich so verworren, daß eine Verständigung unmöglich war.

Ein *zweiter Bruder*, Heinrich Vog, geboren 1893, erkrankte 1921, wurde ekstatisch, behauptete, ein Engel sei ihm erschienen, die sündige Welt solle sich bekehren. Gott werde Deutschland zum Siege führen. Er kam in die Anstalt K. und erklärte hier, es seinen vier Drachen zu Hause, die müsse er erstechen. Er wird manisch genannt, mit Verwirrtsheits- und Erregungszuständen. Dann folgte ein depressiver Zustand mit Hemmung, die sich zum Stupor vertiefte. Nach einigen Wochen folgte wieder eine Erregung mit religiösen Visionen und Verworrenheit. Auch Stimmen von der Decke her wurden angegeben. Nachdem die Verworrenheit so angestiegen war, daß keinerlei Verständigung mehr erfolgen konnte, kam es bald wieder zum Stupor. Weiter wechselte der Zustand ständig, die Phasen dauerten Wochen bis Monate, oft kam es aber dazwischen auch tageweise zu einem Umschlag. Auf der Höhe des Stupors lag der Patient regungslos im Bett, sprach kein Wort, sah starr vor sich hin. Nachher erzählte er gelegentlich von ekstatischen Erlebnissen, die er im Stupor gehabt hatte, etwa daß Gott ihm erschienen sei. Sonst wird das Ekstatische seit 1925 kaum noch genannt, die Erregungen gingen immer mit starker Verworrenheit einher, 1926 werden sie einmal „leicht manisch“ genannt. Die Stimmung war nicht mehr ekstatisch, sondern freundlich-heiter. Einmal lächelte er auch im Stupor vor sich hin. Seit 1928 ist von katatonen Erregungen die Rede, doch wird auch jetzt noch die starke Verworrenheit hervorgehoben. 1928 waren noch einmal Erlöserideen aus den verworrenen Worten herauszuhören. Seit etwa 1931 wurde Vog in der Erregung auch öfter gewalttätig. Im Stupor traten negativistische Erscheinungen hervor. Etwa von dieser Zeit an führte er auch in ruhigen Zeiten verwirrte Reden. Erregte und gehemmte Zeiten waren jetzt nicht mehr so scharf voneinander zu trennen, beide nahmen weniger hohe Grade an, doch erschien Vog nun zunehmend stumpf. Seit 1937 grimassierte er im Stupor und zupfte an sich herum. Seine verworrenen Reden erfolgten jetzt auch in Form von Selbstgesprächen. Die folgenden Jahre war er dann immer stumpf, unzugänglich, ablehnend, murmelte gelegentlich für sich und war oft kurze Zeit laut und störend, mehr in Form impulsiver Erregungen als in Form länger dauernder Phasen. Stuporzustände waren noch erkennbar, sie hatten jetzt ausgesprochen akinetischen Charakter. Der Kranke lag z. B. mit abgehobenem Kopf im Bett und grimassierte. Er wird jetzt immer kataton genannt.

Der Proband war hier ein erregter Kataphasiker. Für seinen Bruder Jakob gilt dies im wesentlichen ebenfalls. Größenideen traten hier im Beginn hervor. In diesen Ideen und in seiner Geschwätzigkeit wirkte er manchmal auch, wie es heißt, „leicht manisch“. Einen Zug der Angst-Glücks-Psychose erkennt man bei dem Bruder Heinrich, der im Beginn ekstatisch war. Auch er wird mehrmals manisch genannt. In seiner weiteren Krankheit wechselte er viel stärker als seine Brüder. Er war in seinen Erregungen verworren, seine Hemmungen gingen bis zum Stupor. Während man hier eine Kataphasie mit periodischem Verlauf annehmen kann, scheinen am Schluß echte katatone Züge vorhanden gewesen zu sein, da er mit abgehobenem Kopf dalag und grimassierte. Es scheint eine Überschneidung zweier unsystematischer Schizophrenien vorgelegen zu haben, in dem sich katatone Zeichen über eine gehemmte Kataphasie lagerten.

Die Konfabulationen, die bei den drei geschilderten Brüdern nicht sehr deutlich waren, traten bei dem folgenden Patienten deutlich hervor.

Fall 55. Adolf Roth, geboren 1880, hatte wahrscheinlich schon früher abnorme Zustände mit Beziehungsideen. Ernster erkrankte er 1930, sah Gott in einer Wolke. „Seit dieser Zeit war ich allwissend, ich wußte, wie Vulkane entstehen, konnte die Unglücksfälle voraussagen, Überschwemmungen, Naturkatastrophen. Weil ich nun allwissend wurde durch den Odem Gottes, durch Eingebung, habe ich warnende Briefe in die Welt gesetzt, um Menschen zu warnen.“ Er sprach begeistert von seiner Berufung und nahm die Haltung eines Predigers an. Gedankliche und sprachliche Fehler traten häufig hervor. (Insel?) „Eine Masse, die in Flüssen stehen kann und in stillstehenden Teilchen.“ (Radio?) „Ein Erfund oder Erfindung, die mit dem Naturtrieb in Verbindung steht.“ (Binetbild „Fensterpromenade“.) „Der will wohl einen Spaß machen, will die Weiber in Spaßschreck treiben.“ Er erklärte: „Der Mensch muß wieder in Altmode leben, ohne Eisenbahn, wie zu Christi Zeiten, aber das kann nicht sein durch die Erfunde von Elektrizität.“ Er wurde in die Anstalt H. verlegt. Hier sprach er weiter verworren mit Wortneubildungen. Die gehobene Stimmung hielt zunächst an, nach einigen Monaten trat dann ein leicht depressiver Zustand mit Hemmung ein, der bald vorüberging. 1936 wechselte er, war teils guter Stimmung, teils mißmutig. Während er seine Ideen korrigierte, blieb die Denkstörung bestehen. (Lügen haben kurze Beine?) „Lügen sind so Sachen, die nichts Vollkommenes herstellen und nehmen an, daß die Wahrheit etwas Vollkommenes beiführen kann, als Lügen mit kurzen Beinen. Das ist nichts Halbes und nichts Ganzes, durch die Wahrheit gibts keine kurzen Beine. Durch die Wahrheit kann's aber auch kurze Beine geben. Ich kann nicht so denken, erst später fällt mir alles ein.“ Er entwich und kam wieder in die Frankfurter Klinik. Er berichtete von nächtlichen Visionen und Stimmen und wurde wieder in die Anstalt H. verlegt. Er entwich dort wieder und wechselte infolge weiterer Entweichungen öfter zwischen der Klinik und Anstalt hin und her. Teils war er gedrückt und äußerte Beziehungsideen, teils ekstatisch. 1937 nennt er in einem Fragebogen als seine Eigenschaften: „Speziell Flieger- und Zeppelinspielwarenhersteller, durch selbständig.“ In einem Brief will er „im Fliegenmacher nicht als ein Kurpfuscher, sondern als geschickvoller Mann angesehen werden.“ Ferner erklärt er: „Ich bin jetzt im Bedacht zum Entlassen und andere Arbeit zu verrichten als Fliegerarbeit“. Er beschäftigte sich viel mit Erfindungen, fertigte Modelle an, schrieb verworrene Zettel und äußerte seine Größenideen auch in ruhigen Zeiten. 1939 entwich er endgültig aus der Anstalt.

Ein *Vaters-Bruder*, Franz Roth, geboren 1849, war ein Alkoholiker, der zwei alkoholdelirante Zustände durchmachte und in seinen Alkoholismus auch epileptische Anfälle hatte. Nach Alkoholentziehung war er hypomanisch, ging z. B. mit 78 Jahren noch zum Tanzen. Er war von 1905 bis 1931 mit Unterbrechungen in der Anstalt W. Von Zeit zu Zeit trat eine Steigerung seiner Erregtheit ein, so daß man von leichten Manien sprechen konnte. Er war dann ungemein vielgeschäftig, schwatzte, lachte, scherzte und trieb allerlei Schabernack. Dann wieder war er ruhiger und verständiger. Er starb in der Anstalt an Apoplexie.

Man darf vermuten, daß der Bruder des Vaters auch die Anlage zu Kataphasie hatte, die beim Probanden selbst so grob in Erscheinung trat. Dann waren seine manischen

Schwankungen sicher nicht unabhängig davon. Ich äußerte mich oben dahin, daß die zykloiden Psychosen im gewissen Sinne graduell von der manisch-depressiven Krankheit abweichen, d.h. eine tiefer greifende Störung aufweisen. Damit ist es auch in Einklang zu bringen, wenn sogar eine unsystematische Schizophrenie, die ungewöhnlich milde verläuft, wie eine manische Schwankung aussieht. Zwei Brüder Vog wirkten in milderen Zuständen auch manisch.

Bei dem Probanden selbst ging weder der Zustand der Erregung noch der Hemmung sehr tief. Im wesentlichen zeigte sich die Denkstörung anhaltend als das führende Symptom der Kataphasie, so daß der Patient eine Kataphasie schlechthin hatte, d. h. ohne deutliche Erregung und ohne deutliche Hemmung. Eine Neigung zu Konfabulationen bei ekstatischer Grundhaltung kam hinzu.

Zusammenfassung

Die Kataphasie kommt in zwei Gestaltungen vor, einer *erregten* und einer *gehemmten Form.* Die *erregte Kataphasie* ist durch einen verworrenen Rededrang ausgezeichnet, bei welcher in schweren Fällen die sprachlichen Äußerungen unverständlich werden. In ihrem Benehmen sind die Kranken aber meist geordnet, ihre Aktivität ist gut erhalten, die Affektivität dagegen abgeflacht. Im *gehemmten Zustand* ist die Kataphasie bei schweren Fällen durch einen Mutismus ausgezeichnet, bei leichten durch eine Wortkargheit. Die *Denkstörung* der Kataphasie, ihre zentrale Störung, läßt eine Verwandtschaft mit der Störung bei Verwirrtheitspsychose erkennen, geht aber in der Erregung wesentlich über eine einfache Inkohärenz, in der Hemmung wesentlich über eine einfache Denkhemmung hinaus. Man findet bei der erregten Kataphasie eine schwere logische Störung, die betont auch das *sprachliche Element* ergreift und mit Wortverwechslungen, Wortneubildungen und einer mangelnden grammatikalischen Ordnung einhergeht. In der gehemmten Kataphasie stellt man ebenfalls logische Verfehlungen fest, vor allem tritt hier aber die Denkhemmung hervor, die wie bei der Verwirrtheitspsychose zu einer Ratlosigkeit führt. Man erkennt am Mienenspiel aber zugleich eine innere Stumpfheit. Außerdem neigen die Kranken dazu, statt zu antworten, einen fixierenden Blick auf den Untersucher zu richten. In der erregten Kataphasie findet man häufig *Konfabulationen,* in der gehemmten Form *Beziehungsideen.* Neben der erregten und der gehemmten Kataphasie gibt es Fälle, die bei schwerer Denk- und Sprachstörung weder gesprächig noch wortarm sind, also allein das zentrale Defektsymptom der Krankheit zeigen.

Häufig sind der Kataphasie, wie wir es ebenso bei der affektvollen Paraphrenie sahen, Züge der anderen unsystematischen Schizophrenien bzw. der zykloiden Psychosen beigemischt. Recht häufig findet man *ängstliche* und *ekstatische Gefühlsschwankungen.* Der *Verlauf* kann bei der Kataphasie schleichend-progressiv sein, häufiger findet man Remissionen, manchmal sogar eine Periodik.

III. Periodische Katatonie

Die periodische Katatonie, die ich als selbständige Form mit starker Belastung abgegrenzt habe[1], hat mehr noch als die affektvolle Paraphrenie und die Kataphasie mit den vielgestaltigen phasischen Psychosen die *Bipolarität* gemeinsam. Ihre Schübe stellen psychomotorische Erregungen und Hemmungen dar, die häufig im Wechsel auftreten. Man sieht *Hyperkinesen* und *Akinesen* von ähnlicher Art, wie wir sie von der Motilitätspsychose her kennen, man sieht aber auch Bilder, die mehr dem ratlosen Stupor oder der erregten Verwirrtheit gleichen. Seltener sind ängstliche und ekstatische

[1] Leonhard, K.: Zur Unterteilung und Erbbiologie der Schizophrenien. 2. Mitteilung: Kombiniert-systematische und periodische Katatonien. Allg. Z. Psychiat. **121** (1942), 1–35.

Zustände, sie kommen aber auch vor. Es gibt ferner eine Mischung von Symptomen, wie wir sie bisher nicht antrafen. Die zykloiden Psychosen waren in derselben Zeit im gleichen Gebiet immer entweder gehemmt oder erregt, nicht beides zugleich. Wir fanden nie, daß ein Kranker etwa durch seine starre Haltung die Akinese zeigte, gleichzeitig aber eine hyperkinetische Unruhe seiner Extremitäten aufwies. Bei der periodischen Katatonie kann man dagegen Ähnliches häufig beobachten. Von einem Mischzustand darf man bei einem derartigen Auseinanderfallen der Symptome nicht mehr sprechen, vielmehr zeigt sich darin, daß die Störung über das Graduelle hinausgeht. Es handelt sich jetzt nicht mehr um eine Erregung oder Hemmung eines psychischen Gebietes, vielmehr um eine qualitative Veränderung, die zu Erregungs- und Hemmungsvorgängen zugleich führt. Damit deutet sich der zerstörende Prozeß der periodischen Katatonie an, der der Motilitätspsychose trotz mancher sonstiger Ähnlichkeiten fehlt. Es soll aber zugegeben werden, daß Katatonien in ihren ersten Schüben der Motilitätspsychose so ähnlich sein können, daß man sich diagnostisch täuscht.

Wenn keine reine Hyperkinese und keine reine Akinese vorliegt, sondern wenn neben der Vermehrung an Bewegungsimpulsen gleichzeitig in anderer Hinsicht eine Hemmung der Psychomotorik besteht, dann kommt es zu einer *Einförmigkeit*. Kranke, die in ihrer Haltung und ihren Bewegungen etwas Starres an sich haben, also akinetische Züge aufweisen, sind bei gleichzeitigem Bestehen einer Bewegungsunruhe einförmig. Dadurch werden *Stereotypien* und *Iterationen* zu wichtigen Symptomen der periodischen Katatonie.

Die Verbindung hyperkinetischer und akinetischer Symptome kann sich in der Weise zeigen, daß Kranke starr im Bett liegen, aber iterierend mit einem Arm schlagen, daß sie mit starrer Miene und starrer Haltung im Saal stehen und wiegende Bewegungen mit dem Oberkörper ausführen, daß bei starrer Haltung nur das Gesicht grimassierende Bewegungen macht. Mehr noch nach der Akinese hin verschiebt sich das Bild, wenn nur von Zeit zu Zeit aus der starren Haltung heraus eine bestimmte Bewegung erfolgt, etwa ein kurzes Trippeln. Noch weiter kann die Hyperkinese zurücktreten, indem der Bewegungsimpuls nur noch zu bestimmten Haltungen führt, die nicht mehr gelöst werden. Auf diese Weise kommen *Haltungsstereotypien* zustande, welche für die periodische Katatonie ebenfalls sehr charakteristisch sind.

Ähnlich bezeichnend ist es, wenn sich zur Akinese *Impulshandlungen*, die man häufig auch Triebhandlungen nennt, gesellen. Akinetische Kranke können plötzlich aus dem Bett drängen, durch den Saal laufen, Gegenstände umwerfen, aggressiv werden oder auch nur unvermittelt aufschreien, um gleich darauf wieder in ihre starre Haltung zurückzukehren. Ferner kann sich zur Akinese ein „triebhaftes" Widerstreben gesellen, indem jede Anregung von außen zu einem Gegenimpuls führt. Dieser *Negativismus* ist als Begleiterscheinung einer Akinese ganz besonders charakteristisch für periodische Katatonie. Bei Motilitätspsychosen kommen Gegenspannungen vor, die aus ängstlicher Abwehr entspringen. Die Angst wird man mimisch nicht übersehen, daher keinen Negativismus annehmen.

Bei den bisher geschilderten Bildern stand die Akinese im Vordergrund, hyperkinetische Erscheinungen lagerten sich nur darüber. Es kann aber auch die Hyperkinese ganz überwiegen, dann bestimmen die akinetischen Züge nur die Bewegungsabläufe. Diese bekommen dadurch etwas Steifes, Abgehacktes, sie laufen nicht rasch und graziös ab, sie fließen nicht ineinander über. Das Bewegungsspiel ist demnach jetzt *parakinetisch*. Daß es sich dabei tatsächlich um akinetische Beimengungen handelt, erkennt man daran, daß die Körperstellen, die im Augenblick keine Bewegung zeigen, eine deutliche Starre aufweisen. Wenn sich die Extremitäten bewegen, kann im Augenblick das Gesicht starr sein. Wenn das Gesicht gerade Bewegungen zeigt, können die Arme steif gehalten werden. Wenn sowohl im Gesicht, wie in den Extremitäten Bewegungen ablaufen, kann doch gleichzeitig am Körper eine Starre erkennbar sein.

Zugleich verlieren die Bewegungen den Ausdruckscharakter. Mimische und gestische Bewegungen haben normalerweise, wie ich an anderer Stelle dargestellt habe[1], eine streng festgelegte Form. Jede kleine Abweichung davon zerstört sie. Dementsprechend geht sofort ihr Charakter verloren, wenn die Bewegungen in ihrem inneren Ablauf abgeändert sind. Die Ausdrucksmotorik trägt an sich zur Hyperkinese der periodischen Katatonen bei; grundsätzlich ergreift auch die katatone Hyperkinese die Ausdrucks- und Reaktivmotorik, d. h. die Bewegungsformen, die ohne höheren Willensantrieb zustande kommen, aber der Ausdruck ist wegen des gestörten Ablaufs nicht mehr erkennbar. Bei den Reaktivbewegungen wirkt sich die Störung weniger aus; wenn die Kranken an ihren Betten hantieren, auf Stühle steigen, zur Türe drängen, dann geschieht es zwar auch in dem steifen Bewegungsablauf, aber man erkennt doch noch den reaktiven Charakter der Bewegung. Gesichtsbewegungen dagegen werden inhaltlos, erscheinen also als Grimassen, Armbewegungen, die sich von Gesten ableiten, erscheinen nur noch als unbestimmt ausfahrend. Primitive, schlagende, stoßende, wälzende Bewegungen, die nicht mehr expressiv oder reaktiv sind, können hinzutreten. Zuckungen kommen im Gesicht und sonst am Körper vor und tragen dazu bei, die Motorik parakinetisch zu gestalten.

Sehr merkwürdig war das Zusammentreten hyperkinetischer und akinetischer Symptome bei zwei Kranken. Es kam während der Untersuchung zu einem ständigen Wechsel zwischen den gegensätzlichen Zuständen. Die Patienten saßen kurze Zeit, d. h. einige Minuten lang, starr da und regten sich nicht. Dann gerieten sie, wieder für einige Minuten, in eine grobe Unruhe, in der sie grimassierten, mit vielen Iterationen an ihrem Körper herumgriffen und auch viele Kopf- und Rumpfbewegungen ausführten. Das Bewegungsspiel war grob verzerrt. Es war bei diesen Patienten. als würden sie in enormer Verkürzung akinetische und hyperkinetische Phasen durchmachen.

Die Vermischung bleibt auch im Defektstadium, das sich mit den Schüben zunehmend entwickelt. Man findet neben einer *Antriebsverminderung* doch meist noch eine *Impulsvermehrung* in irgendeiner Form. Am häufigsten bestehen grimassierende Bewegungen, die im Gegensatz zu medikamentösen Hyperkinesen mehr die obere Gesichtshälfte betreffen. Dazu ein Zucken da und dort am Körper. Gelegentlich beobachtet man ein iteratives Greifen und Reiben der Hände. Öfter stellt man ein impulsives Handeln fest. Die Kranken stehen während der Untersuchung plötzlich auf und wenden sich irgend einem Vorgang der Umgebung zu. Ferner neigen manche dazu, impulsiv und unüberlegt zu antworten; sie besinnen sich nicht, sondern sprechen aus, was ihnen gerade in den Sinn kommt. Man wird an ein Vorbeireden erinnert. Man braucht bei solchen zusammenhanglosen Antworten nicht an einen kataphasischen Zug zu denken. Kataphasiker pflegen auf Fragen einzugehen und darüber zu reden, wenn auch oft ganz unklar. Die Katatonen dagegen antworten bei diesem Vorbeireden mit einer sinnlosen Äußerung und schweigen dann. Manchmal wiederholen sie auch einfach ein Wort aus der Frage. Ferner kann eine sprachliche Impulsivität auch in der Weise hervortreten, daß die Kranken unvermittelt Bemerkungen machen, die man nach der Situation nicht erwarten konnte. Dabei geraten sie manchmal sogar etwas ins Erzählen; man erkennt trotzdem ihre Antriebsarmut, da sie so lahm sprechen.

Auf eine impulsive Bereitschaft kann man teilweise auch die plötzlichen Erregungen

[1] LEONHARD, K.: Der menschliche Ausdruck. Barth, Leipzig 1976.

der periodischen Katatonen aus einem ruhigen Verhalten heraus zurückführen. Die schwere *Aggressivität,* die dabei vorkommt, läßt aber außerdem heftige *affektive Spannungen* erkennen. Wir werden die aggressiven Erregungen in ähnlicher Gestalt bei der negativistischen Katatonie der systematischen Gruppe antreffen, dort aber in einem anderen Gesamtbild. Affektive Störungen kommen auch bei der periodischen Katatonie in Form von *Angst* und *Ekstase* vor. Die Angst kann akute Schübe sogar eine Zeitlang ganz beherrschen.

Ein impulsives Reagieren besonderer Art lernte ich erst spät kennen. Periodische Katatone, die sonst mimisch nicht wesentlich auffällig zu sein brauchen, brechen gelegentlich ohne Anlaß oder aus ungenügendem Anlaß in ein *übertriebenes Lachen* aus. Es kann ein lautes Gelächter sein, geht aber häufiger mit nur geringer Lautäußerung einher, dafür um so mehr mit einem übertriebenen Lachen des Gesichts und manchmal einem Verkrampfen des ganzen Körpers. Man kann gelegentlich mit vollem Recht sagen: „Die Kranken biegen sich vor Lachen." Man wird an ein Zwangslachen erinnert. Daher dachte ich anfangs an eine Medikamentenwirkung, mußte mich aber davon überzeugen, daß die Erscheinung auch ohne Medikation vorkommt, ja daß es in abgemilderter Form bei Angehörigen der Kranken, die als gesund gelten, zu beobachten ist. Wir konnten erleben, daß der „gesunde" Vater eines periodischen Katatonen seinen Bericht mit einem ständigen unpassenden Gelächter verband. Ein anderes Mal unterhielten wir uns mit einem Kranken und hörten dabei aus dem Hintergrund ständig das unangebrachte Gelächter seines Bruders, der zwar selbst schon in psychiatrischer Behandlung gewesen war, aber jetzt als gesund galt.

Je mehr Schübe schon abgelaufen sind, desto eindeutiger wird der *Defekt.* Allerdings sind die bleibenden Ausfallserscheinungen bei der periodischen Katatonie oft gering; auch nach vielen Schüben brauchen sie nicht hochgradig zu sein. In manchen Fällen andererseits schreitet die Krankheit zu schweren Ausfällen fort. Akinesen scheinen tiefer zu greifen und schneller einen Defekt zu hinterlassen als Hyperkinesen. Der Zustand von Antriebsarmut, der den Endzustand vor allem auszeichnet, entsteht aber auch aus hyperkinetischen Schüben. Bei den leichtesten Defekten findet man nur eine gewisse *Lahmheit.* Der Antrieb ist vermindert, Bewegungen kommen etwas erschwert in Gang und laufen etwas verlangsamt ab. Die Affektivität ist abgeflacht. Im Denken besteht ebenfalls eine Verlangsamung, dazu wieder häufig die genannte Kurzschlüssigkeit. Von diesen leichten Zuständen gibt es alle Übergänge zu schweren oder sogar schwersten Bildern. Schließlich kann die Antriebsarmut zu einer hochgradigen *Verstumpfung* werden, so daß die Kranken auch zu den primitivsten Verrichtungen angehalten werden müssen. Bei allen Graden des Defekts kann eine *Reizbarkeit* bestehen, die sich nicht an Ideen knüpft wie bei der affektvollen Paraphrenie und daher in ihren Entladungen unberechenbar ist.

Wegen ihrer impulsiven Erregbarkeit mit Aggressivität werden die periodischen Katatonen meist in einer dämpfenden *Dauermedikation* gehalten. Dadurch tritt, wie mir scheint, neben der Antriebsarmut die Affektarmut betont hervor. Mit Verminderung der Initiative geht zwar immer eine gewisse Verflachung der Affektivität einher, aber unter der Medikation erscheint die letztere manchmal besonders aufdringlich. Wenn die Kranken so gleichmütig, ohne Lautstärke, ohne Modulation antworten, können sie an Hebephrene erinnern. Dadurch ist die Differentialdiagnose erschwert, man ist öfter darauf angewiesen, dem Zustandsbild den Verlauf hinzuzufügen. Hier findet man dann keine Verwandtschaft mit einer Hebephrenie, sondern den periodischen Verlauf mit Hyperkinesen und Akinesen, sowie fast immer mit den impulsiven Erregungen, mögen diese unter der Medikation auch milder verlaufen.

In meiner Darstellung habe ich bisher die spezifischen Symptome hervorgehoben, die für die Diagnose ausschlaggebend sind. Oft findet man Abweichungen von diesem Bild. Vor allem in den ersten Schüben, in denen noch keine deutlichen Defekte vorhanden sind, können die hyperkinetischen und akinetischen Schübe den Phasen einer Motilitätspsychose sehr ähnlich sein. Auch Bilder der anderen zykloiden Psychosen, inkohärent-erregte, ratlos-stuporöse, ängstliche, ekstatische Zustände kommen vor. Ferner findet man Züge der Kataphasie und der affektvollen Paraphrenie. Störungen des Denkens, Wahnvorstellungen und Sinnestäuschungen können an diese verwandten Schizophrenien erinnern.

Im folgenden werden einige Frankfurter Fälle angeführt, in deren Familie ein weiterer Fall endogener Psychose vorgekommen ist. Es gab bei ihnen noch keine neuroleptische Behandlung, so daß die Bilder unverfälscht beobachtet werden konnten.

Fall 56. Lina Wei, geboren 1892, wurde 1921 plötzlich erregt, heulte, schrie, tobte, schimpfte, wollte zum Fenster hinausspringen, sang religiöse Lieder und wurde in die Frankfurter Nervenklinik gebracht. Hier lief sie umher, sang unverständliche Silben, nickte taktmäßig mit dem Kopf, drehte an ihrem Haar, klatschte in die Hände, griff nach allem, räumte ihr Bett aus, bohrte ein Loch in die Matratze und legte sich in bizarrer Haltung hinein. Im Bad gestikulierte sie mit Armen und Beinen und stieß stereotype Schimpfworte aus. Antwort gab sie dagegen keine. Im Wechsel mit dieser Erregung wurde sie akinetisch, lag stocksteif da, gab keinen Laut von sich, hielt aber vertrackte Haltungen ein, den Kopf zur Seite und in den Nacken geworfen, die Beine gespreizt, während Finger und Hände spielende Bewegungen ausführten. Nach Erregungen traten immer wieder statuenhafte Haltungen auf, in denen die Patientin teilweise grimassierte. Zeitweise wiederholte sie bei sonst akinetischem Verhalten stundenlang die gleichen Sätze. Sie wurde nach drei Monaten in die Anstalt E. verlegt. Hier war sie impulsiv gewalttägig, dann wieder machte sie „den Eindruck einer manischen Erregung, jedoch mit Verwirrung". Dann wurde sie ruhiger, erschien abgestumpft und wurde entlassen. Zu Hause war sie häufig verstimmt und paranoisch gegen ihren Ehemann. 1928 verstärkte sich ihr Mißtrauen, so daß sie wieder in die Klinik aufgenommen werden mußte. Sie behauptete hier, ihr Mann habe zwei uneheliche Kinder, er sei heimlich mit einer anderen verheiratet, fahre mit ihr im Flugzeug umher. Er habe so einen komischen Geruch nach Wein und Zigarren an sich, dazu Pocken im Gesicht. Die Leute redeten über sie, im Büro des Mannes hätten die Angestellten so komisch tänzelnde Bewegungen gemacht. Sie legte sich während der Untersuchung plötzlich steif und reaktionslos auf die Bank. Sonst war sie wechselnd, teils ratlos ängstlich, teils starr akinetisch, teils angeregt gesprächig. Immer wieder erfolgten ratlose und oft ganz unverständliche Äußerungen: „Alles ist grün von Gift, Grünspan", „jetzt kommt der Kaiserschnitt", „die haben mir mein ganzes Blut ausgesaugt", „da kommt die Königin Luise heraus", „hier brennt schon alles". Sie wurde nach zwei Monaten in die Anstalt E. verlegt. Hier war sie mutistisch und negativistisch, saß steif da, hielt den Kopf gesenkt. Sie machte bei steifer Haltung sonderbare Körperbewegungen und grimassierte. Gegen ärztlichen Rat entlassen, war sie zu Hause die folgenden Jahre wieder streit- und eifersüchtig. 1940 wurde sie neuerdings hochgradig erregt und kam wieder in die Klinik. Hier schimpfte sie mit leierndem Tonfall, äußerte Beziehungsideen. Sie bekam hohes Fieber, das mit einer Angina erklärt wurde. Gleichzeitig wurde sie ganz unzugänglich, lag steif im Bett, rieb aber iterierend an ihrem Bauch und schüttelte andauernd den Kopf hin und her. Sie starb an Kreislaufschwäche. Bei der Sektion fand sich ein subdurales Hämaton, das sie sich wahrscheinlich während ihrer häuslichen Erregung zugezogen hatte

Die *Schwester der Probandin*, Johanna Uff, geboren 1878, begann 1926 Stimmen zu hören, sie habe es mit Hunden und mit ihrem Sohn, sie solle hingerichtet werden. Sie kam in die Frankfurter Nervenklinik und beklagte sich auch hier über die vielen Stimmen. Sie saß regungslos mit ge falteten Händen und offenem Munde da und gab nur zögernd Antwort. Dazwischen war sie ängstlich erregt, weinte, zitterte. Die Klagen über die Stimmen wiederholten sich ständig. Sie wurde nach fünf Wochen in die Anstalt H. verlegt, wo sie mit leiser Stimme jammerte und klagte. Nachdem sie etwas freier geworden war, wurde sie entlassen. Zu Hause kümmerte sie sich nicht um den Haushalt, ließ alles stehen und liegen, verschmutzte und verschlampte völlig. Sie war „stumpf, interesselos und phlegmatisch". Gelegentlich machte sie Verkehrtheiten, verbrannte Sachen, sägte die Verzierungen von den Möbeln ab, hörte auch häufig Stimmen. Sie starb 1936 durch einen Unglücksfall (Sturz aus dem Fenster).

Die angeführten Schwestern zeigen schon, wie vielgestaltig das Bild der periodischen Katatonie sein kann. Die Probandin bot bei ihrer zweiten Aufnahme eine Zeitlang ein Beziehungssyndrom mit allerdings sehr merkwürdigen Ideen. Was sie vor allem als periodisch kataton kennzeichnet, das ist die Vermischung akinetischer und hyperkinetischer Symptome. Sie lag z. B. stocksteif da, nahm aber vertrackte Haltungen ein, oder sie grimassierte oder wiederholte in ihrer Akinese stundenlang die gleichen Sätze. Bei der Hyperkinese im Beginn ließ das Verzerrte der Bewegungen und das Fehlen eines Ausdruckscharakters den Gegensatz zu einer Motilitätspsychose erkennen. Bei ihrer Schwester wies der akinetische Zustand auf die periodische Katatonie hin; eine Zeitlang bot sie aber das Bild einer Angstpsychose, allerdings mit ungewöhnlich vielen Halluzinationen. Schließlich fand sich ein stumpfer Defektzustand im Sinne der periodischen Katatonie. — Bei der folgenden Patientin und ihrer Schwester zeigt sich die Überschneidung der Symptome aus den zwei Polen vor allem durch die impulsiven Erregungen.

Fall 57. Pauline Ha, geboren 1905, war mit 14—15 Jahren schon einmal auffällig, vergaß alles und sprach mit sich selbst. 1923 erkrankte sie wieder, stand herum, ging nicht mehr auf die Straße. Dann wurde sie im Gegenteil überlebhaft und sprach viel. Dann wurde sie neuerdings abnorm still und kam nunmehr (1924) in die Anstalt K. Hier erschien sie sehr zurückhaltend, sprach langsam, stand untätig herum. Dann wurde sie etwas freier und konnte wieder entlassen werden. 1934 anläßlich einer Nachuntersuchung war sie fast stuporös, gab beziehungslos Antworten, 1939 wurde sie erregt, schimpfte auf fremde Leute, die sie im Hause glaubte, erklärte, es rieche nach Windeln. Sie wurde in der Frankfurter Klinik aufgenommen. Hier war sie anfangs gereizt und ablehnend, später starr akinetisch mit einem ängstlichen Zug. Gesprochenes flüsterte sie oft nach. Außerdem schrie sie von Zeit zu Zeit mit schriller Stimme irgend etwas, was stereotyp wiederkehrte, z. B. „Ich gehöre zu meiner Mutter" oder „ich bin nicht dumm". Nach acht Wochen wurde sie etwas freier und konnte entlassen werden. Nach einem Jahr wurde sie zu Hause wieder erregter, schimpfte nachts plötzlich heftig und kam wieder in die Klinik. Hier war sie bewegungsarm, schrie aber immer wieder mit schriller Stimme irgend etwas heraus. Bei Beeinflussungsversuchen widerstrebte sie negativistisch. Sie wurde nach einem Vierteljahr wieder nach Hause geholt. 1944 belästigte sie Personen auf der Straße, wollte angeblich mit ihnen spazieren gehen, wurde daher von einem Herrn in die Klinik gebracht. Hier sprach sie lebhaft, erzählte, sie sei von Herren angesprochen worden. Sie begleitete ihre Reden mit stereotypen Bewegungen der Hände. Bei der Intelligenzprüfung gab sie unlogische Antworten. (Bach und Teich?) „Es gibt einen Kuchenteig und es gibt einen Teich, wo die Enten schwimmen." (Irrtum und Lüge?) „Da kann man eine Urkunde einsehen." (?) „Man braucht nicht zu lügen, man kann die Wahrheit sprechen." (Hunger ist der beste Koch?) „Wenn man noch nicht in der Fremde war, muß man sich daran gewöhnen." (Satz aus Jäger—Hase—Feld!) „Der Jäger schießt den Hasen." (Feld!) „Ich soll drei Worte bilden ..." Kommt nicht weiter, blickt ratlos um sich. Sie war weiterhin teils unruhig, lief im Saal umher, drängte ängstlich nach der Türe, zeigte öfter auch einen verworrenen Rededrang, teils wieder lag sie bewegungsarm im Bett, sprang aber dazwischen unvermittelt heraus, rannte durch den Saal und blieb dann ratlos stehen. Außerdem stieß sie von Zeit zu Zeit ein schrilles Schreien hervor. Sie bekam Durchfall, ging körperlich immer mehr zurück und starb 1945. Eine Sektion konnte nicht durchgeführt werden.

Eine *Schwester*, Elisabeth Ha, geboren 1910, veränderte sich 1931. Sie grübelte viel, glaubte lungenkrank zu sein, vermutete Gift im Essen, behauptete, die Leute auf der Straße grüßten sie merkwürdig, in der Zeitung werde über sie geschrieben. Sie kam 1932 in die Frankfurter Nervenklinik und fand auch hier alles komisch. Es kam ihr so vor, als ob ihr etwas eingegeben würde, als ob man über sie späche. Sie war sehr ratlos: „Ich habe versucht, einen Zusammenhang zu bilden.“ Es kam ihr so vor, als ob der Pfarrer ihr Vater wäre, als wollte er sie „als eigen“ annehmen. Im Büro kamen und gingen die Leute so merkwürdig, alles bezog sich auf sie. Die Schwestern seien drauf aus, sie „in irgend etwas zu schädigen“. Der Arzt sei vielleicht verkleidet. Sie komme sich vor wie ein Mittelpunkt für viele Menschen. Sie war labil in ihrem Affekt, verlangte stereotyp ihre Entlassung. Sie wurde nach vier Wochen wieder nach Hause geholt. Dort saß sie gleichgültig und untätig herum, dann bezog sie wieder alles auf sich und wurde daher 1933 wieder in die Klinik gebracht. Hier sah sie erstaunt um sich. Alles komme ihr komisch vor, ihr Gesicht habe sich verändert, einmal sei es braun, dann wieder weiß, dann wieder abnorm breit, das fühle sie. In allem sah sie eine Bedeutung. Sie war schlaff, gehemmt, dann wieder lief sie planlos im Saal umher. Sie wurde noch ratloser, alles sei ganz anders als früher, der Arzt habe sich verändert, habe andere Augen. Sie hörte jetzt auch Stimmen. Zwei Wochen nach der Aufnahme erfolgte die Verlegung in die Anstalt W. Hier saß sie unbeweglich mit maksenhaftem Gesicht da. Dann sprang sie plötzlich auf und rief: „Ich will ihm gar nicht weh tun.“ Bei der Intelligenzprüfung gab sie abwegige Antworten (Geiz und Sparsamkeit) „Da kann ich Ihnen nur sagen, daß Geiz kürzer ist als Sparsamkeit, nämlich das Wort Geiz.“ 1934 wurde sie erregt, sprang im Saal umher, schlug auf andere Kranke ein, sprach inkohärent. 1935 lag sie meist akinetisch im Bett, war aber dazwischen immer wieder impulsiv erregt, trank aus der Badewanne und Klosettschüssel. Unter Decubitus, Durchfall und Erbrechen starb sie 1935.

Die Probandin war großenteils akinetisch und negativistisch. Vor allem zeigte sie ebenso wie ihre Schwester sehr eindrucksvoll die impulsiven Erregungen aus einem ruhigen Verhalten heraus. Von der Probandin heißt es z. B., sie habe bewegungslos im Bett gelegen, sei aber dazwischen unvermittelt herausgesprungen, durch den Saal gerannt und dann regungslos stehen geblieben. Die Schwester saß unbeweglich mit maskenhaftem Gesicht da, sprang dann aber plötzlich auf und schrie. Bemerkenswert ist ferner die Denkstörung der Probandin. Es läßt sich nicht entscheiden, wie weit sie impulsiv sprach, ohne sich zu besinnen, wie weit ein kataphasischer Zug vorhanden war. Bei der Schwester ist das Beziehungs- und Bedeutungssyndrom sehr auffällig. Man erhält hier die Bestätigung, daß gehemmte Zustände der periodischen Katatonie an das Bild der gehemmten Verwirrtheitspsychose anklingen können. Gegen diese Diagnose sprach aber schon die Tatsache, daß, obwohl die Hemmung gering war, die Ideen sehr reichhaltig hervortraten. — Der folgende Patient zeigt mit seinen vielen kranken Verwandten manche Sondergestaltung, aber doch immer von neuem das Kernsyndrom der Periodischen Katatonie mit der Mischung von akinetischen und hyperkinetischen Erscheinungen. Die Häufung von Krankheitsfällen in der Familie ist charakteristisch für die periodische Katatonie.

Fall 58. Wilhelm Mün, geboren 1898, erkrankte 1915 und zeigte in der Frankfurter Klinik die Manier, den Körper eigenartig zu strecken. Er kam in die Anstalt H. und war hier mehrere Monate erregt, dann wurde er stuporös. 1917 war er geordnet und wurde beurlaubt. 1920 kam er wieder in die Klinik und war hier akinetisch. Er kam wieder nach der Anstalt H. Dort war er gehemmt, schimpfte aber dazwischen. 1921 war er in der Klinik ebenso, 1922 wurde er in der Anstalt freundlich, 1923 wieder stuporös, nahm dabei aber eigenartige Stellungen ein, grimassierte und war unrein. Er erwachte plötzlich aus seinem Stupor, verfiel aber bald wieder in ihn. 1924 war er gehobener Stimmung und streitsüchtig. 1926 starr gehemmt, grimassierte aber und flüsterte vor sich hin. Ähnlich wechselte er auch die folgenden Jahre. Er war teils gehemmt mit Grimassieren und stereotypen Bewegungen, teils ausgeglichen. Seit 1932 hatte er außerdem Erregungen mit verworrenem Rededrang und starkem Halluzinieren. In seinen guten Zeiten blieb er stumpf. 1937, als ich ihn zusammen mit Schwab nachuntersuchte, war er akinetisch, saß nach vorne gebeugt da, hatte leeren Gesichtsausdruck. Er zeigte Flexibilitas cerea mit Haltungsverharren. Trotz dieses akinetischen Zustandes zeigte er einen Radedrang, der sich durch hochgradige Einförmigkeit auszeichnete: „O doch, ja, ja, schöner Garten, gel, gel, hübscher Garten, gel, ja, ach so, ja, ja, ich habs gleich verstanden, ja diktieren, wie der Doktor so ist, auch so, ja, ja, ja, ja, ach so, da stehen auch Namen auf, ja Mün, Willi, ja, ja, richtig, wird das aufgeschrieben, Wille ja oder Willi, ja netter Herr, ja freundlich, ach das wird alles aufgenommen, ja, ja, ja, auch so ja, ja, ja, Willi, Vorname, ja Willi Mün, ja, ja, ja, ja, Willi gel, Willi gel, ja, ja, Willi, ja. Willi, man spricht so gelungen, ja, wenn man so das Leben betrachtet, ja, ja, ach so."

Der *Bruder Adolf Mün*, geboren 1901, glaubte 1919, die Leute sähen ihn sonderbar an, und äußerte Versündigungsideen. Er kam in die Frankfurter Klinik und stand hier jammernd umher. Er wurde nach vier Monaten entlassen, war wieder gesund, nur etwas aufgeregt. 1928 erkrankte er wieder, wurde unruhig, hörte Stimmen. Er kam wieder in die Klinik und zeigte hier einen inkohärenten Rededrang mit Klangassoziationen, aber auch viele sprachlichen Schiefheiten. Dann war er eine Zeitlang stuporös mit Haltungsverharren. In die Anstalt H. verlegt, war er dort 1928 läppisch heiter, gesprächig. 1929 stumpf-blöde, mit Kotschmieren, öfter leicht erregt und verwirrt, 1930 stumpf und unsauber, 1931 ebenso. 1932 zog er anderen Kranken die Betten weg, 1933 war er sehr laut, gewaltätig, zerriß seine Sachen, 1934 verhielt er sich ebenso, 1935 wird er weiter erregt beschrieben und „total verwirrt". Er starb in diesem Jahr an Herzschwäche und Kräfteverfall.

Die *Schwester Anna Mün*, geboren 1899, erkrankte 1918 und kam in die Frankfurter Klinik. Hier war sie erregt, verwirrt, tanzte umher, lachte und weinte durcheinander. Nach fünf Monaten wurde sie entlassen, zeigte zu Hause ein „unberechenbares Benehmen" und bekam ein uneheliches Kind. 1920 wurde sie in die Anstalt K. aufgenommen und wird hier läppisch, ungezogen und stumpf geschildert. Sie wurde in die Anstalt H. verlegt. Hier war sie 1921 stumm, unrein, beschmierte ihr Gesicht mit Kot, zerriß Wäsche. 1922 war sie unter der Bettdecke versteckt, sprang aber plötzlich heraus und stieß die Personen um, die ihr in den Weg traten. Sie zeigte stereotype Haltungen, z. B. linke Hand am Mund. Sie blieb auch 1923 zerstörungssüchtig, unrein und starb an Herzschwäche.

Eine *Mutter-Stiefbruders-Tochter* des Probanden, geboren 1891, war seit 1915 in der Anstalt B. Sie erschein religiös verzückt und sprach nur langsam. Dann wurde sie ängstlich und hörte die Stimme des Teufels. 1916 war sie akinetisch, hatte aber impulsive Erregungen. Die folgenden Jahre wechselte sie dann zwischen solchen vorwiegend akinetischen Zuständen und verworrenen Erregungen. Seit 1928 etwa war sie meist negativistisch, autistisch unter der Decke; dazu unrein und impulsiv erregt.

Ein *Schwester-Sohn* des Probanden, geboren 1915, wurde mißtrauisch, kam in die Frankfurter Klinik und war hier wortkarg, ablehnend, langsam, lahm, affektarm. Früher soll er im Gegenteil etwas obenhinaus gewollt haben. Er wurde wieder entlassen. Die depressiven Erscheinungen klangen ab, dagegen blieb er, wie sich bei einer Begutachtung drei Jahre später ergab, antriebsarm und affektiv abgeflacht.

Hier bot der Proband alle Symptome, die man bei einer periodischen Katatonie erwarten kann. In einem periodischen Verlauf war er meist akinetisch und hyperkinetisch zugleich. Von besonderem Interesse sind seine sprachlichen Einförmigkeiten. In stereotyper oder iterativer Weise wurden ganz sinnlose Worte aneinandergereiht. Großenteils handelte es sich um Füllwörter, die erkennen lassen, daß keine Inhalte zur Verfügung standen. Es lag sichtlich eine sprachliche Impulsivität trotz der sonstigen Akinese vor. Beim Probanden wie beim Bruder klangen die Erregungen teilweise an Verwirrtheitspsychosen an. Die Schwester bot besonders schwere Zustände mit Negativismus, aggressiven Erregungen, Zerstörungen, gröbster Unsauberkeit. Alle drei wie auch die Kusine schritten zu stumpfen Zuständen fort. Dagegen hatte der Neffe des Probanden nur einen lahmen Defektzustand, der allerdings schon nach dem ersten äußerlich nur leichten Schub ausgeprägt war.

Damit habe ich die *periodische Katatonie* nach Symptombild und Verlauf dargestellt. Bestehen im Symptombild gewisse Beziehungen zwischen ihr und der Motilitätspsychose, so ist dagegen keine Verwandtschaft zwischen der periodischen Katatonie und den *systematischen Formen* von Katatonie vorhanden. Das wird sich zwar erst mit voller

Klarheit zeigen, wenn ich die systematischen Formen dargestellt habe, doch ist schon die Beschreibung der periodischen Katatonie selbst und ihres Sippenbildes in dieser Beziehung aufschlußreich. Immer von neuem finden wir den periodischen Verlauf, immer von neuem sehen wir den Ausschlag nach den zwei Polen hin, meist in akuten und heftigen Krankheitsanfällen. Fast nie tauchte ein Bild auf, das an eine schleichende Schizophrenie denken ließ. *Es gibt hier keine Übergänge.* Es ist daher bedauerlich, daß die periodische Katatonie ebenso wie die affektvolle Paraphrenie und Kataphasie mit den systematischen Formen unter dem Begriff der Schizophrenie zusammengefaßt wird. Wenn man die genauere Diagnose stellt, dann wird sich der zusammenfassende Begriff Schizophrenie mehr und mehr erübrigen. Die Abgrenzung der periodischen Katatonie gegen andere Schizophrenien wird noch besonders dadurch erleichtert, daß die Belastung dieser Psychose ungewöhnlich hoch ist. Schon diese Tatsache zeigt ihre Sonderstellung, wie wir bei den statistischen Feststellungen noch genauer sehen werden.

Zusammenfassung

Die periodische Katatonie verläuft in hyperkinetischen und akinetischen Zuständen. Selten sind diese aber in reiner Form gegeben, vielmehr sind meist Symptome, die dem anderen Pol angehören, beigemischt. Die Hyperkinese bekommt durch Beimengung akinetischer Züge eine gewisse Starrheit. Die Bewegungen laufen steif und ruckartig ab, die natürliche Harmonie geht verloren. Durch diese Abänderung der Abläufe geht großeneils auch der Sinn, der ihnen ursprünglich zugrunde liegt, verloren. *Reaktivbewegungen* sind teilweise nicht mehr als solche zu erkennen; mehr noch verlieren die *Ausdrucksbewegungen* ihren sinnvollen Inhalt. Aus Gesten werden unbestimmte ausfahrende Bewegungen, aus Mienen Grimassen. Durch diese Züge, die die Bewegungen gegen natürliche Bewegungen abändern, wird die Erregung der periodischen Katatonien zu einer *parakinetischen.* Noch eindeutiger erkennt man das Hereinwirken des Gegenpols bei der Akinese. Es kann trotz einer allgemeinen Starrheit der Haltung und Mimik eine zwecklose Bewegung einer Extremität erfolgen, die dann meist einförmig wird, teils stereotyp, teils sogar iterativ. Auch Haltungsstereotypien kommen auf diese Weise zustande, indem trotz der Bewegungsverarmung doch betimmte Haltungen immer wieder aktiv eingenommen werden. In anderer Form mischen sich der Akinese hyperkinetische Züge bei, wenn es aus der Bewegungsarmut heraus zu impulsiven Handlungen kommt, die häufig mit Aggressivität verbunden sind. Ferner zeigen manche antriebsarme Patienten plötzliche Ausbrüche von übertriebenen Lachen. Auch ein negativistisches Verhalten deutet in der Akinese auf Beimengung einer motorischen Tendenz hin.

Nach den akuten katatonen Schüben kommt es regelmäßig zu *Remissionen.* Hyperkinetische Zustände haben sogar eine relativ gute Prognose, indem auch nach mehreren Krankheitsanfällen gelegentlich nur geringe Defekte bestehen. Nach Akinesen kommt es schneller zu bleibenden Defekten. Sind die Defekte nur leichter Art, dann zeigen sie sich in einer allgemeinen *Lahmheit,* die vorwiegend psychomotorisch ist, aber die Affektivität auch beteiligt. Bei schweren Graden kann man von einer *Stumpfheit* sprechen. In jedem Fall kann eine *Reizbarkeit* bestehen, die leicht zu Aggressionen führt. Auch im *Endzustand* sieht man meist Symptome aus beiden Polen der Krankheit nebeneinander. Man findet neben der Antriebsarmut grimassierende Gesichtsbewegungen, impulsives Handeln, manchmal auch eine sprachliche Impulsivität, aus der ein Vorbeireden entstehen kann.

In leichteren Graden kann die Krankheit vorübergehend das Bild einer Motilitätspsychose nachahmen. Auch zu anderen vielgestaltigen phasischen Psychosen sowie den beiden anderen unsystematischen Schizophrenien können im Zustandsbild Beziehungen auftreten.

D. Klinik der systematischen Schizophrenien

Die systematischen Schizophrenien unterscheiden sich von den unsystematischen grundsätzlich durch die *Schärfe ihrer Symptomgestaltung*. Während wir bei der periodischen Katatonie, der Kataphasie und der Affektvollen Paraphrenie immer wieder auf die symptomatologische Vielgestaltigkeit hinweisen mußten, die keine strenge Grenzziehung zuließ, finden wir bei den systematischen Formen fest umschriebene Bilder. Es scheint, hier eine gewisse Parallele zu bestehen zu dem, was wir bei den phasischen Psychosen beobachteten. Neben den vielgestaltigen Formen hatten wir dort die reinen mit ihrer festen Symptomatologie. Die Parallele kommt wohl dadurch zustande, daß von den reinen phasischen Formen ebenso wie von den systematischen Schizophrenien umschriebene Funktionsgebiete ergriffen werden, durch deren Grenzen sich auch die festen Grenzen der Psychosen ergeben. Eine weitere Verwandtschaft ist nicht anzunehmen, denn dort handelt es sich um durchaus heilbare Veränderungen, hier dagegen um bleibende Defekte. Die ergriffenen Funktionsgebiete sind auch hier und dort nicht nur verschieden, sondern auch von ganz verschiedener Art. Bei den reinen Depressionen und Euphorien handelt es sich ähnlich wie bei der manisch-depressiven Krankheit um eine Erkrankung im Bereich der Thymopsyche, die dem vegetativen Nervengebiet nahesteht. Bei den Schizophrenien dagegen sind Gebiete ergriffen, die höheren Denk- und Willensabläufen dienen. Auch bei den Hebephrenien mit ihrer affektiven Verflachung ist an keine Störung der Thymospsyche zu denken, vielmehr ist auch hier eine höhere Schicht von Affektivität verändert, während die mehr körperliche Art des Fühlens mit den Triebvorgängen erhalten ist. Wie ich an anderer Stelle genauer begründet habe[1], sind bei den Schizophrenien wohl gerade die höchsten, zugleich wohl phylogenetisch jüngsten menschlichen Funktionen der Psyche verändert.

Da die höhere menschliche Psyche außerordentlich differenziert ist, wird man annehmen müssen, daß hier eine große Anzahl von Funktionseinheiten zusammenspielen. Wenn sich zeigen läßt, daß sie durch Defektkrankheiten, wie es die Schizophrenien sind, getrennt erkranken können, dann liegt der Gedanke nahe, in ihnen etwas Ähnliches zu sehen wie in den neurologischen Systemen, die auch Funktionseinheiten darstellen. Das ist um so mehr anzunehmen, als ja das gesamte Nervensystem aus „Systemen", d. h. Zellverbänden mit zugehörigen Nervenfasern besteht.

So glaube ich, daß den Schizophrenien Systemkrankheiten zugrunde liegen, wie Kleist das von jeher angenommen hat. Allerdings beschränke ich diese Auffassung, die Kleist für die ganze Krankheitsgruppe vertreten hat, auf die systematischen Schizophrenien. Die unsystematischen, oder, wie ich sie früher nannte, „atypischen" Formen muß ich als völlig anders gestaltet davon abtrennen. Hier werden einzelne Funktionsgebiete teilweise auch noch elektiv betroffen, aber die Ursache der Krankheit liegt wohl außerhalb

---

[1] Leonhard, K.: Biopsychologie der endogenen Psychosen. Hirzel-Verlag, Leipzig 1970.

der Funktionsgebiete und kann daher auch andere Bereiche beteiligen. Bei der systematischen Schizophrenie dagegen ist der Krankheitsvorgang primär in dem betreffenden System zu suchen. Die systematisch-schizophrenen Zustandsbilder, die sich scharf gegeneinander abheben, findet man im Endzustand der Erkrankung. In früheren Stadien sind meist akzessorische Symptome des Prozeßstadiums beigemengt. Verstimmungszustände ängstlicher oder euphorischer Färbung, Eigenbeziehungen, Sinnestäuschungen können den Beginn jeder Form von Schizophrenie auszeichnen und sind wohl Ausdruck einer unspezifischen Wirkung des Prozeßgeschehens. Auch psychologisch verständliche Reaktionen auf Grund des subjektiv empfundenen Beginns geistiger Krankheit spielen eine Rolle. Katastrophenerlebnisse gehören hierher. Jede systematische Schizophrenie greift zentral in die Persönlichkeit ein; es ist nicht verwunderlich, wenn die im Beginn noch erhaltene Persönlichkeit in verschiedener Weise, besonders mit Verstimmungen und Erklärungsideen auf den krankhaften Einbruch reagiert. Oft stehen aber die Defektsyndrome in zunehmender Stärke von Anfang an im Vordergrund und können die genauere Diagnose ermöglichen, auch wenn sie graduell noch gering sind. Ja, gelegentlich kann man die spezifischen Bilder sogar bis in den Bereich latenter Schizophrenien hinein, die also gar nicht grob psychotisch sind, verfolgen, wie ich zusammen mit FAUST zeigen konnte.[1] Die Symptombilder, die ich schildern werde, gelten dementsprechend nicht nur für die Defektzustände, wenn sie auch nur in diesen so grob hervortreten, wie ich sie darstellen werde. Daß es sich um Formen der systematischen Gruppe handelt, das erkennt man in der Regel bereits an dem schleichenden, an Prozeßsymptomen armen Beginn. Ich gehe auf die Prozeßsymptome nicht ein, weil sie zur Unterscheidung der einzelnen Formen wenig beitragen. Man findet sie aber in den wiedergegebenen Krankengeschichten oft angeführt.

I. Einfach-systematische Schizophrenien

In der Mehrzahl der Fälle ist nur eines der psychischen Systeme ergriffen. Die Krankheitsformen, die sich dadurch ergeben, stellen die Grundsyndrome dar, in denen die systematischen Schizophrenien verlaufen. Sie würden eine große Bedeutung auch dann behalten, wenn ihre Abhängigkeit von bestimmten Systemen bestritten werden sollte. Denn dann würden sie immer noch beweisen, daß das Nervensystem bei diesen Schizophrenien nicht in einer wahllosen Mischung von Einzelsymptomen, sondern in strengen Syndromen oder, wie C. SCHNEIDER mit einer allerdings ganz anderen Sinngebung es ausdrückt, in strengen Symptomenverbänden erkrankt.

Die Beschreibung werde ich im folgenden wieder vor allem mit den Krankengeschichten der mit Psychosen belasteten Fälle belegen. Entsprechend der geringen Belastung der systematischen Schizophrenien sind das nicht viele, doch genügen sie, denn die Fälle gleichen einander so sehr, daß die Krankengeschichten, wenigstens was den Endzustand anlangt, kaum voneinander abweichen. Ich habe meine Einteilung zuerst an den Defektzuständen der Anstalt Gabersee getroffen, wie mein Buch über die „defektschizophrenen Krankheitsbilder" zeigt. Als ich nach Frankfurt kam, lernte ich hier durch KLEIST vieles zur Einteilung der Schizophrenien hinzu. KLEIST hat andererseits meine Trennung in die „atypischen", d. h. unsystematischen, und die „typischen", d. h. systematischen, Formen anerkannt. Die Absonderung der unsystematischen Gruppe

[1] FAUST, E.: Zur Frage der latenten Schizophrenien an den Sippen manifest Schizophrener. Mschr. Psychiat. **125** (1953), 65.

ermöglichte eine viel größere Genauigkeit der Beschreibung. Es kommt dabei — dies sei sehr betont — immer auf Symptomverbindungen an. Eine phonemische Schizophrenie nehme ich nicht deswegen an, weil die Phoneme im Vordergrund des Bildes stehen, sondern nur dann, wenn es sich um eine besondere Form von Stimmen handelt und wenn eine charakteristische Affektivität und charakteristische Denkstörung hinzukommen. Phonemische und hypochondrische Schizophrene unterscheiden sich zwar in bezug auf Vorhandensein oder Fehlen von Körpersensationen, aber ebenso wichtig ist, daß die Grundstimmung bei beiden Formen verschieden ist. Eine sprechbereite Katatonie ergibt sich nicht schon dadurch, daß die Kranken vorbeireden, sondern sie müssen zugleich antriebsarm, autistisch und in ihrer Mimik eigenartig ausdruckslos sein. Die Abgrenzung der Einzelform wird gerade dadurch so bestimmt, daß man immer eine feste Symptomverbindung feststellen muß, ehe man die Diagnose stellen darf. Das wird sich bei den Formen, die zu beschreiben sind, ergeben.

a) Klinik der katatonen Formen

Die systematische Natur der Erkrankung tritt am meisten bei den Katatonien hervor. Es gibt hier sehr „periphere" Formen, die an neurologische Erkrankungen anklingen, nämlich an die Chorea und die Zitterstarre. Man findet hier und dort ähnliche Symptome, bei der Katatonie nur alles einen Schritt höher als bei den neurologischen Krankheiten. Das spricht außerordentlich für die systematische Natur der Katatonien. Bei der Chorea und der Zitterstarre (gleichgültig welcher Ätiologie) sind bestimmte Systeme des Nervensystems erkrankt. Bei den „peripheren" Katatonien scheinen die Anschlußsysteme nach oben betroffen zu sein, d. h. Systeme, die nicht mehr allein eine neurologische, sondern schon eine psychische Bedeutung haben. Auch die Gegensätzlichkeit der Syndrome spricht außerordentlich für eine systematische Entstehung, denn man findet im Nervensystem in gesetzmäßiger Weise immer wieder, daß eine Funktion durch ein Systempaar gewährleistet wird, dessen Teile sich gegenseitig die Waage halten. Den Antagonismus erkennt man auch bei den weiteren Katatonien, die nicht mehr so peripher erscheinen, besonders deutlich bei der negativistischen und proskinetischen Katatonie; es handelt sich also sicher nicht um etwas Zufälliges. Bei den Hebephrenien werden wir Ähnliches finden, und bei den Paraphrenien kann man es vermuten.

1. Parakinetische Katatonie

Die Bezeichnung der *parakinetischen Katatonie* stammt von Kleist, doch verstand er darunter nicht nur die Fälle systematischer Art, die ich im folgenden zu beschreiben habe, sondern allgemeiner Katatonien, bei denen Parakinesen im Vordergrund des Bildes standen. Da es sich bei diesen Fällen meist um akute Erkrankungen handelte, lagen großenteils *periodische Katatonien* vor, deren Hyperkinese ja, wie wir sahen, ausgesprochen parakinetisch gestaltet sein kann. Die systematische Form, die ich ursprünglich als „faxenhaft" bezeichnete, bietet die parakinetischen Bewegungen nicht im Rahmen einer akuten Erregung, vielmehr stellen sich die Parakinesen meist so allmählich und zunächst noch so unauffällig ein, daß man im Beginn eigens darauf achten muß, wenn man sie nicht übersehen will. Da ich die periodische Katatonie aber als solche genügend beschrieben habe, so daß man eine akute parakinetische Erregung im allgemeinen nur als eine ihrer Erscheinungsformen auffassen wird, darf ich die Bezeichnung der parakinetischen Katatonie auf die systematische Form einschränken. Auch

Kraepelin kannte diese Krankheitsform; denn er beschreibt unter der Bezeichnung der „manirierten Verblödung" den Endzustand einer parakinetischen Katatonie. Die Abbildung des hüpfenden Kranken bestätigt nach der Körperhaltung die parakinetische Form.

Im Beginn des Leidens darf man nicht an das Bild einer groben parakinetischen Unruhe denken, sonst wird man die leichten Veränderungen übersehen. Ein flüchtiges Grimassieren, ein Zucken mit der Schulter, leichte Verdrehung der Arme, des Rumpfes, ein kurzes Wippen mit dem Körper und ähnliches mehr braucht noch kaum stärker vorhanden zu sein als bei Normalen in Verlegenheit. Wenn diese flüchtigen Parakinesen auftreten, obwohl nach dem sonstigen Verhalten nichts auf Verlegenheit hinweist, dann sind sie auf eine systematische Form parakinetischer Katatonie viel mehr verdächtig, als wenn gleich nach Krankheitsbeginn schwere Parakinesen vorhanden sind. Oft wird schon bei diesen beginnenden Fällen die Diagnose durch die Art der sprachlichen Äußerungen gesichert, die das Plötzliche und Abspringende zeigen, wie es noch zu schildern sein wird.

Auch nach jahrelangem Bestehen des Leidens kann das Bild noch recht milde sein. Für einen genauen Beobachter sind jetzt die Parakinesen zwar nicht mehr zu übersehen, aber auch in solchen Fällen werden sie oft in Krankengeschichten noch mit keinem Wort erwähnt. Im Gesicht sind jetzt die Bewegungen, die Mienen ähneln, aber doch Verzerrungen darstellen, häufiger. Hier zieht sich der Mundwinkel etwas zur Seite, dort die Wange hoch, hier wird das Auge leicht zugekniffen, dort zuckt die Stirne flüchtig usw. Die Hand macht eine Bewegung, die Finger spreizen sich flüchtig, die Schulter wird kurz nach vorne genommen, der ganze Oberkörper leicht nach unten, das eine Bein hebt sich für einen Augenblick vom Boden usw. Häufig scheinen die Bewegungen noch einen Sinn zu haben, indem sie etwa ein Greifen nach Gegenständen oder eine Zuwendung mit dem Kopf zum Inhalt haben. Auch dann ist aber der Ablauf der Bewegungen nicht natürlich.

Man wird die gesamte parakinetische Störung auch in leichterer Ausprägung nicht mehr übersehen, wenn man sie in der schweren Form kennengelernt hat, die im Endzustand erreicht wird. Jetzt ist das Bild sehr eindrucksvoll, aber allem Anschein nach schwer zu beschreiben, da Krankengeschichten auch in diesen Stadien oft wenig über allgemeine Ausdrücke wie „manieriert", „verschroben" hinauskommen, so daß man nach den Krankengeschichten nicht ahnt, daß es sich um eine schwere parakinetische Katatonie handelt. Schon die Willkürmotorik ist bei den Kranken abgeändert. Sie läuft ruckartig ab, es fehlt ihr das Fließende eines normalen Bewegungsspiels. Durch unwillkürliche Zwischenbewegungen, die nicht mehr zweckmäßig sind, werden sie weiter verzerrt. Die Bewegungen treten stärker hervor, wenn die Kranken angeregt werden. Bei genügender Erregung kann eine lebhafte parakinetische Bewegungsunruhe einsetzen. Einerseits handelt es sich dabei um *Reaktivbewegungen*. Die Kranken wenden sich mit ihren ruckartigen Bewegungen allem zu, blicken hierhin und dorthin, sie greifen in merkwürdig gewundener Art nach Gegenständen und hantieren damit, sie äußern sich auch sprachlich zu den Dingen, die sie sehen, nicht in Form einer wirklichen Stellungnahme, sondern nur mit kurzen benennenden oder feststellenden Bemerkungen. Sie können auch impulsiv durch den Saal laufen, angeregt etwa durch das Eintreten des Arztes oder die Unruhe eines anderen Kranken usw. Wenn sie in eine neue Umgebung kommen, von der sie gefesselt werden, dann überwiegen diese Reaktivbewegungen. In der ihnen gewohnten Umgebung treten dagegen viel mehr die *Pseudoexpressivbewegungen* hervor. Sie sind es vor allem, die den Eindruck des Faxenhaften erwecken. Die Gebärden des Drohens, Winkens, Staunens, der Verliebtheit, der Überlegenheit und viele andere mehr tauchen auf und werden in Verzerrung wiedergegeben. Sowohl Mienen wie Gesten beteiligen sich. Vor allem erstere deutet die verschiedensten Gefühlszustände an. Häufig ist ein Lachen, das durch seine parakinetische Verzerrung mehr als Grinsen erscheint. Bis zu einem gewissen Grade sind die Grimassen ihrer Art nach von der tatsächlichen affektiven Verfassung der Kranken abhängig. Der Zusammenhang kann aber auch weitgehend verlorengehen.

Die Störung des Bewegungsablaufs kann man auch bei sprachlichen Äußerungen erkennen, denen ebenfalls alle Rundung, alle Modulation fehlt. Die einzelnen Worte werden auffallend rasch, stoßweise hervorgebracht. Nach jedem kurzen Satz tritt eine Pause ein, dann erst, wie in einem neuen Ruck, folgt der nächste.

Ihrem Aufbau nach sind die Parakinesen teils ähnlich zusammengesetzt wie Willkürhandlungen, zeigen nur eine eckige Art der Ausführung, teils sind sie einfacherer Natur, nähern sich choreatischen Bewegungen. Vielleicht handelt es sich im letzteren Fall um Bruchstücke von Pseudoexpressivbewegungen. Ein Ausfahren des Armes, kurzes Hochziehen der Schulter, Verrücken des Kopfes, Wippen des Oberkörpers und viele andere Bewegungen ähneln choreatischen, sie laufen jedoch nicht so flüchtig ab, führen vor allem nicht so rasch in die Ruhestellung zurück. Unvermittelt schießt eine Bewegung ein, bleibt eine Weile, oft wie kurze Zeit erstarrt, stehen und wird dann wie abgehackt von einer anderen Bewegung abgelöst. An Huntington-Chorea erinnert besonders das Grimassieren der faxenhaften Katatonie. Es braucht nicht immer einen bestimmten Gemütszustand darzustellen, vielmehr kommen vielerlei Gesichtsverzerrungen vor, hinter denen kein Inhalt zu erkennen ist.

Damit habe ich die parakinetische Katatonie vorwiegend in einer sehr schweren Form geschildert, um ihre Gestalt sehr deutlich hervortreten zu lassen.

Je länger der Defekt fortbesteht, desto einförmiger wird das Bewegungsspiel. Am wenigsten büßen die einfacheren, an Chorea erinnernden Parakinesen, die allerdings nicht in jedem Fall sehr deutlich sind, an Variationsreichtum ein, viel mehr trifft es für die pseudoexpressiven und sonstigen komplizierten Bewegungsfolgen zu. Wenn man die Kranken nur einmal durch eine Nachuntersuchung sieht, können sie fälschlicherweise abwechslungsreich erscheinen. Die Bewegungsfolgen tragen bei jedem Kranken einen individuellen Charakter und sind für den Beobachter bei der ersten Untersuchung neuartig, während längere Beobachtung erkennen läßt, daß es bei dem gleichen Kranken doch immer wieder die gleichen Bewegungsfolgen sind, ja daß manche den Charakter von Stereotypien haben. Um diesen besonderen Charakter zu betonen, kann man von *Bizarrerien* sprechen, da sie gerade durch das Bizarre des Bewegungsablaufs von Stereotypien und Manieren anderer Katatoner unterschieden sind. Ich führe einige *Beispiele* an.

Eine Kranke nimmt den Löffel nur mit den Fingerspitzen und führt ihn mit einer geschraubten Bewegung zum Mund. Eine andere begrüßt den Arzt bei jeder Visite mit einer Grimasse großen Staunens und führt einförmige Gesten dazu aus. Eine andere stolziert mit grotesker Haltung und übertriebenem Grinsen vor dem Arzt her. Eine andere sucht unter grunzenden Lauten und allerlei Verdrehungen durch die sich öffnende Tür zu entrinnen. Eine andere macht eigenartige Komplimente. Eine andere grinst unter parakinetischer Unruhe der Hände nur immer von neuem. Ein männlicher Kranker gibt unter Grimassen unartikulierte Laute von sich. Ein anderer hüpft nach den Ritzen des Parkettbodens. Ein anderer vollführt, ehe er durch die Tür geht, allerlei Verbeugungen und Verdrehungen. Ein anderer springt von Zeit zu Zeit von einem Bein auf das andere. Ein anderer läuft auf dem Wege zur Außenarbeit immer mehrere Meter nach links, dann mehrere Meter nach rechts. Ein anderer schleudert von Zeit zu Zeit seinen Pantoffel vom Fuß und holt ihn wieder.

Solche Manieren darf man teilweise als Unmanieren bezeichnen, die sich durch eine geeignete Arbeitstherapie verhüten lassen. Die Krankheit führt dann aber zu anderen Formen parakinetischer Einförmigkeit. Am charakteristischen Bild selbst ändert sich nichts.

Mit der Unfähigkeit, die Worte anders als in einzelnen Stößen hervorzubringen, hängt es vielleicht zusammen, daß die Kranken nur *kurze Sätze*, oft zu dem agrammatischer Art, bilden. Sehr charakteristisch ist folgende in Erregung über eine andere Kranke vorgebrachte Äußerung einer faxenhaften Katatonen: „Das Mensch muß raus! Die bring ich um! Wills nimmer sehn! Messer muß her! Umbracht muß werden! Laß mir nimmer gefallen! Mir ist's gleich! Männer sind da! Raus, raus!“ Inhaltlich stellen sich die Äußerungen der Kranken sehr verschieden dar. Neben treffenden Bemerkungen, die ganz in die Situation passen, finden sich *abspringende Bemerkungen*, die sinnlos erscheinen. Unvermittelt und ganz ohne äußeren Zusammenhang wurde ich z. B. von solchen Kranken gefragt: „Haben Sie keinen Hund? Fahren Sie nicht Rad? Kommen Sie heute als Strohmann? Auf dem Phöbus oder Cafe Wien gewesen?“ — Ein Kranker grüßte mich mit der Bemerkung: „Die Schlachten des Weltkriegs!“ Man hat den Eindruck, daß die Kranken ungeordneten Sprachimpulsen folgen.

Bei manchen Kranken sind sprachliche Äußerungen häufig, andere dagegen sprechen wenig. Das scheint von individuellen Neigungen abhängig zu sein. Wieweit das eigentliche Denken gestört ist, läßt sich aus solchen Äußerungen nicht entscheiden. Am auffälligsten ist das unvermittelte Abspringen von einem Thema zu einem anderen; man wird daher am geeignetsten von einer *Sprunghaftigkeit* des Denkens sprechen. Im Grunde genommen ist die Störung der logischen Denkfähigkeit nicht erheblich, denn die Kranken überblicken sehr genau, was um sie vorgeht, wie ihre häufig eingestreuten sachlichen Bemerkungen beweisen. Sie sind über alles sehr gut orientiert, lassen sich Neuigkeiten nicht entgehen. Bei Intelligenzfragen können sie auch vom Thema abspringen, meist geben sie aber brauchbare Antworten. Wesentlich ist die Feststellung, daß auch in den schriftlichen Äußerungen die Neigung zu kurzen Sätzen hervortritt, die also nur zum Teil mit der erschwerten Artikulation in Zusammenhang gebracht werden darf. Man kann vermuten, daß die Gedanken ähnlich impulsiv und rasch wechseln, wie es die parakinetischen Bewegungen tun. In der zweiten Hälfte des folgenden Briefes einer faxenhaften Katatonen tritt das Abspringende des Gedankengangs in den sprachlich kurzen Formulierungen sehr gut hervor.

„Liebe Frau Mutter! Vielen Dank für das liebe Paket und den Brief dazu. Haben Sie sich schon gut eingewöhnt in München? Ich möchte auch wieder einmal dorthin, denn München ist eine schöne Stadt. Viele Grüße an Sie, ich möchte auch wieder heim. Viele Grüße an Verwandte und Bekannte. Wie geht es Euch? Hoffentlich gut. W. hat mir so nett Butter und Brot gegeben, und auch sonst bin ich zufrieden. Wie geht es Karl in seiner neuen Stellung? Hoffentlich kann ich einmal das neue Werk besichtigen. An Bord gehen oder auf Schiff, ist schon schön. Wenn Ihr wiederkommt, dann bitte wieder um Besuch. Viel mitbringen, schön anziehen. Das Geld liegt auf der Anstalt, so viel sie wollen. Grüße Papa und Mama. Ich bin stetig in Sorge. Außerdem kommen mit Auto und Roß und Wagen. Und hauptsächlich etwas Geduld haben mit Kranken. Und wenn fahren Sie vor, mein Herr? Hoffentlich bald. Viele Grüße und auf Wiedersehen in 10 Wochen. Fröhliche Ostern. Frühlingslenz. Dito Wiedersehen. Brief heimschicken. Paket mitbringen und etwas dazu. Oder mit Berlin oder Genesungsheim Nazareth? Wie steht's mit dem Auto Berlin? So etwas. Ist nie gesponnen. Außerdem nach Großstadt oder Auslandsreise. Hauptsächlich ausschlafen. Grüße von Luise M. Besuch bekommen. Luise und sonst alles beim alten und neuen. Eure Elsa.“

Affektiv schwingen die faxenhaften Katatonen noch recht gut mit. Weibliche Kranke zeigen häufig lebhafte Erotik, die infolge der allgemeinen Enthemmung der Expressivmotorik oft unverblümt hervortritt. Mit ihren Angehörigen bleiben die Kranken besser in Konnex als alle anderen Katatonen, über einen Besuch können sie lebhafteste Freude äußern. Die Grundstimmung ist meist sorglos-zufrieden, doch kommen auch gereizte Verstimmungen vor. Alle affektiven Regungen werden durch die expressiven Parakinesen abnorm stark nach außen getragen. In ihrem Willensleben sind die Kranken ähnlich sprunghaft wie im Denken und im Sprechen. Sie fangen allerlei an, sind an allem interessiert, bringen aber wenig fertig und sind zu anhaltender Beschäftigung nicht zu gebrauchen. — Sinnestäuschungen und Wahnvorstellungen fehlen der parakinetischen Katatonie.

Die belasteten Fälle sind bei der parakinetischen Katatonie verhältnismäßig häufig, häufiger als bei anderen Formen. Ich habe in früheren Auflagen aus der Frankfurter Untersuchungsreihe alle belasteten Fälle angeführt, weil es bei den systematischen Schizophrenien um den Nachweis geht, daß sie bei mehrfachem Auftreten in einer Familie immer wieder das gleiche Bild bieten. Ich kann jetzt nur eine Familie auswählen.

Fall 59. Friedrich Dob, geboren 1890, Fabrikbesitzerssohn, erkrankte 1909, als er zur Ausbildung im Ausland war. Er wurde erregt, fing im Theater an laut zu sprechen und behauptete, sein Nachbar habe einen Teufelskopf. In den folgenden Tagen lief er viel in die Kirche, behauptete, Christus leibhaftig gesehen, mit dem Teufel gekämpft und den Sieg errungen zu haben. Dann wieder war er ängstlich und fühlte sich beobachtet. Er wurde in die Heimat zurückgebracht und am 26. Juni 1909 in das Sanatorium N. aufgenommen. Hier begleitete er alle seine Worte mit einem verschmitzten Lächeln. Er behauptete, der Teufel sei ihm in Gestalt eines Hundes erschienen. Sonst war er wenig auffällig. Einmal erschien er sehr ängstlich, sah die Decke brennen und in seiner Hand lauter Kreuze. Meist zeigte er wenig Interesse und lächelte stereotyp. Manchmal redete er „allerlei Unsinn, vom Krieg u. ä.“. Am 13. August 1909 wurde er entlassen! Zu Hause war er meist heiter und wollte „Gaudi“ machen. Am 2. November 1909 wurde er in die Psychiatrische Klinik M. aufgenommen. Hier erzählte er vergnügt und lachend von seinen Mißerfolgen in der Schule und machte Witze. Er kam am 15. November wieder in das Sanatorium N. Hier machte er weiter Scherze, war dazwischen aber auch gereizt. Er störte andere Kranke durch sein flegelhaftes Benehmen. Auf Fragen gab er oft sinnlose Antworten. Es fielen impulsive Handlungen auf. So griff er einmal mit der Hand in die Schüssel und holte sich einen Knödel heraus. Am 15. Februar 1910 wurde er wieder entlassen. Zu Hause redete er viel „dummes Zeug“. Am 8. Juli 1910 kam er wieder in die Psychiatrische Klinik M. Er machte Witze, lachte und spuckte ungeniert um sich. Im September wurde er entlassen. Zu Hause hatte er viele Wünsche. Januar 1911 kam er wieder zur Aufnahme. Er hatte sein albernes Lachen, schweifte dauernd ab und grimassierte beim Sprechen. „Seine Bewegungen entbehrten nicht einer gewissen Manieriertheit.“ Sein Benehmen war „höchst albern“. Er machte viel Redereien, knüpfte an jedes Wort an, produzierte aber oft „blühenden Unsinn“. Im März wird seine Ausdrucksweise bizarr, verschroben, sein Sprechen zerfahren genannt. Im Mai wurde er wieder entlassen. Zu Hause war er zeitweise aufgeregt, sprach von Stimmen und wurde im August wieder aufgenommen. Er wollte während der Untersuchung rauchen und wünschte ein Zeugnis zum Autofahren. Immer noch hatte er das „läppische Lachen“, das „ganz zwangsmäßig plötzlich“ auftrat. Am 17. November 1911 kam er in die Anstalt E. Hier sprach er von Visionen, sah angeblich seine Seele im Spiritus, doch war unklar, ob er nicht lediglich Witze machte. Im Jahre 1912 war er öfter gereizt und erklärte, er sei das Versuchskaninchen der bösen Geister. 1913 sprach er von Stimmen und elektrischen Strömen. 1914 grub er Löcher in die Erde, weil der Stimmhansel dort sei. Vielleicht scherzte er aber nur in Zusammenhang mit Äußerungen anderer Kranker. Er saß teils tatenlos herum, teils war er leicht erregt und machte dabei „allerhand sinnlose Bewegungen“, die er oft stundenlang wiederholte. Dabei sprach er viel. 1915 machte er weiter „manierierte Bewegungen“, war sonst aber stumpf. Die Krankengeschichte wird dann wegen der Kriegsverhältnisse sehr dürftig. 1917 grimassierte er und führte Selbstgespräche. Zeitweise war er erregt, schimpfte „konfuses Zeng“ und wurde gewalttätig. 1918 zeigte er verschrobene Haltungen und hob die Augenbrauen in die Höhe. 1919 würgte er einen Pfleger und schimpfte fürchterlich. Manchmal hinkte er merkwürdig oder hatte die eine Hand in der Hosentasche, während er die andere in extremer Pronation nach hinten hielt. Anderen Kranken nahm er das Essen weg. 1920 machte er bei der Begrüßung eigentümliche Bewegungen mit den Beinen und hantierte mit den Armen an sich herum. 1921 aß er alles, was er erreichen konnte. 1922 war er „hochgradig manieriert, grimassierte stark" und war zerfahren. Die Grundstimmung war läppisch-heiter. 1923 und 1924 war er „gleichbleibend läppisch". 1926 werden seine Bewegungen wieder „eigenartig manieriert" genannt. 1928 ebenso. 1929 war er „läppisch blöde, heiter, voll stereotyper Grimassen und Gestikulationen". Die folgenden Jahre wird dann immer wieder seine manierierte Motorik mit Grimassieren und Gestikulieren erwähnt. Sonst heißt es, er sei stumpf und lächle läppisch. 1939 habe ich ihn zusammen mit B. Schulz nachuntersucht, dabei ergab sich: In dauernder parakinetischer Unruhe, gleiche Bewegungsfolgen kehren wieder. Einige davon sind: Greift mit der linken Hand, die er eigenartig verdreht hält, zum Mund herauf, schleckt dabei manchmal mit der Zunge über seine Finger. Eine Zeitlang macht er die gleiche Bewegung mit der rechten Hand. Eine zweite Bewegungsfolge verbindet sich teilweise mit der ebengenannten und besteht darin, daß er mit dem Oberkörper vor- und rückwärts wiegt und sich dabei immer leicht vom Sitz erhebt. Weitere Bewegungen: Unnatürlich ablaufende Drehbewegungen mit der linken Hand, die sich zeitweise mit leichtem Erheben des linken Vorderarms verbinden; ein Nicken mit dem Kopf, gleichzeitig ein übertriebenes grimassierendes Lächeln und dazu oft stereotyp der Laut „ja, ja". Viele andere Bewegungen mischen sich in verschiedener Form zwischen diese stereotypen Formen. Sie wechseln auch je nach dem Thema, das angeschlagen ist, und geben größtenteils eine Zuwendung nach außen unter übertriebenen Ausdrucksbewegungen wieder. So blickt er mit fragend-staunendem Gesichtsausdruck zur Seite nach dem einem Bild, so hört er mit dem übertriebenen Ausdruck der Verwunderung zu, was der Arzt aus seiner Krankengeschichte vorliest. Dann wieder macht er eine wegwerfende Handbewegung und gibt auch in seiner grimassierenden Weise mit seinem Gesichtsausdruck Verächtlichkeiten wieder. Am häufigsten tritt immer wieder, oft gleichzeitig mit anderen mimischen Äußerungen, das übertriebene Lachen hervor. Wenn man ihn mehr anregt, dann geht sein Lachen in ein übertriebenes Grinsen über. Das Bewegungsspiel läuft durchweg eckig und verzerrt ab, so daß im ganzen ein sehr merkwürdiges Bild entsteht. Seine sprachlichen Äußerungen sind immer kurz, fast immer agrammatisch. Häufig führt er auch ein Wort nicht ganz zu Ende, stockt zwischendurch und fügt nur einen unartikulierten Laut an. Die Lautfolge selbst ist immer wieder abbrechend, nicht beschleunigt. Inhaltlich sind die Antworten meist unvollkommen, manchmal auch abspringend (Unterschied zwischen Kind und Zwerg?). „Kind ist klein und der Zwerg ist auch klein." (Unterschied!) „Daß einem halt gut gefällt."

Ein *Bruder*, Alfons Dob, geboren 1888, Kaufmann, schloß sich von jeher schwer an, fand auch keinen Anschluß an Frauen, vertrug Widerspruch schlecht. Seit etwa 1904 gab er sinnlos Geld aus, hielt Freunde frei, kaufte, was ihm gerade gefiel, z. B. einmal 50 Postkarten. Oft sprach er viel, ohne daß man ihm genau folgen konnte. „Hie und da machte er schnelle sinnlose Bewegungen und grüßte auf der Straße Leute, die er nicht kannte, bloß weil es ihm Freude machte". Weil er immer auffälliger wurde, brachten ihn seine Angehörigen am 12. April 1913 in die Psychiatrische Klinik M. Hier sprach er „faseliges unzusammenhängendes Zeug in gezierter Sprechweise". Auf Fragen antwortete er zunächst richtig, schweifte dann aber ab. Seine Verwandten wollten ihn vergiften und hätten seinen Vater aufgehetzt. Er war meist läppisch heiter, manchmal auch zornig und weinerlich. In den sprachlichen Äußerungen war er geschraubt, z. B.: „Selbsterkenntnis ein Mittel führend zur Besserung." Wortneubildungen, die nach Wortwitzeleien aussahen, traten hervor: „Idealmaterialismus", „magnetischtheoretisch", „Dichtik" (statt Dickicht), „Kaffeeologen". Am 6. Oktober 1914 wurde er in die Anstalt E. verlegt. Hier war er sorglos heiter, geschraubt in seinen Reden und manieriert zeremoniell in seinen Bewegungen. Wegen der Kriegsjahre enthält die Krankengeschichte sonst kaum einen Eintrag. 1918 starb Dob an einer Lungenentzündung.

Eine *Schwester*, Marie Dob, geboren 1892, war früher ein stilles, ruhiges Mädchen, das viel las. Seit etwa ihrem 16. Lebensjahr veränderte sie sich, wurde mißtrauisch, steitsüchtig, dazu haltlos;

sie bekam ein uneheliches Kind. Am 20. Juni kam sie 1922 in die Psychiatrische Klinik M. Hier heißt es: „Die Diagnose ist nicht ganz leicht, da offenkundig die Zeichen einer schizophrenen Erkrankung (Wahnideen und Halluzinationen) fehlen." Gleichzeitig wird aber in der Krankengeschichte folgendes beschrieben: „Die Kranke spricht auffallend hastig, fängt Sätze an und führt sie nicht zu Ende. Sie grimassiert fortwährend mit der Augenstirnpartie. Sie lacht dann wieder läppisch und verlegen. Sie spricht weitschweifig und geht mit ihren Antworten eigentlich immer am Frageziel vorbei, bricht auch immer wieder mitten im Satz ab und kommt auf etwas Neues." Am 22. Juli 1922 wurde sie entlassen. Zu Hause vertrug sie sich nicht und hatte viele Männerbekanntschaften. Am 24. Oktober 1926 kam sie wieder zur Aufnahme. Jetzt heißt es: „Sie spricht eigentümlich stockend, die einzelnen Worte und Satzteile durch atemlose Pausen scharf gegeneinander abgesetzt. Es kommt nie zu einem fertigen Satz, immer wieder beginnt sie von neuem, um plötzlich wieder zu verstummen." Die Sprache wird jetzt auch „manieriert und stoßweise genannt. Außerdem ist jetzt noch öfter von ihrem Grimassieren die Rede, von einem läppischen Lächeln, ihrem „manierierten Theaterpathos" und einem stereotyp gewordenen Lecken der Lippen. Ihr ganzes Wesen wird unnatürlich, steif-freundlich, manieriert genannt. Am 12. November 1926 erfolgte die Verlegung in die Anstalt H. Hier war sie weiter verschroben und zerfahren und wurde am 21. November 1926 entlassen. Vom 7. Oktober 1931 bis 6. Juli 1932 war sie noch einmal in der Anstalt. Diesmal ist von lebhaften Gesten und viel Mimik die Rede, dabei auch von ihrer manierierten Sprechweise und ihrem abspringenden Gedankengang.

Eine *andere Schwester*, Josefine Dob, geboren 1899, kam am 22. August 1916 in die Anstalt E., nachdem sie zu Hause ängstlich geworden war und wirres Zeug gesprochen hatte. In der Anstalt sprach sie mit stockender Stimme, war meist ruhig, dazwischen aber etwas erregt. Am 15. April 1917 wurde sie wieder entlassen. Am 17. August 1917 kam sie erneut zur Aufnahme, da sie begonnen hatte, unnütze Sachen einzukaufen und mit Männern zu kokettieren. In der Anstalt war sie erotisch zudringlich, teilweise auch gereizt und gewalttätig. Am 15. Dezember 1918 wurde sie wieder entlassen. Zwanzig Jahre später wird die Kranke in der Psychiatrischen Klinik M. begutachtet, da sie wegen Verschwendung und Geistesschwäche entmündigt werden sollte. Sie hatte unnütz Geld ausgegeben, war aus Heimen, in denen sie anscheinend seit Jahren untergebracht war, weggelaufen, hatte erotische Beziehungen angeknüpft. Sechs Jahre vor dieser Begutachtung schreibt ein Arzt einmal, sie befolge jeden plötzlichen Einfall, fahre völlig unvermittelt nach Starnberg, um sich dort Bestrahlungen machen zu lassen. Weiter heißt es: „Da sie alles, was sie sich einbildet, haben mußte, verfügte sie über eine Menge Spielsachen und sonstigen Tand, wofür ihr keine Ausgabe zu viel war. Einmal lief sie auch in einer sonderbaren Zipfelmütze in der Stadt herum." Im Gutachten heißt es dann weiter: „Der psychische Befund ist weitaus schwieriger darzustellen. Bei einer kurzen Begegnung mag D. allenfalls unauffällig erscheinen, obwohl die Art ihres Auftretens recht merkwürdig ist. Ihre ganzen Bewegungen haben etwas Verlegenes und Eckiges, ihr Auftreten ist irgendwie linkisch, und zeitweise läßt sich eine gewisse Manieriertheit einzelner Bewegungen, mit denen sie ihr Sprechen begleitet, ebensowenig übersehen wie ein leichtes Grimassieren." Später heißt es: „So reicht ihr Denken um ihr persönliches Fortkommen eigentlich nur immer von heute bis morgen. Antriebe, die sie in ihrer Zielsetzung weiterführen würden, tauchen offenbar gar nicht auf." Ihre affektiven Erregungen werden „sprunghaft, explosionshaft, überraschend" genannt. Über den sprachlichen Ausdruck heißt es, nachdem ihre Konzentrationsschwäche vermerkt worden ist: „Das, was sie spricht, bekommt überdies eine besondere Färbung durch die manierierte Art ihres Ausdrucks, die sich manchmal bis zu einer richtigen Stelzensprache mit einer Substantivisierung aller Verben aufschwingt." Schließlich wird ein Gedankenabreißen erwähnt.

Von der Mutter des Dob heißt es in einer der Krankengeschichten ihrer Kinder: „Die Mutter spricht manieriert, weitschweifig, kommt nicht auf den Kern der Sache, kann nichts Rechtes angeben, macht debilen Eindruck, lobt sich selbst fortwährend, grimassiert."

Der Proband Dob bietet eine ausgeprägte parakinetische Katatonie. Im Beginn scheint er leichte ekstatische und ängstliche Zustände gehabt zu haben, dann kündigt sich mehr und mehr das Bild an, das er später erreicht. Von Anfang an spielt das läppische Lachen, das bald „zwangsmäßig“ genannt und neben einem Grimassieren erwähnt wird, eine große Rolle. Bei meiner Nachuntersuchung war es immer noch vorhanden und zeigte die parakinetische Form, die ihm sicher auch früher eigen war. Die Heiterkeit, von der viel die Rede ist, wurde größtenteils wohl aus dem Lachen erschlossen, das aber nicht sicher auf eine heitere Dauerstimmung hinweist, sondern bei Parakinetischen auch der Ausdruck dafür sein kann, daß heitere Augenblicksstimmungen übermäßig in die Mimik einschießen. Die Grundstimmung scheint aber doch sorglos-zufrieden gewesen zu sein, wie man es bei prakinetischer Katatonie ebenfalls häufig findet. Sehr frühzeitig fallen bei Dob ferner impulsive Handlungen auf, die in Reaktion auf äußere Vorgänge erfolgen. Die „Manieriertheit“ der Bewegungen entgeht ebenfalls der Beobachtung nicht. Dazu kommen die abschweifenden und sinnlosen Antworten, die er gab. Ich möchte daher vermuten, daß schon von Anfang an das Bild einer parakinetischen Katatonie vorlag, nur eben in der leichten Form, wie ich es oben für beginnende Fälle geschildert habe. Später wird dann das Parakinetische in den „sinnlosen Bewegungen“, „manierierten Bewegungen“, in den „verschrobenen Haltungen“ usw. immer deutlicher geschildert.

Der Bruder, Alfons Dob, ist leider nicht sehr lange beobachtet worden, aber man findet doch deutlich die Elemente der parakinetischen Katatonie. Seine gezierte Sprechweise, seine manieriert-zeremonielle Art, seine sinnlosen Bewegungen zeigen die Störung. Hinzu kommt das Abspringen des Gedankenganges und das Wortwitzeln, das ich bei mehreren parakinetischen Katatonen in ganz ähnlicher Weise gefunden habe. Es erklärt sich wohl durch das abspringende Denken, das zu allerlei Einfällen führt, sowie die Neigung zu Heiterkeit. Auch der Proband witzelte. Wie bei ihm wird bei Alfons auch das impulsive Handeln auf Grund von zufälligen Anregungen, die von außen kommen, beschrieben. Da außerdem eine gewisse motorische Erregtheit geschildert wird, während paranoide Erscheinungen ganz fehlen, zweifle ich nicht daran, in der Erkrankung des Probanden-Bruders ebenfalls eine parakinetische Katatonie vor mir zu haben.

Auch bei der Schwester Maria hat es sich sicher um eine parakinetische Katatonie gehandelt. Besonders charakteristisch wird hier die Sprechweise geschildert, dieses Überhastige, das Stoßweise, das bei parakinetisch Katatonen bis zum Versagen der Artikulation führen kann. Dazu wird die Manieriertheit ihrer ganzen Motorik genannt. Ich möchte sagen: Da das Parakinetische schon aus der Krankengeschichte deutlich erkennbar ist, war es tatsächlich sicher eindeutig vorhanden; denn die Beschreibung auch einer deutlichen parakinetischen Unruhe erschöpft sich in Krankengeschichten, wie ich aus Erfahrung sagen kann, fast immer in einigen Bemerkungen über ein geziertes und manieriertes Benehmen. Die paranoiden Erscheinungen beachtet man ganz allgemein viel mehr. Da sie bei der Kranken nicht vorhanden waren, zweifelte man im Beginn sogar an der schizophrenen Erkrankung, obwohl doch die Parakinesen schon genannt wurden und die Persönlichkeitsveränderung eindeutig war.

Bei der Schwester Josefine wird das Parakinetische in den manierierten Bewegungen und dem Grimassieren ebenfalls deutlich beschrieben. Da das Abspringen des Gedankenganges, das hier geradezu Gedankenabreißen genannt wird, und das impulsive Handeln nach Augenblickseindrücken hinzukommt, da ferner auch hier wieder eine gewisse motorische Erregung besteht, während paranoide Erscheinungen fehlen, halte ich mich auch hier für berechtigt, eine parakinetische Katatonie etwas leichterer Ausprägung anzunehmen. Die erotische Impulsivität dieser Kranken, wie auch ihrer Schwester Maria, hebe ich noch besonders hervor; denn die Erotik tritt bei weiblichen Katatonen parakinetischer Art oft ungehemmt zutage.

Die Sippe Dob stellt sich in ihrer Erkrankung demnach sehr einheitlich dar. Bei allen drei Geschwistern habe ich gute Gründe, eine parakinetische Katatonie wie beim Probanden anzunehmen. Bei allen ist der Verlauf schleichend progredient. Bei keinem der Geschwister finde ich etwas, was aus dem Rahmen herausfiele. Die große Häufung der Erkrankungen in einer Geschwisterschaft ist sehr auffällig. Sie erklärt sich vielleicht damit, daß von mütterlicher wie von väterlicher Seite eine Belastung angegeben wird. Die Mutter hat vielleicht sogar selbst eine leichte parakinetische Katatonie gehabt, denn in den oben erwähnten Bemerkungen über sie scheint sich die parakinetische Motorik und das abspringende Denken wiederzufinden.

Zusammenfassung

Die Hyperkinese der parakinetischen Katatonie, die im Beginn oft erst auf Anregung hin deutlich wird, gewinnt ihr eigenartiges Gepräge durch die Art der Bewegungsabläufe. Die Willkürhandlungen werden unnatürlich eckig ausgeführt, und mehr noch erfolgen die unwillkürlichen Bewegungen ruckartig. Die fließende Verbindung zwischen den Abläufen fehlt, eine Bewegung schießt ein, kann einen Augenblick stehenbleiben, dann kommt unvermittelt die nächste. Der motorische Ablauf ist abgehackt und verzaubert, auch wenn keine Beschleunigung der Einzelbewegung besteht. Inhaltlich stellen die unwillkürlichen Bewegungen vor allem entstellte Reaktiv- und verzerrte Expressivbewegungen dar, an denen das Gesicht mit einem Grimassieren lebhaft beteiligt ist. Einfachere Bewegungen erinnern an Chorea. Die Parakinesen können auch im Defektzustand noch abwechslungsreich sein, manche Formen kehren aber als Bizarrerien wieder. Die eigenartige Störung des Bewegungsablaufes kommt oft auch in den sprachlichen Äußerungen zum Ausdruck. Die Worte werden abgehackt, wie in einzelnen Stößen hervorgebracht, meist werden nur kurze, agrammatische Sätze gebildet. In den mündlichen wie schriftlichen Äußerungen der Kranken findet man teils treffende Feststellungen, teils abspringende Bemerkungen, die ganz sinnlos sein können.

Sekundärfälle in den Sippen fanden sich bei meinen Fällen verhältnismäßig häufig und stellten sich meist wieder als parakinetische Katatonie dar.

2. Manierierte Katatonie

Die manierierte Katatonie habe ich früher als starr bezeichnet, da ich damals von sehr schweren Fällen ausging und die Bedeutung der Manieren für diese Form noch nicht kannte. Die Motorik hat zwar schon in leichteren Fällen in ihrem Ablauf etwas Starres an sich, doch denkt man beim Begriff einer starren Katatonie zu sehr an akinetische Formen, mit denen sie nicht verwechselt werden dar. Was Kleist als stereotype oder auch als manierierte Katatonie bezeichnet, entspricht dieser meiner typischen Unterform. Dagegen ist seine akinetische Form im wesentlichen der periodischen Katatonie zuzurechnen. In schweren Fällen beherrscht meist die Starrheit der Motorik das Bild, in leichten und beginnenden Fällen treten dagegen die Manieren stärker hervor. Sie können zunächst noch an Zwangshandlungen erinnern. Dann ist es besonders wichtig, auf die Motorik zu achten, damit die beginnende Katatonie nicht übersehen wird. Emma Faust[1] hat auf meine Veranlassung Verwandte von manierierten Katatonien mit „Zwangsneurosen" beschrieben, die noch nicht als kataton erkannt wurden, nach dem Sippenbild aber sicher als latente manierierte Katatone aufzufassen waren.

[1] Faust, E.: a. a. O.

Meine Kranken zeigten an Manieren u. a. stereotypen Kniefall, Berühren des Bodens, Berühren anderer Kranker, Körperdrehung vor Durchtritt durch eine Tür, eigenartige Haltung des Löffels, Weglegen der Gabel zwischen zwei Bissen, Sammeln wertloser Gegenstände, Wegschieben der Steine und Papiere vom Fußsteig, Verweigerung bestimmter Nahrungsmittel oder Verweigerung des Essens überhaupt bis zur Sondenernährung, Mutismus, eventuell ersetzt durch Zeichensprache.

Die Manieren bleiben, wenn die Starrheit nicht zu weit fortschreitet. Andernfals treten sie als stereotype „Unterlassungen" hervor, die von der allgemeinen Bewegungsarmut oft schwer abzugrenzen sind. Neben den „*Bewegungsmanieren*" spielen die „*Unterlassungsmanieren*" immer eine Rolle, vor allem in Form der Nahrungsverweigerung, des Mutismus, des Stehens auf einem bestimmten Platz. Wenn sich manche Kranke in schweren Endzuständen kaum mehr bewegen, dann spielen auch dabei Unterlassungsmanieren herein. Dementsprechend kann man solch schwere Endzustände durch anhaltende Beschäftigungstherapie verhüten. Die Beweglichkeit, zu der die Kranken dauernd angehalten werden, bleibt erhalten, auch wenn sie sonst starr sind. Für jede Verrichtung des Tages läuft dann eine bestimmte Handlungsfolge ab, andersartige Bewegungen fehlen. Es ist sozusagen der gesamte Tagesablauf zu einer Manier erstarrt. Wird der feste Bewegungsablauf von außen her unterbrochen, dann tritt dafür keine andere Bewegung ein, sondern die Handlung unterbleibt ganz. Wenn man eine Kranke meiner Beobachtung daran hinderte, beim Essenholen, wie sie es schon seit Jahren tat, von der anderen Seite zu kommen als alle anderen Kranken, dann blieb sie stehen und tat gar nichts.

Das eigenartige Starre dieser Katatonen, nach dem ich ihnen früher den Namen gegeben habe, rührt weniger von einem Ausfall in der Willkürmotorik her als von einem Ausfall in den unwillkürlichen Bewegungen, vor allem den Ausdrucksbewegungen. Wenn ein Mensch völlig bewegungslos, aber in einer natürlichen Haltung verharrt, dann ist er nicht starr, dagegen kann es ein anderer trotz augenblicklicher Willkürbewegungen sein, wenn die Abläufe nicht mehr fließend, sondern hart und „hölzern" sind. Man kennt diese Erscheinungen vom Parkinsonismus, der „Zitterstarre" her, mit der ich die starre Katatonie verglichen habe. Die Abgrenzung gegen eine neurologische Starre, die man ja heute auf Grund der neuroleptischen Behandlung so oft sieht, ist aber gut möglich, da bei der Katatonie nur die Ausdrucksmotorik betroffen ist, während Willkürbewegungen in normalem Tempo ablaufen. Freilich ist zu vermerken, daß man die katatone Starre nicht mehr feststellen kann, wenn sich ein deutlicher Parkinsonismus hinzugesellt.

Die manierierten Katatonen stehen merkwürdig steif da, sie gehen mit eigenartig abgehackten Schritten. Die Arme bewegen sich im Gehen zwar vorwärts und rückwärts, lassen aber die feinere Anpassung vermissen, so daß sie hölzern aussehen. Auch beim Sprechen fehlt die feinere Modulation, es wird nicht mehr bald leiser, bald lauter, bald höher, bald tiefer, bald schneller, bald langsamer gesprochen, je nachdem, welchen Ausdruck der Inhalt des Gesprochenen erfordert, sondern die Rede fließt monoton dahin, ohne daß die durchschnittliche Schnelligkeit des Ablaufs oder die durchschnittliche Lautstärke abnorm zu sein braucht. Dazu kommt eine mimische Verarmung. Man findet nicht mehr die feineren Gesichtsbewegungen, die der gesunde Mensch auch bei gleichgültigen Gesprächen hat. Der Tonus der Gesichtsmuskeln ändert sich; denn durch eine Starre unterscheidet sich das Gesicht auch von einem völlig ruhigen Gesicht des normalen Menschen. Auch wenn all diese geschilderten Züge nur leichterer Art sind, und die Willkürmotorik noch ungehindert abläuft, läßt sich bereits mit Sicherheit eine starre Katatonie annehmen, sofern gleichzeitig Manieren nachweisbar sind.

Bei Fortschreiten der Katatonie schränkt sich die Spontanität mehr und mehr ein. Schwerste Beeinträchtigungen treten aber wohl nur dann ein, wenn nicht rechtzeitig durch Arbeitstherapie dafür Sorge getragen wird, daß die wichtigsten Bewegungsformen gebahnt bleiben. Aber auch bei anhaltender Arbeitstherapie kommt es recht häufig dahin, daß die Kranken kein Wort mehr sprechen, daß sie über ganz einfache Beschäftigungen nicht mehr hinauskommen und, sobald sie zu nichts mehr angehalten werden, irgendwo wie Holzklötze stehen oder sitzen und keinerlei Bewegung ausführen. Auch bei sehr bewegungsarmen Kranken kommen gelegentlich aggressive Handlungen vor. Unerwartet können solche Katatone einem Mitkranken eine Ohrfeige geben. Bei genauerer Beobachtung kann man meist feststellen, daß die Kranken dann aggressiv werden, wenn sie sich in der Ausführung einer Manier gestört fühlen.

Affektiv sind die manierierten Katatonen verhältnismäßig gut erhalten. Sie leiden zwar auch in leichteren Fällen an mangelnder affektiver Einstellung zu den Vorgängen, weil sie oft ganz von ihren Manieren eingenommen sind. Mit zunehmender Bewegungsverarmung verstärkt sich das noch. Man kann aber auch in schweren Fällen noch Affektregungen beobachten, so etwa, wenn man etwas unvorsichtig von ihrer Krankheit spricht und sie dadurch kränkt.

Das *Denken* scheint in leichteren Fällen nicht gestört zu sein, in schwereren lassen die intellektuellen Leistungen etwas nach, vermutlich, weil auch das Denken an Beweglichkeit verliert. Paralogische Störungen treten nicht auf. Bei geeigneter Führung sind die Kranken noch zu geistiger Arbeit fähig. Auch in schweren Zuständen, in denen die Kranken nicht sprechen, verarbeiten sie das, was um sie vorgeht, in sinnvoller Weise. Man erkennt das an ihrem Mienenspiel, das in die Situation paßt. Trotz Starrheit, die gerade auch die Mimik ergreift, bleibt der Ausdruck für den Untersucher verständlich. Ein leichter Zug im Gesicht kann Traurigkeit, Ärger usw. sicher erkennen lassen. Am meisten aber fiel mir immer wieder ein Lächeln auf, das nicht sinnlos, sondern immer dann auftrat, wenn es durch das, was getan oder gesprochen wurde, begründet war. Es hat einen verständnisvollen Charakter und sieht manchmal geradezu spitzbübisch aus, indem es sagen möchte, daß innerlich doch viel mehr aufgefaßt wird, als äußerlich scheinen möchte.

Im folgenden wird ein Fall aus der Frankfurter Untersuchungsreihe angeführt:

Fall 60. Viktoria Nied, geboren 1891, war schon seit Jahren krank, als sie zum erstenmal in unsere klinische Behandlung kam. 1929 schrieb sie Briefe an das Fürsorgeamt, in denen sie von sich selbst in dritter Person sprach und über phantastische Erlebnisse berichtete. Die Polizei wollte ihr die Rente abjagen, es sei ihr auch schon gewesen, als ob jemand ein Beil auf ihre Brust gesetzt hätte. Einer hat nachts dreimal an ihrer Brust gezogen, ein Herr ist nackt vor ihr gestanden und hat ihr den Magen ausgepumpt. Sie hatte einen Geschlechtsverkehr, als ob ihr der Körper zerrissen würde, als ob ein Männerleib in ihr wäre. Zwei Männer waren aneinandergebunden und am After aufgehängt. Sie hatte verschiedene Tiere in ihrem Unterleib, der Arzt hatte lauter Katzen in seinem Leib. Zwei Ärzte wurden einmal gebunden in einen Gerichtshof geworfen. 1930 kam Nied in die Frankfurter Klinik. Hier sprach sie von Experimenten und machte geheinmisvolle Andeutungen. Stereotyp erklärte sie: „Frau Nied wünscht entlassen zu werden.“ Sie wurde in die Anstalt W. verlegt und äußerte hier weiter die gleiche Redensart. Sie aß und sprach eine Zeitlang nichts und verständigte sich nur mit Nicken und Schütteln. Manchmal stand sie mit geschlossenen Augen regungslos im Saal. 1931 lebte sie nur von Lebkuchen und Milch und mußte schließlich mit der Sonde ernährt werden. Sie saß meist mit geschlossenen Augen auf dem gleichen Platz. Ihre Wünsche äußerte sie nur schriftlich. 1932 zeigte sie eine starre stereotype Haltung und hielt die Augen geschlossen. Manchmal überreichte sie dem Arzt einen beschriebenen Zettel, auf dem Beschwerden standen, z. B. stereotyp, sie sei „eine bekräftigte Eidesperson“, Verfolgungen seien einzustellen. 1933 stand sie stereotyp am Fenster, die Augen zugekniffen, die Hände in den

Gürtel gesteckt. 1934 näßte sie jede Nacht ein und gab auf Vorhalt keine Antwort, sondern machte die Geste des Schreibens. Den Kopf hielt sie jetzt stereotyp zur Seite geneigt und hielt ihn mit der Hand. 1935 zeigte sie folgende stereotype Bewegung: Reibt ihre linke Wange einigemale, stützt dann das Kinn und stößt einige Zischlaute aus. Nachts beschmutzte sie regelmäßig den Aufenthaltsraum mit Urin. 1936 zeigte sie katatone Haltung, die linke Hand ans Gesicht angepreßt. Mit Vorliebe ging sie rückwärts mit geschlossenen Augen. Ihre Manier mit dem Zischen bestand fort. 1937 ließ sie sich zu Näharbeiten anleiten. Fragen beantwortete sie schriftlich richtig. Spontane schriftliche Äußerungen waren dagegen zusammenhangslos. — 1939 habe ich sie zusammen mit Schwab nachuntersucht. 1940 starb sie an Enteritis. Die Nachuntersuchung 1939 ergab folgendes: Spricht kein Wort, steht immer in der gleichen Haltung da, die linke Hand an die Wange gelegt, die rechte unter die Schürze gesteckt. Setzt sich auch nicht. Weicht zurück, wenn man sie drängen will, schüttelt heftig den Kopf. Wenn man weiter drängt, bekommt sie einen gequälten ablehenden Gesichtsausdruck. Nach den Angaben der Pflegerinnen spricht sie auch sonst nie ein Wort, versteht aber alles und gibt schriftlich Antwort. Sie schreibt mit der Hand in der Luft oder an der Wand. Auf der Abteilung sitzt sie immer in gleicher Haltung da, benimmt sich aber sonst verständig, versorgt sich auch selbständig.

Eine *Schwester*, Johanna Kon, geboren 1887, hatte früher einen guten Humor und hatte in der Schule und als Dienstmädchen gute Zeugnisse. Im Weltkrieg hatte sie Nachtangst. Seit 1918 wurde sie deutlicher auffällig. Sie sah in Männern gelegentlich ihren verstorbenen Stiefvater. 1923 wurde sie einmal plötzlich erregt und wollte ihre Kinder zum Fenster hinauswerfen. Sie kam daher am 16. Juli 1923 in das Städtische Krankenhaus A. Hier gab sie kaum sachlich Antwort, erklärte stereotyp: „Man kennt sich gar nicht mehr aus.“ Später machte sie bei allen Antworten den Zusatz: „Ich glaube das.“ Sie sprach etwas langsam, zeigte Katalepsie und einen „leichten federnden Widerstand“ bei passiven Bewegungen. Sie wurde in die Anstalt K. verlegt. Hier war sie apathisch und gab an, ihre Kinder zu hören. Am 28. September 1923 wurde sie gegen ärztlichen Rat abgeholt. Zu Hause hatte sie gelegentlich Weinkrämpfe und äußerte Eifersucht. 1925 wurde sie erregt und schlug Fensterscheiben ein. Sie kam daher wieder in das Krankenhaus A. Hier sprach sie nichts oder hatte wenigstens lange „Sperrungen“, ehe sie Antwort gab, erschien depressiv oder teilnahmslos. Sie wurde nach wenigen Tagen wieder abgeholt, war zu Hause aber wieder erregt und wurde daher zehn Tage später wiedergebracht. Sie war depressiv, lachte dann aber auch grundlos, erschien gesperrt. Sie wurde in die Anstalt K. verlegt. Hier gab sie widerstrebend Auskunft, wandte den Kopf immer wieder zur Seite, erschien affektlos und stumpf. Nach sechs Wochen wurde sie wieder abgeholt. Vier Monate später kam sie wieder in das Krankenhaus A., nachdem sie zu Hause wieder erregt gewesen war. Sie war wieder „gesperrt“, gab kaum Antwort, hatte ein „unnatürliches, verschrobenes Benehmen“, legte sich zeitweise verkehrt ins Bett, warf ihre Bettjacke unter das Bett. Sie wurde in die Anstalt K. verlegt. Hier war sie ablehnend, antwortete stereotyp: „Ich bleibe nicht hier, ich lasse mich nicht einsperren.“ Einmal erklärte sie, ihr Mann sei nachts vertauscht worden. 1926 war sie gehemmt, gab keine Antwort, wollte nicht aufstehen. Januar 1927 wurde sie entlassen, im März kam sie schon wieder in das Krankenhaus A. Sie zeigte hier ein läppisches, verschrobenes Benehmen und wurde in die Anstalt K. verlegt. Hier verweigerte sie die Nahrung völlig, so daß sie mit der Sonde ernährt werden mußte. Plötzlich schlug sie mehrere Scheiben ein, dann war sie wieder stumpf. Sie spuckte in die Hand und auf den Boden. 1928 antwortete sie auf Fragen nicht, sondern nickte oder schüttelte nur mit dem Kopf. 1929 machte sie gelegentlich läppische Bemerkungen, sonst war sie stumm. 1930 war sie „voll von Verschrobenheiten“, gab keine Antwort, blickte starr vor sich hin. 1931 war sie stumm, tat aber, was man ihr auftrug. Sie lächelte häufig „verschmitzt“. Sie zeigte Manieren beim Essen, wollte einen bestimmten Teller haben oder verweigerte das Essen, um sich dann Brot aus dem Abfalleimer zu nehmen. 1932 hatte sie weiter ihre Eigenarten. Sie nahm z. B. das Geschirr nicht aus der Hand der Pflegerin, es mußte vielmehr zuerst auf den Boden gestellt werden. Sie grimassierte auch. 1933 lächelte sie oft und hatte „viele Eigenarten“. 1934 zeigte sie manierierte Satzbildungen, z. B. in einem Brief: „Man kann sich alles doch empfohlener überlegen, wenn man seines Willen Lohn ist.“ 1935 sprach sie manchmal für sich. 1936 war sie fleißig und lächelte läppisch. 1937 zeigte sie viele Verkehrtheiten, wusch sich mit Putzlumpen und wischte mit ihrem Beinkleid den

Boden. Manche Gegenstände versteckte sie. Ihre sprachlichen Äußerungen waren verschroben, sie redete vorbei. 1938 war sie verschroben und zeigte Manieren bei der Hausarbeit. 1939 und 1940 war sie ebenso. Während der Menses war sie gereizt. 1941 fiel sie der grausamen „Euthanasie" zum Opfer.

Die Probandin Nied zeigt eine schwere Form manierierter Katatonie. Sie nahm seit Jahren stereotype Haltungen ein, verhielt sich oft starr regungslos, sprach meist gar nichts, aß zeitweise auch nicht, so daß sie mit der Sonde gefüttert werden mußte. Ihre Bewegungen bestanden im Endzustand entweder in Manieren oder in einförmiger Beschäftigung, zu der sie angehalten wurde. Die Bewegungsarmut selbst war durch Manieren mitbedingt. So verhielt sie sich völlig stumm, obwohl sie sich schriftlich äußern konnte. Die Verbindung der Starrheit ihrer Haltung mit der Manieriertheit beweist diese Katatonie.

Auffällig sind die phantastischen Erscheinungen, die sie vor ihrer Klinikaufnahme bot. Bei einer manierierten Katatonie kommen sie sonst nicht vor. Man könnte an eine Kombination mit einer sprachträgen Katatonie denken, bei der im Beginn phantastisch-konfabulatorische Erscheinungen häufig sind. Da die Kranke aber andererseits in der Klinik nichts Ähnliches mehr äußerte, obwohl sie noch kurz zuvor davon geschrieben hatte, halte ich für wahrscheinlicher, daß es sich nur um erotische Phantasien handelte, die sie in manierierter Weise ausbaute. Man erkennt sadistische und masochistische Tendenzen in groben Gestaltungen. Ihre stark erotische Einstellung wurde in der klinischen Krankengeschichte eigens erwähnt.

Auch ihre Schwester hatte eine manierierte Katatonie. Anfangs waren die Erregungen noch etwas auffällig, sie spielten sich aber nur zu Hause ab und waren wohl reaktiv bedingt. Überdies scheint ihnen teilweise eine menstruelle Gereiztheit zugrunde gelegen zu haben. Sonst werden von Anfang an Stereotypien geschildert, dazu die Bewegungsarmut mit den „Sperrungen". Wie ihre Schwester hatte sie später die Manier, nichts zu sprechen, sich aber durch Kopfbewegungen zu verständigen. Als sie sich später beschäftigen ließ, war ihre Tätigkeit von Manieren durchsetzt. Bemerkenswert ist auch das „verschmitzte" Lächeln, wie es für die starre Katatonie charakteristisch ist. Ich darf demnach annehmen, daß die beiden Schwestern die gleiche Form systematischer Katatonie hatten.

Zusammenfassung

Bei der manierierten Katatonie kommt es zu einer zunehmenden Verarmung der unwillkürlichen Motorik, so daß sich eine Starrheit in Haltung und Bewegung ergibt. Dazu kommen Manieren, die im Beginn oft mehr hervortreten als die Starrheit. Im Laufe der Entwicklung engt sich die Motorik mehr und mehr auf die stereotyp festgehaltenen Bewegungsformen ein, der ganze Tagesablauf kann manieriert festgelegt werden. Noch größer wird die Bewegungsverarmung, wenn die „Bewegungsmanieren" zurücktreten und „Unterlassungsmanieren" herrschend werden. Dann kann sich eine besonders schwere Bewegungsarmut herausbilden, indem die Kranken in starrer Haltung und starrer Miene immer auf dem gleichen Platz zu finden sind. Eine geeignete Beschäftigungstherapie verhindert diese schweren Zustände, da Bewegungsformen, die dauernd eingeübt werden, erhalten bleiben.

3. *Proskinetische Katatonie*

Bei der proskinetischen Katatonie besteht eine abnorme Bereitschaft zu automatischen Bewegungen, die reaktiv auf äußere Reize hin erfolgen. Man findet eine Zuwendung zu den äußeren Vorgängen, ein Nesteln an Gegenständen und ein auffälliges Mitgehen und Gegengreifen im entsprechenden Versuch. Ferner ist diesen Katatonen die sprachliche Eigenart des „Murmelns“ eigen. Wenn sich die Kranken zuwenden und noch nicht den ausgesprochenen Mangel an Initiative haben, der ihnen später eigen ist, dann kann man noch übersehen, daß es sich um Katatone handelt. Man findet vielleicht einige Beziehungsideen, die auch sonst beginnenden Schizophrenen eigen sind, und glaubt, eine paranoide Form vor sich zu haben. Das Nesteln an Gegenständen fehlt in diesem Stadium meist noch ganz, die Sprache ist in der Regel schon etwas leise, aber noch voll verständlich. Dagegen können schon in dieser Zeit die Symptome des Gegengreifens und Mitgehens in charakteristischer Weise vorhanden sein. Man darf daher nicht versäumen, die entsprechenden Prüfungen vorzunehmen. Im Laufe der weiteren Entwicklung nimmt die Initiative dann immer mehr ab, so daß man schon an der Antriebsarmut die Katatonie erkennt. Die Sprache wird leiser. Das Nesteln tritt hinzu. Das Gesamtbild im Endzustand ist sehr charakteristisch.

Auf Anrede zeigen die Kranken *Zuwendung*. Sie blicken auf, wenn man sie anspricht, sehen dem Frager gerade ins Gesicht und ermüden mit dieser Zuwendung auch dann nicht, wenn man sich immer wieder von neuem mit ihnen beschäftigt. Das Gesicht zeigt dabei wenig Ausdruck, doch ist fast immer eine Freundlichkeit und häufig eine Interessiertheit erkennbar. Zugleich mit der Zuwendung setzen in der Regel auch sprachliche Äußerungen ein. Die Kranken beginnen die Lippen zu bewegen und *murmelnde Laute* von sich zu geben. Bald etwas lauter, bald ganz leise, meist nicht zu verstehen, sprechen sie etwas und sprechen in kurzen Pausen, solange man sich mit ihnen beschäftigt. Schweigen sie, dann genügt meist ein einfaches Zunicken, ein ermunternder Blick, um das Murmeln erneut hervorzulocken. Es ist nicht ein Flüstern, sondern ein Sprechen mit einem Ton, wenn auch einem sehr leisen, eben ein Murmeln. Wenn sie in ihrem Gesicht eine Interessiertheit zeigen, dann möchte man zunächst annehmen, daß sie etwas Tatsächliches mitteilen wollen. Davon kann aber keine Rede sein. Wenn man sehr genau hinhört, dann versteht man doch noch so viel, daß man den Inhalt beurteilen kann. Man findet dann durchwegs Wiederholungen irgendwelcher Redensarten in kurzer Formulierung, die teilweise an Vorgänge der Umgebung anschließen, teilweise sinnlos erscheinen. Manchmal folgen diese einander einfach iterativ, machnmal auch wechseln sie mit anderen Redensarten ähnlicher Art ab. Aus dem Murmeln einer Kranken konnte ich z. B. die Verbigeration verstehen: „Die gestohlenen Weibsbilder, die gestohlenen Weibsbilder müssen ins Zuchthaus, die gestohlenen ...“ Eine andere verbigerierte: „Haben Sie eine Schürze, Schürze, haben Sie eine Schürze, haben Sie ...“ Wenn der Krankheitsbeginn noch nicht allzulange zurückliegt, dann kann man noch wesentlich mehr verstehen, vor allem dann, wenn man die Kranken etwas ermuntert und anregt. In einem solchen Fall habe ich folgendes Stenogramm aufgenommen, das die Wiederholung sehr deutlich erkennen läßt:

(Wie alt?) „Vier Jahre jünger als meine Schwester, vier Jahre jünger als meine Schwester, ja vier Jahre jünger als meine Schwester.“ (Weiter!) „Und weiter, und was noch? Wenn ich vier Jahre jünger bin als meine Schwester, vier Jahre jünger als meine Schwester, und jetzt, was ist? Und jetzt, was ist? Und jetzt, was ist schlecht sein? Schlecht sein, daß ins Bett gehen, sind sie auch schlecht? Und jetzt, und jetzt.“ (Wann geboren?) „Wann Sie geboren, wann Sie geboren, wann Sie geboren.“ (Sie!) „Ich bin gar nicht geboren, ich bin gar nicht geboren, auch nicht gescheit geboren, na und?“ (Wie heißt die Mutter?) „Ist doch nicht geboren, geboren, ist doch gar nicht geboren.“ (Wie heißt die Mutter?) „Die ist gar nicht geboren, die ist doch gar nicht geboren.“ (Wie heißt die Tochter?) „Die geht doch nicht in die Schule, die ist dumm, wenn sie zu einem Lackl in die Schule läuft, die ist saudumm, die ist dumm, saudumm, gar nicht geboren, gar nicht gewesen.“

Während das Flüstern mit Stimmen in der Weise abläuft, daß die Kranken mit abgelenktem Gesichtsausdruck hierin und dorthin blicken, wenden sich die Proskinetischen beim Sprechen immer dem Untersucher zu, als ob sie diesem etwas zu sagen hätten. Durch Fragen wird das Murmeln verstärkt und immer wieder von neuem angeregt, ein halluzinatorisches Flüstern dagegen läuft am besten dann ab, wenn von außen her keine Störung erfolgt. So macht die Unterscheidung keine Schwierigkeiten.

Während das Murmeln der Kranken meist schon auf geringe Ermunterung erfolgt, tritt das *Nesteln* oft erst nach stärkerer Anregung hervor. Es besteht darin, daß nach Gegenständen, die in Reichweite sind, gegriffen und damit hantiert wird, daß Gegenstände in den Händen hin und her gedreht und gewendet werden, daß an einem Knopf, an den Kleidern, an Wollfäden usw. genestelt wird. Wenn das Symptom deutlich ist, was nicht in allen Fällen zutrifft, dann läßt es sich am besten dadurch veranschaulichen, daß man dem Kranken beliebige Gegenstände vor das Auge hinlegt, ohne etwas dazu zu sagen. Er beginnt dann nach kurzer Zeit sein zweckloses Hantieren mit den Gegenständen. Gelegentlich ist es so ausgeprägt, daß man an Alzheimerkranke erinnert wird.

Hat man Verdacht auf eine proskinetische Katatonie, dann gelingt es durch geeignete Versuchsanordnung, die Diagnose zu bestätigen oder andererseits auszuschließen. Hält man den Kranken die Hand hin, dann greifen sie danach. Beim ersten Male ist das nicht auffällig, sie sind eben bereit, die Hand zu geben. Man kann ihnen aber in unmittelbarer Folge 10- und 20mal die Hand hinhalten, sie greifen unermüdlich immer wieder zu. Man kann ihnen sagen: „Warum machen Sie denn das? Sie sehen doch, daß ich Ihnen die Hand gar nicht geben will“, man kann ihnen unmittelbar nahelegen, das Gegengreifen doch zu unterlassen. Man kann dadurch zwar erreichen, daß vorübergehend ein Zögern eintritt, aber ein Wort der Ablenkung genügt, um dieses unermüdliche *Gegengreifen* wieder hervortreten zu lassen. Lediglich eine gewisse Abkürzung der Bewegung erfolgt bei häufiger Wiederholung des Versuchs. Während die Kranken anfänglich die Hand des Untersuchers voll ergreifen, berühren sie diese später meist nur noch flüchtig. Sonst ändert sich an dem Ablauf nichts, das Gegengreifen erfolgt nach dem 20. oder 30. Mal nicht wesentlich zögernder als nach dem ersten Mal.

Berührung der Hände bei verbundenen Augen erzeugt kein Zugreifen. Das bestätigt, daß es mit einem Greifreflex nichts zu tun hat. Ein Festhalten der genommenen Hand, wie es den Greifreflex meist begleitet, findet sich beim Gegengreifen der Katatonen auch nicht. Man darf nicht von einem Reflex sprechen, sondern nur einem automatischen Bewegungsablauf. Das erkennt man am besten dann, wenn man beim Kranken Gegentendenzen weckt. Wenn man ihnen eindringlich sagt, sie sollten doch nicht dauernd der hingestreckten Hand entgegenkommen, dann vermag man dadurch eine *Ambitendenz* auszulösen. Sie greifen vielleicht zunächst nicht mehr zu, aber nicht in Form einer einfachen Unterlassung, sondern sie halten die Hand sichtlich verkrampft an den Körper angelegt oder gar etwas hinter ihren Körper. Wenn man jetzt wieder die Hand hinhält, dann erkennt man, daß zwei Tendenzen gegeneinander stehen. Die Hand wird einerseits krampfhaft gehalten und andererseits kommt sie doch gleich wieder entgegen, sofern man die Kranken nur durch einige dazwischengeschobene Worte etwas von ihrer Absicht, nicht entgegenzugreifen, ablenkt. Man sieht aus diesem Verhalten, wie der höhere Wille die Bewegung unterdrücken kann, wenn auch nur vorübergehend.

Das *Mitgehen* der proskinetischen Katatonie ergänzt das Gegengreifen. Wenn man unter den Armen des Kranken greift und einen leisen Druck nach oben ausführt, dann beginnt sich der Arm sofort aktiv zu heben. Durch solch leise Berührung kann man den Arm in beliebige, auch unbequeme Stellungen bringen, ohne daß man selbst den Arm des Patienten bewegt. Vielmehr wird die Bewegung völlig vom Kranken selbst ausgeführt. Man kann den Versuch für die verschiedensten Körperabschnitte ausführen. Berührt man etwa beim sitzenden Kranken die Wade, dann geht das Bein nach oben, soweit das mechanisch möglich ist. Drückt man leicht gegen die Stirne, dann geht der Kopf nach hinten. Wenn er seine höchstmögliche Streckung erreicht hat und der leichte Druck gegen die Stirne anhält, dann folgt auch der Oberkörper nach und streckt sich rückwärts, bis der Kranke schließlich umzufallen droht. Beim leichten Druck vom Hinterkopf her erfolgt eine Beugung nach vorn, bis die Hände schließlich unter Einknikken der Knie den Boden berühren. Drückt man leicht gegen die Schulter des Kranken, dann setzt eine Drehbewegung ein. Man kann ihn auf diese Weise zu fortlaufenden Drehbewegungen um die eigene Achse veranlassen, ohne daß man etwas anderes tut, als daß man nur immer in der leise drückenden Berührung mit der Schulter des Kranken bleibt, der sich völlig mit eigener Kraft dreht. Durch provozierende Bemerkungen, sich doch nicht zu solch merkwürdigen Bewegungen herbeizulassen, werden diese ebenso wie das Gegengreifen teilweise für kurze Zeit unterbrochen, setzen aber nach einem Wort der Ablenkung und neuer Berührung des Körpers sofort wieder ein. Man muß in jedem Fall *Gegensuggestionen* geben, damit man nicht etwa ein gefälliges Eingehen des Kranken auf die Anregungen des Arztes mit dem Symptom verwechselt.

Gegengreifen und Mitgehen haben sicher die gleiche Grundlage, sie können unter dem Begriff *Anstoßautomatie* zusammengefaßt werden. So eindrucksvoll das Symptom auch ist, leider habe ich mich getäuscht, wenn ich dachte, es finde sich nur bei der proskinetischen Katatonie. Da ich es im Rahmen meiner Untersuchungen erst spät entdeckte, kam ich nicht mehr dazu, sein Vorkommen bei anderen Katatonien nachzuprüfen. In meiner Berliner Untersuchungsreihe holte ich dies nach und mußte feststellen, daß es sich, wenn auch auf einer ganz anderen Grundlage, auch bei der negativistischen Katatonie, die der proskinetischen doch sonst entgegengesetzt ist, findet. Weniger ausgeprägt kommt es bei den beiden anderen Katatonien vor, die ich noch zu besprechen habe. Für eine Differentialdiagnose ist die Anstoßautomatie nur insofern geeignet, als sie sich bei der parakinetischen und bei der manierierten Katatonie nicht findet. Parakinetische können zwar nach ähnlicher Methodik zu Bewegungen angeregt werden, aber sie greifen nicht einfach zu und gehen nicht einfach mit, sondern gestalten das Symptom mit allerlei Zwischenbewegungen spielerisch aus. Auch bei der periodischen Katatonie habe ich die Anstoßautomatie nie deutlich gefunden. Die Kranken greifen hier zwar manchmal gerne wiederholt zu und lassen sich auch zu Drehbewegungen veranlassen; so bald man ihnen aber erklärt, sie sollten das nicht machen, greifen sie nicht mehr und setzen beim Druck gegen ihre Schulter einen Widerstand entgegen. Den proskinetischen Katatonen dagegen mag man gebieten, so oft man will, die Hand nicht mehr entgegenzustrecken und sich nicht mehr drehen zu lassen, man kann nie mehr erreichen als kurze Unterbrechungen des Verhaltens.

Wie weit das *Denken* der proskinetischen Katatonie gestört ist, läßt sich nicht aus ihren halblauten sprachlichen Äußerungen erschließen, die nur einen motorischen Automatismus darstellen. So wie äußere Anregungen im Sinne des Nestelns, Gegengreifens und Mitgehens aufgegriffen werden, so führt die äußere Anregung, die zum Sprechen ermuntert, automatisch zu Sprachbewegungen, auch wenn keine Inhalte dafür vorhanden sind. Aus diesem Grunde kehrt wohl der gleiche Inhalt so häufig verbigeratorisch wieder. Auch die geringe Lautstärke des Sprechens deutet darauf hin, daß es sich nur um einen automatischen Ablauf handelt, hinter dem kein aktiver Wille und Gedanke steht.

Sicher ist das Denken besser erhalten, als man aus den Verbigerationen schließen könnte. Wenn die Kranken zu Beschäftigungen angehalten werden, benehmen sie sich verhältnismäßig verständig. Manchmal geben sie unabhängig von ihrem Murmeln

Antwort; dann geschieht es meist sinnvoll. In früheren Stadien der Krankheit kann man sich meist sachgemäß mit den Kranken unterhalten. Ihre Denkleistungen bei Intelligenzprüfungen sind zwar oft herabgesetzt, aber unlogische Gedankengänge stellt man nicht fest. Auch in gemurmelten Verbigerationen können noch sinngemäße Antworten enthalten sein. Meist wird aber das, was wirklich eine Antwort sein soll, auch in späteren Stadien etwas lauter ausgesprochen. Bei einer meiner Kranken war die zweifache Art des Sprechens sehr eindrucksvoll erkennbar. Sie gab auf Fragen mit genügend lauter Stimme sinngemäß Antwort, murmelte aber zwischen den Antworten immer wieder verbigerierend etwas vor sich hin, z.B. wohl 20mal: „Wo ist denn der Metzger?“

Trotz der abnormen Bewegungsbereitschaft sind die proskinetischen Katatonen für ein sinnvolles Handeln bewegungsarm. Ihre *Initiative*, d.h. ihr höherer Willensantrieb, ist herabgesetzt. Ohne Anregungen leben sie stumpfsinnig in den Tag hinein. Zu Arbeiten, die gleichförmig ablaufen, sind sie aber gut zu gebrauchen, sie führen sie in der automatischen Art aus, die auch sonst ihren Bewegungen eigen ist. Eine meiner Kranken bügelte mit Vorliebe; man mußte sie aber überwachen, weil sie manchmal vergaß, die Wäschestücke zu verschieben und nur immer auf der gleichen Stelle hin und herbügelte. *Affektiv* sind die Kranken abgestumpft, tiefere Gefühlsregungen lassen sie nicht mehr erkennen. Ihre Verflachung zeigt regelmäßig die besondere Note einer sorglosen Zufriedenheit, die in eindrucksvollem Gegensatz zur häufigen Gereiztheit der Negativistischen steht.

Erregungen sind im Defektstadium proskinetischer Katatonie selten, kommen aber vor, in Form von kurzem Schimpfen oder Zuschlagen. Es scheint, daß ihnen Verstimmungen zugrunde liegen, die die sonstige Zufriedenheit unterbrechen. In akuten Zuständen kann die proskinetische Bewegungsunruhe bis zu einer leichten Erregung gesteigert sein, indem die Kranken umherlaufen, an allem sich zu schaffen machen, auf Stühle steigen, andere Kranke belästigen, zur Türe hinausdrängen usw. In der gesteigerten Zuwendung zu den Vorgängen der Umgebung ist der proskinetische Charakter der Unruheerscheinungen erkennbar.

Im folgenden wird wieder ein Kranker, der mit einer Psychose belastet ist, angeführt.

Fall 61. Martin Ile, geboren 1890, kam 1918 erstmals in Anstaltsbehandlung, soll sich aber schon im Laufe der Jahre vorher allmählich geistig verändert haben. 1913 äußerte er bereits hypochondrische Ideen und beging einen Selbstmordversuch. Trotzdem machte er den Krieg mit. 1917 wurde er durch unerlaubte Entfernung vom Militär auffällig. In der Arrestanstalt sah er Gestalten und hörte Stimmen, die aus seiner Brust heraussprachen. Bei der militärärztlichen Untersuchung war er stumpf und zeigte Echopraxie wie auch Flexibilitas cerea. März 1918 wurde er in die Anstalt H. aufgenommen. Hier war er stumpf und interesselos. Später schimpfte er und wollte sich operieren lassen, weil er etwas im Bauch habe, einen Maikäfer oder Bandwurm. Er zerriß seine Schuhe und warf seine Kleider zum Fenster hinaus. 1919 war er stumpf und gab nur kurze Antworten. 1920 lief er manchmal zwecklos zum Fenster oder lachte albern und beschmierte sein Bett mit Kot. Auf Fragen gab er kurze sachliche Antworten. 1921 ließ er sich von anderen das Essen wegnehmen. 1922 war er mit Urin unrein. 1923 war er stumpf und redete oft halblaut vor sich hin. 1924 nahm er sonderbare Stellungen ein; ein anderer Kranker machte sich den Spaß, ihn exerzieren zu lassen, was er automatisch ausführte. Er ging händereibend auf und ab und murmelte vor sich hin. Manchmal schrie er aber auch. 1925 defäzierte er in die Hose. 1926 redete er vor sich hin und drehte aus Kot Pillen. 1927 und 1928 war er stumpf und redete auf Fragen nur vor sich hin. 1929 „brummte“ er ebenfalls, „allerhand Unverständliches“ vor sich hin. 1930 gab er keine Antwort, sondern sprach nur leise vor sich hin. Wenn man ihn mit Fragen bedrängte, sprang er aus dem Bett und eilte zum Fenster. 1932 gab er auf einfache Fragen richtig Antwort, aber mit „monotoner, kaum verständlicher Stimme“. Er fuhr dauernd mit den Fingern der einen Hand über die andere und rieb daran. Die folgenden Jahre wird er dann immer stumpf, unzugänglich, mutistisch geschildert. — 1939 habe ich ihn zusammen mit B. Schulz nachuntersucht. Dabei gab er auf Fragen keine Antwort. Nach vielem Drängen stieß er wenigstens seinen Vornamen und seinen Geburtsort heraus, letzteren, obwohl er nach dem Geburtsdatum gefragt worden war. Statt jeder Antwort erfolgten einige murmelnde Laute, zum Teil nur in Form eines „hm, hm". Wurde er etwas mehr angeregt, dann machte er sich mit seinen Händen etwas zu schaffen, rieb sie iterierend aneinander oder putzte an einem Flecken am Rock oder rieb auf seinem Oberschenkel oder zupfte da und dort. Ließ man ihn in Ruhe, dann wurde er ruhiger und saß schließlich fast ohne Bewegung da, blickte nur noch hierhin und dorthin. Schon der Beginn des Diktats genügte, um wieder allerlei Finger- und Handbewegungen hervorzulocken. Auf Anrede blickte er immer auf, wendete sich zu, zeigte im Gesicht eine gewisse Interessiertheit, hatte aber trotzdem einen sehr leeren Gesichtsausdruck. Ausgesprochenes Gegengreifen. Streckte man ihm die Hand hin, dann führte er die seine immer von neuem entgegen. Bei passiven Bewegungen genügte der leiseste Druck, um ihn zum Mitgehen zu veranlassen. Auf Befehl stand er wiederholt auf und setzte sich wieder.

Eine *Schwester* des Patienten war geisteskrank, doch konnte ich keine Krankengeschichte erhalten. Dagegen gelang das von einem *Vetter* (Vaters-Bruders-Sohn). Max Ile, geboren 1896, entwickelte sich normal, war aber wenig lebhaft. 1918 machte er ohne ersichtlichen Grund einen Selbstmordversuch, die Folgezeit scheint er nicht mehr aufgefallen zu sein. Erst 1928 wurde er deutlicher abnorm. Er sprach jetzt von Stimmen und fühlte sich verfolgt. Er schlug eine Fensterscheibe ein und wurde in die Anstalt E. aufgenommen. Hier gab er mit leiser, monotoner Stimme Auskunft, hatte ein unbewegtes Gesicht und zeigte keine Initiative. Seine Stimmung war teils heiter, teils ängstlich. Er wurde nach drei Monaten entlassen und wenige Wochen später wieder aufgenommen, nachdem er zu Hause eine Schranktür eingeschlagen hatte. In der Anstalt sprach er wieder von Nachstellungen und wollte eine politische Partei gründen. Er hatte ein gezwungen freundliches Wesen und einen starren Blick. Auf Fragen erging er sich in allgemeinen Phrasen und sprach nur ganz leise. Später heißt es: „Macht beim Sprechen kaum den Mund auf." 1929 ließ er die Augen unruhig hin- und hergehen und gab ausweichende Antworten. Er wurde entlassen und kam 1931 wieder. Jetzt hatte er ein „eingefrorenes Lächeln" und lief rastlos auf dem Gang hin und her. 1932 sprach er manchmal von seiner „Sexualnot" und verlangte Abhilfe. Seine Krankheit sei durch Mangel an Geschlechtsverkehr entstanden. Die Äußerungen waren stereotyp und wurden mit „leiser, etwas geheimnisvoller Stimme" vorgebracht. 1933 war er öfter gereizt und sprach davon, daß ihm öfter fremde Gedanken eingegeben würden. Er hatte wenig Mimik und sprach mit leiser Stimme. 1934 war er lenksam und bescheiden. Er begrüßte den Arzt mit Verbeugung und sah ihn erwartungsvoll an, hatte aber weiter nichts zu sagen. 1935 war er wieder öfter gereizt. 1936 schimpfte er manchmal. 1937 und 1938 war er ohne Initiative und sprach wenig. 1941 beschäftigte er sich etwas in der Korbflechterei und war sonst „ziemlich starr und gebunden". Auch in den folgenden Jahren war er mit einfachen Arbeiten beschäftigt und wird stumpf genannt. 1946 war er stumpf und interessenlos und starb an Lungentuberkulose.

Beim Probanden Ile ist die Schilderung der ersten Krankheitsjahre noch wenig ausgiebig. Daß er trotz seiner Krankheit teilweise noch den Krieg mitmachen konnte, erklärt sich sicher aus der guten Lenkbarkeit der proskinetischen Katatonen. Das Katatone tritt, wie oben dargestellt, im Beginn oft noch wenig hervor. Wenn er 1918 Schuhe zerriß und Kleider zum Fenster hinauswarf, so mag es sich damals schon um proskinetische Unruheerscheinungen gehandelt haben. Später wird das Reiben und Nesteln an den Fingern wiederholt erwähnt. Dazu gehört vielleicht das Pillendrehen mit Kot, das zugleich schon auf die grobe Abstumpfung hinweist. Seit 1923 wird immer wieder ein halblautes Sprechen erwähnt. 1924 wird seine abnorme Beeinflußbarkeit geschildert, indem ihn ein anderer Kranker exerzieren ließ. Bei meiner Nachuntersuchung 1939 bot er in allen Zügen das Bild einer proskinetischen Katatonie. Er nestelte, murmelte, wandte sich zu und zeigte Mitgehen und Gegengreifen. Auch bei seinem Vetter war der Krankheitsbeginn so schleichend, daß lange keine Anstaltsbehandlung erfolgte. Dann zieht sich durch die ganze Krankengeschichte die Feststellung, daß er mit eigenartig leiser Stimme sprach. Wenn er keine Verstimmung hatte, benahm er sich lenksam und bescheiden. Zugleich war er stumpf und ohne Initiative. Bei dieser Symptomverbindung ist eine proskinetische Katatonie wie beim Probanden zu vermuten, wenn auch da und dort paranoische Symptome erwähnt werden.

Zusammenfassung

Die proskinetischen Katatonen wenden sich auf Anrede mit einem Gesichtsausdruck zu, der trotz einer mimischen Leere eine gewisse Interessiertheit an der Untersuchung zeigt. Gleichzeitig oder auch erst nach einer gewissen weiteren Anregung beginnen die Kranken ein unverständliches Murmeln, das sich bei genauem Hinhören als ein *Verbigerieren* einzelner Redensarten erweist. Bei geringerer Ausprägung des Krankheitszustandes ist das Sprechen halblaut, aber noch gut verständlich. Dann können noch sinnvolle Antworten gegeben werden, allerdings auch schon häufig mit mehrfacher Wiederholung. Bei Anregung kommt es zu einem Greifen und *Nesteln*, einem Hantieren an Gegenständen, Zupfen an den Kleidern, Reiben der Haut usw. Durch entsprechende Versuchsanordnung kann man eine *Anstoßautomatie* feststellen. Der immer von neuem hingehaltenen Hand greifen die Kranken unermüdlich entgegen, durch einen leisen Druck gegen irgendeine Stelle des Körpers werden sie zu aktivem Mitgehen angeregt und lassen sich so in beliebige Stellungen bringen. Wenn man Gegensuggestionen gibt, läßt sich das Gegengreifen und Mitgehen vorübergehend unterbrechen, bei Ablenkung der Aufmerksamkeit setzt es aber ganz automatisch wieder ein. Die *Initiative* der proskinetischen Katatonen ist stark eingeschränkt, so daß sie in ihrem Gesamtverhalten trotz der motorischen Bereitschaft bewegungsarm erscheinen. Unter äußerer Anregung beschäftigen sie sich aber noch gut. Die *Affektivität* ist stark abgeflacht, meist in Form einer sorglosen Zufriedenheit. Bei manchen Kranken kommen aber Verstimmungen vor, die sich in Schimpfen und Aggressivität entladen können. Das *Denken* läßt sich in späten Stadien, in denen nur noch verbigeratorisch gemurmelt wird, nicht mehr prüfen. Wenn die Kranken noch Antwort geben, stellt man fest, daß ihre Lösungen oft unvollkommen bleiben, ohne aber unlogisch zu werden.

4. Negativistische Katatonie

Der vorwiegend bejahenden proskinetischen Katatonie steht die vorwiegend verneinende negativistische Katatonie gegenüber. Das wesentlichste Symptom dieser Krankheitsform, die sowohl von Kraepelin wie von Kleist abgegrenzt wird, ist, wie der Name sagt, der Negativismus. In leichten und beginnenden Fällen deutet er sich oft erst an. Die Kranken geben dann vielleicht noch richtige Auskunft und führen auch Aufträge aus, aber man erkennt doch schon an der Art ihres Handelns, daß Gegenbestrebungen vorhanden sind. Vielleicht schieben sich kurze Pausen ein, ehe die sachgemäßen Reaktionen erfolgen. Vielleicht erscheint erst bei ausdrücklichen Fragen eine Zuwendung zum Arzt, während der Blick sonst unbeteiligt zur Seite geht. Oft deutet sich schon frühzeitig die charakteristische Haltung an, indem der Kopf in eine andere Richtung sieht, als nach der Körperhaltung zu erwarten wäre. Wenn eine Gereiztheit hinzukommt, tritt der Negativismus deutlicher in Erscheinung. Erregungszustände können schon frühzeitig auftreten und durch ihre impulsive und heftige Art für negativistische Katatonie sprechen.

Wenn der Negativismus im Augenblick nicht durch eine gereizte Stimmung verstärkt wird, braucht er nicht mit groben Zeichen der Ablehnung einherzugehen. In reiner Form stellt er weniger ein Widerstreben als ein einfaches Unterlassen dar. Wendet man sich den Kranken zu, dann blicken sie nur flüchtig oder gar nicht auf, reicht man ihnen die Hand, dann scheinen sie das gar nicht zu bemerken, nimmt man ihre Hand nun einfach, so lassen sie das ganz unbeteiligt und reaktionslos geschehen. Wenn man ihnen Aufträge gibt, regen sie sich oft überhaupt nicht. Auf Fragen bleiben sie ohne Antwort. Der Gesichtsausdruck kann in solchen Zuständen unbewegt erscheinen. Je mehr man sich aber mit den Kranken beschäftigt, oft auch schon von Anfang an, kann eine unwillige bis deutlicher gereizte Stimmung das Verhalten beeinflussen. Dann erst entstehen die groben Zeichen des Widerstrebens. Wendet man sich jetzt dem Kranken zu, dann dreht er sich ab, reicht man ihm die Hand, dann zieht er die seine zurück, will man sie trotzdem ergreifen, dann reißt er sich los. Gleichzeitig wird er häufig schon Schimpfworte ausstoßen, weglaufen oder gar Anstalten zum Zuschlagen machen. Der Gesichtsausdruck zeigt in solchen Zuständen die Gereiztheit an. Charakteristischer ist ein verstockter, verhalten-feindseliger Ausdruck, der den gröberen Reaktionen vorausgeht. Das Mienenspiel ist nicht unnatürlich, wenn es im ganzen auch wenig belebt erscheint.

Oft lächeln die Kranken auch etwas verlegen, wenn man sich mit ihnen beschäftigt. Das ist dann der Ausdruck dafür, daß sie sich mit ihrem Negativismus selbst nicht ganz identifizieren. Man kann diesen inneren Widerstreit auch hervorlocken, indem man sich bemüht, die Kranken in eine möglichst freundliche Stimmung zu bringen. Wenn man recht nett mit ihnen ist, Frauen etwa kleine Schmeicheleien sagt, dann gelingt es, sie freundlich zu stimmen, sofern sie nicht gerade in einer gereizten Verfassung sind. Sie verlieren dadurch ihren Negativismus nicht, aber sie widerstreben jetzt mit diesem sehr charakteristischen *verlegenen Lächeln*, das gewissermaßen um Entschuldigung für das Widerstreben bittet. Das ambivalente Lächeln und das ambivalente Verhalten ist für die negativistische Katatonie beweisender als ein einfaches Widerstreben, das auch durch einfache Gereiztheit bedingt sein kann. Der Negativismus selbst erscheint in der *Ambitendenz* deutlich gemildert. Die Kranken blicken jetzt mehr auf und wenden sich weniger nachdrücklich ab; wenn sie vorher kein Wort gesprochen haben, dann geben sie jetzt auf Drängen vielleicht wenigstens ihre Personalien an.

In der groben Form, wie ich die Ablenkung hier schilderte, sah ich sie später nicht mehr. Es scheint, daß sich die Patienten, von denen ich seinerzeit ausging, in einer Dauerspannung befanden, aus der sie sehr schnell in eine Gereiztheit gerieten. Eine ungeeignete Behandlung könnte dabei eine Rolle gespielt haben, wie wir gleich sehen werden, wenn ich von den negativistischen Erregungen sprechen werde. Andererseits könnte sein, daß erst die neuroleptische Behandlung dazu führte, daß die Kranken zugänglicher wurden. Meine negativistischen Patienten der Berliner Reihe geben doch alle Antwort, wenn auch sehr einsilbig und oft nur ablehnend. Es machte meist keine Schwierigkeiten, die Personalien von ihnen zu erfragen; auch einfachste Fragen zum Alltag beantworteten sie meist richtig. Erst wenn man Fragen stellte, die nicht so einfach zu beantworten waren, oder sie mit Fragen bedrängte, widerstrebten sie deutlicher. Dann folgte bald keine Antwort mehr oder die Antwort: „Ich weiß nicht." Das ambivalente Lächeln bestätigte sich auch bei meinen späteren Beobachtungen.

Kennzeichnend ist oft die *Haltung der Kranken*. Sie sitzen gerne etwas verdreht da, halten den Oberkörper in einer anderen Richtung als die Beine, und den Kopf wieder in einer anderen Richtung, dazu häufig die eine Schulter hochgezogen. Die Haltung kommt wohl dadurch zustande, daß ausgeführte Bewegungen infolge des Negativismus immer wieder auf halbem Wege stehen bleiben. Die Kranken wenden sich zu, aber nur halb, vielleicht mit dem Kopf, während der Körper stehen bleibt; oder dieser dreht sich etwas zu, während die Stellung der Beine beibehalten wird. Außerdem werden sicher durch die Vorgänge der Umgebung manche reflektorische Bewegungen der Zuwendung angeregt und durch den Negativismus wieder auf halbem Wege aufgehalten. Anstoßautomatie, auf die ich gleich zu sprechen komme, und Negativismus könnten hier gegeneinander stehen.

Die Bezeichung „negativistisch" ist insoweit berechtigt. Nun stellt man aber eigenartigerweise ein Syndrom fest, das bei der proskinetischen Katatonie beschrieben wurde, das mir bei der negativistischen Katatonie erst an meinen Berliner Patienten auffiel. Ttrotz des Negativismus neigen die Kranken zu einer abnormen Bewegungsbereitschaft in Form der *Anstoßautomatie.* Sie können unermüdlich gegengreifen und bei leichtem Druck gegen den Körper aktiv mitgehen, auch wenn man es ihnen untersagt. Es ist schwer zu verstehen, wie so gegensätzliche Katatonien wie die proskinetische und die negativistische die gleiche motorische Bereitschaft haben können. Nur feinere Unterschiede lassen sich aufzeigen. Bei den proskinetischen Kranken paßt sich das Mitgehen den äußeren Anregungen enger an, die Bewegung hört auf, wenn der Druck von außen aufhört. Die negativistischen Katatonen bewegen sich dagegen oft noch weiter, machen etwa nach einem kurzen Druck gegen die eine Schulter eine volle Drehbewegung. Manchmal folgen sie der Anregung auch nicht unmittelbar, d. h. sie drehen sich nicht, sondern machen, obwohl ganz seitlich am Oberarm gedrückt wird, einige trippelnde Schritte vorwärts. Der Druck wirkt also mehr auslösend, als daß er eine angepaßte Bewegung erzeugt. Das Mitgehen ist auch nicht so vollkommen. Bei einem leichten Druck gegen den Hinterkopf geht der Kopf meist sofort nach vorne, aber der Körper bleibt steif, während sich proskinetische Kranke weiter beugen, manchmal so weit, daß sie unter Einknicken der Knie den Boden mit den Händen berühren. Ferner kann man den Versuch bei den negativistischen Katatonen nicht unentwegt fortführen, sie beginnen, je länger man an ihrem Körper tastet und drückt, mehr und mehr gereizt zu werden und nicht mehr zu reagieren. Es tritt schließlich im Gegenteil ein Widerstreben auf, so daß auch durch stärkeren Druck keine Bewegung mehr herbeigeführt werden kann. Bei den proskinetischen Katatonen kommt das nicht vor, sie behalten ihre Bereitschaft, gleichgültig, wie oft man sie herausfordert.

Die Genese des Syndroms ist bei den beiden Katatonien sicher trotz der äußeren Ähnlichkeit verschieden. Bei den proskinetischen Katatonen scheint eine Erschwerung zu bestehen, den Anregungen, die von außen kommen, zu widerstehen, während bei der negativistischen Katatonie infolge des groben Ausfalls der Willkürmotorik wohl tiefere motorische Mechanismen abnorm erregbar werden. Das bestätigt sich besonders, wenn sich die Kranken auf einen einmaligen kurzen Anstoß hin weiterbewegen. Auf eine unspezifische Erregbarkeit tieferer Mechanismen weist auch die Tatsache hin, daß bei den beiden antriebsarmen Katatonen, die ich noch zu beschreiben habe, der sprechbereiten und der sprachträgen Katatonie, ebenfalls eine Anstoßautomatie zu beobachten ist. Wenn bei Schilderung des Negativismus gesagt wurde, daß die Kranken vielleicht zur Begrüßung nicht die Hand geben, so steht das nicht in Widerspruch zu ihrem Gegengreifen. In natürlichen Situationen, wenn man sie z. B. im Vorbeigehen begrüßen will, blicken sie vielleicht gar nicht auf und reichen die Hand auch nicht. Es ist etwas anderes, wenn man ihnen demonstrativ die Hand hinhält ind immer wieder hinhält. Die Anregung von außen ist in diesem Fall unmittelbarer. Man muß ferner bedenken, daß die Kranken in der Untersuchungssituation viel mehr nach außen gelenkt sind, als wenn sie stumpfsinnig auf ihrem Platz sitzen und bis zum Augenblick der Begrüßung durch nichts von außen angeregt wurden. Es macht sich hier das negativistische Unterlassen geltend, das automatische Handeln wird nicht genügend angeregt.

Der Anstoßautomatie verwandt sind *Echopraxie*, *Echolalie* und *Katalepsie.* Diese Symptome können bei verschiedenen Katatonien auftreten, wenn die höhere Initiative stark verarmt ist. Sie sind auch davon abhängig, ob der Kranke die äußere Anregung subjektiv als Aufforderung auffaßt, eine Bewegung nachzuahmen, ein Wort nachzusprechen oder eine erhobene Gliedmaße in der gegebenen Stellung zu belassen. Für eine genauere Differentialdiagnose der Katatonien lassen sich diese Symptome daher nicht verwerten. Bei der Anstoßautomatie schließt man die subjektive Komponente dadurch aus, daß man ausdrücklich Gegensuggestionen gibt, d. h. auffordert oder sogar ständig ruft: „Nicht gegengreifen“, „nicht drehen lassen“.

Wenn man negativistische Katatone zu etwas drängt, was sie nicht wollen, dann werden sie zunehmend gereizt und geraten, wenn man nicht nachgibt, nicht selten in eine *negativistische Erregung*. Eine Kranke will etwa nicht in den Garten gehen, Zureden nützt nichts, mit schimpfenden Worten dreht sie sich zur Seite. Nimmt man sie an der Hand, um sie zu führen, dann reißt sie sich los. Versucht man nun, vielleicht unter Mithilfe mehrerer Schwestern, sie doch wegzuführen, dann kann die Erregung losbrechen. Die Kranke wehrt sich mit aller Kraft, sucht die Schwestern abzuschütteln, schlägt mit den Armen, stößt mit den Beinen, kratzt, beißt, schimpft usw. Solche negativistischen Erregungen können auch aus geringeren Anlässen auftreten. Ja, der Zusammenhang mit dem Widerstreben kann verloren gehen, indem ähnliche heftige Erregungen ohne erkennbaren äußeren Grund erscheinen. Die Kranken rennen plötzlich durch den Saal, stoßen Gegenstände um, schleudern Mitkranke zur Seite, schlagen Fensterscheiben ein usw. Von einer Kranken hieß es: „Wirft das Essen weg, attackiert eine unbeteiligte ruhige Kranke, ohrfeigt die Schwester, zerreißt ihre Schürze“. Wenn die Kranken nicht auf Widerstand stoßen, klingen die Erregungen meist rasch ab, sie zeichnen sich durch Heftigkeit, Neigung zu Aggressivität und kurze Dauer aus, enthalten aber nicht immer eine Gereiztheit, es können auch andere affektive Regungen maßgebend sein. Die Kranken können johlen, springen, in die Hände klatschen, sich im Kreis drehen, Purzelbäume schlagen. Es sind motorische Entladungen, die von Stimmungen irgend welcher Art getragen werden. Manchmal sind die Erregungen so kurz, daß man besser von *Impulshandlungen* spricht. Plötzliches Schreien, eine unerwartete Ohrfeige, rasches Einschlagen einer Fensterscheibe und anschließend gleich wieder ruhiges Verhalten — so findet man es nicht selten bei der negativistischen Katatonie. Bei Männern sind die Erregungen meist weniger aufdringlich, aber durch die Aggressivität noch gefährlicher. In ihrem Ablauf sind die Bewegungen hastig, plötzlich. Die Motorik ist bei der negativistischen Katatonie allgemein unharmonisch, in der Erregung wird sie ruckartig, eckig. Deutliche Verzerrungen treten aber nicht auf.

Unter einer *neuroleptischen Behandlung* bewegen sich die Kranken langsamer, das Unharmonische ihrer Motorik bleibt aber erkennbar. Die Erregungen werden gedämpfter, brechen aber trotz der Medikation immer wieder durch. Auch die Neigung zu Aggressivität bleibt, wenn die Medikation nicht übermäßig hoch gewählt ist. Die Besserung ist eine graduelle. Erregungen von der Heftigkeit, wie sie geschildert wurde, sieht man bei neuroleptischer Behandlung nicht mehr.

Die *Affektivität* im Sinne eines Gemütslebens ist bei den negativistischen Katatonen weitgehend verloren gegangen. Man findet aber noch ein primitives Interesse, es erstreckt sich auf die Nahrungsaufnahme und, sofern eine Möglichkeit dazu besteht, auf die Erotik. Essen wird oft anderen Patienten weggenommen und gierig verschlungen. Eine *Initiative*, die über das triebhafte Handeln hinausgeht, ist nicht mehr vorhanden. die Denkstörung scheint gering zu sein. Wenn sich die Kranken noch herbeilassen, einfache Intelligenzfragen zu beantworten, dann findet man zwar Unvollkommenheiten, aber keine groben Paralogien.

Von den negativistischen Katatonen der Frankfurter Untersuchungsreihe war eine mit einer Psychose belastet. Ich führe sie an.

Fall 62. Emilie Au, geboren 1890, war früher empfindlich, nahm alles schwer und war nie lustig wie die anderen. Im Mai 1911 erkrankte sie psychisch und wurde gleich in die Nervenklinik M. gebracht. Hier glaubte sie zum Heiraten abgerichtet zu werden, der Heiland habe sie hergewünscht. Sie saß regungslos da und antwortete auf Fragen stereotyp: „Ich habe meinem Schatz ewige Liebe und Treue geschworen." Sie zeigte Haltungsverharren und teilweise auch Echolalie und Befehlsautomatie. Manchmal lachte sie unvermittelt auf, gab aber keine Auskunft über den Grund. Sie onanierte ohne Scham. Nach fünf Wochen erfolgte Verlegung in die Anstalt D. Hier sprach sie kein Wort, lachte aber oft auf. Beim Versuch körperlicher Untersuchung schlug sie dem Arzt das Hörrohr aus der Hand. Dann wurde sie erregt, rannte hin und her, schrie, lachte, klatschte in die Hände. Solche Zustände wiederholten sich, sie tollte im Garten umher, machte sich erotisch an eine Mitkranke heran, die sie für einen Mann erklärte, wurde auch mehrmals aggressiv. Dann wieder war sie ruhig, ablehnend, sprach kein Wort, lief auf Anrede fort, lachte vor sich hin. Anfang 1912 wurde sie verständiger und konnte nach Hause geholt werden. Sie konnte drei Jahre gehalten werden. Genaueres über ihren Zustand ist nicht bekannt. 1915 veränderte sie sich wieder stärker, schimpfte und wurde wieder in die Anstalt D. gebracht. Sie gab keine Antwort, stierte vor sich hin, lachte aber manchmal auf. Dazwischen rannte sie oft plötzlich zur Türe und schlug daran. 1916 lag sie meist auf dem Boden, ließ sich nicht beeinflussen und gab nie eine Antwort. Dazwischen wurde sie immer wieder kurz erregt, schrie, brüllte, schlug gegen die Türen und rannte hin und her. 1917 blieb sie ablehnend, lag meist unter der Bettdecke, blickte mürrisch und gab keine Antwort. Von Zeit zu Zeit schimpfte sie und schlug auf andere Kranke ein. 1918 lag sie ebenfalls meist unter der Bettdecke und „vegetierte stumpf dahin". Dazwischen lärmte sie, riß an der Bettstelle herum, suchte den Tisch umzuwerfen. 1919 und 1920 hockte sie meist stumpf auf dem Boden, gab nie eine Antwort, schrie aber dazwischen immer wieder und wurde gewalttätig. 1921 kamen die Erregungen häufiger, waren aber immer nur kurz und gingen mit Aggressivität einher. 1922 griff sie brutal an. Ohne äußeren Grund sprang sie einmal plötzlich auf, schlug aus Leibeskräften gegen die Türe, warf eine schwere eichene Bank um und riß von einem Tisch die Platte ab. Andere Male mißhandelte sie brutal Mitkranke oder griff grundlos die Pflegerin an. 1923 und 1924 mußte sie wegen ihrer Gewalttätigkeiten häufig isoliert werden. In ihren ruhigen Zeiten war sie völlig unzugänglich. 1925 führte sie in ihrer Zelle eine Art Zweikampf mit ihrem Strohsack durch, indem sie diesen unter Schimpfen dauernd herumwarf. 1926 und 1927 hockte sie in stereotyper Haltung herum und neigte zu impulsiven Gewalttätigkeiten. 1928 setzte sie sich unter dem Einfluß der Arbeitstherapie manchmal an den Tisch, behielt aber ihre Erregungszustände mit Schreien und Aggressivität. 1929 waren die Erregungszustände nicht mehr so schwer wie früher. 1930 ließ sie sich etwas zum Stricken anhalten, zerbrach aber dazwischen die Nadeln. Beim Essen war sie sehr unappetitlich. Von Zeit zu Zeit wurde sie aggressiv. So blieb ihr Verhalten auch die folgenden Jahre. 1933 schlug sie ein Fenster ein. 1934 hob sie in ihren Erregungen die Röcke hoch. Auch war sie mit Urin unrein. — 1939 habe ich sie zusammen mit B. SCHULZ nachuntersucht. Sie ließ den Kopf etwas nach vorne hängen, hielt ihn aber gleichzeitig nach der Seite gedreht und hatte die Arme etwas krampfhaft an den Leib gepreßt. Sie blickte feindselig verbissen und gab keine Antwort. Wollte man ihre Hand ergreifen, dann riß sie sich mit schimpfenden Lauten los und wandte sich noch weiter ab. Dann einmal lachte sie unvermittelt laut auf. Beim Versuch, mit freundlichem Ton an sie heranzukommen, wurde der Widerstand deutlich geringer, sie lächelte verlegen, wich nicht mehr zurück, war aber zu keinem weiteren Entgegenkommen zu bringen. Das Syndrom der Anstoßautomatie kannte ich damals noch nicht.

Ein *Vetter* zweiten Grades, Georg Brum, geboren 1886, kam 1906 mit folgendem Zeugnis in die Anstalt M.: „B. ist seit sicher zwei Jahren an Erscheinungen von Dementia präcox erkrankt, in der Zeiten vollkommener apathischer Ruhe mit Zeiten von Aufregung und Bewegungsdrang abwechseln. Seit einigen Tagen nun befindet er sich in einem starken Zustande von Aufregung wie nie zuvor; er schlägt alles zusammen, die Fenster, das Geschirr, die Werkzeuge, er greift auch Leute an, wie er gestern einen Bruder in den Arm biß ..." In der Anstalt saß er stumpf da und lächelte auf Anrede, gab aber keine Antwort. Wenn man sich an ihm zu schaffen machte, wich er zurück. Den Kopf zog er meist zwischen die Schulter und hielt ihn außerdem, wie es ausdrücklich heißt „etwas seitlich gedreht". Manchmal machte er ruckartige Bewegungen mit dem Körper.

1907 war er weiter ablehnend, leistete bei passiven Bewegungen Widerstand, drehte den Kopf weg, wenn man mit ihm sprach. Er saß meist mit hochgezogenen Schultern da und lächelte scheu. Er wurde ungeheilt nach Hause entlassen.

Die Probandin Au hatte eine charakteristische negativistische Katatonie. Im Beginn waren noch Symptome beigemischt, die dem Defektstadium nicht mehr eigen sind, aber auch damals beherrschten schon die Symptome dieser Krankheitsform das Bild. Bei meiner Nachuntersuchung war Au negativistisch und leicht gereizt. Es gelang mir aber, eine Ambitendenz wenigstens in Andeutung hervorzulocken. Der Vetter Brum ist leider nur kurz geschildert, aber dabei so charakteristisch, daß ich am Vorliegen einer negativistischen Katatonie auch hier nicht zweifeln möchte. Sowohl die Ablehnung wie auch die impulsiven Erregungen sind typisch beschrieben. Die Schilderung des schweren Erregungszustandes zu Hause ist besonders charakteristisch. In der Anstalt kamen ähnliche Zustände nicht vor, doch traten zeitweise ruckartige Bewegungen des Körpers auf, die wohl solchen impulsiven Zuständen entsprachen. Sehr deutlich ist in der Anstalt die charakteristische Haltung der negativistischen Katatonie beschrieben. Auch das verlegene Lächeln, das scheu oder blöde genannt wird, wies der Kranke auf.

Zusammenfassung

Die negativistische Katatonie ist durch ein Widerstreben ausgezeichnet. Wenn keine Gereiztheit hinzukommt, brauchen noch keine groben Zeichen von Ablehnung hervorzutreten, der Negativismus äußert sich dann vorwiegend in einem *Unterlassen.* Wenn man in die Kranken drängt, dann werden sie zunehmend verstimmt und damit viel deutlicher widerstrebend. Sie ziehen jetzt die Hand, die man ergreifen will, zurück, sie reißen sich los, sie stoßen unwillige Laute aus, laufen weg oder werden auch aggressiv. Will man das Widerstreben mit Strenge bekämpfen, dann löst man leicht eine *negativistische Erregung* aus, die große Heftigkeit annehmen kann. Auch ohne äußere Ursache treten bei den Kranken Erregungszustände auf, die meist nur kurz sind und oft mit Gewalttätigkeiten einhergehen. Die ganze Motorik hat etwas Impulsives an sich und wirkt dadurch ruckartig und eckig. Die Haltung der Kranken ist oft eigenartig verdreht. In Zusammenhang mit der hochgradigen Verarmung der Willkürmotorik kommt es zu einer abnormen Erregbarkeit tieferer motorischer Mechanismen, so daß eine Anstoßautomatie entsteht.

Höhere *Aktivität* und *Affektivität* sind bei den negativistischen Katatonen nicht mehr erkennbar, dagegen behalten sie eine lebhafte Triebhaftigkeit, die sich in gieriger Nahrungsaufnahme und erotischen Neigungen kundtut. Das Denken ist nicht allzusehr gestört.

5. Sprechbereite Katatonie

Wenn ich diese eigenartige Katatonieform als „*sprechbereit*“ bezeichnet habe, so hat man das gelegentlich dahin mißverstanden, daß man bei den Kranken eine Gesprächigkeit vermutete. Zu sprachlichen Äußerungen führt die Bereitschaft der Kranken aber nur dann, wenn von außen her die entsprechende Anregung kommt. Eine spontane Gesprächigkeit haben die Kranken keineswegs. Von sich aus sprechen sie ganz im Gegenteil fast nichts. Nur in frühen Stadien, wenn der Initiativmangel noch gering ist, kann sich gelegentlich ein leichter Rededrang zeigen. Die Antworten, die auf Fragen bereitwillig gegeben wurden, leiten auch nicht in einen Rededrang über, sondern bleiben in der Regel kurz, meist sogar agrammatisch. Das Abnorme an der Sprechbereitschaft ist nicht ein Drang zu sprechen, sondern die eigenartige Bereitschaft, vorschnell Antwort zu geben.

Sinnlose Antworten, wie sie diese Katatonie auszeichnen, treten meist schon im Beginn der Krankheit hervor. Sie sind in dieser Zeit aber nur eingenstreut in viele logische Antworten. Oft haben die unrichtigen Antworten auch noch gar nichts eigentlich Abwegiges an sich, sondern sind nur etwas nichtssagend, unüberlegt. Darauf muß man achten, wenn man die sprechbereite Katatonie schon in ihrem Beginn erkennen will. Der Autismus, von dem noch die Rede sein wird, ist meist schon im Beginn deutlich.

Manche Antworten sind auch in späteren Stadien der sprechbereiten Katatonie noch sachlich. Wenn man mit einfachsten Fragen beginnt, sich etwa nach den Personalien erkundigt, braucht noch nichts aufzufallen. Je weiter man aber fragt, desto unrichtiger werden die Antworten. Erkundigt man sich etwa bei einem Kranken, der seine Personalien richtig angegeben hat, nach der Dauer seines Anstaltsaufenthaltes, dann wird man meist eine verkehrte Antwort erhalten oder wenigstens eine sehr unbestimmte, wie etwa: „Schon länger". Will man die Auskünfte genauer haben, so kommt man selten zum Ziel, vielmehr setzt nun meist ein Vorbeireden ein, das negativistisch anmutet, und etwa zur Behauptung führen kann, schon 80 Jahre in der Anstalt zu sein, obwohl vorher das Alter richtig mit 50 angegeben worden ist.

Sowohl die allgemein gehaltenen wie die völlig an der Frage vorbeigehenden Antworten sind für die sprechbereite Katatonie charakteristisch. Manche Kranke geben anhaltend nur diese falschen oder unbestimmten Antworten, von anderen kann man vieles richtig erfahren. Am raschesten werden die Antworten ungenau und sinnlos, wenn man Themen berührt, die den Kranken unangenehm sind. Man kann daher gerade die Dauer des Anstaltsaufenthaltes bei älteren Anstaltsinsassen kaum je richtig erfahren. Oft läßt sich das Vorbeireden auch dadurch provozieren, daß man recht kurz und bündig fragt. Die Kranken antworten dann gern ebenfalls prompt und gleichzeitig besonders sinnlos. Auch sonst werden die Antworten nicht nur innerlich unüberlegt, sondern meistens auch äußerlich schnell gegeben, sobald man die Kranken durch ein Frage-Antwort-Spiel etwas in Gang gebracht hat. Zunächst können die sprachlichen Äußerungen zögernd erfolgen. Das erklärt sich sicher mit der allgemeinen Antriebsarmut dieser Kranken, von der die Rede sein wird. Sie ist sicher auch dafür verantwortlich, daß sie von sich aus oft gar nichts sprechen. Sie werden in Krankengeschichten häufig mutistisch genannt, weil man versäumt hat, Fragen an sie zu stellen, die sie dann möglicherweise zunächst etwas zögernd, später aber prompt beantwortet hätten. Ich führe eine Unterredung an, die ich mit einer sprechbereiten Katatonen in der Anstalt Gabersee hatte.

(Woher sie sei?) Gibt Geburtsort richtig an. (Letzter Wohnort?) „Hier in Gabersee." (Vorher?) „Zu Hause." (Wo?) „Bei uns zu Hause." (Wo ist das gewesen?) „Bei mir war es." (An welchem Ort?) „Gabersee." (Welchen Ort war es vorher?) „Zuvor? Kann ich mich nicht mehr so schnell erinnern." (Wann geboren?) Wird richtig angegeben. (Wann nach Gabersee gekommen?) „Vor drei Jahren, drei bis vier Jahren." Tatsächlich ist sie vor zehn Jahren gekommen. (In welchem Jahr gekommen?) „Das weiß ich nicht." (Ungefähr?) „1908." (Wieviel Jahre sind das dann?) „Das sind schon viele Jahre." (Wieviel?) „Vier." (Seit 1908?) „Ja." (Was ist jetzt für ein Jahr?) „1900." Tatsächlich ist es das Jahr 1934. (Was war voriges Jahr?) „Auch 1900." (Vor zwei Jahren?) „Auch." (immer 1900?) „Ja."

Man hat hier Vorbeireden vor sich. Gegebene Antworten sehen nicht immer nach einem aktiven Nichtwollen aus, oft scheinen die Kranken nur einfach draufloszureden, was ihnen gerade in den Sinn kommt. Gerade bei den allgemein gehaltenen, nicht eigentlich unrichtigen Antworten hat man oft diesen Eindruck. Im Sinne eines gedankenlosen Drauflossprechens liegt es auch, daß einfachste Fragen, deren Lösung gedanklich sofort richtig auftaucht, so häufig richtig beantwortet werden, während sich ein einfaches Nichtwollen bei einfachen Fragen ebenso wie bei schwierigen bemerkbar machen müßte.

Dann aber wieder scheint es ein reines Nichtwollen zu sein, wenn die Kranken um so weniger richtig antworten, je mehr man in sie drängt. Man beachte etwa im obigen Stenogramm, wie unmöglich es war, von der Kranken den letzten Wohnort zu erfahren, wie sie immer und immer wieder an dieser Frage vorbeiredete.

Eine weitere Eigenart des Vorbeiredens dieser Katatonen tritt in dem gegebenen Beispiel nicht hervor. Oft sind die Antworten so absurd, daß man gar nicht mehr an ein willentlich falsches Antworten denken kann. Man versteht bei vielen Äußerungen gar nicht mehr, wie ihr Inhalt zustande kommen konnte. Das wird erkennbar, wenn ich den Äußerungen der Kranken die ganz sinnlosen einer anderen Gaberseer Kranken gegenüberstelle.

(Wie geht es?) „Gut". (Was treiben Sie immer?) „Nichts in Reh." (Was heißt das?) „Das kann ich nicht erkennen." (Wo heute beschäftigt?) „Auf Feldfürsten." (Was ist das?) „Zum Brett." (Zum Brett?) „Ja." (Schon gegessen?) „Ja." (Was?) „Segeldach." (Segeldach?) „Ja." (Wie hat das geschmeckt?) „Gut." (Was essen Sie sonst?) „Feiertag." (Was ist heute für ein Wochentag?) „Mist." (Welches Datum?) „88, 83." (Jahreszeit?) „Schwester Ludwila." (In welchem Jahr hier aufgenommen?) „Das kenne ich auch nicht, 45." (In welchem Jahr geboren?) „Das kenne ich auch nicht mehr." (Was sie weiter vorhabe.) „In ein Arbeitergassenviertel." (Was wollen Sie da?) „Nein, das kenne ich nicht." (Wo zu Hause?) „In Ludwilaviertel." (Was ist das?) „Zu Böhmen." (Sie sind Böhmin?) „Ja." (Wo geboren?) „In Bethlehem." (Wo liegt das?) „Im Stall." (Ob sie wohl Jesus sei?) „Auch mitunter." (Verheiratet?) „Ja." (Mit wem?) „Selbst in Kost." (Wie heißt Ihr Mann?) „Ludwila." (Bei Ihnen heißt alles Ludwila?) „Ja." (Haben Sie Kinder?) „Nein." (Sie haben doch ein Kind!) „Kenne ich nicht." (Wo sind Sie hier?) „In Ludwilgasse." (Wo vorher?) „Vorher war ich auch zu Hause, das selbst und Staufen." (Beim Mann gelebt?) „Kenne ich niemand, war nicht verheiratet." (Nicht verheiratet?) „Nein." (Doch!) „Nein, ich war nie verheiratet." (Sie haben es doch vorhin selbst gesagt!) „Ich war nicht verheiratet." (Wie war Ihr Mädchenname?) „Ludwila." (Wie noch?) „Das ist alles." (Wie heißen Sie jetzt?) „Schmidt." (Die erste richtige Antwort!).

Aus diesem Stenogramm ist zunächst wieder erkennbar, daß großenteils der Wille zu richtigen Antworten fehlte. Als andere anwesende Patientinnen über die merkwürdigen Antworten lachten, wurde die Kranke gereizt und schien erst recht den guten Willen zu verlieren; aber bemerkenswerterweise machte sie nie einen Ansatz, die Antworten zu verweigern, sie stieß sie in ihrer Gereiztheit noch schneller hervor als vorher. Weiter ist an dem Stenogramm oft erkennbar, daß die Kranke das aussprach, was ihr gedanklich gerade bereitlag, gleichgültig, ob es zur Frage paßte oder nicht. Wenn sie mit „Ja" oder „Nein" antwortete, dann war das nicht sachlich begründet, sondern hing mehr davon ab, ob im Tonfall einer Frage mehr das eine oder das andere anklang. Bei einer Kranken, die ich mit SCHWAB nachuntersuchte, konnte man die Antwort durch die Formulierung der Frage in einem oder entgegengesetztem Sinne vorausbestimmen. Fragte man, was ihr besser gefalle, deutsch oder französisch, dann antwortete sie mit „französich"; fragte man aber „französisch oder deutsch", dann erhielt man „deutsch" zur Antwort, weil jetzt dieses Wort am Schluß der Frage stand und daher mehr hervortrat. Ähnliches deutet sich in dem wechselnden „Ja" und „Nein" der obigen Kranken an. Antworten, die einfach die Frage in etwas abgewandelter Form wiederholen, nennt KLEIST echologisch. Solche Echologien sind bei der sprechbereiten Katatonie häufig. Weiterhin ist das kurzschlüssige der Antworten in dem Stenogramm an der ständigen Wiederkehr des Wortes „Ludwila" erkennbar. Solche Wiederholungen sind für das Krankheitsbild ebenfalls sehr charakteristisch. Es handelte sich bei „Ludwila" um den Namen einer Ordensschwester, die Jahre vorher einmal an der Anstalt war. Vielleicht war er für die Kranke in irgendeinem Sinne affektbetont. Er kehrte aber sicher vor allem deshalb immer wieder, weil er nach dem ersten Auftauchen bereitlag und sich anbot, wenn sich gerade keine andere Antwort vordrängte. Man findet diese Eigenart regelmäßig bei den sprechbereiten Katatonen und kann geradezu von *Perseveration* sprechen, mag diese auch ganz andere Entstehung haben als das Perseverieren organisch Kranker. Daß kurzschlüssig das ausgesprochen wird, was sich gerade anbietet, geht auch aus Redensarten hervor, die durch äußerliche Assoziationen angeregt sind. In dieser Weise konnte oben die Bemerkung entstehen, Bethlehem liege im Stall.

Was über ein kurzschlüssiges Vorbeireden hinauszugehen scheint, das sind unverständliche Antworten wie „Auf Feldfürsten", „Ludwilaviertel", „nichts in Reh". Sie sind in ihrer Merkwürdigkeit ebenfalls charakteristisch für sprechbereite Katatonie. Zu ihrer Erklärung wird man betonen dürfen, daß man ja nie weiß, was gerade durch die Gedanken der Kranken für Erinnerungen gezogen sind, aus denen ein Bruchstück gerade bereitlag, als eine Frage das Sprechen anregte. Wenn zufällig mehrere Begriffe bereitlagen, dann konnten sie sich zugleich vordrängen und zu falschen Wortzusammensetzungen führen. Von *Kontaminationen* kann man nur bedingt sprechen, da es sich kaum um Gedanken, sondern nur um Worte ohne Sinn handelt. Das *Agrammatische,* das viele Antworten an sich haben, kann man damit erklären, daß der Sprechimpuls das Bereitliegende hervorholt, ohne daß es erst geordnet werden kann. Auch die Kürze der Antworten, die man meist feststellt, spricht dafür, daß ein Impuls wirksam ist, der sich schnell wieder erschöpft.

Ich glaube demnach, daß dem Vorbeireden der sprechbereiten Katatonie eine eigenartige *Kurzschlüssigkeit* zugrunde liegt, der zufolge auf eine Frage nicht das Denken in Tätigkeit tritt und die Antwort nachfolgen läßt, die vielmehr sprachlich das laut werden läßt, was zufällig bereitliegt. Diese Lösung wird auch durch das äußere Verhalten der Kranken nahegelegt. Wenn man ihre Initiativarmut überwunden hat, dann erfolgen die Antworten oft so prompt, daß zu einer gedanklichen Vorbereitung gar keine Zeit verwandt worden sein kann. Es ist auch ganz gleich, ob die Frage leicht oder schwierig ist, ob sie Denkarbeit erfordert oder nicht. Auch auf sehr schwierige oder ganz unsinnige Fragen, z. B. nach der Zahl der Sterne oder der Sandkörner im Meer bekommt man Antworten, etwa in der Weise, daß irgendeine Zahl genannt wird, meist eine kleine, da kleine Zahlen mehr bereitliegen als große.

Dadurch ist auch verständlich, daß einfache Fragen großenteils richtig beantwortet werden; hier liegt die richtige Lösung so sehr bereit, daß sie von der Frage her ohne Zwischenschaltung einer Denkarbeit sofort geweckt wird. Falls auch einfache Fragen falsch beantwortet werden, kann man meist affektiv Gründe feststellen. Sofern die Kranken in einer geradezu negativistischen Weise vorbeireden, handelt es sich überwiegend um Fragen, die ihnen peinlich sind. Hier sorgt sicher die bewußte oder unterbewußte Verdrängung dafür, daß das Unangenehme nicht bereitliegt. Wenn einmal eine falsche Antwort gegeben wurde, ist selten durch Nachfrage noch die richtige zu erhalten. Auch hierbei erkennt man deutlich die affektive Ablehnung, die nicht zugeben möchte, daß das, was einmal gesagt wurde, falsch ist.

Durch Rückführung des sprechbereiten Vorbeiredens auf eine Kurzschlüssigkeit des Denkens ergibt sich eine Parallele zu einer anderen katatonen Unterform. Bei der *proskinetischen Katatonie* sahen wir, wie sich Anregungen, die von außen kommen, abnorm leicht in entsprechende Bewegungen umsetzen. Das Handeln scheint hier also ähnlich unmittelbar angeregt zu werden wie bei der sprechbereiten Katatonie das Antworten. Es gibt danach zwei Katatonien mit Kurzschlüssigeeit, sie liegt hier im Handeln, dort im Sprechen bzw. Denken. Wir haben bisher gesehen, wie sich in den Katatonien Gegensätzlichkeiten erkennen lassen, so zwischen der proskinetischen und negativistischen Katatonie. Es kommt nun hinzu, daß die Formen, die auf der einen Seite stehen, unter sich etwas Verwandtes haben. Bei der sprechbereiten und der proskinetischen Form findet man in verwandter Weise eine Erleichterung von Willensabläufen. Ähnliches läßt sich auch für die parakinetische Katatonie feststellen. Auf der anderen Seite dagegen finden wir in der manierierten Katatonie wie der negativistischen Katatonie die Erschwerung. Wir werden das gleiche auch noch bei der sprachträgen Katatonie feststellen können. Solche Gesetzmäßigkeiten deuten eindringlich darauf hin, *daß hier spezifische Erkrankungen ganz bestimmter Funktionsgebiete vorliegen.*

Wenn man das merkwürdige Vorbeireden so, wie es geschehen ist, genauer betrachtet hat, ist wohl klar, daß wir es hier mit einer Erscheinung zu tun haben, die etwas *ganz Spezifisches darstellt und sonst nicht vorkommt.* Es wäre völlig abwegig, aus den Äußerungen sprechbereiter Katatoner Schlußfolgerungen für die Art einer „schizophrenen" Denkstörung zu ziehen. Bisher hat man Ähnliches oft getan, man hat die Denkstörung des einen oder anderen Schizophrenen untersucht und das Ergebnis fälschlicherweise auf die Schizophrenie im allgemeinen übertragen. Bei dem Bild des Vorbeiredens handelt es sich ganz ausschließlich um eine Störung der sprechbereiten Katatonie. Ob man dabei im engeren Sinne überhaupt von einer Denkstörung sprechen darf, ist nicht sicher, denn die Kranken denken ja allem Anschein nach gar nicht, ehe sie sprechen. Insofern liegt die Störung mehr im Bereich der Willensabläufe und weist sich damit als kataton aus. Wie das Denken der Kranken sonst gestaltet ist, läßt sich kaum beurteilen. Auf der Abteilung bei einfachen Arbeiten benehmen sie sich geordnet, so daß man hier keinen Anhaltspunkt für eine schwere Beeinträchtigung des Denkens gewinnt.

Weitere Symptome beweisen ebenfalls die Zugehörigkeit dieser Krankheitsform zur Gruppe der Katatonien. Ohne daß eigentliche Haltungsanomalien bestehen, zeigen die Kranken eine auffällige Steifheit ihrer Psychomotorik. Beim Sprechen vermißt man Gesten, wie sie normalerweise doch wenigstens angedeutet immer vorhanden sind, und das Gesicht bleibt merkwürdig ausdruckslos, es gibt für den Normalen nichts wieder, ist nur wie eine Maske. Es handelt sich nicht um eine mimische Starrheit wie bei der manierierten Katatonie oder bei metencephalistischen Zuständen, sondern um ein Fehlen des Ausdrucks. Die Kranken können lachen, und man weiß doch nicht, ob es ihnen eigentlich lächerlich zumute ist. Sie können Antworten geben, die man mit Sicherheit als absichtlich falsch ansehen möchte, und doch zeigt nichts an ihrem Mienenspiel ihr Nichtwollen. Immer bleibt der Gesichtsausdruck unverständlich, fremdartig, undurchdringlich. Es scheint vor allem der Ausdruck der Augen zu fehlen, während bei Metencephalitis gerade die Augen etwas Sprechendes behalten können.

Die *mimische Ausdruckslosigkeit* der sprechbereiten Katatonie fällt um so mehr auf, als sich die Kranken dem Fragenden regelmäßig zuwenden und ihm frei ins Gesicht blicken. Es entsteht dadurch ein eigenartiger Kontrast zwischen einer rein äußerlichen Ansprechbarkeit, die ja auch in der Antwortbereitschaft zum Ausdruck kommt, und einer gefühlsmäßigen Unnahbarkeit. Der *zwischenmenschliche Rapport,* der wohl aufs engste mit den unbewußten mimischen Äußerungen zusammenhängt, ist bei keiner anderen Schizophrenie in solch eindrucksvoller Weise gestört.

Eigenartigerweise erfolgt die Zuwendung nur, wenn man mit Fragen an die Kranken herantritt. Sonst stellen sie sich keineswegs reaktionsbereit auf die Umgebung ein, sondern scheinen sich ganz im Gegenteil um nichts zu kümmern, von allem unberührt zu bleiben. An andere Kranke schließen sie sich nicht an, ungefragt sprechen sie nicht mit ihnen. Die ärztliche Visite beachten sie, nach ihrem äußeren Verhalten zu schließen, gar nicht. Sie bleiben auch völlig unbeteiligt, wenn man sich neben ihnen mit einem anderen Kranken unterhält. Erst wenn man sie selbst anspricht, scheint ihr Interesse zu erwachen. Dadurch entsteht wieder ein eigenartiger Kontrast. Trotz ihrer Zuwendung auf Anrede verkörpern die Kranken das, was man *Autismus* nennt, in geradezu klassischer Weise. Die Kranke etwa, von der das zweite oben angeführte Stenogramm stammt, ging gerne im Saal auf und ab, sie blickte dabei nicht rechts und nicht links, sie blickte auch nicht auf, wenn ihr jemand in den Weg trat, sondern wich wie mechanisch aus und setzte ihren Gang fort. Wenn die Essenverteilung anfing und im Saal alles auf den Beinen war, dann schlängelte sie sich, ohne sich irgendwie um das Treiben zu kümmern, zwischen den anderen hindurch, bis sie selbst zum Essen gerufen wurde. Der Autisms erinnert an das, was wir bei der Hebephrenie finden werden, die ich autistisch nenne, doch fehlt dort der Kontrast zu der prompten Zuwendung bei Anrede.

Schon in der autistischen Uninteressiertheit scheint ein erheblicher *Mangel an Initiative* zum Ausdruck zu kommen. Das normale *Willensleben*, und hier kaum davon zu trennen, das normale *Affektleben*, scheint weitgehend abgebaut zu sein. Nie hat man im Endzustand den Eindruck, daß die Kranken affektiv an irgend etwas stärker gebunden sind, nie mehr fragen sie nach ihren Angehörigen, nie äußern sie Wünsche oder unternehmen sonst etwas aus eigenem Antrieb. Die alltäglichen Geleise, an die sie gewöhnt sind, werden mechanisch durchlaufen; einfache Arbeiten, die man ihnen gibt, führen sie aus, aber von selbst beginnen sie nichts. Wie wiederholt angeführt, sprechen sie von sich aus auch nichts. Mag auch manches hinter dem Autismus verborgen bleiben, sicher ist der Abbau des Willens- und Gefühlslebens bei dieser Katatonie hochgradig.

Erregungen kommen bei der sprechbereiten Katatonie vor, sind aber wenig charakteristisch. Die Kranken schimpfen manchmal ins Leere und scheinen *Stimmen* zu hören. Sie gehen aber niemals in ihrer Erregung auf, wie wir es bei der sprachträgen Katatonie sehen werden, sondern lassen sich durch Zuspruch meist beruhigen. Gelegentlich kommt es zu Angriffen auf die Umgebung, auf die vermutlich Sinnestäuschungen bezogen werden. Bei manchen Kranken werden Erregungen auch ganz vermißt. Genaueres über Sinnestäuschungen oder Wahnvorstellungen ist von den Kranken nicht zu erfahren. Eine Kranke in Gabersee nannte mich häufig ihren Sohn, doch war nie herauszubringen, ob es sich dabei um eine Wahnidee handelte oder ob sie nur vorbeiredete. Eine wesentliche Rolle spielen wohl weder Sinnestäuschungen noch Wahnvorstellungen, denn auch in früheren Stadien des Leidens deuten nur selten Äußerungen darauf hin.

Unter meinen sprechbereiten Katatonen ist einer mit einer Psychose belastet. Ich führe ihn an:

Fall 63. Rudolf Stö, geboren 1887, stud. jur. ,war früher unauffällig, liebte auch Gesellschaften und kam leicht durch das Gymnasium. Seit 1909 veränderte er sich allmählich, versagte im Studium, wurde still und grüblerisch, ging immer im Zimmer auf und ab und gab gereizte Antworten. 1911 wollte er beim Dienstmädchen schlafen, schlug eine Scheibe ein und wurde in die psychiatrische Klinik M. gebracht. Hier hielt er sich steif wie eine Statue, hatte ein maskenhaftes Gesicht und zeigte Katalepsie, wie auch Echopraxie. Auf Fragen gab er einsilbige Antworten. Er ließ sich alles einreden und antwortete mit Vorliebe „ja". Er wurde in die Anstalt E. verlegt. Hier lachte er oft vor sich hin und lief im Saal hin und her. 1912 wird er mutistisch genannt. Erst 1914 findet sich in der Krankengeschichte wieder ein Eintrag. Stö gab jetzt manchmal Antwort und lachte und schrie gelegentlich vor sich hin. 1915 gab er manchmal korrekte Antworten, grimassierte und führte Selbstgespräche. Der nächste Eintrag findet sich 1919. Stö lag jetzt unzugänglich im Bett. 1920 sprach er fast nichts und war gelegentlich unrein. 1921 nestelte er an seinen Knöpfen. 1922 zerriß er öfter sein Hemd. 1922 zog er sich durch stereotypes Auf- und Abgehen im Garten Blasen an den Füßen zu. 1923 war er meist stuporös unter der Decke. 1924 warf er wiederholt das Geschirr in den Saal. Er führte mit dem Arzt folgendes Zwiegespräch: (Wie geht es Ihnen?)

„Danke gut.“ (Wo hier?) „Bellevue.“ (Datum?) „27. 7. 1918.“ — Richtig: 27. 7. 1924. (Wie gefällt es Ihnen?) „Ja.“ (Möchten Sie nicht wieder hinaus?) „Nein.“ (Wie ist die Stimmung?) „Ja gut.“ 1925 wird er teilnahmslos und verblödet genannt. 1926 und 1927 war er stuporös, zeitweise aber erregt und aggressiv gegen den Pfleger. 1928 lag er meist zu Bett. 1929 lief er halluzinierend und grimassierend im Saal auf und ab. Die folgenden Jahre wird er apathisch, autistisch, gelegentlich erregt und gewalttätig geschildert. 1938 war er blöd, unsauber und lachte bei Anrede. — 1939 habe ich ihn zusammen mit B. Schulz nachuntersucht. Er gab auf Fragen prompt Antwort, aber immer nur sehr kurz, teils richtig, teils an der Frage vorbei. Auch wenn man ihm ganz sinnlose Fragen stellte, hatte er eine Antwort bereit. Bei all seinen Äußerungen blieb das Mienenspiel völlig das gleiche, leere. Die Stirne war einförmig in Falten gezogen, die Hände vor dem Leib gefaltet. Die gehobene Hand blieb kurze Zeit stehen, durch sehr ostentatives Vormachen konnte auch etwas Echopraxis ausgelöst werden. Das Zwiegespräch verlief in folgender Weise: (Wie lange schon hier?) „Sehr längere Zeit.“ (Wie alt sind Sie?) „30 Jahre.“ (Datum?) „1937.“ (Wie alt?) „28.“ (Vorher 30 gesagt!) „Ich gebe nach.“ (Wie alt ist die Anstalt?) „Sehr längere Zeit, schon lange.“ (Wie lange steht die Welt schon?) „Schon länger.“ (Wie viele Sterne am Himmel?) „Alle.“ (Wie viele?) „2“ (Wie viel Sonnen gibt es?) „3“. (Wieviel Monde?) „Soll keinen geben.“ (Unterschied zwischen Kiste und Korb?) „Kiste ist klein.“ (Baum und Strauch?) „Sträucher, Gebüsch.“ (Kind und Zwerg?) „Zwerg ist richtig.“ (Not bricht Eisen?) „Daß die Not das Eisen frißt.“ (Keine Rosen ohne Dornen?) „Rose, das ist katholisch.“ (Morgenstund hat Gold im Mund?) „Guten Morgen, Morgenstunde.“

Ein *Bruder*, Friedrich Stö, geboren 1886, stud. jur., war früher ruhig, fleißig und machte das Gymnasium ohne Schwierigkeit durch. 1908 wurde er apathisch, aß nichts, fühlte sich hypnotisiert, hörte Stimmen. Er kam daher in die Psychiatrische Klinik M. Hier hielt er sich ganz steif, nahm gezwungene Haltungen an, bot Flexibilitas cerea und lachte manchmal unmotiviert. Er klagte über Stimmen, die ihn beschimpften. Folgendes Zwiegespräch ist vermerkt: (Wo er sei?) „In der Augenklinik.“ (Weswegen?) „Weil ich augenleidend bin.“ (Warum er so deprimiert sei?) „Weil ich meine Willenskraft auf die Augen konzentrieren muß.“ (Warum?) „Weil es sonst wehtut, und das kann ich nicht aushalten, das Wehtun.“ (Welcher Tag heute?) „Weiß ich nicht.“ (Jahr, Monat?). „Weiß ich nicht.“ Die Begrüßung des Arztes beantwortete er einmal mit folgender Bemerkung: „Wir spielen nicht weiter, ich will nicht Korpsstudent bleiben.“ Später erklärte er: „Ich denke nach über meine Umgebung.“ (Und zu welchem Schluß sind Sie gekommen?) „Zum Circulus vitiosus.“ Dazwischen war er erregt und deklamierte laut. Ein andermal hüpfte er stereotyp im Bett auf und ab. Er wurde in die Anstalt E. verlegt. Hier war er 1909 negativistisch, gab fast keine Antwort, lächelte verschmitzt. Öfter hatte er Erregungen, schrie, sang, stampfte und wurde gewalttätig. Oft schlug er sich auch selbst mit den Fäusten auf den Kopf. 1910 steckte er meist unter der Decke und zeigte ein eigentümliches Grunzen. Wenn er aus dem Bett ging, lief er mit eigenartigem Gang durch den Saal. 1911 stieß er zeitweise unartikulierte Laute aus und grinste. Sein Gang war eigentümlich schlenkernd und abgehackt. 1913 sprach er öfter halblaut vor sich hin und wandte sich ab. 1914 störte er oft durch Schreien, Singen und Umherlaufen. Er wurde auch gewalttätig. 1915 war er zeitweise heiter und sprach unter blödem Lachen viel. 1916 führte er Selbstgespräche. 1918 war er unrein, sprach mit sich selbst und versetzte mit Vorliebe dem Pfleger von hinten her einen Schlag. Die folgenden Jahre war er meist ruhig, aber stumpf und unsauber. 1924 wanderte er zeitweise ruhelos hin und her und zerriß seine Kleider. 1925 lächelte und grimassierte er und sprach nichts. 1926 war er mutistisch, lächelte blöde und sang manchmal halblaut vor sich hin. Die folgenden Jahre wird er nur immer wieder stumpf genannt 1931 stand er in schlaffer Haltung herum und lächelte manchmal. 1932 sprach er gelegentlich vor sich hin. In den folgenden Jahren blieb er stumpf, unsauber, und sprach nichts. 1937 gab er keine Antwort und öffnete auf die Aufforderung, die Zunge zu zeigen, nur den Mund etwas. 1939 stand er gebeugt da und ließ die Hände schlaff hängen. 1940 starb er an Pneumonie.

Der Proband Stö hatte von Zeit zu Zeit Erregungen, die wohl halluzinatorisch bedingt waren. Sonst ist die Krankengeschichte sehr nichtssagend. Das findet man leider bei der sprechbereiten Katatonie überwiegend so. Eine Unterhaltung wird mit diesen autistischen Katatonen im allgemeinen nicht mehr geführt, was sonst äußerlich an ihnen auffällt, ist die Stumpfheit und die gelegentlich auftretenden Erregungen. Nur 1924 ist einmal ein kurzes Zwiegespräch wiedergegeben, das sofort die sprechbereite Katatonie vermuten läßt; denn neben allgemeinen Bemerkungen behauptete der Kranke, in Bellevue zu sein, die Jahreszahl sei 1918. Als ich ihn nachuntersuchte, bot er in allen Stücken das Bild der sprechbereiten Katatonie. Sein *Bruder* wird ebenfalls stumpf mit gelegentlichen Erregungen geschildert. Daneben finden sich aber Züge, die in andere Richtung weisen. Der Kranke erschien negativistisch, war großenteils unter der Bettdecke versteckt. Seine Erregungen sehen auch nicht einfach halluzinatorisch aus, sondern gingen teilweise mit Singen und unartikuliertem Schreien einher. Dazu kam eine impulsive Aggressivität. So findet man die Züge, die oben bei der negativistischen Katatonie beschrieben wurden. Der abgehackte Gang deutet vielleicht auf die eckige Motorik dieses Kranken hin. Dazu kommt das „blöde Lächeln", das wahrscheinlich das ambivalente Lächeln der negativistischen Katatonie darstellt. Mit einer negativistischen Katatonie allein ist das Krankheitsbild allerdings auch nicht erklärt, denn Negativistische sind nicht so stumpf wie der Kranke, sie führen auch keine Selbstgespräche, die so sehr auf Sinnestäuschungen hinweisen. Dagegen haben wir darin Züge vor uns, die sich auch bei dem Bruder mit der sprechbereiten Katatonie finden. Glücklicherweise sind wenigstens im Beginn einige Äußerungen des Kranken wörtlich wiedergegeben. Sie zeigen deutliches Vorbeireden, da er behauptet, in der Augenklinik zu sein und sinnlos von Circulus vitiosus spricht, wahrscheinlich nur deshalb, weil die Frage das Wort „Schluß" enthielt, mit dem Circulus klangmäßig verwandt ist. Wir sahen ja, wie solche ganz äußerlichen Assoziationen den Inhalt des Vorbeiredens bestimmen können. Sehr charakteristisch für Vorbeireden ist auch die völlig abwegige Antwort auf die Begrüßung des Arztes: „Wir spielen nicht weiter, ich will nicht Korpsstudent bleiben." So glaube ich, daß bei dem Bruder des Probanden eine kombinierte Katatonie negativistisch-sprechbereiter Form vorlag. Die Beziehung zur Krankheitsform des Bruders ist demnach durch die eine Komponente gegeben.

Zusammenfassung

Das wesentlichste Symptom der sprechbereiten Katatonie stellt das *Vorbeireden* dar. Auf einfachste gleichgültige Fragen geben die Kranken häufig noch richtig Antwort. Je schwieriger und gefühlsbetonter die Fragen jedoch werden, desto sicherer wird an der Frage vorbeigeantwortet. Die genauere Analyse ergibt, daß eine eigenartige *Kurzschlüssigkeit im Sprechen* vorliegt, derzufolge die gestellten Fragen gar nicht gedanklich verarbeitet werden, sondern das ausgesprochen wird, was mehr oder weniger zufällig bereitliegt. Oft kehren Worte, die kurz vorher ausgesprochen wurden, an ganz unpassender Stelle wieder, so daß wenigstens das äußere Bild einer *Perseveration* entsteht. Häufig bestimmen ganz zufällige äußere Assoziationen, manchmal sogar des Klanges, den Inhalt der Antwort. Manchmal wieder werden ganz unverständliche Worte geäußert, die vielleicht dadurch zustande kommen, daß zufällig verschiedene Inhalte bereitliegen und sich in unpassender Weise verbinden. Manchmal kann man solche Verbindungen auch in Form von *Wortneubildungen* feststellen. Jede Frage führt nur zu einem kurzen Sprechimpuls, der sich sofort wieder erschöpft, so daß die meisten Antworten sehr kurz ausfallen. Großenteils werden gar keine Sätze gebildet, sondern nur irgendwelche Worte in *agrammatischer* Weise hingeworfen. Antworten sind aber auf jede Frage zu erhalten, man mag fragen, wie man will. Darin bestätigt sich die abnorme Sprechbereitschaft. Ein Rededrang besteht dagegen nie. Sich selbst überlassen, sprechen die Kranken sogar überhaupt nicht, so daß sie oft mutistisch genannt werden. Die höhere *Initiative* der Kranken ist weitgehend erloschen, ebenso ihre höhere *Affektivität*. Die Motorik hat etwas

Gebundenes an sich. Die *Mimik* ist eigenartig leer, nichtssagend, so daß sie dem Untersucher über die seelischen Vorgänge der Kranken nichts zu sagen vermag. Die Unzulänglichkeit wird außerdem durch einen ausgesprochenen *Autismus* betont, indem sich die Kranken nie irgendwie um ihre Umgebung zu kümmern scheinen, sofern sie nicht unmittelbar zu sprachlichen Äußerungen angeregt werden.

6. Sprachträge Katatonie

Die sprachträge Katatonie steht in einem Gegensatz zur sprechbereiten Form, da die sprachlichen Äußerungen besonders träge, ja in späteren Stadien oft überhaupt nicht mehr erfolgen. Ich nannte diese Form gelegentlich auch „abgelenkt", da die „Abgelenktheit" ebenfalls sehr kennzeichnend ist. Gemeinsam mit der sprechbereiten Form weist die sprachträge Katatonie einen Initiativmangel auf. In dem, was Kleist „antriebsarme Katatonie" nannte, war die sprechbereite, sprachträge und teilweise auch proskinetische Form meiner Einteilung enthalten. Kraepelin führt den für unsere Katatonieform charakteristischen Wechsel von wortkargem Verhalten und sprachlichen Erregungen mit Sinnestäuschungen bei der „negativistischen Verblödung" mit an.

In späteren Stadien sind die Kranken meist so wenig zugänglich, daß man über ihr Innenleben nichts mehr erfahren kann. Oft bieten sie auch schon im Beginn das Bild einer allgemeinen Trägheit und Unzugänglichkeit. In anderen Fällen sprechen sie in früheren Stadien noch mehr und bringen dann nicht selten *phantastische Ideen* vor. Ein Kranker erzählte, er habe sich mit der Tochter des Kaisers verlobt und bekomme vom Landtag 50000 Mark für magnetische Autos, magnetische Straßenbahnen und magnetische Telefone. Er habe das Militär aufmarschieren lassen. Einmal habe er junge Teufel in seiner Brust gehabt. Ein anderer Kranker berichtete, er sei mit dem Weltraumschiff auf den Jupiter gefahren und habe Meteore auf die Erde geworfen. Eine weibliche Kranke erzählte, sie sei wiederholt elektrisch geküßt worden. Man habe sie auch geschwängert und ihr Mäuse und einen Hund in den Leib gesetzt. Sie sei nach München gefahren, um alles herausnehmen zu lassen. Auch habe sie die Antenne abgezwickt, aber trotzdem keine Ruhe bekommen. Die Berichte tragen *konfabulatorischen Charakter*, stellen aber vielleicht keine primären Konfabulationen dar, sondern Wiedergaben halluzinatorischer Erlebnisse. Das wird durch die Tatsache nahegelegt, daß die sprachträge Katatonie, wie wir sehen werden, eine ausgesprochen halluzinatorische Krankheitsform darstellt. Man findet in die Konfabulationen auch Angaben über Stimmen und Körpersensationen eingestreut. Vor allem erinnern die Erzählungen aber an traumhafte Erlebnisse und könnten durch szenenhafte optische Halluzinationen bedingt sein. Häufig sind sie expansiv gefärbt. Wahrscheinlich spielen sie auch in den Endzuständen der Kranken noch eine Rolle, sind aber wegen der allgemeinen Unzugänglichkeit nicht mehr feststellbar.

Wenn man von Konfabulationen nichts erfahren kann, dann ist in der Regel doch von Anfang an erkennbar, daß die Kranken *halluzinieren*. Ihr abgelenkter, nach innen gerichteter Gesichtsausdruck kann schon im Beginn für die Diagnose ausschlaggebend sein. Das gilt besonders dann, wenn die Kranken von Anfang an wenig sprechen. Im Fortschreiten des Leidens werden alle Kranken unzugänglich und erreichen im Endzustand das charakteristische Bild.

Versucht man mit den Kranken in Verbindung zu treten, dann blicken sie etwas träge auf, antworten aber meist nicht. Auch auf wiederholte Fragen geben sie oft keine oder eine nichtssagende Antwort. Sie scheinen manchmal zum Sprechen anzusetzen, stocken aber, ehe der erste Laut über ihre Lippen kommt. Wenn man allerdings nicht nachgibt, sondern eindringlich fragt, dann gelingt es doch meist eine Antwort zu erhalten, etwa wenigstens den Namen oder Geburtstag zu erfahren. Das zeigt dann, daß die Kranken keineswegs aus Negativismus das Sprechen verweigern, das Sprechen scheint vielmehr nur außerordentlich träge und erst bei intensiver Anregung zustande zu kommen. Merkwürdigerweise sprechen die Kranken in ihren Erregungen, wie wir sehen werden, ohne Hemmung.

Weniger stark als die sprachlichen Äußerungen, aber doch deutlich genug, haben die sonstigen Reaktionen der Kranken etwas *Träges* an sich. Schon das Aufblicken auf Anrede erfolgt langsam. Ähnlich befolgen sie Aufträge verzögert, aber doch richtig, wenn man sie eindringlich genug stellt. Abgesehen von dieser Trägheit laufen die Bewegungen normal ab, Gegentendenzen wie bei der negativistischen Katatonie sind nicht erkennbar. Die psychomotorische Trägheit wird ergänzt durch eine mimische. Der Gesichtsausdruck ist leer. Er hat aber etwas an sich, was für die Diagnose der abgelenkten Katatonie besonders wichtig ist.

Obwohl das Gesicht wenig Bewegung zeigt, hat es doch einen bestimmten Ausdruck, der vor allem aus den Augen kommt. Die Kranken blicken mit etwas ratlos-leerem Blick auf, wenn man sie etwas fragt. Ehe sie sich völlig zugewandt haben, gleitet der Blick schon wieder ab. Er wandert träge hierhin und dorthin und bleibt dazwischen in Richtungen stehen, in denen nichts Wesentliches zu sehen ist. All das stellt man fest, wenn man sich mit den Kranken beschäftigt, wenn sie also objektiv dem Untersucher zugewandt sein sollten. Man erkennt aus dem Mienenspiel, daß sich die Aufmerksamkeit der Kranken nicht auf den Untersucher und auch sonst nicht auf die Umgebung einstellt, sondern dauernd nach innen abgelenkt ist. Dieser *abgelenkte Gesichtsausdruck*, der oft schon im Beginn der Krankheit erkennbar ist, wird besonders dann richtungsweisend, wenn das Halluzinieren der Kranken nicht zu einem Sprechen mit Stimmen führt. Meist ist dies aber der Fall. Während der Gesichtsausdruck die Aufmerksamkeitsrichtung nach innen verrät, bewegen sich die Lippen flüsternd. Manchmal sind nur Lippenbewegungen sichtbar, manchmal hört man das Flüstern, manchmal auch werden laute Worte ausgesprochen oder sogar, wie wir es in den Erregungen noch sehen werden, herausgeschrieen. Auch wenn es sich um ein hörbares Flüstern handelt, ist eine Verwechslung mit dem Murmeln des proskinetischen Katatonen nicht möglich, sofern man nur genauer achtgibt. Nicht um ein Murmeln mit Zuwendung handelt es sich, sondern um ein Flüstern bei abgelenktem Gesichtsausdruck. Es scheint sich um ein *Dauerhalluzinieren* zu handeln, denn die Kranken bieten immer das Bild der Abgelenktheit.

Wenn man dieses Verhalten beobachtet, ist man bereit, die sprachliche Trägheit als Ausdruck dafür aufzufassen, daß die Kranken den Fragen gegenüber gar nicht bei der Sache sind, gar nicht hören, was sie gefragt werden. So würde es sich erklären, daß sie wie zufällig gelegentlich kurze Antworten geben, um gleich darauf schon nicht mehr zu reagieren, sondern abgelenkt zur Seite zu sehen. Zugleich erkennt man hier wieder den Gegensatz zur sprechbereiten Katatonie. Bei dieser wendet sich die Aufmerksamkeit sofort der Frage zu und führt vorschnell zur Reaktion, bei der abgelenkten Katatonie bleibt die Zuwendung aus, und die Reaktion verzögert sich oder bleibt ganz aus.

Besonders eindrucksvoll tritt die Abgelenktheit mit dem Halluzinieren in den *Erregungen* hervor, die bei der abgelenkten Katatonie von Zeit zu Zeit auftreten. In frühen Stadien der Krankheit können diese noch zu Angriffen auf die Umgebung führen, mit der die Halluzinationen wohl in Zusammenhang gebracht werden, in späten Stadien machen die Kranken ihre Erregung meistens mit sich allein und ihren Sinnestäuschungen ab. Sie stehen irgendwo abseits und sprechen oder schimpfen ins Leere hinein, d.h. unverkennbar gegen Stimmen. Dazu kommen Gestikulationen und Gesichtsbewegungen, die ebenfalls als lebhafte Reaktionen auf affektbetonte Stimmen erkennbar sind. Die Gesichtsbewegungen sind drohend, verächtlich oder sonst feindselig. Solche Erregungen können alle paar Wochen kommen und einen oder mehrere Tage dauern. In anderen Fällen, besonders bei männlichen Kranken, ist der Wechsel zwischen Ruhe und Erregung weniger deutlich, vielmehr steigert sich hier nur das Sprechen mit Stimmen dazwischen zu lauterem Reden, ohne daß man wirklich von Erregungen sprechen kann. Es kommt auch vor, daß Kranke nur von Zeit zu Zeit einmal einige Worte laut vor sich hin schreien und dann schon wieder für längere Zeit ruhig sind. In all diesen Formen sind die Erregungen charakteristisch, sie entladen sich immer in Worten, obwohl es sich doch um die sonst gerade sprachlich träge Katatonie handelt. Es scheint sich damit zu bestätigen, daß die Erschwerung der sprachlichen Äußerungen damit zusammenhängt, daß die Kranken dauernd nach innen abgelenkt sind und daher Fragen gar nicht voll auffassen. Wenn sie von innen her, wohin ihre Aufmerksamkeit gerichtet ist, angeregt werden, dann können die sprachlichen Äußerungen flüssiger folgen. In ihren halluzinatorischen Attacken sprechen die Kranken schnell. Auch in ihren sonstigen Bewegungen sind sie während der halluzinatorischen Erregung nicht träge, sondern sie stampfen z.B. in Reaktion auf ihre Stimmen auf den Boden, schlagen gegen die Wand, spucken aus, drohen, gestikulieren, alles in einem raschen Ablauf.

Leider ist es meist nicht möglich, zu verstehen, was die Kranken in ihrer Erregung schreien, da sie dabei meist undeutlich sprechen. Es gelingt aber in der Regel, doch inhaltlich so viel aufzufassen, daß der Zusammenhang mit Sinnestäuschungen nachgewiesen wird. Ich füge das Stenogramm aus einer solchen Erregung einer Patientin an.

„Das wird schon gut sein auch, sonst schlag ich euch. Wenn ich da einen jeden Handwerksburschen ... (lacht vor sich hin) ... oder ich schlag euch auch noch ... Den möchte ich auch nicht. Ich kann keinen Herrgott und keinen Teufel net fürchten, ich weiß nicht, was das ist ... Das weiß ich nicht, was man mir zu essen geben sollte. Das tu ich schon auch. Meinst du, ich lasse mein Herz umsonst ... Jetzt mein ich, jetzt will ich meinen Frieden. Wenn ich noch mal etwas höre ... wenn der N. noch mal runter muß zu mir. Ich fahre nicht umsonst zum P. Jetzt möchte ich einmal meinen ... ich möchte meine Brotsuppe und meine Ruhe, sonst schmeiß ich ihn hinunter ... Ihr nehmt mir schon alles auch ... wenn ihr mich so rebellisch macht ... Was glaubt ihr denn eigentlich, wie arm ihr einen Menschen herstellt, ich bin halt ein ärmliches Kind ... Was glaubt ihr denn eigentlich? ...“

Pausen, die in die sprachlichen Äußerungen eingeschaltet sind, lassen die Zeitpunkte bestimmen, in denen die Kranken neue Zurufe erhalten. Allerdings sind die Pausen nicht in jedem Falle deutlich. Man kann Kranke beobachten, die längere Zeit völlig anhaltend schimpfen, also kaum Zeit haben, dazwischen zu halluzinieren. Man kann aber auch aus solchen Äußerungen entnehmen, daß sie sich gegen Trugwahrnehmungen richten. Ob die Kranken etwa nur auf vorausgehende Halluzinationen reagieren und ihre vermeintlichen Gegner gewissermaßen gar nicht mehr zu Wort kommen lassen, oder ob sie gleichzeitig sprechen und halluzinieren können, bleibt unklar. Folgendes Stenogramm zeigt inhaltlich den Zusammenhang mit Sinnestäuschungen sehr deutlich, obwohl die Kranke fast pausenlos sprach. Die Lücken deuten lediglich Stellen an, an denen ich nichts verstehen konnte:

„Ich mag den Hans nicht so viel ... die hat ein Kind von ihm, das ist ... Wir sind beim Haselberger keine Kinder mehr gewesen ... Der hat ja nicht einmal ein Hemd, der Bub ... Die Schwester hat geweihte Augen ... Daß du es weißt, daß die Schuhe mir gehören, und so ein Gewand habe ich auch ... Der Mann redet so daher, ich bin zum Tod verurteilt. Warum können wir denn nicht schlafen? Du hast noch nie gut getan als Schuhmacher ... Einen Brustkatarrh habe ich nicht ... Möchte warme Decken, ist ja wahr ... daß du immer die Kinder anzeigst ..."

Es soll nicht gesagt sein, daß die Halluzinationen etwa das Primäre für die Erregungen seien. Das wird schon durch die Tatsache widerlegt, daß die Kranken ja fast dauernd halluzinieren und doch nur zeitweise in Erregung geraten. Maßgebend für das Auftreten eines Erregungszustandes sind zweifellos Vorgänge, die in der Psychomotorik selbst gelegen sind. Katatonien, die mit einem Ausfall an Bewegungen einhergehen, neigen ganz allgemein zu vorübergehenden Erregungen, in denen vielleicht die durch die Hemmung oder Sperrung irgendwie gespeicherte Energie zur Entladung kommt. Am eindrucksvollsten findet man das bei der negativistischen Katatonie, ähnlich aber auch bei der sprachträgen Form. Die leichteren Verstimmungen und Erregungen, die wir bei der sprechbereiten und der proskinetischen Katatonie fanden, könnten ebenfalls als Gegenbewegung zu der allgemeinen Initiativeverarmung aufgefaßt werden.

Die Erregungen der negativistischen und der sprachträgen Katatonie sind an Stärke vergleichbar, nicht aber in ihrer sonstigen Art. Bei der negativistischen Katatonie handelt es sich um die meist kurzen, plötzlichen Attaken, die sich mit Vorliebe gegen die Umgebung richten, bei der sprachträgen Katatonie dagegen findet man immer wieder die rein sprachlichen Formen, die ohne Beziehung zur Umgebung ablaufen. Wenn es zu Aggressivität kommt, dann nur eingeschaltet in die sprachliche Erregung. Eine verwandte Erregungsform werden wir später unter den paranoiden Formen noch finden, nämlich bei der inkohärenten Schizophrenie.

Genaueres über die Art der *Halluzinationen* ist von den abgelenkten Katatonen nicht zu erfahren, da sie auf Fragen darüber nicht eingehen. In früheren Stadien sprechen sie von Stimmen, Sensationen und optischen Erscheinungen, aber großenteils nur in unbestimmten Andeutungen. Wie wir sahen, deuten im Beginn häufig konfabulatorische Erzählungen auf optische Erlebnisse hin. Es ist möglich, daß die Kranken die Menschen, mit denen sie halluzinatorisch beschäftigt sind, nicht nur hören, sondern auch sehen. Darauf könnte in der Erregung hinweisen, daß sie manchmal für einige Zeit starr in eine Richtung blicken. Aus geschimpften Redensarten möchte man bei Frauen manchmal entnehmen, daß sie sich geschlechtlich belästigt fühlen. Ein männlicher Kranker hatte sichtlich Geschmacks- und Geruchssensationen, weil er häufig ausspuckte und einmal dazu rief: „Immer diese Wichspatzen." So mögen auch im Endzustand noch Sinnestäuschungen auf allen Gebieten eine Rolle spielen, ganz im Vordergrund müssen aber die Stimmen stehen; denn was immer wieder erkennbar wird, das sind eben die halluzinatorischen Zwiegespräche der Kranken.

Die Haltung der Kranken weist deutliche Auffälligkeiten auf. Mit Vorliebe sitzen sie — besonders bei den Frauen findet man das — mit einem krummen Rücken leicht nach vorne gebeugt da. Die Haltung hat aber nichts Starres an sich, erinnert daher nicht an die Haltung der Parkinsonkranken. Das Mienenspiel ist weitgehend verarmt, aber auch ohne eine Starre aufzuweisen. Es fehlt wieder der seelische Ausdruck, wie wir es bei der sprechbereiten Katatonie fanden. Bei der allgemeinen Unzulänglichkeit der sprachträgen Form wirkt die Ausdrucksarmut des Mienenspiels aber weniger merkwürdig als dort. Die höhere *Initiative* ist ganz erloschen. Die Kranken lassen sich zu einfachen Beschäftigungen anhalten, aber ohne Anregung bewegen sie sich kaum, sofern sie nicht gerade in einer halluzinatorischen Erregung sind. Auch der Ablauf der Bewegungen ist träge, wohl weil sich die Aufmerksamkeit äußeren Vorgängen, die zu Aktivität führen, nur unvollkommen zuwendet. Eine *Affektivität* zeigen die Kranken ebenfalls nur noch in ihren Erregungen, in denen sie oft sehr gereizt schimpfen und schreien. Sonst lassen sie von affektiven Regungen nie mehr etwas erkennen.

Schwer ist es, über die *Denkstörung* der sprachträgen Katatonie etwas Genaueres auszusagen. Wenn die Kranken noch etwas Auskunft geben, können die Antworten bei einfachen Fragen geordnet sein. Häufig fällt aber schon etwas Abspringendes im Gedankengang auf. Im Endzustand erhält man meistens nur Antwort, wenn die Kranken in gewisser Erregung sind, also noch stärker als sonst durch ihre Sinnestäuschungen abgelenkt werden. Ihre Äußerungen sind dementsprechend großenteils gar nicht als Antworten aufzufassen, sondern von innen her angeregt. Trotzdem ist die weitgehende Zusammenhangslosigkeit der Äußerungen sehr bemerkenswert. Ich führte mit einer Kranken in leichter Erregung folgendes Zwiegespräch:

(Wie heißen Sie denn?) „Maria." (Wie noch?) „Ja, hm Schmerzensmutter." (Wie ist Ihr Familienname?) „Ist nicht wahr, nein, nein." (Wann sind Sie geboren?) „Ja, ich weiß nicht, ja was denkt ihr denn überhaupt. Ich habe doch erst gegrüßt." (Wo sind Sie geboren?) „Nein." (Wo sind Sie in die Schule gegangen?) „Das hätte ich sogar geschenkt gekriegt. Was tut Ihr denn überhaupt? Ganz klein." (Wo in die Schule gegangen?) „Meine erste Sprache hat sie mir geschenkt. Also kommt meine Mutter. Ja also. Wenn ich wieder hinginge, um viertel nach sechs noch nicht. Das sind so Krankheiten." (Wie alt sind Sie?) „Da macht's hinten auf. Das ist Reklame mit der Großen. Ja neulich hat er gelacht. Ich habe nur gesagt: Ja. Das ist nicht gerade Donnerstag oder so. Umsonst da herumsitzen, ins Bett gehen." (Wie geht es Ihnen denn?) „Hm, hm bei der Gelegenheit ins Bett. Ich möchte nicht die ganze Hand. So nimm mal das, was ich habe, das andere kriegt die Dame geschenkt. Die kann auch einmal warten. Wenn das nicht gar so stark anstrengt. Wie er davon gegangen ist? Das ist nicht wahr? Man muß gar so aufpassen?"

Man wird feststellen, daß das Beispiel mehr Einblick in die Sinnestäuschungen der Kranken gibt als in die Denkstörung; man erkennt immer wieder, wie sich die Kranke zu Sinnestäuschungen äußert, nicht aber zu den Fragen. Trotzdem darf man vermuten, daß die völlige Zusammenhangslosigkeit der Antworten auch eine Inkohärenz des Denkens widerspiegelt. Wenn man den Kranken längere Zeit zuhört, vermißt man nicht nur den Zusammenhang mit gestellten Fragen, sondern auch einen Zusammenhang der Äußerungen unter sich. Die Themen scheinen dauernd zu wechseln. Das Denken scheint also doch auch in sich *inkohärent* zu sein. Man darf nicht einwenden, daß eben die Sinnestäuschungen dauernd ihr Thema wechseln, denn sie sind ihrer Art und ihrem Ablauf nach zweifellos von der Art des Denkens und seiner Störung abhängig. Ich glaube demnach, daß die Denkstörung der abgelenkten Katatonie vor allem durch eine Inkohärenz gekennzeichnet ist. Darin bestärkt mich die Tatsache, daß die inkohärente Schizophrenie mit dem Vorherrschen dieser Form von Denkstörung auch in der Art des Halluzinierens viel Ähnlichkeit mit der abgelenkten Katatonie besitzt.

Fall 64. Therese Geig, geboren 1873, war schon Jahre vor ihrer ersten Klinikaufnahme mißtrauisch, launisch, reizbar und grob. 1902 äußerte sie, sie höre aus dem Ofenrohr und von den Wänden herab Stimmen. Später glaubte sie ein Kabel im Kopf zu haben. Einmal sprach sie von einem Weltgeheimnis und ging deshalb zum Bischof. Dazu kamen hypochondrische Ideen, der Stuhlgang gehe nicht mehr, das Blut sei eingedickt, die Knochen aufgedunsen. Im Jahre 1904 wurde sie in der Anstalt B. aufgenommen. Sie saß apathisch da, brütete stumpf vor sich hin und ließ sich jedes Wort herauspressen. Sie habe seit drei Jahren keinen Stuhlgang mehr, und ihr Puls gehe nicht mehr. 1905 war sie stumpf und behauptete, schlecht wie ein Dienstmädchen behandelt zu werden. Dazwischen bekam sie immer wieder Erregungen, in denen sie schimpfte. Manchmal warf sie sich auch schreiend auf die Knie und rang die Hände. Sie gab zu, Stimmen zu hören, die sie „Schwein" oder „Sau" nannten. Häufig führte sie auch leise Selbstgespräche. 1906 wechselte sie zwischen stumpfem, mutistischem Verhalten und Erregungen mit Schimpfen, Gestikulieren, Grimassieren. Sie behauptete, von den Leuten angegriffen und herumgestoßen zu werden. 1907 stand sie oft sprechend und gestikulierend in den Ecken. Sie wurde nach Hause geholt und behauptete bei der Entlassung, ihre Mutter nicht zu kennen. Zu Hause war sie oft erregt und befand sich zwischendurch in einer Anstalt, in der keine Krankengeschichte geführt wurde. 1911 kam sie in die Psychiatrische Klinik M. Hier sprach sie gar nicht, murmelte manchmal vor sich hin und leistete Widerstand. Zeitweise spielte sie mit den Fingern und schlug sich gegen die Brust. Sie wurde in die Anstalt K. verlegt. Hier war sie stumpf, lächelte auf Anrede und gab keine Antwort. Dann bekam sie einen Erregungszustand, in dem sie dauernd Schimpfworte schrie. 1912 griff sie in der Erregung öfter andere Kranke an. 1913 gab sie auf Fragen nie Antwort und war zeitweise erregt. Die folgenden Jahre war sie stumpf, gab keine Antwort, lachte aber oft plötzlich auf und stieß grunzende Laute aus. 1918 reagierte sie auf keine Anrede, flüsterte aber vor sich hin und wischte zwischen den einzelnen Worten mit der Hand über das Bett. Dazwischen war sie erregt und schimpfte: „Saumensch, Sau, Sau“ usw. 1919 flüsterte und lachte sie vor sich hin. 1920 schimpfte sie zeitweise heftig, gestikulierte und flüsterte sonst häufig mit sich selbst. Manchmal griff sie auch Mitkranke an. Auch die folgenden Jahre war sie stumpf, gab keine Antwort, sprach aber häufig mit sich selbst und schrie von Zeit zu Zeit in lebhaften Schimpfworten. Seit etwa 1927 werden die Erregungen seltener, es wird aber jetzt immer von neuem erwähnt, daß sie viel vor sich hin flüsterte, häufig dazu auch gestikulierte und lachte. Seit 1930 wird das Gestikulieren, das stereotyp erscheint, öfter genannt als das Flüstern. 1931 ist sie zeitweise sehr laut, schimpft, gestikuliert und grimassiert. 1933 lispelte sie vor sich hin und schnalzte mit den Fingern. 1934 schnalzte sie immer wieder in der gleichen Weise mit den Fingern, streckte die Zunge heraus und grimassierte. 1937 schwätzte sie verworren vor sich hin und kicherte dazu. — 1939 habe ich sie zusammen mit B. Schulz nachuntersucht. Sie gab keine Antwort, sondern blickte lächelnd vor sich und flüsterte für sich. Wenn man sie zur Bekräftigung einer Frage anstieß, dann blickte sie flüchtig auf, war aber gleich darauf wieder mit sich selbst beschäftigt. Ihre Lippenbewegungen begleitete sie mit verschiedenen mimischen Äußerungen, bald blickte sie plötzlich zur Seite und flüsterte mit leicht zorniger Miene etwas, bald blickte sie abgelenkt hierhin und dorthin. Einmal streckte sie mit unwilliger Miene die Zunge heraus. Dazwischen tippte sie immer wieder mit der einen Hand über die andere hin. Auf energisches Fragen und Anstoßen gab sie ihren Namen an. Auch ihren Vornamen konnte man schließlich erfahren, sonst waren keine Antworten zu erhalten.

Eine *Mutter-Schwester*, Maria Mül, geboren 1843, erkrankte 1874, als sie im Wochenbett war und ihren Mann durch einen plötzlichen Tod verloren hatte. Sie wurde mehr und mehr depressiv, glaubte sich von Gott verlassen und an allem schuld. Sie wurde in die Anstalt M. gebracht, entwich aber schon am nächsten Tag und wurde nun zu Hause anderthalb Jahre eingesperrt gehalten. Sie war sehr aufgeregt, wollte alle Leute umbringen, zerriß Wäsche, lärmte, schrie, rannte mit dem Kopf gegen die Wand und war unsauber. Schließlich genas sie und war nicht mehr auffällig. Erst 1893 erkrankte sie von neuem. Sie hielt ihre Enkelkinder für Teufel und wurde bedrohlich. Man brachte sie daher in die Anstalt H. Hier äußerte sie, alles habe keinen Sinn mehr, alles gehe zugrunde. Ferner erzählte sie, ein Abgesandter Gottes sei ihr erschienen. Sie hätte durch Beten die Welt erlösen können. Sie wäre dann im Rang gleich nach der Mutter Gottes gekommen. Sie habe aber dem Gesandten Gottes die gewünschte Unterschrift nicht gegeben, daher sei jetzt alles verloren und sie sei an allem Unglück schuld. Der Heilige Geist sei bereits verschwunden. Gott Vater und Gott Sohn seien krank. In spätestens sechs bis sieben Jahren werde die Welt untergehen und Gott in das Meer der Unendlichkeit zurückversinken. Die Kranke war verzweifelt, weinte und betete viel. 1894 bestanden ihre Ideen fort, sie hielt sich für die Weltvernichterin. Wenn man mit ihr sprach, brach sie in Klagen und Selbstbeschuldigungen aus. Ende 1895 schlug die Stimmung um, die Kranke war jetzt glücklich, feierlich und gesprächig und erklärte, das Christkind sei ihr erschienen und habe ihr verkündet, alles sei in Gnade aufgenommen, auch sie selbst. Niemand sei verdammt, die Welt sei wieder erlöst, es sei ein großes Glück. Januar 1896 kniete sie oft in ekstatischer Haltung und äußerte mit verzückten Gebärden, sie sehe draußen eine Menge Schutzengel. Schon nach wenigen Tagen schlug die Stimmung wieder um. Die Kranke war wieder ängstlich, schrie, jammerte, verlangte sterben zu können. Klagend lief sie im Saal hin und her und rief, sie habe den Himmel zerstört. Sie suchte sich mit einem Halstuch zu erdrosseln und bat inständig, man möge gnädig mit ihr verfahren. Im Februar sprach sie fast nichts mehr, hielt sich ruhig und erklärte resigniert, sie sei schon tot. Bis Mai blieb sie fast stumm. Dann war sie einige Tage freier, um anschließend wieder vermehrt ängstliche Ideen zu äußern. Die Sterne würden vom Himmel fallen, es werde fortregnen, bis alle ertrunken seien. Im August betete sie den ganzen Tag. Dann wurde sie zunehmend freier. Bis Januar 1897 wird in der Krankengeschichte nur von einer Lungen- und Rippenfellentzündung berichtet, die von der Kranken überstanden wurde. Anscheinend war das psychische Verhalten schon so unauffällig, daß nicht mehr darüber zu berichten war. Dann wird die Kranke aufgeräumt, gesprächig, freundlich, einsichtig und dankbar genannt und nach Hause entlassen.

Die Probandin Geig ist im Beginn ihrer Krankheit nicht genauer beschrieben. Stimmen werden aber schon sehr frühzeitig erwähnt. Dazu kommen hypochondrische Klagen, die wohl durch Körpersensationen bedingt waren. Sonst bot Geig vom Beginn ihrer Anstaltsbehandlung allem Anschein nach schon das charakteristische Bild einer sprachträgen Katatonie. Sie halluzinierte dauernd, sprach, gestikulierte und grimassierte für sich und hatte von Zeit zu Zeit Erregungen, in denen sie mit ihren Stimmen schimpfte. Eine Zeitlang war sie in ihren Erregungszuständen auch aggressiv. Später traten deutlich Erregungen zurück, es blieb nur die teils ruhigere, teils auch lebhaftere Beschäftigung mit den Stimmen erkennbar. Bei meiner Nachuntersuchung bot sie das charakteristische Bild der sprachträgen Katatonie. Etwas auffällig war das stereotype Tippen ihrer Hände, das auch in der Krankengeschichte schon genannt ist. Vermutlich handelt es sich dabei aber nur um eine Form der Abwehr von Sinnestäuschungen, die sich stark eingeschliffen hat. Da die sprachträgen Katatonen in ihren halluzinatorischen Zuständen sehr viel gestikulieren, ist es nicht verwunderlich, wenn sich einmal eine Bewegungsform, die sich gegen die Stimmen wendet, stark einschleift. Bei ihrer Tante ist das Bild ganz anders. Sie erkrankte zum erstenmal im Wochenbett mit einem depressiven, dann erregten Zustand und genas nach etwa anderthalb Jahren. Eine genauere Beschreibung der Psychose fehlt; das aggressive, autoaggressive, unsaubere Verhalten war sicher dadurch erzeugt, daß die Patientin eingesperrt gehalten wurde. Zum zweitenmal wurde sie 19 Jahre später krank und bot jetzt wechselnd ein ängstliches und ein ekstatisches Bild mit Erlöserideen. Auch die Minderwertigkeitsideen der ängstlichen Zeiten hatten religiöse Färbung. Es ist demnach das Bild einer Angst-Glücks-Psychose gegeben. Nachdem sich das Leiden unter Schwankungen über mehr als drei Jahre hingezogen hatte, wurde die Kranke wieder gesund. Die Diagnose einer gutartigen Angst-Glücks-Psychose bestätigt sich also auch nach dem Verlauf. Dementsprechend fehlt eine Möglichkeit, eine Beziehung zur Psychose der Probandin herzustellen.

Zusammenfassung

Die sprachträgen Katatonen geben in früheren Stadien träge, in späteren fast gar nicht mehr Antwort. Statt dessen blicken sie abgelenkt hierhin und dorthin und bewegen häufig flüsternd die Lippen. Von Zeit zu Zeit werden sie für kurze Zeit stärker erregt. Sie sprechen dann lauter mit sich selbst oder bekommen ausgesprochene Erregungen, in denen sie ins Leere hinein, d. h. sichtlich gegen Stimmen schimpfen und gestikulieren. In früheren Stadien bestätigten die Angaben der Kranken, daß sie viel unter *Halluzinationen* leiden. Außerdem bringen sie in dieser Zeit vielfach phantastische *Konfabulationen* vor, die wahrscheinlich auch im Endzustand eine Rolle spielen, aber bei der Unzugänglichkeit der Kranken nicht mehr feststellbar sind. Nicht nur im Sprachlichen, sondern auch in ihren sonstigen Reaktionen sind die sprachträgen Katatonen im Enzustand verlangsamt. Da sie aber andererseits in den Erregungen viel sprechen und eine lebhafte Motorik zeigen, ist anzunehmen, daß ihr träges Reagieren mit ihrer ständigen *Abgelenktheit* zu erklären ist, derzufolge sie die Anregungen, die von außen kommen, kaum beachten. Die *Initiative* ist bei den Kranken erloschen, einen eigenen Antrieb erkennt man nur noch den Sinnestäuschungen gegenüber. Auch *Affekt* ist nur noch in den erregten Auseinandersetzungen mit den Stimmen erkennbar. Das Denken der abgelenkten Katatonen läßt sich bei der Unansprechbarkeit schwer beurteilen, es scheint aber vor allem durch *Inkohärenz* ausgezeichnet zu sein.

b) Familienbild der systematischen Katatonien

Es ist angezeigt, sich das gesamte Familienbild der systematischen Katatonien noch einmal vor Augen zu führen. Zunächst die *Frankfurter Fälle*: Wenn ich mit einer gewissen Wahrscheinlichkeit zur Beurteilung einer Psychose in der Familie kommen konnte, dann stellte sie sich meist als dieselbe Form dar oder als mit derselben Form kombiniert. Das gilt besonders für die engere Verwandtschaft, d. h. für die Geschwister. Die wenigen Psychosen von Eltern waren nicht genügend beschrieben.

Ich konnte den Bruder des sprechbereiten Probanden Stö anführen, der wahrscheinlich kombiniert sprechbereit-negativistisch war. Ich konnte ferner anführen die Schwester der manierierten Probandin Nied mit ebenfalls einer manierierten Form, schließlich drei parakinetische Geschwister des parakinetischen Probanden Dod. Ferner hatte ein ebenfalls parakinetisch Katatoner einen Bruder, der nach der Krankengeschichte auch parakinetisch-kataton war. Von der Schwester eines proskinetisch Kranken fehlt mir die Krankengeschichte. In keinem Fall hatte ich Gründe, bei einem der Geschwister eine Katatonie von anderer Art anzunehmen als bei dem Probanden oder gar eine Schizophrenie nicht katatoner Art.

Die Psychosen der weiteren Verwandtschaft konnte ich auch teilweise als die gleichen Formen, wie sie beim Probanden vorlagen, ansprechen.

Den Verwandten des proskinetischen Probanden Il konnte ich ebenfalls als proskinetisch, den Verwandten des negativistischen Probanden Au ebenfalls als negativistisch ansprechen. Abweichend fand sich bei einer Verwandten der sprachträgen Probandin Geig eine Angst-Glücks-Psychose, bei der Verwandten einer manierierten Probandin ein phantastisches Krankheitsbild, bei der Verwandten einer parakinetischen Probandin eine periodische Katatonie.

Ich führe ferner die Psychosen an, die sich bei meiner *Berliner Untersuchungsreihe* in der Verwandtschaft fanden.

Ein negativistischer Patient hat einen kranken Bruder, der nach eigener Untersuchung ebenfalls negativistisch-kataton ist.

Ein zweiter negativistischer Patient hat eine kranke Schwester, die nach eigener Untersuchung ebenfalls negativistisch-kataton ist.

Eine proskinetische Patientin hat eine kranke Mutter, die in der Krankengeschichte paranoid geschildert wird, so daß kein Zusammenhang mit der Psychose der Probandin zu erkennen ist.

Ein sprechbereiter Patient hat einen kranken Großvater (Vater der Mutter), der nach eigener Untersuchung eine konfabulatorische Paraphrenie aufweist. Es ist der einzige Proband, bei dem ich in der Familie eine systematische Paraphrenie neben einer systematischen Katatonie fand.

Eine sprechbereite Patientin hatte eine kranke Tante, die an einer ängstlichen Psychose im Klimakterium litt und an einer Myodegeneratio cordis starb. Ein Zusammenhang mit der Psychose der Probandin ist nicht zu erkennen.

Eine sprachträge Patientin hat eine kranke Mutter, bei der nach der Krankengeschichte ebenfalls eine sprachträge Katatonie zu vermuten ist.

Eine sprachträge Patientin hat eine psychisch kranke Großmutter (Mutter der Mutter), die nicht in Anstaltsbehandlung war.

Ein manierierter Patient hat eine kranke Großtante (Vater-Mutter-Schwester), die wiederholt in Nervenkliniken war. Eine Krankengeschichte konnte nicht gefunden werden. Nach Schilderung der Angehörigen litt sie an Zwangssyptomen, so daß man an eine Beziehung zu der manierierten Katatonie des Probanden denken kann.

Ein manierierter Katatoner hat einen kranken Bruder, der nach eigenen Untersuchungen ebenfalls manieriert-kataton ist.

Eine manierierte Patientin hat eine kranke Schwester, die zweimal in einer psychiatrischen Anstalt war. Sie hatte einen hohen Blutdruck und trank viel; es ist nicht sicher, ob eine endogene Psychose vorlag.

Ein parakinetischer Patient hat zwei kranke Brüder, die wiederholt in Anstaltsbehandlung waren. Einen konnten wir untersuchen, er leidet ebenfalls an einer parakinetischen Katatonie.

Eine parakinetische Patientin hat eine kranke Schwester, die nach eigener Untersuchung ebenfalls an einer parakinetischen Katatonie leidet.

Ein parakinetischer Patient hat einen kranken Vater, der nach eigener Untersuchung ebenfalls an einer parakinetischen Katatonie leidet.

Ein parakinetischer Patient hat eine kranke Cousine (Mutters-Bruders-Tochter), die periodisch-psychotisch war und immer wieder gesund wurde. Ein Zusammenhang mit der Krankheit des Probanden ist nicht zu erkennen.

Ein parakinetischer Patient hat eine kranke Mutter, die nach eigener Untersuchung an einer Kataphasie leidet. Ein Zusammenhang mit der Psychose des Probanden konnte nicht festgestellt werden.

Es zeigt sich also auch hier, daß man in der Verwandtschaft der Kranken meist die gleiche Form von Schizophrenie findet. Wie bei meinen früheren Untersuchungen erwies sich die parakinetische Katatonie unter den systematischen Formen als am stärksten mit Psychosen belastet.

Es kommt bei ihr etwas weiteres hinzu. Man findet nicht selten bei gesunden Angehörigen eine auffällige Motorik, die parakinetisch erscheint und an die parakinetische Krankheit erinnert. Wenn oben von „latenten Schizophrenen" die Rede war, so kann man das ganz besonders auf die parakinetische Katatonie beziehen. Es ist allerdings fraglich, ob es grundsätzlich für sie mehr gilt, als für andere Formen, vielleicht kann man das Parakinetische in „Latenz" nur besser erkennen, als andere schizophrene Erscheinungen. Ich fand sonst nur das Starre der manierierten Katatonie gelegentlich bei gesunden Verwandten. Ich führe die Fälle an, bei denen ich in der Verwandtschaft eines parakinetischen Katatonen eine parakinetische Motorik fand. Ich möchte damit nicht zum Ausdruck bringen, daß ich diese Personen für krank hielt, es soll nur auf eine bestehende Disposition hingewiesen werden.

Drei Väter und zwei Mütter hatten eine unharmonische Motorik, in der Gesten und Gebärden übertrieben und eckig abliefen. Oft traten auch unbestimmte Zuckungen am Körper auf. Die Mimik wirkte teilweise fast grimassierend, das Lachen konnte etwas Verzerrtes an sich haben. Ähnliches fand sich bei zwei Schwestern, zwei Nichten und einem Großneffen parakinetisch Katatoner. Von den zwei Müttern wies eine wohl wirklich eine leichte parakinetische Katatonie auf. Sie hatte mit 4 verschiedenen Männern Kinder; mit zwei der Männer war sie verheiratet. Sie kümmerte sich nicht um ihren kranken Sohn und wußte von einem anderen Sohn nicht einmal die Adresse. Als wir sie sahen, war sie in ständiger Unruhe mit Bewegungen am ganzen Körper. Mehrmals erhob sie sich, ohne erkennbaren Grund ruckartig vom Stuhl und setzte sich wieder.

Ihre Gesichtsbewegungen sahen mehr wie Verzerrungen als wie Mienen aus. Sie hatte aber nie ernstere Krankheitserscheinungen und versorgt zur Zeit ihren Mann und ihre letzten beiden Kinder gut.

Ich darf nach diesen Befunden bei den Familien der Kranken überwiegend als bestätigt ansehen, daß den systematischen Katatonien spezifische Bereitschaften zugrunde liegen, die immer wieder zu den ihnen eigenen Bildern führen, mögen diese rein oder in Kombination mit anderen Formen auftreten. Die Anlagen allein bedingen jedoch nur selten eine manifeste Krankheit. Das wird sich in Anbetracht der Seltenheit der Psychosen in der Verwandtschaft der systematischen Schizophrenien genauer ergeben. Eine äußere Ursache muß hinzukommen, sie wird uns noch sehr beschäftigen.

c) Klinik der hebephrenen Formen

Der Begriff der Hebephrenie wird nicht einheitlich gebraucht. E. Bleuler sieht in ihr „den großen Topf, in den die Formen geworfen werden, die nicht bei den anderen drei unterzubringen sind". Zu dieser Auffassung kommt er wohl vor allem dadurch, daß er als Sonderform eine Dementia simplex abgrenzte, die das umfaßt, was andere als hebephren bezeichnen. Kleist und andere sehen im affektiven Abbau das Wesentliche der Hebephrenie. Damit ist eine scharfe Begriffsbestimmung hergestellt, der ich selbst folge. Sie kommt auch derjenigen nahe, die schon Hecker hatte, für den die Hebephrenie vorwiegend, wenn auch nicht ausschließlich, eine Krankheit mit affektivem Abbau war. Weiter sieht man vielfach als Charakteristikum der Hebephrenie den schleichenden Verlauf an. Wenn man nur an die systematischen Formen denkt, dann besagt das wenig. denn alle diese Formen neigen zu einem schleichenden Fortschreiten. Das Besondere der Hebephrenie liegt jedoch darin, daß ihr keine unsystematische Form mit remittierendem oder gar periodischem Verlauf entspricht. Den frühen Beginn hat die Hebephrenie mit der systematischen Katatonie gemeinsam. Nach der Begriffsbestimmung von Bleuler wäre das freilich alles anders. Vielgestaltige Bilder, die sich in keine Form eingruppieren lassen, stellen, wie sich oben immer wieder ergeben hat, meist unsystematische Schizophrenien dar. Für diese die Bezeichnung Hebephrenie zu wählen, ist doch wohl ungeeignet. Die Unbestimmtheit des Hebephreniebegriffes spiegelt sich auch in den erbstatistischen Befunden verschiedener Autoren wieder. Teilweise hat man bei Hebephrenie eine sehr starke Belastung gefunden, vermutlich dann, wenn man die Diagnose vorwiegend im Sinne Bleulers stellte und dadurch sehr viele unsystematische Schizophrenien erfaßte. Ich selbst dagegen fand die Belastung sehr niedrig, entsprechend der Tatsache, daß die Bilder, die ich nach der obigen Begriffsbestimmung im Auge habe, durchaus der systematischen Gruppe angehören.

Die klinische Darstellung der systematischen Hebephrenie stellt sich wesentlich einfacher dar als die der Katatonien. Einmal ist die Zahl der Unterformen geringer, zum anderen sind die Hebephrenien allgemein symptomärmer. Das vereinfacht freilich die Diagnostik nicht. Im Gegenteil muß man schärfer beobachten, wenn man die sicheren Grenzen sehen will. Vor allem leichtere Fälle sind hier oft sehr schwer zu beurteilen. Schon die Diagnose der Hebephrenie schlechthin kann schwierig sein, da die affektiven Veränderungen, auf die es hier ankommt, oft nicht leicht zu fassen sind, viel weniger leicht als katatone und paranoide Symptome. Wenn man aber an den schweren Endzuständen die wichtigsten Einzelsymptome in ihrem genauen Bild kennengelernt hat, dann wird man sie auch in leichterer Ausprägung wieder erkennen. Im Beginn kann das Bild noch von unspezifischen Prozeßsymptomen verdeckt werden. Häufig sind depressive und euphorische Verstimmungen. Daneben gibt es im Beginn Zustände mit Erregungen und Hemmung, die kataton aussehen. Heftige Erregungen mit Aggressivität, die nicht selten sind, haben aber ein gereiztes, kein katatones Gepräge. Die gereizten Verstimmungen reichen teilweise in das Defektstadium hinein, bei manchen Formen von Hebephrenie gehören sie auch, wie wir sehen werden, zum Bild des Defektzustandes selbst. Sinnestäuschungen und Wahnvorstellungen können die Affektabweichungen im Krankheitsbeginn begleiten.

1. Läppische Hebephrenie

Das Bild der läppischen Hebephrenie ist jedem Psychiater bekannt, es enthält die Züge, die man oft als das Wesentliche des Hebephrenen überhaupt ansieht, die an die läppische Art des normalen Pupertätsalters erinnern. Wenn die Hebephrenie, wie es häufig ist, schon in der Pubertätszeit ausbricht, kann im Beginn eine Unterscheidung von einfachen Pubertätsreaktionen schwierig werden, meist tritt aber die affektive Verflachung der Hebephrenie bald deutlich hervor.

Im Beginn der Krankheit steht oft eine Neigung zu *kindischen Streichen* im Vordergrund des Bildes. Sie arten bei zunehmender affektiver Verflachung leicht in Bösartigkeiten aus. Im häuslichen Milieu gibt es im Zusammenhang mit den Eltern, Geschwistern und Nachbarn vielerlei Möglichkeiten für Unarten. Oft enthalten sie nur Geringfügigkeiten, die erst durch Summierung unangenehm werden. In der Klinik treten die Streiche oder Bösartigkeiten etwa dadurch hervor, daß die Kranken anderen die Bettdecke wegziehen, daß sie hilflose Kranke anspucken, daß sie johlen oder sonstigen Lärm machen, wenn gerade alle schlafen möchten. Einer meiner Kranken unterbrach den Anstaltsgottesdienst, indem er in den Gesang des Geistlichen einfiel, ein anderer versetzte durch laute Flatus seine Umgebung in Empörung.

Erziehungsversuche nützen meist wenig. Die Kranken geben zwar der größeren Macht gegenüber gleich nach, unterlassen ihre Unarten beim Arzt, halten sich vor stärkeren Kranken zurück, aber all das stellt nur ein Warten auf günstigere Gelegenheiten dar. Oft steigern die Erziehungsversuche auch nur die Unarten, indem die Kranken immer gerade das tun, von dem sie abgehalten werden sollen. Ihre kindische Unart bekommt dadurch leicht den Charakter kindlichen Eigensinns.

Mit Fortschreiten der Krankheit wird die Neigung zu kindischen Streichen mehr und mehr durch den Mangel an Initiative, der gleich noch zur Sprache kommen wird, verdeckt. Die Kranken haben dann auch für ihre Streiche nicht mehr den genügenden Antrieb. Wahrscheinlich kommt ihre Neigung in späteren Stadien noch darin zum Ausdruck, daß sie manchmal etwas vorbeireden; denn die ganze Art, wie sie es tun, zeigt, daß sie damit nur den Frager etwas verblüffen oder verulken wollen. Einer meiner Kranken, der 1901 geboren ist, erklärte unter Lächeln immer wieder, er sei 1891 geboren und 1893 zur Welt gekommen. Es scheint sich dabei um etwas kindische Scherze zu handeln, mit einem katatonen Vorbeireden ist die Erscheinung nicht zu verwechseln.

Noch charakteristischer als die Unarten ist bei der läppischen Hebephrenie die *Neigung zum Lachen.* In früheren Stadien des Leidens kann es noch sehr ausgesprochen sein und ein läppisches Kichern darstellen. Man kann dadurch sehr an das unmotivierte Lachen der Mädchen im Pubertätsalter erinnert werden. In späteren Stadien des Leidens ist es nicht mehr so aufdringlich, bei Männern stellt es oft auch von Anfang an mehr ein Lächeln als ein Lachen dar. Auch so ist es sehr charakteristisch, da es als Reaktion auf jede äußere Anregung erfolgt. Es ist fast gleichgültig, ob man Erfreuliches oder Unrefreuliches zu den Kranken spricht, sie lächeln eben. Es wird allerdings bei bestimmten Themen deutlicher. Frauen kichern vor allem dann verstärkt, wenn sie sich erotisch angesprochen fühlen. Es ist in leichter wie in größerer Ausprägung nie ein freies Lachen, sondern mehr ein Lächeln oder Kichern in sich hinein und hat etwas Verlegenes an sich, auch dann, wenn für eine Geniertheit im Augenblick kein Grund vorliegt. Auch in sehr schweren Fällen, in denen die Kranken nicht mehr gerne sprechen, bleibt das Lächeln als Reaktion auf äußere Anregung erhalten. *Es wird dadurch zum wichtigsten diagnostischen Symtom der läppischen Hebephrenie.*

Vom Lächeln möchte man auf eine heitere Färbung der Stimmung schließen. Tatsächlich haben die Kranken meist etwas Zufriedenes bis leicht Heiteres an sich. In akuten Zuständen kommen deutlichere euphorische Zustände vor, die sogar an Manien erinnern können, andererseits allerdings auch depressive mit Selbstmordneigung. Man darf in diesen akzessorischen Symptomen wohl den Ausdruck dafür sehen, daß sich die Hebephrenie vorwiegend im affektiven Gebiet abspielt. Meist haben die Affektschwankungen von Anfang an schon etwas Flaches an sich. Auch in späteren Stadien beobachtet man noch Stimmungsschwankungen in Gestalt vorübergehender Verstimmungen. Sie sind seltener und weniger deutlich als bei den flachen Hebephrenien, bei denen wir sie noch kennenlernen werden, sind aber doch bemerkenswert. Statt ihrer sonstigen Zufriedenheit sind die Kranken dann kurze Zeit gereizt, schimpfen, werfen eine Türe zu oder schlagen eine andere Kranke, über die sie sich geärgert haben. Auch bei den Streichen der Kranken scheinen manchmal Verstimmungen beteiligt zu sein, vor allem dann, wenn sie eine Aggressivität enthalten.

Die *affektive Abstumpfung* ist bei der läppischen Hebephrenie hochgradig. Jedes höhere Interesse geht verloren. Die Kranken leben stumpfsinnig dahin, kümmern sich nicht mehr um ihre Familie und verlangen auch in der Anstalt keine Anregung. *Triebhafte Gefühlsregungen* können deutlich erkennbar bleiben, das Verlangen nach Essen und nach Erotik tritt oft grob hervor. Die *ethische Abstumpfung* ist ebenfalls erheblich und zeigt sich oft schon im Beginn. Die Kranken lügen, stehlen, betrügen, wenn sich ihnen eine Gelegenheit bietet. Frauen geben sich haltlos mit Männern ab. Für aktivere Kriminalität sind die Kranken jedoch zu antriebsarm. In der Anstalt kann sich die ethische Abstumpfung in einem rohen Schlagen oder sonstigem Mißhandeln hilfloser Kranker zeigen.

Unter der hochgradigen Abstumpfung der Affektivität leidet auch der *Antrieb*. Die Vorgänge ihrer Umgebung interessieren die Kranken nicht mehr und regen sie auch nicht zum Handeln an, sofern es sich nicht um etwas Primitives wie die Nahrungsaufnahme handelt. Eine Initiative ist dementsprechend nicht mehr vorhanden. In schweren Zuständen leben die Kranken stumpfsinnig in den Tag hinein und bewegen sich ohne Anregung kaum mehr. Sie geben auch nur einsilbig Antwort. Man könnte sie in solchen Zuständen manchmal kataton finden. Wenn man sich aber genauer mit ihnen beschäftigt, stellt man fest, daß die Psychomotorik selbst nicht betroffen ist. Ihre ganze Art zu sitzen, zu stehen, zu gehen hat nichts Katatones an sich. Es handelt sich nur um einen schweren Mangel an Antrieb, der sich durch den Mangel an Interesse, also einen Mangel an höheren Gefühlsregungen, erklärt. Auch in den schweren Zuständen der Abstumpfung behalten die läppischen Hebephrenen ihre zufriedene Art und lächeln, wenn man sich mit ihnen abgibt.

Das *Denken* scheint ebenfalls unter der Verarmung an Interesse zu leiden. Es ist nicht abartig, sondern nur unzulänglich. In wortkarger Weise werden mit Vorliebe nichtssagende Antworten gegeben. Kleist nennt eine Denkstörung, die das Gepräge der Unzulänglichkeit hat und dadurch an Schwachsinn erinnert, alogisch. Auf Intelligenzfragen bekommt man in schweren Fällen nur noch selten eine richtige Antwort, meist machen die Kranken nur schwachsinnige Bemerkungen dazu und gehen nicht auf den Sinn ein. Eine Kranke beantwortete Intelligenzfragen in folgender Weise. (Kind und Zwerg?) „Da ist kein großer Unterschied, kann man gar nicht erkennen.“ (Baum und Strauch?) „Das ist so ein komisches Gewächs.“ (Morgenstund hat Gold...?) „Ja, die Morgenstunde, das ist eine gute Zeit. Morgens ist es am besten.“ (Keine Rose ohne Dornen?) „Die Rose hat Dornen, das Veilchen hat keine Dornen.“ Eine andere Kranke war noch unproduktiver und beantwortete meine Fragen in folgender Weise: (Kind und Zwerg?) „Kinder gibt's.“ (Wer anderen eine Grube gräbt ...?) „Das gibt's auch.“ (Binetbild vom eingeworfenen Fenster?) „Sehr schön, das Bild.“

Weitere Symptome lassen sich bei der läppischen Hebephrenie nicht aufweisen. Paranoide und katatone Erscheinungen fehlen. Im akuten Zustand können allerdings Erregungen kataton anmuten, sie sind aber wohl mehr affektive Entladungen als psychomotorische Erscheinungen. Andererseits kommen im Beginn auch stuporöse Zustände vor, die wohl den späteren Verstimmungen entsprechen. In den meisten Fällen ist das Bild schon im akuten Stadium klar hebephren. Ein schleichender Verlauf mit einer einfachen Zunahme der hebephrenen Symptome im Laufe der Entwicklung ist die Regel.

Der Bruder eines Probanden war wegen Schizophrenie in klinischer Behandlung. Leider ist hier die Krankengeschichte verlorengegangen, ich führe aber die Krankengeschichte des Probanden selbst an.

Fall 65. Ludwig Zins, geboren 1903, litt als Kind mehrere Jahre an Nachtwandeln, später hatte er eine Lungentuberkulose, die ausheilte. Er war schon als Kind leicht zu verstimmen und zog sich dann zurück. 1931 glaubte er, man verulke und verfolge ihn. Er wurde depressiv, drehte den Gashahn auf und wurde in der psychiatrischen Abteilung des Krankenhauses S. aufgenommen. Hier stellte er etwas unangebrachte Fragen, war sonst kaum auffällig und wurde schon nach 8 Tagen wieder entlassen. Zu Hause arbeitete er nichts mehr. Er glaubte sich wieder verfolgt und hörte Stimmen. Zeitweise war er stärker ängstlich und behauptete, man wolle ihm den Hals abschneiden. Er machte erneut einen Suicidversuch, indem er sich diesmal durch die Lungen schoß. Er kam deshalb ein Jahr nach der ersten Aufnahme zum zweitenmal in das Krankenhaus. Hier erzählte er von optischen und akustischen Halluzinationen, stand ihnen teilweise kritisch gegenüber. Nachts wurde er ängstlich, sah einen schwarzen Mann mit Messer vor sich. Dann wurde er fast unzugänglich, grimassierte und klopfte stereotyp auf die Bettdecke. Er wurde in die Anstalt E. verlegt. Hier war er zunächst noch unzugänglich, antwortete nicht, grimassierte. Dann lächelte er höflich. In den folgenden Wochen war er teils erregt, teils stuporös. 1933 war er zunächst noch unzugänglich, ablehnend. Dann wurde er ansprechbar, erschien aber gleichgültig, trug immer eine „wurstige“ Miene zur Schau. Dazwischen zeigte er Bösartigkeiten, indem er z. B. andere Kranke bespuckte. 1934 war er nachlässig, schlampig und beim Essen unappetitlich. 1935 zeigte er ein „gleichgültiges Dahintrotteln, Tag für Tag“. Nachts störte er öfter die Nachtruhe, indem er auf seine Bettstelle klopfte. 1936/37 verhielt er sich ähnlich stumpf. Bösartigkeiten kamen immer wieder vor. Einmal zerriß er eine Wandkarte, ein andermal einen Hausschuh. 1938 war er affektlos, antriebslos, antwortete knapp und neigte immer wieder zu kleinen Zerstörungen. — 1939 habe ich ihn zusammen mit B. Schulz nachuntersucht. Er lachte dauernd in sich hinein, ein etwas scheues, verstohlenes Lachen. Wenn man ihn aufforderte, dieses unpassende Lachen doch sein zu lassen, dann wurde es nur ganz vorübergehend etwas geringer. Während über ihn diktiert wurde, lächelte er stärker. Affektiv war er völlig abgeflacht. Gefühlsregungen waren nicht erkennbar, auch nicht, wenn man von seiner Krankheit und seinen Anstaltsaufenthalt sprach. Intelligenzfragen konnte der Kranke, der einmal mit Auszeichnung die Untersekundareife erlangt hatte, zum Teil noch richtig lösen. Über ein sehr nichtssagendes Gespräch konnte man nicht hinauskommen. (Wollen Sie etwas erzählen?) „Ich weiß nichts.“ (Wie geht es Ihnen?) „Ja, so geht's schon, ich bin zufrieden.“ (Nichts zu klagen?) „Nein.“ (Wie lange hier?) „Sechs Jahre ungefähr.“

(Wo vorher?) „In München.“ (Warum in die Anstalt?) „Da war ich im Schwabinger Krankenhaus, war ich wegen Nervenbehandlung im Krankenhaus.“ (Was gehabt?) „Nervenschock.“ (Wie hat sich das geäußert?) „Das weiß ich jetzt nicht mehr genau.“ (Sind sie krank?) „Ich fühle mich ganz gesund.“ (Sie sind doch hier unter Geisteskranken!) „Nein, meist sind es Normale.“ (Unterschied zwischen Kiste und Korb?) „Das weiß ich nicht, das müßte ich mir erst überlegen. (Treppe und Leiter?) „Treppe ist nicht beweglich, Leiter ist beweglich, kann man wegnehmen.“ (Not bricht Eisen?) „Wenn der Mensch in Not ist, kann er mehr vollbringen, als wenn er nicht in Not ist.“

Zins war im Beginn vor allem ängstlich. Daneben ist von Stuporzuständen, Erregungen, Grimassieren und Stereotypien die Rede. Es mögen Verstimmungszustände gewesen sein. Bald bildete sich das hebephrene Bild heraus mit Bösartigkeiten, die den läppischen Streichen entsprechen. Bei meiner Nachuntersuchung lag in allen Stücken das typische Bild der läppischen Hebephrenie vor.

Zusammenfassung

Eine affektive Abstumpfung geht bei der läppischen Hebephrenie mit einer zufriedenen bis leicht heiteren Stimmung einher. Besonders charakteristisch ist ein *Lächeln* bis deutlicheres Kichern, das bei jeder Anregung, die von außen kommt, hervortritt. Mit der affektiven Verstumpfung verbindet sich eine *ethische*. Die Kranken können kriminell werden, sofern sich ihnen eine Gelegenheit bietet, sie zeigen jedoch keine aktive Kriminalität. In früheren Stadien zeigen die läppischen Hebephrenen eine Neigung zu *kindischen Streichen*. Oft haben diese etwas Bösartiges an sich und deuten dadurch auf die ethische Abstumpfung hin. Andererseits können bösartige Handlungen auch aus *Verstimmungen* heraus erfolgen, die bei läppischen Hebephrenen vorkommen und die sorglose Zufriedenheit vorübergehend in eine Gereiztheit umwandeln. Im akuten Stadium der Krankheit sind Verstimmungen der verschiedensten Art häufig; euphorische, depressive und gereizte kommen vor. Unter der zunehmenden affektiven Abstumpfung leidet auch die *Aktivität*. Die Kranken verlieren mehr und mehr ihre Initiative, leben tatenlos in den Tag hinein. In schweren affekt- und antriebsarmen Endzuständen können sie geradezu an Katatone erinnern. In Haltung und Bewegung haben sie aber auch dann nichts Katatones an sich, dagegen gibt ihnen immer noch das Lächeln das hebephrene Aussehen.

2. Verschrobene Hebephrenie

Im Gegensatz zu den läppischen Hebephrenen haben die verschrobenen etwas Mißgestimmtes-Freudloses an sich. Daher sieht Kleist in der verschrobenen Hebephrenie meiner Beschreibung seine depressive Form. Das bestätigt sich dadurch, daß schon Kraepelin eine depressive Form von Schizophrenie beschreibt und dabei Manieriertheiten erwähnt, wie sie der verschrobenen Hebephrenie eigen sind. Wenn die akuten Krankheitserscheinungen abgeklungen sind, kann man kaum noch von einer Depression sprechen, doch bleibt das Lustlose. Im Beginn kommen auch euphorische Zustände vor, wenn sie auch wesentlich seltener sind als depressive und ängstliche Verstimmungen.

Charakteristischer für beginnende verschrobene Hebephrenie sind *Zwangserscheinungen*. Wir sahen diese schon bei der beginnenden manierierten Katatonie als Vorstadium der Manieren eine Rolle spielen. Da auch bei der verschrobenen Hebephrenie Manieren vorkommen, darf man die anankastischen Züge hier ebenfalls schon als Früherscheinung des Defekts selbst auffassen.

Ich habe das Vorkommen von *Manieren* bei der verschrobenen Hebephrenie in früheren Auflagen dieses Buches zu sehr betont. Es ist richtig, daß Manieren vorkommen, man findet sie aber viel häufiger da, wo sich eine verschrobene Hebephrenie mit einer anderen Hebephrenie kombiniert. Manieren und Stereotypien können dann sogar sehr reichlich sein, wie wir sehen werden. Bei der einfach-verschrobenen Hebephrenie treten sie aber wenig hervor, sie sind hier im wesentlichen durch eine Einförmigkeit des Verhaltens ersetzt, das man nur noch verschroben nennen kann. Die Kranken können bei jeder Visite mit dem gleichen Anliegen an den Arzt herantreten, vielleicht mit dem Wunsch nach Entlassung, oder dem Antrag, eine andere Beschäftigung zu bekommen, oder auch mit hypochondrischen Klagen, von denen noch zu sprechen sein wird. Die Ablehnung oder Nichtbeachtung ihres Wunsches hindert sie nicht, ihn bei der nächsten Visite wieder zu äußern. Oft kehrt sogar der gleiche Wortlaut wieder. Eine meiner Kranken brachte bei jeder Visite fast mit den gleichen Worten ihren Entlassungswunsch vor, dann fügte sie an, wie lange sie schon in der Anstalt sei, was der Pfarrer bei der Aufnahme gesagt habe und endete mit der Bemerkung, daß ihre Mutter niemals in der Anstalt gewesen sei. Wenn man bei ihr stehenblieb, wiederholte sie die gleichen Redensarten mehrmals. Wenn man sich in ein Gespräch mit den Kranken einläßt, oder wenn man sie zu einer ausführlichen Nachuntersuchung bestellt, dann sprechen sie mit Vorliebe mehr, sie entwickeln sogar oft einen Rededrang. Die Einförmigkeit bleibt aber auch dann erkennbar, denn ihr Reden bewegt sich immer in den gleichen Gleisen. Um einige Themen können lange Redereien kreisen. In früheren Stadien des Leidens haben die Kranken oft noch mehr Themen zur Verfügung, dann kann es schwer sein, in einer einmaligen Untersuchung die Einförmigkeit festzustellen. Man stellt dann am besten keine bestimmten Fragen, die neue Gedankengänge anregen können, sondern ermuntert die Kranken nur zum Weitersprechen. Statt etwas Neues zu bringen oder aber zu schweigen, erzählen sie dann gerne das, was sie schon gesagt haben, ein zweites und auch ein drittes Mal.

Das Sprechen hat fast immer eine leicht *querulatorische Note.* Kranke, die von zu Hause kommen, können sich über ihre Angehörigen, über Nachbarn, über Behörden usw. beklagen. Bei Anstaltskranken handelt es sich meist um Beschwerden über das Essen, die Behandlung durch die Pfleger und die angebliche Ausnutzung bei der Beschäftigung. Regelmäßig gesellt sich zum Tadel anderer das Lob der eigenen Person. Die Kranken erklären sich für tüchtig, fleißig, sie versagten ihrer Meinung nach doch höchstens durch die Schuld anderer. Das Querulieren der Kranken erklärt sich wohl aus ihrer freudlos-unzufriedenen Stimmung heraus, das Selbstlob vielleicht aus dem Bestreben, für ihre empfundene Unzulänglichkeit andere verantwortlich machen zu können.

Ferner erscheinen in den Äußerungen der Kranken immer wieder *hypochondrische Beschwerden.* In früheren Stadien des Leidens können Schilderungen von einer Art gegeben werden, daß man körperliche Mißempfindungen im Sinne somatopsychischer Halluzinationen annehmen möchte. Die Kranken behaupten dann etwa, im Gehirn sei nicht mehr genug Blut, das Herz habe sich verschoben, im Rückenmark sei ein Ziehen, ein elektrischer Strom sei durch den Körper gegangen u. ä. m. In späteren Stadien erhält man derartige Schilderungen nicht mehr. Eigentliche Sensationen kommen daher wohl nur in dem akuten Zustand vor, vielleicht dann, wenn die Depression, zu der die Kranken ja neigen, unter der Mitwirkung des akuten Prozesses eine größere Tiefe erreicht. Später wird nur noch in allgemeiner Weise darüber geklagt, daß der Körper schwach sei, daß ein Magenleiden vorliegen müsse, daß die Lungen nicht gesund seien usw. Häufig schließt sich daran der Wunsch nach besserer Behandlung oder Verschonung von der Arbeit.

Das Sprechen und Klagen erfolgt immer in einer affektarmen Weise. Auch wenn die Kranken querulieren, geschieht es kraftlos. Es wird niemals ein erregtes und gereiztes

Klagen daraus, so daß eine Verwechslung mit Paraphrenien nicht in Frage kommt. Auch wenn man die Kranken nicht anhört oder kurz abtut, vielleicht sogar bewußt kränkt, geraten sie nicht in Erregung, sondern bringen ihre Anliegen höchstens noch etwas eindringlicher vor als vorher.

Da ihre Äußerungen weitgehend davon unabhängig sind, wie sie aufgenommen werden, also jede natürliche Anpassung vermissen lassen, wirken die Kranken schon dadurch verschroben. Ihr Querulieren erscheint mehr als eine manierierte Betätigung denn als sinnvolles Handeln; es wird fortgesetzt, auch wenn nie ein Erfolg oder auch nur eine Reaktion darauf eintritt. Unter der modernen psychopharmakologischen Behandlung pflegt sich der Antrieb der Kranken zu verringern, die Neigung zu dem einförmigen Querulieren geht dadurch zurück. Was aber ganz unbeeinflußt bleibt, ist die Monotonie im Reden, dem jede Modulation der Stimme fehlt, dazu die mißmutige Stimmung.

Obwohl der depressive Zug bestehen bleibt, so wird dadurch doch nie die schwere *affektive Verflachung* verdeckt, die bei den Kranken vorhanden ist. Schon das Gleichförmige des Klagens, das sich unter äußeren Einflüssen nicht ändert, zeigt die mangelnde Tiefe des Affektes. Man kommt kaum in Versuchung, die Kranken ernst zu nehmen, weil sie ihre Beschwerden so monoton hinreden. Auch in ihrem sonstigen Verhalten zeigt sich die Abstumpfung. Die Kranken verlieren das Interesse an ihrer Familie, sie nehmen auch sonst an nichts mehr Anteil. Ihre *ethische Abstumpfung* zeigt sich in der Anstalt darin, daß sie gegen andere Kranke, die ihnen irgendwie störend sind, gleich roh sein können. Zu Streichen wie die läppischen Hebephrenen neigen sie dagegen nicht.

Die Unluststimmung der verschrobenen Hebephrenen ist bei manchen Kranken von Zeit zu Zeit etwas verstärkt, so daß Zustände gewisser Gereiztheit entstehen können. Es handelt sich hier sicher um eine Parallelerscheinung zu den Verstimmungen anderer Formen von Hebephrenie. Bei der verschrobenen Form treten sie im allgemeinen nur wenig hervor und unterbrechen den sonst gleichmäßigen Zustand kaum.

Im Zusammenhang mit der affektiven Abstumpfung leidet die *Initiative* der Kranken, soweit sie sich auf sinnvolle Ziele richtet. Dagegen bleibt ein primitiver Antrieb erhalten. Ja, das Klagen und Querulieren scheint oft einen gewissen Betätigungsdrang zu enthalten, der manchmal etwas Zwanghaftes hat, als ob die Kranken aus einer inneren Unlust heraus immer wieder dazu getrieben würden. Man wird dadurch wieder an die Zwangshandlungen erinnert, die wir im Beginn der Krankheit fanden.

Das *Denken* der Kranken ist verarmt, wie schon aus der Einförmigkeit ihres Handelns und Sprechens hervorgeht. Die intellektuellen Leistungen bleiben aber besser erhalten als bei den läppischen Hebephrenen. Wenn unvollkommene Antworten gegeben werden, muß man sich fragen, ob nicht von Anfang an eine leichte Minderbegabung vorhanden war.

Fall 66. Rosa Leb, geboren 1882, von Beruf Kindergärtnerin, hatte früher Migräne. 1909 wurde sie aufgeregt, dann wieder freudlos und wollte nicht mehr unter die Leute gehen. Sie jammerte stundenlang über fürchterliche Angst, behauptete, die Leute sprächen über sie. Dann wieder lachte sie grundlos. Erst 1911 kam sie in klinische Behandlung. Bei der Aufnahme in die Klinik M. klagte sie über Angstgefühle und fügte an, es handle sich um Zwangsgedanken, sie bringe manche Gedanken nicht aus ihrem Kopf heraus. Sie wagte „aus Verantwortungsgefühl" auch nicht mehr zu arbeiten. Ihre Angaben, daß die Leute über sie sprächen, hielt sie aufrecht. Ferner gab sie an, sie spüre oft ein Rieseln im Arm und habe bei geschlossenen Augen manchmal das Gefühl, ihre Arme würden immer größer. Sie wurde in die Anstalt E. verlegt. Hier war sie öfter verstimmt und weinerlich. 1912 machte sie Entweichungsversuche und gab an, das müsse sie tun, sie komme von manchen Gedanken nicht los. Von einer Ärztin fühlte sie sich beeinflußt. Dazwischen war sie reizbar und erregt. 1913 war sie öfter gereizt, verstimmt und wurde auch aggressiv. 1914 hatte sie weiter gereizte Erregungen und klagte öfter über Kopfschmerzen, wahrscheinlich im Sinne ihrer Migräne, die sie schon früher hatte. 1915 hatte sie viele Wünsche und wurde erregt, wenn sie nicht gewährt wurden. 1916 bis 1918 war sie im allgemeinen ruhig, neigte aber immer noch zu Gereiztheit. 1919 beschäftigte sie sich fleißig, ging aber dem Arzt sorgfältig aus dem Weg. Gelegentlich hatte sie immer noch gereizte Zustände, in denen sie auch zuschlug. Die folgenden Jahre behielt sie die Gewohnheit, dem Arzt stets aus dem Weg zu gehen. Wenn sie ihn sah, flüchtete sie schnell ins Klosett, oder wohin sie sonst konnte. Mit den Pflegerinnen stand sie dagegen meist gut. Seit 1928 war sie nicht mehr stärker gereizt, sondern nörgelnd und unzufrieden. So blieb sie auch die weiteren Jahre. Sie hatte viele Wünsche, verlangte Sonderkost, wollte Urlaub haben, schimpfte auf Anstalt und Ärzte. Trotzdem ließ sie sich aber für Gänge im Anstaltsbereich verwenden. 1938 war sie chronisch unzufrieden, machte aber ihre Arbeit. Sie querulierte und war auch „voller hypochondrischer Klagen". — 1939 habe ich sie zusammen mit B. SCHULZ nachuntersucht. Sie begann sofort zu sprechen und redete immer weiter, wenn man sie nur zwischendurch etwas ermunternd anblickte. Sie bewegte sich dabei mit großer Einförmigkeit immer wieder um die gleichen Themen. Besonders kam mit vielen Worten eine Beschwerde über die Kürzung ihrer Rente und die Klage über die jungen, unerfahrenen Pflegerinnen. Sie vergaß auch nicht, immer wieder zu erwähnen, daß sie tüchtig arbeite, ihre Pflicht tue und sich korrekt an die Vorschriften halte. Anfangs war sie recht freundlich, allmählich redete sie sich aber mehr und mehr in einen querulatorischen Tonfall hinein. Auch dann blieb ihre Stimme monoton, der tiefere Affektton fehlte. Es gelang auch nicht, sie in tiefere Erregung zu bringen. Sie war sogar über die bewußt provokatorische Bemerkung, sie sei wohl geistesschwach, nur ganz flüchtig ein wenig gekränkt.

Eine *Schwester*, Anna Leb, geboren 1887, war nach Mitteilung einer Kollegin im Büro, die sie seit 1902 kannte, immer sehr gewissenhaft, machte nie einen Fehler. Sie guckte Briefe zehnmal nach und glaubte, für alles die Verantwortung tragen zu müssen. Allmählich wurde es schlimmer damit, so daß sie in der Arbeit nicht mehr vorwärtskam und oft lange vor sich hinstarrte. Eine Gehaltserhöhung von 20 M lehnte sie ab, weil sie nicht genug leiste. Tatsächlich machte sie viele Überstunden. Als ihr langjähriger Chef starb, war sie deprimiert und wurde daher 1926 in der Psychiatrischen Klinik M. aufgenommen. Sie berichtete, daß sie bei ihrer Ausbildung zum kaufmännischen Beruf zum erstenmal etwa ein halbes Jahr verstimmt gewesen sei, seit 1903 leide sie an ihrer Zweifelsucht. Sie habe immer viel Skrupel gehabt, sowohl in religiösen und persönlichen Angelegenheiten wie auch in ihrem Beruf. Sie glaubte immer, irgend etwas Falsches zu sagen. Sogar, daß ihre Eltern tot seien, bezweifle sie oft. Manchmal glaubte sie auch, sie bilde sich ihren Namen nur ein. Oft müsse sie über einfache Briefe so lange nachdenken, bis der Sinn ganz verworren sei. Geschlechtlich habe sie sich durch „Selbstbefleckung" vergangen. Manchmal seien ihr auch Dinge, die sie ständig um sich hatte, plötzlich neu und fremd erschienen. Die Kranke sprach leise, war depressiv, weinte, wirkte dabei aber „fast unbeteiligt". Bei der körperlichen Untersuchung stellte sich heraus, daß sie sich die Schamhaare abrasiert hatte, „um sauber zu sein". Auf der Abteilung war die Kranke depressiv, hatte wenig Kontakt mit anderen Kranken. Sie wirkte in ihren Bewegungen linkisch und unsicher und hatte leichtes Grimassieren in den Stirnmuskeln. Sie wurde dann etwas freier, blieb aber immer „etwas reserviert." Sie sprach mit anderen Kranken kaum und mied den Tagesraum, weil dort zu viel Menschen seien. 16 Tage nach der Aufnahme wurde sie wieder entlassen. Die Diagnose lautete: Psychopathie (psychasthenisch, sensitiv, autistisch, verschroben, mit Zwangserscheinungen)? Schizophrenie (Defektzustand)?

Die Probandin Leb war im Beginn ängstlich verstimmt, hatte Beziehungsideen und deutliche Zwangserscheinungen. In den folgenden Jahren trat dann häufig eine Gereiztheit zutage, die auf Verstimmungszuständen beruhte und insofern mit der beginnenden Hebephrenie in Einklang steht. Wenn die Neigung zu Gereiztheit lange ins Defektstadium hinein fortbestand, so mag dafür eine besondere Neigung zu Verstimmungen eine Rolle gespielt haben, da die Kranke an Migräne litt. Schließlich blieb die Gereiztheit dann aber aus oder hatte nur noch den milden Charakter, wie er bei der verschrobenen Hebephrenie üblich ist. Das Verhalten der Kranken war dann deutlich verschroben, vor allem fiel ihre Gewohnheit auf, dem Arzt auf jede Weise aus dem Weg zu gehen. Bei meiner Nachuntersuchung bot sie das typische Bild mit Flachheit und dem einförmigen, affektlosen Querulieren.

Die Schwester wurde statistisch entsprechend der ursprünglichen Einteilung von B. Schulz nicht als schizophren gezählt. Trotzdem stellt sie sicher ein Beispiel gleichartiger Psychose in der Sippe dar. Noch während ihrer kaufmännischen Ausbildung scheint eine Psychose begonnen zu haben, denn die Patientin war damals ein halbes Jahr depressiv. Dieser sehr frühe Beginn ist bereits für Hebephrene charakteristisch. Es schloß sich daran aber kein Fortschreiten bis zu einem schweren Endzustand an, sondern der Prozeß scheint auf halbem Wege stehengeblieben zu sein. Die Zwangserscheinungen, die sonst nur das akute Stadium der verschrobenen Hebephrenie auszeichnen, blieben als das wesentlichste Symptom im ganzen weiteren Verlauf bestehen. Daß es sich nicht um eine Zwangsneurose handelte, geht aus der Krankengeschichte der psychiatrischen Klinik hervor. Die Patientin war dort merkwürdig reserviert, wirkte trotz ihrer Klagen fast unbeteiligt und fand keinen Kontakt mit anderen Kranken. Ihr Verhalten wird unmittelbar verschroben genannt. Ihre Handlungsweise sieht teilweise auch mehr manieriert als anankastisch aus, so, wenn sie die Eigenheit hatte, sich die Schamhaare abzurasieren. So handelte es sich bei der Kranken sicher um eine verschrobene Hebephrenie, die nur sehr früh zum Stillstand kam. E. Faust hat in ihrer erwähnten Arbeit über latente Schizophrenien die Sippe Leb mitverwertet[1].

Zusammenfassung

Die verschrobene Hebephrenie beginnt häufig mit *Zwangserscheinungen,* die bei ungeeigneter Betreuung in *Manieren* übergehen können. Später findet man vor allem ein monotones Sprechen und Querulieren, das in seiner Einförmigkeit den Eindruck des Manierierten oder Verschrobenen macht. In der Stimmung haben die Kranken meist etwas Freudloses an sich. Stärker tritt aber die *affektive Verflachung* hervor, die auch beim Querulieren keine tiefere Regung mehr zuläßt. Eine *ethische Abstumpfung* geht damit Hand in Hand. Im Beginn der Krankheit stellt man neben der zunehmenden Affektverflachung häufig *Verstimmungszustände* fest, die mit gereizten Erregungen einhergehen können. In späteren Stadien sind der verschrobenen Hebephrenie nur noch leichtere Stimmungsschwankungen eigen. Das *Denken* der Kranken ist, wie man aus ihren Äußerungen entnehmen kann, verarmt. Die *intellektuellen Leistungen* sind aber nur wenig herabgesetzt.

3. Flache Hebephrenie

Bei meiner ersten Abgrenzung schizophrener Formen hatte ich die flache Hebephrenie noch nicht als solche erkannt, während Kleist eine unproduktive (bzw. apathische) Hebephrenie abgrenzte und zur Dementia simplex von Bleuler in Beziehung brachte. Ich überzeugte mich erst auf Grund der charakteristischen *Verstimmungszustände,* die ich fand, davon, daß hier eine eigene Form vorliegt. Im Beginn haben die Verstimmungen allerdings keine andere Bedeutung als bei anderen Hebephrenien. Sie sind meist ängstlicher Färbung und können mit Eigenbeziehungen und Sinnestäuschungen einhergehen.

Affektflach sind zwar die Hebephrenen überhaupt, ja darauf stützt sich vor allem die Diagnose. Aber im allgemeinen ist die *affektive Abstumpfung* in andere Symptome eingebaut. Die Bezeichnung des „Flachen" soll demgegenüber zum Ausdruck bringen, daß

---

[1] Faust, E.: a. a. O. (Mschr. Psychiat. 125).

die psychischen Funktionen nur alle auf einem flacheren Niveau abzulaufen scheinen. Die Kranken bieten bei einer Untersuchung nichts als diese Veränderung des Gefühlslebens. Man kann sich mit ihnen gut unterhalten, sie nehmen zu allem Stellung, bei einfachen Fragen auch richtig, aber immer ohne affektives Mitschwingen. Von ihrem jahrelangen Anstaltsaufenthalt, ja von ihrer Geisteskrankreit, ebenso etwa vom Tod ihrer Angehörigen, von allem, was einen normalen Menschen tief berühren würde, sprechen sie unbeteiligt wie über die gleichgültigste Sache. Man braucht aber gar nicht erst solche Themen zur Sprache zu bringen, um die Verflachung festzustellen. Jedes Gespräch, auch gleichgültigen Inhalts, regt den Menschen irgendwie affektiv an, er wird hier mehr, dort weniger berührt. An seinem ganzen Verhalten, vor allem an seinem Mienenspiel, wird diese innere Beteiligung nach außen hin erkennbar. Bei den flachen Hebephrenen fehlt sie. Man spürt unmittelbar die affektive Leere, man vermißt in den Antworten trotz sachlicher Verständigung sofort das seelische Mitschwingen.

Der Mangel an Gefühlsregung führt auch dazu, daß die Kranken für ihr weiteres Schicksal keine Wünsche und Pläne haben. Anstaltskranke können wohl den Entlassungswunsch äußern, aber mehr wie eine Formalität, die man dem Arzt gegenüber gelegentlich erfüllen muß. Auch wenn es ihnen objektiv nicht gut geht, wenn sie vielleicht körperliche Beschwerden haben oder unter einem bösartigen Mitkranken leiden, bringen sie das vor, aber nur mit den Worten des Klagens während der Tonfall der eines sachlichen Berichts ist. Der Eindruck des Flachen wird noch dadurch verstärkt, daß die Stimmungslage etwas nach der euphorischen Seite hin verschoben ist. Die Kranken sind zwar nie wirklich heiter, aber eine sorglose Zufriedenheit beherrscht sie. Während läppische Hebephrene durch ihr Lachen doch auch wirklich heiter erscheinen können, hat das Wohlbefinden der flachen Hebephrenen nichts von einer affektiven Bewegtheit an sich, es stellt einen gleichmäßigen Zustand von Sorglosigkeit dar.

Aus der Affektlosigkeit entspringt auch der *Mangel an Initiative*, es ist nichts da, dem die Kranken nachstreben würden. Auch asoziale Tendenzen findet man kaum, mögen sich die Kranken auch in ihrem affektflachen Verhalten manchmal zu asozialem Tun verführen lassen. Dem üblichen Lauf des Alltags passen sie sich an, sie müssen auch nicht gedrängt und geschoben werden. Sie bleiben demnach viel regsamer als läppische Hebephrene. Sie werden auch nicht einförmig wie die verschrobenen Hebephrenen. Intellektuell findet man keine wesentlichen Einbußen.

In der geschilderten Weise stellen sich die flachen Hebephrenen in der Regel dar. man kann sie aber auch in einem anderen Zustand antreffen. Wesentlich deutlicher nämlich als bei allen anderen hebephrenen Formen findet man hier periodisch auftretende *Verstimmungszustände*, die großenteils mit *Sinnestäuschungen* einhergehen. Wenn man die Kranken in einem ausgeglichenen Zustand nach den Verstimmungen fragt, erzählen sie in ihrer affektlosen Weise davon. Sie berichten, daß sie zeitweise ängstlich oder gereizt seien oder sie nennen nur Sinnestäuschungen. Die Verstimmungen kehren teils nach monatelangen Zwischenräumen, teils alle paar Wochen wieder und halten in der Regel einige Tage an. Manchmal bestreiten die Kranken auch mit einigen Ausreden die Verstimmungen, die nach der Krankengeschichte eindeutig erkennbar sind. Die Art der Trugwahrnehmungen wechselt, im wesentlichen handelt es sich um Stimmen, doch kommen auch optische und hypochondrische Erlebnisse vor. Wenn man das Krankheitsbild der flachen Hebephrenie kennt, kommt man trotz der Sinnestäuschungen nicht in Versuchung, an eine paranoide Schizophrenie zu denken, da die Kranken so eigenartig unbeteiligt von den Erscheinungen sprechen. Das rührt nicht nur von ihrer Affektverflachung her, sondern sie haben mehr Abstand gegenüber ihren Sinnestäuschungen als Paranoide, ja sie sehen meist sogar ein, daß die Stimmen nur in ihrem Kopf entstehen und keinen objektiven Hintergrund besitzen. Dadurch gewinnt man den Eindruck, mehr *Pseudohalluzinationen* vor sich zu haben. Es mag sein, daß die Zeiten der Ruhe, die nach den Verstimmungen kommen, den Kranken immer wieder Gelegenheit zu kritischer Stellungnahme geben, aber auch paranoide Schizophrene halluzinieren zeitweise weniger und werden dabei doch nicht einsichtig. Es ist daher anzunehmen, daß die Halluzinationen der Hebephrenen ihrem inneren Bild nach einen besonderen Charakter haben. Wenn sich die Kranken in der Gereiztheit gelegentlich über die Sinnestäuschungen beschweren, als ob sie diese doch als objektiv nähmen, so ist dies als Ausdruck der affektiven Spannungen zu werten, nicht als eine gedankliche Stellungnahme.

Ich führe einige *Beispiele* an. Ein Kranker, der sonst völlig flach war, wurde zeitweise gereizt, beklagte sich über Stimmen und elektrische Ströme, beruhigte sich aber nach einigen Tagen wieder. Bei einem anderen Kranken gingen die Verstimmungen tiefer. Er stopfte sich von Zeit zu Zeit mehrere Tage lang die Ohren zu und schimpfte heftig über die Belästigungen. Eine Kranke sprach von Beklemmungen, die sie in solchen Zuständen ergriffen, während gleichzeitig die Stimmen über sie kämen, die sie bei meiner Nachuntersuchung von selbst als „Einbildungen" bezeichnete. Bei einer Kranken traten von Zeit zu Zeit, ohne daß dabei die Verstimmungen deutliche Formen annahm, optische Erscheinungen auf. Sie sah religiöse Bilder und ganze Szenen, auch Menschen, die mit ihr sprachen. Bei solchen traumhaften Sinnestäuschungen hat man besonders stark den Eindruck von Pseudohalluzinationen. In einem meiner Fälle kam es neben gereizten Zuständen zu Verstimmungen euphorischer Art mit Heiterheit und gehobenem Selbstbewußtsein. Das ist jedoch sehr selten. Auch im Beginn des Leidens sind heitere Zustände kaum einmal zu beobachten, während sie bei der läppischen Hebephrenie im Beginn nicht selten sind.

Wenn die Verstimmungen der flachen Hebephrenie einen gereizten Charakter haben, dann gehen sie häufig mit *Beziehungsideen* einher. Die Personen der Umgebung werden dann der Böswilligkeit und Schikane beschuldigt. Nicht selten kommt es zu motorischer Erregung, die auch mit Aggressivität verbunden sein kann. Man kann an katatone Zustände erinnert werden, doch stellt man bei genauer Beobachtung fest, daß es sich nur um gereizte Erregungen handelt, während Katatones fehlt.

In manchen Fällen flacher Hebephrenie treten die Verstimmungen besonders deutlich hervor, manchmal auch in sonst leichten Fällen. Es kommt sogar vor, daß nur die Verstimmungen auffallen, während die Abflachung noch übersehen wird. Eine Kranke der Frankfurter Klinik, die nicht zu meiner Untersuchungsreihe gehört, wurde jahrelang als Psychopathin aufgefaßt. Es fiel nur immer auf, daß ihre gereizten Zustände mit uneinfühlbaren Eigenbeziehungen und manchmal auch mit Sinnestäuschungen einhergingen. Außerhalb ihrer Zustände war sie freundlich und zugänglich und schien normal zu sein. Wenn man sie aber genauer kannte, stellte man einen deutlichen Mangel an Affekt fest. Sie fügte sich in alles, was mit ihr geschah, blieb in der Klinik, wenn der Mann es haben wollte, und ging nach Hause, wenn er es vorschlug. Sie sprach auch über ihre häuslichen Schwierigkeiten, die objektiv bestanden, merkwürdig gleichmütig, sofern sie nicht gerade verstimmt war.

Von meinen Fällen flacher Hebephrenie ist Else Wick zusammen mit ihrem Bruder schon von Faust[1] geschildert. Faust führt die Geschwister auf Grund unserer gemeinsamen Nachuntersuchung noch als atypisch hebephren an, weil uns damals das typische

---

[1] Faust, Cl.: Die paranoiden Schizophrenien auf Grund katamnestischer Untersuchung. Z. ges. Neurol. und Psychiat. **172** (1941), 308–393.

Bild der flachen Hebephrenie noch nicht bekannt war. Die Schilderung FAUSTS zeigt aber in beiden Fällen das charakteristische Bild, es war folgendes:

Fall 67. Else Wick, geboren 1881, war früher feinfühlig und verträglich, Erst 1927 scheint sie auffällig geworden zu sein. Sie wurde traurig, weinerlich und ängstlich und glaubte sich hypnotisiert und beobachtet. Sie kam in das Sanatorium A. und berichtete hier, fremde Gedanken würden ihr eingegeben, ihr ganzes Leben werde ihr erzählt. Sie war ratlos, lief dann aber wieder läppisch lachend umher. Nach einem halben Jahr wurde sie entlassen. Zu Hause war sie weiter ängstlich, hörte Stimmen und sah Bilder. Sie kam daher 1928 in die Frankfurter Nervenklinik. Sie war hier ratlos, zeigte wenig Spontanität und sprach von ihren Stimmen. Nach zwei Monaten wurde sie wieder nach Hause genommen, blieb aber krank. 1930 lief sie in halluzinatorischer Erregung von zu Hause fort und wurde in die Anstalt E. gebracht. Hier zeigte sie eine affektive Abstumpfung, hatte keinerlei Interesse und auch wenig Antrieb. Dazwischen bekam sie eine triebhafte Unruhe und führte unverständliche Handlungen aus, warf z. B. Sachen zum Fenster hinaus. 1931 traten stärkere Erregungen auf, in denen die Kranke Kleider zerriß und aggressiv wurde. Dann wieder verhielt sie sich ruhig, aber läppisch, albern, manieriert. Affektiv war sie „völlig abgebaut". 1932 war sie öfter erregt und hörte Stimmen. So verhielt sie sich auch die folgenden Jahre. 1936 war sie „affektiv hochgradig abgebaut", arbeitete aber auf der Abteilung. 1938 schimpfte sie von Zeit zu Zeit und hörte Stimmen. 1939 habe ich sie zusammen mit Faust nachuntersucht. Sie war freundlich, zugänglich und recht gesprächig; gab sachlich Antwort, schweifte aber gern etwas ab. Affektiv war sie bei allem unbeteiligt. Auch von ihren Stimmen sprach sie ganz ohne Affekt. Es würden von diesen gleichgültige Dinge gesagt, etwa über die Politik oder den Küchenzettel. Sie erklärte dazu: „Es sind keine Stimmen, es ist, als ob ich es selber denke." Völlig ohne Affekt erzählte sie auch, daß sie gelegentlich Sexuelles spüre, als ob jemand unter ihre Bettdecke griffe. Sie bestätigte, daß diese Erscheinungen nur zeitweise aufträten, und daß sie in diesen Zeiten leicht erregt werde. Bei der Untersuchung gelang es dagegen nicht, sie durch irgend etwas in Erregung zu bringen. Es machte ihr gar nichts aus, daß man sie als geisteskrank bezeichnete, sondern sie erklärte lächelnd dazu: „Es ist ja nicht weiter schlimm, wenn man 60 Jahre alt ist."

Ihr *Bruder*, Hans Wick, geboren 1882, besuchte das Gymnasium bis zum Einjährigen. 1911 veränderte er sich, erhob Beschuldigungen gegen seinen Schwager und schrieb Liebesbriefe an eine ihm fernstehende Dame. Dann wurde er ängstlich, hörte Stimmen und machte einen Suicidversuch, indem er aus dem Fenster sprang. Nach einem Erholungsaufenthalt wurde er 1912 in die Frankfurter Nervenklinik eingewiesen. Hier fühlte er sich bestohlen, war etwas gereizt und fiel durch gymnastische Übungen, die er nackt ausführte, auf. Er wurde in die Anstalt K. verlegt und als arbeitender Kranker beschäftigt. Über seinen psychischen Zustand wird nichts berichtet. 1923 erfolgte die Verlegung in die Anstalt E. Hier erzählte er ohne Affekt von seiner Krankheit und gab Sinnestäuschungen des Gehörs und Gesichts zu. In den folgenden Jahren wird er still, stumpf, indolent genannt, konnte aber im Büro mit einfacheren Arbeiten beschäftigt werden. 1930 wird berichtet, daß er dazwischen immer wieder etwa zwei Tage lang verstimmt sei und seine Arbeit verkehrt mache. Manchmal blieb er auch in leicht gereiztem Zustand im Bett, grimassierte und sprach für sich selbst. 1939 habe ich ihn zusammen mit FAUST nachuntersucht. Er erzählte, daß er früher einmal Stimmen gehört habe, ohne daß jemand dagewesen sei. Es sei auf ihn geschimpft worden. Zur Zeit höre er nichts. In der Anstalt gefalle es ihm ganz gut, bei gutem Wetter habe er ja auch Ausgang. Er erschien sorglos und lächelte zwischendurch. Affektiv war eine schwere Abstumpfung zu erkennen. Wick war durch nichts in Erregung zu bringen. Auch die Frage nach seiner Geisteskrankheit berührte ihn nicht. Als wenn ihn das persönlich gar nichts anginge, sprach er von den Untersuchungen und den Auffassungen, daß er geisteskrank sei.

Bei der Probandin Wick ist die Psychose auffallend spät in Erscheinung getreten, denn sie war schon 46 Jahre alt. Vielleicht ist aber ein schleichender Beginn früherer Jahre nur übersehen worden. Im Beginn spielten bei ängstlicher Verstimmung die Sinnestäuschungen eine große Rolle. Später trat mehr die Verstimmung selbst hervor, die teilweise heftig war, so daß es zu Aggressivität kam. Daneben bildete sich die charakteristische Gefühlsverödung heraus. Bei unserer Nachuntersuchung bot sie das typische

Bild der flachen Hebephrenie. Die Stimmen besaßen für die Kranke keinerlei affektive Bedeutung und wurden als krankhaft erkannt. Ihr Bruder, der mit 29 Jahren erkrankte, zeigt ein deutlich milderes Krankheitsgeschehen. Im Beginn war er ebenfalls ängstlich. Dann wurde er bald stumpf und indolent, konnte aber als arbeitender Kranker gut beschäftigt werden. Seine Verstimmungen nahmen nur zeitweise heftigere Formen an. Halluzinationen traten anscheinend nur bei schweren Verstimmungen auf, wenn er gereizt und mit sich selbst sprechend im Bett lag. Bei meiner Nachuntersuchung fand ich auch bei diesem Kranken die typische Gefühlsverödung bei sorglos zufriedener Stimmungslage.

Zusammenfassung.

Die flache Hebephrenie ist durch eine *affektive Abstumpfung* ausgezeichnet. Bei einfachen Unterhaltungen vermißt man das Mitschwingen eines Gefühlstones, bei Themen, die den Kranken tiefer berühren müßten, fällt der Mangel in grober Form auf. Dabei bleiben die Kranken äußerlich zugänglich und ansprechbar, so daß man Unterhaltungen sachlich gut mit ihnen führen kann. Die affektive Verflachung führt über den *Mangel* an *Interessen* auch zu einem *Ausfall an Initiative*, doch fügen sich die Kranken in die Alltäglichkeiten ein, ohne eigens angetrieben zu werden. Die Stimmungslage ist meist durch eine sorglose Zufriedenheit ausgezeichnet. Dieser Dauerzustand, in dem der Mangel an Affekt das einzige Symptom zu sein scheint, wird von Zeit zu Zeit von kurzen *Verstimmungszuständen* unterbrochen, in denen die Kranken gereizt, ängstlich, selten auch euphorisch sind. In der Gereiztheit neigen sie zu *Beziehungsideen* und können erregt und aggressiv werden. Charakteristisch für die Verstimmung sind auch *Trugwahrnehmungen*, die alle Sinnesgebiete einbeziehen, am häufigsten aber Stimmen darstellen. Obwohl die Kranken in der Erregung gegen die Stimmen schimpfen können wie paranoide Kranke, haben sie nachträglich immer eine deutliche Einsicht in die Krankhaftigkeit derselben, so daß man von Pseudohalluzinationen sprechen kann.

4. Autistische Hebephrenie

Die autistische Hebephrenie habe ich in meinem Buch über die „defektschizophrenen Krankheitsbilder“[1] noch zu den paranoiden Schizophrenen gezählt und erst in meinen „Mitteilungen“ den Hebephrenien zugerechnet. Die Erregungen, die mir früher paranoisch erschienen, beruhen sicher auf Verstimmungszuständen. Außerhalb derselben sind die autistischen Kranken abgestumpft und müssen zu den Hebephrenen gerechnet werden.

Im *Autismus* sieht man gelegentlich ein fast durchgehendes Symptom der Schizophrenien. Dem kann ich nicht für alle Fälle beistimmen, jedenfalls nicht für alle Fälle im Defekt, für die es auch Fleck[2] schon verneint hat. Freilich ist die Aufmerksamkeit jedes Schizophrenen bis zu einem gewissen Grade auf das gerichtet, was er krankhaft erlebt, das ist aber wohl nicht anders denkbar und stellt kein eigenes Symptom dar. Bei den katatonen Formen schließlich gab uns nur die sprechbereite Form Anlaß, von Autismus zu sprechen. Bei der autistischen Hebephrenie gibt er dem ganzen Krankheitsbild das besondere Gepräge.

Tritt man nicht eigens an die Kranken heran, dann leben sie für sich, treten zu anderen Kranken nicht in Beziehung, sprechen kaum einmal mit ihnen, wenden sich auch fast

---

[1] Leonhard, K.: Die defektschizophrenen Krankheitsbilder. Georg Thieme, Leipzig 1936.

[2] Fleck, U.: Über Beobachtungen bei alten Fällen von Schizophrenie. Arch. Psychiat. **85** (1928), 705–760.

nie an den Arzt. Spricht man sie an, dann geben sie uninteressiert und lustlos meist nur ausweichende und unvollkommene Antworten. Auch bei Fragen, die sie sicher beantworten könnten, antworten sie häufig mit „ich weiß nicht". Wenn sie nicht gerade verstimmt sind, können sie freundlich sein, aber sie haben doch nie eine offene Freundlichkeit, etwas Reserviertes bleibt immer zurück. Das *Mienenspiel* entspricht dem Autismus. Es hat etwas Steifes an sich und erscheint undurchdringlich. Ähnlich wie wir es bei der sprechbereiten Katatonie sahen, vermag man aus der Miene nicht auf die Innenvorgänge zu schließen. Wenn die Kranken nach ihren Antworten willig sind, gibt das Mienenspiel die freundliche Stimmung nur unvollkommen wieder, und wenn sie ablehnende Antworten geben, tritt auch die Ablehnung in der Miene nicht genügend hervor. Das Fremdartige, das die Mimik Schizophrener auch sonst haben kann, so daß es den Gesunden nicht mehr anspricht, ist bei der autistischen Hebephrenie besonders deutlich zu erkennen. Wenn man mit einem anderen Menschen in einen unmittelbaren inneren Konnex kommt und nicht, wie man es für die Schizophrenen ausgedrückt hat, wie durch eine Glasscheibe getrennt bleibt, dann ist dafür in allererster Linie das Mienenspiel verantwortlich. Bei den autistischen Hebephrenen ist es in besonderem Maße undurchdringlich, so daß man den Kranken innerlich nie nahekommt.

Gibt man den Kranken eine Beschäftigung, dann kommen sie dieser nach, sprechen aber auch hier nur das Allernötigste. Begegnen sie im Freien anderen Personen, dann gehen sie meist an ihnen vorüber, als ob sie sie gar nicht sähen. In der Arbeit selbst sind sie meist zuverlässig, man kann ihnen auch eine etwas selbständigere und verantwortungsvollere Arbeit zumuten und wird selten enttäuscht. Sie haben darin etwas Ernsteres an sich als andere Hebephrene. Man darf daraus sicher auch entnehmen, daß ihre *Affektivität* nicht im gleichen Ausmaß abgeflacht ist wie dort. Freilich zeigen sie von selbst kaum mehr an etwas Interesse. Sie leben stumpfsinnig dahin, halten mit ihren Angehörigen keine Verbindung aufrecht, lassen sich durch gefühlsbetonte Themen nicht in Erregung bringen und verlangen kaum einmal nach Hause. Nur im Sinne einer Reizbarkeit sind sie manchmal zu erregen, aber auch nur dann, wenn sie sich in einer Verstimmung befinden. Wenn man zu einer anderen Zeit die Kranken versuchsweise reizt, dann weiß man bei ihrem undurchdringlichen Mienenspiel meist gar nicht, wie sie es eigentlich auffassen.

Trotz des Autismus, der manches verbergen mag, sind die Kranken demnach als affektiv abgestumpft zu bezeichnen. Auch sonst scheint das Innenleben der Kranken sehr verarmt zu sein, sie zeigen nie mehr eine eigene Stellungnahme. Auch eine eigene *Initiative* haben sie nicht mehr. Von sich aus beginnen sie nichts, sondern gehen nur der Tätigkeit nach, zu der man sie anregt.

Bei Intelligenzfragen antworten die Kranken kurz und oft unzureichend. Doch bleiben die *Denkleistungen* im ganzen besser als bei der läppischen Hebephrenie. Die unvollkommenen Antworten erwecken meist weniger den Eindruck der Denkschwäche als einer Ablehnung oder auch einer einfachen Uninteressiertheit. Neben dem Autismus führt die abnorme *Stimmungslage* zu dieser Ablehnung. Die Kranken haben etwas Mißmutig-Unfrohes an sich, zeigen nie einen fröhlichen Zug. Sie erinnern dadurch an Verschrobene, doch tritt der mißmutige Zug stärker hervor als dort. Er verstärkt sich oft noch, wenn die Kranken Rede und Antwort stehen sollen.

Es ist psychologisch von großem Interesse, daß zwei der Hebephrenien eine unfrohe Stimmungslage aufweisen und andererseits zwei Formen, nämlich die läppische und die flache durch eine sorglos zufriedene Stimmungslage ausgezeichnet sind. Das spricht wieder dafür, daß bei den Hebephrenien *antagonistische Funktionsgebiete* ergriffen sind, wie wir es bei den Katatonen fanden.

Der autistisch-unfrohe Zustand, den die Kranken die meiste Zeit bieten, erfährt gelegentlich kurze, aber eindrucksvolle Unterbrechungen. Es treten immer wieder *Verstimmungen* auf, die an die Erscheinung bei der flachen Hebephrenie erinnern, aber einen anderen Charakter haben. Es handelt sich um gereizte Zustände, in denen die Kranken erregte Worte ausstoßen, die sich meist gegen eine Person der Umgebung richten und Anklagen und Beschuldigungen oder auch nur Drohungen enthalten. Häufig werden die Kranken auch, ohne daß sie viele Worte machen, aggressiv, nicht im Sinne einer allgemeinen Erregung, sondern gegen eine bestimmte Person. Ich habe früher von „paranoiden“ Erregungen gesprochen, da sie eine feindselige Einstellung gegen bestimmte Personen zu enthalten scheinen. Es ist aber wohl so, daß die Gereiztheit das aufgreift, was sich gerade bietet. So wurde eine Pflegerin von einer meiner Kranken brutal angegriffen, als sie einer anderen Kranken das Essen zuerst geben wollte. Es handelt sich immer um unerwartete einmalige Reaktionen, man beobachtet keine anhaltenden feindseligen Einstellungen gegen bestimmte Personen. Die Patienten können in der Erregung sehr brutal werden und als Waffe nehmen, was ihnen gerade zur Verfügung steht. Einer meiner Kranken schlug einen Pfleger mit einem Stock, den er bei der Arbeitstherapie greifen konnte, gegen den Kopf, daß er zusammenbrach. Ein anderer hat zu Hause ohne erkennbaren Anlaß einen Verwandten erschossen.

Die Erregungen werden auch dadurch gefährlich, daß man den Kranken ihre Gereiztheit meist nicht ansieht. Ihre zurückhaltende Art mit dem undurchdringlichen Mienenspiel behalten sie auch in der Gereiztheit. Wenn man sich in solchen Zuständen zufällig genauer mit den Kranken abgibt, dann erkennt man die Affektspannung wohl, sie geben dann nur gereizte Antworten und haben etwas Verbissenes in ihrem Gesicht. Hat man aber keinen Grund, sich gerade näher mit ihnen zu beschäftigen, dann übersieht man diese Gereiztheit, bis sie in irgendeiner Weise nach außen hervorbricht. Der Autismus der Kranken ist daran wieder eindrucksvoll erkennbar. In späteren Stadien des Leidens werden die Erregungen meist geringer oder können auch ganz ausbleiben. Dann erkennt man nur, wenn man die Kranken genau im Auge behält, daß sie immer noch zeitweise verstimmt sind.

Manchmal scheinen in der Verstimmung auch *Pseudohalluzinationen* vorzukommen, wie wir es bei der flachen Hebephrenie gesehen haben. Eine Kranke erzählte einmal, sie habe eine Pflegerin gesehen und sagen hören: „Wendelstein“. Das sei aber nicht wirklich gewesen. Eine andere beklagte sich, daß sie manchmal allerlei sehe und höre. Es ist möglich, daß Ähnliches öfter vorkommt und bei der autistischen Art der Kranken nur meist verborgen bleibt.

Die Mutter eines Probanden wurde im Klimakterium geisteskrank, Genaueres war nicht zu erfahren. Dagegen liegt über deren Schwester eine Krankengeschichte vor.

Fall 68. Johann Gro, geboren 1915, galt schon seit seiner Jugend als Sonderling. In seiner Lehrzeit beschuldigte er einmal seine Dienstherrin, sie habe ihn mit dem Revolver bedroht, obwohl kein wahres Wort daran war. Später war er verstockt und hatte kaum mit anderen Menschen Umgang. Während der Erntezeit legte er sich einmal ins Bett und bedrohte seinen Bruder, der ihm Vorhalte machen wollte, mit Totschlag. 1937 wurde er trotz der Warnung des Ortsbürgermeisters zur Wehrmacht eingezogen. Er war sofort das „Sorgenkind der Korporalschaft“, da er keine Belehrungen annahm. Vor dem Unteroffizier blieb er in abgewandter Haltung stehen und nahm keine Notiz von ihm. Als ihm einmal auf dem Marsch der Hintermann den Stahlhelm, der nach hinten gerutscht war, nach vorne schob, drehte er sich um und schlug ihn brutal ins Gesicht. Da er schließlich einen Vorgesetzten mit dem Schürhaken angriff, wurde er militärärztlich untersucht und mit der Diagnose „Schizophrenie“ vom Militärdienst entlassen. Er kam 1938 in die Frankfurter Klinik. Hier lebte er stumpf dahin, äußerte keinen Wunsch und gab auf Fragen nur sehr einsilbige Antworten. Von seinem Innenleben war nichts zu erfahren, seine Miene war undurchdinglich. Wenn man in ihn drängte, um eine Auskunft zu erhalten, dann wurde er etwas gereizt. Er wurde nach Abschluß der Beobachtung, die immer das gleiche Verhalten ergab, in seine Heimat abgeholt.

Seine *Tante* (Mutters-Schwester), Elisabeth Has, geboren 1880, wurde 1906 zunehmend aufgeregt. Sie hatte Angstgefühle und konnte nicht schlafen. Nachts hörte sie eine Stimme, sie solle umgebracht werden. Nach dem Versuch, sich zu ertränken, kam sie 1907 in die Anstalt H. Hier erzählte sie, sie höre Tag und Nacht Stimmen. Die Ängstlichkeit schwand bald, doch wechselte die Stimmung sehr. Teils war die Kranke freundlich, teils schimpfte sie gereizt, allem Anschein nach mit Stimmen. Dann beschwerte sie sich über Haare, die sie im Hals spüre. Gegen den Arzt wurde sie gewalttätig. 1908 wechselte die Stimmung weiter. Sie erzählte von ihren Stimmen mit gewisser Einsicht und gab an, sie kämen teilweise aus ihr selbst. 1909 erklärte sie die Stimmen doch wieder für wirklich. Außerdem sah sie Schatten um sich herumfliegen, wie Schwalben, von denen auch die Stimmen ausgingen. Auch über sexuelle Belästigungen durch die Pflegerinnen beschwerte sie sich. All diese Erscheinungen traten vor allem in Erregungen hervor, die sich von Zeit zu Zeit einstellten und teilweise mit Aggressivität einhergingen. In den Zwischenzeiten stand sie ihren Sinnestäuschungen, wie es heißt, gelegentlich wieder objektiv gegenüber. Sie blieb aber zurückhaltend, unzugänglich und wich den Visiten mit Vorliebe aus. In diesem Zustand wurde sie 1909 nach fast dreijährigem Anstaltsaufenthalt nach Hause geholt.

Bei dem Probanden Gro läßt sich der Beginn der Psychose nicht genau feststellen, sie scheint sich in seiner Lehrzeit schleichend entwickelt zu haben. Bei meiner Untersuchung bot er das charakteristische autistische Bild, das durch die Erregungen, die er zu Hause und beim Militär gehabt hatte, zu dem Gesamtbild der autistischen Hebephrenie ergänzt wurde. Bei seiner Tante ist in erster Linie an eine flache Hebephrenie zu denken. Sie halluzinierte in ihren periodischen Verstimmungen und hatte nachher wieder eine gewisse Einsicht für die Krankhaftigkeit der Erscheinungen. Auch wenn sie szenenhafte Erlebnisse hatte, etwa sprechende Schatten im Saal halluzinierte, wird man an das Pseudohalluzinieren der flachen Hebephrenie erinnert. Daneben werden aber Gewalttätigkeiten beschrieben, die eher der autistischen Hebephrenie entsprechen. Da in den ruhigen Zeiten überdies Ablehnung und Autismus bestanden, vermute ich, daß es sich um eine kombinierte autistisch-flache Hebephrenie gehandelt hat, die in der einen Komponente beim Probanden wiederkehrte.

Zusammenfassung

Die autistischen Hebephrenen leben ganz für sich, schließen sich an niemand an und scheinen von den Vorgängen der Umgebung nicht berührt zu werden. Ihr *Mienenspiel* verstärkt den Eindruck des *Autismus*, denn es ist immer eigenartig undurchdringlich und läßt nicht erkennen, was bei den Kranken innerlich vorgeht. Aber doch kann man sagen, daß sie in ihrem Innenleben verarmt und *affektiv abgestumpft* sind, denn Interesse oder eigene Stellungnahme vermißt man in ausgesprochenem Maße. Nur in *Verstimmungszuständen*, die von Zeit zu Zeit auftreten, tritt eine Affektivität hervor, und zwar in Form von Gereiztheit, die leicht in Aggressivität übergeht. Bei Intelligenzfragen findet man meist eine Unzulänglichkeit, die aber nicht erheblich ist, wenn die Kranken zum Antworten bereit sind. Mit Vorliebe antworten sie kurz und uninteressiert. Höhere *Initiative* besitzen die Kranken nicht mehr, doch lassen sie sich auch zu solchen Beschäftigungen anleiten, die eine gewisse Selbständigkeit des Handelns erfordern. Die *Stimmungslage* ist meist unlustig mit einem Zug von Mißmut. Sie erinnert an die Affektlage der verschrobenen Hebephrenen und steht im Gegensatz zur sorglosen Zufriedenheit der läppischen und flachen Hebephrenen.

d) Familienbild der systematischen Hebephrenien

Die Familienbetrachtung war bei den Hebephrenien viel weniger ergiebig als bei den Katatonien. In den meisten meiner Frankfurter Fälle, bei denen eine Belastung vorlag, konnte über das genauere Bild der Psychose des Verwandten nichts Genaueres erfahren werden. In den Fällen, die ein Urteil erlaubten, herrschte eine gleichartige Belastung vor. Die verschrobene Probandin Leb ist durch eine Schwester belastet, bei der die gleiche hebephrene Form anzunehmen war. Die flache Probandin Wick ist durch einen Bruder belastet, der nach eigener Untersuchung ebenfalls an flacher Hebephrenie litt. Die Tante des autistischen Probanden Gro litt wahrscheinlich an einer kombiniert autistisch-flachen Hebephrenie. Andererseits litt der Vater eines verschrobenen Probanden an einer periodischen Psychose, die keinen Zusammenhang mit der Erkrankung des Probanden erkennen läßt.

Im meiner Berliner Untersuchungsreihe fanden sich die folgenden Belastungen:

Eine läppische Patientin hat einen kranken Bruder, der in Anstaltsbehandlung war und nach eigener Untersuchung ebenfalls eine läppische Hebephrenie hat.

Eine läppisch-hebephrene Patientin hat eine kranke Großtante (Mutters-Mutter-Schwester); eine Krankengeschichte war nicht zu erhalten.

Eine läppische Patientin hat eine kranke Tante (Vaters Schwester). Sie war bei einer Anstaltsbehandlung ratlos, ängstlich, affektflach, interesselos. Man könnte an eine Hebephrenie denken, doch waren läppische Züge nicht erkennbar.

Eine flache Patientin hat eine Mutter, die hebephren war.; man kann nach der Krankengeschichte vermuten, daß sie ebenfalls eine flache Hebephrenie hatte.

Eine flache Patientin hat einen kranken Bruder, bei dem man nach der Krankengeschichte ebenfalls eine flache Hebephrenie annehmen kann.

Ein flacher Patient hat einen kranken Vetter, der in Anstaltsbehandlung war und nach eigener Untersuchung an einer kombiniert flach-verschrobenen Hebephrenie leidet.

Ein flacher Patient hat eine kranke Mutter. In den Anstaltsakten war nur noch zu finden, daß sie an einer Schizophrenie litt.

Eine autistische Patientin hat eine kranke Schwester, die in Anstaltsbehandlung ist und nach eigener Untersuchung ebenfalls an einer autistischen Hebephrenie leidet.

Ein verschroben-autistischer Patient hat eine kranke Schwester, bei der man nach der Krankengeschichte eine einfach-verschrobene Hebephrenie annehmen kann.

Bei dem Sohn einer flach-autistischen Patientin wird das Bild in der Krankengeschichte wie eine periodische Katatonie beschrieben, es könnte sich aber auch um eine autistische Hebephrenie gehandelt haben, die mit Verstimmungszuständen einherging.

Meist konnte also auch bei den Berliner Fällen in der Familie die gleiche Krankheitsform gefunden werden.

e) Paranoide Formen

Die paranoiden Schizophrenien, auf deren Gesamtheit ich mit Bumke u. a. die Bezeichnung der *Paraphrenie* ausdehne, sind durch *Wahnvorstellungen* und *Sinnestäuschungen* charakterisiert. Daneben findet sich eine Denkstörung, die für das Entstehen der paranoiden Symptome ausschlaggebend ist. Verworrene Formen, bei denen die Denkstörung führend wäre, vergleichbar der Schizophasie, brauche ich bei den systematischen Paraphrenien nicht abzusondern, denn je stärker hier die Denkstörung ist, desto ausgesprochener finden wir auch die paranoischen Symptome. Die inkohärente Paraphrenie mit der schwersten Denkstörung zeigt zugleich die schwerste Form des Halluzinierens. Im akuten Stadium der Paraphrenien bestehen wieder häufig *akzessorische Symptome*, die eine genaue Diagnose erschweren. Man findet oft affektive Störungen, vor allem eine Ängstlichkeit; Ratlosigkeit kommt nicht selten hinzu, Beziehungsideen treten auf. Diese Erscheinungen können so im Vordergrund stehen, daß man die spezifischen Symptome noch nicht erkennt. In der Regel sind sie aber schon nachweisbar. Symptome, die außerhalb des Paranoiden liegen, sind bei den systematischen Paraphrenien auch im Beginn selten. Tiefere Affektschwankungen sind ungewöhnlich, sie lassen viel mehr an eine beginnende affektvolle Paraphrenie als eine systematische Form denken. Überhaupt wird die Diagnose um so fraglicher, je akuter die Psychose einsetzt; denn der aufdringliche Beginn ist viel charakteristischer für die unsystematischen Schizophrenien. Oft verlaufen systematische Paraphrenien von Anfang an so schleichend, daß man Prozeßsymptome fast vermißt und von Anfang an nur Defektsymptome feststellt, wenn auch zunächst noch in sehr geringer Ausprägung.

Die Katatonien und Hebephrenien konnte ich so einteilen, daß sich immer wieder Paare mit antagonistischen Zustandsbildern zusammenfanden. Bei den Paraphrenien ist Ähnliches nicht möglich. Sicher besteht das Gesetz antagonistischer Gestaltung auch hier, aber es läßt sich aus den klinischen Bildern nicht ohne weiteres ableiten. Ich sehe daher von dem Versuch ganz ab und gliedere die Paraphrenien mehr nach dem Gesichtspunkt äußerer Ähnlichkeit.

1. Hypochondrische Paraphrenie

Sowohl bei hypochondrischen Neurosen wie bei der hypochondrischen Depression und hypochondrischen Euphorie finden wir körperliche Mißempfindungen. Was die Sensationen der Paraphrenie von diesen unterscheidet, das ist ihr *halluzinatorischer Charakter*. Sie werden hier nicht als körperliche Beschwerden angesprochen, sondern als Belästigungen, die von außen her erzeugt wurden. Der halluzinatorische Charakter bestätigt sich durch die Tatsache, daß hypochondrische Paraphrene immer zugleich unter Phonemen leiden. Den hypochondrischen Beschwerden bei den gutartigen Zuständen stehen also die hypochondrischen Halluzinationen der Schizophrenen gegenüber. Die hypochondrische Paraphrenie ist allgemein eine halluzinatorische Form. Das Wahnhafte bleibt sehr zurück. Die Halluzinationen treten meist schon im Beginn hervor, wenn auch gleichzeitig noch akzessorische Symptome, häufig besonders eine depressive Verstimmung, hinzukommen.

Die hypochondrischen Paraphrenen verlegen ihre Sensationen in die verschiedensten Teile des Körpers, mit Vorliebe in das Körperinnere. Organe, von denen man normalerweise nie eine bewußte Empfindung hat, werden mit Mißempfindungen belebt. Soweit von Sensationen der Körperoberfläche, einem Stechen, Schneiden, Drücken, Brennen u. ä. berichtet wird, glaubt man sie vielleicht normalen Sinneseindrücken vergleichen zu können. Wenn man aber weiter fragt, stellt sich meist heraus, daß die Sensationen doch auch hier ganz eigener Art sind. Das Stechen am Kopf wird dann etwa mit einem Hindurchdringen der Nadel durch den ganzen Kopf verglichen, das Brennen mit einem Schrumpfen der ganzen Haut. Man erkennt, daß es sich um Mißempfindungen handelt, die vom Normalen nicht nachempfunden werden können. Sehr häufig werden die Sensationen auch gar nicht genauer beschrieben, sondern nur in allgemeiner Form bezeichnet, es wird etwa von dauernden „Martern“, „Quälereien“, „Mißbrauchungen“

u. ä. m. gesprochen. Auch von elektrischen Strömen ist sehr häufig die Rede. Man muß sich Einzelheiten beschreiben lassen, wenn man die besondere Natur der Sensationen erkennen will. Ich lasse einige Beispiele folgen. Jeder Satz bezieht sich wieder auf einen anderen Kranken.

Es wurden ihr vom Arzt schlanke Beine gemacht, am After herumgestochert und ein Stückchen von der Gebärmutter abgebrochen. Das Blut wurde ihm auf einen Fleck zusammengezogen, der elektrische Strom suchte jeden einzelnen Zahn ab. Man stößt ihn rückwärts, vorwärts und drückt ihm die Augen auf. Mit einem Röntgenapparat wurde ihr aufs Gehirn gedrückt, in Hypnose wurde sie geschlechtlich mißbraucht. „Als ich in die Küche ging, da war meine Brust so riesengroß, und meinen Körper und meine Beine haben sie so klein gemacht wie eine Panoptikumfigur.“ „Er strahlte mir ins Geschlechtsteil und arbeitet an meinem ganzen Körper, am Rückenmark, am Unterleib, am Magen, die ganzen Kopfnerven hat man mir schon zerrissen.“ Sie legen ihm Röhrchen ins Gehirn, die sie künstlich heizen, und auch eine Kanüle in das Glied. Es wurden ihm Augen, Hoden, Rücken, Brust, Kehlkopf durch einen Apparat herausgebrannt. Von einer Mitkranken, die hinter dem Vorhang unsichtbar blieb, wurde sie hinten und vorne hineingetreten, Organe werden ihr herausgerissen, die Zehen ganz krumm gemacht und übereinandergezogen, die Gelenke verdreht, als ob der Fuß vom Bein abgerissen würde. „Die tun mir mein Innerstes heraus, beim Gehen werde ich gehindert, meine Zehe wird immer kleiner.“ Aus ihrem Rückenmark werden Fäden herausgezogen, in die Ohren wird gestochen. Der Strom macht ihr Stöße durch den Körper, vor allem durch die Geschlechtsorgane, er hebt ihr den Unterleib in die Höhe, wechselt ihren Leib aus, reißt ihr Fleisch aus den Wadenmuskeln, verbrennt und verräuchert das Bein.

Die Beispiele lassen die groteske Art der Sensationen erkennen. Um die merkwürdigsten Vorgänge handelt es sich nach der Schilderung der Kranken. Sucht man festzustellen, was die Kranken nun eigentlich empfinden, kommt man nie weiter, sie gebrauchen dann vielleicht andere Worte, die aber ebenso wenig verständlich sind. Man überzeugt sich nur wieder, daß es sich um Mißempfindungen handelt, die den normalen Empfindungen überhaupt nicht vergleichbar sind. Die Kranken wissen das oft selbst und beschreiben ihre Erlebnisse dann mit der Einschränkung, es sei „als ob“ das und jenes vorginge, es sei aber doch wieder anders. Oft prägen sie, die sonst wenig zu Wortneubildungen neigen, auch eigene Worte für die Sensationen, sprechen etwa von „Grongierungen“, „Flusionen“, „Anbahnungen“ usw.

Da die groteske Natur der Sensationen nicht in jedem Fall hervortritt, bringe ich auch einige Schilderungen, bei denen man fälschlicherweise annehmen könnte, es handle sich um Mißempfindungen nachfühlbarer Art.

Sie muß bittere Schmerzen ausstehen, wird immer geschlagen, mißhandelt, am Körper herum gerissen. Durch die furchtbaren Schmerzen auf der Brust wird sie dauernd gequält und mißhandelt. Das Blut gerät in Wallung, das Zahnfleisch schmerzt und die Nase verstopft sich. Schmerzen bestehen im Kreuz, im Gesäß und in der linken Brust. Ein fürchterlicher Druck ist auf dem Kopf und ein Hitzegefühl in den Geschlechtsteilen. Es werden dauernd Schweinereien mit ihr gemacht. Urin und Stuhlgang werden bei ihm zurückgehalten. Im Rücken war ein brennendes Gefühl, die Brust war wie eingeklemmt. Ihr Magen ist krank, ihr Darm entzündet. Durch unsittliche Verbindungen entstehen geschlechtliche Empfindungen. Am ganzen Körper wird er gestochen, besonders am Rücken. Sie wird dauernd geschlagen, mißhandelt und geschlechtlich mißbraucht.

Solche Klagen finden sich neben grotesken Schilderungen. In besonders milden Fällen sprechen sich die Kranken gelegentlich überhaupt nicht genauer über ihre Mißempfindungen aus, sondern erklären nur immer wieder, sie würden am Körper *„beeinflußt“*. Häufiger allerdings findet man Beeinflussungsideen bei der affektvollen Paraphrenie, bei der Sensationen ganz allgemein eine mildere Form aufweisen.

Geruchs- und *Geschmackshalluzinationen* kommen bei der hypochondrischen Paraphrenie vor, bieten aber nach der Art, wie sie geschildert werden, nichts Charakteristisches. Es wird etwa darüber geklagt, daß das Essen nach Gift geschmeckt habe, daß es nach Äther gerochen habe u. a. m. Häufig sind diese Halluzinationen nicht. *Optische Erscheinungen* kommen im Beginn der hypochondrischen Paraphrenie gelegentlich vor. Die Kranken sehen etwa „furchtbare Bilder", „Masken und Tierköpfe", „männliche Geschlechtsteile", „schattenhafte Umrisse seiner Gegner", „schwarze Teufel" u. ä. m. meist verlieren sich diese optischen Erscheinungen später ganz oder sind so flüchtig, daß sie nicht mehr zu fassen sind. Reichliche optische Sinnestäuschungen würden gegen die hypochondrische Paraphrenie sprechen.

Notwendig zum Bild dagegen gehören *Phoneme*. Ihr Fehlen läßt das Vorliegen der systematischen Form ausschließen. Es handelt sich meist um kurze Redensarten, die zum Teil in Beziehung zu dem stehen, was die Kranken gedanklich beschäftigt, die sich aber doch nicht so sinnvoll einfügen, wie wir es bei der phonemischen Form finden werden. Allerlei Bemerkungen werden gemacht, auch Befehle gegeben, denen die Kranken jedoch selten Folge leisten. Manchmal wird auch unmittelbar das besprochen, was die Kranken im Augenblick denken und tun, so daß *Gedankenlautwerden* entsteht. Vor allem im Beginn der Krankheit ist diese enge Verbindung zum augenblicklichen Denken oft noch gegeben. Später handelt es sich mehr um abgerissene Redensarten, die gehört werden, mit Vorliebe Schimpfworte. Genaueres kann man von den Kranken oft gar nicht erfahren. Sie leiden unter ihren Stimmen, beschweren sich über die Belästigungen, behalten sie aber inhaltlich allem Anschein nach selten in Erinnerung. Ihre Klagen beziehen sich auch gar nicht so sehr auf den Inhalt der Stimmen als auf das Halluzinieren an sich. So wie die Sensationen meist quälend empfunden werden, so auch die Stimmen als solche, gleichgültig, welchen Inhalt sie haben. Das wird uns in Gegenüberstellung zu der phonemischen Form noch genauer beschäftigen. Es sollen wieder einige Beispiele akustischer Sinnestäuschungen nach den Aussagen verschiedener Kranker gegeben werden.

Sie hört viel Stimmen, die ihr sagen, „was so im Leben ist"; „es wird viel durcheinandergeschwätzt, was ich gar nicht verstehe, es wäre besser, wenn nur einer redete". Es geht eine apparatemäßige Unterhaltung bei Tag und Nacht, noch nicht einmal eine Minute ist es still, ganz furchtbare Dinge werden gesagt. Es ist eine Gedankenübertragung, vielleicht auch Telepathie von seiner Tochter her, es kann auch ein Apparat sein, der auf der Polizei steht; man kann die Stimme herauf- und herunterschrauben in einem Umfang vom hohen E bis zum tiefen E; gesprochen wird allerhand, auch geschimpft, Stromer, Gauner wird er genannt. „Man hört so manches hier, die Menschen sind hundsgemein, dieser Pöbel", z. B. hat man sie wegen ihrer Haare beschimpft. Man spricht über sie, meist weiß man gar nicht, von wem es ausgeht. Der Teufel ruft ihr sexuelle Dinge zu und bedroht sie auch. Vor allem die Polizei spricht zu ihm und fordert ihn zu allerlei auf. Der Pfarrer S. rief letzhin mitten in der Nacht: „Zieh dich an und komm herunter!", ein andermal sagte ein Mann in der Nacht: „Vergiß doch nicht, morgen nach Hause zu gehen." Die Übertragungen geben immer kurze Anweisungen, z. B.: „Dahin gehen, dorthin gehen, dieses tun, jenes tun"- man nennt sie aber auch Schnalle und wirft ihr Diebstahl vor. Die Stimmen reizen ihn auf, bespötteln ihn, verbieten ihm das Essen. Die Stimmen sagen schmutziges Zeug, es ist lauter Durcheinander. Man nimmt zu dem Stellung, was er gerade tut, z. B. „Der soll mir nicht so weit gehen", „der braucht keine Schuhe anzuziehen, der muß ja doch verrecken".

Man muß meist erst in die Kranken drängen, wenn man die Stimmen wörtlich angeführt haben möchte. Ihr Inhalt ist ihnen eben gar nicht so wichtig, auch wenn er beschimpfend ist. Die häufige Angabe, es werde alles „durcheinander" gesprochen, weist wohl darauf hin, daß den Kranken vieles, was sie hören, selbst sinnlos erscheint. Vielleicht überwiegen sogar solche Inhalte, da die Kranken nach ihren Klagen akustisch sehr stark halluzinieren und doch wenig von dem Inhalt angeben können.

Die Stimmen und ebenso die Sensationen werden von den Patienten meist auf *Apparate* zurückgeführt, die irgendwo stehen und aus der Ferne wirken sollen. Seltener glauben sie, die Erscheinungen gingen in irgendwelcher geheimnisvollen Art von den Personen der Umgebung aus. Die letztere Auffassung kann vor allem dann entstehen, wenn es sich um sogenannte *Reflexhalluzinationen* handelt, die bei der hypochondrischen Paraphrenie vorkommen. Auch dafür einige Beispiele:

Sie spürt es quer über den Leib, wenn eine Pflegerin Wurst schneidet, spürt die Nadeln im Leib, wenn genäht wird. Heftige Leibschmerzen treten immer dann auf, wenn bestimmte Personen zur Türe hereinkommen. Wenn er an eine bestimmte Stelle des Zimmers kommt, spürt er Zahnschmerzen. Immer wenn er nach der Zeitung griff, brannten sie ihm in die Augen und sprachen niederträchtige Sachen.

So sehr die hypochondrischen Paraphrenen halluzinieren, so selten wenden sie sich doch direkt gegen ihre Sinnestäuschungen. Sie beklagen und beschweren sich immer wieder darüber, schimpfen aber kaum einmal gegen die Stimmen selbst, wie wir es bei anderen Formen von Paraphrenie finden werden. Sicher liegt das daran, daß sich die Phoneme ihrer Art und ihrem Inhalt nach zu sehr von wirklichen Stimmen unterscheiden. So wie die Sensationen halten die Kranken die Stimmen ja in der Regel auch für künstlich erzeugt. Dementsprechend bestehen ihre Abwehrmaßnahmen gelegentlich darin, daß sie Drähte, mit denen sie die Sinnestäuschungen in Zusammenhang bringen, beseitigen, oder daß sie bestimmten Orten aus dem Wege gehen. Ihre Klagen können querulatorischen Charakter annehmen und immer von neuem mit Nachdruck vorgebracht werden. Das weist auf die quälende Natur der Sinnestäuschungen hin, hängt aber außerdem mit der Grundstimmung der hypochondrischen Paraphrenen zusammen.

Sie sind fast dauernd in einer *mißmutig-unzufriedenen Stimmung*, die sich nicht selten zu Gereiztheit steigert. Aus dieser Haltung heraus querulieren sie nicht nur gegen die Halluzinationen, sondern können auch immer wieder ihre Entlassung verlangen. Wenn man ihnen widerspricht, geraten sie leicht in Erregung und zeigen, daß ihre Affektivität gut erhalten ist. Man erkennt das auch aus ihrem sonstigen Verhalten. Das Interesse an Heimat und Familie geht auch nach langem Anstaltsaufenthalt nicht verloren, sie bleiben brieflich mit den Angehörigen in Verbindung und nehmen zu den Ereignissen zu Haus Stellung. Dementsprechend erscheinen sie als *verhältnismäßig gut erhaltene Persönlichkeiten*, die man ernst nehmen muß, wenn man sie nicht kränken will. Mit der Stimmungsanomalie hängt es wohl zusammen, daß die hypochondrische Paraphrenie häufig mit einem depressiven Zustand beginnt, und daß in der Familie häufig Suicide vorkommen.

Wahnideen treten bei der hypochondrischen Paraphrenie nur als *Erklärungsideen* auf. Hin und wieder haben die Kranken bestimmte Menschen in Verdacht, die an den Apparaten gegen sie arbeiten, dann äußern sie Feindschaft gegen dieselben, aber ein weiterer Ausbau erfolgt nicht. Viel häufiger sind es gar keine dem Kranken bekannte Personen, sondern ganz fremde Menschen, die als Urheber vermutet werden. Sie bleiben dementsprechend für den Kranken ähnlich unpersönlich wie die vermuteten Apparate, die ja selbst schon Ausdruck einer Erklärungsidee sind.

Auch die *Denkstörung* der hypochondrischen Paraphrenen ist verhältnismäßig gering. In einfacher Unterhaltung stellt man fest, daß sie schwer zu fixieren sind, oft nicht auf das eingehen, was man im Augenblick besprechen möchte, sondern von etwas reden, was nur locker damit zusammenhängt. Man muß dann wiederholt fragen, wenn man etwas

Bestimmtes beantwortet haben möchte. Letzten Endes geben die Kranken aber doch immer sachliche Antwort. Man kann von einem *unkonzentrierten Denken* sprechen. Gelegentlich findet man Wortneubildungen. Wenn sie lediglich der Bezeichnung der halluzinatorischen Erlebnisse dienen, sind sie nicht als eigene Abnormität zu werten, sie kommen aber auch sonst manchmal vor und sind dann sicher Folgeerscheinung der Denkstörung. Durch Intelligenzfragen läßt sich die Störung nicht verdeutlichen. Wenn sich die Kranken auf die Fragen fixieren lassen, geben sie im Gegenteil meist auffällig gute Antworten, die nur manchmal leichte sprachliche Besonderheiten aufweisen. Eine Probandin mit ihrer Familie sei angeführt:

Fall 69. Rosina Be, geboren 1894, war früher still und lernte in der Schule gut. In der Pubertät hatte sie sexuelle Zwangsgedanken, unflätige Gedanken drängten sich ihr auf. Die ernstere Krankheit brach 1925 aus. Be bekam Angstzustände und glaubte, etwas Falsches gemacht zu haben. Sie wurde in der Psychiatrischen Klinik M. aufgenommen. Hier traten deutliche Zwangserscheinungen hervor. Sie mußte innerlich auf andere Menschen fluchen und fürchtete immer, etwas Falsches gesagt zu haben. Sie wurde bald wieder entlassen, blieb aber krank. Es traten zunehmend hypochondrische Erscheinungen auf, die Kranke glaubte sich von den Ärzten geschändet, „durchgewalkt", vergewaltigt und behauptete, ihr Gehirn sei herausgezogen worden. 1930 wurde sie wieder in die Psychiatrische Klinik M. gebracht. Hier berichtete sie, daß ihr die Ärzte durch Fernwirkung den Astralleib aus dem Körper zögen und auch das Gehirn herausnähmen. Ihr Kopf sei ganz weich. Außerdem sprächen dauernd Stimmen auf sie ein, meist mit ordinären Redensarten. Weiter erzählte sie, daß sie mit Gabeln und Lanzen durch die Wand hindurch gestochen und sexuell mißbraucht werde. Sie hatte noch eine gewisse Einsicht, wollte bestätigt haben, daß alles doch nur Einbildung sei. Nach einem Entlassungsversuch kam sie bald wieder und behauptete, aus ihrem Rückenmark würden dauernd Fäden herausgezogen. Später berichtete sie, sie habe zwei Kinder bekommen, fügte aber selbst an: „Das ist ja alles nur Hypnoseblödsinn." 1931 wurde sie in die Anstalt E. verlegt und bat hier um ein „Antihalluzinationsmittel". Stimmen und Sensationen bestanden fort. 1932 sah sie schwarze Teufel und hatte das Gefühl, als ob ihr Kopf vom Rumpf getrennt würde. 1933 wurde sie körperlich belästigt und hörte den Papst sprechen. 1934 spürte sie, wie ihr Hals abgeschnitten wurde. Der Zustand änderte sich auch in den folgenden Jahren nicht mehr. 1939 habe ich die Kranke zusammen mit B. Schulz untersucht. Sie berichtete, daß sie Stimmen höre, die schmutziges Zeug sagten und viel durcheinandersprächen. Am Körper spüre sie Martern, die ihr zugefügt würden. Ihr Rückenmark sei natürlich noch drin, ihr Körper habe auch keine Löcher, das habe sie nur so gespürt. Sie sprach klagend von ihren Erlebnissen und erschien affektiv gut erhalten. Einmal griff sie auffällig an ihren Oberschenkel, vielleicht in Reaktion auf eine Sensation. Sie gab das aber nicht zu. Auch sonst neigte sie etwas zum Dissimulieren und nannte ihre Erlebnisse einmal selbst Einbildungen. Wahnhaftes war nicht zu ermitteln. Auf Fragen war sie etwas schwer zu fixieren, lenkte gerne ab. Intelligenzfragen löste sie sehr gut.

Ein *Bruder* der Probandin, Alfons Be, geboren 1888, erkrankte 1907, bekam Bluterbrechen, ohne daß ursächlich etwas Sicheres festzustellen war, und klagte dann über viele körperliche Beschwerden. Es erfolgte Aufnahme in der Psychiatrischen Klinik M. Hier war er umständlich, schwerfällig, runzelte häufig die Stirne und lächelte manchmal grundlos. Er beklagte sich über seine Geschwister, die gehässig gegen ihn seien. Ferner berichtete er: Seit dem Blutspucken reiße es ihn unter der Achsel, auch habe er Krämpfe. „Der Magen schaukelt so, die Gedärme sind gehoben worden." Das Herz könne nicht mehr richtig arbeiten. In den Füßen seien Zuckungen. Ferner habe er Schwindel, der von den Fußnerven herrühre. Nach dem Sprechen fange die Gehirnmasse an, schwer zu werden. Ein Zucken und Fliegen gehe durch die Muskeln. Er wurde in die Anstalt E. verlegt, deren Krankengeschichte verloren gegengen ist.

Eine *Vaters-Schwester* der Probandin Marie Be, geboren 1865, war erstmals von 1891 bis 1893 in der Anstalt R. Sie war in einem schwer ängstlichen Zustand, jammerte einförmig, äußerte Selbstvorwürfe, sah den Teufel und hörte ihn sprechen. Das einförmige Jammern und Drängen dauerte über zwei Jahre, dann wurde die Kranke ruhiger und konnte entlassen werden. Zu Hause war sie dann jahrelang völlig gesund. 1906 erkrankte sie neuerdings und kam wieder in die Anstalt R. Sie bot das gleiche Bild wie bei der ersten Aufnahme, war ängstlich erregt, klagte und drängte in einförmiger Weise, behauptete, ihre Geschwister würden umgebracht, fürchtete Todsünden zu begehen und verweigerte zeitweise die Nahrung. Erst 1909 wurde sie ruhiger und konnte entlassen werden.

Die Probandin Be hatte eine zwangsneurotische Konstitution, die schon in der Pubertät deutliche Erscheinungen machte. Später gab diese wohl dazu Anlaß, daß auch die halluzinatorischen Erlebnisse grüblerisch, aber auch kritisch verarbeitet und so teilweise als „Einbildungen" erkannt wurden. Sonst bot die Kranke mit ihren grotesken Sensationen, Stimmen und der freudlos klagsamen Stimmungslage das charakteristische Bild. Ihr Bruder erkrankte auffallend früh, nämlich mit 19 Jahren, und zeigte von Anfang an sehr groteske körperliche Mißempfindungen. Sie deuten auf eine hypochondrische Paraphrenie hin, vielleicht kam dazu aber eine zweite Komponente. Der fast konfabulatorische Ausbau der Erlebnisse, indem seinem Bericht nach etwa der Magen schaukelte, die Gedärme sich hoben, die Gehirnmasse schwer wurde, sowie das antriebsarme Verhalten, das beschrieben wird, läßt an die Möglichkeit einer konfabulatorischen Komponente denken, wie sich bei Beschreibung dieser Kombinationsform ergeben wird. Leider ging die Krankengeschichte über den weiteren Verlauf verloren. Der Zusammenhang mit der Erkrankung der Schwester ist auch bei einer Kombination gegeben. Dagegen sehe ich keinen Zusammenhang mit der Krankheit der Vaters-Schwester, die anscheinend eine periodische Angstpsychose mit sehr langen Phasen hatte. Da noch weitere Verwandte der Sippe psychotisch waren, ohne daß ich Genaueres erfahren konnte, mag hier eine zweite Erbanlage hineinspielen.

Zusammenfassung

Die hypochondrische Paraphrenie ist vor allem durch *Sensationen* ausgezeichnet, die sich meist auf die inneren Organe beziehen und in ihrer grostesken Natur für den Normalen nicht nachfühlbar sind. Dazu kommen *Stimmen,* die großenteils Beschimpfungen zum Inhalt haben, im ganzen aber weniger durch den Inhalt als quälend empfunden werden als durch ihr Auftreten an sich. Teilweise scheint es sich um abgerissene Redensarten ohne erkennbaren Sinn zu handeln, so daß sie sich den Kranken inhaltlich gar nicht einprägen. In beginnenden Fällen allerdings ist oft ein engerer Zusammenhang mit dem Denken der Kranken gegeben; es kann sogar das Symptom des Gedankenlautwerdens entstehen. Mehr noch als die Stimmen werden die Sensationen von den Kranken quälend empfunden. Sie klagen und beschweren sich oft in querulatorischer Weise darüber und neigen auch sonst etwas zum Querulieren. Grundlage dafür scheint die *freudlos-mißmutige Grundstimmung* zu sein, welche die hypochondrische Paraphrenie auszeichnet. Im Beginn finden sich häufiger als bei anderen Formen depressive Zustände. Die Affektivität ist gut erhalten, das Interesse an den Angehörigen bleibt wach. Das Denken ist in der Weise gestört, daß die Kranken schwer fixierbar sind und etwas zu sprachlichen Entgleisungen neigen. Man kann von einem *unkonzentrierten Denken* sprechen.

2. Phonemische Paraphrenie

Die verbalhalluzinatorische Paraphrenie oder phonemische, wie ich sie kürzer nenne, kann man als die mildeste Form systematischer Schizophrenie bezeichnen. Mehrere Fälle dieser Art kamen mehr durch Zufälligkeiten in meine Beobachtung, nachdem sie viele Jahre trotz ihres Leidens zu Hause kaum aufgefallen waren. Das ist um so eher möglich, als der Beginn meist schleichend ist. Fälle mit etwas heftigerem Krankheitsbeginn kommen aber vor. Depressive, ängstliche, seltener euphorische Verstimmungen können im Beginn bestehen. Wenn KLEIST von progressiver Halluzinose spricht, hat er vorwiegend diese Form im Auge, weniger die hypochondrische. Auch SCHRÖDER hob die schizophrene Verbalhalluzinose hervor.

Das vorherrschende Symptom stellen die *Phoneme* dar. Dagegen fehlen hypochondrische Halluzinationen, auch Geruchs- und Geschmackshalluzinationen kommen nicht vor. Scheint es einmal anders zu sein, dann ergibt die genauere Befragung meistens, daß man sich getäuscht hat. Eine Kranke erzählte mir etwa, als sie eine Stimme hörte, habe es ihr einen Riß durchs Herz gegeben. Sie schilderte diese scheinbare Sensation aber bei weiterem Fragen lediglich als ein Erschrecken über den Inhalt der Stimme. Sollte man ausnahmsweise einmal doch glauben, etwas wie eine Körpersensation vor sich zu haben, dann entsteht dadurch keine differentialdiagnostische Schwierigkeit; denn solche Andeutungen sind niemals den massiven Sensationen der hypochondrischen Paraphrenie vergleichbar. Nur im akuten Stadium sind manchmal deutlichere Sensationen vorhanden, sie sind dann akzessorisch und verlieren sich später.

Die *Stimmen* selbst zeigen bei genauerem Zusehen einen wesentlich anderen Charakter als die akustischen Halluzinationen der hypochondrischen Form. Dort haben die Stimmen oft gar keinen sinnvollen Inhalt. Wenn aber schon, dann beziehen sie sich ziemlich wahllos auf das, was den Kranken eben beschäftigt, oft einfach feststellend, was der Kranke gerade tut. Bei den Halluzinationen der phonemischen Paraphrenie ist die Beziehung zum Denken viel enger. Die Stimmen nehmen zu den Gedanken Stellung, widersprechen oft, bestätigen auch manchmal. Sie stellen auch nicht abgerissene Worte dar, sondern meist fertig formulierte Sätze. Die Kranken behandeln ihre Stimmen wie wirkliche Personen, mit denen man umgehen kann. Oft flüstern sie für sich und geben zu, daß sie ihren Stimmen geantwortet haben. Die hypochondrischen Paraphrenen sprechen nicht mit ihren Stimmen, sondern nur über ihre Stimmen. Wenn man die phonemischen Paraphrenen doch auch nicht allzu häufig im Zwiegespräch mit ihren Stimmen beobachtet, jedenfalls viel seltener als die inkohärenten, von denen anschließend die Rede sein wird, so liegt das sicher daran, daß die noch sehr verständigen Kranken selbst Bedenken haben, sich mit Menschen zu unterhalten, die nicht da sind. Das Sprechen mit Stimmen darf nicht auf eine sinnliche Deutlichkeit derselben bezogen werden. Diese ist bei der hypochondrischen Form, bei der die Stimmen allein durch ihr Erscheinen so lästig empfunden werden, wahrscheinlich größer. Die phonemischen Paraphrenen geben regelmäßig an, ihre Stimmen seien anders als wirkliches Sprechen, sie seien mehr leise, als wenn sie aus der Ferne kämen. Oft geben sie auch direkt an, die Stimmen seien mehr so wie Gedanken. Sie können sogar direkt von „*eingegebenen Gedanken*“ sprechen. Die Charakteristiken, die SCHRÖDER für die schizophrenen Halluzinationen angibt, gelten gerade für diese Form. Wenn die Kranken über die Herkunft der Stimmen genauere Angaben machen, schließen sie das auch nicht aus dem Klang der Stimme, sondern aus dem Inhalt. Oft vermerken sie, ob Männer oder Frauen sprechen, oder beschuldigen bestimmte Personen der Umgebung, sie kommen zu ihren Behauptungen aber nur nach dem Inhalt der Stimmen. Eine Kranke etwa legte einer Pflegerin die Mitteilung in den Mund, ein Paket sei für sie angekommen und zurückgeschickt worden. Befragt wieso, sie gerade diese Pflegerin bezeichnen könne, erklärte sie, es könne keine andere gewesen sein, weil nur diese allein im Saal war; an der Stimme habe sie die Pflegerin nicht erkannt.

Die Beziehung zum Denken kann die Gestalt des *Gedankenlautwerdens* annehmen. Wenn die Stimmen der Hypochondrischen das aufgreifen, womit sich der Kranke in

Gedanken beschäftigt, dann kann auch gelegentlich etwas wie ein Nachsprechen eines Gedankens zustande kommen. Bei den Phonemischen scheint die Halluzination viel direkter das Denken wiederzugeben. Das gilt nicht nur dann, wenn die Stimmen die Gedanken nachsprechen, sondern auch, wenn sie das aussprechen, was der Kranke in seinem Denken gerade ablehnte, wenn die Stimmen dem Kranken also widersprechen. Solche streitenden Zwiegespräche sind nicht selten. Erhält man von den Kranken derartige Schilderungen nicht, so geben sie doch an, daß alle Welt ihre Gedanken wüßte, es gäbe keine Geheimnisse mehr, alles, was eigentlich nur ihr eigenes Wissen sei, werde von den Stimmen besprochen. Auch in dieser Form erkennt man, wie sinnvoll sich die Stimmen in das Denken der Kranken einfügen.

Noch eine zweite Eigenart haben die Stimmen der Phonemischen, sie sind ihrem Inhalt nach sehr gefühlsnahe. Auch die Stimmen der Hypochondrischen sind häufig affektbetont, denn sie haben mit Vorliebe Beschimpfungen zum Inhalt. Aber es handelt sich dabei meist nur um allgemeine Schimpfworte ohne sachlichen Inhalt, so daß die Kranken selten stärker darüber beunruhigt sind. Bei den Phonemischen ist das anders. Hier greifen die Stimmen gerade das auf, was den Kranken unangenehm ist, was sie fürchten oder was ihnen peinlich ist. Hypochondrische Kranke mögen häufig von den Stimmen als Diebe bezeichnet werden; eine phonemische Kranke hörte aber gerade dann den Vorwurf, sie habe gestohlen, als auf der Abteilung etwas abhanden gekommen war. Häufig knüpfen die Stimmen auch an Erinnerungen an, die den Kranken peinlich sind, etwa die Erinnerung an sexuelle Erlebnisse. Sehr selten einmal haben Stimmen einen angenehmen Gefühlston. Eine Kranke halluzinierte von Zeit zu Zeit, eine größere Geldsendung sei für sie eingetroffen. — Einige Beispiele von verschiedenen Kranken werden den Charakter der Stimmen wieder genauer erkennen lassen.

Es ist ein Unterhalten und gegenseitiges Antworten, den ganzen Lebenslauf kann sie vorgesagt bekommen, alles wird bespöttelt. Die Stimmen werfen ihr einen schlechten Lebenswandel vor und sprechen vom Arbeitshaus. Durch Radio und von anderen Krankenbauten wird herübergerufen, seine Arbeit tauge nichts, er habe auch alles verschwendet, darum besitze er nichts. Die Stimmen schieben ihm allerlei unter, z. B. daß er sich im Krieg hinten herumgedrückt habe und daher ohne Verwundung durchgekommen sei. Vom Wald drüben, aber auch von den Personen der Umgebung, komme dauernd ein Gehöhne, Gespötte und Getue, daß sie eine Hure sei u. ä. m. Ein Mann, den sie nie gesehen hat, redet dauernd mit ihr und sagt ihr oft Unanständiges, besonders beim Essen, so daß sie den Appetit verliert. Es sei immer ein Flüstern, z. B.: „Du bist stolz und unnahbar", oder auch: „Du bist eine Hure", manchmal werde aber auch Angenehmes gesagt. Es ist ein Wispern, z. B. bei Nacht, sie solle aufstehen, sonst bekomme sie eine Spritze; es gibt auch Leute, die Gedanken lesen. Der Funk spricht durch den Mund der Pflegerin und hält ihr ihren ganzen Lebenswandel vor, man behauptet, sie habe ein Kind von einem Juden; auch schwätze man alles nach, was sie denke. Es sind drei Kerle so „Hänsler", die durch das Radio sprechen, oft geschlechtliche Dinge, oder einmal beim Essen: „Der bekommt kein Ei und muß doch schaffen für die Anstalt." „Die Leute hören meinen Geist und wissen, was ich denke", „das geht so durch den ganzen Lebenswandel", „das sind Stimmen, denen kann man ganz gut Antwort geben". Die Stimmen kommen von weit her durch die Luft, „ich habe es ihnen schon 100mal verboten, es nützt aber nichts". Er werden Gedanken ausgeforscht und nachher wissen sie die Leute, manchmal muß sie auch Antwort geben. Die Geistlichen wahren das Beichtgeheimnis nicht mehr, was sie beichtet, wird ihr nachher von den Stimmen vorgeworfen.

Von Apparaten ist bei den Stimmen der Phonemischen selten die Rede, lediglich werden sie häufig auf das Radio bezogen. Sonst glauben die Kranken, daß Personen der näheren oder ferneren Umgebung unmittelbar zu ihnen sprächen, oder auch irgendwelche unsichtbaren Wesen, etwa Geister oder Hexen. Manchmal geben die Kranken auch an, *daß die Stimmen aus dem Inneren ihres eigenen Körpers kämen*; Stimmen aus dem Magen“, „aus der Brust“, „aus dem Kopf“ sind bei phonemischen Kranken charakteristisch, ohne daß die Kranken klarer angeben konnten, wie sie das eigentlich meinten. Mit einer intelligenten Kranken, die ihre Stimmen großenteils „im Magen“ hörte, unterhielt ich mich lange darüber. Sie erklärte, es sei wie bei einem Bauchredner, und ich gewann den Eindruck, daß die Stimmen nicht nur akustisch, sondern gleichzeitig kinästhetisch im Sinne von Sprachbewegungen (Cramers Halluzinationen im Muskelsinn) wahrgenommen wurden. Da die entsprechenden kinästhetischen Eindrücke aus dem Inneren des Körpers, nämlich dem Kehlkopf, stammen, ist es verständlich, wenn den Kranken die Halluzinationen aus dem Inneren des Kopfes, der Brust und unter gewisser Erweiterung des Gebietes auch aus dem Magen zu kommen scheinen. Wichtig ist, daß man sich durch derartige Stimmen aus dem Körper nicht zur Annahme einer hypochondrischen Paraphrenie verleiten lassen darf, bei der ich Ähnliches nie beobachtete.

Wenn man die Gegensätzlichkeiten in den Stimmen der Hypochondrischen und Phonemischen festgestellt hat, dann erkennt man, daß die beiden paraphrenen Formen nichts miteinander zu tun haben, so daß man nicht auf den Gedanken kommen kann, etwa die hypochondrische Form aus der phoemischen abzuleiten, indem man einfach zu den Phonemen noch Sensationen hinzunimmt. Schon die Phoneme stellen, wie wir sehen, in beiden Fällen etwas ganz Verschiedenes dar. Wir werden noch ganz andere Arten von Halluzinationen kennenlernen und zum Schluß kommen, daß jede Form systematischer Schizophrenie auch ihre eigene Art des Halluzinierens aufweist. Das ist wieder ein Hinweis dafür, wie scharf die einzelnen Formen zu trennen sind, sie haben auch da keine gemeinsamen Symptome, wo es äußerlich so scheinen möchte.

Außer den Stimmen findet man bei der phonemischen Paraphrenie gelegentlich *optische Sinnestäuschungen*, sie spielen aber keine große Rolle und müssen erst ausdrücklich von den Kranken erfragt werden. Von selbst treten sie kaum in Erscheinung.

Die Kranken sehen etwa „Gesichter, die zur Türe hereinschauen“, „ein Geistergesicht, das größer und kleiner wird“, „sonderbare Gestalten“, „Leute im Geist“, „Schatten, die zum Fenster hereinhuschen“, „Gesichter in den Bäumen“, „Tierbilder, Gesichter und Larven“ u. a. m.

Anders als bei den Hypochondrischen ist auch die *Affektlage* bei den Phonemischen. Das Freudlos-Unzufriedene fehlt, die Kranken zeigen vielmehr eine ausgeglichene Stimmungslage. Wenn sie von den Gemeinheiten sprechen, die ihnen von den Stimmen vorgehalten werden, dann zeigen sie zwar häufig Empörung, aber in späteren Stadien der Krankheit haben sie sich damit weitgehend abgefunden und können ruhig davon berichten. Bei den Hypochondrischen ist eine Gewöhnung kaum zu beobachten, sie erregen sich auch in den späten Stadien immer von neuem über ihre Halluzinationen. Sonst ist die Affektivität bei den phonemischen Paraphrenen gut erhalten, sie bleiben teilnehmend und interessiert. Sie können auch zu verantwortungsvolleren Tätigkeiten herangezogen werden. Viele von ihnen kommen wohl auch nie in Anstaltsbehandlung, wie eingangs schon erwähnt. Dafür ist vor allem die erhaltene affektive Regsamkeit verantwortlich zu machen. Im Sinne einer affektiven Abstumpfung wirkt nur ein gewisser Gleichmut, mit dem sie die Dinge über sich ergehen lassen und ihr Schicksal ertragen.

Wenn man nicht genauer prüft, könnte man meinen, auch das Denken der Kranken sei kaum gestört, denn in alltäglichen Unterhaltungen braucht nichts Abnormes aufzufallen. Wenn man ihnen aber Fragen stellt, die etwas Denken erfordern, ändert sich das Bild. Sie kommen schwer auf das Wesentliche, sprechen unklar darum herum. Bei der Intelligenzprüfung tritt die Störung deutlicher hervor. Ich gebe einige Beispiele von verschiedenen Kranken, die das Charakteristische der Denkstörung erkennen lassen:

(Unterschied zwischen Geiz und Sparsamkeit?) „Sparsam bin ich immer, und Geiz — wer hungrig ist, ist geizig." (Bedeutung von Mut?) „Man kann sagen, der hat Mut, ich habe Mut, immer arbeiten." (Morgenstund hat Gold im Mund?) „Morgenstund hat Gold im Mund, daß man aufsteht und gesund ist und kann an die Arbeit gehn." (Unterschied zwischen Gerste und Korn?) „Korn ist Korn und Gerste ist Gerste, Gerste und Hopfen gibt Bier." (Binetbild vom eingeworfenen Fenster?) „Der deutsche Michel, der hält den Kopf, der hat die Fensterscheibe eingeschmissen." (Bedeutung von Gerechtigkeit?) „Ein Mensch, der gerecht denkt, gerechtes Denken, genaues Nachdenken." (Armut?) „Das ist, wenn ein Mensch arm ist. Arm ist ein weiter Begriff. Es gibt Menschen, die arm sind und welche, die sich arm nennen und sind's doch nicht." (Es ist noch kein Meister ...?) „Jeder macht mal etwas verkehrt, jeder Meister sogar, jeder Schneider, der noch so geübt ist, macht mal etwas, was nichts ist." (Geiz und Sparsamkeit?) „Geiz ist die Wurzel allen Übels, und die Sparsamkeit ist auch nicht immer angebracht. Wer den Pfennig nicht ehrt, ist des Talers nicht wert." (Satzbildung aus: Bildung, Schule, Leben?) „Ein gebildeter Mensch hat Schule, und Bildung gehört zum Leben." (Binetbild von der Fensterpromenade?) „Das ist ein umgepurzelter Freier, weil die Frau dazukommt." (Satzbildung aus Jäger, Hase, Feld?) „Ich weiß eben nichts. Der Jäger hetzt nach dem Hasen, ob er ihn trifft, ist eine Frage, ob er ihn fängt."

Ich habe zwar solche Beispiele ausgesucht, bei denen die Denkstörung deutlich war und viele andere bessere oder ganz richtige Antworten beiseite gelassen. Trotzdem ist bemerkenswert, wie sehr die im Alltag recht verständigen Kranken versagen können, wenn sie Denkaufgaben zu lösen haben. Sie bleiben im allgemeinen beim Thema, sie kommen nicht grob auf etwas völlig anderes zu sprechen, aber was sie zum Thema sagen, trifft nicht das logisch Wesentliche. Es sind mehr Bemerkungen zum Thema, als wirkliche Lösungen, manchmal kommen die Bemerkungen der Lösung nahe, manchmal führen sie auch ganz davon ab. Ich glaube, man kann geeigneterweise von einem *verschwommenen Denken* sprechen, wenn man damit ausdrücken will, daß das gestellte Thema wohl aufgegriffen und behandelt wird, aber nicht mit klarer logischer Führung, sondern mit unbestimmten und wechselnden Hinweisen auf die Sache. Es ist ein Herumreden ohne festes Ziel. Wenn die richtige Lösung doch gefunden wird, ist es oft so, als ob im Reden um das Thema mehr zufällig der richtige Gedanke aufgetaucht wäre. Die Lösungen stellen auch für die Kranken selbst sichtlich keinen logischen Abschluß dar, denn sie können danach doch wieder zu reden beginnen und unbestimmt etwas Weiteres anfügen. Auch diese Denkstörung unterscheidet die phonemische Paraphrenie eindeutig von der hypochondrischen, denn bei Denkleistungen war dort gerade kein deutliches Versagen festzustellen.

Vielleicht hängt es mit dem geringen logischen Bedürfnis zusammen, daß Phonemische wenig Verlangen nach einer Erklärung ihrer krankhaften Erlebnisse haben. Apparate für das Zustandekommen der Sinnestäuschungen werden, wie schon erwähnt, kaum vermutet. Auch andere Erklärungen geben sie kaum. Auch zu Wahnideen neigen die Kranken nicht. Wenn sie auch gelegentlich Personen ihrer Umgebung beschimpfen, von denen ihrer Meinung nach Stimmen ausgegangen sind, so kommt es doch zu keiner paranoischen Dauerhaltung gegen bestimmte Menschen. Deutliche paranoische Symptome, vor allem im Sinne von Beziehungsideen, würden die Diagnose nicht aufrechterhalten und viel eher eine affektvolle Paraphrenie im Stadium des Beziehungssyndroms vermuten lassen. Lediglich im Beginn sind auch bei der phonemischen Paraphrenie Beziehungsideen häufig. Im Zweifelsfall bringt die Beachtung des Affekts die Entscheidung, denn im Gegensatz zu der tiefen affektiven Verankerung der Ideen bei der affektvollen Paraphrenie, insbesondere auch beim „gereizten Beziehungssyndrom", findet man bei der phonemischen Paraphrenie im Gegenteil einen deutlichen Gleichmut. — Eine Probandin und ihr kranker Onkel seien zur Veranschaulichung angeführt.

Fall 70. Luise Zu, geboren 1897, war als Kind ängstlich und bekam später bei der Periode Schreianfälle und Krampfzustände in den Händen. 1927 kam sie in die Frankfurter Klinik, nachdem sie angeblich schon mehrere Jahre vorher Stimmen gehört hatte. Sie gab an, alle Leute unterhielten sich über sie, und schimpfte über die Personen, von denen die Stimmen ihrer Meinung nach ausgingen. Außerdem sah sie „Leute im Geist". Sie wurde in die Anstalt E. verlegt. Hier stand sie anfangs antriebsarm in den Ecken herum und widerstrebte. 1928 war sie zeitweise erregt, zeitweise widerstrebend. Sie muß dann aber verhältnismäßig verständig gewesen sein, da sie in Familienpflege kam. 1929/30 wird nichts Genaueres über ihren Zustand gesagt. 1931 hatte sie einen Ohnmachtsanfall, bei dem sie sich verletzte. Sie kam aus der Familienpflege zurück, weil sie im Zusammenhang mit ihren Halluzinationen laut schrie. Auch in der Anstalt klagte sie über die Stimmen, die sie belästigten. 1932 bestanden die Gehörhalluzinationen fort und führten gelegentlich zu Erregungen. 1933 und 1934 antwortete sie öfter ihren Stimmen. Oft war sie verstimmt und gab kaum Antwort. 1935 hatte sie weiter ihre „reaktiven Erregungszustände infolge ihrer Sinnestäuschungen". Die folgenden Jahre verhielt sie sich ebenso. Sie wird aber außerdem fleißig und zuverlässig in ihrer Arbeit genannt. 1939 habe ich sie zusammen mit MEYER nachuntersucht. Sie wirkte durch eine etwas süßliche Art und einen massiven Körperbau etwas epileptoid, war im übrigen gut ansprechbar. Sie beklagte sich über die Stimmen, die ihren ganzen Lebenswandel wüßten und sie schlecht machten. Man wisse ihre Gedanken. Wenn sie aufgeregt werde, geschehe es wegen der Stimmen. Man könne diesen auch Antwort geben. Auf Intelligenzfragen gab sie teilweise unlogische Antworten. (Unterschied zwischen Baum und Strauch?) „Strauch ist vielleicht ein Anfall von einem Baum, der sich in der Erde wieder emporragen wollte. Ich weiß nicht, ob er blühen kann und ob von den Blüten, die auf die Erde fallen, Sträucher entstehen." (Not bricht Eisen?) „Ja, ja ich verstehe das ganz genau, in Frankfurt ist es teurer wie hier. Ich lebe und sterbe für Frankfurt."

Ein *Vaters-Bruder*, Martin Zu, geboren 1897, träumte nach dem ersten Weltkrieg viel über Kriegsereignisse und war 1925 eine Zeitlang verstimmt. 1928 erkrankte er ernster, wurde ängstlich, schrie und griff seine Frau an. Er kam daher in die psychiatrische Klinik H. Hier war er sehr unruhig, jammerte, er habe einen falschen Eid geleistet, weinte und drängte fort. Er wurde noch unruhiger, sprach dauernd, teils inkohärent, teils ideenflüchtig. Eine ängstliche Grundstimmung bestand fort. Es folgte Verlegung in die Anstalt W. Hier war er zunächst noch etwas erregt, dann beruhigte er sich rasch und gab jetzt geordnet Antwort, aber in militärisch kurzen Formen. Er berichtete jetzt, daß er Stimmen höre, besonders seine Geschwister von zu Hause. Nach weiterer Beruhigung wurde er Juli 1928 entlassen, zu Hause fühlte er sich aber wieder bedroht und wurde aggressiv gegen seine Angehörigen. Im November 1928 kam er neuerdings in die Klinik H. Er war wieder ängstlich und berichtete, die Nachbarn seien zu Hause hinter seiner Türe gewesen und hätten ihn bedroht. Unter anderem hätten sie gerufen: „Jetzt schlagen wir dich tot." Auch prügeln habe man ihn wollen. Zu seiner eigenen Verwunderung sei er mit seinem Schwager, der an einem ganz anderen Ort wohnte, „ins Gespräch gekommen". Das sei durch eine „innere Stimme" erfolgt. Dann wieder sprach er davon, es müsse „ein Radio oder so etwas geben", durch das man ihm Droh- und Schimpfworte vorrede. Er wurde wieder in die Anstalt W. verlegt. Er war hier ängstlich und klagte! „Eben die Stimmen." Er höre seine Geschwister sprechen. 1929 war er leicht ratlos und lauschte oft auf die Stimmen. Er hörte seine Frau sprechen, er solle heim, ferner wurde ihm gesagt, in seinem Heimatort habe es gebrannt. Er verhielt sich weiterhin geordnet, beschäftigte sich fleißig, halluzinierte aber ständig weiter. Er äußerte die Hoffnung, die Stimmen würden daheim aufhören. Im Dezember 1928 wurde er in diesem Zustand nach Hause geholt. Bei einer Nachfrage 1940 schrieb Frau Zu, ihr Mann sei krank geblieben und zeige wenig Interesse an der Arbeit. Genaueres über die Art der Veränderung enthielt der Brief nicht.

Die Probandin Zu hatte wohl etwas Epileptoides in ihrer Konstitution. Das ist nach ihrer Wesensart, ihrem Körperbau und ihrem „Ohnmachtsanfall" anzunehmen. Wahrscheinlich hängt es damit zusammen, daß sie zeitweise sehr verstimmt und ablehnend war. Sonst bot sie von Anfang an ein verbalhalluzinatorisches Bild. Bei der Nachuntersuchung trat auch der genauere Typus der Stimmen, wie er oben für die phonemische

Paraphrenie geschildert wurde, hervor. Ihr Onkel, Martin Zu, hatte anfangs eine ängstliche Erregung, die zeitweise mit einem verworrenen Rededrang verbunden war. Dann verschwanden diese Symptome, die wohl als akzessorisch zu werten sind, und das Bild einer einfachen verbalen Halluzinose mit affektnahen Stimmen, die sich ganz in das Denken des Kranken einfügen, blieb bestehen. Ich nehme an, daß es sich ebenfalls um eine phonemische Paraphrenie gehandelt hat. Allerdings ist die Erregung im Beginn für eine systematische Schizophrenie ungewöhnlich heftig.

Zusammenfassung

Die phonemische Paraphrenie beginnt meist schon mit Stimmen, wenn zunächst auch andere Symptome affektive Veränderungen und Beziehungsideen, hinzukommen können. Die *Stimmen* unterscheiden sich ihrer inneren Art nach von denen der hypochondrischen Paraphrenie. Sie fügen sich eng in das Denken der Kranken ein und sind gefühlsnahe. Sie werden durch ihren Inhalt, der ganz überwiegend unangenehm ist, lästig empfunden, nicht durch ihr Vorhandensein an sich. Sensationen findet man im akuten Stadium, sie stellen aber nur ein akzessorisches Symptom dar und schwinden später ganz. Über ihre Sinnestäuschungen beklagen sich die Kranken häufig mit empörten Worten, aber sie haben dabei nicht das Gequälte an sich wie die Hypochondrischen. Die *Stimmungslage* ist meist ausgeglichen. Die Affektivität ist gut erhalten. Das Denken erscheint in alltäglichen Unterhaltungen meist ungestört; wenn man Denkaufgaben stellt, ergeben sich aber regelmäßig Auffälligkeiten, indem die Kranken nicht logisch einem Denkziel zusteuern, sondern unbestimmt um die Sache herumreden, so daß man von einem *verschwommenen Denken* sprechen kann.

3. Inkohärente Paraphrenie

Die inkohärente Paraphrenie stellt, wie ich sie zu schildern habe, eine ausgesprochen halluzinatorische Form dar. Andererseits ist das Denken bei dieser Schizophrenie besonders stark gestört. Die Trugwahrnehmungen stehen trotz mancher akzessorischer Symptome meist schon im Beginn im Vordergrund des Bildes, während sich die Denkstörung erst allmählich zu ihrer vollen Schwere entwickelt. In späteren Stadien des Leidens sind die Kranken fast dauernd ihren Sinnestäuschungen zugewandt, wie man es sonst bei keiner Paraphrenie findet. Dagegen trafen wir auf ein ähnliches Verhalten schon bei der sprachträgen Katatonie.

Im Beginn, wenn die Kranken noch genauer über ihre *Sinnestäuschungen* Auskunft geben, berichten sie oft auch von Sensationen, Bestrahlungen des Körpers, Zuckungen in den Beinen, Strömen im Leib, sexuellen Belästigungen u. a. m. Wahrscheinlich handelt es sich dabei noch um akzessorische Symptome des akuten Prozesses, wie es auch für die Beziehungs- und Beeinflussungsideen gilt, die in diesem Stadium häufig bestehen. In späteren Stadien hatte ich für Sensationen keinen Anhaltspunkt mehr, das Verhalten der Kranken deutet hier nur noch auf die Stimmen hin. Auch für optische Sinnestäuschungen hat man keine bestimmten Hinweise. In den inkohärenten Äußerungen der Kranken tauchen jedoch gelegentlich konfabulatorisch anmutende Bemerkungen auf, etwa: „Das Kind Walter wurde ermordet. Er hat ein totgeschossenes Kind von einem Gendarmen erhalten“, oder: „Ich habe den Zar von Rußland gesehen in Darmstadt“. Bei einer solch ausgesprochenen halluzinatorischen Form wie der inkohärenten Paraphrenie möchte man vermuten, daß solche vereinzelten konfabulatorischen Äußerungen auf optische Erlebnisse zurückgehen. In früheren Stadien, in denen die Kranken noch Auskunft geben, scheinen aber weder optische Sinnestäuschungen noch Konfabulationen eine wesentliche Rolle zu spielen. Von ihren Stimmen dagegen erzählen die Inkohärenten in früheren Stadien des Leidens viel, wie folgende Beispiele von verschiedenen Kranken zeigen:

Hört Stimmen von Medien, Schimpfworte, sexuelle Vorwürfe. Nachts hörte er das Mädchen durchs Radio sprechen, auch Schimpfworte wurden ihm gegeben. Man rief: „Der wird jetzt gefoltert, einen so hartnäckigen Menschen habe ich schon lange nicht mehr gehabt.“ Man spricht durch drahtlose Telegraphie und Funktelegraphie zu ihr. Die Stimmen verfolgen und bedrohen sie andauernd. Man funkt ihm dauernd zu und beschimpft ihn. „Da ist eine, die schimpft immer, aber ich höre nicht darauf.“ Es sind Frauen- und Männerstimmen, die laut und deutlich von der Decke heruntersprechen und ihre Gedanken erraten; z. B. sagte eine weibliche Stimme: „Heute nacht in der Narkose.“ Durchs Telephon steht sie dauernd mit ihren Verwandten daheim in Verbindung, was sie denkt, hört man dort. Man hat ihr zugerufen, in zwei Stunden werde es sich entscheiden. Sie hörte durch die Wände hindurch sprechen.

Die angeführten Beispiele stammen alle aus früheren Krankheitsstadien, so daß sie über den endgültigen Charakter der Phoneme nichts Sicheres aussagen. Teilweise stellt man bei den Beispielen enge Beziehungen zu den Gedanken und Befürchtungen der Kranken fest. In späteren Stadien des Leidens kann man von den Kranken überhaupt nichts Genaueres mehr über ihre Stimmen erfahren, sie sprechen entweder nur sehr unbestimmt davon oder gehen in ihrer inkohärenten Art auf die entsprechenden Fragen überhaupt nicht ein.

Dagegen zeigt das Verhalten der Kranken sehr eindeutig ihr *dauerndes Stimmenhören*. Während man mit ihnen spricht, ihnen Fragen stellt, halluzinieren sie. Man glaubt etwa, eine Antwort zu bekommen, tatsächlich aber antwortet der Kranke auf eine Trugwahrnehmung und scheint die Frage gar nicht aufgefaßt zu haben. Auch ungefragt spricht oder flüstert er. Das Mienenspiel zeigt, daß die Aufmerksamkeit nicht dem Untersucher zugewandt ist, sondern dauernd von Innenerlebnissen in Anspruch genommen wird. Der Blick fixiert den Untersucher nicht, sondern wandert hierhin und dorthin. Oder aber die Augen sehen den Untersucher an, aber mit einem unbestimmten Blick, der zeigt, daß er in Wirklichkeit „nach innen gerichtet ist“. Die Kranken scheinen fast ohne Unterbrechung zu halluzinieren. Manche Fälle sind tagaus, tagein kaum anders anzutreffen, als abgelenkt für sich flüsternd. Aus dem Flüstern wird oft ein Sprechen, Schimpfen, begleitet von Gestikulieren und Grimassieren, alles in unverkennbarer Beziehung zu Stimmen. Kommt es zu halluzinatorischen Erregungen, dann schreien und schimpfen die Kranken unter lebhaften Gebärden in die bestimmte Richtung, in der sie ihren halluzinatorischen Feind vermuten. Oder sie laufen erregt hin und her und schreien von Zeit zu Zeit ein Schimpfwort oder sonst eine Redensart zur Seite. Häufig sind die Worte auch ihrem Inhalt nach als Antworten auf Stimmen erkennbar. Die Kranken verteidigen sich nicht selten gegen Vorwürfe, schreien etwa: „Das ist nicht wahr, du lüngst“, oder sie beschimpfen umgekehrt ihren Gegner mit den Worten: „Mach, daß du fortkommst, du Saukerl, du Menschenschinder.“ Man erkennt aus den Äußerungen, daß die Stimmen jedenfalls in der Erregung vorwiegend unangenehmen Inhalts sind. Wenn man nichts versteht, kann man aus den zornigen Gebärden auf solche Inhalte schließen.

Die Erregungen unterbrechen das sonst ruhige Verhalten der Kranken meist nur für einige Stunden. Sie können sich aber auch mit Schwankungen über mehrere Tage hinziehen. In späteren Stadien des Leidens werden sie milder und bestehen oft nur in einem lauten Sprechen mit Stimmen. Dann kann man die Erregungen gar nicht mehr sicher als solche abgrenzen, man stellt nur fest, daß die Kranken manchmal lauter, manchmal leiser mit ihren Stimmen sprechen und manchmal nur an ihrem Gesichtsausdruck die halluzinatorische Abgelenktheit erkennen lassen.

Das anhaltende Halluzinieren, auch während man mit den Kranken spricht, unterscheidet die inkohärente Paraphrenie von allen anderen Paraphrenien. Phonemische können auch manchmal mit ihren Stimmen sprechen und schimpfen, aber doch nur dann, wenn sie nicht von außen her angeregt werden. Tritt man zu ihnen und stellt gar Fragen an sie, dann hört das Sprechen mit Stimmen sofort auf. Die Inkohärenten dagegen halluzinieren weiter, wenn man mit ihnen spricht, so daß man oft gar nicht weiß, ob sie im Augenblick auf die Frage oder auf eine Stimme geantwortet haben. Während sie vorher nur geflüstert haben, können sie auf Fragen laut sprechen und das Gesagte kann seinem Inhalt nach trotzdem auf die Halluzination, nicht auf die Frage zu beziehen sein. Man möchte aus diesem Verhalten schließen, daß die Halluzinationen der Inkohärenten eine erhebliche sinnliche Deutlichkeit haben, sonst könnten sie wohl die Aufmerksamkeit nicht so sehr fesseln, daß sogar die Fragen des Untersuchers darüber überhört werden.

Auch wenn man in Rechnung zieht, daß die Kranken dauernd durch ihre Stimmen abgelenkt werden, ist die *Denkstörung* der inkohärenten Paraphrenen hochgradig. Sie kommt in ähnlichem Ausmaß sonst bei keiner einfach-systematischen Paraphrenie vor. Im Vordergrund steht die Inkohärenz, die ihrer Art nach eine viel tiefere Störung verrät als bei Inkohärenz einer Verwirrtheitspsychose oder einer verworrenen Manie. Bei diesen Krankheiten mag auch jeder Zusammenhang vermißt werden, aber man kann die Lücke doch meist ohne Schwierigkeit überbrücken, kann einen Gedanken dazwischenschieben, der eine Verbindung herstellt. Oft entsteht ja diese Inkohärenz auch nur dadurch aus einer Ideenflucht, daß verbindende Gedanken vom Kranken in der Eile nicht mehr ausgesprochen werden können. Bei der inkohärenten Paraphrenie ist die Zusammenhangslosigkeit gröber, es können völlig heterogene Themen nacheinander erscheinen, so daß man nicht weiß, wie man zwischen beiden noch eine Verbindung herstellen soll. Die Gedankenfolgen bei der inkohärenten Paraphrenie erscheinen daher viel merkwürdiger als bei einer Verwirrtheitspsychose. Einige Beispiele mögen folgen:

(Haben Sie Beschwerden?) „Das gibts ja gar nicht, das mag kein Mensch mehr, den Überfluß.“ (Wo sind Sie her?) „Auf deutsch oder auf englisch?“ (Wie lange sind Sie hier?) „Man darf nicht essen, man tut so viel speien.“ (Wie alt sind Sie?) „Meine Mutter ist eine reiche Frau, die muß immer speien.“ (Wie geht es Ihnen?) „Mit den Bischhöflichen ist es das gleiche wie unten in Regensburg.“ (Wie geht es Ihnen hier?) „Der Grund ist schon drunten, ist Regensburg.“ (Der Apfel fällt nicht weit vom Stamm?) „Das habe ich noch nie für mich verwendet. Wird das gut oder schlecht ausgesprochen? Das wird manchmal in einem Ton ausgesprochen.“ (Kiste und Korb?) „Ich habe mit viel Personen persönlich nichts zu tun. Ich bin mit der Majestät Bewußtsein gewest.“

Die Beispiele zeigen die völlige Zusammenhangslosigkeit zwischen Frage und Antwort. Durch das Dazwischentreten von Halluzinationen allein läßt sie sich nicht erklären. An Hand von Gedankenfolgen, die bei den Kranken spontan auftreten, kann man die Inkohärenz schwer nachweisen, weil diese Paraphrenen, wie wir noch sehen werden, wortkarg sind. Aber die Zusammenhangslosigkeit zwischen den Fragen, die zum Teil sehr eindringlich gestellt wurden, und den Antworten läßt die Inkohärenz des Denkens wohl zur Genüge erkennen.

Nicht immer bleiben die heterogenen Gedankeninhalte getrennt, sie können sich auch ineinanderschieben, so daß *Kontaminationen* zustande kommen. Der Gedankengang scheint bei der inkohärenten Paraphrenie immer wieder abzureißen, teilweise folgt ein anderer Gedanke nach einem Einschnitt, also getrennt vom ersten, so daß Inkohärenz entsteht, teilweise aber scheint sich da, wo der Gedanke abzureißen beginnt, unmittelbar ein anderer einzuschieben, so daß sich beide vermengen. Diese Form der Denkstörung ist sehr bekannt (besonders seit C. SCHNEIDER und KLEIST), man überträgt sie aber zu sehr auf die Schizophrenien überhaupt. Die groben Kontaminationen, wie sie in folgenden Beispielen hervortreten werden, findet man nur bei der inkohärenten Paraphrenie. Die gegebenen Beispiele stammen wieder von mehreren Kranken.

(Verheiratet?) „Jetzt nicht mehr. Die Frau ist geschieden, daß das Zuchthaus die Sache weiter ordnet wegen dem Kind.“ (Beruf des Untersuchers?) „Beruf kann man nicht sagen, das geht so, wie die Menschheit sich bewegt.“ (Wie heißen die Planeten?) „Ich glaube, das sind die Planeten, Pfennigstücke doch.“ (Wie lange hier?) „Zuchthausstrafe. Im verdeckten Gefängnis, habe ich immer gesagt.“ (Wo hier?) „Ein deutsches Staatsgebäude.“ (Was hören Sie?) „Wenn man was ausspricht, habe ich keine festen Beweise. Wenn sicher umstellt, habe ich keine festen Beweise.“ (Unterschied zwischen Baum und Strauch?) „Baum ist ein unverweslicher Mensch, z. B. ein Schattenbaum ist doch kein Reichstagsbaum, ein Mitreisender ist das.“ (Satzbildung aus Jäger, Hase und Feld?) „Ich bin keine Dichterin, aber ich habe das nicht, ich stehe ja mit dem Hasen in Verbindung oder dem Jäger. Das ist gut zweierlei. Das ist ein Reichstagsabgeordneter. Feldhase. Das ist gut, Wir haben ja eigentlich die Jagd gehabt gegen die Hasen, Stallhasen.“ (Morgenstund hat Gold im Mund?) „Nein, ich habe meine richtigen Zähne im Mund, nein, nein, küssen darf ich nicht, sonst ersticken die ganzen Leute.“ (Der Apfel fällt nicht weit vom Stamm?) „Das ist ein altes Sprichwort, das sagen die Menschen wegen Stehung der Menschen.“

An den Beispielen kann man zunächst wieder die Inkohärenz erkennen, und zwar nicht nur gegenüber der Frage des Untersuchers, hier teilweise doch auch in der Folge der sprachlichen Äußerungen des Kranken selbst. Zum Beispiel scheinen die Begriffe „unverweslicher Mensch“, „Schattenbaum“, „Reichstagsbaum“, „Mitreisender“ völlig inkohärent nebeneinander zu stehen, ebenso in dem darauffolgenden Beispiel die Begriffe „Reichstagsabgeordneter“ und „Feldhase“. Mehr ist aus den Beispielen erkennbar, wie heterogene Begriffe dauernd ineinander gemengt werden. In den Begriff der Scheidung etwa kommt, wahrscheinlich weil dabei das Gericht mitzusprechen hat, der Begriff des Zuchthauses herein; eine Aussage über die Planeten wird durch ein Dazwischentreten der „Pfennigstücke“ zerstört; die Frage nach dem Anstaltsaufenthalt führt wohl über die Tatsache des Eingesperrtseins zum „verdeckten Gefängnis“. Die kurzen Formulierungen, die das Heterogene enthalten, bestätigen die Verschmelzung, der wir bei einer anderen paraphrenen Form die Entgleisung gegenüberstellen können.

Auch sprachlich finden sich viele Auffälligkeiten. Die Sätze sind vielfach ganz unvollständig, oft wird nur ein einziges Wort ausgesprochen. Zu diesem Agrammatismus kommen viele paragrammatische Konstruktionen. Auch Wortneubildungen treten auf, etwa „Reichstagsbaum“, „Stehung“. Auch diese sprachlichen Verfehlungen sind sicher Ausdruck der Kontamination.

Die Äußerungen der inkohärenten Paraphrenen erfolgen fast nur auf Befragung, auch dann oft mit geringer Lautstärke, etwas obenhin, oft auch erst nach eindringlichen Ermunterungen. Manchmal brechen die Kranken auch mitten im Satz wieder ab. Von selbst sprechen sie zwar viel mit ihren Stimmen, aber an die Personen ihrer Umgebung wenden sie sich von sich aus nicht. Da sie auch sonst nur sehr wenig auf die Vorgänge der Umgebung reagieren, erscheinen sie antriebsarm. Sie sitzen herum, müssen zu allem angetrieben werden, zeigen von sich aus kein Interesse und keine Initiative. Sie können dadurch fast katato wirken, doch bieten sie in ihrer Haltung und ihren Bewegungen nichts Auffälliges. Ihre Mimik ist nur wenig belebt, sonst frei. Daher können sie bei genauer Beobachtung nicht mit den sprachträgen Katatonen verwechselt werden, mit denen sie das Dauerhalluzinieren gemeinsam haben. Die Antriebsarmut der Kranken ist sicher keine psychomotorische. Viel eher scheint nur das Interesse dauernd nach innen, den Stimmen, zugewandt zu sein, so daß äußere Vorgänge nicht mehr beachtet werden. Wenn man die Kranken an eine bestimmte Tätigkeit gewöhnt hat, dann führen sie diese frei und mit natürlichen Bewegungen aus und brauchen nicht immer von neuem dazu angehalten zu werden. Heftige Affekte stellt man bei den inkohärenten Paraphrenen fest, wenn sie mit ihren Stimmen schimpfen. Gefühlsregungen auf äußere Vorgänge findet man dagegen kaum. Interesse an ihren Angehörigen äußern sie nicht, über Besuche freuen sie sich, ohne sich dadurch aber nachhaltig von ihren Halluzinationen ablenken zu lassen.

Daß noch eine *Affektivität* vorhanden ist, kann man vielleicht daraus schließen, daß in späteren Stadien häufig *Größenideen* auftreten, wie man aus den Äußerungen der Kranken gelegentlich heraushören kann. Sie glauben, daß sie hochgestellte Persönlichkeiten seien, nennen sich z. B. Kaiser, Prinzessin usw. Wahrscheinlich handelt es sich hier um wahnhafte Wunscherfüllungen bei schwer defekten Persönlichkeiten. Man findet auch sonst bei schizophrenen Endzuständen eine Neigung zu Selbsterhöhung, wohl weil dem Kranken im Defekt der Wunsch leichter zur Wirklichkeit wird als dem Gesunden. — Eine Probandin, die eine kranke Verwandte hat, sei angeführt.

Fall 71. Anna Mös, geboren 1881, lernte in der Schule gut und war als Dienstmädchen geschätzt. Seit etwa 1904 veränderte sie sich, wurde eigensinnig und sonderbar. 1908 trat eine akute Verschlimmerung auf. Sie behauptete, Gedanken lesen zu können und fühlte sich von einem Scheinwerfer verfolgt: „Hörst du eben den Scheinwerfer? Jetzt haben sie wieder das Schalloch offen.“ Sie wurde in der Psychiatrischen Klinik M. aufgenommen. Hier erklärte sie, Männer- und Frauenstimmen gehört zu haben, daran wolle sie aber lieber nicht mehr rühren. Man spricht laut und deutlich, meist von der Decke her. Was sie denkt, wird nachgesprochen. Wer in der Nähe ist, hört es und errät so ihre Gedanken. Unter anderem habe sie gehört: „Die bekommt den Kehlkopfschnitt.“ Den Scheinwerfer spüre sie auch, ferner habe sie ein eigentümliches Zucken in den Armen und Beinen gemerkt. Sie war teils ängstlich, teils wieder lachte sie gezwungen. Sie wurde nach vier Wochen abgeholt und 14 Tage später wiedergebracht. Sie berichtete, die Leute hätten über sie geredet und geschimpft, auch schreckliche Dinge seien ihr von den Stimmen gesagt worden. Ferner werde sie körperlich beeinflußt. Mit Röntgenstrahlen leuchte man ihr unter die Kleider und gebe sie den Blicken preis. Sie war zeitweise erregt und beschwerte sich über die Belästigungen. In die Anstalt B. verlegt gab sie an, die gemeinsten Dinge würden ihr hypnotisch beigebracht. Ströme würden ihr in die Nase geleitet. Oft horchte sie gespannt und schrie dann etwas rückwärts, z. B.: „Meinen Sie mich? Das bitte ich mir aus! Ich kenne Sie nicht.“ Sie behauptete, der Arzt habe sie Drecksau genannt. 1909 beschimpfte sie den Arzt und fragte, warum er sie zitiert habe. Sie behauptete, man habe ihr eine Spirale in die Nase gebracht. Oft sprach und grimassierte sie für sich. Es traten auch Erregungen auf, in denen sie stundenlang zum Fenster hinausschrie und schimpfte. 1910 wiederholten sich die Erregungen mit dem „schreienden Schimpfen“ immer wieder. In den Zwischenzeiten ließ sie sich beschäftigen, sprach aber auch hierbei oft für sich. Die halluzinatorischen Erregungen setzten sich auch die folgenden Jahre fort. Sie belegte ihre vermeintlichen Gegner mit Schimpfworten und schrie z. B.: „Da ist mir die Sau viel zu groß, daß ich mich noch mit Dir abgebe! Traut sich die Sau noch auf die Straße und ist von der Schutzmannschaft heimgebracht worden als geschlechtskrank.“ 1911 ist von ihren Äußerungen in der Erregung aufgezeichnet: „Was wollen denn diese fremden Personen hier? Diese Drecksau soll machen, daß sie fortkommt.“ In den Zwischenzeiten war sie ruhig und fleißig. 1915 schrie sie einmal: „Du Sau, du Hund, der hat mich abgehurt, mein Geld, meine Ringe will ich haben.“ Meist schimpfte sie ins Leere, manchmal aber auch an andere Kranke hin. Seit etwa 1916 wird sie in ihren ruhigen Zeiten stumpf genannt. 1918 wurde sie in die Anstalt K. verlegt. Auf die Frage, warum sie in die Anstalt B. gekommen sei, erklärte sie: „Gesund ist mir die Nervenheilanstalt nach dem Gehen hingefallen.“ Sie sprach auch sonst vieles verworren. Bald traten auch hier die Erregungen auf, in denen sie schimpfte und mit Halluzinationen beschäftigt war. Sie wandte sich u. a. gegen die „Appetithure“. 1920 hatte sie weiter ihre halluzinatorischen Erregungen. Eine Verständigung mit ihr war ausgeschlossen. Sie beschäftigte sich mit Stricken. In den folgenden Jahren wurden die Erregungen seltener, kamen aber doch immer wieder. Sie schimpfte dann und stampfte mit dem Fuß auf den Boden. In ihren ruhigen Zeiten war sie wortkarg. 1924 hörte sie massenhaft Stimmen und war öfter erregt. 1825 schwätzte sie viel für sich, auch ohne stärker erregt zu sein. Auf Fragen gab sie verworrene Antworten: (Wann bekommen Sie Besuch?) „Gestern oder morgen. Ich habe jetzt schon 16 Jahre geschlafen.“ (Wie alt?) „43 Jahre. Die anderen Mädchen von meiner Klasse sind einige Monate älter.“ (Was sagen die Stimmen?) „Das weiß man nicht.“ Der Zustand änderte sich in den folgenden Jahren nicht mehr. Die Erregungen waren nicht mehr so heftig wie früher. Dagegen redete die Kranke auch in ruhiger Verfassung viel vor sich hin. Sie ließ sich mit einfacheren Arbeiten beschäftigen.

1939 habe ich sie zusammen mit B. Schulz nachuntersucht. Sie war anfangs gereizt, wollte das Zimmer wieder verlassen und sprach für sich. Sie beruhigte sich, blieb dann willig da, sprach und gestikulierte aber weiter mit sich selbst. Wenn sie nicht sprach, behielt sie doch einen abgelenkten Gesichtsausdruck. Es ergab sich die folgende Unterhaltung mit ihr: (Wann sind Sie geboren?) „Ich weiß nicht, habe kein Buch. Heißt mit Vornamen Heidekraut, Gigerl. König Ludwig, Kaiser ist sie. Ich kenne meinen Hund bloß nackt.“ (Was für ein Hund?) „Das ist mein Elternhaus ringsherum. Einen Tag älter wie Frau Bauer.“ (Mit wem sprechen sie eigentlich?) „Ich bin im Kaiserreich der Dienstboten.“ (Sind Sie Kaiserin?) „Bleibe da in der Wohnung. Wenn man erst gebadet wird, darf man nicht sortieren.“ (Wie ist ihr Vorname?) „Gigerl. Anna noch dazu. Muß erst gebadet werden.“ (Wann sind Sie geboren?) „Meine Eltern sind jünger vermählt.“ (Wo sind Sie beschäftigt?) „In der Gärtnerei.“ (Was tun Sie da?) „Ausgrasen, mithelfen.“

Die *Tochter eines Vetters* der Probandin, Elise Mös, geboren 1887, war früher immer sehr schüchtern und zog sich gerne zurück. 1908 veränderte sie sich, glaubte, man wolle ihr etwas antun, sie vergiften, und redete verwirrt vor sich hin. Sie wurde in die Anstalt R. gebracht. Hier war sie ängstlich erregt, wehrte ab und sprach verworren. Sie jammerte und fürchtete sich vor der Hölle. In diesem Zustand wurde sie nach Hause geholt. Sie beruhigte sich hier allmählich, beschäftigte sich wieder, blieb aber sehr still. 1911 erkrankte sie von neuem. Sie wurde wieder ängstlich und unruhig und kam in die Anstalt R. zurück. Hier war sie bei fortbestehender Angst teils unruhig, teils gehemmt. Bald fiel auf, daß sie umherhorchte und sichtlich Stimmen hörte. Dann besserte sie sich, blieb aber ratlos und scheu. Einen Arzt sprach sie als ihren Bräutigam an. Ein halbes Jahr nach der Aufnahme wurde sie vom Vater wieder abgeholt, aber schon drei Wochen später in die Anstalt B. gebracht, weil sie zu Hause wieder unruhiger geworden war. Sie wechselte in ihrem Verhalten, war teils ratlos und wortkarg, teils erregt. Auch die Stimmungslage wechselte. 1912 schwankte der Zustand weiter zwischen heftigen Erregungen und ruhigem Verhalten. In der Erregung zerriß sie Wäsche und zerstörte Gegenstände. Oft lachte sie läppisch, dann wieder war sie ängstlich. In der Erregung bestanden Halluzinationen. Die Kranke sprach zum Fenster hinaus, wo niemand war, rief z. B. „Du Hund“, oder „Ja, Ludwig“. 1913 standen die Erregungen weiter mit Halluzinationen in Zusammenhang. Sie nannte sich Prinzessin Ludwig und sprach abgerissen, anscheinend mit Stimmen, z. B.: „Verzeihung — sie behaupten, für die Damen des Hauses, wenn ich bitten dürfte — im Geheimen — gesündigt habe ich an Ihnen — zur Rechten habe ich mein Grab gemacht — ich will sterben, weil das Leichengesetz geschrieben ist Nr. 1 — Gold und Silber von der Madama Sie sind meine Mama — ich kenne Sie nicht wieder etc.“ 1914 setzten sich die Erregungen fort. 1915 wurde sie vom Vater wieder heimgeholt. Zu Hause plauderte, schimpfte, weinte und lachte sie für sich selbst und wurde daher nach sechs Wochen in die Anstalt R. gebracht. Hier gab sie keine einzige verständige Antwort, sprach aber oft verworren, z. B. (Wie heißen Sie?) „Ein Bayerischer war ich.“ (Wie kommen Sie her?) „Ja viermal habe ich einen Schmutzigen.“ Meist lag sie still im Bett, wurde aber dazwischen immer wieder erregt, schimpfte und schwätzte verworren für sich. Auch 1916 kehrten die Erregungen mit verworrenem Schwatzen immer wieder. 1977 lag sie meist schweigsam im Bett, um aber dazwischen immer wieder einige Stunden lang zu schwätzen, schimpfen und heulen. 1918 starb sie an Pneumonie.

Die Probandin Mös bot von Anfang an ein ganz halluzinatorisches Bild. Darunter waren zunächst noch viele Sensationen. Bald bildeten sich die charakteristischen halluzinatorischen Erregungen heraus. Daneben wird immer wieder die Verworrenheit ihrer sprachlichen Äußerungen genannt. Bei meiner Nachuntersuchung war sie auch ständig mit ihren Stimmen beschäftigt. Sie gab aber Antwort und zeigte dabei die charakteristische schwere Denkstörung. Ihre Großnichte erkrankte recht früh, nämlich mit 21 Jahren, aber auch die Probandin begann sich schon mit 23 Jahren psychisch zu verändern. Vielleicht ist der frühe Beginn dafür verantwortlich, daß bei der Probandin und mehr noch bei ihrer Nichte im Beginn recht heftige Krankheitserscheinungen bestanden. Starke affektive Schwankungen und Erregungen traten bei der letzteren zunächst hervor. Auch später gingen die Erregungen nicht nur mit Schimpfen, sondern auch mit Zerstörung einher. Sie tragen aber halluzinatorischen Charakter und weisen damit auf die inkohärente Paraphrenie hin. Bestätigt wird diese durch die völlig verworrenen Äußerungen, die mehrmals wörtlich angeführt werden. Es lag demnach sicher eine inkohärente Paraphrenie vor wie bei der Probandin. Die Größenideen, die einmal erwähnt werden, passen dazu.

Zusammenfassung

Die inkohärente Schizophrenie zeigt ein sehr ausgeprägtes *Halluzinieren*, das im Beginn noch Sensationen enthalten kann, später aber fast nur akustischer Art ist. Schon das Mienenspiel, vor allem der Blick, zeigt, daß die Kranken dauernd nach innen abgelenkt sind. Sie flüstern außerdem für sich. Viele geraten von Zeit zu Zeit in halluzinatorische Erregungen, in denen sie laut mit ihren Stimmen sprechen und schimpfen, andere wechseln mit leichteren Schwankungen. Aus dem Verhalten der Kranken kann man schließen, daß sie fast ohne Unterbrechung halluzinieren, auch während man sich unmittelbar mit ihnen beschäftigt. Das unterscheidet sie von den anderen halluzinatorischen Paraphrenien. Nach außen hin zeigen die Kranken kein Interesse und keine Initiative mehr, sondern erscheinen stumpf und antriebsarm. Auf Fragen geben sie nur wortkarg und meist etwas obenhin mit geringer Lautstärke Antwort. Aus ihren Äußerungen läßt sich eine *schwere Denkstörung* erkennen, in der sich Inkohärenz mit Kontaminationen verbindet.

4. Phantastische Paraphrenie

Die phantastischen Schizophrenien haben schon immer Interesse erregt. In bezug auf ähnliche Gestaltungen sprach Kraepelin von phantastischer Paraphrenie, Schröder von Halluzinosis phantastica, Kleist von Phantasiophrenie. Die Beschreibungen konnten aber nicht das scharfe Bild der systematischen Form erfassen, da man die phantastischen Gestaltungen, die sich bei der affektvollen Paraphrenie entwickeln können, nicht davon abgrenzte. Im Beginn kann das Bild noch unklar sein, affektive Veränderungen, Beziehungsideen können das Bild begleiten, aber meist sind phantastische Züge doch von Anfang an erkennbar, viel früher demnach als bei einer affektvollen Paraphrenie, die diese Entwicklung nimmt.

Die phantastische Paraphrenie ist eine in gleicher Weise halluzinatorische und wahnhafte Form. Es sollen zuerst die *Halluzinationen* dargestellt werden, die uns den Anschluß geben an die bisher beschriebenen Formen, die ganz vorwiegend halluzinatorischer Art waren. Wie bei der hypochondrischen Paraphrenie beteiligt sich die Körperfühlsphäre in ausgesprochenem Maße an den Halluzinationen. Auch die merkwürdigen Schilderungen, die uns von grotesken Sensationen sprechen ließen, kehren wieder. Die hypochondrischen Kranken haben gelegentlich gewisse Hemmungen, sich genauer über die Art ihrer Mißempfindungen auszusprechen. Auch die Phantastischen sprechen manchmal etwas allgemein von einem Schlagen, Brennen, Stoßen u. ä. m., dem sie ausgesetzt seien, sie erzählen aber, wenn man sie dazu anregt, meist ohne Bedenken weiter und geben dann fast immer Schilderungen, die grotesk oder auch phantastisch erscheinen. Ich gebe einige Beispiele von verschiedenen Kranken.

Am Hinterteil wurden ihr ganze Stücke herausgeschnitten, da sind Löcher, daß man eine Hand hineinlegen kann. „Meine Knochen und mein Fleisch ist umgetauscht, als wenn ich zum Mannsbild gemacht worden wäre.“ Durch einen Apparat wird ihr Blut und Fett aus dem Körper getrieben. Ihr Geschlechtsteil wird größer, und kleiner gemacht, ihr Körper verändert, als ob sie sehr alt wäre. Sie spürt es im Kopf, wie man ihr in die Blase „pinkelt“ und ihr den Urin macht. Er wird dauernd geschlechtlich belästigt und hat einen Hoden im Kopf gehabt, der mit Schmerzen wieder wegging. Elektrizität, die durch die Wand kam, machte ihr das Gehirn und die Zunge steif. Ein Stift von $1^1/_2$ g wurde ihm in den Kopf hineingesteckt. Die Knochen werden weicher gemacht, besonders im rechten Fuß.

Wenn man diese Schilderungen vergleicht mit denen der hypochondrischen Paraphrenen, dann erkennt man die Ähnlichkeit. Vielleicht klingt manches noch phantastischer, wahrscheinlich weil eine Neigung zu wahnhafter Deutung hinzukommt, aber der groteske Charakter der Erlebnisse selbst ist hier wie dort der gleiche. Wir haben demnach ein Symptom vor uns, das bei zwei paraphrenen Formen gleich gestaltet ist, soweit man das nach der Schilderung sagen kann. Es ist das erste Symtom dieser Art, das wir bisher getroffen haben. Glaubt man bei zwei Formen ein gleiches Symptom zu finden, dann ergibt die genauere Prüfung fast immer Unterschiede, sicher deshalb, weil Erkrankungen, die in verschiedenen funktionellen Systemen ablaufen, auch in Einzelheiten nicht die gleichen Erscheinungen erzeugen. Wie sich die Ausnahme bei den grotesken Sensationen erklärt, weiß ich nicht. Möglicherweise ist die Ausnahme nur scheinbar, indem ich vielleicht die Unterschiede, die doch bestehen, bisher nur nicht sehen kann.

Wie bei der hypochondrischen Paraphrenie kommen neben den Sensationen Geruchs- und Geschmackshalluzinationen vor. Dagegen treten im Vergleich mit jener Form die *Stimmen* bei der phantastischen Paraphrenie etwas zurück. Sie fehlen allerdings nicht, wie folgende Beispiele zeigen. Im akuten Stadium sind sie oft reichlicher vorhanden und können hier auch den Charakter von Gedankenlautwerden annehmen.

Man entstelle ihren Namen und rufe ihr zu, sie gebe sich selbst einen falschen Namen. Hört Stimmen, die Schlechtes über ihn sagen. Wird durch „Gedankenübertragungen“ belästigt. Sie hat ein „nervöses Hören“, wird Hure und Schneppe genannt. Hört durch „Ferntelegraphie“ Bekannte sprechen. Geister sprechen zu ihm. Stimmen, Medien sagen ihr allerlei vor und reden ihr Schlechtigkeiten nach. Hört Stimmen von den regierenden Herren, als ob es Wirklichkeit wäre. Hört Schimpferein und Gemeinheiten.

Wenn man genau danach fragt, erfährt man von allen phantastischen Paraphrenen etwas von Stimmen, aber sie spielen im Denken der Kranken in der Regel keine große Rolle. Ihr Inhalt ist wie bei den anderen Paraphrenen meist unangenehm, Beschimpfungen herrschen vor. Eindrucksvoller sind die *optischen Halluzinationen*, die sich bei den bisher beschriebenen Formen nur andeuten.

Menschen kommen nachts ins Zimmer und stellen sich hinter sie. Er kann von der Anstalt aus nach Frankfurt sehen und hat Bilder in Lebensgröße. Sie sah nachts an ihrem Bett einen Vogel. Sieht Geister wie im Kino und auch Gott selbst. Besonders im Halbschlaf erscheinen ihr viele Gestalten, auch Gott selbst. Ebenfalls im Halbschlaf erscheinen ihr viele Gestalten, z. B. ein nackter Mann ohne Beine. Der Pfarrer und der Bürgermeister erschienen ihr. Sie sah Geister, die an einem Tisch saßen. Sie sah einen Zwitter mit weiblichem Aussehen und männlichen Fähigkeiten.

Noch charakteristischer als solche isolierten optischen Erscheinungen sind szenische Halluzinationen, bei denen sich ein optisches Geschehen aneinanderreiht und Halluzinationen aus anderen Sinnesgebieten eingestreut sind. Oft kann man nicht mehr genau unterscheiden, was gesehen, gehört oder gespürt worden ist. Es wird einfach über zusammenhängende Erlebnisse berichtet, ohne daß Angaben darüber erfolgen, in welchem Sinnesgebiet die verschiedenen Einzelheiten erlebt wurden. Teilweise handelt es sich um Massenereignisse, Quälereien an Hunderten von Menschen, Massenmord u. ä. Das hat mich früher veranlaßt, von „Massenhalluzinationen" zu sprechen. Ich sah diese später seltener. Szenerien in kleinerem Stil sind aber ähnlich charakteristisch. In ihnen spielen wahrscheinlich auch elementar akustische Erscheinungen eine Rolle, weil die Kranken oft zur Begründung ihrer Behauptung angeben, man höre doch das Schreien der Menschen und das Arbeiten der Marterwerkzeuge. Elementar akustische Sinnestäuschungen sind bei Schizophrenien allgemein sehr selten, vielleicht kommen sie bei der hypochondrischen Paraphrenie vor, aber auch hier wohl mehr in Form unverständlicher Sprachlaute, nicht als Geräusche, wie man sie bei der phantastischen Paraphrenie vermuten darf. Im wesentlichen sind die szenischen Halluzinationen aber der Schilderung nach optischer Natur, akustische und somatopsychische, vor allem sexuelle Halluzinationen dienen mehr der Ergänzung. — Es folgen einige Beispiele:

Schandtaten passieren in der Anstalt, Männer mit Larven schleppten nachts Patienten in den Keller; in der letzten Nacht wurde er selbst aus dem Bett geworfen. Nachts war der Teufel bei ihr, dann wieder ein schwarzer Tiger mit einer goldenen Krone, der dem Bett einen Stoß versetzte, daß es in die Höhe flog. Einmal lag ein Mann bei ihr im Bett, sie hatte ihre Last, ihn herauszubringen, ein andermal kamen viele Menschen durch die verschlossene Türe, die sich nicht im Schloß, sondern in den Angeln öffnete. Unten im Keller sind die gemarterten Seelen, die dauernd klagen. Gestern haben sie einen eingegraben, dann haben sie gesagt, er sei vom Haus heruntergesprungen, und haben ihn mit vier Mann abführen lassen. In einen Berg haben sie Geld hineingegraben und dann die Erde wieder aufgeschüttet. Unten im Keller werden Menschen grausam mißhandelt, vor allem ein Herr Bill ist daran beteiligt; bei jedem Fest werden Leute in Gefangenschaft gesetzt und dann im Keller ermordert und geschlagen; an die 50 Menschen sind zur Zeit dort, man hört Männer und Frauen schreien; manchmal werden auch Menschen nackt in die Kälte hinausgestoßen. Nachts kommen Männer zu ihr ans Bett und mißbrauchen sie.

Diese szenische Halluzinationen erinnern an Träume und werden auch mit Vorliebe in der Nacht erlebt. Anscheinend begünstigt der Vorgang, der das normale Träumen erzeugt, auch das Auftreten dieser phantastischen Sinnestäuschungen. Will man den Kranken allerdings suggerieren, daß es sich nur um Träume handle, dann wollen sie davon nie etwas wissen, sondern bestehen darauf, daß alles wirklich sei. In diesen aus verschiedenen Sinnesgebieten aufgebauten Erlebnissen haben wir die für phantastische Paraphrenie spezifischen Halluzinationen vor uns. Sie kommen sonst bei keiner systematischen Form vor. Dagegen können sie sich in schweren Endzuständen der affektvollen Paraphrenie finden. Es spielen sich mit Vorliebe ungewöhnliche, grausige und sensationelle Vorgänge ab.

Von den Halluzinationen der Kranken erfährt man durch ihre Erzählungen. Gelegentlich kommt es aber auch vor, daß sie unmittelbar auf ihre Stimmen reagieren und einige Worte, meist Schimpfworte, rufen, oder daß sie sich an den Körper fassen und behaupten, eben habe man ihnen hier unangenehme Empfindungen bereitet, oder daß sie ausspucken und angeben, es sei ihnen ein unangenehmer Geschmack erzeugt worden.

Neben den Halluzinationen findet man eine *phantastische Ideenbildung*. Von *absurden Ideen* spreche ich, wenn die Kranken Behauptungen aufstellen, die den objektiven Möglichkeiten so völlig entgegenlaufen, daß ein Gesunder gar nicht verstehen kann, wie man so etwas überhaupt denken kann. Die selbstverständlichsten Erfahrungen des täglichen Lebens werden ignoriert, Gewißheiten, die für den gesunden Menschen absolut sind, scheinen nicht mehr vorhanden zu sein, physikalische Unmöglichkeiten gibt es nicht mehr, Naturgesetze werden einfach beiseite geschoben. Von diesem Extrem bestehen Übergänge zu Ideen, die ebenfalls unbegründet sind, denen aber doch nicht jede Denkmöglichkeit abgeht. Von echten Wahnideen kann man kaum sprechen, weil die Beziehung zur eigenen Person im Sinne einer Selbsterhöhung oder Beeinträchtigung meist völlig fehlt. Man könnte an den Begriff der wahnhaften Einfälle denken, da die Ideen oft sehr flüchtig sind und wieder von anderen abgelöst werden. Aber manche werden auch festgehalten. Absurd wirken die Ideen auch in der milderen Form dadurch, daß nie der Versuch der Begründung gemacht wird. Wenn eine Kranke von einem Arzt behauptet, er sei Sozialistenführer, so wäre das an sich nichts Ungewöhnliches, es wird aber zu einer absurden Idee, wenn objektiv gar nichts dafür spricht. Andere Behauptungen tragen an sich schon den Charakter der Absurdität. Zum Beispiel:

Der Vater ist 1910 gestorben, ihr aber später wieder begegnet; jetzt ist er 104 Jahre alt. Es gibt sechs bis zwölf Päpste, Mackensen ist Papst Pius XII. In ihrem Heimatdorf sind 96 Frauen „bastariert" (sterilisiert) worden, 46 wurden vom Pfarrer „nachbastariert". Ihr Mann war der Heilige Franziskus; auch Freimaurer und der Teufel soll er gewesen sein. Mutter und Mann sind nicht gestorben, sondern aus dem Grab „geschmissen" worden. Der Herr „Jesus Nikolaus", den sie sehr gut kennt, wird jedes Jahr gekreuzigt und steht dann wieder auf, sie selbst wurde auch schon mehrmals geboren. Ein Herr Dr. Botton wurde zu einem Fräulein Dr. Emmerich, „ich nehm an, daß er durch Umschwung von Drüsen von Mann zu Frau geworden ist". Sie ist schon einmal vor 100 Jahren gestorben und vielleicht auch schon einmal als Hund in Dessau herumgelaufen. Die Menschen werden vergraben. (Lebendig?) „Nein, sie stehen wieder auf." (Menschen können von den Toten auferstehen?) „Ja, freilich."

Die letzte Antwort „ja, freilich" zeigt sehr schön, wie den Patienten jeder Sinn für die Unmöglichkeit ihrer Behauptungen verlorengeht. Der Kranke war erstaunt, daß man überhaupt fragte, ob Menschen denn von den Toten auferstehen könnten, so selbstverständlich war ihm das. Die Behauptung, daß Tote wieder lebendig geworden seien, kehrt in den absurden Ideen besonders häufig wieder. In der Regel wird aber gleich von einer Begegnung mit einem ehemals Toten berichtet; daß er wieder lebendig geworden ist, erwähnen die Kranken meist gar nicht erst, es ist ihnen ebenso selbstverständlich, wie dem Kranken mit seinem „ja, freilich". Eine Kranke etwa formuliert: „Meine tote Schwester ist jetzt 65 Jahre alt und sieht aus wie 24."

Gelegentlich scheinen sich in den obigen Beispielen schon *Personenverkennungen* anzudeuten, die für die phantastische Paraphrenie sehr charakteristisch sind. Da objektiv nie ein Grund dafür zu finden ist, warum ein Mensch im Sinne dieses oder jenes anderen Menschen verkannt wird, handelt es sich hier nur um eine besondere Form der absurden Ideenbildung. Häufig sind es geschichtliche oder sonst allbekannte Persönlichkeiten, die in den Personen der Umgebung gesehen werden. Zum Beispiel:

Sein verstorbener Vater ist in der Anstalt, ebenso Bismarck. Den Direktor hat sie schon als Kind gekannt, vielleicht ist es auch der Arbeitsminister. Frau Göbbels war 1924 als Lampenmädchen ihre Kollegin und hieß damals: Fräulein Eberlein. Der Bürgermeister Blum nennt sich machmal Gondermann oder Haag oder Derr. Hindenburg und der ehemalige Kronprinz halten sich in der Anstalt auf. Ihr Vater war Metzger, zu anderen Zeiten aber auch Pfarrer. Eine Prinzessin von Zerbst ist jetzt als Fräulein Kunz in der Anstalt. „Hier laufen Kaiser, Prinzen und Zaren herum." Der Oberarzt bewirtschaftete früher ein Bauerngut und nannte sich damals Schulz, ein anderer Arzt ist der Bruder ihrer Mutter. Ein und derselbe Arzt ist zugleich Kaiser Wilhelm, Hindenburg, ihr Vater und ihr Ehemann. Der Direktor war früher Zimmermann. Der Arzt, der früher Amundsen hieß, ist mit ihm in die Schule gegangen.

Die Namen und Titel für die gleiche Person können in größeren Zeiträumen wechseln, werden im allgemeinen aber beibehalten. Ich selbst hatte in Gabersee in den Augen phantastischer Kranker viele falsche Namen und war nach meiner Herkunft und Stellung u. a. ein Bauernsohn aus Dorfen, ein uneheliches Kind des Dienstmädchens Anna, Stallknecht auf einem Gut, Leutnant im 4. Artillerie-Regiment. Besonders merkwürdig ist es, wenn ein Mensch mehrere Personen zugleich darstellt, etwa in einem der obigen Beispiele ein Arzt zugleich Kaiser, Hindenburg, Vater und Ehemann sein soll. In ihrem Unverständnis für Absurditäten stört die Kranken auch das nicht.

Den Stempel der Absurdität tragen ferner die *Größenideen*, die bei fortgeschrittenen Fällen der phantastischen Paraphrenie immer zu finden sind. Auch hier werden ohne jedes Bedürfnis nach Begründung die merkwürdigsten Behauptungen aufgestellt. Früher nannten sich die Kranken meist einfach Kaiser, König, Zarin, Fürstin usw., ja sogar Gott, ohne weiteres dazu zu sagen. Heute geben sie sich andere hochklingende Titel. Der Kontrast zwischen den expansiven Behauptungen und der tatsächlichen Situation stört die Kranken nicht. Sie bewegen sich im Anstaltsmilieu wie alle anderen auch, lassen sich mit einfachen Arbeiten beschäftigen und bemühen sich keineswegs, ihre hohe Stellung nach außen hin durchzusetzen. Wenn ihnen etwas nicht paßt, dann kommt es zwar vor, daß sie darauf verweisen, um ihre Wünsche mehr hervortreten zu lassen, aber es geschieht nie mit Nachdruck. Im Gegenteil, wenn sie einen dringenden Wunsch haben, dann passen sie sich möglichst den äußeren Umständen an, suchen ihn also mit tatsächlichen Gegebenheiten zu begründen und scheinen im Augenblick gar nicht an ihre höhere Abkunft zu denken. Man kennt diese Eigenart Schizophrener, sich expansiv zu äußern und äußerlich keine Konsequenzen daraus zu ziehen, sie gilt besonders für die phantastische Paraphrenie. Bei der „expansiven" Form werden wir es anders finden, so daß die Beobachtung also wieder nicht für die Schizophrenen schlechthin gilt. Einige Beispiele sollen den Größenwahn der phantastischen Paraphrenie veranschaulichen.

Er ist „Türke und Mongole nach der Urrasse" und stammt von einem „höheren Potentaten des östlichen Zentralasien" ab. Ihre Mutter war Gräfin, sie selbst soll heilig gesprochen werden. Sie ist Gott und aller Welt Kaiser, ihre Ehe mit Jehova steht bevor. Ihre „Geburtsmutter" ist eine Komteß von Erbach, sie selbst ist schwanger von ihrem Vater, dem Kaiser Wilhelm, der im Schlaf zu ihr kam. Er soll Doktor der Medizin werden und hat ein Vermögen von 500 Millionen Mark. Sie stammt von einem französischen Grafen ab, ihr Sohn wurde als Führer gewählt.

Die *absurden Ideen* sind vor allem für die phantastische Gestaltung, die dieser schizophrenen Form eigen ist, verantwortlich. Die szenischen Halluzinationen erhöhen diesen Eindruck noch, da sie ebenfalls nichts Alltägliches bringen, sondern großenteils ganz ungewöhnliche, erstaunliche Vorgänge zum Inhalt haben. Die grotesken Sensationen schließlich tun ein Übriges, um den Eindruck des Phantastischen zu vervollständigen. Die gesamte phantastische Welt, in der die Kranken leben, wird durch folgenden Brief einer Kranken gut veranschaulicht:

„Ich werde so stark suggeriert, daß ich fast nicht schreiben kann. Draußen in T. wurden schon Verbrechen von den hiesigen Irrenärzten begangen! Ich bin nicht geisteskrank, sondern die Herren sind auch Geologen, hatten Maschinen und Apparate bei sich; das Häuschen hat keinen Keller, und es sind unterirdische Gelasse und Gänge, Trotzigburg, wo auch das Sozialistengesindel und andere sich befinden, nämlich internationale Verbrecherwelt ihre Zuflucht findet! Der Direktor der hiesigen Anstalt ist, wie Sie vielleicht wissen, Friedrich Waldemar von P., er nennt sich auch Fürst von Felseneck, ist Sozialistenvorstand von Deutschland. Sämtliche Ärzte sind Experimentierverbrecher, die Heilung ist Vergasen, Suggestion, Fernelektrisieren und Fernelektrowellen, mit welchen sie selbst mir verbrecherisch an das Geschlecht gehen. Unter meinem

Haus geschehen Verbrechen, wo sich nachts der Direktor und ca. drei Ärzte einfanden, mit dem Bürgermeister und anderen Männern von T., welchen selbe das Suggestieren gelernt hatten. Der Oberpfarrer hier ist auch Geologe der Wissenschaft des Verbrechens und arbeitet zeitweise experimentell mit. Das Ärzteverbrechernest Gabersee muß geräumt werden! Sie haben auch Meuchelmorde im Fernverkehr!"

Der phantastische Zug gibt der Krankheit trotz der Vielfalt der Symptome einen einheitlichen Zug und spricht dafür, daß hier ebenso wie bei den anderen geschilderten Krankheiten ein einheitliches funktionelles System erkrankt ist. Die Einzelerscheinungen sind auch, im Gegensatz zu den phantastischen Symptomen der affektvollen Paraprenie, meist von Anfang an miteinander verbunden, so daß sie ein geschlossenes Syndrom bilden, das als Ganzes erscheint. Mit Fortschreiten des Leidens verstärken sich die Symptome, aber es kommen nicht neue hinzu. Die affektvolle Paraphrenie kann das Bild zwar bis zu einem gewissen Grade nachahmen, aber vielleicht ist die Ähnlichkeit mehr eine äußerliche. Wodurch sich beide Krankheitsformen grundsätzlich unterscheiden, das ist, wie bei der affektvollen Paraphrenie beschrieben, das Verhalten des Affekts.

Die *Affekterregungen* der phantastischen Paraphrenie gehen nie in die Tiefe, vor allem lassen die krankhaften Ideen eine affektive Verankerung vermissen. Mit einer gewissen Munterkeit und häufig sogar sichtlicher Zufriedenheit können sie die grausigsten Erlebnisse schildern. Wenn sie sich über die Halluzinationen beklagen, dann geschieht es zwar oft mit einer gewissen Empörung, aber es ist mehr eine Pose als eine wirkliche Erregung. Man läuft nie Gefahr, die Kranken in schweren Zorn zu bringen, wenn man ihre Beschwerden nicht beachtet. Man kann ihre Klagen auch scherzhaft spöttisch behandeln und ihre merkwürdigen Behauptungen belächeln. Mehr als eine oberflächliche Erregung erfolgt auch hier nicht, ein weiteres Scherzwort vermag auch dieses Aufwallen meist schon wieder zu glätten. All das ist ganz anders als bei der affektvollen Paraphrenie mit der tiefen affektiven Verankerung der gesamten Ideenwelt. Trotzdem kann man bei den phantastischen Paraphrenen nicht von einer schweren Abstumpfung sprechen. Sie behalten ein gewisses Interesse an ihrer Umgebung und auch an ihren Angehörigen, wenden sich den Dingen zu und sind meistens gut ansprechbar. Mimik und Gestik bleiben natürlich. Häufig sind die phantastischen Paraphrenen pyknisch. Das ist vielleicht dafür verantwortlich, daß manche Kranke eine recht lebhafte Art haben. Für alle gilt das nicht, manche sind eher still und sprechen von sich aus nicht viel über ihre Erlebnisse. Die Stimmungslage hat grundsätzlich nichts Auffälliges an sich.

Mit besonderem Interesse wird man bei der phantastischen Paraphrenie in Anbetracht der Absurdität ihrer Ideen der Frage der *Denkstörung* nachgehen. Zweifellos ist diese erheblich, aber doch nicht so sehr, wie man bei der Art der Ideen wohl vermuten würde. Kranke, für die es gar kein Problem darstellt, daß Tote friedlich durch die Straßen wandern, können auf der anderen Seite ganz richtige Urteile abgeben. In einfacher Unterhaltung über objektive Gegebenheiten fällt oft kaum eine Störung auf; eine Verworrenheit des Denkens, die ich früher für die phantastische Paraphrenie schilderte, tritt nur auf, wenn es sich um Kombinationsfälle handelt. Man stellt zunächst fest, daß die Kranken nicht immer auf das eingehen, was man wissen möchte, und oft etwas unklar in ihren Aussagen sind. Wenn sie ihre phantastischen Angaben machen, kann man ihren Gedanken oft nicht mehr folgen. Durch Zwischenfragen gelingt es aber auch hier, Klarheit zu schaffen. Genauer erkennt man die Denkstörung, wenn man Intelligenzprüfungen vornimmt. Ich gebe einige Beispiele von verschiedenen Kranken.

(Binetbild „Gruß") „Eifersuchtssache. Der Herr kommt galant und macht Verbeugungen, um den Damen zu gefallen. Der andere liegt auf dem Rücken. Ob der auch geworben hat und unterlegen ist, oder ob er umgeworfen ist, kann ich nicht entscheiden.“ (Das gleiche Bild von einer anderen Kranken erklärt!) „Der hat einen Stock in der Hand und grüßt.“ (Was ist unten?) „Der liegt auf der Erde.“ (Warum?) „Ein Anfall jedenfalls.“ (Irrtum und Lüge?) „Lüge ist ein Verbrechen, Irrtum kann jeder Mensch sein.“ (Satzbildung aus: Soldat, Urlaub, traurig?) „Wenn ein Soldat heimkommt und die Familie ist im Unglück, dann ist er traurig.“ (Treppe und Leiter?) „Die Treppe fällt und die Leiter ist gerade, die steigt.“ (Keine Rose ohne Dornen?) „Wenn man nichts mitmacht, z. B. gibt es Rosen ohne Dornen, Liebe ohne Schmerzen.“ (Begriff „Neid“?) „Neid ist Mißgunst, wenn einer mehr hat wie der andere, daß der auch mehr gibt, hinterlistig ist auch Neid.“ (Keine Rose ohne Dornen?) „Die Rose ist eine angenehme Blume infolge des Duftes, aber wieder unangenehm, weil sie Dornen hat.“ (Sprichwort erklären!) „Der Geruch wirkt belebend auf die menschlichen Organe, auf das Gehirn im besonderen.“

Wenn man diese Antworten dem gegenüberstellt, was die inkohärenten äußerten, dann erkennt man, wie sehr viel schwerer die Störung dort ist. Obwohl ich Antworten ausgesucht habe, die das Versagen möglichst deutlich zeigen — manche andere wurden auch ganz korrekt gegeben —, sind sie doch selten ganz sinnwidrig. Man versteht meist noch, wie die Kranken zu dieser und jener Aussage kommen können, auch wenn sie logisch nicht richtig ist. Es liegt hier kein Abreißen des logischen Denkens und Eindringen heterogener Elemente vor, sondern der Gedankengang gerät viel unauffälliger in falsche Bahnen. Es handelt sich hier wohl um die Denkstörung, an die man beim Begriff der *Entgleisung* (vor allem C. SCHNEIDER) gedacht hat. Wenn der eine Kranke in dem ersten Beispiel von dem werbenden Herrn angeregt zu der Bemerkung kommt, das ungeworfene Kind habe vielleicht auch geworben, so ist das zweifellos eine grobe Fehlleistung, aber diese ist ihrer Art nach doch noch aus der augenblicklichen Themenstellung heraus erklärlich, bleibt auf diese bezogen. Oder wenn in späteren Beispielen erklärt wird: „Hinterlistig ist auch Neid“, oder :„Der Geruch wirkt belebend“, so sind das ganz ähnliche Entgleisungen. Die Antwort kann auch sofort mit der Entgleisung beginnen, wie etwa bei der Antwort: „Wenn man nichts mitmacht, z. B. gibt es Rosen ohne Dornen.“ Das Thema wird wohl aufgegriffen, aber sofort gerät der Gedankengang in eine falsche Bahn.

Nicht selten mischen sich bei der phantastischen Paraphrenie auch *sprachliche Fehlleistungen* ein. Eine Kranke etwa erklärte: „Man leibt mich ab“, eine andere, sie sei nachts „gelistet“ worden, eine dritte sprach von „Verjüngerung“. Häufiger sind grammatische Verfehlungen, in den obigen Beispielen etwa die Wendung: „Irrtum kann jeder Mensch sein.“ Es ist verständlich, daß die Entgleisung gelegentlich auch mehr im Sprachlichen abläuft.

Von meinen phantastischen Paraphrenen ist eine belastet. Der Bruder war viele Jahre geisteskrank, blieb aber zu Hause, so daß keine Krankengeschichte vorliegt. Ich führe die Krankengeschichte der Probandin selbst an.

Fall 72. Margarete Wa, geboren 1863, war früher religiös, zufrieden und fleißig. 1906, nach dem Tod eines Kindes, war sie eine Zeitlang schwermütig. 1908 zeigte sie sich längere Zeit unbegründet eifersüchtig. Seit 1915 wurde sie deutlich geisteskrank, sie äußerte, hochstehende Persönlichkeiten stellten ihr nach, der Pfarrer wolle sie heiraten. Sie blieb zu Hause, die Krankheit scheint in den folgenden Jahren schleichend fortgeschritten zu sein, denn als Wa 1926 stärker auffiel, lag bereits ein schweres Krankheitsbild vor. Sie ging auf die Polizei und erklärte, Engländer und Franzosen seien in dem oberen Stock ihres Hauses eingesperrt und wollten sie erschlagen. Dort befänden sich auch „Hindenburg, der Braun, der Strehner und Pförtner“. Sie werde geschlagen. Sie kam in die Frankfurter Nervenklinik und erzählte hier wieder von Ausländern, von Briand, Hindenburg und von anderen „Papas“. Durch Rufen und Autos stehe sie mit diesen Personen in Verbindung. Das Haus sitze voll von einer „Bewachung“. Sie werde elektrisiert, betäubt und mit Säure bespritzt. Öffentlich rufe man ihr „Schneppe und Hure“ zu. Nachts werde sie „unrichtig“

berührt. Sie war etwas weitschweifig, sonst geordnet und traf bei Intelligenzfragen nicht den Kern der Sache. Es erfolgte Verlegung in die Anstalt H. Hier sprach sie 1926 von ihren Wahnideen nur auf Drängen. 1927 halluzinierte sie stark, sprach in den Luftschacht hinein, glaubte Professor X in der Anstalt gesehen zu haben. Sie wird die folgenden Jahre als zurückhaltend, doch meist freundlich geschildert, sie sprach erst auf Fragen von ihren Ideen. Manchmal beklagte sie sich, daß sie belästigt und geschlagen werde. Gelegentlich führte sie Selbstgespräche. 1931 habe ich sie zusammen mit FAUST nachuntersucht. Sie erzählte, der ehemalige Kronprinz laufe in der Anstalt herum, Hindenburg sei auch da. Sie selbst stamme von einem französischen Grafen ab. In den unteren Räumen würden viele Menschen gefangengehalten, mißhandelt und ermordet. Man höre das Schreien. Sie selbst werde nachts geschlechtlich mißbraucht und auch sonst körperlich belästigt. Es seien Professoren am Werk, alles gehe in Betäubung vor sich. Nachts kämen Männer in ihr Zimmer und mißhandelten sie. Auch Schimpferein und Gemeinheiten bekomme sie genug zu hören. Die Kranke erzählte lebhaft und wirkte in ihren merkwürdigen Berichten oft etwas verworren; nach Zwischenfragen wurde aber verständlich, was sie meinte. Zwei Intelligenzfragen, die ihr gestellt wurden, löste sie in folgender Weise: (Kiste und Korb?) „Kiste ist eine Kiste und Korb ist Korb.“ (Der Apfel fällt nicht weit vom Stamm?) „Der rollt auch manchmal den Berg herunter.“ (Bedeutung?) „In meiner Familie ist nichts, was dazu Anlaß gibt.“ In ihrer Gesamthaltung, Mimik und Gestik war die Kranke natürlich.

Zusammenfassung

Die phantastische Paraphrenie ist eine *in gleichem Maße halluzinatorische wie wahnhafte Form* von Schizophrenie. Sensationen, oft grotesk geschildert, treten stark hervor, Stimmen sind auch vorhanden. Optische Sinnestäuschungen gehören zum Krankheitsbild. Besonders charakteristisch für phantastische Paraphrenie sind szenische Erlebnisse, in denen das optische Element vorherrscht, aber häufig akustische und somatopsychische Erscheinungen hinzutreten. Häufig sind es grausige Dinge, die halluziniert werden, etwa Marterung und Morden von Menschen. Dadurch entsteht bereits ein phantastischer Zug. Er wird verstärkt durch merkwürdige Ideen, die man bei den Kranken findet, die sich über alle Möglichkeiten der täglichen Erfahrung hinwegsetzen und dadurch *absurd* erscheinen. In ähnlicher Weise unlogisch sind die *Personenverkennungen* der Kranken, wobei in den Menschen der Umgebung mit Vorliebe hochgestellte Persönlichkeiten gesehen werden. Einen absurden Charakter haben auch die *Größenideen*, in denen sich die Kranken oft maßlos erhöhen. Sie ziehen aber keine Konsequenzen aus ihrem Größenwahn, sondern ordnen sich in die Anstaltsordnung ein. Die *Affektivität* der Kranken ist flach; wenn man ihre Ideen belächelt oder sie sonst reizt, dann brausen sie oft etwas auf, aber der Affekt geht nie tief. Dagegen bewahren sie ein gewisses Interesse für die Vorgänge ihrer Umgebung und für ihre Familie. In ihrer Gesamthaltung bleiben sie natürlich. Wenn sie ihre phantastischen Ideen vorbringen, erscheinen sie oft etwas verworren, man kann aber durch Zwischenfragen Klarheit in ihren Gedankengang bringen. Bei genauer Prüfung mit Hilfe von Intelligenzfragen stellt man fest, daß das Charakteristikum ihrer Denkstörung die *Entgleisung* ist.

5. Konfabulatorische Paraphrenie

Die konfabulatorische Paraphrenie wurde schon von KRAEPELIN in ihren Grundzügen beschrieben, ebenso auch von WERNICKE.

Im Beginn des Leidens findet man neben uncharakteristischen Symptomen wie Stimmungsanomalien, Beziehungsideen häufig eine eigenartige Vorstufe von Konfabulationen in Form von *traumartigen Erlebnissen*, die uns noch ausführlich beschäftigen werden. In anderen Fällen treten von Anfang an *Konfabulationen* hervor, die zunächst noch vereinzelt sein können, allmählich aber zu zusammenhängenden Erzählungen verdichtet werden. Dabei handelt es sich kaum einmal um alltägliche Ereignisse, sondern es werden *sensationelle Geschichten* erzählt, Reisen in andere Erdteile, Abenteuer mit Menschen und Tieren, nicht selten Erlebnisse auf einem anderen Stern oder im Himmel, Gespräche mit Gott u. ä. m. Hindernisse für solche Erlebnisse gibt es in der Phantasie der Kranken nicht, alles läuft geradezu spielerisch leicht ab. Ich führe die charakteristischen Berichte dreier Kranker an.

Probandin Prin: „Mit dem Auto sind wir gefahren von Deutschland durch die Tschechoslowakei nach Griechenland, von da nach Skutari, von da über das hohe Gebirge Mount Everes nach Nanking. Dort wohnte ich bei einer Familie Deusser in der Schloßstraße. Das sind Bekannte von mir. Damals war noch die Valuta geschwächt, da wollte ich Geld eintauschen, da stand der französische Franc auf 2 Pfennig. Durch den Krieg konnten wir nicht an die Küste, da sind wir mit dem Auto nach Siam gefahren, dann fuhren wir mit dem Schiff. Es geriet auf eine Seemine. Wir wurden von einem englischen Dampfer aufgenommen und fuhren nach Liverpool. Von hier wollte ich gern nach Deutschland. Da nahm ich ein Kriegsschiff, suchte an der deutschen Küste oder an der französischen Küste zu landen. Wir hatten aber keine Landungsmöglichkeit, weil noch Krieg war, und wir landeten im Hafen von Montevideo. Hier traf ich den Kapitän vom deutschen Kreuzer Emden. Damit ich von dem englischen Dampfer wegkam und in die Heimat, bin ich mit der Emden weitergefahren, Emden oder Bremen hieß sie. Da wurden wir zunächst beschossen. Das Schiff hatte ein Leck, und wir mußten in die Dardanellen. Sie wollten ein paar neue Panzerplatten einsetzen, aber ich weiß nicht, ob das gelungen ist. Ich traf dann eine englische Dame, die mich mitnahm in das Parlament."

Probandin Hart: „Herr von Hindenburg teilte mir mit, daß ich Königin und Kaiserin von Deutschland bin, aber die Apothekerin hat meine Papiere unterschlagen. Hindenburg stand unter meinem Fenster, so daß ich die Warze, die er im Gesicht hatte, sehen konnte. Er schickte mir und meinem Sohn ein Paket mit wertvollen Gegenständen, vor allem eine Krone, der Sohn wurde aber an der Tür niedergeschlagen und die Abdecker holten das Panzerauto, in dem alles war, weg. Auch mein Geld haben sie mir genommen, 30 Millionen habe ich mit in die Ehe gebracht. Von meinem Urväterchen bin ich als Kristallpalastdame eingesetzt worden, und die Apothekerin hat sich in den Wohnpalast gesetzt, in den ich eigentlich gehöre."

Proband Nöt: Auf der Venus sah ich einen großen Mann, der vom Boden aus Schiefer bis zum Dach hinaufreichte und vom Boden aus das Dach deckte. Das war Gott, der auch die Backsteine hinaufgeschafft hatte. Der Dachdecker wollte trotzdem das ganze Dach bezahlt haben. Gott und ich selbst genehmigten dies nicht, worauf der Dachdecker erklärte, wenn Gott einen Teil des Daches selbst gedeckt habe, so gingen so und so viel Meter ab. In das Haus zog ich ein, es war das Paradies. Ein Schulhaus hatten sie schon vorher gebaut, sie wollten die ganzen Kinder der Venus in eine Schule schicken, damit sie den Eltern nicht abhanden kämen. Es wurde auch eine Milchpumpe für die Kinder angebaut. Arbeiter wurden von der Erde zur Venus hinaufgeschafft. Gott hat sie einfach unter den Arm gepackt. Ich selbst hatte unter dem Arm eine Nähmaschine. Von der Milchquelle wollten die großen Kinder den kleinen nichts lassen, sie wurde daher abgeschlossen. Nach etwa einem Jahr kehrte ich von der Venus auf die Erde zurück, ich hob einfach die Arme und kam so hinunter, ich brauchte einen Tag dazu.

Die Berichte der Kranken sind sehr phantastisch und stehen darin dem, was wir bei der phantastischen Paraphrenie fanden, keineswegs nach. Bei näherem Zusehen erkennt man aber, daß es sich nur um eine äußere Ähnlichkeit handelt, eine innere Verwandtschaft zwischen den Absurditäten dort und den Konfabulationen hier besteht nicht. Die konfabulatorischen Kranken bringen in geordneter Folge Erlebnisse vor, die sich zu einem zusammenhängenden Ganzen verbinden. Wohl tritt hier und da einmal eine Lücke auf, man meint etwa, ein Kranker erzähle noch von seinem Aufenthalt in Ägypten, während er tatsächlich schon in Japan angelangt ist, aber dann hat er nur vergessen zu erwähnen, wie er von dem einen Ort in den anderen kam. Bei den Phantastischen ist es ganz anders. Bei ihnen erscheinen die unsinnigen Behauptungen als isolierte Einzeltatsachen, herausgerissen aus jedem Zusammenhang, der auch durch weiteres

Nachfragen nicht herzustellen ist. Ein phantastischer Kranker kann etwa sagen, er sei vor Jahrtausenden einmal ägyptischer König gewesen; will man genauer erfahren, wie denn das war, wieso er zu dieser Stellung kam, dann folgt nichts zur Aufklärung. Es sind keine Erlebnisse vorhanden, die sich um diese Behauptung gruppieren würden. Ein Konfabulatorischer dagegen, der Ähnliches behauptet, wird sofort beschreiben, wie er zum König von Ägypten gemacht wurde, wie er seine Herrschaft ausübte usw. Während wir in den absurden Ideen vorwiegend den Ausdruck unsinniger Gedanken sehen können, müssen den konfabulatorischen Erzählungen echte *Erinnerungsfälschungen* oder, da es sich um Neuschöpfungen handelt, besser gesagt *Erinnerungstäuschungen* zugrunde liegen. Mit einer erheblichen sinnlichen Deutlichkeit scheinen Erinnerungen, vorwiegend optischer Art, aufzutauchen, ohne daß tatsächliche Erlebnisse vorausgegangen sind. Wegen dieser sinnlichen Bestimmtheit der Erlebnisse können die Kranken die Einzelheiten plastisch schildern. Auf die Erinnerungen, die sie in sich tragen, berufen sich die Kranken auch, wenn man ihre Erzählungen ablehnt, sie betonen so, wie sich ein gesunder Mensch auf tatsächliche Erlebnisse beruft, daß sie das alles doch erlebt hätten.

Dem Wirken der Kritik ist es wahrscheinlich zuzuschreiben, daß die konfabulatorischen Paraphrenen in der Regel ihre unmittelbare Umgebung nicht in die Konfabulationen einbeziehen, sondern diese so nehmen, wie sie tatsächlich ist. Sie geben auch den Personen der Umgebung die richtigen Namen. Die konfabulierten Erlebnisse spielen sich immer irgendwo anders ab, in einem anderen Landstrich, auf einem anderen Erdteil oder anderem Stern. Gelegentlich kommen die Kranken in ihrer Kritik noch ein Stück weiter und erklären, sie hätten ihre Erlebnisse im *Traum* oder in *Trancezuständen* gehabt. Sichtlich reicht hier das Urteil noch aus, um die Nichtwirklichkeit zu erkennen; da die Erinnerungen so deutlich sind, kommt ihnen der Gedanke an Traumerlebnisse. Es scheint allerdings nicht allein von der Kritikfähigkeit der Kranken abzuhängen, ob sie diese unvollkommene Einsicht aufbringen, sondern es scheinen unvollkommen ausgebildete Konfabulationen vorzukommen, die unmittelbar an Träume erinnern.

Ein Kranker erzählte, in einer Nacht habe sich folgendes abgespielt: „Ich sollte auf eine bestimmte Art mit einer Schußwaffe am Gehirn verwundet werden, dann in einem Sarg nach Indien genommen und dort mit einem heiligen Tier gekreuzt werden. Ich konnte aber nicht fort, so kam das Tier auf der Wachabteilung I zu mir ins Bett. Ich fühlte es über meine Beine kriechen. Es zog mir allen Samen aus den Hoden, daraus entstand eine Sphinx. Dann kamen Schlangen dazu, doch das Tier fraß alle wieder auf." In einer anderen Nacht: „Es waren zwei Männer da, die gaben mir allerlei Verbrechen ein, die ich zugeben mußte. War es böse, so sollte es von mir sein, eine getötete Katze gaben sie als Mord an. Dann kam Fräulein M. und wollte auf jeden Fall geistigen Samen haben für ihr totes Kind, das sie im Leibe trug. Da ging sie hinüber zu dem Kleinen mit der Brille auf Wachabteilung I, und ich nahm wahr, wie sie mit ihm verkehrte. Ein Wärter kam vorbei und sah zu. Dann sollte ich aufstehen und eine Pistole holen, die am Fenster gereicht wurde, doch ich hielt es nicht für notwendig."

Hier schildert der Kranke zusammenhängende Erlebnisse, die den Konfabulationen ganz gleichen, aber er spricht sie selbst als Träume an, die er nachts gehabt hat. Von normalen Träumen sind sie durch ihre phantastische Ausgestaltung und sicher auch ihre sinnliche Deutlichkeit unterschieden, denn der Kranke scheint die Einzelheiten alle viel genauer vor Augen zu haben, als es bei Träumen die Regel ist. Ähnliche Schilderungen die zwischen traumartigen Erlebnissen und Konfabulatoinen zu stehen scheinen, werden von den Konfabulatorischen vor allem im Beginn des Leidens öfter gegeben.

Eine Kranke sprach nicht von Träumen, sondern von der Gabe des „zweiten Gesichts", die sie besitze, aber auch nur bei Nacht. Dadurch habe sie z. B. gesehen, wie ihr Mann sie mit einem

Servierfräulein aus dem Cafe Schneider hinterging. Sie sah, wie ihr Mann das Mädchen abholte und mit ihm wegging. Dann wurde ihr das Gebäude gezeigt, in dem die beiden waren, dann auch das Zimmer. So habe sie schon vieles gesehen. „Ich wache auf und dann sehe ich es."

Es scheint sich um Vorstufen der Konfabulationen zu handeln. Diesen liegt sicherlich eine eigenartige Neigung zu Versinnlichung der Vorstellungen zugrunde, so daß Gedanken der freien Phantasie den sinnlichen Charakter von tatsächlichen Erinnerungen annehmen. Im Beginn — und bei guter Kritik oft auch später — können diese neuartigen Erlebnisse anscheinend vom wachen Denken noch zurückgedrängt werden, treten aber bei gesenkter Bewußtseinsspannung, die vor allem in der Nacht herrscht, stärker hervor. Es sind sicher die gleichen sinnlich deutlichen Vorstellungen, die einmal als Erinnerungen angesprochen werden, also Konfabulationen darstellen, ein andermal aber auf ein Träumen oder ein „zweites Gesicht" zurückgeführt werden. Daß die Erlebnisse nicht wirklich im Schlaf erscheinen wie Träume, sondern nur in der Nacht, das spricht die zweite Kranke unmittelbar aus, indem sie sagt: „Ich wache auf und dann sehe ich es." Wahrscheinlich entstehen auch die ausgesprochenen Konfabulationen häufig in der Nacht, wenn die Spannung des aktiven Denkens nachläßt und die Vorstellungen mehr den Charakter des Freisteigenden bekommen. Dafür spricht die Tatsache, daß man die Konfabulationen nicht in ihrem Entstehen beobachten kann. Eine Zwischenfrage, die dem Kranken unerwartet ist, könnte leicht Anlaß geben, eine Erinnerungsfälschung zwecks Beantwortung der Frage ganz neu entstehen zu lassen. Dann würde man an der Mimik der Kranken, an einem kurzen Besinnen oder einer kurzen Abgelenktheit erkennen, daß eben ein ganz neuer Gedanke entstand. Das ist niemals der Fall. Was die Kranken berichten, ist immer fertig, liegt völlig bereit, ist also immer schon vorher entstanden, vermutlich eben dann, wenn der Kranke nicht aktiv angeregt war, sondern den Gedanken ihren eigenen Lauf ließ, wie es vor allem dann geschieht, wenn der Schlaf nahe ist.

In den Konfabulationen, gleichgültig, ob sie den eindeutigen Charakter der Erinnerungstäuschung haben oder traumhaft erscheinen, sind alle Sinnesgebiete vertreten. Sie geben Gesamterlebnisse wieder, die ähnlich wie in der Wirklichkeit verschiedenartige Sinneseindrücke nebeneinander umfassen. Im ganzen überwiegt aber das optische Element mehr als bei wirklichen Erlebnissen. Das, woran sich der gesunde Mensch entsprechend seinen Erlebnissen erinnert, enthält außerordentlich viel Akustisch-Sprachliches. In den Erzählungen der Kranken wird dagegen sehr wenig gesprochen, das meiste ist bildhaft optisch. Auch Tastempfindungen spielen nicht vordringlich herein. Es kommt zwar vor, daß die Kranken davon berichten, wie dies und jenes an ihrem Körper gemacht wurde, gelegentlich sogar, wie eine Operation, vielleicht eine Amputation vorgenommen wurde, aber es ist zu erkennen, daß sie dabei mehr das Optische dieser Vorgänge im Auge haben. Vielleicht erklärt sich das Vorherrschen des Optischen in ähnlicher Weise wie beim normalen Träumen, bei dem ich es an anderer Stelle[1] zu erklären suchte. Mögen die Konfabulationen nach dem Gesagten auch mit Sinnestäuschungen verwandt sein, echte Trugwahrnehmungen finden sich bei der konfabulatorischen Paraphrenie höchstens im akuten Stadium, sonst nicht.

Wenn sich die Störung bei der konfabulatorischen Paraphrenie vorwiegend im Optischen abspielt, so wird dadurch eine andere merkwürdige Erscheinung, die ebenfalls das Optische betrifft, eher verständlich. Oft, und zwar wieder vor allem im Beginn, wenn die Konfabulationen in dem Denken noch nicht fest eingeordnet sind, stellen

[1] Leonhard, K.: Gesetze und Sinn des Träumens. Georg Thieme, Stuttgart 2. Aufl. 1951.

die Kranken die Behauptung auf, die Dinge der Umgebung, vor allem Personen, *sähen immer wieder anders aus*. Die Größe, die Gestalt, das ganze Aussehen ändere sich, nicht unter den Augen der Kranken, aber von einem Tag zum anderen. Ein Mensch, der heute so aussähe, könne morgen wieder eine andere Gestalt haben. Ich gebe einige Beispiele:

„Da sitzt eines Tages eine Dame vor mir, und man kennt sie; und nach einiger Zeit sitzt dieselbe Dame vor einem, hat andere Haare, andere Augen und ist doch dieselbe.“ Das Treppenhaus sah immer wieder anders aus, auch die Menschen haben immer wieder andere Gesichter. Der Gesichtsausdruck ihres Mannes ist oft nicht normal, auch sonst ändern die Menschen oft ihr Aussehen, es bleibt dann eine Zeitlang so bestehen. Ihre Kinder verändern sich, sie können größer oder kleiner aussehen, oder sie behalten ihre Gestalt, haben aber einen anderen Gesichtsausdruck.

Solche Erscheinungen, die ich als *Wahrnehmungsfälschungen* bezeichnen möchte, sind von großem Interesse. Bemerkenswerterweise erwähnt KRAEPELIN bei seiner Paraphrenia confabulans auch eine Kranke, die behauptete, ihr Mann werde von verschiedenen Personen gsepielt, sei bald kleiner, bald größer. Vermutlich hängt die Störung damit zusammen, daß sich bei den Kranken die Vorstellungen abnorm versinnlichen. Wenn sie einen Menschen sehen, dann bringen sie von innen her vielleicht nicht den unanschaulichen Begriff dieses Menschen zum äußeren Sehen hinzu, sondern eine sinnlich deutliche Vorstellung desselben, vielleicht die Vorstellung dessen, wie er gestern war, als er andere Kleider trug, seine Haare anders hatte, im Gesicht etwas röter oder blasser war, vielleicht auch in einer anderen Beleuchtung gesehen wurde. Die Kranken würden dann Unterschiede sehen, die tatsächlich vorhanden sind, aber vom gesunden Menschen nicht beachtet werden, weil er eben nicht bildhaft, sondern begrifflich an seine Erlebnisse herangeht. Mit der Personenverkennung der Phantastischen hat die Wahrnehmungsfälschung nichts zu tun, die Personen werden niemals wirklich verkannt, sondern immer als die angesehen, die sie tatsächlich sind. Den Verkennungen andererseits der Phantastischen liegen nie Wahrnehmungsänderungen zugrunde, sondern sie bleiben immer völlig unbegründet wie die absurden Ideen auch sonst.

Daß sich das Denken der Konfabulatorischen vom Begrifflichen nach dem Konkreten hin verschoben hat, das läßt sich auch unmittelbar nachweisen. In Unterhaltungen, die um das Alltägliche und Anschauliche gehen, stellt man im Denken keine Störung fest, die Kranken sprechen durchaus geordnet und bringen auch ihre konfabulatorischen Berichte geordnet vor. Wenn man aber Denkleistungen verlangt, die nicht ohne abstrakte Begriffsbildungen möglich sind, dann versagen sie, und zwar gerade in der Weise, daß sie im Konkreten hängenbleiben. Besonders deutlich erkennt man das bei einer Probandin, die in der Schule, wie bestimmt angegeben wurde, gut gelernt hatte und später eine sehr tüchtige Köchin war. Die Intelligenzprüfung bei ihr ergab folgendes:

(Kind und Zwerg?) „Das sieht man oft, es gibt auch unter Kindern Zwerge.“ (Berg und Gebirge?) „Ein Gebirge ist schließlich Wald, ein Berg, Wiese, Acker.“ (Irrtum und Lüge?) „Irrtum ist ein Irrtum und Lüge ist eine Lüge.“ (Keine Rose ohne Dornen?) „Der Rosenstock hat Dornen, da ist doch nichts dabei.“ (Lügen haben kurze Beine?) „Die haben überhaupt keine Beine.“ (Es ist noch kein Meister vom Himmel gefallen?) „Das ist selbstverständlich, daß vom Himmel keiner herunterfällt.“ (Es ist nicht alles Gold, was glänzt?) „Das Gold glänzt in der Sonne.“ (Grußbild?) „Der hat dem einen Schlag gegeben mit dem Stock, und die gucken zum Fenster heraus.“

Die Antworten können einfach schwachsinnig erscheinen, aber es sah nicht so aus, als ob die Kranke den Lösungen wenigstens zustrebte und nur auf halbem Weg steckenbliebe, wie man es bei Schwachsinn erwartet, sondern sie gab ihre Antworten rasch und sicher, sichtlich mit dem Gefühl, etwas Fertiges zu bringen. Subjektiv für sie selbst lagen die Dinge sichtlich klar, das betonte sie auch mehrmals. „Da ist doch nichts dabei," „Das ist selbstverständlich". Ich führe im folgenden weitere Beispiele von verschiedenen Kranken an.

(Kind und Zwerg?) „Zwerg kommt nur im Märchen vor, Kind habe ich." (Geiz und Sparsamkeit?) „Kein großer Unterschied, Geiz ist mehr wie Sparsamkeit." (Erklärung von „Treue"?) „Ich muß meinem Mitmenschen mit offenem Herzen entgegentreten und erwarte dasselbe von anderen." (Binetbild „Fensterpromenade"?) „Kind ist gefallen, gestolpert, wollte seinen Vater begrüßen. Noch Frau mit Kind und zwei Frauen. Was das darstellen soll, weiß ich nicht." (Keine Rose ohne Dornen?) „Das sind so Worte, damit habe ich micht nicht befaßt. (Morgenstund hat Gold im Mund?) „Daß eben der Tag ein freundlicher Tag wird, ohne Regen und Gewitter." (Not bricht Eisen?) „Wenn man reich ist, kann man nicht sagen: Not bricht Eisen." (Bedeutung?) „Das weiß ich nicht." (Bild „Fensterpromenade"?) „Der Mann sieht sein Glück nicht, vor ihm liegt eine Frau, die ihn liebt anscheinend." (Das gleiche Bild bei einer anderen Kranken!) „Das Kind erregt die Aufmerksamkeit der Menschen, das Kind liegt auf dem Boden. Vielleicht hat es sich irgendwie gestoßen." (Satzbildung aus Kind, Wiese, Blumen?) „Am Main sind viele Wiesen, da pflücken die Kinder Blumen." (Der Apfel fällt nicht weit vom Stamm?) „Das bedeutet das gleiche, ob man so sagt oder so."

Am meisten erkennt man das Versagen bei den Sprichwort- und Bilderklärungen. Das ist kein Zufall, denn gerade bei diesen Fragen muß von dem anschaulich Gegebenen zu der abstrakten Bedeutung übergegangen werden, was den Konfabulatorischen nicht gelingt. Im einzelnen zeigen die Antworten immer von neuem das Hängen am Konkreten. Oft leuchtet auch direkt etwas Bildhaftes hervor, wenn etwa vom Regen und Gewitter oder von den Mainwiesen gesprochen wird. Bei der konfabulatorischen Paraphrenie liegt demnach meines Erachtens wieder eine besondere Form schizophrener Denkstörung vor, die sich von den bisher genannten stark unterscheidet und mit der Bezeichnung des *bildhaften Denkens* umschrieben werden kann.

Diese Art der Denkstörung wirft auch wieder ein Licht auf das Verhalten der Kranken ihren Erinnerungsfälschungen gegenüber. Im Konkreten behalten sie ihre Kritikfähigkeit und erkennen, daß sich der Inhalt ihrer Konfabulationen nicht mit der Wirklichkeit deckt. So suchen sie die Erscheinungen aus der Sphäre der konkreten Umwelt herauszunehmen, indem sie dieselben in einen anderen Erdteil oder gar auf einen anderen Stern verlegen. Jetzt stoßen sich die konkreten Dinge, die Wirklichkeit hier, die Konfabulationen dort, nicht mehr aneinander. Die Schwäche im abstrakten Denken begünstigt das Zustandekommen dieser Scheinlösung. Damit wird auch die unkritisch-phantastische Ausgestaltung der Konfabulationen besser verständlich.

Begünstigt wird die phantastische Art allerdings vom Affekt her. Es sind, wie schon gesagt, sensationelle Dinge, die die Kranken erlebt haben wollen. Münchhausengeschichten, mit denen sich die freie Phantasie gerne beschäftigt. Die *Grundstimmung* der Kranken entspricht dem. Sie ist meist leicht gehoben, hat etwas Freudiges an sich, kann sogar einen leicht ekstatischen Anstrich haben. Das Aufwallende, Fluktuierende, was der Affekt der Glückspsychose und affektvollen Paraphrenie bietet, fehlt allerdings dieser gleichmäßigen Gehobenheit. Trotzdem ist die Stimmungsanomalie auffällig, denn systematische Paraphrene sind sonst in ihrer Grundstimmung indifferent. Das gilt auch für die Phantastischen, sofern sie nicht als Pykniker ein heiteres Temperament haben. Nur bei den Hypochondrischen fanden wir eine Stimmungsanomalie, die eine Gegensätzlichkeit zur Anomalie der Konfabulatorischen aufweist, denn jene sind chronisch mißmutig und freudlos. Wahrscheinlich deutet das auf eine *grundsätzliche Gegensätzlichkeit* hin, denn auch bei der Denkstörung scheint sie zu bestehen. Die Hypochondrischen sind unkonzentriert bei der Unterhaltung, aber gut bei der Intelligenzprüfung, die Konfabulatorischen versagen umgekehrt bei der Intelligenzprüfung, sind dagegen geordnet in einfacher Unterhaltung. Die Stimmungslage gibt der hypochondrischen Paraphrenie, wie wir sahen, etwas Querulatorisches, durch die freudige Stimmung der Konfabulatorischen erhalten andererseits deren Erinnerungstäuschungen einen lustvollen Charakter.

Auch die oft *maßlosen Größenideen* der Konfabulatorischen werden dadurch verständlicher. Sie sind meist in die Erinnerungstäuschungen eingebaut, indem die angeblichen Erlebnisse immer wieder auf die hohe Stellung des Kranken hinweisen, es kann aber auch unmittelbar eine hohe Stellung, ein Titel, Reichtum beansprucht werden. Freilich geschieht das ähnlich wie bei den Phantastischen nur in Worten, einen wirklichen Anspruch erheben die Kranken nicht, sie suchen sich nicht ihren Titeln entsprechend zu benehmen, sondern ordnen sich ohne weiteres in das Anstaltsleben ein. Es handelt sich sichtlich um wahnhafte Wunschgebilde, die infolge der gehobenen Stimmungslage nicht korrigiert werden. Einige Beispiele von verschiedenen Kranken sollen zeigen, wie maßlos die Größenideen der Konfabulatorischen sein können:

Sie war auf ihren Reisen mit Fürsten und Königen verheiratet. Er nannte sich früher „Karl den Heiligen", dann Sultan, der vom Mars auf die Venus gefahren ist. Sie ist Prinzessin und vieles andere mehr und hat die Erlösung, die Christus nicht durchgeführt hat, zu bringen. Sie ist die Tochter von Kaiser Wilhelm; Zita von Burma wollte sie zwingen, auf ihre Geburtsrechte zu verzichten. Sie ist die Tochter des Fürsten von Bernsdorf und mit Kaiser Wilhelm II. freundschaftlich verbunden. Sie ist von Gott berufen, steht mit ihm in Verbindung und hat auch Jesus und Maria schon gesehen. Er ist Kaiser Karl V. und regierte in Berlin. Er hat auch das Flugzeug erfunden. Es stehen ihr 50 Millionen zu, denn ihr Schwiegervater August Friedrich Wilhelm von Volkamer ist der reichste Minenbesitzer von Deutschland. Sie ist deutsche Kaiserin und die Schwester des Prinzen Heinrich von Preußen.

Wenn man den Kranken widerspricht, berufen sie sich auch hier auf angebliche Erlebnisse, erzählen, wie sie zum Kaiser gekrönt wurden, wie Gott mit ihnen gesprochen, wie ihnen die Reichtümer in einem Wagen vorgefahren wurden u. ä. m. In Erregung geraten sie nicht, wenn man bei der Ablehnung bleibt, doch zeigen manche eine gewisse Empfindlichkeit und halten dann mit weiteren Erzählungen zurück. Ihre Gefühlstiefe ist besser erhalten als bei den Phantastischen. Auch an den Vorgängen der Umgebung behalten sie ihr Interesse, dem Arzt wenden sie sich freundlich zu und unterhalten sich gern.

In den früheren Auflagen des Buches führte ich das Krankheitsbild einer Patientin an, die eine schizophrene Schwester hatte. Da über deren Psychose nichts Genaueres zu erfahren war, kann ich jetzt von ihr absehen und eine unbelastete Kranke späterer Beobachtung einfügen, die sich in den Erlebnissen besonders eindrucksvoll darstellte.

Fall 73. Waltraut Hof, geboren 1923, lernte in der Schule sehr gut und war dann auf dem väterlichen Bauernhof tätig. Sie war sehr arbeitssam, ließ sich aber von einem Mann verführen und bekam 2 uneheliche Kinder. Im Alter von 31 Jahren, nach ihrem zweiten Partus, klagte sie über körperliche Beschwerden, die teilweise eigenartig geschildert wurden. Ein Schlag gegen den Kopf, den sie wohl tatsächlich erhalten hatte, führte, wie sie sich ausdrückte, dazu, daß „sich das Gehirn in ihrem Kopf verschob". In ihrem Blut spürte sie etwas „wie ein Gewitter". Sie war 2 Monate in einem psychiatrischen Krankenhaus. Dann war sie wieder zu Hause und scheint nicht grob aufgefallen zu sein. Sie hielt mit ihren Ideen aber wohl nur zurück, denn als sie 1958, im Alter von 35 Jahren, in die Berliner Nervenklinik kam, trat sie gleich, mit der Schilderung phantastischer Erlebnisse hervor. So erzählte sie: Einmal ging das Pferd, das sie führte, durch und riß ihr mit der Leine den Kopf ab. Sie war dann wie tot, konnte später aber doch nach Hause gehen und ihre

Arbeit fortsetzen. Einmal waren nachts Männer da und schlugen ihr mit einer Axt den Kopf ab. Sie fügte an: „Daß ich überhaupt noch da bin, das wundert mich bloß". Derartige Erlebnisse hatte die Patientin, wie sie sagte, im Schlaf, doch erzählte sie so, als ob sie von tatsächlichen Ereignissen berichtete. Einmal äußerte sie: „Ich könnte den ganzen Tag träumen." Bei weiteren Erlebnissen sprach sie nicht mehr von Schlaf oder Traum. Einmal wurde sie niedergeschlagen und begraben. Sie war 7 Tage unter der Erde, dann hörte sie, wie man sie ausgrub: „Ich war gar nicht tot im Sarg, ich habe das gehört." Wieder ausgegraben wurde sie von einem Mann so lange vergewaltigt, bis sie wieder voll am Leben war. — Einmal fuhr sie nach Amerika. Das Schiff ging unter, alle, sie selbst auch, schwammen auf dem Wasser. Dann sank sie nach unten und gelangte auf den Grund des Ozeans. Hier ging sie nun mehrere Stunden lang umher und suchte eine Möglichkeit, wieder nach oben zu kommen. Es gelang ihr schließlich, sie tauchte an der Küste von Amerika auf, ging an Land und suchte den Präsidenten Roosevelt auf, der behauptete, sie sei an dem Weltuntergang, der drohe, schuld. Sie besann sich in ihrer Erzählung einen Augeblick und korrigierte: „Ach, das war ja in Moskau". Anschließend erzählte sie aber doch weiter von Amerika: Einmal putzte sie bei Roosevelt ein Fenster und fiel aus dem Wolkenkratzer zur Erde. Ähnliches widerfuhr ihr später öfter, während sie Flugzeugführerin war. Als sie einmal ohne Fallschirm abstürzte, konnte sie sich an einem Baum abfangen. Schließlich „hatte sie die vielen Abstürze satt" und gab den Beruf einer Flugzeugführerin auf. Weitere ihrer Erzählungen seien angedeutet: Im Weltkrieg kam ein Mann auf sie zu und schoß ihr dauernd in den Bauch. In Moskau sollte sie als Sängerin auftreten. Im Flugzeug fuhr sie einmal um die Welt und wurde unterwegs ermordert: „So viele Mal bin ich ermordet worden, bis ich wieder daheim war." Einmal lebte sie bei einem König, ein Koch versorgte sie mit köstlichen Speisen.

Die Patientin war bis 1970 mit Unterbrechungen in der Berliner Klinik. Am Zustand änderte sich in all den Jahren nichts. Die geschilderten Konfabulationen stammen aus verschiedenen Zeiten, wurden von der Patientin festgehalten und in der gleichen Weise wiederholt. Immer wieder kamen aber neue Konfabulationen hinzu. Allmählich wurde die Patientin weniger produktiv und erzählte nicht mehr so gern. Auch allgemein wurde sie etwas träger, während sich gleichzeitig eine gewisse Adipositas entwickelte. Aber als ich sie 1973 in dem psychiatrischen Krankenhaus in das sie verlegt worden war, untersuchte, traten neben den alten doch auch wieder neue Konfabulationen hervor. Ich wußte noch nicht, daß sie einmal in Amerika Prinzessin war und „Präsidentin gemacht" hat. Neu war mir auch, daß sie im Ozean einmal beinahe von einem Haifisch verschluckt worden wäre und einmal zusammen mit einem Mann auf dem Mond war. Immer noch klang in ihren Erzählungen eine halbe Einsicht mit Hinweis auf Traumzustände an. Als sie vom Aufenthalt auf dem Mond sprach, fügte sie an: „Das war wie ein Traum; war es Wahrheit oder Traum? Ich weiß es nicht".

Bei meinen Nachuntersuchungen prüfte ich auch das Denkvermögen der Patientin genauer. Sie benatwortete die konkreten Unterschiedsfragen und die Dreiwortproben tadellos. Es konnte als bestätigt angesehen werden, daß sie in der Schule sehr gut gelernt hatte. Sie versagte aber völlig bei den abstrakten Unterschiedsfragen und den Sprichworterklärungen: (Irrtum und Lüge?) „Irrtum kann sich ändern und Lüge kann sich ändern. Irrtum ist Irrtum". (Unterschied!) „Irrtum, da hat man sich geirrt, da kann es anders sein, Lüge ist gänzlich nicht wahr, Lüge ist Lüge". (Schenken und borgen?) „Borgen macht Sorgen; schenken, da hat man es so gemeint. Borgen, da kann man Feinde kriegen". (Keine Rose ohne Dornen?) „Die Rose hat Dornen, die ist nicht ohne Dornen". (Der Apfel fällt nicht weit vom Stamm?) „Der kann nicht weit fallen, er fällt so weit wie der Ast ist." (Der Krug geht so lange zum Brunnen, bis er bricht.) „Wenn er gebrochen ist, geht er nicht mehr zum Brunnen, dann ist er kaputt".

Man erkennt bei den Antworten eindrucksvoll, wie die Patientin immer bei den konkreten Begriffen stehenbleibt. Die konfabulatorische Paraphrenie bestätigt sich also durch die Art der Denkstörung. Die Konfabulationen treten bei der Patientin mit Übergängen zu Traumvorgängen besonders eindrucksvoll hervor. Vielleicht war es der guten Intelligenz, die der Patientin früher eigen war, zuzuschreiben, daß sie die Kritik gegenüber ihren Erlebnissen nie ganz verlor.

Zusammenfassung

Das Bild der konfabulatorischen Paraphrenie ist von *Erinnerungstäuschungen* beherrscht, die in Gestalt zusammenhängender Erlebnisse erscheinen. Sie haben meist phantastisches Gepräge und beziehen sich auf andere Länder, Erdteile oder gar andere Sterne. Es scheint, daß frei steigende Vorstellungen den sinnlichen Charakter annehmen, den sonst Erinnerungen aufweisen. Die unmittelbare Umgebung wird in die Konfabulationen nicht einbezogen, sondern richtig beurteilt. Vermutlich läßt die Kritik der Kranken die Konfabulationen nur gelten, wenn sie sich auf andere Orte beziehen. Der Kritik ist es teilweise auch zuzuschreiben, wenn manche Kranke von *Traum-* oder *Trancezuständen* oder ähnlichen Ausnahmezuständen sprechen, in denen sie die phantastischen Ereignisse erlebt haben wollen. Mit der abnormen Versinnlichung der Vorstellungen lassen sich auch eigenartige „*Wahrnehmungsfälschungen*“ erklären. In die Konfabulationen sind immer *Größenideen* eingebaut, die oft sehr maßlos sind. Sie werden getragen von einer etwas gehobenen Stimmung, die für die konfabulatorische Paraphrenie charakteristisch ist. Auch im Zustandekommen der phantastischen Färbung der Konfabulationen selbst ist sicher die *gehobene Stimmung* beteiligt, die diesen sensationellen Charakter begünstigt. Im gleichen Sinne wirkt aber auch die eigenartige Form der *Denkstörung*, die das abstrakte Denken beeinträchtigt, so daß die Kranken im Tagesgeschehen kritisch bleiben, aber bei abstrakten Aufgaben versagen. Während sie im Alltäglichen durchaus geordnet sind, deckt die Intelligenzprüfung in diesem Sinne eine *bildhafte Form des Denkens* auf.

6. Expansive Paraphrenie

Bei der phantastischen und der konfabulatorischen Paraphrenie ist der Größenwahn in der Persönlichkeit wenig verankert, die Kranken sprechen davon und schwelgen darin, aber ihre reale Persönlichkeit wird wenig dadurch berührt. Jetzt haben wir dagegen eine paraphrene Form vor uns, bei der die Kranken viel mehr von ihrem *Größenwahn* durchdrungen sind und daher auch ihr Handeln danach einrichten. Da darin zugleich das einzige hervorstechende Symptom dieser Krankheitsform besteht, ist es berechtigt, gerade auf sie den Begriff des Expansiven anzuwenden, obwohl die Größenideen nicht so maßlos sind wie bei den Phantastischen und Konfabulatorischen. Meine Fälle haben mit der „Paraphrenia expansiva“ von Kraepelin manches gemeinsam. Zwar beschreibt Kraepelin viele Begleiterscheinungen, Sinnestäuschungen, Verfolgungsideen, Erinnerungsfälschungen, die nicht zum Bild gehören, aber er vermerkt von einem Teil seiner Kranken ein „geziertes, hochtradendes, salbungsvolles Wesen“, wie es für die expansive Paraphrenie sehr charakteristisch ist. Da Sinnestäuschungen, die im akuten Stadium häufig sind, später fehlen, handelt es sich bei der expansiven Paraphrenie, wie ich sie zu beschreiben habe, um eine rein wahnhafte Form. Allerdings kommt eine erhebliche Denkstörung hinzu. Wenn man die Konfabulationen von Wahnideen abtrennt, ist die expansive Paraphrenie die einzige rein wahnhafte Form. Ihr stehen drei Formen gegenüber, die hypochondrische, phonemische und inkohärente, die durchaus halluzinatorischer Art sind. Bei der phantastischen Form halten sich Wahnhaftes und Halluzinatorisches etwa die Waage.

Bei den Phantastischen und Konfabulatorischen war der Größenwahn durch Wiedergabe seines Inhalts voll beschrieben. Über ein expansives Benehmen war nichts zu berichten. Bei den Expansiven muß ich zugleich das Verhalten der Kranken beschreiben, da der Größenwahn erst so in seiner charakteristischen Form erkennbar wird. Ich führe eine Reihe von Beispielen an.

Hält sich für einen Direktor mit viel Vermögen, will „eine Dame von feinerer Klasse“ heiraten. Er grüßt gerne mit tiefen Verbeugungen, wobei seine Miene anzeigt, daß er damit nur demonstrieren will, wie sehr er die vornehmen Umgangsformen beherrscht. — Sondert sich als „vornehme Dame" von den anderen Kranken ab und spricht abfällig von ihnen. Sie trägt ein hoheitsvolles Wesen zur Schau, setzt ihre Schritte gemessen und spricht geziert, daß ihre Worte fast abgehackt klingen. Sie zieht gerne auffällige Kleider an und trägt mit Stolz einen turbanartigen Hut. Von Zeit zu Zeit zieht sie sich von den „Idioten" zurück und studiert in ihrem Zimmer ihre „Dokumente", die nur nichtssagende Schreibereien enthalten. — Spricht herablassend von anderen Kranken, verweigert jede Arbeit, erklärt, nur Musik sei ihre Arbeit, obwohl sie als Musiklehrerin völlig versagt hat. Der Direktor ist ihr „nicht maßgebend", sie will ihre Beschwerde an Hitler richten. — Er fühlte sich früher als Besitzer der Anstalt, sprach später nicht mehr davon, verlangte aber weiter als „Monsieur" angeredet zu werden. Andere Kranke brüllte er zurechtweisend an, um sein Herrentum zu zeigen. — Fühlt sich als Meldegängerin Hitlers, schreibt hochtönende Briefe an ihn und andere hochgestellte Persönlichkeiten, bewegt sich in Zitaten und pathetischen Beteuerungen, ohne Wesentliches zu sagen. Sie vergleicht sich auch mit der Jungfrau von Orleans und will „etwas Stählernes zu den Deutschen in Italien hinüberdenken". — Glaubt sich von Gott berufen, ohne Genaueres darüber auszusagen. Er „dürfte das Reich Gottes nicht demonstrieren". Früher sei ihm einmal ein Heiligenschein erschienen, aber dann nicht mehr. „Unsere Göttlichkeit ist nicht so splendid". Früher war er offenherziger und bezeichnete sich als „größten Propheten und größten Arbeitgeber der Welt". — Nennt sich „Illuminarius", d. h. Erleuchteter, und fühlt sich befähigt, „durch seine rasche Auffassungsgabe" an der Regierung teilzunehmen. — Wollte früher Schauspieler und Sänger werden, obwohl er keine Voraussetzungen dafür besaß. Auch glaubte er, sehr reich zu sein. Später zeigte er seine vornehme Stellung nur noch durch eine geziert hochdeutsche Sprechweise und seine maniriert-feierliche Art, in der er mit anderen umging.

Wenn die Kranken wie einfache andere Menschen behandelt werden, dann gewöhnen sie sich zwar daran und fügen sich darein. Dazwischen aber, besonders wenn etwas verlangt wird, was bisher nicht üblich war, begehren sie auf und verweisen auf ihre höhere Stellung. Sie können dann sehr gereizt werden und in Erregung geraten. Ich dachte früher, die Gereiztheit gehe nie tief und lasse sich leicht besänftigen. Ich traf jetzt aber Fälle, die sich mit größter Nachhaltigkeit dagegen wehrten, gleich anderen Kranken zu einer Untersuchung in ein Nebenzimmer zu kommen. Als sie gedrängt wurden, begannen sie die Untersucher heftig und mit bösen Ausdrücken zu beschimpfen. Der Affekt blieb, als wir uns zu ihnen in ihr Zimmer setzten, um ihnen entgegenzukommen. Sichtlich leitete sie die Erkenntnis, daß sie gleich anderen als Kranke behandelt werden sollten, was sie unter keinen Umständen zulassen wollten. In der überheblichen Art, mit der sie uns beschimpften, erkannte man zwar, daß ihr Verhalten mehr von Gekränktheit als von Reizbarkeit getragen war, aber der echte Affekt war doch nicht zu verkennen. Gegenüber den Notwendigkeiten der Krankenabteilung leisten sie aber keinen ernsteren Widerstand, ihr Benehmen trägt daher im allgemeinen doch mehr den Charakter einer Demonstration ohne ernstere Konsequenzen. So entsteht die *Pose des Größenwahns*, die für das expansive Paranoid so charakteristisch ist. Wie aus den Beispielen erkennbar ist, kleiden sich die Kranken gerne auffällig, gehen gespreizt, sprechen geziert, gebrauchen Ausdrücke, die ihrer Meinung nach vornehm klingen, etwa Fremdwörter, die sie gar nicht verstehen. Von anderen Kranken sprechen sie gerne herablassend, suchen sie mit Ausdrücken wie „gemeines Volk" zu erniedrigen, beim Arzt betonten sie durch die joviale Art ihres Benehmens, daß sie jedenfalls nicht unter ihm stehen. Manchmal geben sie Anordnungen, die hochtönend sind, eine Kranke verwies etwa „kraft Autorität" den Arzt „aus ihren Gemächern". Ein anderer Kranker gab stereotyp Anordnungen, die niemand mehr beachtete. Eine Anordnung, die er schriftlich niederlegte, lautete folgendermaßen:

Auftrag über Zuständige Speisen, Verabreichung: Es ist mein Wunsch und Wille, am Mittwoch, Freitag, so wie alle übrigen Festtage, Fastenspeise zu verabreichen. Am Dienstag ist Fastenspeise,

Dienst? während es für Katholiken, an genannten Tagen, Pflicht ist, Fastenspeisen zu Essen: In welchen Fastenspeisen, obiges eingeteilt wird, hat die Anstaltsbehörde zu bestimmen. Weißes Kaffeebrot, sowie Hausbrot, soll unter strenger Kontrolle, bleiben. Alle Rechte vorbehalten."

Man erkennt an dem Schriftstück das Bestreben des Kranken, mit hochtönenden und geschraubten Ausdrücken seine Würde und seine Bildung zu zeigen. Wenn es immer wieder die gleiche Pose ist, die von den Kranken gespielt wird, immer wieder „Anordnungen" getroffen werden, die gleiche Sprechart, Gangart beibehalten wird, dann erscheint das oft geradezu manieriert. Man erkennt aber rasch, daß es sich nicht wirklich um Manieren handelt, sondern nur um demonstrative Ausdrucksformen des Größenwahns, die allerdings phantasielos sind. Eine Ideenarmut zeichnet ganz allgemein die expansive Paraphrenie aus.

Trotzdem kommen *Konfabulationen* vor. Die Kranken behaupten etwa, hohe Persönlichkeiten kennengelernt und als Freunde gewonnen zu haben, oder, an einem wichtigen Unternehmen führend teilgenommen zu haben. Am häufigsten kehrt die Behauptung wieder, sie seien als Kinder vertauscht worden, besäßen vornehme, leibliche Eltern. Man erkennt, daß die Behauptungen dazu dienen, der expansiven Haltung einen konkreten Hintergrund zu geben. Sie stellen daher wohl gar kein eigenes pathologisches Symptom dar, sondern reihen sich in das Bemühen der Kranken ein, sich bei ihrer Umgebung wichtig zu machen. Auch in diesen Konfabulationen bleiben die Kranken phantasiearm, an die Erzählungen konfabulatorischer Paraphrener wird man nicht erinnert.

Auffallend häufig verfallen die Kranken darauf, sich durch geheimnisvolle Worte, Buchstaben, Zahlen wichtig machen zu wollen. Es soll dadurch der Eindruck erweckt werden, als stünde dahinter eine geheimnisvolle Wissenschaft. Ein Kranker legte sich eine Geheimschrift zu, „damit kein Mißbrauch getrieben wird, wenn ich mir etwas notiere, was wissenschaftlichen Wert hat". Im folgenden ist ein solches Schriftstück von einem anderen Kranken wiedergegeben. Die völlig zusammenhanglos eingestreute „Bilanzierung", d. h. einfache Additionsrechnung, hat sichtlich den Zweck, durch ihre riesigen Zahlen Eindruck zu machen. Das übrige soll geheimnisvoll erscheinen.

„Eine neue Stangen Wag Fahr Waf schwer

Einen Konvent Phäyer

Karolvsd

1 2 3 4 5 6 7 8

G D V X Wert

9 10 11 12 13 14 15 16 17

Mit bestem Gruß G.G.D.D.R.R.

5 4 2 3 8 4

Neu Bilanzierung 9 289 295 743
276 464 259
9 565 760 002

Weiß Gott Wo. 9. August 1926 Preußen Pferd 22914
Bayern Pferd 428224"

Manchmal stellen die Kranken auch geheimnisvolle Zusammenhänge her, mit denen sie sich wichtig machen möchten. Ich gebe im folgenden ein Schriftstück wieder, das dies zeigt. Man erkennt gleich an dem einleitenden Satz, daß der Größenwahn dahinter steht, während eine gedankliche Leistung fehlt.

„Eine Lehre will ich berichten, die auf allen Gebieten der Wissenschaft angewendet werden kann. Man bedient sich dabei des Zahlensystems und ihre Umstellung in Wörter. Es bedeuten die Zahlen 4 = das Norm, 5 = die Stütze, 6 = blau, 7= der Spion, 8 = Achtung, 9 = Wirren, 10 = Arbeit, 11 = Hilfe, 12 = die Zeit, 13 = Unglück, 14 = der Krieg, 15 = die Schuld, 20 = Kapp-Putsch, 21 = Steine, 22 = der Dienst, 23 = Wetter, 24 = Schrift, 25 = Jubiläum, 26 = Waren, 27 = Geburtstag, 28 = Schiff, 29 = Lehre, 30 = Bank. Die Anwendung dieser Wörter sind ersichtlich in Zeilen, Sätzen, Kapitalien, durch Signale mit Hilfe der Uhr. Es kommen dabei nur die Zahlen in Frage, ihre Stellung und Umstellung muß man sich dann suchen."

Da es sich bei der expansiven Paraphrenie um ein rein wahnhaftes Krankheitsbild handelt, möchte man neben den Größenideen vielleicht auch Verfolgungsideen vermuten. Diese fehlen aber. Es kommt lediglich häufig vor, daß Patienten Beschuldigungen gegen Personen erheben, die ihren expansiven Ansprüchen entgegentreten. Das ist zur Abgrenzung gegen eine affektvolle Paraphrenie wichtig. Nur im Beginn treten Beziehungsideen deutlich hervor. Einer bleibenden paranoischen Haltung mit Feindseligkeit gegen die Umgebung wirkt auch die *Abstumpfung der Affektivität* entgegen, die bei der expansiven Paraphrenie deutlich ist. Das Interesse für die Familie geht sehr zurück. In der Anstalt bleiben die Kranken meist ohne wesentliches Widerstreben, sie könnten auch Ausgang erhalten, ohne wegzulaufen, obwohl sie sich doch dagegen verwahren, als Patienten behandelt zu werden. Manchmal suchen sie die äußere Notwendigkeit in ihren Größenwahn einzubauen, indem sie die Anstalt als ihr Besitztum, die Mitkranken als ihre Angestellten erklären.

Durch ihre Abstumpfung verlieren die Kranken auch an *Initiative*. Nur in Form der Demonstrationen des Größenwahns bleibt ihnen eine gewisse Aktivität. Die Neigung zu sprechen ist individuell verschieden, doch werden die meisten gesprächig, wenn man sie anregt. Auch diese Form der Aktivität entspringt ihrer Expansivität, denn sie sprechen sich dann meist in wichtigtuerischer Weise im Sinne des Größenwahns aus, betonen, welche Stellung ihnen eigentlich zustände, beklagen sich, daß man dem nicht Rechnung trägt, beschweren sich über die anderen Kranken, die sich ungehörig benehmen, erzählen von ihren Plänen, etwa ihre Erfindungen auszubauen, ihr Geld abzuholen u. ä. m. Die Kranken freuen sich, wenn man sie reden läßt und ernst nimmt. aber in einen deutlichen Affekt kommen sie dabei nicht. Die etwas ekstatische Färbung, die man bei Konfabulationen antreffen kann, fehlt. Eine Veränderung der Grundstimmung ist trotz des Größenwahns nicht vorhanden.

Spricht man etwas länger mit den Kranken, so fällt eine *Denkstörung* auf. Wenn sie falsche Worte gebrauchen und die Konstruktionen oft unrichtig zu Ende führen, dann glaubt man vielleicht, es handle sich nur um einen Ausdruck der Gespreiztheit, die im Bestreben, möglichst hochtönend zu sprechen, Fehler bedinge. Zweifellos spielt das eine Rolle. Die Kranken suchen mit einem geschraubten Stil oft das Deutsch der Amtsstuben nachzuahmen, gebrauchen Wendungen, die sie bei juristischen Schriftstücken oder bei militärischen Erlassen gelesen haben. Aber all das erklärt die *sprachlichen Auffälligkeiten*, die man bei der expansiven Paraphrenie findet, nur zu einem Teil, die deutlichen Verfehlungen beruhen auf einer Denkstörung, die hier das Sprachliche bevorzugt beteiligt. Man findet Wortvergreifungen, falsche Wortbildungen, vor allem Wortzusammensetzungen; häufig liegen die Auffälligkeiten auch im Grammatischen. Ich bringe eine Reihe von Beispielen, die von verschiedenen Kranken stammen. Ich muß wieder erwähnen, daß ich besonders auffällige Äußerungen ausgewählt habe. Viele Fragen werden auch geordnet beantwortet. Die falschen Wendungen erscheinen um so sicherer, je mehr wieder das Bestreben der Kranken hinzukommt, sich wichtig zu machen. Beim ersten Beispiel könnte man noch an einen etwas wichtigtuerischen Amtsstil denken.

Auf die Bemerkung eines Arztes, es sei seine Pflicht, ihn in der Anstalt zurückzuhalten, erklärte ein Kranker: „Dieses falsche Pflichtgefühl, das Sie willkürlich üben, ist in Wirklichkeit nichts weiter als die Erscheinungsresultante eines raffiniert verdächtigen, durch Instanzen und Zwischeninstanzen ständig ineinander greifenden Kontrollapparates, der einen unwiderstehlichen Kontrollterror ausübt durch dauernde Bedrohung eines jeden einzelnen Mitgliedes dieses Apparates. Diese subjektive Auffassung von Pflicht leistet allen willkürlichen Handlungen Vorschub." — Eine ehemalige Musiklehrerin gab an: „Ja, ich bin in meinem Beruf, in meiner Musik verdrängt worden, ich hatte bestimmt Verdrängungen von meiner Musik; die Stellung zu meiner Musik ist zurückgekommen."

Auf experimentelle Fragen bekam ich u. a. folgende Antworten: (Kiste und Korb?) „Daß die Kiste nicht aus besserem Material existiert, während beim Korb eine gewisse bessere Arbeit notwendig werden kann." (Kind und Zwerg?) „Ein Kind ist noch in der Blüte und ein Zwerg *größert* sich nicht." (Was bedeutet Ehrlichkeit?) „Das liegt wohl in der Arbeit, wenn er alles entläßt, was schlecht ist." (Morgenstund hat Gold im Mund) „Das heißt so, weil es soll früh angehen die Gewinnsucht." (Geiz und Sparsamkeit) „Geiz ist etwas nicht zu Beachtendes, ein nicht zu beachtender Instinkt im Menschen." (Kind und Zwerg) „Zwerg ist eine Vollkommenheit, ein Mensch, der schon gereift ist." (Satz aus Winter, Ofen, Bäume bilden!) „Die Bäume *wintern* im Ofen". (Was ist eine Insel?) „Ein Stück Land, ein Stück Land, das miteinander in Verbindung steht." (Was ist ein Sieb?) „Ein Haushaltsgegenstand zur Filtrierung von Flüssigkeiten, so daß Rückstände, die in der Flüssigkeit sind, abgetrieben werden." (Treppe und Leiter?) „Es ist eine Aufstiegsmöglichkeit mit verschiedenen Interessen, für alle Menschen, die sie brauchen." (Bach und Teich) „Bäche gibt es im Gebirge mit Zufluß des Gebirgswassers, Teich ist ein massiver vom Ursprung entstehender See oder Teich der Gewässer." (Kiste und Korb) „Umfang, Holz- oder *Korbgewinde*." „Irrtum ist eine Sache, auch persönlich, Lüge ist Ausnahmezustand". (Sparsam und geizig) „Sparsam ist vorkommend, geizig ist auch abnehmend." (Berg und Gebirge) „Ein Berg ist eine einfache Angelegenheit, im Sinne eines Plural, Gebirge ist eine *Mehrzahlangelegenheit*." — Ein Patient beantwortete 3 Intelligenzfragen mit folgenden 3 Wortneubildungen, die wichtigtuerisch vorgebracht wurden: Piuresta, Aquarol, Kapsan.

Die sprachlichen Verfehlungen fallen in diesen Beispielen sehr auf. Man findet sie ähnlich nur noch bei der Kataphasie. Sowohl die Satzbildung wie die Wortbildung ist bei den Beispielen immer wieder entstellt. Vieles andererseits erklärt sich nicht rein sprachlich, sondern deutet auf eine Störung schon der Begriffe selbst hin. Diese sind im allgemeinen nicht völlig verfehlt, aber sie sind ungenau, treffen nicht den Kern der Sache. Wenn der Korb eine „bessere Arbeit notwendig macht", so ist damit zweifellos das Flechten gemeint, aber man kann doch nicht gut von einem „besseren Material" sprechen. Wenn der Ehrliche alles „entläßt", d. h. sein läßt, was schlecht ist, so ist damit keine wirklich zutreffende Erklärung gegeben, denn das, was nicht schlecht ist, braucht noch keineswegs ehrlich zu sein. Wenn das Sprichwort „Morgenstund" mit Gewinnsucht in Zusammenhang gebracht wird, so ist der Begriff verschoben, denn es handelt sich doch nicht um das gewinnsüchtige, sondern das ehrliche Streben nach Fortkommen. So findet man immer wieder, daß doch auch begrifflich keine Klarheit besteht. Sogar rein gedanklich scheint die Störung bei der Erklärung des Begriffes Insel zu sein: „Ein Stück Land, das miteinander in Verbindung steht." Es handelt sich ja im Gegenteil gerade darum, daß die Insel mit dem anderen Land nicht in Verbindung steht.

Bei der Denkstörung der expansiven Paraphrenie stellt man demnach fest, daß, mag man vom Gedanklichen oder Sprachlichen ausgehen, immer wieder etwas erscheint, was nach dem ganzen Zusammenhang nicht völlig abwegig ist, was aber doch den Kern der Sache nicht erfaßt. Das Denken scheint, wie ich es ausdrücken möchte, vergröbert zu sein. Die Begriffe erscheinen wohl, aber es fehlt ihre Verfeinerung. In der groben Form, wie sie auch dem normalen Menschen im ersten Augenblick kommen können, aber nur um weiter korrigiert zu werden, treten sie auch schon nach außen hervor. Mit dem *vergröberten Denken* finde ich auch hier wieder eine ganz eigene Form der Denkstörung. Wie wiederholt schon vermerkt, zeigt sich, wie unangebracht es ist, von einer schizophrenen Denkstörung schlechthin sprechen zu wollen.

In einem Fall war der Vater des Probanden erkrankt, ich führe beide an.

Fall 74. Hugo Ra, geboren 1883, war in der Schule gut und im Beruf als Koch tüchtig. 1927 glaubte er, er bekomme durch die Wasserleitung Mainwasser. Deutlicher verändert war er seit 1930. Er schrieb nie mehr eine Zeile durch, sondern ließ die Mitte frei, das sei „Zentrum". Er fühlte sich von Hausbewohnern und politischen Parteien verfolgt und vermutete, daß seine Frau im Komplott sei. Als eine Blume von oben auf seinen Balkon fiel, hielt er das für eine galante Annäherung. Seit 1931 hatte er eine Vorliebe für die Zahl 19. Er erklärte eine Familie die in Nr. 19 seiner Straße wohnte, für verwandt, legte auf seinen Schreibtisch 19 Briefmarken, wickelte 19 Pfennige in Papier ein, sammelte vom Abreißkalender die Blätter mit 19. Einmal mischte er Mainwasser in einer Flasche mit Sand und begoß damit die Straßenbahngleise. 1932 tat er das gleiche und wurde daher von der Polizei aufgegriffen. Er kam in die Frankfurter Nervenklinik. Hier erzählte er, das Wasser habe komisch geschmeckt, dadurch habe er es als Mainwasser erkannt. Wenn die Straßenbahn an ihm vorbeifahre, mache sie Zeichen, z. B. läutete sie zweimal. Das Wasser habe er auf die Schienen gegossen, um „ihnen" zu zeigen, daß sie sich um sich selbst kümmern sollten. Von Hausbewohnern sei er durch Strampeln und Streuen von Blumen belästigt worden. Ein Hausbewohner habe ihn auch einmal Dreckschwein genannt. Intelligenzfragen löste er in folgender Weise: (Unterschied zwischen Zaun und Mauer?) „Zaun ist eine durchbrochene Umzäunung, eine durchbrochene Umgrenzung. Mauer ist eine durch Steine gezogene Umgrenzung." (Irrtum und Lüge?) „Eine Lüge ist eine unwahre Behauptung, wo er eingesehen hat, daß er sich geirrt hat. Eine Lüge ist eine unwahre, mutwillige Behauptung." Er verhielt sich in der Klinik ruhig, fühlte sich hier nicht beeinträchtigt und wurde nach acht Wochen wieder entlassen. Zu Hause arbeitete er wenig und beschäftigte sich mit seinen Ideen. Er hing an sein Geschäft einen Zettel, daß jeder 19. Kunde bei einem Kauf für 19 Mk ein Geschenk erhalten werde. Er pflückte täglich 19 Blumen, goß Mainwasser auf die Schienen der Linie 19, schenkte seiner Frau zum Geburtstag 19 Rosen. Ferner heftete er ein Schild an seinen Laden: „Hausbesitzer, das Trinkwasser nachsehen!" Manchmal war er gedrückt, drohte mit Selbstmord, sprang auch einmal in den Main, wurde aber wieder herausgezogen. Er wurde 1934 wieder in die Klinik gebracht und äußerte hier ähnliche Ideen wie das erstemal. Er sprach jetzt von „heiligen Zeiten" z. B. von 10—11 Uhr oder von 4—5 oder 7 Uhr, „wenn Christus ins Gebet ging". Die Häuser, die auf der linken, der „heiligen" Seite lägen, seien lebensfähiger als die anderen. Das sei die „gottgewollte" Seite. Die 7 komme in der Bibel oft vor und bedeute 19. Es erfolgte Verlegung in die Anstalt. Hier verlangte er 1900000 Mk Schadenersatz, weil er in seiner Wohnung statt Trinkwasser Mainwasser erhalten habe. Er gab zum Gruß nur die linke Hand: „Seit dem 20. Juni 1938 gebe ich als protestantischen Weltgruß die linke Hand zum Gruß. Man ist als protestantischer Mensch verpflichtet, die Menschen von ihren Irrwegen auf protestantischen Weg zu bringen." Er sei der größte Prophet und werde noch der größte Arbeitsgeber der Welt werden. 1935 teilte er den Tageslauf in ein religiöses Zeremoniell ein und aß kein Schweinefleisch mehr. 1936 nörgelte er viel und riß dem Pfleger eines Tages das Messer weg, um sich die Pulsader aufzuschneiden. Eine Depression war aber nicht erkennbar. 1937 aß er nur, wenn der große Zeiger der Uhr nach abwärts ging. 1939 behauptete er, das Essen sei mit Kot durchdränkt, 1941 war er zu einer Nachuntersuchung kurz in der Frankfurter Klinik. Er erklärte, Gott stehe mit ihm in Verbindung. Wenn er spreche, komme helles Wetter, wenn er schweige, schneie es. Er habe schon 1931 einen Heiligenschein als Hinweis Gottes gesehen. In feierlicher und umständlicher Weise brachte er all seine Ideen, die er seit Beginn der Krankheit gehabt hat, vor, hielt alles für sehr wichtig und ließ sich nicht unterbrechen. Wollte man genauere Hinweise für seine Verbindung mit Gott haben, dann wußte er nichts zu sagen: „Unsere Göttlichkeit ist nicht so splendid." Bei Äußerung seiner Ideen zeigte er einen gewissen

Affekt, doch ging dieser nicht tief. Widersprach man ihm, dann wurde er etwas gereizt, ebenfalls ohne Tiefe. Das Sprichwort „Morgenstund ...“ löste er in folgender Weise: „Was man morgens getan hat, das ist eine Genugtuung für den ganzen Tag.“

Der *Vater* des Probanden, Herman Ra, geboren 1860, wurde mit etwa 40 Jahren auffällig, er beschäftigte sich mit Okkultismus und fühlte sich zu etwas Höherem berufen. Mit seiner Familie führte er allerlei Experimente aus. Sie sollten in rohe Kartoffeln beißen und ihm durch Blicke bestätigen, daß sie glaubten, in Fleisch oder Wurst zu beißen. Ähnliche absonderliche Dinge machte er mehr. Eine Zeitlang durfte man kein Feuer machen und das Haus nicht verschließen. Als er 1910 einmal laut betend vor der Kirchentüre kniete, kam er ins Krankenhaus. Dort fand man nicht viel und entließ ihn bald wieder. Er behielt ein starkes Geltungsbedürfnis. Stärker auffällig wurde er im Jahre 1922. Er las jetzt viel in der Bibel und sprach nachts mit dem Heiland. Er wurde zunehmend köperlich gebrechlich und schließlich ganz bettlägerig. Seine Angehörigen bedrohte er öfter mit dem Messer und wollte auch sich selbst umbringen. Er kam schließlich in die Frankfurter Nervenklinik. Hier sprach er mit salbungsvoller Stimme von seinen guten Töchtern und klagte über den schlechten Sohn. Er stritt die Vorgänge zu Hause ab. „Da ich mit der Politik nichts zu tun haben will, habe ich in der Bibel gelesen.“ Er konnte nur mit Mühe gehen, war paretisch und ataktisch. Es fanden sich Nystagmus und Atonie. Die Reflexe waren gesteigert, Babinskischer Reflex beiderseits positiv. Der Liquor war nicht verändert. Sein Zustand verschlechterte sich, ein delirantes Nesteln und Greifen trat auf, die Orientierung über Zeit und Ort war jetzt aufgehoben. Er starb ein Vierteljahr nach der Aufnahme. Das Gehirn war bei der Sektion klein, Erweichungen fanden sich nicht, die Basisgefäße waren zart. Ein mikroskopischer Befund wurde nicht erhoben. Klinisch vermutete man eine Arteriosklerose oder eine progressive Systemkrankheit.

Beim Probanden Ra nahm man in der Klinik zunächst ein Vorherrschen von Beziehungs- und Bedeutungsideen an. Vielleicht bestanden sie im Beginn auch. Später lag aber sicher nichts anders vor als die possenhafte Betätigung, mit der sich expansive Paraphrene wichtig machen. Ra stellt Beziehungen her, die schon durch ihre Phantasielosigkeit gemacht wirken, wie das Arbeiten mit der Zahl 19 oder seine sonstigen Zahlenspielereien. Ich habe solche Wort- und Zahlenspielereien oben erwähnt. Das Tragen von Mainwasser auf die Schienen könnte noch einer echten Wahnidee des Krankheitsbeginns entsprungen sein, aber wahrscheinlich handelte es sich auch hier schon vorwiegend um eine wichtigtuerische Geste. Die expansive Haltung zieht sich durch die ganze Krankengeschichte, sie wird immer wieder durch irgendein Zeremoniell nach außen getragen. Ob er 1936 eine depressive Schwankung hatte, oder nur in Meinungsverschiedenheiten mit dem Pfleger das Messer an sich riß, ist aus der Krankengeschichte nicht ersichtlich. Die Denkstörung, die bei dem Kranken festzustellen war, bestätigte das Vorliegen einer expansiven Paraphrenie. Schon im Beginn und wieder bei der Untersuchung 1941 trat die Störung vorwiegend im Sprachlichen hervor.

Der Vater erkrankte etwa im gleichen Alter wie der Proband und wurde ebenfalls expansiv. Auch bei ihm fielen merkwürdige Handlungen auf, die er selbst für sehr wichtig nahm. Die Krankheit hielt sich in mäßigen Graden, so daß außer einem kurzen Krankenhausaufenthalt keine klinische Behandlung nötig wurde. Seine überhebliche Haltung blieb aber immer bestehen und macht eine expansive Paraphrenie sehr wahrscheinlich. Erst im höheren Alter kam er mit einem schweren organischen Leiden noch einmal in Klinikbehandlung. Wahrscheinlich deutete seine expansive Religiösität, aus der heraus er angab, mit dem Heiland zu sprechen, und eine salbungsvoll-selbstgerechte Art noch auf die expansive Paraphrenie hin. Sonst standen die organischen Erscheinungen ganz im Vordergrund. Sollte es sich um eine progressive Systemkrankheit gehandelt haben, wie es bei dem Fehlen hirnarteriosklerotischer Zeichen wahrscheinlich ist, dann lag die interessante Verbindung einer systematischen Schizophrenie und einer neurologischen Systemkrankheit vor.

Zusammenfassung

Im Beginn der expansiven Paraphrenie können Sinnestäuschungen vorhanden sein, nach Abklingen der akzessorischen Symptome liegt dann ein rein wahnhaftes Krankheitsbild vor. Die Wahnrichtung ist expansiv. Die *Größenideen* halten sich inhaltlich häufig in mäßigen Grenzen, doch sind die Kranken dauernd bestrebt, ihren Größenwahn auch nach außen hin zu leben. Während Phantastische und Konfabulatorische nur von ihren hohen Stellungen sprechen, sich aber nicht expansiv benehmen, suchen die Expansiven durch ihr Gebaren dauernd zu demonstrieren, daß sie etwas Höheres sind. Die ganze Persönlichkeit ist demnach hier viel mehr von dem Größenwahn ergriffen. In Haltung und Bewegung, im Umgang mit anderen Menschen, in der Kleidung, in geheimnisvollen Schriftstücken u. ä. m. machen sich die Kranken wichtig. Häufig ist ihre expansive Betätigung sehr einförmig und weist damit auf die *Ideenarmut* dieser Kranken hin, die wieder ganz im Gegensatz zu dem Ideenreichtum der Phantastischen und Konfabulatorischen steht. Wenn die Kranken im Sinne ihres Größenwahns sprechen, ihre Wünsche und Beschwerden vorbringen und sich über andere beklagen, entwickeln sie oft eine gewisse Gesprächigkeit, auch ihren expansiven Angewohnheiten gehen sie mit gewissem Eifer nach. Sonst zeigen sie aber *wenig Initiative* und auch *wenig Interesse.* Im Denken sind sie unter Betonung des sprachlichen Anteiles gestört, so daß viele Verfehlungen der Grammatik und der Wortbildung vorkommen. Charakteristisch für die Denkstörung ist ferner, daß die Begriffe zwar nicht grundsätzlich verfehlt werden, aber sehr ungenau sind. Ich konnte daher von einer *Vergröberung des Denkens* sprechen.

f) Familienbild der systematischen Paraphrenien

Wenn ich die Sippen der systematischen Paraphrenien überblicke, dann muß ich mit Bedauern feststellen, daß nur allzuhäufig die Beschreibung der erkrankten Familienmitglieder nicht ausreicht, um Schlüsse daraus zu ziehen. Zunächst meine *Frankfurter Fälle.*

Unter den *Geschwistern* war folgendes festzustellen: Die hypochondrische Probandin Be hatte einen Bruder, bei dem ebenfalls eine hypochondrische oder eine hypochondrisch-kombinierte Paraphrenie anzunehmen war. Die phonemische Probandin Zu hatte einen kranken Bruder, bei dem ebenfalls eine phonemische Form vorlag. Der phonemische Proband Haus hatte eine schizophrene Schwester, bei der an eine phonemische Form zu denken war. Dagegen waren die Unterlagen ungenügend bei einem Bruder der hypochondrischen Probandin Pu, einem Bruder der phantastischen Probandin Wa, einer Schwester der konfabulatorischen Probandin Bo und dem Bruder des expansiven Probanden Ba.

Unter den *Eltern* ergab sich: Der expansive Proband Ra hatte einen schizophrenen Vater, bei dem ebenfalls eine expansive Paraphrenie anzunehmen war. Dagegen waren die Unterlagen über die Mutter der phonemischen Probandin Enk, über die Mutter des expansiven Probanden Me und die Mutter des expansiven Probanden Mül unzureichend.

In der *weiteren Verwandtschaft* war festzustellen: Die inkohärente Probandin Mös hatte eine Großnichte, bei der ebenfalls eine inkohärente Paraphrenie anzunehmen war. Bei dem Onkel der phonemischen Probandin Zu war ebenfalls eine phonemische Paraphrenie anzunehmen. Die phonemische Probandin Kol hatte eine schizophrene Großtante, die vielleicht eine phonemisch-phantastische Paraphrenie hatte, so daß die Paraphrenie der Probandin in Kombination wiederkehrte. In den früheren Auflagen des Buches habe ich die beiden Patienten beschrieben. Über den Onkel der hypochondrischen Probandin Scheun und die Großtante der hypochondrischen Probandin Hos waren nicht genügend Unterlagen vorhanden. Die Tante der hypochondrischen Probandin Be litt an einer endogenen Psychose, die in zwei Phasen verlief und keinen Zusammenhang mit der Psychose der Probandin erkennen ließ.

Bei meinen *Berliner Untersuchungen* ergab sich folgendes:

Eine hypochondrische Patientin hatte eine kranke Mutter, die in einer Anstalt starb. Eine Krankengeschichte war nicht zu erhalten.

Eine hypochondrische Patientin hat eine Schwester, die nach Schilderung ihrer Angehörigen seit Jahren chronisch geisteskrank ist. Zu einer Untersuchung der Kranken konnten wir nicht vordringen.

Eine hypochondrischer Patient hatte eine gemütskranke Großmutter (Vaters-Mutter). Mehr war nicht zu erfahren.

Eine konfabulatorische Patientin hatte einen kranken Vater, der in Anstaltsbehandlung war und nach eigener Untersuchung ebenfalls an einer konfabulatorischen Paraphrenie leidet.

Ein konfabulatorischer Patient hat eine kranke Schwester, die in Anstaltsbehandlung ist und nach eigener Untersuchung an einer kombiniert konfabulatorisch-hypochondrischen Paraphrenie leidet.

Ein inkohärenter Patient hat eine kranke Tante (Mutters-Schwester), die in einer Anstalt war. Eine Krankengeschichte war nicht zu erhalten.

Die gesunde Mutter einer inkohärenten Patientin war bei eigener Besprechung ungewöhnlich schwer auf Fragen zu fixieren. Da sie zugleich mißtrauisch und affektiv kühl erschien, könnte man an eine Beziehung zu der inkohärenten Paraphrenie der Tochter denken.

Eine expansive Patientin hatte eine kranke Mutter, die in Anstaltsbehandlung war. Eine Krankengeschichte war nicht zu erhalten.

Eine expansive Patientin hatte eine kranke Mutter, die der „Euthanasie" zum Opfer fiel. Eine Krankengeschichte war nicht zu erhalten.

Ein expansiver Patient hatte einen kranken Großvater (Vaters-Vater), der in Anstaltsbehandlung war. Mehr konnten wir nicht erfahren.

Ein expansiver Patient hatte eine kranke Großtante (Vaters-Vaters-Schwester), die mit 68 Jahren erkrankte und ein Bild bot, das man nach der Krankengeschichte als Dermatozoenwahn oder als hypochondrische Schizophrenie auffassen könnte. Eine Beziehung zu der expansiven Paraphrenie des Probanden ist nicht zu erkennen.

Ein expansiver Patient hat eine kranke Cousine (Mutters-Bruders-Tochter), die nach der Krankengeschichte an einer periodischen Verwirrtheitspsychose litt. Eine Beziehung zur Psychose des Probanden ist nicht zu erkennen. Wahrscheinlich hängt die Psychose der Cousine mit Krankheiten in ihrer mütterlichen Familie zusammen, zu der der Proband keine Verwandtschaftsbeziehung aufweist.

Eine phonemische Patientin hatte einen kranken Onkel (Vaters-Bruder), der Stimmen hörte und sich einmal das Leben nehmen wollte. Da die Stimmen vordringlich genannt wurden, kann man an eine Beziehung zu der phonemischen Paraphrenie der Probandin denken.

Eine phonemische Patientin hatte eine kranke Großmutter (Vaters-Mutter), die in Anstaltsbehandlung war. Mehr konnte nicht in Erfahrung gebracht werden.

Eine phonemische Patientin hatte einen geisteskranken Vater. Mehr konnte nicht ermittelt werden.

Man erkennt, daß in den wenigen Fällen, in denen über die Psychose der Verwandten Genaueres zu erfahren war, meist wieder die gleiche Form, teilweise kombiniert mit einer zweiten, anzunehmen war. Die Fälle, über die nichts Genaueres zu erfahren war, sind leider viel häufiger.

g) Abschlußbetrachtung über die einfach-systematischen Formen der Schizophrenie

Nachdem ich nunmehr alle systematischen Schizophrenien, die ich kenne, dargestellt habe, ist ihr genauer Charakter zu erkennen. Es handelt sich nicht etwa darum, daß die große Reihe schizophrener Symptome vielleicht verschiedene Verbindungen einginge und dadurch verschiedene Zustandsbilder erzeugte, sondern die Symptome sind bei jeder Form von eigener Art. Wenn bei zwei Formen Stimmen vorkamen, dann waren die Stimmen doch in beiden Fällen verschieden, wenn hier wie dort eine Denkstörung vorlag, so doch nie bei zwei Formen die gleiche. Das konnte ich gerade bei den Paraphrenien, wie ich glaube, überzeugend nachweisen. Viele Symptome sind überdies überhaupt nur bei einer Form zu finden. Das charakteristische Vorbeireden gibt es nur bei einer Form, die Parakinesen wieder nur bei einer anderen usw. Immer wieder mußte ich bei eigenen Schizophrenien auch eigene Symptome beschreiben. Das spricht in besonderem Maße dafür, daß die einzelnen Formen durchaus ihre Selbständigkeit besitzen. Es kommt hinzu, daß sich immer eine Mehrzahl charakteristischer Symptome zusammenfindet und das Gesamtsyndrom der schizophrenen Form bildet. Wie ich dargestellt habe, führe ich die festen Symptome und Syndrome darauf zurück, daß in sich geschlossene Systeme von der Krankheit ergriffen werden.

II. Kombiniert-systematische Schizophrenien

Kleist hat von jeher in Parallele zu den kombinierten Systemkrankheiten neurologischer Art auch im Bereich der Schizophrenien Kombinationen angenommen. Ich selbst erkannte die Bedeutung der kombinierten Formen bei den vielen Nachuntersuchungen, die ich teils zusammen mit Schulz an bayrischen Heilanstalten, teils von der Frankfurter Klinik aus vornahm. Mir traten dabei Gesamtsyndrome entgegen, in denen jeweils zwei Grundsyndrome enthalten zu sein schienen. Wenn die einfachen Formen strenge Gesamtbilder aufwiesen, dann mußten es auch die kombinierten Formen tun. Allerdings war keine einfache Summierung zu erwarten, denn die Syndrome konnten sich gegenseitig beeinflussen. Daher war erst aus der praktischen Beobachtung der Fälle das genauere Bild der Kombinationsformen zu erkennen. Festgestellt habe ich Kombinationen nur innerhalb des Katatonen, ebenfalls innerhalb des Hebephrenen und innerhalb des Paraphrenen, dagegen nicht kataton-hebephrene, kataton-paraphrene und hebephrenparaphrene Kombinationen. Auf seltene Ausnahmen komme ich zurück. Wieweit ich die Kombinationsformen richtig beschrieben habe, müssen Nachprüfungen erweisen. Da ich von jeder Kombination nur einige wenige Fälle beobachten konnte, bestehen reichlich Fehlermöglichkeiten. Besonders da, wo in der Kombination neuartige Symptome entstehen, die man nicht durch Summierung erschließen kann, hat man bei wenigen Fällen keine genügende Sicherheit auf Allgemeingültigkeit. Jedoch konnte ich durch meine Berliner Untersuchungsreihe viele weitere Erfahrungen sammeln, auf die im folgenden bevorzugt Bezug genommen wird. Viel lernte ich ferner hinzu, als ich Schizophrenien der frühen Kindheit untersuchte und auch hier kombinierte Formen fand, die ich mit den Formen bei Beginn der Krankheit im Erwachsenenalter vergleichen konnte. Es wird ausführlich davon die Rede sein.

Ich beziehe mich ausschließlich auf die Defektzustände, denn nur diese geben die Bilder rein wieder. Die akzessorischen Symptome sind bei den kombinierten Formen im ganzen stärker ausgeprägt als bei den einfachen. Da der Krankheitsvorgang hier einen größeren Umfang hat, ist das verständlich.

a) Kombiniert-systematische Katatonien

Die Kombinationen der systematischen Katatonie werden in folgender Reihenfolge vorgenommen: Sprechbereite Katatonie, sprachträge Katatonie, proskinetische Katatonie, negativistische Katatonie, parakinetische Katatonie, manierierte Katatonie.

Bei der *sprechbereit-parakinetischen* Katatonie bleibt die parakinetische Unruhe, so daß es nicht schwerfällt, die eine Komponente zu erkennen. Das Vorbeireden ist dagegen abgewandelt, aus der Bereitschaft, kurzschlüssig und unüberlegt zu antworten, wird ein Rededrang. Dies ist verständlich, da die parakinetische Katatonie eine zusätzliche Impulsivität erzeugt. Die logische Ordnung der Gedanken geht verloren; was diese Kranken in ihrem Rededrang vorbringen, ist völlig verworren. Viele Wortneubildungen mischen sich bei. Allerdings kann man in den Äußerungen noch Elemente des Vorbeiredens erkennen. Ein Wort, das einmal aufgetaucht ist, kehrt in den weiteren Reden oft wieder, so daß man ähnlich wie bei den einfach sprechbereiten Katatonen von einer Perseveration sprechen kann. Wenn die Kranken ausnahmsweise einmal nur mit einem Satz antworten, ist dieser wie bei dem Vorbeireden oft völlig ohne Zusammenhang mit der Frage. In ihren verworrenen Reden wenden sich die Kranken dem Untersucher zu. Sie zeigen dabei auch viele Mienen, jedoch nur in parakinetischer Verzerrung. Ähnlich ist das Gestikulieren parakinetisch.

Auch bei der *sprechbereit-proskinetischen* Katatonie entsteht aus dem Vorbeireden durch die zweite Komponente ein Rededrang mit Verworrenheit. Einfache Fragen werden meist noch richtig beantwortet, aber dann entwickelt sich der Rededrang, bei dem kaum etwas zu verstehen ist. Man stellt zugleich fest, daß viele Worte mehrmals wiederholt werden; das Verbigerieren der proskinetischen Katatonie gibt sich zu erkennen. Andererseits wird man wieder an das Vorbeireden erinnert, wenn kürzere Antworten oft völlig beziehungslos sind. Viele Wortneubildungen, die auftreten, verweisen ebenfalls auf die sprechbereite Komponente. Die Lautstärke des Sprechens ist gering, doch kommt es nicht zu dem Murmeln der einfach proskinetischen Katatonen. Bei Anrede wenden sich die Kranken mit leerer Miene zu. Manchmal besteht ein Nesteln am Körper und an den Kleidern.

Bei der *sprechbereit-manierierten* Katatonie verändert sich das Vorbeireden in seiner Art etwas. Es hat bei der einfach sprechbereiten Katatonie zwei Gesichter, wie man sagen kann, da es einerseits einem kurzschlüssigen Denken zu entspringen scheint, andererseits aber doch auch wieder etwas Gewolltes an sich hat. In der Kombination mit einer manierierten Katatonie tritt der Eindruck des Gewollten stärker hervor. Wahrscheinlich rührt das daher, daß die Manieren nicht einfach automatische Handlungsweisen sind, sondern vom Willen der Kranken, wenn auch einem krankhaften Willen, getragen werden. Die Antworten gehen in der Kombination oft nicht nur an der Frage vorbei, sondern scheinen das Unpassende direkt zu suchen. So antwortete ein Kranker auf die Frage nach seinem Alter zuerst: „Gleichaltrig,“ Manchmal begnügen sich die Kranken auch nicht mit einer kurzen Antwort, wie es bei den sprechbereiten Katatonen üblich ist, sondern es folgen weitere sinnlose Worte nach. Wenn man vermuten würde, daß eine manierierte Komponente den Antrieb zum Sprechen vermindern müßte, so trifft das nicht zu. Man muß bedenken, daß in den „Bewegungsmanieren“ im Gegensatz zu den „Unterlassungsmanieren“ der Antrieb doch in einer Richtung erhöht ist. Das Gesuchte des Vorbeiredens erkennt man auch an manchen Wortneubildungen. Ein Patient nannte sich einen „Totenmörder“. Durch die manierierte Komponente wird auch verständlich, daß die Wiederholungen, die bei der sprechbereiten Katatonie einer Perseveration entsprechen, stereotyp immer wieder eingefügt werden. Ferner können die Patienten in manierierter Form dazu übergehen, einfach jede Frage zu wiederholen. Das Verhalten kam einer Echolalie nahe, als eine Patientin auch nachsprach: „Was bedeutet das Sprichwort", das heißt, nicht nur Sprichwörter selbst wiederholte, sondern regelmäßig auch die einleitende Frage. Manieren in Form von Bewegungsabläufen treten in der Kombination dagegen zurück, das Manierierte scheint sich größtenteils im Sprachlichen zu erschöpfen. Wenn man eigens darauf achtet, findet man aber doch auch Manieren. Eine Patientin, bei der davon nichts bekannt war, stellte sich, wenn sie hin- und herging, am Ende der Strecke immer erst kurz auf die Fußspitzen, ehe sie mit der Wendung begann. Das Leere im Gesichtsausdruck der sprechbereiten Katatonie bleibt erhalten, durch die manierierte Komponente kommt eine Starre hinzu, die aber nicht aufdringlich ist und weniger auffällt als bei einfach manierierten Katatonen.

Bei der *sprechbereit-negativistischen* Katatonie wird das Vorbeireden noch einförmiger als bei der sprechbereit-manierierten Form. Die Kranken können zwar auch wahllos falsche Antworten geben; so gab z. B. eine Patientin, die 1941 geboren ist, als jetziges Jahr 1947 an, während man tatsächlich das Jahr 1975 schrieb und behauptete anschließend, sie sei 17 Jahre alt. Aber im Laufe der Untersuchung legen sich die Kranken mehr und mehr auf eine einzige Antwort fest, die meist ablehnenden Charakter trägt. Oft wird auf jede Frage mit „ich weiß nicht" geantwortet. Eine Patientin reagierte auf jede Intelligenzfrage mit „ja" und setzte zum „ja" schon an, ehe die Frage zu Ende ausgesprochen war. Dann wieder schweigen die Kranken zwischendurch immer wieder einmal, so daß ein einfacher Negativismus an die Stelle des Vorbeiredens tritt. Am Mienenspiel beobachtet man ebenfalls beide Komponenten der Krankheit, es ist leer, ausdruckslos, doch erscheint häufig ein ablehnender Zug, häufig andererseits auch das ambivalente Lächeln der negativistischen Katatonie. Trotz des Vorbeiredens zeigen die Kranken das Symptom der Anstoßautomatie, wie man es bei der einfach negativistischen und weniger deutlich auch bei der sprechbereiten Katatonie findet. Aus der negativistischen Komponente stammen ferner aggressive Erregungen, die man nie vermißt.

Bei der *sprechbereit-sprachträgen* Katatonie verändert sich das Vorbeireden in anderer Form. Wie bei der einfach sprechbereiten Katatonie braucht es nicht sofort einzusetzen, sondern vielleicht erst, wenn einfache Fragen richtig beantwortet worden sind. Es bleibt aber nicht bei kurzen richtigen oder falschen Antworten, sondern weitere Äußerungen folgen. Es geschieht oft etwas zögernd, man muß dem Patienten Zeit lassen, darf nicht gleich weiter fragen. Dann stellt man fest, daß die erste Antwort teils ergänzt wird, teils durch zusammenhanglose Äußerungen erweitert wird. Ferner stellt man fest, daß sich die Kranken ständig wiederholen. Teils sagen sie einen Satz einfach zweimal, teils kommen sie nach anderen Worten wieder auf das vorher Gesagte zurück. Es handelt sich nicht um Stereotypien, die Wiederholungen sind von dem abhängig, was zufällig vorher gesprochen wurde. Man kann sagen, die Perseveration der sprechbereiten Katatonen trete in erhöhtem Maße hervor. Bei falschen Antworten ist der Charakter des Gewollten nicht mehr vorhanden, es entsteht mehr der Eindruck einer einfachen Zusammenhangslosigkeit; sicher macht sich hier die Denkstörung der sprachträgen Katatonie bemerkbar, bei der ja vorwiegend eine Inkohärenz vorliegt. Auch das sonstige Verhalten der Kranken wird durch die sprachträge Komponente bestimmt. Sie wenden sich auf Anrede nur unvollkommen zu und scheinen sich kaum auf die Frage, die gestellt wurde, einzustellen. Statt dessen beschäftigen sie sich dauernd mit sich selbst. Sie blicken mit unruhigen Augen und Kopfbewegungen um sich, verharren dazwischen mit ruhigem Blick, als ob sie horchten, bewegen die Lippen und flüstern manchmal auch hörbar mit sich selbst. Man hat die halluzinatorische Abgelenktheit der sprachträgen

Katatonie vor sich. Das Mienenspiel hat im Zusammenhang mit den Halluzinationen etwas Unruhiges an sich, bei Zuwendungen zum Untersucher wirkt der Ausdruck leer und etwas ratlos.

Von den Kombinationen mit der *sprachträgen* Katatonie wurde die Verbindung mit der sprechbereiten Form eben geschildert. Weitere Verbindungen kommen zur Sprache.

Bei der *sprachträge-proskinetischen* Katatonie ist das Auftreten phantastisch-konfabulatorischer Ideen bemerkenswert. Da sich diese auch bei einfach sprachträgen Katatonen im Beginn der Krankheit finden, vermute ich, daß sie dieser Form allgemein eigen sind, aber in späteren Stadien nur noch hervortreten, wenn die sprachliche Verarmung durch eine zweite Komponente überwunden ist. Durch eine proskinetische Komponente geschieht dies. Einer meiner Patienten hatte schon 700 Indianerkriege durchgemacht, 1400 Menschen getötet und Darwin persönlich den Kopf abgeschlagen. Ein anderer Kranker war schon auf dem Mond. Er traf dort Gott als „Oberkommandanten“ an. Sinnestäuschungen fügen sich bei, sie sind oft von den Konfabulationen nicht mit Sicherheit zu trennen. Optische, akustische und somatische Halluzinationen mischen sich. Einem Patienten wurde die Lunge herausgenommen und vor ihm auf den Tisch gelegt. Ein Schnellzug fuhr einmal durch seinen Körper hindurch. Bei einem anderen Patienten ist einmal „der Reichsmarschall Göring nebst Frau“ in den Körper eingedrungen. Vorherrschend sind unter den Halluzinationen die Phoneme. Wie einfach sprachträge Patienten sind die Kranken, auch während man mit ihnen spricht, immer wieder durch ihre Sinnestäuschungen abgelenkt. Sie blicken unruhig um sich, bewegen die Lippen und sprechen auch deutlicher mit ihren Stimmen. Die Spracharmut der sprachträgen Katatonen fehlt, weil als zweite Komponente eine proskinetische Katatonie hinzukommt, die den Sprechantrieb erhöht. Man erkennt diese Komponente ferner an der besseren Zuwendung der Kombinationsfälle, an ihrer Neigung zum Nesteln und an der murmelnden Sprechweise. Zwar sinkt die Lautstärke nicht bis zur Unverständlichkeit ab, aber die Äußerungen erfolgen doch nur mit halblauter Stimme ohne Modulation. Vielleicht wirken die Sinnestäuschungen als Anregungen und verhindern das Absinken der Stimmstärke bis zum Murmeln. Bei meinen Frankfurter Fällen glaubte ich eine hochgradige Denkstörung zu finden. Vielleicht ließ ich mich von Zuständen halluzinatorischer Erregungen leiten. In ruhiger Verfassung werden Intelligenzfragen teilweise richtig beantwortet.

Phantastisch-konfabulatorische Erscheinungen finden sich auch bei der *sprachträge-parakinetischen* Katatonie. Man darf wieder vermuten, daß ein Symptom, das der sprachträgen Katatonie angehört, hervortritt, da die sprachliche Verarmung durch die zweite Komponente ausgeglichen wird. Die parakinetische Katatonie bringt im Handeln und Sprechen einen gesteigerten Antrieb. Vielleicht sind die Konfabulationen nicht so vielseitig wie bei der sprachträge-proskinetischen Katatonie, vielleicht ist das expansive Element in den Konfabulationen mehr betont. Ein Patient wollte als Reichspräsident das Rad der Weltgeschichte drehen und die Sterne bewegen. Eine Patientin hat, nachdem sie dreimal gestorben und wieder auferstanden ist, auf Rittergütern ein riesiges Vermögen erworben. Man findet Halluzinationen, die sich auf alle Sinnesgebiete beziehen. Im Körper einer Patientin war „kürzlich“ eine Mitpatientin drin. Vorherrschend sind wieder die Stimmen. Die halluzinatorische Abgelenktheit tritt noch stärker hervor als bei den sprachträge-proskinetischen Katatonen. Die Kranken bewegen während der Untersuchung nicht nur flüsternd die Lippen, sondern sprechen oft halblaut zur Seite. Man kann völlig inkohärente Antworten erhalten, da die Patienten oft gar nicht hinhören, sondern auf ihre Stimmen antworten. Wenn man sie jedoch auf Fragen fixiert, dann äußern sie sich bei einfachen Fragen geordnet und lösen manche Intelligenzfragen richtig. Allerdings bleibt auch dann eine Tendenz, auf Nebengleise abzugleiten. Wahrscheinlich spielt hier die Neigung der parakinetischen Katatonen zu abspringenden Bemerkungen eine Rolle. Tatsächlich treten die Kranken auch von sich aus immer wieder mit Bemerkungen hervor, die wenig oder gar nicht zur Situation passen. Die parakinetischen Unruheerscheinungen stellen sich ähnlich dar wie bei der einfachen parakinetischen Katatonie, vielleicht sind sie etwas einförmiger, es bilden sich mehr parakinetische Manieren heraus.

Während bei den beiden genannten Kombinationen die Spracharmut der sprachträgen Katatonie aufgehoben wird, verstärkt sie sich bei zwei anderen Formen, die sich selbst schon durch Spracharmut auszeichnen.

Die *sprachträge-negativistischen* Katatonen geben so gut wie nie eine Antwort. Dagegen flüstern sie oft mit ihren Stimmen und zeigen auch mimisch halluzinatorisch bedingte Unruheerscheinungen. Von den einfach sprachträgen Katatonen unterscheiden sie sich einmal dadurch, daß man von den letzteren auf Drängen doch noch kurze Antworten erhält. Ferner zeigen sie im Gegensatz zu diesen eine gewisse Bewegungsunruhe, die man nicht als Reaktion auf Halluzinationen deuten kann. Sie hantieren an sich, an ihren Kleidern, greifen auch nach Gegenständen, die in ihrem Blickfeld liegen. Gleiche Bewegungen wiederholen sich, oft werden sie so einförmig, daß Iterationen entstehen. So ist auch das Abdrehen der Knöpfe zu verstehen, das sich bei einer Patientin fand; ein proskinetisches Nesteln, an das man hier denken könnte, erfolgt demgegenüber kraftlos und mit wechselnden Bewegungen. Das einförmige Hantieren der Patientin stammt sicher aus der negativistischen Komponente. Bei dieser Katatonie fanden wir das Symptom der Anstoßautomatie und äußerten die Vermutung, daß bei dem groben Mangel an höherem Antrieb tiefere Mechanismen abnorm erregbar werden. Wenn sich die Antriebsarmut durch Hinzutreten einer sprachträgen Katatonie noch verstärkt, kommen die tieferen Mechanismen wohl noch mehr in Gang. Auf Anrede wenden sich die sprachträge-negativistischen Katatonen nur flüchtig oder auch gar nicht zu. Ihr Mienenspiel wirkt nur bei ihren Reaktionen auf die Halluzinationen etwas belebt, es zeigt sonst keinen Ausdruck. Impulsive Erregungen mit Aggressivität bestätigen regelmäßig die negativistische Komponente.

Von den *sprachträge-manierierten* Katatonen bekommt man ebenfalls keine oder nur wenige nichtsagende Antworten. Sie wenden sich auch kaum einmal etwas zu. Sie sind dagegen dauernd mit ihren Stimmen beschäftigt, haben ein abgelenktes Mienen- und Gestenspiel und sprechen oft halblaut vor sich hin. Haltung und Mimik sind starr, aber nicht so deutlich wie bei der einfach manierierten Katatonie, vermutlich, weil durch die halluzinatorische Unruhe etwas Bewegung ins Gesicht kommt. Man findet ferner Manieren, die sich nicht mehr in zusammengesetzten Handlungen, sondern nur noch in stereotypen Bewegungen äußern, etwa einem immer wieder auftretenden Greifen zum Kopf, einem Nachziehen eines Beines beim Gehen oder einem Wippen mit dem Körper. Dazu kommen Haltungsstereotypien, etwa Stehen immer auf dem gleichen Platz, Liegen der Hand immer auf der Brust. Anstoßautomatie besteht nicht. Die Kranken greifen meist von Anfang an nur zögernd entgegen und unterlassen es ganz, wenn man die Hand mehrmals hinhält. Man stellt auch meist von Anfang an einen Widerstand fest, wenn man einen Druck gegen ihren Körper ausübt. Das Fehlen dieses Syndroms ist differentialdiagnostisch wichtig, denn bei Kombinationen der proskinetischen, negativistischen, sprechbereiten, sprachträgen Katatonen untereinander stellt man es regelmäßig fest. So findet man es auch bei den sprachträge-negativistischen Katatonen, die doch ähnlich antriebslos und unzugänglich sind wie die sprachträge-manierierten Katatonen.

Von den Kombinationen der *proskinetischen* Katatonie wurden bisher die Verbindungen mit der sprechbereiten und mit der sprachträgen Katatonie beschrieben. Es folgen die weiteren.

Bei der *proskinetisch-parakinetischen* Katatonie findet man eine starke Unruhe. Die Kranken grimassieren und gestikulieren mit verzerrten Bewegungen; manche Bewegungsformen kehren sterotyp wieder. Gleichzeitig hantieren sie ständig an sich selbst oder an Gegenständen und zeigen damit die proskinetische Bereitschaft. Oft wenden sich die Patienten mit ihren sprachlichen Äußerungen dem Untersucher stark zu; wahrscheinlich verbinden sich hier die motorischen Bereitschaften aus beiden katatonen Formen. Auf Anrede pflegen sie mit einem Rededrang zu reagieren. Bei Fehlen einer Anregung geht die allgemeine Unruhe zurück, auch das Sprechen hört allmählich auf. Die Stimmgebung ist meist halblaut, sie kann auch in ein Murmeln übergehen, so daß man nichts mehr versteht. Die Modulation ist besser als bei der proskinetischen Katatonie, was sich sicher durch die parakinetische Komponente erklärt. In den Reden der Kranken findet man abspringende Bemerkungen; bei einem fortlaufenden Sprechen ist ein Verbigerieren zu beobachten, das die proskinetische Katatonie bestätigt. Es findet sich jedoch mehr im einfachen Gespräch mit den Patienten als bei Intelligenzfragen. Diese können richtig beantwortet werden, vielleicht weil hier die Thematik fest gegeben ist. Dagegen konnte ich auf die Frage nach dem Ergehen von einem Patienten folgende verbigeratorische Antwort erhalten: „Gar nichts, nicht ganz gesund, nicht ganz gesund, nicht ganz gesund. Im Krankenhaus kann man nicht gesund sein. Wir sehen auch so aus, daß wir nicht ganz gesund sind, wir sehen manchmal so aus, wir sehen manchmal so aus... außer Luftschnappen haben wir noch Hände, was zu machen, noch ein bißchen was machen, bißchen was machen, dauert nicht den ganzen Tag, bißchen was machen, bißchen was machen, Arbeit suchen, Arbeitsschuhe waren schmutzig, Arbeitsschuhe waren schmutzig, waren schmutzig."

Bei der *proskinetisch-manierierten* Katatonie tritt das Verbigerieren ebenfalls aufdringlich hervor. Bei einem Patienten habe ich die Wiederholungen gezählt, einmal sagte er einen kurzen Satz siebenmal. Fünf Wiederholungen waren keine Seltenheit. Die Äußerungen sind viel besser zu verstehen als bei der einfach proskinetischen Katatonie, da sie mit normaler Lautstärke beginnen und erst von Wiederholung zu Wiederholung immer leiser werden. Schließlich kann ein Murmeln nachfolgen, bei dem man nichts mehr versteht, das aber wohl noch weitere Wiederholungen enthält. Ich möchte vermuten, daß die manierierte Komponente das Verbigerieren der proskinetischen Katatonie im Sinne einer Manier noch eigens hervorkehrt. Dies findet in der Beobachtung eine Stütze, daß Wiederholungen in eine Stereotypie eingerahmt sein können. Ein Patient zeigte das Verbigerieren in der geschilderten Form, er fügte aber den meisten seiner Antworten eine feste Redensart an, die er stets mehrmals wiederholte. Sie lautete: „Gesund und unverletzt". Wie er zu dieser merkwürdigen Redensart kam, ließ sich nicht feststellen, wie man ja auch sonst meist nicht ermitteln kann, auf welche Weise die Patienten zu diesen und jenen Manieren kommen. Auch das Nesteln der proskinetischen Katatonie ist in der Kombination meist stärker betont; es wird auch hier gelegentlich durch eine Manier gefördert. In den früheren Auflagen dieses Buches beschrieb ich eine Patientin, die in stereotyper Folge „plissierte". In Berlin sah ich eine Patientin, die von Zeit zu Zeit in ein lebhaftes Nesteln verfiel und sich dann immer wieder lange ruhig verhielt. Die Manieren fehlen auch sonst nicht, sind aber in früheren Stadien der Krankheit aufdringlicher als später. Die Starre der manierierten Katatonie ist gegenüber der einfachen Form vermindert. Die Leistungen bei einer Intelligenzprüfung kann man nicht beurteilen, da die Patienten, statt auf die Fragen einzugehen, nur etwas herausgreifen und verbigerierend wiederholen. Oft wiederholen sie auch einfach die Frage.

Bei der *proskinetisch-negativistischen* Katatonie möchte man erwarten, daß die Verneinung der einen Katatonie durch die Bejahung der anderen aufgehoben wird. Bis zu einem gewissen Grad trifft das zu. Die Patienten geben gut Antwort, sind insofern also nicht negativistisch. Sie geben ihre Antworten nur einmal, nicht verbigerierend und sind insofern nicht mehr proskinetisch. Der Negativismus zeigt sich in der Kombination am Inhalt der Antworten, die ablehnend (oft: „Ich weiß nicht“) oder nichtssagend sind. Ein proskinetischer Zug kann mit einem negativistischen Zug verbunden sein, wenn die Fragen des Untersuchers einfach wiederholt werden, denn darin kann sich einerseits die Neigung zur Wiederholung, andererseits die Ablehnung kundtun. Die Lautstärke der sprachlichen Äußerung ist ausreichend. Man findet weiterhin eine anhaltende Unruhe am Körper mit Greifen und Nesteln. Gleiche Bewegungsformen kehren oft wieder. Die Unruhe geht über das Nesteln der proskinetischen Katatonen hinaus, sie stellt schon mehr ein Hantieren mit größeren Bewegungen dar. Wahrscheinlich hängt die Unruhe sowohl mit der proskinetischen wie mit der negativistischen Komponente zusammen, da auch bei der letzteren eine primitive Bewegungsbereitschaft besteht, wie die Anstoßautomatie zeigt. Eine Patientin zog sich bei ihrem Hantieren an den Kleidern diese beinahe aus. Die Mimik ist unbelebt, man kann aber zwischendurch einen etwas feindlichen Zug erkennen. Der Ausfall an Initiative zeigt hohe Grade.

Von den Kombinationen der *negativistischen* Katatonie sind die Verbindungen mit der sprechbereiten, sprachträgen und proskinetischen Katatonie schon genannt. Weitere sind folgende:

Bei der *negativistisch-manierierten* Katatonie findet man den schwersten Mangel an Zuwendung, der bei systematischen Schizophrenien überhaupt vorkommt. Die Kranken geben keine Antwort, setzen auch gar nicht dazu an. Meist wenden sie sich auch nicht zu. Wenn es doch einmal flüchtig geschieht, erfolgt es ohne mimische Regung, so daß man eher den Eindruck einer flüchtigen Reflexbewegung als einer Zuwendung hat. Die Kranken geben auch nicht die Hand; wenn man diese nimmt, lassen sie es meist passiv geschehen. Auf einfache Aufforderung pflegen sie nicht zu reagieren. Schon wenn sie sich vom Stuhl erheben sollen, muß man sie oft mehrmals bitten. Ins Untersuchungszimmer kommen sie nicht auf Wunsch, sondern müssen meist hereingedrängt und hereingeschoben werden. Bei all dem mag Negativismus mit Manieriertheit zusammenwirken. Das Gesicht der Kranken ist unbelebt und hat etwas Starres an sich. In der Haltung findet man oft eine leichte Verdrehung wie bei den einfachen negativistischen Katatonen. Trotz der schweren Antriebsverarmung zeigen die Kranken Unruheerscheinungen, die als Stereotypien hervortreten und dadurch auf die manierierte Komponente verweisen. Die Bewegungen sind noch einfacher aufgebaut als bei der sprachträgen-manierierten Katatonie und stellen oft nur noch Iterationen dar, etwa in Form einfacher Arm- und Fingerbewegungen, die mit Pausen in der gleichen Form immer wiederkommen. Die schwere Antriebsarmut wird von Zeit zu Zeit durch Erregungszustände unterbrochen, die aber milder sind als bei der einfach negativistischen Katatonie. Unter einer modernen Dauermedikation können sie dem Beobachter entgehen, wenn man nicht genauer darauf achtet.

Bei der *negativistisch-parakinetischen* Katatonie findet man die parakinetischen Bewegungen ähnlich wie bei der einfachen Form, allerdings etwas weniger aufdringlich. Eine Neigung zur Einförmigkeit macht sich bemerkbar, indem zwischendurch auch ein einfaches Schlagen oder Klopfen oder Wischen vorkommt. Sterotyp wiederkehrende Bewegungsfolgen fanden sich jedoch nicht. Erkennbar ist eine Neigung zu abspringenden Bemerkungen, indem in das Gespräch hinein immer wieder einmal eine mehr oder weniger unpassende Bemerkung fällt. Insoweit entspricht das Bild einer parakinetischen Katatonie. Aber die Antworten, die man von den Kranken erhält, stellen sich anders dar und zeigen die negativistische Komponente. Kaum eine Frage wird sachlich beantwortet; stattdessen reden die Kranken vorbei oder antworten nichtssagend oder erklären schon bei einfachsten Fragen: „Ich weiß nicht." Das Vorbeireden hat nicht den spezifischen Charakter wie bei der sprechbereiten Katatonie, sondern zeigt unverkennbar den Negativismus. Auch Antworten, die bei den Kranken unmittelbar bereit liegen müssen, die bei den sprechbereiten Katatonen in der Regel richtig erfolgen, werden oft falsch gegeben oder mit einem „weiß nicht" abgetan. Erregungszustände im Sinne der negativistischen Katatonie kommen vor, sind aber milder. Die motorische Unruhe der parakinetischen Katatonie sorgt wohl für eine gewisse Ableitung motorischer Spannungen.

Die Kombinationen der *parakinetischen*, wie der *manierierten* Katatonie sind nunmehr alle beschrieben mit Ausnahme der Verbindung dieser beiden Formen miteinander.

Man findet bei der *parakinetisch-manierierten* Katatonie eine Unruhe am ganzen Körper. Wenn man vielleicht vermutet hat, daß durch die manierierte Komponente eine Verarmung an Bewegungen erfolgte, da diese doch zur Erstarrung neigt, so trifft dies nicht zu. Man muß sich sicher hier besonders hüten, die Symptome aus beiden Komponenten einfach zusammenfügen, da parakinetische und manierierte Katatonie antagonistische Systeme betreffen, so daß etwas Neues zu erwarten ist, wenn beide ausfallen. Wir sahen Ähnliches bei der sprechbereit-sprachträgen Katatonie und bei der proskinetisch-negativistischen Katatonie. Die Bewegungsunruhe ist in der parakinetisch-manierierten Kombination sogar deutlicher und schwankt weniger an Intensität als bei den einfach parakinetischen Katatonen. Bei diesen kann die Unruhe weitgehend zurückgehen, ja fast aufhören, wenn die Kranken nicht mehr angeregt werden, bei der kombinierten Form laufen die Bewegungen dagegen weiter, wenn man die Patienten nicht mehr anspricht. Der ganze Körper beteiligt sich mit verzerrten Bewegungen an den Armen, am Rumpf, im Gesicht. Im Stehen nehmen die Beine mit Vorliebe an der Unruhe teil, indem Trippelschritte vorwärts, rückwärts, zur Seite gemacht werden. Als wesentlichen Unterschied gegenüber der einfach parakinetischen Katatonie habe ich in früheren Auflagen des Buches den langsamen Ablauf der Bewegungen genannt. Das gilt tatsächlich in einem Teil der Fälle. Manchmal zeigen die Bewegungen aber ein natürliches Tempo, ohne dann den Parakinesen der einfachen Form zu gleichen. Die Bewegungen haben auch bei rascherem Ablauf etwas Steifes an sich, eine Starrheit mischt sich bei. Daran erkennt man die manierierte Komponente. Die Starrheit, die in Ruhe vorhanden ist, scheint in die Bewegungen mit einzugehen. Die Manieren sind in der Kombination weniger aufdringlich und werden weniger hartnäckig festgehalten als bei der einfachen Form. Sie wechseln auch von sich aus, so daß man im Zweifel sein kann, ob man echte Manieren vor sich hat und nicht einfache Gewohnheiten. Eine Kranke verweigerte erst grundsätzlich die Hand, gab sie aber doch, wenn man sie drängte. Ein Kranker sah hartnäckig an dem Untersucher vorbei; wenn man ihm dies als eine Abnormität vorhielt, blickte er nun doch normal. Die vorhandenen Parakinesen scheinen durch die Manieriertheit begünstigt zu werden. Die Bereitschaft zu Bewegungen wird wohl eigens aufgegriffen, so daß sie aufdringlicher in Erscheinung tritt. An eine ähnliche Möglichkeit mußten wir schon denken, wenn die nestelnde Unruhe bei proskinetisch-manierierten Katatonen verstärkt hervortritt. Der Gedankengang ist in der Kombination weniger gestört als bei der einfach parakinetischen Katatonie. Es macht sich hier das intakte Denkvermögen der manierierten Katatonie geltend. Die Patienten neigen zwar etwas zu abspringenden Bemerkungen, aber diese sind weniger abwegig als oft bei der einfach parakinetischen Katatonie. Vor allem aber bleibt das Abspringen aus, wenn man Intelligenzfragen stellt, die von den Kranken logisch und ihrem Bildungsgrad entsprechend beantwortet werden.

b) Kombiniert-systematische Hebephrenien

Die Kombinationen der systematischen Hebephrenien sind leichter zu überblicken, da man nur vier Einzelformen vor sich hat. Ich betrachte die Kombinationen in folgender Reihenfolge: Verschrobene Hebephrenie, läppische Hebephrenie, flache Hebephrenie, autistische Hebephrenie.

Bei der *verschroben-läppischen* Hebephrenie fallen im Gespräch Stereotypien auf. Besonders häufig wird der Wunsch nach Entlassung stereotyp vorgebracht. Wir fanden Ähnliches schon bei der einfach verschrobenen Hebephrenie, doch ist die Stereotypie in der Kombination viel stärker ausgeprägt. Die Kranken können auch in einfacher Folge das gleiche immer wieder sagen, besonders das gleiche wünschen. Höchst merkwürdig war der stereotype Wunsch einer Patientin, „geschlachtet" zu werden. Da sie zugleich äußerte, sie habe kein Leben mehr im Körper, konnte man ihren Wunsch mit hypochondrischen Entfremdungserscheinungen in Zusammenhang bringen, wie sie bei der verschrobenen Hebephrenie im Beginn des Leidens vorkommen. Jetzt war hinter der Redensart kein adäquater Affekt mehr zu erkennen, im Gegenteil lachte die Patientin oft lebhaft, während sie ihr Verlangen vorbrachte. Die Stereotypie braucht nicht immer einen Wunsch zum Inhalt haben. Eine Patientin fügte jeder Antwort ein „Ja" an. Eine andere flocht immer wieder ein: „Mutter gestorben". Die Stereotypie muß hier schon vor langer Zeit entstanden sein, denn die Patientin war selbst schon 73 Jahre alt. Die sprachlichen Stereotypien können durch Stereotypien des Handelns ergänzt sein, indem sich Manieren andeuten. Eine Patientin kam nicht über die Türschwelle, ohne vorher zu trippeln. Die zweite Hebephrenie der Kombination erkennt man an dem Lachen der Kranken, das immer wieder, meist ganz unmotiviert, auftritt. Es kann lebhaft sein und geht über das Lächeln hinaus, das man bei der einfach läppischen Hebephrenie findet. In ihrer allgemeinen Haltung sind die Kranken regsamer, sowohl als einfach läppische wie auch als einfach verschrobene Hebephrenie, sie haben auch nicht die lahme Sprechweise. Die Modulation der Stimme ist zwar gering, aber die Lautstärke normal. Wenn die Kranken im Augenblick nicht lachen, blicken sie zufrieden vor sich hin. Affektiv sind sie durch nichts mehr zu erregen. Die depressive Neigung der einfach verschrobenen Hebephrenen findet man nicht mehr, sofern man nicht aus den stereotypen Wünschen auf eine innere Unlust schließen möchte. Auf Intelligenzfragen antworten sie oft unvollkommen, aber nicht unlogisch. Gelegentlich treten Verstimmungen auf, die durch ihre Neigung zu Aggressivität die Herkunft aus der läppischen Hebephrenie verraten.

Bei der *verschroben-flachen* Hebephrenie sind die Manieren aufdringlicher als bei der eben besprochenen Form. Sie stellen teils „Bewegungsmanieren" dar (etwa stereotypes Hinauslaufen aus dem Saal, Sprechen durch die Zähne) oder häufiger „Unterlassungsmanieren" (Nichtessen bestimmter Speisen, Nichtsprechen, Haltmachen vor der Türschwelle). Wenn kein Nicht-sprechen besteht, findet man Wortneubildungen, die sich durch ihre gekünstelte Art als manieriert ausweisen (Irrtumszeichen, Anfang-der-Welt-Menschen, Kettenburglauf, Aberglaubesatz, Ungewohnheit). Von dem Namen einer Mitkranken leitet sich das Wort „Minna-Stein-Schlägerei" ab. Manchmal dient ein neugebildetes Wort der Bezeichnung von Sinnestäuschungen. Die Manieren wie die manierierten Wortbildungen weisen auf die verschrobene Hebephrenie hin. Die flache Komponente ist vor allem an den Sinnestäuschungen zu erkennen, die reichlicher hervortreten als bei der einfach flachen Hebephrenie. Vorwiegend handelt es sich um Stimmen, die auch den Charakter des Gedankenlautwerdens annehmen können. Aber auch Sensationen sind häufig, indem die Kranken „Strahlen", „Ströme", „Elektrizität" verspüren.

Groteske Schilderungen, wie sie bei der hypochondrischen Paraphrenie charakteristisch sind, erhält man nicht. Die Sensationen scheinen dem Verständnis eines normalen Menschen näher zu stehen, was wohl auf den pseudohalluzinatorischen Chrakter hinweist. Wir fanden diesen bei der einfach flachen Hebephrenie. In der Kombination halten die Kranken allerdings an der Realität der Erscheinung fest; es läßt sich auch nicht feststellen, daß die Halluzinationen an Verstimmungszustände gebunden wären. Von Inhalten erfährt man wenig, das könnte wieder darauf hindeuten, daß die Kranken ihre Halluzinationen nicht allzu ernst nehmen. Im Affektiven glaubt man die beiden Hebephrenien nebeneinander zu erkennen. In Ruhe haben die Kranken eher etwas Mißmutiges, Unlustiges an sich, bei Anregung pflegen sie aber freundlich zu lächeln und wirken dabei zufrieden. Die affektive Abflachung bleibt in jedem Fall deutlich. Die allgemeine Regsamkeit ist aber gut erhalten, die sprachlichen Äußerungen erfolgen in normaler Lautstärke. Verstimmungen, die man sicher der flachen Hebephrenie zuschreiben muß, sind häufig; sie können mit Aggressivität einhergehen. Intelligenzfragen lösen die Kranken entsprechend ihrem Bildungsgrad, doch drücken sie sich oft sprachlich ungewöhnlich aus, sodaß man Übergänge zu den Sprachmanieren erkennt.

Bei der *verschroben-autistischen* Hebephrenie findet man ebenfalls Manieren (Eßgewohnheiten, merkwürdigen Gang, Scheu vor Berührung mit anderen Menschen). Daneben kann man noch das einförmige Reden der einfach verschrobenen Hebephrenen erkennen. Die Kranken bringen etwas vor, wiederholen es, kommen auf Zwischenbemerkungen darauf zurück. Sie haben dabei meist einen klagenden und anklagenden Ton und erinnern auch damit an die einfach verschrobenen Kranken. Die Wiederholungen häufen sich in der Kombination, so daß man manchmal fast von einem Verbigerieren sprechen kann. Zum Beispiel antwortete eine Patientin, die nacheinander nach dem Unterschied zwischen Irrtum und Lüge und dem Unterschied zwischen Geiz und Sparsamkeit gefragt worden war, folgendes: „Geizig heißt es, sparsam, sparsam heißt es, ja, ja, da kommt wieder Lüge, Sparsamkeit, Lüge, geizig, da kommt auch wieder Lüge, Lüge, Lüge." Solche Reden stellen sich vor allem dann ein, wenn man schwierigere Fragen stellt, so daß die Kranken nicht schnell die richtige Lösung finden. Bei einfach verschrobenen Hebephrenen kommt die Einförmigkeit nie in diesem Ausmaß vor. Die zweite Komponente der Krankheit muß also wesentlich beteiligt sein. Man kann dies verstehen wenn man annimmt, daß der Wortkargheit der autistischen Hebephrenen eine Gedankenarmut zugeordnet ist. Auf die autistische Komponente sind auch die Halluzinationen zurückzuführen, die man regelmäßig findet. In der einfachen Form haben die autistischen Hebephrenen, wenn auch weniger als die flachen Hebephrenen, Halluzinationen oder Pseudohalluzinationen. Man findet sie in der Kombination wieder. Über ihre Stimmen beklagen sich die Kranken, ohne von ihrem Inhalt etwas zu erzählen. Bei der experimentellen Prüfung findet man viele Unvollkommenheiten und auch manche Entgleisungen des Gedankenganges. Auf die verschrobene sowohl wie die autistische Komponente geht es wohl zurück, wenn die Kranken im allgemeinen ernst sind und auch leicht unwillig werden können. Tief gehen die Affekte nie, Verstimmungszustände sind aber häufig.

Von den Kombinationen mit der *läppischen* Hebephrenie ist die Verbindung mit der verschrobenen Form bereits besprochen. Es folgen weitere Kombinationen.

Bei der *läppisch-autistischen* Hebephrenie glaubt man, wie man es ausdrücken kann, die Gesichter der beiden Hebephrenien nebeneinander vor sich zu haben. Wenn man sich im Augenblick nicht mit dem Kranken beschäftigt, dann sitzen sie wie autistisch Hebephrene mit unbeteiligtem und meist leicht mißmutigem Gesicht da. Wenn man sie anspricht, wenden sie sich wie läppische Hebephrene zu und lächeln. Der Wechsel zwischen diesen beiden Haltungen kann sich über die ganze Besprechung, die man mit dem Kranken hat, hinziehen. In den Krankengeschichten wird vorwiegend der Autismus geschildert, die Patienten leben ganz für sich, schließen sich an niemand an und halten sich auch in ihrer Beschäftigung isoliert. Das Lächeln tritt auf der Abteilung sicher deswegen nicht hervor, weil sich selten jemand veranlaßt sieht, mit diesen autistisch abgeschlossenen Menschen zu sprechen. In der Unterhaltung geben sie oft ganz gern Antwort, können sogar etwas ins Erzählen kommen; dann allerdings wieder erhält man nur mit einem Zögern Antworten. Auf Intelligenzfragen lassen sie sich meist ein und geben dazu Antworten, die unvollkommen sind; gedankliche Entgleisungen kommen vor. Der allgemeine Antrieb ist besser als bei den läppischen Hebephrenen, in der Arbeit sind die Kranken ähnlich wie einfach Autistische oft recht fleißig. Die affektive Flachheit ist erheblich.

Bei der *läppisch-flachen* Hebephrenie findet man das stereotype Lachen der läppischen Hebephrenen. Es ist noch deutlicher als bei der einfachen Form, erscheint nicht nur als Lächeln, sondern oft als ein lebhaftes Lachen. Zugleich bleiben die Kranken regsamer, sie werden nicht so antriebsarm wie die einfach läppischen Hebephrenen. Sichtlich übt die zweite Komponente in dieser Beziehung einen günstigen Einfluß aus. Auch die intellektuellen Leistungen sind besser. Die flache Komponente wird wieder am meisten durch die Halluzinationen, die ihr eigen sind, kenntlich. Sie stellen sich ähnlich dar, wie bei der flach-verschrobenen Hebephrenie. Die Kranken sprechen frei von ihren Stimmen, geben aber wenig über ihren Inhalt an. Wahrscheinlich zeigt sich darin wieder der pseudohalluzinatorische Charakter, indem die Stimmen ihrem Inhalt nach nicht ganz ernst genommen werden. Ein episodisches Auftreten läßt sich jedoch nicht feststellen; auch kann man das Geständnis, die Stimmen seien krankhaft, von den Patienten nicht erhalten. Die Halluzinationen sind reichlicher vorhanden als bei der einfachen Form, man hört auch mehr von somatischen Halluzinationen, wie eine Einwirkung von Strömen auf den Körper. Auf beide Komponenten der läppisch-flachen Hebephrenie gehen wohl die Verstimmungszustände zurück. Sie sind heftiger als bei der einfach flachen Hebephrenie und zeigen häufiger Aggressivität, wie man es bei der läppischen Form findet. Indem sie sich gezielt gegen Schwächere richten, kann man noch an die Bösartigkeiten der läppischen Hebephrenen erinnert werden. Auf beide Komponenten ist es auch zurückzuführen, wenn die Kranken außerhalb ihrer Verstimmungszustände nicht nur viel lachen, sondern von einer flachen Zufriedenheit sind. Auf die heiter-zufriedene Stimmungslage geht es wohl zurück, wenn sie manchmal etwas spielerisch Größenideen äußern.

Von den Kombinationen der *flachen* und der *autistischen* Hebephrenie wurden bisher alle Verbindungen mit Ausnahme der beiden untereinander besprochen.

Bei der *flach-autistischen* Hebephrenie findet man ähnlich wie bei der läppisch-autistischen Hebephrenie uninteressierte Ablehnung und freundliche Zuwendung nebeneinander. Ein Lächeln tritt dabei nur selten auf, man erkennt in der Zuwendung meist nur eine flache Zufriedenheit. Bei gleichgültigen Gesprächen sind die Kranken freundlich, geben auch gern Auskunft, bei unangenehmen Fragen blicken sie dagegen weg und bekommen einen leicht mißmutig-unwilligen Zug. Stärker drückt sich der Unwillen nicht aus, das Gesicht bleibt unbelebt. Besonders deutlich treten in dieser Kombination die Halluzinationen hervor, wahrscheinlich weil sie nicht nur von der flachen, sondern auch von der autistischen Hebephrenie erzeugt werden. Die Kranken hören viele Stimmen, Männerstimmen, Frauenstimmen, sie beklagen sich darüber, geben aber auch in dieser Kombination wenig über ihren Inhalt an. Manchmal wird ein Gedankenlautwerden geschildert. Sensationen kommen häufig hinzu, „Strahlen“ und „Ströme“ wirken auf den Körper ein. Tiefere Affekte kommen bei den Patienten nicht mehr vor, auch nicht, wenn sie sich über Halluzinationen beschweren. In einfachen Gesprächen sind sie geordnet, es fällt aber auf, daß sie oft wiederholen, was sie gesagt haben. Da sie dabei langsam sprechen, wird man nicht an automatische Wiederholungen erinnert, man hat eher den Eindruck, daß die Patienten in ihren Gedanken etwas langsam fortschreiten und, bis der nächste Gedanke kommt, das Gesagte noch einmal wiederholen. Falls man annehmen darf, daß sich die Wortkargheit der autistischen Hebephrenen mit einer Denkarmut verbindet, läßt sich die Erscheinung ähnlich wie bei der verschroben-autistischen Hebephrenie erklären. Bei experimentellen Fragen sind die Antworten im allgemeinen logisch. Bei Fragen, deren Lösung den Patienten Schwierigkeiten bereiten, kommt es aber auch zu Entgleisungen im Gedankengang.

c) Kombiniert-systematische Paraphrenien

Bei Beschreibung der kombiniert-systematischen Paraphrenien wird folgende Reihenfolge eingehalten: Hypochondrische Paraphrenie, konfabulatorische Paraphrenie, expansive Paraphrenie, inkohärente Paraphrenie, phantastische Paraphrenie, phonemische Paraphrenie.

Bei der *hypochondrisch-phantastischen* Paraphrenie findet man alle Symptome der phantastischen Komponente. Es werden absurde Ideen geäußert zum Beispiel: Ein Verwandter ist gestorben, „aber er läuft herum“ oder: „Der verstorbene Mann der Frau Schnee hat mir zugenickt“. Personen werden verkannt, zum Beispiel hat eine Patientin die Stationsschwester früher als Schuhverkäuferin gekannt. Es bestehen Größenideen, eine Patientin ist „die Höchste“. Sinnestäuschungen auf allen Gebieten sind vorhanden. Aber die Äußerungen über all diese Erscheinungen muß man aus den verworrenen Reden der Kranken heraushören. Will man über etwas genauere Auskuft haben, kann man nur in der Weise vorgehen, daß man das Gespräch immer wieder auf das Thema hinlenkt, bis die Kranken einmal eine eindeutige Aussage dazu machen. Ein erheblicher Rededrang erschwert die Möglichkeit noch, das Gespräch im Sinne einer Exploration zu lenken. Viele Wortneubildungen erscheinen, sie sind nicht festgelegt, sondern werden aus der augenblicklichen Thematik heraus geprägt. Teilweise dienen sie zur Bezeichnung von Sinnestäuschungen, zum Beispiel „laute Drahtungen“. In dieser Form können sie dann auch festgehalten werden. Die Entstehung einer Wortneubildung in Zusammenhang mit der augenblicklichen Thematik erkannte man sehr schön, als eine Patientin, der das Sprichwort „Keine Rose ohne Dornen“ vorgelegt wurde, von „Dornennehmen“ sprach. Indem man experimentelle Fragen stellt und damit die Thematik festlegt, kann man den Grad der Verworrenheit verdeutlichen.

(Berg und Gebirge) „Das sind Spiegelungen, Wasserspiegelungen.“ (Kind und Zwerg) „Zwerge sind doch Zwerge, ich habe so etwas nicht in meinen Akten. Wenn sie nebeneinander stehen, sieht man schon den Unterschied, daß es alte Menschen sind und das Kind ein Kind“. (Geizig und sparsam) „Wenn man etwas vorhat zu sparen, muß es auch in Erfüllung gehen; und wenn zuviel Geld da ist, muß man andere Leute hinsetzen, daß sie einem eine Wohnung hinstellen.“ (Satz aus: Acker/Jäger/Hase) „Der Jäger schießt das Wild, die Hasen laufen ja als Naturschutz herum.“ (Sprichwort: „Not bricht Eisen“) „Da bringen sie auch manchmal Menschen mit um und machen Gelegenheitsarbeit.“ (Bach und Teich) „Bach ist etwas still Liegendes, Teich ist auch dasselbe.“ (Treppe und Leiter) „Treppe und Leiter ist doch vom Standpunkt aus gesehen dasselbe.“ — Die Patienten wollen bei den Fragen immer noch weiter reden. Bei der folgenden Frage wurde die

Kranke nicht unterbrochen, sie sollte das Sprichwort „Der Sperling in der Hand ist besser als die Taube auf dem Dache“ erklären: „Es gibt ja auch Vögel, die holen sich die Menschen, wie sie kommen, und wenn sie es wissen, dann muß auch einmal etwas geschehen darüber. Wir können nicht alle Angehörige an uns nehmen und Verwandte. Ich will keine aufgebauten Menschen haben, ich will an mich selber denken. So ein Todeskult finde ich nicht richtig, die sich von anderen Menschen immer noch Lebenssaft holen; so etwas ist ungesund, unhygienisch. Wieviel darf man wiegen?“

Besonders durch das zuletzt gegebene Beispiel erhält man einen Einblick in das verworrene Reden der Kranken. Man sieht, daß auch die grammatikalische Ordnung verlorengeht. Bei einer Verworrenheit von diesem Ausmaß läßt sich die Möglichkeit ausschließen, daß eine einfach-phantastische Paraphrenie vorliegen könnte, Man findet die zweite Komponente, wenn man die Sinnestäuschungen der Kranken betrachtet, denn die grotesken Körpersensationen treten stark hervor. Sie sind zwar auch der phantastischen Paraphrenie eigen, aber mehr noch der hypochondrischen. Wenn beide Paraphrenien zusammentreffen, sind Körpersensationen im besonderen Ausmaß zu erwarten. Die Patienten berichten viel darüber, zum Beispiel:

„Am Gesäß haben sie mir schon alles auseinander geholt.“ — „Ich werde im Gesicht zusammengeschrumpft.“ — „Mein ‘Kinnstreifen’ und meine Zähne werden zusammengebunden.“ — „Meine Lunge wurde eingedickt.“ — „Mein Gehirn haben sie wie einen Faden zusammengezogen, es hat sich immer wieder neu gebildet.“ — „Die Beine wurden hochgehoben, das Rückgrat wurde gebrochen, die Gelenke wurden ausgerenkt, das Blut hat sich ‘abgesetzt’.“

Öfter kehrt die Angabe wieder, daß Organe fehlen, „herausoperiert“ wurden. Eine Patientin sagte: „Der Bauch ist ganz hohl“. Auch die Behauptung, die wir bei konfabulatorischen Kombinationen finden werden, daß fremde Sachen und lebende Wesen im Körper seien, kann erscheinen. Mit den Sensationen verbinden sich immer Stimmen. Manchmal erfahren die Patienten durch Befehle, was sie tun sollen. Da Phoneme sowohl der phantastischen wie der hypochondrischen Paraphrenie eigen sind, wären sie in der Kombination an sich ebenfalls vermehrt zu erwarten. Bei den Patienten ließ sich das nicht bestätigen. Vielleicht lenken die vielen Sensationen etwas von den Stimmen ab. Sowohl über die körperlichen Mißempfindungen wie über die Belästigungen durch Stimmen beklagen sich die Patienten mit einer gewissen Empörung. Darin zeigt sich wohl ein Zug der hypochondrischen Paraphrenie, bei der eine Neigung zum Klagen und Anklagen besteht. Ein tieferer Affekt erscheint aber nicht. Es bleibt bei einem oberflächlichen Protest.

Die Erklärung für die grobe Denkstörung in der Kombination ergibt sich wohl dadurch, daß bei der phantastischen Paraphrenie wie der bei hypochondrischen Paraphrenie eine gewisse Denkerregung besteht. Es kommt zu einer Art Summierung, wenn sich die Entgleisung der einen Form mit der Unkonzentriertheit der anderen Form verbindet.

Ganz anders ist die Denkstörung bei der *hypochondrisch-phonemischen Paraphrenie* gestaltet. Die Kranken sind hier ungemein schwer auf ein Thema zu fixieren. Immer wieder weichen sie auf unbestimmte und allgemeine Redewendungen aus. Man könnte meinen, daß sie nur von unangenehmen Fragen ablenken wollen, aber man findet die Eigenart auch bei gleichgültigen Themen. Wie es scheint, führt es zu einer hochgradigen Erschwerung der Einstellung auf eine bestimmte Frage, wenn sich die Unkonzentriertheit der hypochondrischen Paraphrenie mit der Verschwommenheit der phonemischen Paraphrenie verbindet.

Bei Intelligenzfragen pflegen die Kranken zu zögern, sie wiederholen gerne die Fragen als ob sie nicht recht verstanden hätten. Dann suchen sie den Frager mit allgemeinen,

Redensarten abzuspeisen oder gehen auch einfach auf ein Thema über, das ihnen besser gefällt. Mit Vorliebe erklären sie auch, mit solchen Fragen hätten sie sich nicht befaßt, da könnten sie keine Auskunft geben. Man wird an das Verhalten der phemischen Kranken erinnert, die unbestimmt um die Frage herum reden und nicht auf den Kern der Sache kommen. An dem Zögern und dem Rückfragen der Kranken glaubt man andererseits die Konzentrationserschwerung der hypochondrischen Paraphrenien zu finden. Bei beiden einfachen Formen sind die Patienten schwer beim Thema zu halten, in der Kombination wird die Erschwerung hochgradig. Ich erhielt von den Kranken unter anderem folgende Antworten:

(Unterschied zwischen einer Kiste und einem Korb) „Eine Kiste ist eine Kiste, und ein Korb ist ein Korb.“ (Unterschied!) „Kiste ist eine Kiste, und Korb ist ein Korb.“ (Er möge doch den Unterschied angeben!) „Von was die Kiste ist und der Korb?“ (Ja!) „Der Korb ist aus Weiden, es gibt auch noch andere Körbe.“ (Und die Kiste?) „Kiste gibt es erst einmal von Holz.“ Antworten anderer Kranker: (Soll einen Satz bilden aus: Wiese/Kind/Blumen) „Auf der Wiese wachsen Blumen, Wiesen sind naß, da braucht man keine Blumen pflücken gehen.“ (Acker/Jäger/Hase) „Jäger und Acker habe ich auch keine Ahnung.“ (Sonne/Vorhang/Zimmer) „Vorhang weiß ich nicht, Sonnenvorhang habe ich keine Ahnung.“ (Reiter/Pferd/Graben) „Ist nicht in meinem Lebenslauf drin, Reiter und Pferd ist nicht da drin.“ (Sprichwort „Keine Rose ohne Dornen“) „Weiß ich nichts, ich habe noch keine Rosen kaufen können. (Sparsam und geizig) „Wenn man sparsam ist, ist man nicht geizig.“ (Kind und Zwerg) „Das Kind ist gut, der Zwerg tut auch niemandem etwas.“

Noch schwerer ist es allerdings, die Kranken auf bestimmte Fragen zu fixieren, wenn es sich um Themen handelt, die ihnen unangenehm sind, so vor allem auch, wenn man Genaueres über ihre Halluzinationen erfahren möchte. Sicher kommt hier die Neigung zum Verschweigen hinzu. Ich befragte einen Patienten nach den Stimmen, die er nach dem Bericht der Krankengeschichte hörte.

(Wissen andere Menschen Ihre Gedanken?) „Ja, sicher.“ (Wie merken Sie das?) „Durch Gedankenübertragung.“ (Wie geht das vor sich?) „Wenn ich spreche.“ (Was ist dann?) „Immer Druck hoch oben.“ (Wie stellen Sie die Gedankenübertragung fest?) „Ich war zu Hause immer beim Arzt.“ (Wie merken Sie, daß die Leute Ihre Gedanken kennen?) „Weil ich in Berlin war und in Wittenberg gewohnt habe.“ (Haben die Leute von Wittenberg nach Berlin gesprochen?) „Nein.“ (Was hat Ihre Wohnung in Wittenberg damit zu tun, daß die Leute Ihre Gedanken kennen?) „Ich wohne mit meiner Schwester zusammen.“ (Mit wem unterhalten sie sich, wenn sie Selbstgespräche führen?) „Mit meiner Mutter und mit meinen Angehörigen.“ (Können Sie sich mit Ihren Stimmen unterhalten?) „Nicht immer, selten.“ — Einen anderen Patienten, der sich nach dem Bericht der Krankengeschichte darüber beklagte, daß er mit einem magnetischen Apparat bestrahlt werde, fragte ich danach: (Werden Sie am Körper belästigt?) „Wenn etwas vorkommt, war ich im Krankenhaus. Krätze hatte ich einmal, da bekam ich vom Pfleger eine Salbe.“ (Geht ein magnetischer Einfluß auf Ihren Körper?) „Mein Bettnachbar hat ein Radio, aber ich gehe im Park spazieren.“ (Ob ein magnetischer Strom durch den Körper geht?) „Ich halte mich ja nicht so viel am Radio auf.“ (War ein Apparat auf Sie eingestellt?) „Das kann ich nicht sagen, ich bin ja nicht so gebildet.“ (Sie haben doch selbst davon gesprochen!) „Meine Beschäftigung ist nur Saubermachen, von Apparaten kann ich nichts sagen.“

Mag bei solchen Antworten auch eine Ablehnung mitspielen, ausschlaggebend ist sicher die Denkstörung. Die Bestätigung dafür erhält man dadurch, daß die Kranken zwischendurch, vielleicht, wenn man im Augenblick gar nicht danach gefragt hat, von ihren Stimmen und ihren Sensationen erzählen. Ein Patient, bei dem ich es fast schon aufgegeben hatte, etwas von seinen Halluzinationen zu erfahren, begann plötzlich an seinem Körper herumzudrücken und sich empört darüber zu beklagen, daß man dauernd da und dort hineinstoße. Als er damit von sich aus auf die Belästigungen zu sprechen gekommen war, bejahte er jetzt auch meine Frage nach „Zurufen“ und gebrauchte selbst das Wort „Stimmen“. Auf der Abteilung beklagen sich die Patienten oft über die Belästigungen. Sie führen auch Selbstgespräche.

Einen grotesken Charakter konnte ich bei den Körpersensationen nicht feststellen, doch mag das daran liegen, daß sich die Kranken ganz allgemein sehr unbestimmt äußern. Jedenfalls deutet die Verbindung von somatischen und akustischen Halluzinationen auf eine hypochondrische Paraphrenie. Eine einfache Form kommt aber nicht in Frage. Auf das Hinzutreten einer phonemischen Paraphrenie weist die Tatsache hin, daß die Stimmen noch wesentlich mehr hervortreten als die Körpersensationen. Die Kranken führen viel Selbstgespräche, wie es bei der einfachen hypochondrischen Paraphrenie und ebenso bei der einfachen phonemischen Paraphrenie selten ist. Auch in der Untersuchungssituation beginnen sie zu halluzinieren, sobald man sich nicht mehr mit ihnen beschäftigt. Sie blicken unruhig um sich, scheinen zwischendurch zu horchen und flüstern auch gelegentlich mit sich selbst. Da sich zwei ausgesprochen halluzinatorische Paraphrenien verbinden, ist dieses verstärkte Halluzinieren, das auch durch die Untersuchungssituation nicht unterbrochen wird, verständlich.

Bei der *hypochondrisch-inkohärenten* Paraphrenie findet man das aufdringliche Halluzinieren wie bei der einfach inkohärenten Form. Während man den Kranken gegenüber sitzt, flüstern sie dauernd mit ihren Stimmen und blicken abgelenkt um sich. Manchmal reden sie auch laut mit sich selbst. Wenn man eine Frage stellt, kann man im unklaren sein, wem sie Antwort geben, dem Untersucher oder den Stimmen. Meist wenden sie sich auf Anrede nur flüchtig zu, oft nur mit einem abgelenkten Ausdruck der Augen, der zeigt, daß sie weiter halluzinieren.

Auch bei Intelligenzfragen hören sie meist nur flüchtig hin und geben gern unbestimmte Antworten: „Ich weiß nicht“, „Keine Ahnung“. Meist sprechen sie nicht viel, sie können aber auch etwas ins Reden kommen. Wenn sie nicht allzusehr abgelenkt sind, sondern zu einer Frage Stellung nehmen, erkennt man die hochgradige Denkstörung mit Inkohärenz und Kontaminationen, wie sie schon der einfach inkohärenten Paraphrenie eigen ist. Bei experimentellen Fragen bestätigt sich die schwere Denkstörung. Ich erhielt unter anderem folgende Antworten:

(Baum und Strauch) „Baum wird hochgebaut, der Strauch wird breit.“ (Kind und Zwerg) „Kind ist erzogen, wie ein Mensch sein muß, der Zwerg ist ausgebaut.“ (Irrtum und Lüge) „Der Kluge baut den Pflug, und der Pflug wird vom Pferd oder Traktor angespannt.“ (Sprichwort „Keine Rose ohne Dornen“) „Oben die Rosen, die Blumen sind ja keine.“ (Es ist nicht alles Gold was glänzt“) „Wie soll man das schreiben?“ (Kind und Zwerg) „Ich glaube Sie machen deshalb so eine Bemerkung, ja ich habe hier eine Brust.“ (Irrtum und Lüge) „Da soll man gar nichts drauf geben.“ (Borgen und schenken) „Ist nichts geborgt und nichts geschenkt.“ (Satz aus: Wiese/Kind/Blumen) „Ich will nichts davon hören, ich suche hier keine Stelle.“ (Sonne/Vorhang/Zimmer) „Ach so, Vorhang, bunter Vorhang.“ (Reiter/Pferd/Graben) „Der Ring wird getragen, die pumpen alle an.“ („Der Apfel fällt nicht weit vom Stamm“) „Ich habe mit meinem Familiennamen zu tun und den aufrecht zu erhalten.“ (Kind und Zwerg) „Ich habe kein Kind ernährt, ich muß mich erst ledig hocharbeiten.“ (Treppe und Leiter) „Ich weiß nicht, was Treppe ist, ich kann mich selbst ernähren draußen.“ („Morgenstunde hat Gold im Munde“) „Hier hätten längst die Zähne im Mund sein können, ich bin rein von allen.“ (Geiz und Sparsamkeit) „Vielleicht will der Herr das bezahlt haben, aber ich krieg das wirklich nicht, das Geld.“

Die zweite Komponente der Krankheit erkennt man daran, daß in den verworrenen Äußerungen immer wieder Bemerkungen über körperliche Beeinträchtigungen erscheinen. Die Patienten bestätigen auch, wenn man ihnen Äußerungen vorhält, die sie nach Berichten in der Krankengeschichte gemacht haben. Diese Mißempfindungen werden in hohem Maße merkwürdig geschildert. Man hört zum Beispiel:

Eine Kugel ist im Kopf, die muß wohl unter der Schädeldecke liegen. Ein Holzstab liegt im Unterleib zwischen den Hüften, bald recht bald links; er kann aber rausgehen durch die Haut. Die Brust wird zusammengezogen, der Körper wird „zusammengeschraubt", Stromstöße gehen durch ihn hindurch. Es sind Frösche im Körper. — Nicht selten erscheint die Äußerung, daß Organe fehlen: „Lungen haben wir keine mehr; wie wir hereingekommen sind, ist uns alles abgenommen worden."

Man erkennt an den Äußerungen, daß nicht nur groteske Sensationen geschildert werden, sondern absurde Schlußfolgerungen daran geknüpft sind, die auf die schwere Denkstörung hinweisen.

Die Phoneme leiten sich von der hypochondrischen Paraphrenie wie von der inkohärenten Form ab. Die Patienten bestätigen in ihrer halluzinatorischen Abgelenktheit auch, daß sie Stimmen hören. Eine Patientin zeigte auf die entsprechende Frage zur Decke und sagte: „Das sind Nachbarsleute." Eine Kranke erklärte während der Untersuchung: „Die Stimme hat eben wieder gesagt." (Was?) „Etwas Ordinäres." Die Patientin mit der „Kugel im Kopf" erweiterte ihre Aufgabe darin, daß eine zweite Kugel „mit Stimmen" tiefer zwischen Mund und Hals liege und ihr zum Beispiel sage, welchen Weg sie gehen solle. Zur Bezeichnung der Halluzinationen erscheinen manchmal neu gebildete Worte. Auch sonst tauchen in den verworrenen Reden gelegentlich Wortneubildungen auf.

Nicht selten hören die Patienten ihre Angehörigen sprechen und schließen daraus, daß sich diese auch im Krankenhaus befinden. Es handelt sich in diesem Fall nicht um Personenverkennungen. Auch Tote hören die Patienten manchmal sprechen, ohne daß man „absurde Ideen" im Sinne der phantastischen Paraphrenie anzunehmen braucht. Größenideen deuten sich manchmal an.

Bei der *hypochondrisch-expansiven* Paraphrenie betonte ich in den früheren Auflagen des Buches schon sehr, daß die Kranken ihre somatischen und akustischen Halluzinationen nicht gerne zugeben. Bei meinen Berliner Untersuchungen bestätigte sich das:

Ein Kranker äußerte nach den Berichten der Krankengeschichte unter anderem: Er sei unter Strom gesetzt, radioaktive Strahlen wirkten auf ihn ein und trieben das Herz künstlich an; in seinem Kopf sei eine knotige Verdickung wie ein Magnet; Wellen gingen durch seinen Kopf; durch Strahlen seien seine inneren Organe verstärkt worden; kleine Kugeln und Fäden seien in seinem Gehirn; Herr Zebaoth sitze unter seinem Rippenbogen und spreche mit ihm. Seine akustischen Halluzinationen werden in der Krankengeschichte auch eindeutig beschrieben: Wenn er spreche, sei es ihm, als ob eine Stimme im Hals dazwischen rede; es schalle durch den ganzen Kopf und komme von Personen, die ihn beeinflussen wollten; seine Gedanken würden von anderen Menschen aufgenommen; es sei ihm, als ob seine Gedanken gemerkt würden und er selbst gar nicht mehr zu überlegen brauchte; die Stimmen sagten, er sei „beklopft", sie beschimpften ihn und gäben ihm falsche Ratschläge. Der Patient führte auch Selbstgespräche und äußerte einmal, indem er in die Ecke zeigte, eben habe man ihn „Hurenbock" und „Verbrecher" genannt.

Trotz dieses reichlichen Halluzinierens hatte ich große Mühe, von dem Patienten etwas darüber zu erfahren. Sichtlich sprach er in seiner alltäglichen Umgebung davon, verneinte aber, wenn er in der Untersuchungssituation den berechtigten Verdacht hatte, man wolle etwas Krankhaftes bei ihm feststellen. Es handelt sich hier um ein echtes Dissimulieren, nicht um die Folgeerscheinung einer Denkstörung wie bei den hypochondrisch-phonemischen Paraphrenen.

Den Grund für das Dissimulieren kann man finden, wenn man zur Kenntnis nimmt, daß die zweite Komponente der Krankheit eine expansive Paraphrenie ist; denn die

Kranken dieser Art legen großen Wert darauf, mit Hochachtung behandelt zu werden, nicht als krank erklärt und nicht mit anderen Kranken auf eine Stufe gestellt zu werden. Man erkennt an der überheblichen Haltung auch in der Kombination die expansive Paraphrenie. Die Denkstörung verstärkt sich bei der Verbindung mit der hypochondrischen Paraphrenie. Viele Antworten der Kranken werden ganz verworren, wobei die Betonung der sprachlichen Störung bestehen bleibt. Es scheint sich auch wieder das Bestreben beizumischen, durch eine gewählte Sprache, die vornehm klingen soll, eine gute Bildung und eine hohe Stellung zu demonstrieren. An Wortneubildungen hört man etwa: Rechtssprechbekundigungen, Silisionskrankheit, wangalistische Realität, Säkrusion (soll Hypnose bedeuten), Liswilen (soll die „Liegeerscheinung des Besehens durch Liebe“ sein). Wie bei der einfach expansiven Paraphrenie erscheinen die Wortneubildungen auch häufig in schriftlichen Aufzeichnungen. Die grammatische Ordnung geht bei mündlichen und schriftlichen Äußerungen weitgehend verloren, auch dies gilt mehr als bei der einfachen Form. Es seien einige Antworten auf experimentelle Fragen angeführt:

(Kiste und Korb) „Korb kann man für einen Einkauf betätigen, eine Kiste kann man für Werkzeug, packen drin und ist als Traggriff zum Empfänger anschicken“. (Treppe und Leiter) „Eine Leiter kann man für den Zweck, daß man sie transportieren kann und am Baum Äpfel pflücken kann.“ (Bach und Teich) „Bach, das ist ein Ausdruck, Teich ist ein Talent.“ (Irrtum und Lüge) „Irrtum, das ist, wo das Wissen nicht so ausreichte, Lüge ist das Salonleben, ein Norisleben in Krankheitserscheinung vorkommt.“ (Was bedeutet Neid?) „Neid ist das, wenn durch eine andere Betätigung die Ziele von anderen synthetischen Berufungen trachtet.“ (Satz aus: Wiese/Kind/Blumen) „Die Wiese ist ein Dasein für lebende Kinder zur größeren Freude.“ (Reiter/Pferd/Graben) „Der Reiter hat das Pferd an einen Graben geführt, um die leitende Erotik ein Dasein von Erkennen.“

Die Denkstörung, verstärkt durch das Bemühen der Kranken, sich gewählt auszudrücken, ist so erheblich, daß man kaum noch ein vernünftiges Wort mit den Patienten sprechen kann. Sie führen das Gespräch in einer reserviert-vornehmen Haltung. Die Ideen selbst sind dagegen ähnlich wie bei der einfachen Form nur mäßig expansiv. Wenn sich die Kranken nicht genügend geachtet fühlen, werden sie unwillig und gereizt, doch treten kaum tiefere Affekte auf. Die Neigung zum Sprechen ist groß, sie wird wahrscheinlich durch die hypochondrische Komponente erhöht.

Bei der *hypochondrisch-konfabulatorischen* Paraphrenie findet man in späteren Studien der Krankheit kaum Konfabulationen im Sinne von Reisen in andere Länder und zu anderen Sternen. Dagegen sind die körperlichen Mißempfindungen, die aus der hypochondrischen Komponente stammen, konfabulatorisch ausgebaut. Tote Gegenstände und lebende Wesen sind nach Angaben der Patienten in ihrem Körper, so: Drähte, Handtaschen, Geldbörsen, Papier, Bienen, „ein Kaninchen und zwei schwarze Hunde“, Menschen, „ein Kind, das Mama ruft“. Andererseits fehlen angeblich Organe oder „das Herz ist gläsern“. Die Erlebnisse können aber auch den Mißempfindungen bei der einfach hypochondrischen Paraphrenie ähnlich bleiben: Rippen wurden zerbrochen, Nerven herausgezogen, der Leib wurde durchgeschnitten. Aus der hypochondrischen Paraphrenie stammen ferner Phoneme, die regelmäßig zu finden sind. Sie nehmen Stellung zu den konfabulatorischen Vorgängen, sagen zum Beispiel, daß der Patientin in die Hände zusammengebunden werden sollen, damit man in ihren Körper hineinsehen kann. Manchmal geben die Kranken auch an, sie seien durch Stimmen davon unterrichtet worden, was in ihrem Körper vorgehe. Es kommt ferner vor, daß Menschen, die sich angeblich im Körper aufhalten, aus diesem heraussprechen. Sie finden darin Platz, weil sie sich, wie eine Patientin sagte, „zusammenrollen“. Optische Erscheinungen sind in früheren Stadien der Krankheit häufig. Manchmal behaupten die Patienten, daß sie das, was in ihrem Körper vorgeht, auch sehen können. Man kann in solchen Fällen nicht entscheiden, wie weit es sich um optische Sinnestäuschungen, wie weit um Konfabulationen handelt.

Eine Besonderheit der hypochondrisch-konfabulatorischen Paraphrenie stellt es dar, daß regelmäßig eine Antriebsarmut verbunden mit Wortkargheit besteht. Dies läßt sich mit keiner der beiden Komponenten in Beziehung setzen. Ich erkläre mir die Erscheinung damit, daß bei der hypochondrischen und der konfabulatorischen Paraphrenie wohl antagonistische Systeme ausfallen — an anderer Stelle ist das genauer dargestellt —, so daß ein neuartiges Symptom entstehen kann. Aus der Antriebsarmut lassen sich vielleicht die unvollkommenen Denkleistungen, die man bei den Kranken findet, erklären; es kann aber auch sein, daß die Schwäche der konfabulatorischen Paraphrenie im abstrakten Denken eine Rolle spielt. Gröbere logische Verfehlungen stellt man trotz des grotesk phantastischen Bildes nicht fest.

Von den Kombinationen der *konfabulatorischen* Paraphrenie ist die Verbindung mit der hypochondrischen Form schon dargestellt. Es folgen weitere Kombinationen.

Bei der *konfabulatorisch-phantastischen* Paraphrenie bleiben alle Symptome der phantastischen Paraphrenie erhalten, die absurden Ideen, Größenideen, Personenverkennungen und die Sinnestäuschungen auf allen Gebieten. Aber die Ideen nehmen teilweise einen konfabulatorischen Charakter an, indem sie nicht einfach als Behauptungen erscheinen, sondern mit konkreten Schilderungen unterbaut sind. Allerdings kommt es nicht zu längeren Berichten, vielmehr brechen die Konfabulationen immer wieder schnell ab. Von Reisen in ferne Länder erfährt man nichts.

Eine Patientin äußerte: „Ich spiele doch im Moment noch alle Filme in der DDR, ich war Marika Rökk, ich war früher mit Dr. Detzke verheiratet. Da hatte ich ein paar Millionen Kinder, die sind jetzt beim Vater. Sie können sich mal erkundigen bei ihm, ob er meine Verheiratung noch nennen will." Dann sprach sie von einem Arzt, der „Leichen seziert, was so anfällt im Krankenhaus", der jetzt ihr Ehemann sein soll. — Ein Patient erzählte: „Da haben wir bei uns einmal einen Fall gehabt. Der war schon beerdigt, dann mußten sie ihn wieder ausgraben, er hat sich gemeldet, hat gepoltert, dann hat er noch 3/4 Jahr gelebt." Ein anderer Patient hat schon in der Tannenbergschlacht mitgekämpft, durch sein Verdienst blieben die Deutschen Sieger. Daß er zu jener Zeit erst 1/2 Jahr alt war, störte ihn nicht.

Bei den somatischen Erlebnissen erkennt man, daß sie nicht nur grotesk wie bei der einfach phantastischen Paraphrenie sind, sondern einen konfabulatorischen Ausbau erhalten. Ähnlich wie bei der hypochondrisch-konfabulatorischen Paraphrenie bekommt man die merkwürdigsten Berichte:

Im Körper der Kranken befinden sich, wie sie behaupten, zum Beispiel eine Ziege, ein Schwein, eine Ratte (letztere sogar im Kopf), Heinzelmännchen, ein Arzt. Einmal wird sogar ein Elefant genannt. (Wie paßt der in den Körper hinein?) „Das weiß ich auch nicht, wie der hineingekommen ist." Eine Patientin hatte schon einmal die Rippe von Adam und Eva im Körper. Ihr Vater nahm sie aber heraus.

Ohne konfabulatorische Komponente erreichen die somatischen Erlebnisse der phantastischen Paraphrenie nicht eine Absurdität von diesem Ausmaß. Man glaubt auch immer wieder etwas Bildhaftes in den Schilderungen der Patienten zu erkennen. Dagegen scheint sich an den Stimmen der phantastischen Paraphrenie in der Kombination nichts Wesentliches zu ändern, sie werden nüchtern geschildert. Optische Sinnestäuschungen sind vielleicht in die phantastischen Erzählungen eingebaut, man kann sie aber nicht abgrenzen. Personenverkennungen findet man noch reichlicher als bei der einfach phantastischen Paraphrenie. Die Größenideen sind maßlos, wie sie es meist auch schon bei beiden einfachen Formen sind.

Die Patienten sprechen gern und werden schnell verworren, wenn man sie reden läßt. Man versteht bald nicht mehr, was sie meinen, man kann die Zusammenhänge nicht mehr verfolgen. Manche Wortneubildungen, die eingestreut sind, erschweren das Verständnis noch mehr. Bei der Intelligenzprüfung kann man sich dann wundern, daß viele Fragen doch richtig beantwortet werden. Die Verworrenheit ist eben teilweise eine inhaltliche und hängt auch mit der merkwürdigen Ideenbildung zusammen. Doch vermißt man bei der experimentellen Prüfung gedankliche Entgleisungen keineswegs, wie einige Beispiele zeigen können:

(Sprichwort „Der Apfel fällt nicht weit vom Stamm") „Das ist ganz gleichnamig, wenn man zum Beispiel eine Mutter und ein Kind vergleichen will, dann hat das Kind meist ähnliche Anlagen und kann beurteilt werden." (Not bricht Eisen") „In der Not nimmt man schwere Sachen, geht zu schweren Gängen über, schwere Möglichkeiten." („Keine Rose ohne Dornen") „Die Rosen blühen gute Tage, und die Dornen nehmen den Menschen die Möglichkeit, schwere Sachen zu verrichten, kommen mit heran, wenn mit reingezogen." („Es ist nicht alles Gold was glänzt") „Was abgedeckt wird, was zugedeckt wird, das ist so gut wie die Decke selber, Handlungsweise." (Bach und Teich) „Ein Bach ist ein 'Fließ', ein fließender kleiner Strom, ein Teich ist ein rundes, je nachdem längliches, ovales, so ein Loch, da ist Wasser drin."

Die *konfabulatorisch-phonemische* Paraphrenie, eine weitere Kombination, ist unter den systematischen Schizophrenien, ja unter den Schizophrenien überhaupt die einzige Form, bei der optische Halluzinationen das Krankheitsbild beherrschen. Die einfach konfabulatorischen Paraphrenen erzählen manche Erlebnisse so plastisch, daß man meinen könnte, sie berichteten über Inhalte von optischen Trugwahrnehmungen. Aber es zeigt sich doch immer, daß sich die Dinge irgend einmal an irgendeinem Ort abgespielt haben, nicht in der derzeitigen Umgebung. Die Kranken mit der kombinierten Paraphrenie haben dagegen das, was sie erzählen, unmittelbar da erlebt, wo sie sich tatsächlich aufhalten; vielleicht war es erst gestern. Es ist großenteils Erstaunliches, was die Kranken sehen:

Eine Kuh flog zum Fenster herein, ein Mann und drei Frauen wurden hereingeworfen. Dann wieder sah die Patientin „Knallbohnen und komische Figuren." Eine andere Patientin sah durch einen „Filmsender" Engel in den Wolken, auch Männer, ein Pferd. Aus ihrem Körper kamen einmal Schwerter, Geldbüchsen, ein Testament und ein Gesangbuch heraus. Wieder eine andere Patientin erzählte von Gestalten, die sie sah, und fügte an: „Wenn ich die Augen zumache, sehe ich das". Eine Patientin mußte mit ansehen, wie ihre Brüder gemartert und ermordet wurden und doch am Leben blieben: „Sie schneiden ihnen die Geschlechtsteile heraus, dann geben sie ihnen Spritzen in den Körper und nehmen die Därme heraus. Die Geschlechtsteile des ältesten Bruders haben sie in die Spree geworfen". Die Patientin wunderte sich nicht darüber, daß die Brüder trotz dieser Entstellungen noch am Leben waren. Oft kommen Geister an ihr Bett, einmal kam eine Katze.

Die zuletzt genannte Patientin erzählte die schrecklichen Dinge ohne affektive Beteiligung, mehr wie eine Sensation. Man erkennt, daß im Bewußtsein der Kranken doch ein Unterschied zwischen der objektiven Wirklichkeit und den halluzinatorischen Erlebnissen besteht. Bei zwei Patienten erkannte man das eindrucksvoll daran, daß sie selbst von einem Doppelleben sprachen. Der eine erlebte in Hypnose, wie er es ausdrückte, daß er an einem völlig anderem Ort war als in Wirklichkeit. Er wachte nachts auf und befand sich nicht mehr in seinem Schlafzimmer. Einmal war er sogar auf dem Mond. Die andere Kranke behauptete, alle Menschen existieren in zwei Personen, in den wirklichen und den „unsichtbaren". Sie selbst sah auch die „unsichtbaren".

Sie gab auch einmal an, daß sie ihre Erlebnisse „im Unterbewußtsein" habe. Man wird lebhaft an die einfach konfabulatorischen Paraphrenen erinnert, die ihre Erscheinungen manchmal „in Trance" oder auch „im Traum" haben, wie sie sagen. Das Traumhafte tritt in der Kombinationsform auch insofern hervor, als vieles bei Nacht erlebt wird. Man erkennt auch wieder Übergänge zu Konfabulationen. Ein Patient erzählte: „Da kam der Arzt, da war ich auf einmal weg, da bin ich operiert worden in Hypnose, dann wurde ich wieder wach, da hatte ich auf der linken Backe eine Narbe." — Da die phonemische Paraphrenie eine ausgesprochen halluzinatorische Form ist, versteht man, daß aus den Konfabulationen der zweiten Form vorwiegend Sinnestäuschungen werden.

Neben den optischen Halluzinationen spielen die Stimmen bei den Kranken eine große Rolle. Sie kennen die Gedanken der Patienten und sprechen sie oft nach. Man erkennt hier die phonemische Paraphrenie mit dem Gedankenlautwerden. Auch die Stimmen aus dem Körper erschienen bei zwei Fällen. Bei einer der Kranken kamen die Stimmen aus der Gegend des Schlüsselbeines, bei der anderen aus dem Bauch. Teils sprechen die Menschen, die halluzinatorisch gesehen werden, überwiegend treten die Stimmen aber für sich auf.

Die Patienten erzählen im allgemeinen gern von ihren Erlebnissen. In ihrer Stimmung sind sie flach-zufrieden. Bei der einfach konfabulatorischen Paraphrenie findet man regelmäßig Größenideen, in der Kombination deuten sie sich manchmal an. Wahrscheinlich wirkt hier die phonemische Paraphrenie, der gar keine Größenideen eigen sind, dämpfend.

Die Denkstörung scheint die konfabulatorisch-phonemische Paraphrenie zu bestätigen denn bei Intelligenzfragen neigen die Kranken zu einem „verschwommenen Denken" und zu einem Abgleiten ins Anschauliche. So erhielt ich zum Beispiel folgende Antworten:

(Kiste und Korb) „Korb ist ein bißchen luftiger, Kiste ist, wo keine Luft reinkommt, ist wohl kräftiger wie ein Korb. Der Korb hält oft nicht lange. Wenn man viel Schweres einpackt in den Korb, geht er schnell kaputt. Ich habe auch einen kleinen Korb gehabt, der kaputtging." (Bach und Teich) „Der Teich steht still und der Bach fließt doch. Teiche sind stille Wasser und die Bäche, die fließen. Bach ist lang und schmal, und der Teich ist ein großer Teich. War bei uns auch ein Teich und ein Bach". (Sparsam und geizig) „Geizig, wenn man sich nichts gönnt, was zu kaufen; dann ist man geizig, wir waren sehr sparsam zu Hause. In unserem Dorf sind sparsame Leute gewesen." (Treppe und Leiter) „Die Treppe ist zum Gehen da, die Leiter ist auch zum Gehen da. Die Leiter ist aus Holz und langgezogen, bloß daß die Leiter eben zwei Stützen hat, oder angelegt wird an die Wand." (Irrtum und Lüge) „Eine Lüge ist, wenn ich jemand etwas vorschwindele, beim Gericht oder vielleicht bei anderen Menschen, wenn ich vielleicht eine Notlüge mache und sage, das gibt es nicht und vielleicht etwas anderes."

Bei der *konfabulatorisch-inkohärenten* Paraphrenie findet man ebenfalls optische Sinnestäuschungen, doch zeigen diese mehr Übergänge zu Konfabulationen. Eine Patientin sah in einem Laboratorium eine „vereiste Zuckermilz", sie wollte sie aufheben, aber eine Mitpatientin warf sie gleich in die Toilette. Eine andere Patientin sah einmal „abends um 6.00 Uhr" das Abendmahl mit Jesus und den Jüngern am Himmel. Ein anderes Mal saß die verstorbene Mutter „mit ihrem Madonnenscheitel" am Tisch. Meist tritt der konfabulatorische Charakter noch deutlicher hervor, wie einige Beispiele zeigen:

Ein Mensch wurde durch Verbrennungen „durch den Kamin gejagt". Einmal lag eine tote Frau da, sie war erwürgt worden. Bei der Tochter einer Patientin wurde von einem fremden Jungen einmal der Leib geöffnet; das war nicht wieder gutzumachen; eine Narbe sehe man allerdings nicht. Ihrem Mann wurde einmal der Kopf zerschmettert. Ihr selbst wurden die Mandeln herausgenommen, weil eine Nähnadel von ihrem Bruder Alfred drinsteckte. Auf eine Patientin wurde einmal so geschossen, daß Stücke aus der Wand flogen; sie selbst wurde aber nicht getroffen, weil die Oberin sie rettete. Eine Patientin stand einmal vor ihrem Grab; aber da kam der Pfarrer und sagte: „Mein Kind, Du kannst noch einmal nach Hause gehen.“

Man erkennt bei den optischen Halluzinationen wie bei den Konfabulationen teilweise wieder einen traumhaften Charakter. Es sind Einzelszenen, über die berichtet wird; zusammenhängende Erzählungen konfabulatorischer Art bekommt man nicht zu hören. Das liegt sicher an der zweiten Komponente der Krankheit, der inkohärenten Paraphrenie. In einem Fall zeigte sich wieder das „zweite Bewußtsein“ der konfabulatorischen Paraphrenie, denn die Patientin war, wie sie sich ausdrückte, zeitweise „umnachtet“. Die inkohärente Komponente tritt besonders durch das charakteristische Dauerhalluzinieren hervor. In das Gespräch hinein flüstern die Kranken oft zur Seite; wenn sie allein sind, sprechen sie auch laut mit ihren Stimmen. Dabei wird, wie die Patienten angeben, teils über alltägliche Dinge gesprochen, teils haben die Stimmen aber auch die konfabulatorischen Erlebnisse zum Inhalt. Man kann von den Patienten mehr darüber erfahren, als von einfach inkohärenten Paraphrenen. Die Denkstörung scheint durch die konfabulatorische Komponente gemildert zu sein. Vielleicht erklärt sich dies daraus, daß das Denken bei dieser Paraphrenie zum Konkreten neigt und durch diese festere Form der Inkohärenz entgegenwirkt. Immerhin ist es auch bei der Kombinationsform schwierig, ein geordnetes Gespräch zu führen, da immer wieder inkohärente Äußerungen dazwischentreten oder auch gedankliche Vermengungen erscheinen. Auch Wortneubildungen kommen vor. Auf experimentelle Fragen bekam ich unter anderem folgende Antworten:

(Unterschied zwischen Kiste und Korb) „Ich soll wohl dünner werden? Ich war nicht auf dem Land, ich war in der Großstadt, da gibt es keine Kiste und keinen Korb.“ (Berg und Gebirge) „Da kann man den feuerspeienden Berg auf Sizilien nehmen. Von Schlesien stamme ich, ich habe gut gelernt.“ (Kind und Zwerg) „Von Zwergen möchte ich kein Kind haben, um Gottes Willen.“ (Satz aus: Sonne/Vorhang/Zimmer) „Einen Vorhang haben wir nie, ich habe keinen Vorhang vor der Türe.“ (Sprichwort „Der Apfel fällt nicht weit vom Stamm“) „Man kann einen jungen Baum noch verpflanzen, aber ich möchte meinen Jungen nicht verpflanzen, weil er noch nicht heiraten kann.“ (Baum und Strauch) „Ein Baum ist Strauchwerk.“ (Borgen und schenken) „Borgen soll man nicht; so ist es mir einmal gegangen, das war für mich eine Warnung. Die hat sich freisprechen lassen von der Anstalt und kam nicht wieder.“ (Sprichwort: „Not bricht Eisen“) „Wenn man verzweifelt ist, so kann man in der Not versuchen, daß man eisern wird im Geiste; also kräftigt sich der Geist durch Not.“ (Sprichwort: „Der Sperling in der Hand ist besser als die Taube auf dem Dache“). Einen Sperlin kann man ja nicht kriegen, nur wenn man ein richtiger Kater ist, wenn der ihn packt und frißt.“

Die Patienten sprechen nicht nur mehr als einfach inkohärente Paraphrene, sie wenden sich auch besser zu und verlieren für den Augenblick ihre halluzinatorische Abgelenktheit. Affektiv sind sie flach. Ihre Stimmungslage ist indifferent, die leicht heitere Art der einfach konfabulatorischen Paraphrenen findet man nicht. Die Größenideen der Patienten sind weniger maßlos als bei den konfabulatorischen Paraphrenen, obwohl auch bei den Inkohärenten Größenideen vorkommen. Vielleicht sind die Kranken von ihren konfabulatorischen und halluzinatorischen Erlebnissen in ihrem Bewußtsein so in Anspruch genommen, daß sich Wunschvorstellungen nicht mehr breitmachen können.

Bei der *konfabulatorisch-expansiven* Paraphrenie geben die Kranken ähnlich phantasievolle Berichte wie bei der einfach konfabulatorischen Form; sie sind nur etwas weniger plastisch, es mischen sich mehr unanschauliche Gedanken bei. Eine Patientin zählte viele Länder auf, in die sie angeblich mit dem Flugzeug gereist war. Man mußte sich aber erst genauer nach Einzelheiten erkundigen, ehe man erfuhr, daß sie in der Wüste auf Kamelen ritt und im Weißen Haus von Washington mit Adenauer zusammentraf. Der Größenwahn tritt oft mehr hervor als die Konfabulation. Von einer Patientin war folgendes zu hören:

Vor 4 Jahren hat sie von der amerikanischen Regierung 50000 Golddollar erhalten, voriges Jahr von der englischen Regierung 70000 Mark. Die Summen sind in Wolgast (Ihrem Heimatort) deponiert. Die Bestätigung, daß sie das Geld dort abgegeben hat, ist ihr allerdings abhanden gekommen. Von 145000 Mark hat sie sich an der Ostsee ein Haus gekauft, allerdings nur einmal dort übernachtet. Sie fuhr dann nach Wolgast, wo man ihr das Auto wegnahm. Sie war vormals mit Lord Hamilton verheiratet, der aber leider verstorben ist. Seit kurzem ist sie mit Virchow verheiratet. Vor längerer Zeit wohnte sie in Australien und hatte hier Leoparden und Jaguare als Haustiere. Im vorigen Jahr entdeckte sie in England große Kupferlager, die für 100 bis 200 Jahre ausreichen. Neuerdings hat sie eine Turbine erfunden mit 40 Millionen Watt, die 13 Städte mit Strom versorgt. Überdies hat sie eine große Erbschaft zu erwarten, denn der Philosoph Schopenhauer hat sie als Universalerbin eingesetzt. Sein Vermögen beträgt 21 Millionen Mark. Ihre Großmutter, eine geborene Nettelbeck, war mit ihr zusammen auf dem Schopenhauerschen Gut.

Die Phantastik der Erzählungen kann noch weitergehen. Anscheinend sind manche Kranke geneigt, sich mit den Absurditäten auch noch wichtig zu machen. Bei der Eigenart der expansiven Paraphrenen versteht man das. Ein Patient berichtete:

Bei den Amazonen habe ich einem Stier einen Autoreifen um den Hals gebunden, er schwamm dann durch den Ozean und war 1951 in Wittenberge. Er ist jetzt in Görlitz. Dort habe ich an der Elbe ein Schloß gebaut, wo früher einmal die deutsche Hauptstadt war. Wir haben auch Öl gebohrt. Da kam Stalin und machte mich zum sowjetischen Staatsbürger. Das Atompatent und das Raketenpatent bekam ich auch. Als ich 10 Jahre als war, ist mir die Kernspaltung gelungen. Ich bin der Führer der Allmacht. — Der Patient ist auch mit einer „fliegenden Untertasse" zum Mond geflogen und hat den Bewohnern dort klargemacht, daß sie mit den Erdbewohnern keinen Krieg führen dürfen.

Manchmal findet man wieder das Bestreben, die konfabulatorischen Erlebnisse auf einen zweiten Bewußtseinszustand zu beziehen. Ein Patient äußerte:

„Ich war plötzlich bewußtlos und tauchte in einer anderen Welt auf." Er wisse nicht, welche Welt es war, es gebe ja sehr viele Welten. Auf einer davon sei er schon einmal aufgehängt, aber „zufällig" wieder runtergelassen worden. Ein anderer Patient gab an, er komme nachts immer aus dem Bett heraus und bleibe weg, bis er wieder „zurückgewünscht" werde.

Die expansive Komponente der Krankheit kann man nicht aus den Größenideen erschließen, da diese auch aus der konfabulatorischen Paraphrenie stammen können, sondern man erkennt sie an der überheblichen Art der Patienten. Sie schlagen gerne einen belehrenden Ton an, sprechen von oben herab, betonen mit Stolz, was sie erlebt haben und welche hohe Stellung ihnen zukommt. Sie suchen sich auch äußerlich ein vornehmes Aussehen zu geben. Eine Patientin schminkte und puderte sich in einem Maße, daß sie wie eine Maske aussah und ein Ekzem bekam. Wenn man den Kranken widerspricht, sind sie gekränkt und neigen dazu, weitere Antworten zu verweigern. Auf der Abteilung benehmen sie sich anmaßend, die Mitpatienten seien kein Umgang für sie. Ein Kranker fertigte auch die für expansive Paraphrene charakteristischen Schriftstücke an, in denen er mit merkwürdig sprachlichen Formulierungen Beschwerde führte. Eines dieser Schriftstücke lautet:

„Des nachts, der Ruhestörung, viermal zum Abort, benutzen. Kommt er die Treppe raufgestöhnt, betritt das Schlafzimmer vor meinem Bett. Der Finsternis „klapperentes“ Schlangengeräusch derartig, daß man aus dem Schlaf getrieben wird — darauf er meine halbtote Ruhe einschaltet — anderen dadurch in Raserei bringt — den Nerv tötet. Ein Pfui dem Pfleger, der diesen Rühlemann (Mitpatient) noch in einem Tagesraum rumlaufen läßt — solche Hexenprodukte gehören als Kriminalverbrecher in ein Zuchthaus. Aber nicht in einen Tagesraum einer Heilanstalt.“

In ihren Erzählungen gebrauchen die Kranken nicht selten Wortneubildungen, in der experimentellen Prüfung treten diese eher zurück. Sie scheinen sich unter dem Einfluß der konfabulatorischen Komponente, die das Denken konkret gestaltet, zu vermindern. Die Wortneubildungen häufen sich spontan und experimentell, wenn sich die Kranken damit wichtig machen wollen. Ein Patient gebrauchte die Wortneubildungen „Rombas“, „Utiliens“, „Pedang“, „Choledang“ und war stolz, daß er aufgefordert wurde, sie zu buchstabieren. Merkwürdige sprachliche Formulierungen mit schweren grammatischen Fehlern finden sich auch bei der experimentellen Prüfung. Dazu kommen gedankliche Verfehlungen. Einige Beispiele folgen:

(Lüge und Irrtum) „Der Irrtum ist die unbewußte Falschdarstellung einer Darstellung, eine Lüge ist eine bewußte Falschdarstellung.“ (Baum und Strauch) „Der Baum ist ein Stammgewächs, der Strauch ist ein Wurzelgewächs.“ (Treppe und Leiter) „Die Treppe ist ein angenagelter Behälter aus Brettern, ein genagelter Gegenstand mit Geländer, eine Leiter ist ein Sprossengestell.“ (Sprichwort „Was Hänschen nicht lernt, lernt Hans nimmermehr) „Das ist wohl nur im Benehmen, zum Benehmen zu stellen.“ (Satzbildung aus: Acker/Jäger/Hase) „Der Jäger sagt dem Inhaber des Hasen Bescheid, daß er nicht über den Acker läuft.“ (Auto/Kurve/Baum) „Das Auto fährt keine Kurve zum Bürgersteig, wenn dort ein Baum wächst.“ (Sprichwort „Not bricht Eisen“) „Höchstwahrscheinlich, daß ein Lastauto in größter Not über ein Eisen fährt, kann sein, daß die Belastung des Autos das Eisen durchbricht.“ (Sprichwort „Der Apfel fällt nicht weit vom Stamm“) „Wenn die Eltern erblich belastet sind, nicht in diesen Häusern unterbringen, die erblich belasteten Kinder.“ (Treppe und Leiter) „Das kommt auf die Sprache an, die Leiter kann ja selbst eine Leiter spielen. Treppe kann sogar selbst beansprucht werden. Das sind doch Sprossenleitern. Die richtigen 'Zugehörsprachen' erzählen uns ja nichts.“

Man darf den Kranken bei der experimentellen Prüfung nicht zu erkennen geben, daß man ihre Lösungen nicht gut findet, sonst geben sie keine Antwort mehr.

Von den Kombinationen der *expansiven Paraphrenie* wurden die Verbindungen mit der hypochondrischen und der konfabulatorischen Paraphrenie beschrieben. Es folgen die weiteren.

Bei der *expansiv-phantastischen* Paraphrenie ist die Untersuchung wie bei der expansiv-hypochondrischen Paraphrenie dadurch erschwert, daß die Patienten ungern von ihren Sinnestäuschungen sprechen, unter denen sie nach den Berichten der Krankengeschichten leiden. Von den expansiv-hypochondrischen Paraphrenen unterscheiden sich die expansiv-phantastischen Kranken durch die Absurditäten ihrer Ideen, sowie auch durch einen Rededrang.

Die Kranken, die ich sah, rissen alle nach der Begrüßung gleich das Gespräch an sich. Es geschah bei meinen Berliner Fällen in folgender Weise.

Ein Patient äußerte, ehe ich noch eine Frage stellen konnte, folgendes: „Erstmals bin ich Pseudo, nicht Name, Kaiser Wilhelm, Friedrich Barbarossa, Rotschild, John Glason, römisch I, des Kaisers Zahl, Richter der Welt, Staatsanwalt der Welt, Schottland-Yard, London, England I, ich will nach Buskau verlegt werden.

Ein anderer: „Die ganze Anstalt gehört mir, sie heißt nicht mehr Krankenhaus, sie heißt „Hydryaffilelibarotkü“ das erinnert an Villa. Welchen Inhalt hat diese Besprechung? Ich bin hier Hausherr, bin gegen meinen Willen mit Präsident angesprochen. Ich war früher „Sternstaatenpräsident", bin jetzt Präsident der Organisation der Vereinigten Nationen. Es gibt die Ordnung der materialistischen Völkergruppe, die einen Teil der „Unsterblichkeitsvölker" darstellt, zum Beispiel ist nicht zu verstehen, daß der Himmel stirbt, auch die Wälder nicht; der Himmel als Volk und als völkische Gruppe kann auch nicht sterben, auch daß das Feuer stirbt, ist nicht zu verstehen, auch das Wasser nicht. Die Organisation hat sich als ungeeignet erwiesen. Wir haben ihnen gestattet, uns ihre Wünsche zu übermitteln. Wir waren nicht gewillt, die fehlerhafte Organisation aufrecht zu erhalten."

Eine weibliche Patientin äußerte, nach ihrem Namen gefragt, folgendes: „Ich heiße Wodrig, sonst heiße ich Andreani, ich bin der Sowjetstern. Dr. Heber (Stationsarzt) ist mein junger Sohn. Meine Mutter hatte erst zwei Söhne, dann hat sie ein Kind bekommen, Gregor Macheina, Andreani, das ist mein Gatte. Ich bin hier und hieße Kaiser Elias Augustus. Mein Gatte lebt, das ist mein Sohn. Ich habe Stalin fertiggemacht, man nennt mich Maja Kmakurs. Gebürtig bin ich in Italien. Mein Vater ist Kaiser Friedrich, der I., der Große, er ist tot seit 1938."

Eine weitere Patientin begann nach der Begrüßung mit folgenden Worten: „Mein Schicksal liegt in der Hand des Papstes. Ich bin eine Göttin auf Wiedergeburt, und der Papst wünschte meinen Aufenthalt in Anstalten. Es gibt Götter und es gibt Päpste. Past Pius XII ist der Papst, der meine Wiedergeburt arbeitet, mit dem lieben Gott zusammen. Ich muß betend die Welt überwinden können, daß ich meine göttlichen Eigenschaften wiederhaben darf. Ich kann Lepra umsetzen bis auf 6 bis 7 Milligramm. Lepra ist 'Erstankrankheit', kann ausgelöst werden durch 'Blickberühr'".

Man erkennt bei diesen Äußerungen, abgesehen von der schweren Verworrenheit mit den vielen Wortneubildungen, die Größenideen und andere Ideen absurdester Art. Auch Personenverkennungen, die sich bei allen finden, treten teilweise schon hervor. Aus manchen Bemerkungen kann man ferner schon optische, akustische und somatische Halluzinationen heraushören. Will man über die Trugwahrnehmungen Genaueres erfahren, gehen die Kranken meist mit verworrenen Äußerungen darüber hinweg. Hin und wieder erhält man aber doch eine brauchbare Antwort. Nach „Bildern" gefragt, sagte ein Patient: „Mit meinem geistigen Auge sehe ich die Blumenformen, Landschaften, Köpfe, die auf mich zukommen". Wesentlich öfter waren bei der Frage nach Stimmen bestätigende Antworten zu erhalten: Schlechte, erniedrigende Worte sind zu hören. Laufend wird „durchgesprochen", Frauen und Männer sprechen, es ist eine „Telephonstrippe". Ein Patient äußerte auf die Frage nach Stimmen: „Wenn ich Funkverkehr habe, das nennt man ja wohl in der medizinischen Sprache so." Spontan und auf Befragung hört man auch viel von somatischen Halluzinationen. Einer Patientin wurden Arme und Beine abgenommen und durch künstliches Fleisch ersetzt. Bei einem Patienten wurde der Kopf „klein geschnitten". Bei einem Patienten wirkten „Strommengen" zur „Lebendigerhaltung" auf den Körper ein. Durch eine Spritze wurde eine Patientin „zu kindlichen Formen deformiert". In den Mund und in die Kehle wurde ihr Schmutz gestoßen.

Neben der phantastischen ist die expansive Komponente eindeutig erkennbar. Die vielen, größtenteils gekünstelten Wortneubildungen weisen auf sie hin. Das allgemeine Verhalten der Kranken bestätigt diese Komponente. Sie haben alle das charakteristische Herrische, Überhebliche, Belehrende, das bis zu einem posenhaften Stolzieren geht. Bei einem Patienten finden sich auch wieder die charakteristischen Schriftstücke. Eines lautet agrammatisch und nichtssagend: „Werte Kollegin! Bitte Ihnen das Zentrale Röntgeninstitut Berlin. Rechnungen sind bezahlt." Bei einer experimentellen Prüfung tritt die Verworrenheit, wie man mit gewisser Verwunderung feststellen kann, viel weniger hervor. Manche Intelligenzfragen werden geordnet beantwortet. Man kann daraus entnehmen, daß die Verworrenheit der Äußerungen doch zu einem großen Teil durch die abnormen Inhalte zustande kommt, nicht nur durch die Denkstörung. Freilich findet man auch bei der experimentellen Prüfung noch viele gedanklich und sprachlich verfehlte Antworten. Einige Beispiele:

(Baum und Strauch) „Gar kein Unterschied, der Strauch kann sich vom Baum abgepflückt haben." (Kind und Zwerg) „Wenn man ein Kind großzieht, bleibt es kein Zwerg." (Treppe und Leiter) „Die Treppe hat ein Geländer, die Leiter kann man nicht immer führen." (Bach und Teich) „Ein Bach ist die Finsternis umd im Beweglichen, das ist der Sumpf im Dickicht." (Baum und Strauch) „Das ist eine Frage der Größe und des Fruchtreichtums und der Schutzmöglichkeit für die Umgebung. Der Baum hat einen Raketenstamm, einen technischen Stamm und eine künstlerische Krone. Der Strauch ist überwiegend künstlerisch und hat Leitungsröhren." (Sprichwort „Not bricht Eisen") „Daß man sich über bestehende, an sich erkannte Formen hinwegsetzt." (Kind und Zwerg) „Kind ist verboten, Zwerg ist verboten, weil es Mißbildungen sind. Ich bin schon mehrfach als Kind geboren worden." (Baum und Strauch) „Der Baum ist in seinem wissenschaftlichen Umfang schizophren."

Bei der *expansiv-phonemischen* Paraphrenie tritt die überhebliche Haltung der expansiven Paraphrenen ebenfalls hervor. Man erkennt sie zum Beispiel, wenn ein Patient äußert: „Hier ist kein Krankenhaus, hier sind Menschen, die müßten schon längst gehängt sein. Ich bin als Professor hier, als General und Major. Ich habe nicht nötig, für die Faulenzer zu arbeiten." Die Größenideen selbst halten sich wie bei der einfachen Form in mäßigen Grenzen und sind teilweise wieder etwas konfabulatorisch ausgebaut. Ein Patient hat hohe Verwandte und stammt aus der „Maharatschalinie". Die Ideen sind ohne Phantasie, an eine konfabulatorische Paraphrenie ist nicht zu denken. Bei einem Patienten fanden sich wieder die charakteristischen Schriftstücke, er schrieb endlose Zeilenreihen auf, in denen irgendein Geheimnis enthalten sein sollte.

Ferner hören die Patienten ständig Stimmen, die von Alltäglichem reden, manchmal die Größenideen bestätigen oder auch den Patienten widersprechen. Während expansive Paraphrene in anderen Kombinationen ihre Halluzinationen gerne verschweigen, erzählen die expansiv-phonemischen Kranken manchmal sogar mit Stolz von ihren Stimmen, in denen sie eine neuartige Fähigkeit zu haben glauben. Ein Patient äußerte, durch die Stimmen könne er sich „durch den ganzen Erdkreis herum" verständigen. Wahrscheinlich bekennen sich die Patienten hier leichter zu den Stimmen, weil sich diese bei der phonemischen Paraphrenie sinnvoll in das Denken einfügen, während sie bei der hypochondrischen und bei der phantastischen Paraphrenie mehr ungeordnete Einbrüche in das Denken darstellen. Manchmal führen die Kranken Selbstgespräche und scheinen sich mit ihren Stimmen zu unterhalten. Der phonemischen Paraphrenie als der zweiten Komponente ist es auch zuzuschreiben, daß optische Sinnestäuschungen vorkommen. Ein Patient sieht „mit geschlossenen Augen", ein anderer sieht Gestalten, die „tot und weiß" sind.

Im einfachen Gespräch sind die expansiv-phonemischen Paraphrenen geordnet, sprachliche Verfehlungen können sich aber einmischen. Anscheinend werden diese durch die phonemische Paraphrenie etwas zurückgedrängt. Bei der experimentellen Prüfung findet man das „verschwommene" Denken, bei dem um die Sache herumgeredet wird, und hin und wieder eine sprachliche Auffälligkeit. Einige Beispiele folgen:

(Bach und Teich) „Der Bach ist flüssig" — korrigiert: „fließend" (Irrtum und Lüge) „Lüge ist etwas, was man sagt, die Unwahrheit, das ist Lüge. Irrtum, man kann sich irren." (Satz aus: Auto/Kurve/Baum) „Das Auto muß in der Kurve auch beobachten, um nicht einen Baum zu 'prellen'." (Sprichwort „Der Apfel fällt nicht weit vom Stamm") „Der Vater soll ein Betrüger sein, das Kind wird genauso erzogen, oder in der Vererbung." („Wer andern eine Grube gräbt, fällt selbst hinein") „Das ist ein Verbrecher, er wird etwas schwören oder schreiben oder eine falsche Aussage machen; zum Schluß wird er doch dabei erwischt.“ (Berg und Gebirge) „Das Gebirge kann sein von größerer Ausdehnung, sind viele Höhenzüge mit unterschiedlicher ‘Höhengabe’. Ein Berg ist oft auch allein, wie der Zapfenberg in Schlesien für sich ist, er hat einen kleinen Ausläufer, ein Berg ist 700 m hoch.“ (Kind und Zwerg) „Ein Kind ist an Größe gleich zu schätzen. Der Zwerg wächst nicht mehr nach, bleibt so, ein Kind erreicht seine richtige Mannesgröße, Frauengröße, wächst also ständig bis zum 20. Lebensjahr.“ (Irrtum und Lüge) „Es gibt den absichtlichen Irrtum, den alltäglichen Irrtum, den man mitunter bloßstellt und zurückweist. Die Lüge ist eine schändliche Aussage, ist eine Unwahrheit. Erst nimmt man eine Zigarette, dann nimmt man Geld, dann wird gelogen, als wäre es ein anderer gewesen.“

Bei der *expansiv-inkohärenten* Paraphrenie findet man wohl die schwerste Verworrenheit, die bei Schizophrenen überhaupt vorkommt. In den früheren Auflagen des Buches habe ich die Schwere der Störung unterschätzt. Man erhält einen Eindruck, wenn man hört, was ein Kranker auf die Frage, wann er in das Krankenhaus gekommen sei, antwortete:

„Mit der Einsendung der Kolonne, die Tropau runtergekommen ist. Mit Weltbewertung hier und Schlußbewertung. Was kann das sein, was da drin steht? Das Urstammschloß von Brandenburg ist von uns, von unserer jahrtausend alten Abstammung. Ein von Kindheit auf zu diesen Sachen eingesetzt. Mit längster Zeit der Mensch hier auf der Welt lebt, ein verlebter Weltlauf. Gastrologische Generation. Mit weltfertiger Vorlesung, Schloß und Burg, uralter Dom, sind neugebaute Burgen, haben eingenommen Weltanschauung ‘seliarisch’ Weltgastrologen mit der Einverleibung, daß die Altenburg oben, Eulenburg, jetzt nicht das, wir werden jetzt fertig, mein Körper wäre jetzt fertig, von der Weltlasten abgelöst.“

Da ein Rededrang besteht, tritt die Denkstörung aufdringlich nach außen. Durch die sprachliche Auffälligkeit mit den vielen Wortneubildungen, die aus der expansiven Komponente stammen, erhöht sich die Verworrenheit. Zwar auch bei der inkohärenten Paraphrenie findet man Wortneubildungen, in der Kombination zeigt aber das Gesuchte der neuen Wörter immer wieder die Herkunft aus der expansiven Komponente. Beispiele weiterer Wortneubildungen sind: Einverleibungswert, Weltrechnungsakten, Weltlaufmaterial, Abdienstverhältnis, Zivilamtsfragen, Einstammung, pflichtgesellschaftlich, Armbanduhrbefindebesitz. Von einem der Kranken ist in der Krankengeschichte eine Wortneubildung aufgezeichnet, die fast eine Zeile einnimmt: „Eigenwilligfertigkeitslebensaufrechtungserhaltungswillen“. Solche Bildungen zeigen sehr nachdrücklich, daß in ihrer Entstehung das Bestreben der expansiven Paraphrenen, sich wichtig zu machen, mitspielt. Manche Wortneubildungen erscheinen jedoch auch nebenher im Gespräch und weisen auf die Denkstörung hin. Bei experimentellen Fragen bekommt man so gut wie nie eine brauchbare Antwort. Man stellt eine schwere Inkohärenz fest, erkennt aber auch, daß sich dauernd heterogene Begriffe vermengen, wie man es auch schon bei der einfach inkohärenten Paraphrenie findet. Die grammatische Ordnung geht verloren, sie zerfällt noch mehr, als in den folgenden Beispielen zu erkennen ist, da man schon beim Aufschreiben ständig in Versuchung ist, die schweren Verfehlungen etwas auszugleichen.

(Treppe und Leiter) „Wir sind von vollwertigen Weltvorstellungen länger als wir leben, die wir brauchen.“ (Kind und Zwerg) „Das ist monopolisch, wenn sie mit den Umständen, dann sind Menschen dabei.“ (Kiste und Korb) „Ein Gegenstand genügt wie der Urstamm.“ (Kiste und Korb) „Die Kiste hatte früher einmal eine Antragung in Zivil, der Korb ist eine Antragung.“ (Treppe und Leiter) „Treppe ist für jeden, der in Bautätigkeit war.“ (Schenken und borgen) „Schenken ist ein Verhältnis, was wir verstehen können; wer borgt, muß wissen, warum.“ (Satz aus: Auto/Kurve/Baum) „Das Auto ist bei mir sehr krank geblieben.“ (Sprichwort „Der Apfel fällt nicht weit vom Stamm“) „Die Einstammung ist noch zu finden, der Apfel ist nicht im Haus.“ („Der Sperling in der Hand ist besser als die Taube auf dem Dache") „Der Sperling hält den Eigendienst ein, die Taube nicht, Dienststellung, die internationalen Dienst hat." (Kiste und Korb) „Korb dazu erforderlich, Schott, 'Jungnickel'." (Treppe und Leiter) „Weil kein Katalog entsprechend, immer Katalog vorher geschrieben."

Fast bei jeder Frage hätten die Kranken in ihrer verworrenen Art noch weiter gesprochen, wenn sie nicht unterbrochen worden wären. Wie bei der einfach-inkohärenten Paraphrenie möchte man bei der schweren Inkohärenz oft meinen, daß die Kranken gar nicht auf die Fragen, sondern auf ihre Sinnestäuschungen antworten. Aber sie wenden sich in der Kombination dem Untersucher viel besser zu, als in der einfachen Form. Die halluzinatorische Abgelenktheit setzt erst ein, wenn man sich im Augenblick nicht mit den Kranken beschäftigt. Sicher ist die expansive Komponente, bei der ja in demonstrativer Form eine Wertschätzung durch andere Menschen erstrebt wird, dafür verantwortlich, daß äußerlich eine bessere Verbindung zustande kommt. Auch der Rededrang ist sicher vorwiegend der expansiven Komponente zuzuschreiben.

Aus den verworrenen Reden der Kranken hört man Größenideen heraus, die mehr ins Extrem gehen als bei der einfach-expansiven Paraphrenie. Das hoheitsvolle Gebaren bleibt erhalten. Die verworrenen Reden werden in einem dozierenden Ton vorgebracht, als ob sie große Weisheiten enthielten. Ein Patient hob zwischendurch den Finger hoch, um seine Belehrungen noch eindringlicher zu gestalten.

Die halluzinatorische Abgelenktheit setzt ein, wenn man sich einen Augenblick nicht mit den Kranken beschäftigt und sie ihren Resestrom unterbrochen haben. Sie flüstern dann vor sich hin und scheinen den Untersucher vergessen zu haben. Man erhält damit die Bestätigung der inkohärenten Paraphrenie.

Von den Kombinationen der *inkohärenten* Paraphrenie sind die Verbindungen mit der hypochondrischen, der konfabulatorischen und der expansiven Paraphrenie schon genannt.

Auch bei der *inkohärent-phantastischen* Paraphrenie ist die Denkstörung sehr ausgeprägt, aber nicht im gleichen Maße wie bei der eben beschriebenen Kombination. Sie erscheint sogar geringer als bei der einfach inkohärenten Paraphrenie. Man kann immer wieder einmal eine vernünftige Antwort bekommen. Vielleicht liegt es daran, daß durch die phantastische Paraphrenie die Aufmerksamkeit verbessert wird, während sich die zusätzliche Denkstörung nicht bemerkbar macht. Immerhin findet man in der experimentellen Prüfung noch reichlich die Inkohärenz, die Entgleisungen und die Kontaminationen der inkohärenten Paraphrenie. Die grammatikalische Ordnung geht verloren, Wortneubildungen sind dagegen selten.

(Kiste und Korb) „Die Kiste hält man fest, und der Korb zieht Wasser ein, wenn man ihn hinstellt." (Bach und Teich) „Daß das Wasser tiefer ist als ein Teller." (Berg und Gebirge) „Weil ich den Berg nicht richtig laufen kann und das Gebirge auch nicht." (Kind und Zwerg) „Der Zwerg ist ein kleiner Mann, das Kind ist ein Nachkömmling. Einen Zwerg habe ich gekannt, der wurde als großer Mensch viel kleiner." (Satz aus: Wiese/Kind/Blumen) „Das Kind begießt die lichte Blume, die Wiese hat aber nicht den Mann, und der Mann betrügt die Frau." (Satz aus: Acker/Jäger/Hase) „Der Hase wird erschossen, wenn er ein Tier ist, welches Junge hat, und der Jäger nimmt die Wolle und verkauft sie." (Sprichwort „Der Apfel fällt nicht weit vom Stamm") „Wenn Vater und Mutter sich einlassen und die Kinder stehen lassen, dann wird das Kind aufgeklärt, was der nächste Mann von ihr will." — Manchmal erkennt man, daß eine Redensart nicht als eine Antwort für den Untersucher, sondern auf eine Halluzination zu verstehen ist. Eine Patientin sagte zwischen die experimentelle Prüfung hinein: „Der kleine Christ fragt eben, ob ich den Mann habe retten können." Später sagte sie dazwischen: „Der Mann hieß so, sah aus wie ein Affenfell, ganz eigenartig wie ein Affe, lief aber hin und her, bediente Tassen."

Obwohl die Patienten ständig halluzinieren, wenden sie sich bei Fragen besser zu als einfach-inkohärente Paraphrene. Die phantastische Komponente, bei der die Zuwendung gut ist, macht sich hier bemerkbar. Man erkennt diesen letzteren Anteil in der Kombination an der Form der Wahnideen und Sinnestäuschungen. Die Patienten verkennen die Personen ihrer Umgebung und knüpfen absurde Ideen daran. Man hört, daß dieser und jener, der mit Namen genannt wird, der vielleicht schon gestorben ist, dem Patienten in der Klinik begegnete. Einer soll erschossen worden sein, aber jetzt als Pfleger Dienst tun. Ein Mann wurde in eine Frau umgewandelt. Eine Patientin hatte von 18 Männern 18 Kinder. Einer der Väter ist ein Arzt in der Klinik. Im ganzen tritt die Ideenbildung aber gegenüber den Halluzinationen zurück. Das ist verständlich, da sich durch die inkohärente Paraphrenie eine ausgesprochen halluzinatorische Form mit der phantastischen verbindet. Auch Größenideen treten weniger aufdringlich hervor, fehlen aber nicht. Von dem sehr reichlichen Halluzinieren überzeugt man sich leicht, denn die Kranken erzählen in ihrer verworrenen Art gerne von den Stimmen, die sie hören, zum Beispiel den „Hörstimmen". Sie halluzinieren auch in Gegenwart des Arztes, sprechen zwischendurch flüsternd zur Seite. Die somatischen Halluzinationen haben den grotesken Charakter der einfach phantastischen Paraphrenie, doch tritt oft noch ein absurder Ausbau hinzu. Man hört zum Beispiel:

Ein Apparat ist auf den Körper eingestellt, durch ihn ist alles aus dem Leib herausgenommen worden. Künstliche Glasröhren wurden in den Körper eingesetzt. Die Kniekehle war kaputt und ist 'herausgeholt' worden. Eine Patientin sagte: „Ein Bauchkind hab ich jetzt nicht drin". Es wurde ihr früher einmal ein Kind hineingelegt und wieder herausgenommen. In die Beine wurde ihr ein Stück Holz „hineingeformt". Eine Patientin mußte einmal ganz krumm gehen, weil der ganze Rücken künstlich vollgefüllt war. Die Verbindung einer grotesken somatischen Halluzination mit einer absurden Ideenbildung erkennt man aus der Bemerkung einer Patientin: „Mein Herz haben sie herausgenommen und zu einem Huhn gemacht".

Bei der *inkohärent-phonemischen* Paraphrenie besteht ebenfalls eine Verworrenheit, die durch einen Rededrang verstärkt wird. Nur hin und wieder kann man eine vernünftige Antwort erhalten. Bei experimentellen Fragen bestätigt sich die schwere Denkstörung mit Inkohärenz und Kontaminationen. Die grammatische Ordnung geht vielfach verloren. Auch Wortneubildungen erscheinen, die aber nichts Demonstratives an sich haben und keinen Verdacht auf eine expansive Komponente erwecken. Sie stammen sicher aus der inkohärenten Paraphrenie. Ich erhielt u. a. folgende Antworten:

(Kiste und Korb) „Beides kann man einpacken, bloß die 'Tragführung' ist leichter beim Korb als bei der Kiste." (Berg und Gebirge) „Wie soll man das verstehen? Man kann ja leichter raufgehen auf einen Berg, Gebirge ist schon etwas schwerer mit der Luftbeschwerde." (Baum und Strauch) „Der Baum hat eine Krone, der Strauch ist nur ein Gebüsch, mit 'Schattenführung' der Baum." (Satz aus: Wiese/Kind/Blumen) „Die Wiese macht man, die Gräser wachsen, die Gräser, das Kind holt sich ein neues Leben, pflückt Blumen, und hier ist ja die neue Luft." (Satz aus: Bauer/Ernte/Regen) „Das Klima bringt hier dem Bauer reiche Ernte zu, wenn die Feuchtigkeit gleich gegenüber dem Sonnenstand ist." (Berg und Gebirge) „Berg ist eine höhere Landschaft, und Gebirge ist ein Gebirge, eine Extrasache." (Schenken und borgen) „Wenn eine etwas schenkt zum Geburtstag, kann auch so vorkommen, und borgen ist, muß man fragen den andern."

In den Beispielen ist nicht festgehalten, daß die Kranken in ihren Antworten immer noch weiterreden wollten. Als ich die Einförmigkeit die dabei entstand erkannt hatte, ließ ich sie weiterreden und bekam nun u. a. folgende Antworten:

(Kiste und Korb) „Korb hat einen Henkel, und Kiste muß man eine Schnur haben, daß man zusammenbinden kann, ja, die Kiste, das muß doch so sein." (Bach und Teich) „Der Bach ist etwas Kleines, Schmales, der Teich ist doch sehr breit, wichtiger wie ein Bach, wichtiger wie ein

Bach, der ist so klein, der Bach ist so klein gegen den Teich." (Kind und Zwerg) „Ein Kind ist Geborenes, nicht wahr, muß die Schule besuchen und gehört immer wieder ins Elternhaus. Na und Zwerg, wir haben wenig mit Zwerg von 'Verständlichkeiten' mal gesehen, so kommt ja wenig, so unsere Kinder. Die Kinder sind ja in Pflege, das können sie ja auch wissen, ja." (Satz aus: Sonne/Vorhang/Zimmer) „Die Sonne macht ein Verhängnis mit dem Vorhang, das Verhängnis ist dann der Vorhang, nicht wahr? So ist es dann, ja, ja, sind wir schon fertig? Na ja." (Sprichwort „Morgenstund hat Gold im Mund") „Morgens ist der Mensch frischer in Arbeit und Gedanken, frischer, und ist viel Gold wert für manche. Wenn der Mensch frischer ist, ist das Goldwert." (Sprichwort „Steter Tropfen höhlt den Stein") „Je nachdem muß ein scharfes Mittel sein, den ein Stein höhlt. Solch ein Mittel gibt es gar nicht, da kann man Essence haben, solch ein Felsenstein, der geht ja nicht kaputt, der nutzt sich auch nicht ab, man muß schon Essence haben."

Wenn die Patienten nichts mehr anfügten, so blieb doch oft die Senkung der Stimme aus, wie sie einen Abschluß anzuzeigen pflegt. Sie schienen mit ihrem Gedankengang noch nicht zu Ende zu sein. In der ganzen Eigenart deutet sich wohl das 'verschwommene' Denken der phonemischen Paraphrenen an, die um die Themen herumreden und keinen Abschluß finden können.

Auch in der Unterhaltung findet man die vielen Wiederholungen. Ein Patient äußert auf die Frage, ob er noch größere Aufgaben vor sich habe, folgendes:

„Wir haben keine größeren Aufgaben, nein. Es kommt darauf an, wie groß der Beruf ist, wie groß der Beruf ist. Es geht bis 100, bis 200. Es ist wirklich ganz gut alles, ist überhaupt ganz richtig, ist kein Quatsch, Quatsch kennen sie gar nicht, mit Quatsch kommt man nicht weiter. Sie wollen ja weiter, müssen immer noch weiter, das Normale, 100 bis 200, sie wollen doch noch vorwärts, 100 haben sie meist noch vor, wenn wir das alles so erhalten und pflegen. Wenn man einen Betrieb hat, muß alles in Ordnung sein, muß alles in Ordnung sein, so aussehen. Von wegen vorwärts heißt es, den Betrieb kann man erweitern und verbessern, das kann sich verbessern."

Wenn man sich mit den Kranken trotz ihrer Verworrenheit in einfachen Fragen oft gut verständigen kann, so liegt das daran, daß sie kaum Wahnideen haben. Es kommt zur formalen Denkstörung keine inhaltliche hinzu. Sehr grob tritt dagegen das akustische Halluzinieren hervor. Ein Patient sagte: „Die sprechen Tag und Nacht". Die Stimmen beschäftigen sich mit Alltäglichkeiten, sagen oft aber auch Schlechtes über die Patienten, verleumden sie, so daß sie sich oft veranlaßt sehen, dagegen zu schimpfen. Es sind „unsichtbare" Menschen, die sprechen, Männer und Frauen. — Manchmal kommen die Stimmen aber auch aus dem Körper des Kranken, wie es bei den einfach phonemischen Paraphrenen nicht selten ist, d. h., besonders aus dem Hals. Auf der Abteilung schimpfen die Kranken oft mit ihren Stimmen. Vielleicht kommen auch optische Erscheinungen vor, sie sind dann auf die phonemische Komponente zu beziehen. Eine Patientin sah gelegentlich „Wetterscheine an der Wand". Somatische Sinnestäuschungen sind nicht zu beobachten.

Auch in die Unterredung hinein beschäftigten sich die Patienten mit ihren Stimmen. Sie sprechen und flüstern zur Seite und achten jetzt nicht auf die Untersucher. Sobald sie aber angesprochen werden, wenden sie sich zu und scheinen nunmehr von ihren Sinnestäuschungen abzusehen. Wir sahen schon, daß die Zuwendung bei der phantastisch-inkohärenten Paraphrenie besser ist als bei der einfach inkohärenten. Das gleiche gilt bei der Verbindung mit der phonemischen Form, der ähnlich wie der phantastischen eine gute Zuwendung eigen ist.

Die Verbindungen der *phonemischen* und *phantastischen* Paraphrenie wurden mit Ausnahme der beiden Formen untereinander schon beschrieben.

Auch bei der *phonemisch-phantastischen* Paraphrenie findet sich eine Verworrenheit, aber sie ist nicht so hochgradig, wie ich sie in früheren Auflagen des Buches darstellte.

Man kann auch manche vernünftige Antworten bekommen; gelegentlich wird auch einmal eine experimentelle Frage richtig gelöst. Was die Verworrenheit von anderen Formen unterscheidet und andererseits eine Ähnlichkeit mit der Verworrenheit der inkohärent-phonemischen Paraphrenie erzeugt, das ist die Neigung zu Wiederholungen. Eine Patientin überschüttete mich nach der Begrüßung mit folgenden Worten:

„Raub und Dieb haben sie gespielt, jetzt habe ich die Luftarbeit, jetzt habe ich die Herren gefangen genommen, das sind schwarze Augen, das sind Diebe. Arbeite ich in Wuhlgarten, Hirnkrankenhaus, Berlin, Deutschland, ja, und da habe ich Katholische, Evangelische und Gottlose, Berlin, Wuhlgarten, Deutschland, baue ich auf und ist katholisches Deutschland, baue ich auf. Und dann haben wir auch die Evangelischen und die Gottlosen, Deutschland baue ich auf, deutsche Staaten baue ich auf, ja, ja. Das sind dann die drei Herren, die ich jetzt gefangen genommen habe, ja. Da arbeite ich alle Tage, Tag und Nacht, und das ist Luftarbeit, katholisch, deutsch, evangelisch, habe ich alles, katholische Staaten aufbauen, ja."

In den Wiederholungen zeigt sich sicher wieder das „verschwommene" Denken der phonemischen Paraphrenen, das zu keinem Abschluß kommt. Die Entgleisungen des Denkens, die man bei der phantastischen Komponente erwartet, stellt man deutlicher bei experimentellen Fragen fest. Wiederholungen erkennt man auch hier.

(Kind und Zwerg) „Was ein Zwerg ist, weiß ich nicht, ein Kind ist ein Kind, sind Mädchen und Knaben, Mädel oder Jungens in unserer deutschen Gesellschaft." (Was bedeutet Irrtum?) „Da hat man sich verwechselt in der Aussprache oder im Menschen." (Borgen und schenken) „Geborgt kriegt man immer wieder zurück, schenken ist schenken. Was man geschenkt hat, ist das ein Geschenk gewesen? Und kein Staatsfeind gewesen?" (Satz aus: Acker/Jäger/Hase) „Wie soll ich das machen? Das ist Kartoffelerde, Getreideland und Wiese und Heu für die Tiere, für die Milchtiere." (Satz aus: Auto/Kurve/Baum) „Das Auto ist Auto und Kurve ist um die Ecke fliegen und katholische Farben habe ich Deutschland." (Bach und Teich) „Teich kann rund sein, ein Teich kann normal sein, und ein Bach ist auch so, ist auch ähnlich wie ein Teich, Bach und Teich ist doch auch ähnlich, ist dasselbe, eine andere Bezeichnung." (Schenken und borgen) „Schenken ist gutmütig, es kann einem jemand etwas schenken; wenn man etwas borgt, ist man in Not, ist man in Bedrängnis; das stimmt auch." (Sprichwort „Es ist nicht alles Gold was glänzt") „Ja, das stimmt auch, wenn sie auch nicht richtig sehend sind, der sieht manchmal Gold, was gar nicht Gold ist, das ist für nichtssehende Augen bitter."

Die phantastischen Symptome findet man in der Kombinationsform alle, sie erscheinen aber etwas gemäßigt, Personen werden verkannt, eine Patientin teilte mir selbst einen falschen Namen und Titel zu. Absurde Ideen werden geäußert. Aber die Phantastik ist nicht sehr groß. Eine Patientin hat die Franzosen, die „kürzlich" Berlin bombardierten, gefangengenommen und ins Leichenhaus gebracht. Der Bruder einer Patientin hat keine „Gebärmama" und kann daher nicht Traktor fahren. Der Stern einer Patientin steht jeden Tag eine Stunde am Himmel. Die Größenideen sind auch gemäßigt, man hört von dem kommenden Eintritt in die Regierung, von der Abstammung von bedeutenden Persönlichkeiten, zum Beispiel von Goethe, man erfährt auch, daß eine Patientin selbst eine „hohe Persönlichkeit" ist. Den einfach phantastischen Paraphrenen genügen solche mäßigen Selbsterhöhungen nicht. Die phonemische Paraphrenie scheint als eine rein halluzinatorische Form mildernd auf die Wahnbildung zu wirken. Das Halluzinieren wird dagegen ganz erheblich verstärkt. Einfach phantastische wie auch einfach phonemische Kranke kann man selten unmittelbar beim Halluzinieren beobachten. In der Kombination wird dieses dagegen kaum unterbrochen, wenn man Fragen an die Patienten stellt. Während die Patienten, deren verworrene Reden zitiert sind, diese äußerte, machte sie ständig Abwehrbewegungen gegen Sinnestäuschungen, wischte mit der Hand vor ihrem Gesicht vorbei und stieß mit ihren Händen nach oben. Im Laufe der weiteren Besprechung gab sie blasende Laute von sich und begleitete ihre Abwehrbewegungen zeitweise auch mit halblaut gesprochenen Worten, die sichtlich an die Stimmen gerichtet waren. Mit den Wischbewegungen wollte die Patientin „Sehstörungsfäden“ beseitigen. Die Bewegungen der Arme vor dem Körper galten wahrscheinlich der Abwehr von somatischen Halluzinationen. Die Patientin bestätigte die verschiedenen Formen von Sinnestäuschungen. Durch die Stimmen führte sie „Luftgespräche“. Im „Luftgebiet“ sah sie außerdem „Sehstörungsfäden“, auch „Männer mit schwarzen Augen“ und andere Gesichter. Körperlich wurde sie durch einen Strom geschädigt, der ihr Schmerzen und Brennen im Rücken und im Knie verursachte. Dazu kam ein „Herausnehmen aus dem Körper“. Wenn die Kranke nicht angeredet wurde, lief das Sprechen mit Stimmen und die Abwehr der Sinnestäuschungen fast ständig ab. Eine andere Kranke redete unter Gestikulationen so ununterbrochen, daß man gar nicht zu Wort kam. Man wußte nicht, mit wem sie eigentlich sprach, mit dem Untersucher oder mit ihren Stimmen. Einmal war zu verstehen: „Sie bricht dauernd zusammen, dann geht sie nach Friedrichshain und wird mit dem Flugzeug hergejagt. Die eine sitzt voller Läuse, die andere macht andere Gehässigkeiten, die eine mit der Tortenspritze, die andere mit einem Bohrer“. Aus gelegentlichen Äußerungen war bei dieser Patientin ebenfalls zu erfahren, daß sie auch somatisch halluzinierte. Sie spürte Messerstiche im Kopf, hatte „verkehrte Hände“ und eine „verkehrte Brust“; an Lunge, Herz, Galle und Nieren wurde herumgestochert. Einmal war ihr Kopf mit dem einer Mitpatientin vertauscht, einmal die Hände mit den Händen einer anderen Mitpatientin. Bei den letzteren Äußerungen spielten wohl wieder optische Sinnestäuschungen herein. Ihr Auftreten ist zu erwarten, da sie sowohl der phantastischen wie der phonemischen Paraphrenie eigen sind.

d) Familienbild der kombiniert-systematischen Schizophrenien

Da es uns auf den genaueren Vergleich der Psychosen in der gleichen Familie ankommt, verzichten wir bei den kombinierten Schizophrenien darauf, die Krankheiten zu nennen, die wir nur nach Beschreibungen beurteilen können. Bei den kombinierten Formen reichen auch ausführliche Krankengeschichten für die Beurteilung nicht aus. Ich führe daher nur die Fälle an, die ich selbst sehen konnte, so daß es möglich war, eine differenzierte Diagnose zu stellen. Es handelt sich um Katatonien und Paraphrenien. Von den Kranken in der Verwandtschaft der kombinierten Hebephrenien konnte ich keinen persönlich untersuchen. In keinem Fall fand sich in der Verwandtschaft eine grundsätzlich andere endogene Psychose als bei den Probanden.

Ein sprechbereit-manieriert Katatoner hat einen kranken Bruder, der an einer sprachträge-manierierten Katatonie leidet. Es besteht also Übereinstimmung in der einen Komponente.

Ein proskinetisch-negativistischer Katatoner hat einen kranken Vetter, der an einer proskinetisch-manierierten Katatonie leidet. Es bestant also Übereinstimmung in der einen Komponente.

Ein parakinetisch-negativistischer Katatoner hat eine kranke Cousine (Vaters-Schwesters-Tochter), die an einer einfach parakinetischen Katatonie leidet.

Ein parakinetisch-manierierter Katatoner hat eine kranke Schwester, die an einer einfach parakinetischen Katatonie leidet.

Eine konfabulatorische-phantastische Paraphrene hat einen kranken Sohn, der an einer konfabulatorisch-inkohärenten Paraphrenie leidet. Es findet sich also Übereinstimmung in einer Komponente.

Ein konfabulatorisch-phonemischer Paraphrener hat einen kranken Bruder, der an einer einfach phonemischen Paraphrenie leidet.

Eine hypochondrisch-konfabulatorische Paraphrene hat einen kranken Bruder, der an einer einfach konfabulatorischen Paraphrenie leidet.

Ein konfabulatorisch-phantastischer Paraphrener hat eine kranke Cousine, die an einer einfach phantastischen Paraphrenie leidet.

Eine konfabulatorisch-phonemische Paraphrene hat eine kranke Mutter, die an einer phonemischen Paraphrenie leidet.

Eine phantastisch-phonemische Paraphrene hat einen kranken Bruder, der an einer einfach phantastischen Paraphrenie leidet.

Von besonderem Interesse ist die Verwandtschaft bei einem proskinetisch-parakinetischen Katatonen. Eine Schwester und ein Bruder sind einfach parakinetisch kataton, die Mutter hat dagegen eine affektvolle Paraphrenie. Eine ihrer Töchter, d. h. eine Schwester des Probanden, hat ebenfalls eine affektvolle Paraphrenie. Der Vater des Probanden litt an einer Altersdepression und starb bald nach unserer Untersuchung an einer Arteriosklerose. Diese Familie wird uns zur Frage der „Mischpsychose“ noch ausführlich beschäftigen.

E. Erkrankungsalter, Verhältnis der Geschlechter, Verlauf

Ich habe in früheren Auflagen des Buches die statisischen Befunde an Hand von Tabellen genau angeführt. Ich verweise darauf und greife jetzt nur die wesentlichsten Ergebnisse heraus.

I. Phasische Psychosen (einschließlich der zykloiden)

Bei den *vielgestaltigen Formen* fand sich folgendes Erkrankungsalter: Manisch depressive Krankheit 35,8. Angst-Glücks-Psychose 35,5, Verwirrtheitspsychose 27,9, Motilitätspsychose 27,7.

Bei den *reinen Depressionen* schwankte das Erkrankungsalter zwischen 30 und 40 Jahren. Die Zahlen für die einzelnen Formen finden sich in den früheren Auflagen des Buches. Bei den *euphorischen Formen* waren die Befunde wegen der geringen Zahl der Probanden nicht mehr sicher zu verwerten, das Erkrankungsalter ist hier etwas niedriger als bei den depressiven Formen.

Das *Verhältnis der Geschlechter* zueinander war bei den vielgestaltigen Formen, wenn ich die Frankfurter und Berliner Befunde zusammenfüge, folgendes: Manisch-depressive Krankheit: Männer 75, Frauen 152; Angst-Glücks-Psychose: Männer 137, Frauen 122; Verwirrtheitspsychose: Männer 110, Frauen 131; Motilitätspsychose: Männer 49, Frauen 142.

Es fällt hier vor allem auf, wie sehr das weibliche Geschlecht bei der Motilitätspsychose überwiegt. Wir werden später eine Erklärung dafür finden. Das starke Überwiegen der Frauen bei der Manisch-depressiven Krankheit bestätigt eine bekannte Tatsache. Bemerkenswert ist, daß bei der verwandten Angst-Glücks-Psychose die Männer etwas überwiegen.

Unter den *reinen Formen* ist die reine Manie bei den Männern nur wenig seltener als bei den Frauen (9 : 11), dagegen tritt die reine Melancholie bei den Männern ganz erheblich zurück (12: 50). Bei den *reinen Euphorien* (ohne die Manie) finden sich sogar etwas mehr Männer als Frauen (10 : 8), bei den *reinen Depressionen* (ohne die Melancholie) treffen 37 Männer auf 85 Frauen.

Es ist von Interesse, ob auch bei der *Manisch-depressiven Krankheit* der *depressive Pol* bei den Frauen mehr betont ist. Es traf bei meinen Fällen nicht zu. Dagegen traten große Unterschiede hervor, als ich meine *Frankfurter* Probanden — Männer und Frauen zusammen — meinen *Berliner* Probanden gegenüberstellte. Die letzteren boten ungleich häufiger (63,1%) überwiegend depressive Phasen; bei den Frankfurter Probanden traf dies nur bei 25,6% zu. Bei den letzteren hatten 17,9% vorwiegend manische Phasen, bei den Berliner Probanden nur 8,1%. Bei den Frankfurter Probanden waren manische und depressive Phasen in mehr als der Hälfte der Fälle (56,4%) in gleicher Weise betont, bei den Berliner Probanden traf dies in kaum mehr als einem Viertel der Fälle zu (28,8%). Es ist bemerkenswert, daß es regional solch große Unterschiede gibt. Man wird das beachten müssen, wenn man bipolare und reine phasische Psychosen allein nach dem Verlauf trennen will. Trotz der Unterschiede in Frankfurt und Berlin war insgesamt der depressive Pol, wie die angegebenen Zahlen zeigen, stärker betont. Ähnliches, sogar in einem noch höheren Maß, gilt dies für die *Angst-Glücks-Psychose*, wenn man dem manischen Pol den ekstatischen, dem depressiven Pol den ängstlichen gleichsetzt. Eine überwiegend ekstatische Gestaltung gab es in Frankfurt nur in 3,9%, in Berlin sogar nur in 2%. Vorwiegend ängstlich waren in Frankfurt 53,2% der Probanden, in Berlin 68%. Beide Pole waren ungefähr gleichmäßig betont in Frankfurt bei 42,9%, in Berlin bei 30% der Probanden. Zwischen dem männlichen und weiblichen Geschlecht gab es auch bei der Angst-Glücks-Psychose einen Unterschied. Sowohl in Frankfurt wie in Berlin neigten die Frauen mehr zum ängstlichen Pol. In Frankfurt fanden sich 40,9% Männer, 58,2% Frauen, in Berlin 43% Männer und 57% Frauen. Die Verhältnisse liegen hier also anders bei als der manisch-depressiven Krankheit.

Bei der *Verwirrtheitspsychose* und bei der *Motilitätspsychose* konnte ich zwischen Frankfurt und Berlin keinen Unterschied finden. Hier wie dort war der erregte Pol mehr betont als der gehemmte, bei der Verwirrtheitspsychose allerdings nur wenig. Bei unserem letzten Vergleich hatten die Kranken mit Verwirrtheitspsychose in 32% der Fälle vorwiegend erregte, in 27% vorwiegend gehemmte Phasen; bei der Motilitätspsychose war das Verhältnis 39% : 18%. Sowohl bei der Verwirrtheitspsychose wie bei der Motilitätspsychose neigen die Frauen noch mehr als die Männer zum erregten Pol.

Ich bestimmte die *Zahl der Phasen* bei den *vielgestaltigen Formen* am Ende der Beobachtung. Die Zahl nahm von der Manisch-depressiven Krankheit (4,2) zur Motilitätspsychose (3,6), zur Verwirrtheitspsychose (3,2), zur Angst-Glücks-Psychose (2,4) hin ab.

Bei den *reinen phasischen Psychosen* ist die *Zahl der Phasen* geringer als bei der Manisch-depressiven Krankheit. In einer Berliner Reihe fanden sich bei letzterer 4,2 Phasen, bei den reinen Formen nur 2,5. Unter diesen hatten die euphorischen Formen mehr Phasen (3,4) als die depressiven (2,1).

Während die Phasenzahl bei der manisch-depressiven Krankheit größer ist, *dauern* die Phasen bei den reinen Formen bedeutend länger. Bei der Manisch-depressiven Krankheit haben die manischen Phasen eine durchschnittliche Dauer von 3,1 Monaten, die depressiven von 5,5 Monaten. Bei der reinen Melancholie dauerten die Phasen 8,1 Monate, bei den reinen Depressionen 11,2 Monate. Die Phasen der reinen Manie und der reinen Euphorien dauern noch länger, manche gehen in einen chronischen Verlauf über.

Die reinen phasischen Psychosen neigen allgemein zu einem *chronischen Verlauf*, die euphorischen Formen mehr als die depressiven. Am seltensten fand ich eine Chronifizierung bei der selbstquälerischen Depression .Die Phasendauer betrug hier nur 5,8 Monate, überschritt also kaum die bei der Manisch-depressiven Krankheit. Während bei dieser die manischen Phasen wesentlich kürzer sind als die depressiven, verhalten sich die reinen Formen umgekehrt. Am meisten fand sich bei hypochondrischen Euphorien ein chronischer Verlauf. Ich habe darüber vor einiger Zeit genauer berichtet und bei dieser Gelegenheit die eindrucksvollen Bilder der reinen Euphorien noch einmal beschrieben.[1]

Ein *chronischer Verlauf* darf nicht den Verdacht erwecken, daß die Diagnose einer reinen phasischen Psychose nicht mehr berechtigt wäre. Es besteht keinerlei Progredienz.

[6] LEONHARD, K.: Monopolar Manias and Euphorias. Rev.. Assoc. Bras. Psiq. Sao Paulo vol. 3pp 69–75.

Die Krankheit tritt, wie es auch sonst bei diesen Formen üblich ist, akut auf und erreicht in der Regel sehr schnell das charakteristische Bild. An diesem ändert sich dann nichts mehr, auch wenn die Krankheit chronisch wird. Man kennt einen derartigen Verlauf sehr gut von der chronischen Manie her, die tatsächlich in den meisten Fällen den reinen Formen zugehört. Ich dachte früher, dies treffe in allen Fällen zu, fand aber inzwischen doch auch bei einigen manisch-depressiven Kranken eine chronisch verlaufende Manie. In jedem Fall können periodische Verläufe vorausgehen. Ähnlich können reine Euphorien erst periodisch, dann chronisch verlaufen.

Gehört eine chronische Manie den reinen Formen an, dann geht sie nicht selten in ein chronisches hypomanisches Verhalten über. Sie kann umgekehrt auch aus einem hypomanischen Temperament herauswachsen, wobei man manchmal nicht sicher feststellen kann, wann aus dem Temperament die Krankheit wurde. Es kommt sogar vor, daß man bei einem chronischen Zustand nicht sicher entscheiden kann, ob man ihn noch dem Temperament oder schon der Krankheit zuschreiben soll. Die Übergänge zwischen Temperament und Krankheit sind bei den reinen Formen ganz allgemein häufig zu beobachten. Auch bei einer reinen Melancholie kann man manchmal nicht entscheiden, ob die Krankheit fortbesteht oder ob sie in ein hypomelancholisches Temperament übergegangen ist.

Ich interessierte mich, ob *belastete Fälle* der Manisch-depressiven Krankheit vielleicht einen schwereren Verlauf nehmen als unbelastete, d. h. vielleicht mehr Phasen aufweisen. Ich prüfte das bei meinen Frankfurter Fällen und fand keinen Unterschied. Die belasteten Probanden hatten dort durchschnittlich 5,1 Phasen, die unbelasteten 5,0.

Die *Dauer* der Phasen bestimmte ich auch bei den *zykloiden Psychosen*. Sie war geringer als bei der Manisch-depressiven Krankheit. Besonders gilt das für die Motilitätspsychose. Die Zahlen sind: Angst-Glücks-Psychose 3,9 Monate, Verwirrtheitspsychose 3,1 Monate, Motilitätspsychose 2,8 Monate. Da auch die Zahl der Phasen bei den zykloiden Psychosen geringer ist als bei der Manisch-depressiven Krankheit, handelt es sich verlaufsmäßig um besonders gutartige Psychosen. Das verdient sehr hervorgehoben zu werden, da man sie doch großenteils als Schizophrenien verkennt. Allerdings erreichen ihre Zustandsbilder mit der Affektstörung, Denkstörung und psychomotorischen Störungen größere Schwere.

In welchem Ausmaß in der Phasendauer eine verschiedene Beeinflußbarkeit durch *therapeutische Maßnahmen* eine Rolle spielt, ist schwer abzuschätzen. Man wird sich bei den Berechnungen allgemein fragen, ohne eine Antwort geben zu können, wie lange die Phasen bei unbehandelten Kranken dauern würden. Die meisten unserer Beobachtungen fallen in eine Zeit, in der die Krampfbehandlung noch vorherrschte und die psychopharmakologische Behandlung erst einsetzte. Nach klinischer Erfahrung möchte ich sagen, daß die Manisch-depressive Krankheit und die zykloiden Psychosen therapeutisch ähnlich gut beeinflußbar sind, während die reinen phasischen Psychosen schwerer ansprechen. Vor allem ist es mir in keinem Fall gelungen, einen chronischen Krankheitszustand reiner Depression oder reiner Euphorie durch eine therapeutische Maßnahme zu unterbrechen.

II. Schizophrenien

Der Krankheitsbeginn lag bei der Katatonie *systematischer Form* durchschnittlich bei einem Alter von 23,0 Jahren, bei der Hebephrenie von 23,2, bei der Paraphrenie von 35,5 Jahren. Bei allen Formen erkrankten die Frauen etwas später. Die Zahlen für Frauen und Männer sind bei der Katatonie 25,7 : 21,5, bei der Hebephrenie 26,9 : 21,3, bei der Paraphrenie 38,0 : 31,8.

Bei den *unsystematischen Schizophrenien* ist das Erkrankungsalter ebenfalls durchweg bei Frauen etwas höher. Die affektvollen Paraphrenen erkranken durchschnittlich mit 36,3 Jahren, die weiblichen mit 37,1, die männlichen mit 33,1 Jahren; die Kataphasiker durchschnittlich mit 25,6 Jahren, die weiblichen mit 28,5, die männlichen mit 24,3 Jahren; die periodischen Katatonen durchschnittlich mit 24,8 Jahren, die weiblichen mit 26,5 die männlichen mit 23,0 Jahren. Diese gleichgerichtete Tendenz besteht, obwohl die Kataphasie bei männlichem, die affektvolle Paraphrenie bei weiblichem Geschlecht viel häufiger vorkommt, die Bereitschaft zur Krankheit bei den beiden Geschlechtern also sehr verschieden ist. Vielleicht handelt es sich bei dem vermeintlich späteren Beginn der Krankheit bei der Frau nicht um einen objektiven Tatbestand. Vielleicht kommt die Frau durchschnittlich später in ärztliche Behandlung, vor allem in eine Krankenhausbehandlung. Ein Mann kann in der Häuslichkeit eher entbehrt werden, er trennt sich auch leichter von Kindern, die vorhanden sind. Die Krankheit tritt beim Mann auch früher nach außen hin in Erscheinung. In der Zeit, in der unsere Patienten erkrankten, waren die Frauen großenteils nur zu Hause beschäftigt. Schwierigkeiten im Beruf ließen daher beim Mann häufiger eine frühzeitige Beratung durch einen Arzt notwendig werden.

Die Häufigkeit, mit der die verschiedenen Krankheitsformen bei den *beiden Geschlechtern* erscheinen, zeigt sich zugleich, wenn ich nach Tabelle 1 die Frage der Erblichkeit prüfe. Man wird, was zunächst die systematischen Schizophrenien betrifft, sehen, daß die Paraphrenie viel häufiger beim weiblichen Geschlecht, die Katatonie viel häufiger beim männlichen Geschlecht vorkommt. Bei der Paraphrenie macht die expansive Form eine Ausnahme, die beim männlichen Geschlecht häufiger ist; bei der Katatonie macht die negativistische Form eine Ausnahme, sie ist beim weiblichen Geschlecht häufiger. Diese Ausnahmen fanden sich sowohl bei meinem Frankfurter wie bei meinem Berliner Probanden. Wenn ich die beiden Untersuchungsreihen zusammennehme, ist das Verhältnis von Männern zu Frauen bei der Expansiven Paraphrenie 48 : 20, bei der negativistischen Katatonie 11 : 20. Bei den unsystematischen Formen fand sich die Kataphasie viel häufiger beim Mann, die affektvolle Paraphrenie viel häufiger bei der Frau.

Über den *Verlauf* der Psychosen ist zu sagen, daß die *systematischen Schizophrenien* fast immer schleichend progressiv verlaufen. Wenn Remissionen erscheinen, sind sie so wenig eindrucksvoll, daß man im Zweifel sein kann, ob wirklich der Krankheitsprozeß zurückging, oder ob nur äußere Umstände einen beruhigenden Einfluß ausübten. Bei den *unsystematischen* Formen gehören die Remissionen dagegen zum Krankheitsbild. Bei der periodischen Katatonie soll die vorübergehende Besserung — das besagt der Name — an sich nie fehlen. Es kommt aber doch in sehr seltenen Fällen vor, daß man bei einer Untersuchung den charakteristischen Restzustand einer periodischen Katatonie findet und nicht feststellen kann, ob und wann ein akuter Krankheitsanfall mit einem schweren Bild ablief. Bei der affektvollen Paraphrenie fanden sich Remissionen in 57,4% der Fälle, bei der Kataphasie in 71,2%.

Das Fortschreiten scheint bei den systematischen Schizophrenien unaufhaltbar zu sein. Moderne Mittel, Psychotherapie und Soziotherapie, vermögen wohl die Anpassung der Kranken an die normale Umwelt zu verbessern, am Krankheitsvorgang selbst ändern sie nach meinen Beobachtungen nichts. Als ich im Laufe der letzten 15 Jahre wieder viele Schizophrene untersuchte, zeigten die Krankheitsbilder die gleiche Schwere wie ich sie vor 50 Jahren in der Anstalt Gabersee gefunden hatte. Nur das äußere Bild

Tabelle 1

Zahl der Psychosen unter den Eltern und Geschwistern bei den verschiedenen Formen endogener Psychose

	Diagnosen		Zahl der Probanden	„Korrigierte“ Zahl der Eltern	Kranke Eltern	In Prozent	„Korrigierte“ Zahl der Geschwister	Kranke Geschwister	In Prozent
648 Systematische Schizophrenien	Paraphrenie	♂ 96 ♀ 170	266	511,5	7	1,4	678,0	8	1,2
	Hebephrenie	♂ 83 ♀ 103	186	353,5	8	2,3	357,5	8	2,2
	Katatonie	♂ 150 ♀ 82	232	437,0	12	2,7	367,5	13	3,5
429 Unsystematische Schizophrenien	Affektvolle Paraphrenie	♂ 25 ♀ 95	120	231,0	5	2,2	270,5	36	13,3
	Kataphasie	♂ 120 ♀ 53	173	327,5	50	15,3	304,0	45	14,8
	Periodische Katatonie	♂ 67 ♀ 69	136	249,5	55	22,0	170,0	36	21,2
221 Zykloide Psychosen	Angst-Glücks-Psychose	♂ 38 ♀ 27	65	126,0	8	6,3	143,5	6	4,2
	Verwirrtheits-Psychose	♂ 41 ♀ 32	73	141,0	9	6,4	79,5	3	3,8
	Motilitätspsychose	♂ 25 ♀ 58	83	156,0	8	5,1	170,0	7	4,1
13 Phasische Psychosen	Manisch-depressive Krankheit	♂ 20 ♀ 40	60	114,5	21	18,3	90,0	18	20,0
	Monopolare Depressionen und Euphorien	♂ 26 ♀ 45	71	138,0	8	5,8	159,5	5	3,1
Zusammen		♂ 691 ♀ 774	1465	2785,5	191	6,9	2790,0	185	6,6

war unter moderner Behandlung da und dort modifiziert. Ich habe auch, als ich noch klinisch arbeitete und therapierte, bei keiner systematischen Schizophrenie durch die Behandlung eine grundsätzliche Besserung erzielen können. Weder Schock- noch Krampf- noch medikamentöse Therapie änderten etwas an den Grundsyndromen der systematischen Schizophrenien. Die grundsätzlichen Besserungen, die man therapeutisch erzielt, beziehen sich auf die unsystematischen Schizophrenien und die zykloiden Psychosen. Die „latenten Schizophrenien", von denen die Rede war, sprechen nicht gegen den regelmäßig progredienten Verlauf nach Ausbruch der Krankheit, denn bei ihnen setzte der Prozeß gar nicht ein, handelt es sich doch nur um „Systemschwächen". Sehr selten scheint es allerdings vorzukommen, daß die Krankheit wirklich beginnt, aber dann stehen bleibt, ohne bis dem schweren Endzustand fortzuschreiten. Es handelt sich hier um keinen Rückgang der Krankheitserscheinungen, also um keine Remission, sondern nur um ein Fehlen einer weiteren Verschlimmerung. Wir fanden bei der verschrobenen Hebephrenie und bei der manierierten Katatonie Fälle, bei denen die Manieren im Stadium der Zwangserscheinungen blieben. Manche der „latenten" Schizophrenien können sich in dieser Weise erklären.

Wenn die vermeintlichen Schizophrenien, wie man oft liest, in einem Drittel der Fälle ausheilen, so sind dies die zykloiden Psychosen. Wenn sie in einem weiteren Drittel mit geringen Ausfällen enden, so sind hier die unsystematischen Schizophrenien enthalten. Wenn sie in einem letzten Drittel zu einem schweren Defekt führen, so sind das vor allem die systematischen Schizophrenien. Die Psychiater werfen heute mit einem tadelnden Unterton KRAEPELIN oft vor, er habe die Prognose bei Schizophrenie zu ungünstig gestellt. In Wirklichkeit hat er nur anders diagnostiziert. Er rechnete, wie man aus seinen Schilderungen immer wieder entnehmen kann, die zykloiden Psychosen im wesentlichen zur Manisch-depressiven Krankheit und reihte sie damit prognostisch richtig ein. Bei den restlichen Fällen konnte er die Prognose nur als ungünstig bezeichnen. Er hat bei der Schizophrenie bzw. seiner Dementia praecox die Prognose nicht zu ungünstig gestellt, er gab sie vielmehr besser als es in der modernen Psychiatrie geschieht, die nach Eugen BLEULER und Kurt SCHNEIDER die prognostisch günstigen zykloiden Psychosen und die prognostisch ungünstigen Schizophrenien nicht trennt. Freilich läßt sich die Prognose noch besser geben, wenn man die zykloiden Psychosen aus der Zweiteilung ganz herausnimmt und in ihrer eigenen Gestaltung betrachtet.

F. Zur Frage der endogenen Mischpsychose

In der psychiatrischen Literatur war jahrzehntelang viel von *Mischpsychosen* die Rede. Man dachte, daß die Schizophrenie, die man als Einheit nahm, sich nicht selten mit der Manisch-depressiven Krankheit verbinde, so daß im Symptomenbild und im Verlauf sich beide Komponenten mischten. Die „*atypischen*“ Psychosen sollten auf diese Weise eine Erklärung finden. Man versuchte zu zeigen, daß Patienten mit solchen Psychosen von der einen elterlichen Seite die eine, von der anderen die zweite Psychose geerbt hätten. Prüfte man das nach, so fand man aber diese beiden Ursprünge nicht. So trat die Auffassung von der Mischpsychose allmählich zurück und spielt in der neueren Zeit keine wesentliche Rolle mehr. Man denkt jetzt mehr an die „*schizoaffektiven*“ Psychosen, mit denen man wenigsten einen Versuch macht, neben den Schizophrenien und den phasischen Psychosen selbstständige Krankheiten abzugrenzen. In meinen eigenen Untersuchungen spielte die Frage der Mischpsychose keine Rolle, da ich die meisten sogenannten atypischen Psychosen den zykloiden Psychosen zurechnen konnte. Ich war eine Zeitlang sogar der Meinung, daß sich verschiedene endogene Psychosen, wenn sie auf erblicher Grundlage zusammenträfen, gegenseitig ausschlössen. Ich muß diese Auffassung korrigieren. Zwar kann ich weiterhin bestätigen, daß man außerordentlich selten bei einer Person zwei Psychosen zugleich findet. Aber die Seltenheit hängt, wie ich jetzt meine, damit zusammen, daß die verschiedenen endogenen Psychosen sehr verschiedene Ursachen haben, die sich im allgemeinen bei einem Menschen nicht beide zugleich finden. Man muß bedenken, daß es sich bei allen Einzelformen um sehr seltene Krankheiten handelt, schätzt man doch das Vorkommen der gesamten schizophrenen Gruppe in der Durchschnittsbevölkerung auf weniger als 1%. So seltene Krankheiten werden kaum einmal mit einer anderen ebenso seltenen zusammentreffen. Ich muß meine Auffassung von einem gegenseitigen Ausschluß verschiedener endogener Psychosen jetzt schon dadurch als widerlegt ansehen, daß solche Kombinationen überhaupt einmal zu beobachten sind. Einige wenige sah ich im Laufe vieler Jahre.

Ehe ich Fälle dieser Art anführe, möchte ich von einer Familie sprechen, die ich in der vorigen Auflage dieses Buches als Beispiel dafür anführte, daß sich zwei verschiedene Schizophrenien, die zusammentreffen, in ihrem Erscheinungsbild nicht mischten — das dachte ich damals —, sondern daß die eine Form die andere ausschließe.

Die Mutter hatte eine *Affektvolle Paraphrenie*, eine Tochter (Hannelore) und der jüngste Sohn (Siegfried) ebenfalls. Der Vater litt an einer Altersdepression und starb während derselben nach einer Prostataoperation. Er machte sich vorher viel Sorgen wegen seiner kranken Frau und seiner kranken Kinder. Einer der Söhne, der Proband, litt an einer systematischen Katatonie (proskinetisch-parakinetisch). Eine Schwester und ein Bruder des Probanden waren ebenfalls systematisch-kataton (einfach parakinetisch).

Die affektvolle Paraphrenie bei Hannelore und Siegfried ist gut zu verstehen. Die Mutter litt an dieser Krankheit, der Vater hatte eine Altersdepression; man erkennt die doppelseitige Belastung, die zu erwarten ist, denn wir werden bei der affektvollen Paraphrenie zur Annahme eines rezessiven Erbgang kommen. Das Vorliegen nur eines Gens bleibt nicht immer verborgen, es kann sich in einen affektiver Labilität äußern; beim Vater lag diese wohl vor, so daß er bei den Belastungen durch die kranke Frau in Zusammenhang mit Alterserscheinungen depressiv wurde. Wenn von sieben Geschwistern nur zwei affektvoll paraphren wurden, so läßt sich das damit erklären, daß die Krankheit bei Männern viel seltener manifest wird als bei Frauen; denn die Geschwisterschaft bestand aus zwei Mädchen und fünf Brüdern.

Bei den systematischen Katatonien des Probanden und seiner beiden Geschwister ist nach Isolierungssituationen in der Kindheit zu fragen, denn wir werden feststellen, daß ein Mangel an Kommunikation zu dieser Psychose führen kann. Der Vater war wegen seiner aktiven Tätigkeit in der Hitlerzeit nach Kriegsende zwei Jahre lang inhaftiert und in den folgenden Jahren noch öfter in Haft. Er wurde in dem kleinen Ort, in welchem er lebte, nach seiner eigenen Ausdrucksweise als ein „Ausgestoßener" behandelt. Es ist wohl nicht unrichtig, wenn man annimmt, daß die Isolierung, welcher der Vater damals ausgesetzt war, auch die Kinder einbezog. Vielleicht übernahmen die Kinder des Ortes die Verachtung, die dem Vater zuteil wurde. Zwei gesunde Brüder des Probanden waren bei Kriegsende 15 und 14 Jahre alt. Wahrscheinlich war ihre Entwicklung schon so weit abgeschlossen, daß eine Isolierungssituation keinen Schaden mehr erzeugen konnte. Die katatonen Geschwister waren bei Kriegsende 13, 11 und 8 Jahre alt. Die Wahrscheinlichkeit ist hier größer, daß sich die Isolierung noch auswirkte. Allerdings bleibt unklar, warum das Zusammensein der vielen Geschwister untereinander keine genügende Kommunikation herstellte. Auf jeden Fall kann man vermuten, daß die beiden Krankheiten in dieser Familie verschiedengeartete Ursachen hatten, für die bei verschiedenen Geschwistern verschiedene Vorbedingungen vorhanden waren.

Kombinationen von Psychosen, die beide vielgestaltig sind, erkennt man schwer, da hier zwischen den Psychosen selbst schon Übergänge bestehen. Bei einer Probandin mußte man in den erregten Phasen eine *Verwirrtheitspsychose* annehmen, in den Phasen des Gegenpols war sie dagegen *rein melancholisch*. Es war hier nicht nur an eine Kombination zwischen der vielgestaltigen Verwirrtheitspsychose und der ebenfalls vielgestaltigen manisch-depressiven Krankheit zu denken, sondern eher noch mit einer *reinen Melancholie*. Der Vater litt an einer Psychose, bei der ich tatsächlich nach eigener Untersuchung eine reine Melancholie annehmen konnte. Eine Schwester der Probandin hatte nach der Krankengeschichte eine „antriebsamre Depression im Wochenbett". Vielleicht war es ebenfalls eine reine Melancholie. Die *Mutter* der Probandin war bei unserem Besuch außerordentlich gesprächig. An jede Frage, die wir an sie richteten, fügte sie lange Reden an, in denen sie von ihrer Familie und von ihren Auffassungen über die Krankheiten in der Familie sprach. Objektiv konnte man wenig von ihr erfahren, da sie kaum aufnahm, was man fragte, sondern nur immer wieder in ihren eigenen Gedankengängen zu sprechen begann. Sie hatte ein „erregtes Denktemperament", von dem noch die Rede sein wird, und konnte damit die Disposition zur Verwirrtheitspsychose auf die kranke Probandin übertragen haben. Deren Melancholie in den anderen Phasen konnte vom Vater stammen.

In einem Fall verband sich eine *Angst-Glücks-Psychose* mit einer *systematischen Paraphrenie*. Die Kranke machte eine Phase durch, die mit heftigen ängstlichen und ekstatischen Zuständen einherging, und war dann elf Jahre lang gesund. Von dieser Zeit an entwickelte sich schleichend eine konfabulatorisch-phonemische Paraphrenie. Daß wirklich eine Angst-Glücks-Psychose vorgelegen hat, bestätigt sich dadurch, daß eine Schwester eine schwere Angstpsychose durchmachte und später durch Suicid endete. Die Grundlage der Paraphrenie in der Kombination war nicht zu ermitteln.

Als Mischpsychose könnte man es schon bezeichnen, wenn zwei systematische Schizophrenien verschiedener Form zusammentreten. Diese Kombinationen wurden ausführlich beschrieben. In sehr seltenen Fällen kann man sogar zu dem Verdacht kommen, daß sich *drei Formen* kombinieren. Darauf werden wir bei Schizophrenien der frühen Kindheit noch stoßen. Es wird auch noch davon die Rede sein, warum sich die Mischungen nur innerhalb der gleichen Sonderform finden, der paraphrenen, hebephrenen und katatonen Sonderform. Sehr selten gibt es auch hier Ausnahmen.

Eine Patientin sah ich mit einer *verschrobenen Hebephrenie*, an der sie seit ihrem sechzehnten Lebensjahr litt. Als ich sie mehrere Jahre später wiedersah, bot sie ein paranoides Bild, denn es hatte sich jetzt eine *konfabulatorische Paraphrenie* hinzugesellt. Es ließ sich feststellen, daß die verschrobene Hebephrenie mit ihrer charakteristischen Einförmigkeit zehn Jahre lang bestanden hatte, um dann von der konfabulatorischen Paraphrenie begleitet zu werden. Die Hebephrenie wurde dadurch nicht verdrängt, die Affektivität war weiterhin grob verflacht, auch das einförmige Reden fand sich noch. Die Ideen wurden nicht in der etwas freudig gehobenen Art vorgetragen, wie es für die konfabulatorische Paraphrenie sonst charakteristisch ist.

Eine andere Patientin erkrankte mit 20 Jahren an einer Psychose, die nach der Krankengeschichte als *manierierte Katatonie* zu erkennen war. 19 Jahre später setzte eine paranoide Psychose ein, bei der es sich nach eigener Untersuchung um eine *hypochondrisch-phonemische Paraphrenie* handelte. In diesem Fall hatte die Mutter eine Psychose, die schleichend fortschritt und zu einer Hospitalisierung von 34 Jahren führte. Wahrscheinlich besaß die Probandin von der Mutter her die Disposition zu ihrer Paraphrenie. Bei der Entstehung der Katatonie spielte eine Rolle, daß die Probandin wegen der Krankheit der Mutter seit ihrem dritten Lebensjahr als Einzelkind bei der Großmutter aufwuchs. Die Gefährdung von Einzelkindern, an einer systematischen Katatonie zu erkranken, wird uns noch sehr beschäftigen.

Mit diesen Beispielen wollte ich zeigen, daß es Mischpsychosen tatsächlich gibt; die einzelnen Formen schließen sich gegenseitig nicht aus. Ihre Seltenheit erklärt sich dadurch, daß die verschiedenen endogenen Psychosen — auch in ihren Sonderformen — ganz verschiedene Ursachen haben. Da schon jede Sonderform selbst sehr selten ist, kann man kaum erwarten, daß die Ursachen von zwei Formen in einer Person zusammentreffen. In den zwei letzten Fällen waren die beiden Formen, die sich kombinierten, besonders gut gegeneinander abzugrenzen, da sie in einem verschiedenen Alter begannen, jede Form in dem für sie typischen Alter, die Paraphrenie jeweils viel später als die Hebephrenie bzw. Katatonie.

Die beiden Kranken zeigen zugleich, daß die ständig wiederkehrende Behauptung, die Schizophrenien unterlägen einem ständigen Symptomwechsel, jedenfalls für die systematischen Formen nicht zu Recht besteht. Unter mehreren hundert systematischen Schizophrenen konnte ich nur diese beiden finden, bei denen ein Symptomwechsel sicher zu erkennen war. Überdies ist es auch hier kein echter Wechsel, vielmehr kam zu einem Syndrom nur zusätzlich ein zweites hinzu.

G. Ätiologie der endogenen Psychosen

Man weiß von der Genese der endogenen Psychosen trotz der intensivsten Bemühungen, die seit Jahrzehnten erfolgen, sehr wenig. Man weiß, daß erbliche Disposition eine Rolle spielt, man nimmt an, daß psychosoziale Faktoren bedeutsam sind; aber welcher Art die erbliche Disposition ist, welcher Art die psychosozialen Faktoren sind, das ist unbekannt. Dieser grobe Mangel rührt meines Erachtens daher, daß man seit KRAEPELIN immer nur nach Ursachen einer Schizophrenie insgesamt und nach Ursachen der Manisch-depressiven Krankheit in einer weiten Fassung gesucht hat. Die endlich erfolgte Trennung zwischen der Manisch-depressiven Krankheit und den monopolaren Depressionen hat sich bewährt. Dagegen bringen die jetzt vielgenannten „*schizoaffektiven Psychosen*" keine nützliche Trennung, denn sie enthalten sowohl Schizophrenien wie phasische, besonders zykloide Psychosen. Da es mir vergönnt war, in den letzten Jahren viel Zeit für Untersuchungen und Forschungen zu gewinnen, kann ich jetzt Ergebnisse vorweisen, die wesentlich darüber hinausführen, was bisher bekannt ist.

Es sind vor allem *zwei Umstände*, denen die neuartigen Einsichten zu verdanken sind. Es ist einmal die Erkenntnis, daß ein grober Mangel an mütterlicher Zuwendung, wie sie SPITZ bei seinen Heimkindern fand, nicht nur die von ihm beschriebene schwere geistige Retardierung erzeugen, sondern auch zu einer frühkindlichen Schizophrenie führen kann. SPITZ selbst hat katatone Symptome beschrieben, denn er nennt "certain unusual postures of hands and fingers", dazu "extremely bizarre hand and finger movements" und sagt schließlich eindeutig: "Presenting a picture of stuporous catatonia". Es ist andererseits die Erkenntnis, daß in der Entwicklung des Menschen vom Kind zum Erwachsenen der Einfluß von *Geschwistern* eine große Rolle spielt, indem Fehlentwicklungen durch einen Mangel an Geschwistern oder eine ungünstige Geschwisterkonstellation entstehen können. Vorbedingung für die neuen Erkenntnisse bleibt meine differenzierte Diagnostik der endogenen Psychosen. Daran muß ich nachdrücklich erinnern; denn wer das nicht beachtet, wird bei den vielen Befunden, die ich nennen werde, immer wieder in Versuchung sein, zu sagen: Das kann nicht stimmen, ähnliche Untersuchungen hat man doch schon oft mit negativem Ergebnis durchgeführt. Die Befunde sind gesichert, sie ergaben sich, da nicht global bei Schizophrenie untersucht wurde, sondern bei Sonderformen, die sich ganz verschieden, oft direkt gegensätzlich verhalten.

Der *Einfluß der Geschwister* aufeinander ist nach meinen Befunden so groß, daß ich schon einleitend versuchen muß, eine plausible Erklärung dafür zu geben. Die Vorgänge, auf die es ankommt sind *biologischer Natur*, denn sie treten am meisten bei den systematischen Schizophrenien hervor, an deren organischer Grundlage am wenigsten zu zweifeln ist, die nach Zustandsbild und Verlauf von allen endogenen Psychosen die geringste Verwandtschaft mit neurotischen Entwicklungen aufweisen. Daher kann ich fragen, ob es für die Bedeutung von Geschwistern im *Tierreich* eine Parallele gibt.

Man trifft hier auf die Untersuchungen von Harlow und Harlow[1], die schwere Schäden in der Entwicklung von Rhesus-Affen feststellten, wenn sie junge Tiere immer wieder trennten und dann wieder zusammenführten. Da man sonst nicht viel über ähnliche Abhängigkeiten findet, scheint es, daß der Einfluß von Tierkindern aufeinander bei weitem nicht so groß ist, wie ich ihn bei menschlichen Kindern fand. Biologisch läßt sich das verstehen, wenn man die Dauer des üblichen Zusammenseins der Geschwister beim Menschen und beim Tier vergleicht. Tierkinder gewinnen sehr schnell ihre Selbständigkeit und können von der Tiermutter bis in ihr Erwachsenenalter hinein betreut werden. Wenn ein Muttertier von neuem ein Junges bekommt, ist das vorige meist schon erwachsen. Es wird jetzt von der Mutter oft direkt weggetrieben. Soweit man bei Tieren von einer Psyche sprechen kann, bedürfen die Jungen für ihre psychische Entwicklung sicher keiner anderen Betreuung als die durch die Eltern. Beim Menschen dagegen ist das Kind in der Zeit, in der das nächste geboren wird, meistens noch völlig unentwickelt. Ich darf bei diesen Überlegungen von den natürlichen Zuständen unserer Vorfahren ausgehen, bei denen sich die Mutter meist schon nach 1 bis 2 Jahren dem nächsten Kind widmen und so ihre Fürsorge teilen mußte. In den folgenden Jahren war noch oft eine Teilung nötig, da meist weitere Kinder kamen, denn der Mensch wird fast 20 Jahre alt, ehe er seine psychische Entwicklung abgeschlossen hat und ganz auf sich selbst gestellt ist. Auf diese Weise droht ganz notwendig ein Mangel in der Entwicklung, die ja nicht aus sich selbst heraus abläuft, sondern in ständiger Wechselwirkung mit der Umwelt, vor allem mit anderen Menschen. Neben den Eltern stellen die Geschwister die nächste menschliche Umwelt des Kindes dar, mit der es jahrelang verbunden bleibt. Es wäre meines Erachtens geradezu verwunderlich, wenn sich die Natur diese lange Gemeinschaft nicht zunutze gemacht und nicht die Geschwister an der für die Entwicklung nötigen Wechselbeziehung beteiligt hätte. In unserer kinderarmen Zeit könnte das vielleicht anders sein, aber was sich biologisch ausgebildet hat, bleibt bei sozialen Veränderungen noch lange bestehen. Es sei angeführt, daß die Wechselbeziehungen sicher nicht auf Geschwister beschränkt, sondern allgemeiner auf den Umgang von Kindern untereinander zu beziehen sind. Kameraden gibt es auch in unserer geschwisterarmen Zeit in reichem Maße.

Ehe ich auf den Einfluß, der von Geschwistern ausgeht, sowie auf andere exogene Einflüsse genauer eingehe, möchte ich prüfen, wie sich die *erblichen Verhältnisse* bei Zugrundelegung einer differenzierten Diagnostik darstellen.

I. Bedeutung der erblichen Disposition

Auf eine erbliche Disposition deutet es hin, wenn sich in der Verwandtschaft gehäuft Psychosen finden. Die Tabelle 1 gibt die Zahl der kranken Geschwister bei 1465 Patienten wieder, die ich im Laufe der letzten 15 Jahre in verschiedenen psychiatrischen Krankenhäusern untersucht habe. Man findet die *5 wichtigsten Gruppen* verzeichnet, die zu unterscheiden sind. Die Zahl der untersuchten Patienten ist, wie man sieht, sehr verschieden. Das hängt nicht mit dem tatsächlichen Vorkommen der Gruppen zusammen, sondern liegt daran, daß ich vorwiegend auf Abteilungen mit chronischen Kranken untersuchte. Ich wollte möglichst lange Verläufe beobachten. Bei akuten Krankheitsfällen sind die 5 Gruppen etwa gleich häufig. Das konnte ich feststellen, indem ich bei

[1] Harlow, H. F. und M. K. Harlow: Effects of various mother-infant relationsships on rhesus monkey behaviours. In Foss BM (ed.): Determinants of Infant Behaviour. IV London: Methuen 1965 p. 15.

200 Kranken, die in der Berliner Klinik in einer Zeit, in der ich sie leitete, behandelt wurden, nachzählte. Es fanden sich 21,5% systematische, 18,5% unsystematische, 22,0% zykloide, 18,7% manisch-depressive und 19,0% monopolare Formen. Die verschiedenen Zahlen der Tabelle geben daher indirekt eine Bestätigung der verschiedenen Prognose der einzelnen Formen. Die systematischen Schizophrenien verlaufen am ungünstigsten, sie mußten also auf Abteilungen mit vorwiegend chronischen Fällen angehäuft sein (684 Fälle). Die unsystematischen Schizophrenien mit ihrem großenteils remittierenden Verlauf haben eine deutlich bessere Prognose, daher fanden sich weniger Patienten (429 Fälle). Die zykloiden Psychosen (221 Fälle) heilen nach jeder Phase; man würde sie vielleicht noch weniger häufig erwarten, da die manisch-depressiven und monopolaren Formen noch seltener vertreten sind. Aber die zykloiden Psychosen bieten, wie oben dargestellt, schwerere Zustandsbilder. Die affektiven Psychosen werden häufiger als die zykloiden in städtischen und Universitätskliniken behandelt.

Die Zahl der kranken Eltern und kranken Geschwister wechselt, wie man auf der Tabelle sieht, in hohem Maße. Die unsystematischen Schizophrenien zeigen eine hohe erbliche Belastung. Ganz besonders fällt auf, wie sehr die *periodische Katatonie* belastet ist (22,0 kranke Eltern, 21,2 kranke Geschwister). Ich konnte hier einen *dominanten Erbgang* annehmen. Zwar werden die Zahlen noch bei weitem nicht erreicht, die in diesem Fall theoretisch zu erwarten wären, nämlich 50,0, aber die Lücke füllt sich aus, wenn man sich die „gesunden" Eltern und Geschwister genauer ansieht. Ich habe sehr viele Eltern und Geschwister im häuslichen Milieu gesehen und manche Abnormitäten gefunden. Viele sind schon in den Krankengeschichten der Probanden verzeichnet. So konnte ich die Lücke zwischen 20% und 50% weitgehend ausfüllen.[1] Frau von Trostorff[2] begründete das Vorliegen eines dominanten Erbgangs noch weiter. Sie fand 17 Fälle, in denen die Katatonie in direkter Linie in 3 Generationen erschien, und 5 Fälle, in denen sie in direkter Linie sogar in 4 Generationen nachweisbar war.

Bei der *affektvollen Paraphrenie* andererseits ergaben sich Hinweise dafür, daß sich die Krankheit *rezessiv* vererbt. Vor allem spricht die Tatsache dafür, daß nach Tabelle 1 recht viele Geschwister krank waren (13,3), dagegen sehr wenige Eltern (2,2). Ich konnte ferner vor vielen Jahren[3] eine Familie beschreiben, in der von 18 affektvollen Paraphrenien nicht weniger als 13 aus Verwandtenehen hervorgegangen waren. Die Häufung kam durch Inzucht zustande. Die Familienmitglieder hatten, um ihr Ansehen und ihren Reichtum nicht zu gefährden, ständig ineinander geheiratet. Ohne Inzucht kann man eine Häufung von Verwandtenehen bei rezessivem Erbgang nur bei seltenen Krankheiten erwarten, bei denen die zwei maßgeblichen Gene kaum Aussicht haben, außerhalb einer Blutsverwandtschaft zusammenzutreten. Die affektvolle Paraphrenie gehört nicht zu den seltenen Krankheiten, aber Frau von Trostorff[4] konnte die hier zu erwartende geringe Vermehrung von Verwandtenehen bei unserem Probanden feststellen.

Wenn die bei einem rezessiven Erbgang theoretisch zu erwartende Zahl von 25 kranken Geschwistern doch bei weitem nicht erreicht wird, so läßt sich das teilweise damit erklären, daß sich die Krankheit beim männlichen Geschlecht häufig nicht mani-

1 Leonhard, K.: Ein dominanter und ein rezessiver Erbgang bei zwei verschiedenen Formen von Schizophrenie, Nervenarzt **46**, 242–248 (1975).

2 von Trostorff, Sieglinde: Zur Frage eines dominanten Erbgangs bei der periodischen Katatonie. Psychiat. Neurol. med. Psychol. **33**, 158–166 (1981).

3 Leonhard, K.: Eine Sippe affektvoller Paraphrenie mit gehäuften Erkrankungen aus Verwandtenehen. Arch. Psychiat. **184** (1950), 291–356.

4 von Trostorff, Sieglinde: Rezessiver Erbgang bei affektvoller Paraphrenie. In: Zur Klassifikation endogener Psychosen. Hirzel, Leipzig 1986.

festiert. Wie aus Tabelle 1 ersichtlich ist, waren von unseren Probanden 95 weiblichen und nur 25 männlichen Geschlechts. Auch in der engeren und weiteren Verwandtschaft unserer Probanden fanden sich viel mehr kranke Frauen als Männer. Die Veranlagung scheint vor allem dann zur manifesten Krankheit zu führen, wenn sie sich mit einer weiblichen Konstitution verbindet. Auf zusätzliche exogene Einflüsse werden wir noch stoßen.

Die Rezessivität schließt nicht aus, daß ein nur heterozygot vorhandenes Gen eine gewisse Bedeutung besitzt. Wir fanden bei gesunden Eltern nicht selten paranoische Wesenszüge, außerdem öfter eine affektive Labilität mit Neigung zu reaktiven Suiciden. Beides könnte in verdünnter Weise auf die affektive Form der Paraphrenie hindeuten. In zwei Fällen wies eine Induzierung auf eine paranoische Bereitschaft hin; die Mütter hatten die Wahnideen ihrer Töchter teilweise übernommen.

Die *Kataphasie* hat ebenfalls eine erbliche Grundlage, wie die verhältnismäßig große Zahl von kranken Eltern (15,3%) und kranken Geschwistern (14,8%) zeigt. Ein rezessiver Erbgang kommt nicht in Frage, da mehr Eltern als Geschwister krank wurden. Ein dominanter Erbgang wird dadurch nahegelegt, daß sich die Krankheit 9 mal in direkter Linie in drei Generationen fand, und ein kranker Vater mit zwei verschiedenen Frauen zwei kataphasische Kinder hatte. Die äußeren Ursachen, auf die wir stoßen werden, müssen im Falle eines dominanten Erbgangs aber angesichts der gefundenen Zahlen eine recht große Rolle spielen.

Ein Anhaltspunkt dafür, daß die männliche oder weibliche Konstitution am Ausbruch der Kataphasie beteiligt ist, haben wir nicht. Nach Tabelle 1 waren unter unseren Probanden zwar viel mehr Männer als Frauen (120:53), aber in der Verwandtschaft fanden wir im Gegenteil mehr kranke Frauen. Von den in Tabelle 1 aufgezeichneten 50 kranken Eltern handelte es sich 19 mal um Väter, 31 mal um Mütter; von den 45 kranken Geschwistern waren 20 männlichen und 25 weiblichen Geschlechts. Wir deuten die widersprüchlichen Zahlen dahin, daß die Kataphasie bei Männern schwerer und mehr chronisch verläuft, so daß sie häufiger in psychiatrischen Krankenhäusern anzutreffen ist.

In einem groben Gegensatz zu den unsystematischen Schizophrenien zeigen die *systematischen Formen* eine sehr geringe Belastung. Am allermeisten fällt auf, daß bei der systematischen Paraphrenie nur 1,4 kranke Eltern und 1,2 kranke Geschwister vorhanden sind. Es wird hier kaum der Prozentsatz überschritten, den man an Kranken bei der Normalbevölkerung annimmt (etwa 0,8%). Ich kann sagen, daß mich die Frage, wodurch wohl diese schwersten Formen von Schizophrenie entstehen, mein Leben lang beschäftigt hat. Die geringe Belastung hatte ich schon bei meinen ersten Untersuchungen an den Gaberseer Kranken festgestellt.

Man könnte geneigt sein, zu sagen, bei den systematischen Schizophrenien spiele die Erblichkeit gar keine Rolle. Dem scheint aber ein wichtiger Befund entgegenzustehen. Wir fanden bei den kranken Verwandten der systematischen Schizophrenen, soweit ein Urteil möglich war, meist die gleiche Unterform, teils allein, teils in Kombination mit einer anderen Sonderform. Wir konnten außerdem bei gesunden Verwandten gelegentlich wenigstens latent das Syndrom der gleichen Unterform feststellen. Man möchte daraus schließen, daß sich die einzelnen Unterformen in ihrer Eigenart vererben. In Anbetracht der geringen Erbbedingtheit der systematischen Schizophrenien läßt sich diese Auffassung aber nicht aufrechterhalten. Ich kam daher zu einer anderen Deutung der Befunde, nämlich: Für die Entstehung der Krankheit sind vorwiegend äußere Ursachen verantwortlich, die Sondergestaltung wird aber endogen bestimmt. Die endogene Schwäche eines Systems führt an sich nicht zur Krankheit, bestimmt aber den Angriffspunkt für die exogene Schädigung.

Mit dieser Annahme erklärt sich auch die Tatsache, daß es auffallend viele kombinierte Schizoprenien gibt. Nach Abschluß einer Untersuchungsreihe fanden wir unter 309 systematischen Schizophrenien 220 einfache und 89 kombinierte Fälle. Bei der Seltenheit der Schizophrenie insgesamt können — Erblichkeit angenommen — nur sehr selten zwei verschiedene Gene bei einem Menschen zusammentreffen und zwei verschiedene Schizophrenien erzeugen. Dagegen kann eine Systemschwäche, die nicht zu einer Krankheit führt, bei vielen Menschen vorkommen und auch in zwei Systemen zugleich vorliegen. So sehe ich die äußere Ursache als pathogenetisch, die endogene Disposition als pathoplastisch an.

Es mag freilich sein, daß die Systemschwäche manchmal über die Grenzen des Normalen hinausgreift und auch zur Entstehung der Krankheit selbst beiträgt. Dafür spricht die Tatsache, daß die kombinierten Schizophrenien eine höhere Belastung aufweisen als die einfachen. In früheren Auflagen des Buches bin ich genau darauf eingegangen und habe dazu teilweise andere Auffassungen vertreten. Es fanden sich bei den kombinierten Fällen 4,0 kranke Eltern und 3,5 kranke Geschwister, bei den einfach systematischen Formen nur 1,5 kranke Eltern und 1,8 kranke Geschwister. Wenn in einer Familie die Systemschwäche mehrfach vorhanden ist, steigt sichtlich die Häufigkeit der Erkrankung. Das läßt sich nur pathogenetisch erklären.

Ferner zeigt eine schizophrene Sonderform, die *parakinetische Katatonie*, daß die Systemschwäche auch zur Entstehung der Krankheit selbst beitragen kann. Diese Katatonie bot bei meinen Frankfurter wie bei meinen Berliner Probanden eine höhere Belastung als die anderen Formen. In der Berliner Untersuchungsreihe enthielten die „korrigiert" 102,5 Eltern der parakinetischen und parakinetisch-kombinierten Katatonien 5 Kranke, das sind 4,9%, die „korrigiert" 69,5 Geschwister ebenfalls 5 Kranke, das sind 7,2%. Wenn man die parakinetische Katatonie herausnimmt, dann haben die restlichen Katatonien unter „korrigiert" 311,5 Eltern 6 Kranke, das sind 1,9%, unter „korrigiert" 280,0 Geschwister 7 Kranke, das sind 2,5%. Bei diesen restlichen Katatonien besteht also kein wesentlicher Unterschied mehr gegenüber den Hebephrenien. Die systematischen Schizophrenien scheinen sich, was die Erblichkeit betrifft, in allen drei Gruppen ähnlich zu verhalten, sofern man die parakinetische Katatonie aus dem Vergleich herausnimmt. Bei dieser letzteren bestätigen die höheren Belastungszahlen, daß die Erblichkeit, d. h. wohl eine erbliche Systemschwäche, eine wesentliche Rolle spielt. Wodurch dieses Sonderverhalten der parakinetischen Katatonie zustande kommt, bleibt unklar. Es ist vielleicht ein unzulässiger Vergleich, wenn ich daran erinnere, daß die parakinetische Katatonie eine gewisse Ähnlichkeit mit der Huntingtonschen Chorea haben kann, d. h. wohl einer Krankheit, die besonders eindeutig erblicher Natur ist. Ich sagte oben, daß das System, das bei der parakinetischen Katatonie ergriffen wird, nur um eine Stufe höher zu suchen ist, als das System, das bei Chorea erkrankt.

Bei den *zykloiden Psychosen* findet man, wie die Tabelle 1 zeigt, auch nur eine geringe Belastung. Zwischen den drei Sonderformen besteht kein Unterschied. Dies ist im Hinblick auf Befunde, die wir bei Zwillingen erhoben, von besonderer Bedeutung; denn dort traten, wie wir noch sehen werden, große Unterschiede hervor. Bei einem Vergleich der Angst-Glücks-Psychose mit der Motilitätspsychose zeigt sich, daß die berühmte Regel, die einst schon GALTON aufstellte, die der Erbforschung seither als eine besonders wichtige Richtschnur dient, *keine allgemeine Gültigkeit besitzt*, nämlich die Regel, daß Konkordanz bei eineiigen Zwillingen für Erbbedingtheit, Diskordanz für exogene Entstehung spricht. Angst-Glücks-Psychose und Motilitätspsychose sind nach Tabelle 1 in gleichem Maße erblich bzw. nicht erblich. Aber bei den Zwillingsuntersuchungen verhielten sie sich extrem verschieden. Von 6 eineiigen Zwillingen mit Angst-Glücks-

Psychose war nur ein Partner ebenfalls krank, von 11 eineiigen Zwillingen mit Motilitätspsychose waren dagegen nicht weniger als 9 Partner ebenfalls krank. 11 zweieiige Zwillinge mit Motilitätspsychose und 4 zweieiige Zwillinge mit Angst-Glücks-Psychose waren alle diskordant. Nach der Regel von GALTON wäre die Angst-Glücks-Psychose eine wenig erbliche, die Motilitätspsychose dagegen in einem ungewöhnlich hohem Maß eine erbliche Krankheit, wovon nach den Zahlen der Tabelle 1 keine Rede sein kann. Kranke Eltern und kranke Geschwister findet man bei der Angst-Glücks-Psychose sogar spurweise häufiger als bei der Motilitätspsychose. Selbst wenn man die beiden Psychosen nicht trennte, sondern als eine einheitliche zykloide Psychose sähe, fänden sich unter 17 eineiigen Zwillingen noch 10 konkordante Fälle, man würde also auch jetzt noch irrtümlicherweise eine hohe Erbbedingtheit annehmen.

Bemerkenswerterweise widersprechen unsere Zwillingsbefunde auch bei den *monopolaren phasischen Psychosen* der Galtonschen Regel. Obwohl die Belastungszahlen hier nach Tabelle 1 noch geringer sind als bei den zykloiden Psychosen, verhalten sich die 6 eineiigen Zwillinge, die an einer dieser Krankheitsformen litten, erstaunlicherweise sogar ausnahmslos konkordant. Dies muß uns später noch beschäftigen. Sozialpsychiater

Tabelle 2
Psychotische Eltern und Geschwister bei den monopolaren phasischen Psychosen

	Zahl der Eltern	„Korrigierte" Zahl der Eltern	Kranke Eltern	Prozent	„Korrigierte" Zahl der Geschwister	Kranke Geschwister	Prozent
Euphorische Formen	25	48,0	1	2,1	71,5	1	1,4
Depressive Formen	46	90,0	7	7,8	88,0	4	4,5
Zusammenfassung	71	138,0	8	5,8	159,5	5	3,1

meinen manchmal, Konkordanz bei eineiigen und Diskordanz bei zweieiigen Zwillingen könne dadurch entstehen, daß die ersteren von Eltern und Erziehern gleich, die letzteren dagegen verschieden behandelt würden. Dies kann keine zutreffende Erklärung sein, da es bei eineiigen Zwillingen deutlicher noch als bei zweieiigen oft ein „Vaterkind" und ein „Mutterkind" gibt. Sicher beweist das auch manche verschiedene Behandlung.

Weiterhin weise ich auf die unterschiedlichen Belastungszahlen bei den affektiven Psychosen hin. Die *Manisch-depressive Krankheit* ist nach Tabelle 1 ganz ungleich mehr mit Psychosen belastet, als dies bei den *monopolaren Formen* zutrifft. Bei den Geschwistern findet man in einem Fall 20,0, im anderen nur 3,1 Kranke. Wenn andere Autoren zwar auch einen Unterschied fanden, aber doch nicht in einem ähnlichen Ausmaß, so liegt das meines Erachtens daran, daß sie monopolare und bipolare Formen nur nach dem Verlauf trennten, während genauer nach dem Zustandsbild die reinen Formen von der Manisch-depressiven Krankheit zu unterscheiden sind. Viele Kranke der bipolaren Form machen nur depressive Phasen durch. Es wurde oben darauf hingewiesen, daß es in dieser Beziehung regionale Unterschiede zwischen Frankfurt und Berlin gibt. Man kann im allgemeinen schon bei der ersten Phase auf Grund des Zustandsbildes erkennen, ob eine Depression „rein" ist oder ob sie der Manisch-depressiven Krankheit zugehört, und kann so die richtige Zuordnung treffen.

Ein wichtiger Befund ergibt sich schließlich noch, wenn man bei den reinen phasischen Psychosen die *euphorischen* von den *depressiven* trennt. Eine Selbständigkeit wird heute nur bezüglich der depressiven Gestaltungen allgemein anerkannt; man glaubt, die manischen seien doch alle der Manisch-depressiven Krankheit zuzuzählen. Nach Tabelle 2 haben die euphorischen Formen deutlich weniger kranke Eltern und weniger kranke Geschwister als die depressiven. Sie entfernen sich dadurch noch mehr von der stark belasteten Manisch-depressiven Krankheit, können ihr also noch weniger zugerechnet werden als die depressiven Formen. Ich sehe meine Auffassung von ihrer Selbständigkeit damit als bestätigt an, zumal sich der gleiche Befund auch schon bei meinen früheren Untersuchungen ergeben hat.

II. Bedeutung psychosozialer Umstände

Da jetzt viel von psychosozialen Ursachen die Rede sein wird, könnte man meinen, ich wolle meine Auffassung, daß die Schizophrenien, besonders die systematischen Formen, Gehirnkrankheiten sind, nicht aufrechterhalten. Aber einmal sind die psychosozialen Ursachen, die ich aufzeigen werde, ganz anderer Art als man bisher meinte, zum anderen ist auch die Entwicklung der Gehirnsysteme, die psychischen Vorgängen dienen, von einem Wechselspiel mit der äußeren Umgebung abhängig. Systeme, die nicht in die Verbindung mit der Umwelt einbezogen werden, reifen nicht genügend aus. Das zeigen schon die Untersuchungen von SPITZ[1]; denn die Kinder, die in einem Heim einem Mangel an psychischer Zuwendung ausgesetzt waren, blieben in der Entwicklung stehen. Viele starben sogar an dem Mangel. Man erkennt aber auch *morphologisch* die fehlende Ausreifung bei mangelnder Anregung von außen. Ich zitiere SEITELBERGER[2].

„Nicht nur die Ausreifung der Sinnessysteme und des motorischen Bewegungsapparates, sondern die aller Hirnteile, die notwendigerweise miteinander als Einheit funktionieren, steht in Abhängigkeit von äußeren Anforderungen. Es ist erwiesen, daß Systeme, die durch Isolierung ruhiggestellt werden, nicht ihre morphologische Reifung gewinnen und daher funktionsuntüchtig bleiben. Durch spätere nachgeholte Exposition nach der kritischen Reifungsperiode kann dieses Versäumnis nicht behoben werden ... Die Vorgänge der morphologischen Feindifferenzierung lassen sich an den Nervenzellen und ihren Verbindungen in langsam abnehmendem Ausmaß bis ans Ende des zweiten Lebensjahrzehnts nachweisen. Sie begleiten also die geistigen Reifungsvorgänge des Individuums."

Auf solche Beobachtungen kann ich mich beziehen, wenn ich auch nach Entdeckung bestimmter psychosozialer Ursachen bei meiner Auffassung bleibe, daß bei den systematischen Schizophrenien gewisse Hirnsysteme ausfallen. Psychosozial und organisch drücken hier keinen Gegensatz aus. Werden die Systeme nicht genügend angeregt, dann erleiden sie einen Schaden, der umso größer ist, wenn ein System schon konstitutionell eine gewisse Schwäche aufweist, eben die „Systemschwäche", von der ausführlich die Rede war. Der Schaden wirkt sich meist nicht sofort aus, denn die Schizophrenien beginnen nur selten bereits in den Entwicklungsjahren. Wahrscheinlich versagen die Systeme im Laufe der fortdauernden Beanspruchung.

In der sozialpsychiatrischen Literatur ist sehr viel von Disharmonien und Konflikten in den Familien der später Erkrankten die Rede. Ich habe keinen Anhaltspunkt dafür, daß solche für die Neurosenentwicklung bedeutsamen Umstände in der Entstehung von

[1] SPITZ, R. A.: Hospitalism un inquiry into the genesis of psychiatric conditions in early childhood. Psychoanal Study Child 1, 53–74 (1945).

[2] SEITELBERGER, F.: Das Gehirn und das Nervensystem im psychosomatischen Geschehen. Universitas 35, 33–40 (1980).

Psychosen eine Rolle spielen. Meine Befunde — ich werde sehr viele anführen — weisen immer nur darauf hin, daß im Verhältnis zur Umwelt ein Mangel eine Rolle spielt, d. h., ein *Mangel an Kommunikation*. Zunächst zeigte sich dies auf Grund von Befunden bei Zwillingsuntersuchungen.

a) Mangel an Kommunikation in der Entstehung systematischer Schizophrenien

Schon die bisherigen Ausführungen bezogen sich vorwiegend auf systematische Schizophrenien. Diese sollen uns nun in Fragen der Kommunikation zuerst genauer beschäftigen.

1. Fehlen systematischer Schizophrenien bei eineiigen Zwillingen

Da bei den systematischen Schizophrenien kaum eine Erblichkeit nachweisbar war, und psychosoziale Ursachen von der Art, wie sie sozialpsychiatrisch vermutet wurden, kaum in Frage kamen, suchte ich schließlich durch *Zwillingsuntersuchungen* zu einer Lösung zu kommen. Tatsächlich ergab sich eine Klärung, aber ganz anderer Art als ich gedacht hatte. Ich suchte möglichst viele eineiige Zwillinge mit endogener Psychose zu finden und persönlich zu untersuchen, um die genaue Unterform zu bestimmen und bei den systematischen Schizophrenien festzustellen, ob sie im wesentlichen konkordant oder diskordant sind. Bei der geringen erblichen Belastung konnte man vorwiegend Diskordanz erwarten; da aber andererseits außer der Erblichkeit keine Ursachen gefunden wurden, mußte man ebenso auch an eine vorwiegende Konkordanz denken. Das Ergebnis war sehr überraschend. Ich konnte den Vergleich gar nicht durchführen, da bei den eineiigen Zwillingen *keine systematische Schizophrenie zu finden war*. Im Lauf der Jahre habe ich bisher 45 eineiige Zwillinge mit endogener Psychose persönlich untersucht, dazu 24 kranke Zwillingspartner. Weder bei den 45 Probanden noch bei den 24 Partnern fand sich eine systematische Schizophrenie. Als sich das Ergebnis ankündigte, suchte ich auch zweieiige Zwillinge zu finden und persönlich zu untersuchen. Es gelang mir bei 47 Kranken mit endogener Psychose. Bei diesen Paaren fehlten die systematischen Schizophrenien keineswegs. Es fanden sich vielmehr 12 systematische Schizophrenien, 15 unsystematische Schizophrenien, 16 zykloide Psychosen, 2 monopolare und 2 bipolare phasische Psychosen. Bei den eineiigen Zwillingen fanden sich 16 unsystematische Schizophrenien, 18 zykloide Psychosen, 7 monopolare und 4 bipolare phasische Psychosen.

Abgesehen von dem Fehlen der systematischen Schizophrenien bei den eineiigen Zwillingen ist die Häufigkeit der zykloiden Psychosen bei den eineiigen wie den zweieiigen Zwillingen auffällig. Der Befund rührt daher, wie wir sehen werden, daß sowohl die Motilitätspsychose wie die Angst-Glücks-Psychose bei Zwillingen relativ häufig ist. Bei der Verwirrtheitspsychose, der dritten zykloiden Psychose, sind diese zwar selten, aber das bringt nur einen halben Ausgleich. Ferner fällt auf, daß die monopolaren und die bipolaren Psychosen bei den eineiigen wie zweieiigen Zwillingen sehr selten sind. Ich vermute, daß hier äußerliche Gründe verantwortlich sind. Bei der Gutartigkeit dieser Formen ist keine solch dringende und nachhaltige Zuwendung der Angehörigen zu den Ärzten und Schwestern notwendig, so daß diesen die Zwillingsschaft wahrscheinlich oft verborgen blieb oder sich jedenfalls dem Gedächtnis nicht so einprägte, daß bei meiner Anfrage die Erinnerung daran aufgetaucht wäre.

Die Beobachtung, daß bei eineiigen Zwillingen keine systematischen Schizophrenien zu finden sind, ist umso mehr gesichert, als sie ganz unerwartet kam und sogar mein ursprüngliches Vorhaben ganz vereitelte. Wie kann man die Beobachtung erklären? Gibt es eine biologische Deutung? Muß man vielleicht daran denken, daß Zwillinge, die eine Disposition zu einer systematischen Schizophrenie in sich tragen, durch einen Letalfaktor vor der Geburt oder nach der Geburt sterben und daher bei einer Untersuchung von Zwillingen nicht mehr gefunden werden können? An diese Möglichkeit ist sicher nicht ernstlich zu denken. Systematische Schizophrenien, die in ihrem meist schleichenden Verlauf das Leben auch später kaum gefährden, können, so lange sie lediglich eine Anlage zur Krankheit haben, keinen nachteiligen Einfluß auf das Leben eines Zwillings ausüben. Man könnte bis auf die Entstehung der Zwillinge aus einem Ei zurückgehen, um zu versuchen, doch noch eine biologische Erklärung zu finden. Ich kann mir keine denken und halte es für sicher, daß es auf psychosoziale Einflüsse ankommt, wenn auch ganz anderer Art, als die Sozialpsychiater meinten.

Es ist außerordentlich wesentlich, daß die systematischen Schizophrenien nur bei den *eineiigen* Zwillingen fehlen. Bei den zweieiigen Zwillingen waren sie in der Häufigkeit oder jedenfalls annähernd in der Häufigkeit vorhanden, die theoretisch zu erwarten ist. Damit zeigt sich, daß der psychische Einfluß auf die Entstehung einer systematischen Schizophrenie in einer Zeit erfolgt, in welcher die Gleichheit der eineiigen Zwillinge schon bedeutsam ist. Im Säuglingsalter spielt es psychisch sicher noch keine Rolle, welche Wesensart sich beim Partner herauszuentwickeln beginnt. Etwas später, in den ersten Lebensjahren, ist das Kind ebenfalls noch nicht in einem Maße differenziert, daß der allgemeine Umstand, einen gleichaltrigen Partner zu haben, nichts, der Umstand, einen Partner von der gleichen Wesensart zu haben, aber außerordentlich viel bedeuten könnte. Man muß an ein Alter denken, in welchem ein gegenseitiges Verstehen eine ausschlaggebende Rolle spielt. Damit wird man auf spätere Kinderjahre verwiesen. Diese Zeit scheint für die Entstehung oder Verhütung einer systematischen Schizophrenie ausschlaggebend zu sein. Ich schränke nur, um etwas schon vorauszunehmen, dahin ein, daß für die Entstehung speziell der katatonen Form auch schon frühere Jahre der Kindheit bedeutsam sind.

Jedenfalls scheint ein Mensch nicht schizophren zu werden, wenn er einen Menschen von völlig der gleichen Wesensart neben sich hat, d. h. einen Menschen, der ihn in all seinen Reaktionen in höchstem Maße versteht, da er doch sozusagen er selbst ist. Der enge Kontakt, der auf diese Weise ganz notwendig entsteht, scheint Gewähr dafür zu bieten, daß das Wechselspiel zwischen Individuum und Umwelt genügend abläuft und die Ausreifung der psychischen Systeme normal erfolgt. Die Hinwendung zu anderen Menschen als zu dem Zwilling braucht dadurch nicht gefördert zu werden, die Kommunikation kann ausreichend sein, wenn wenigstens gegen einen Menschen eine aufgeschlossene Haltung vorhanden ist. Es droht in diesem Fall keine Schädigung psychischer Systeme.

Grundsätzlich bestünde die Möglichkeit, zu beweisen, daß es auf Kontakt zwischen den Zwillingen ankommt. Man müßte eineiige Zwillinge finden, von denen der eine in der frühen Kindheit verstorben ist, und der andere später an einer systematischen Schizophrenie erkrankte; oder man müßte eineiige Zwillinge finden, die in der frühen Kindheit getrennt wurden, von denen einer — es könnte auch für beide zutreffen — an einer Schizophrenie erkrankte. Beide Beobachtungen würden den Beweis erbringen, daß die eineiige Zwillingsschaft an sich unwichtig ist, daß es nur darauf ankommt, ob die Zwillinge zusammen aufwachsen. Wir können keinen Fall der einen oder anderen Art vorweisen. Es ist leider auch nicht möglich, dieser Frage an Hand der Literatur nachzugehen, da kein Autor systematische und unsystematische Schizophrenien getrennt hat; es fehlen ja nur die ersteren bei eineiigen Zwillingen. Ohne diese Trennung ist vielleicht eine Nachprüfung unserer Befunde in der Weise möglich, daß die Schizophrenien bei eineiigen Zwillingen dahin untersucht werden, wie häufig sie schleichend, wie häufig sie in Schüben oder gar Perioden verlaufen. Zwar kommt auch bei unsystematischen Schizophrenien ein schleichender Verlauf vor, wie oben dargestellt wurde, aber zahlenmäßig muß sich bei solch einer Prüfung doch ergeben, daß bei den eineiigen Zwillingen mit Schizophrenie die remittierenden und periodischen Verläufe überwiegen. Zweieiige Zwillinge wären damit zu vergleichen. Bei unseren eigenen eineiigen Zwillingen — es sind ohne die phasischen Psychosen 32 Fälle — fand sich nur bei zwei affektvollen Paraphrenen und einem Kataphasiker ein schleichender Verlauf. In allen übrigen Fällen war der Verlauf stark remittierend oder periodisch. Bei den zweieiigen Zwillingen — es sind ohne die phasischen Psychosen 42 Fälle — verliefen 11 von den 12 systematischen Schizophrenien schleichend. Ferner bot eine affektvolle Paraphrenie und eine Kataphasie einen schleichenden Verlauf. Es fanden sich also bei den zweieiigen Zwillingen 13 schleichend verlaufende Fälle, bei den eineiigen Zwillingen nur 4.

Unter diesem Gesichtspunkt sah ich die Literatur durch. Den Zwillingsforschern kam es leider fast nur auf das Vorliegen einer Schizophrenie an, nicht auf das genauere Zustandsbild und den Verlauf; mehrfach sind aber doch Krankengeschichten wiedergegeben, die ein gewisses Urteil erlauben. Bei Essen-Möller[1] und Tienari[2] fanden sich immer wieder remittierende und periodische Verläufe bei den eineiigen Zwillingen, kaum einmal ein chronischer, der an eine systematische Schizophrenie denken ließe.

Ein weiterer Hinweis dafür, daß auch andere Autoren keine systematischen Schizophrenien unter ihren Zwillingen hatten, ergibt sich durch einen *Vergleich der Geschlechter*. In den meisten Serien der Forscher überwiegen die weiblichen Zwillinge. Wenn meine Auffassung zu Recht besteht, muß das Übergewicht der Frauen bei den eineiigen Zwillingen größer sein; denn die unsystematischen Schizophrenien und die zykloiden Psychosen sind beim weiblichen Geschlecht häufiger als beim männlichen. Systematische Schizophrenien, die bei den eineiigen Zwillingen fehlen, zeigen dieses Übergewicht nicht. Ich habe auch hier bei den Autoren nachgeprüft. Bei Luxemburger[3] fand sich kein Unterschied. Bei Slater[4] überwogen die Frauen bei den zweieiigen Zwillingen im Verhältnis 100:53,3; bei den eineiigen im Verhältnis 100:41,3. Bei Kallmann[5] überwogen die Frauen in der Gesamtzahl der Fälle im Verhältnis von 100:83,3, bei den eineiigen Zwillingen im Verhältnis 100:75,7. Meine Erwartung bestätigt sich damit, denn es fällt nicht ins Gewicht, daß Luxemburger keinen Unterschied fand; er beschrieb nur 17 eineiige Zwillinge, Slater dagegen 41 und Kallmann 99.

---

[1] Essen-Möller, E.: Über die Schizophreniehäufigkeit bei Müttern von Schizophrenen. Schweiz. Arch. Neurol. Neurochir. Psychiat. **91**, 260—266 (1963).

[2] Tienari, P.: Psychiatric illness in Identical Twins. Copenhagen, Munksgaard 1963.

[3] Luxemburger, H.: Untersuchungen an schizophrenen Zwillingen und ihren Geschwistern zur Prüfung der Realität von Manifestationsschwankungen. Z. ges. Neurol. Psychiat. **15**, 351—394 (1936).

[4] Slater, E.: Psychotic and Neurotic Illnesses in Twins. Medical Research Council Special Report Series No. 278 London: Her Majesty's Stationary Office 1953.

[5] Kallmann, F. J.: The Genetic Theory of Schizophrenia. An Analysis of 691 Schizophrenic Twins Index Families. The American J. of Psychiatry **103**, 309—321 (1946—1947).

Durch das Fehlen der systematischen Schizophrenien bei eineiigen Zwillingen klärt sich auch die Tatsache ein wenig auf, daß verschiedene Zwillingsforscher so sehr *verschiedene Konkordanz- und Diskordanz-Zahlen* gefunden haben. Wenn eine Psychose keine oder fast keine bleibenden Symptome bietet, dann wird — je nach subjektiver Einstellung — der eine Untersucher Auffälligkeiten, die jetzt vorhanden sind oder früher vorhanden waren, nicht so ernst nehmen, d. h., vielleicht als „neurotisch" deuten, während der andere gern annimmt, daß doch eine echte Psychose vorliegt bzw. früher einmal vorgelegen hat. Bekanntlich finden die Untersucher, die eine geringe Konkordanz feststellen, beim Zwillingspartner doch manche Auffälligkeiten. Wie oben angeführt, sind bei den Zwillingen die zykloiden Psychosen relativ häufig vertreten. Gerade diese aber können bei ihrem gutartigen Verlauf je nach subjektiver Haltung der Untersucher verschieden eingestuft werden. In den skandinavischen Ländern, aus denen mehrere moderne Zwillingsuntersuchungen stammen, werden die zykloiden Psychosen großenteils als „reaktive Psychosen" gezählt und sind schon dadurch diagnostisch zwiespältig. Fänden sich unter den eineiigen Zwillingen in größerer Zahl systematische Schizophrenien, dann könnten nicht solche Unklarheiten bestehen, denn bei diesen schweren Formen ist kaum einmal ein Zweifel möglich, ob die Krankheit bei dem Partner ebenfalls auftrat oder nicht. Wir sahen ja, daß die systematischen Schizophrenien, wenn sie einmal ausgebrochen sind, meist zu schweren Endzuständen fortschreiten.

Nach alldem möchte ich das Fehlen der systematischen Schizophrenien bei den eineiigen Zwillingen als bestätigt ansehen. Dies ist von größter Bedeutung, denn es ergibt sich die Konsequenz, daß *umgekehrt Schizophrenien dieser Form dadurch hervorgerufen werden können, daß ein Mangel an Kommunikation besteht.* Diese meine oben vorweg vermerkte Auffassung findet also durch die Zwillingsbefunde ihre erste konkrete Grundlage. Man hat schon öfter den Verdacht geäußert, Isolierung des Menschen könne könne die Voraussetzung für eine Schizophrenie schaffen. Es fanden sich manche Hinweise in dieser Richtung, aber ein wirklicher Beweis gelang nicht. Einerseits lag dies daran, daß man zu sehr an Isolierung im Erwachsenenalter dachte; zum anderen konnte kein eindeutiges Ergebnis zustande kommen, da man wieder Schizophrenie als ganzes nahm, statt die notwendigen Trennungen vorzunehmen. Bei keiner anderen endogenen Psychose, auch bei keiner anderen Schizophrenie, ergaben die Zwillingsuntersuchungen ähnliche Hinweise.

2. Mangel an Kommunikation bei den systematischen Schizophrenien der Kindheit

Die Schizophrenien, die schon in der frühen Kindheit auftreten, muß ich später gesondert betrachten, weil ich ihr tatsächliches Vorkommen, das bestritten wird, an Hand der Zustandsbilder erst beweisen muß. Bei den sonstigen Kindheitsschizophrenien zeigt sich der *Mangel an Geschwistern,* den ich oben als bedeutsam hervorgehoben habe. Es entsteht dadurch wieder ein Mangel an Kommunikation. Es fanden sich auffällig viele *Einzelkinder.*

Ich überblicke jetzt das Krankheitsbild durch persönliche Untersuchungen bei 37 systematischen Schizophrenien der Kindheit (25 männlichen, 12 weiblichen Geschlechts), die begannen als die Kinder über 3 Jahre und unter 15 Jahre alt waren. Es fanden sich 17 Einzelkinder, d. h. 45,9% (Halbgeschwister sind dabei nicht gezählt). Bei einer früheren Untersuchung hatte ich etwas weniger Einzelkinder; das lag daran, daß ich damals Kinder einbezog, die unter 3 Jahre erkrankt waren, bei denen das Fehlen von Geschwistern ohne Bedeutung ist. Bei 30 Patienten, die in der Kindheit an einer unsystematischen Schizophrenie oder einer zykloiden Psychose erkrankt waren, fanden sich 7 Einzelkinder, das sind 23,3%.

Toman und Preiser[1] stellten 1973 bei der Durchschnittsbevölkerung in Bayern 21,8 Einzelkinder fest, Beck und Lempp[2] (1965) in Baden/Württemberg 22%. Die Zahl der Einzelkinder ist demnach bei den systematischen Kindheitsschizophrenien ganz erheblich erhöht, während sich bei den unsystematischen Schizophrenien und bei den zykloiden Psychosen ein durchschnittliches Vorkommen ergibt. Der Mangel an Geschwistern bedeutet einen Mangel an Kommunikation, denn Einzelkinder kommen weniger als andere mit anderen Kindern zusammen.

Es ist schon sehr bemerkenswert, daß fast 50% der Patienten Einzelkinder sind. Die Zahl derer, die ohne Geschwister aufwuchsen, ist aber noch wesentlich größer. Zwei Patienten, ein Junge und ein Mädchen, hatten zwar Geschwister, wuchsen aber als Einzelkinder bei der Großmutter auf. Ein Mädchen, das mit 6 Jahren erkrankte, hatte eine Schwester, die 12 Jahre jünger war; bei Beginn der Krankheit, und noch lange danach war sie also Einzelkind. Ein Junge, der im 4. Lebensjahr erkrankte, bekam 4 Jahre später ein Schwesterchen. Ein Junge, der mit 6 Jahren erkrankte, bekam 3 Jahre später einen Bruder. Man könnte all diese Fälle den Einzelkindern zuzählen. Ferner war zu beachten: Wenn es darauf ankommt, daß eine Kommunikation besteht, dann liegt ein Mangel auch dann vor, wenn sich zwar Geschwister finden, diese aber im Alter soweit vom Patienten entfernt sind, daß keine engere Gemeinschaft mehr möglich ist. Sehr eindeutig gilt das für einen Jungen mit einer Schwester, die 18 Jahre älter war als er. Aber auch die folgenden Fälle sind bemerkenswert: Eine Patientin hatte einen Bruder, der 10 Jahre älter war; ein Junge hatte einen Bruder, der ihm im Alter um 16 Jahre voraus war; ein Junge hatte einen Bruder und eine Schwester, die 16 bzw. 13 Jahre älter waren. Durch diese Beobachtungen wird das Ergebnis noch bekräftigt: *Ein Mangel an Geschwistern erhöht die Gefahr der Erkrankung an einer Kindheitsschizophrenie.*

Einer meiner Patienten scheint diesem Ergebnis aber gar nicht zu entsprechen, denn er erkrankte mit 9 Jahren und hatte nicht weniger als 6 Geschwister. Die Ausnahme klärt sich auf, wenn man das Schicksal dieses Kindes genauer betrachtet. Während sich die anderen Kinder alle normal entwickelten und in der Schule gut mitkamen, blieb der Patient, der der jüngste war, zurück. Er hatte Rachitis, lernte erst mit 2 Jahren laufen und mit 3 Jahren sprechen. In der Schule kam er nur schwer mit und wurde von anderen Kindern häufig verspottet. Man kann sicher sagen, daß dieses körperlich und geistig schwächliche Kind zu keiner echten Partnergemeinschaft mit den älteren, kräftigen Geschwistern kommen konnte. Auch bei den Schulkameraden war dies nicht möglich, er bildete im Gegenteil Zielscheibe für deren Spott. Ich habe „Zielscheiben" häufig bei neurotisch verängstigten Kindern beobachtet[3], ich finde sie jetzt nicht nur bei diesem Patienten, sondern in weiteren Fällen von Kindheitsschizophrenie. Die Isolierung gegenüber anderen Kindern ist bei den „Zielscheiben" besonders aufdringlich erkennbar.

Ich hätte meine Befunde gerne wieder an Hand der Literatur nachgeprüft. Aber einerseits geben die Autoren großenteils nicht an, ob die schizophrenen Kinder, die sie be-

---

[1] Toman, W., S. Preiser: Familienkonstellationen und ihre Störungen. Stuttgart, Enke Verlag 1973.

[2] Beck, S., R. Lempp: Die Stellung in der Geschwisterreihe und ihre Bedeutung für das Auftreten psychoreaktiver Störungen. Dtsch. med. J. **16** 743—745 (1965).

[3] Leonhard, K.: Kinderneurosen und Kinderpersönlichkeit. 3. Aufl. Berlin, VEB Verlag Volk und Gesundheit 1967.

schreiben, Geschwister hatten; zum anderen unterscheiden sie systematische und unsystematische Schizophrenien und zykloide Psychosen wieder nicht. Wenn vorwiegend 10—14-jährige Kinder beschrieben werden, was man häufig findet, sind die systematischen Formen sicher in der Minderzahl, denn diese überwiegen nur in jüngeren Jahren. Ehe ich meine speziellen Untersuchungen bei schizophrenen Kindern, die in den ersten 3 Lebensjahren erkrankt waren, begann, hatte ich 13 Fälle dieses frühen Erkrankungsalters angetroffen; 16 weitere waren vor Vollendung des 6. Lebensjahres erkrankt. Eine andere endogene Psychose als die systematische Schizophrenie fand sich in den ersten 6 Jahren gar nicht. Dagegen überwogen in der späteren Kindheit die unsystematischen Schizophrenien und die zykloiden Psychosen. Auf Tabelle 20 wird später die genaue Verteilung meiner Fälle mit endogener Psychose auf die verschiedenen Kinderjahre erkennbar sein.

3. Geschwisterschaften bei den systematischen Schizophrenien

Die Vermehrung von Einzelkindern bei den Schizophrenien, die in der Kindheit begannen, gab mit Anlaß, auch bei Kranken des Erwachsenenalters nach dem Vorkommen von Einzelkindern zu fragen. Darüber hinaus interessierten mich ganz allgemein die Verhältnisse im Bezug auf die Geschwisterschaften. Es stellte sich heraus, daß nicht nur die Gesamtzahl der Geschwister vermindert sein kann, sondern, daß teilweise *bestimmte Gruppen*, ältere, jüngere Geschwister, Brüder, Schwestern auffällig zurücktraten.

Vorweg muß ich bemerken, daß es sich in diesen Gruppen vorwiegend um eine *relative* Verminderung von Geschwistern handelt. Wenn ich von einem „*Mangel*" spreche, so besteht dieser im Vergleich zu anderen Geschwistergruppen. Ein absolutes Maß einer Vermehrung oder einer Verminderung gibt es nicht, denn zu verschiedenen Zeiten und in verschiedenen Kulturen ist die durchschnittliche Kinderzahl völlig verschieden. Ich kann z. B. nicht sagen, ob die paraphrenen Patienten weniger Geschwister haben als Gesunde des gleichen Alters, des gleichen Wohnorts und der gleichen sozialen Stellung, aber eindeutig ist erkennbar, daß sich bei den männlichen Paraphrenen viel mehr ältere als jüngere Geschwister finden. Es scheint auf die Störung des Gleichgewichts anzukommen. Man versteht das vielleicht, wenn man bedenkt, daß „älter" und „jünger" in der Kindheitsentwicklung zugleich die Bedeutung von „stärker" und „schwächer", auch von „mehr oder weniger erfahren" oder „mehr oder weniger gescheit" haben kann. Es scheint für die Entwicklung des Kindes wesentlich zu sein, ob und in welchem Ausmaß es sich den Geschwistern gegenüber überlegen oder unterlegen fühlt.

Damit zeigt sich, daß sich *die Kommunikation bei den Geschwisterschaften anders darstellt als bei eineiigen Zwillingen*. Auf ein enges Sichverstehen kommt es bei Geschwistern nicht an. Das ergibt sich indirekt auch aus einer anderen Feststellung, die ich treffen konnte. Ich prüfte nach, ob das Fehlen von Geschwistern besonders nachteilig ist, wenn man Altersstufen betrachtet, die der des Probanden nahestehen. Es zeigte sich, daß das Gegenteil zutrifft. Es kommt mehr auf Geschwister an, die im Alter einen etwas größeren Abstand haben, obwohl das gegenseitige Sichverstehen bei Kindern, die einander im Alter nahe stehen, sicher besser ist. Ich werde auf den Unterschied der Kommunikation bei eineiigen Zwillingen und bei Geschwistern später noch genauer eingehen.

Ich frage zunächst nach der Zahl der Einzelkinder der systematischen Schizophrenien mit Beginn im Erwachsenenalter. Die Tabelle 3 gibt darüber Auskunft. Die Probanden, die verzeichnet sind, stammen aus einer älteren Generation als die schizophrenen Probanden der Kindheit. Da es früher mehr Kinder gab, weist es nicht auf eine

Tabelle 3
Einzelkinder bei den systematischen Schizophrenien

		Zahl der Probanden		Einzelkinder		Auf 100 Probanden	
Paraphrenie	♂	96		19		19,8	
			266		38		14,3
	♀	170		19		11,2	
Katatonie	♂	150		46		30,7	
			232		64		27,6
	♀	82		18		22,0	
Hebephrenie	♂	83		20		24,1	
			186		34		18,3
	♀	103		14		13,6	
Alle Männer zusammen		329		85		25,8	
Alle Frauen zusammen		355		51		14,4	
Alle Probanden zusammen		684		136		19,9	

Auffälligkeit hin, wenn insgesamt weniger als 20% Einzelkinder gefunden wurden. Im Einzelnen ergaben sich große Unterschiede.

Man beachte zunächst, daß die *männlichen Probanden* viel häufiger Einzelkinder sind als die weiblichen (25,8:14,4). Wir werden später auf die Tatsache stoßen, daß männliche Patienten mit systematischer Schizophrenie allgemein weniger Geschwister haben als weibliche. Zur Erklärung kann der Gedanke dienen, daß man in früheren Generationen, aus denen die meisten unserer Patienten stammen, immer noch gern einen „Stammhalter" hatte und manchmal die Zeugung einstellte, wenn dieser durch die Geburt des Probanden vorhanden war. Es ist aber doch fraglich, ob ein erstes Kind, sofern es ein Junge war, so häufig schon Anlaß gab, keine weiteren Kinder mehr zu wünschen. Bei der größeren Neigung des männlichen Geschlechts zu Introversion bedürfen die Knaben vielleicht einer Kommunikation mit anderen Kindern noch mehr als Mädchen und sind dadurch als Einzelkinder stärker gefährdet.

Tabelle 4
Zahl der Geschwister bei den systematischen Schizophrenien
(in Klammern auf 100 Probanden gerechnet)

	Zahl der Probanden		Ältere Brüder		Jüngere Brüder		Ältere Schwestern		Jüngere Schwestern		Zusammen	
Paraphrenie	96		87	(90,6)	42	(43,8)	81	(84,4)	53	(55,2)	263	(274,0)
		266									804	(302,3)
	170		159	(93,5)	119	(70,0)	138	(81,2)	125	(73,5)	541	(318,2)
Hebephrenie	83		32	(38,6)	54	(65,1)	39	(47,0)	53	(63,9)	178	(214,5)
		186									464	(249,5)
	103		87	(84,5)	54	(52,4)	91	(88,3)	54	(52,4)	286	(277,7)
Katatonie	150		79	(52,7)	72	(48,0)	76	(50,7)	67	(44,7)	294	(196,0)
		232									481	(207,3)
	82		50	(61,0)	42	(51,2)	47	(57,3)	48	(58,5)	187	(228,0)

Es fällt nach der Tabelle 3 weiter auf, daß die Katatonen häufiger Einzelkinder sind als die Paraphrenen und Hebephrenen (27,6% gegenüber 14,3% und 18,3%). Man stellt eine Parallele zu der Häufung von Einzelkindern bei systematischen Kindheitsschizophrenien fest, denn bei diesen handelt es sich, wie wir später sehen werden, immer um Katatonien.

Ob die Einzelkinder bei der Paraphrenie und der Hebephrenie vermindert sind, ist nicht zu entscheiden. Dagegen bestätigt sich nach Tabelle 4 die Vermehrung von Einzelkindern bei der Katatonie dadurch, daß die Zahl der Geschwister insgesamt vermindert ist. Wenn man die rechte Seite der Tabelle betrachtet, stellt man fest, daß den 302,3 Geschwistern bei der Paraphrenie und den 249,5 Geschwistern bei der Hebephrenie nur 207,3 Geschwister bei der Katatonie gegenüberstehen. Daß die Hebephrenen weniger Geschwister haben als die Paraphrenen, besagt nichts Sicheres, da unsere Paraphrenen durchschnittlich älter sind als die Hebephrenen und dadurch vielleicht in einer Zeit geboren wurden, als die Geburtsbeschränkung noch etwas weniger üblich war. Das Erkrankungsalter ist bei den Paraphrenen, wie wir oben anführten, etwas über 10 Jahre höher als bei den Hebephrenen. Es ist andererseits nicht wahrscheinlich, daß der große Unterschied allein auf diese Weise zustande kommt, da der Altersunterschied doch nicht groß ist. Wahrscheinlich haben Hebephrene tatsächlich weniger Geschwister als Paraphrene, denn bei den ersteren werden wir sowohl bei den männlichen wie bei den weiblichen Geschwistern in einer bestimmten Gruppe eine relative Verminderung finden, bei den Paraphrenen dagegen nur bei den männlichen Probanden. Mit Sicherheit ist die Kinderzahl bei den Katatonen vermindert, da das Erkrankungsalter der Hebephrenen und der Katatonen kaum verschieden ist.

Wenn ich nun die einzelnen Gruppen von Geschwistern ins Auge fasse, möchte ich bemerken, daß die Unterschiede, soweit ich sie als wesentlich hervorheben werde, alle signifikant sind[1].

Bei der *Paraphrenie* findet man, wie die Tabelle 4 zeigt, was die *männlichen Probanden* betrifft, eine erhebliche Verminderung der jüngeren Geschwister (90,6:43,8 und 84,4:55,2). Bei den Brüdern ist der Unterschied ungewöhnlich groß ($p < 0{,}01$), aber auch bei den Schwestern signifikant ($p < 0{,}05$). Bei den weiblichen Probanden ist der Unterschied nur bei den Brüdern deutlich (93,5:70,0).

Bei den *Hebephrenen* findet man ebenfalls eine Verminderung von Geschwistern, aber in anderer Form. Bei den *männlichen Probanden* sind jetzt im Gegenteil die älteren Brüder signifikant vermindert (38,6:65,1), etwas weniger die älteren Schwestern (47,0:63,9). Bei den *weiblichen Hebephrenen* tritt auffallenderweise eine entgegengesetzte Tendenz hervor; die jüngeren Geschwister sind hier signifikant vermindert, die Brüder (52,4:84,5) ebenso wie die Schwestern (52,4:88,3).

Die Unterschiede, die sich bei den Paraphrenen und Hebephrenen ergaben, müssen als hochbedeutsam angesehen werden. Ich habe schon einmal versucht, sie zu erklären. Ihre Objektivität wird durch die statistische Signifikanz bestätigt; und noch darüber hinaus zeigt die Regelhaftigkeit der Befunde, daß keine Zufälligkeiten vorliegen. Ich bin mit meinen früheren Erklärungen nicht zufrieden und glaube jetzt, daß ich die Beurteilung noch stärker biologisch ausrichten muß.

Bei der *Hebephrenie* — wie ich diese schizophrene Sonderform oben beschrieben habe — liegt eine Störung im Bereich der *Gefühlssphäre* vor. Die Ausreifung in diesem Gebiet

[1] Ich danke sehr herzlich Herrn Diplompsychologen Littmann (Nervenklinik der Charité) für die Mittelwert- und Signifikanzbestimmung bei diesen und allen meinen folgenden statistischen Angaben.

erfolgt wohl um die Zeit der Pubertät. In diesem Alter vollzieht sich eine *Verinnerlichung des Gefühlslebens*. Äußere Eindrücke werden nicht mehr mit unmittelbaren, oft kurzschlüssigen Gefühlsreaktionen beantwortet, sondern erst nach innerer Verarbeitung. Mit dieser Entwicklung gewinnt der Mensch gegenüber den Gefühlswerten des Lebens eine vertiefte Haltung. Es kommt zugleich zu einer Gefühlsfixierung, denn, wie er es in der Jugend gelernt hat, so pflegt der Mensch seine Werturteile auch als Erwachsener zu fällen. Ein Umlernen gelingt später nur noch schwer. Es scheint von der Natur vorgesehen zu sein, daß der Jugendliche in einer festen affektiv wertenden Haltung, die er weiterhin vertreten soll, ins Erwachsenenalter eintritt. Zugleich scheint vorgesehen zu sein, daß er in dieser Entwicklung Kontakt mit Menschen sucht, die ihm überlegen sind und ihm Vorbild sein können. Es kann daher nachteilig werden, wenn keine älteren Geschwister vorhanden sind. Vorbild sollten, wie man meinen möchte, Eltern und Erzieher sein. Aber ich stellte oben schon dar, wie bedeutsam für die Entwicklung der Umgang mit anderen Kindern ist. Man weiß auch, daß sich der Jugendliche oft gerade gegen das stellt, was ihm Erwachsene nahelegen; viel eher beachtet er das, was ein älterer Bruder oder eine ältere Schwester für gut oder schlecht hält. So erkläre ich es mir, daß in dieser Entwicklungsphase ein Einfluß der älteren Geschwister auf jüngere Brüder nötig ist. Es ist von der Natur so vorgesehen, so daß die Ausreifung der entsprechenden Gehirnsysteme davon abhängig ist.

Aus der Tabelle 4 sehen wir jedoch, daß bei *Mädchen* umgekehrt gerade jüngere Geschwister vermindert sind. Wenn ich diese Beobachtung verständlich machen soll, muß ich Gedanken äußern, die vielleicht im Zeitalter der Emanzipation der Frau ungewöhnlich erscheinen, die aber doch noch zurecht bestehen können, da biologische Umstellungen sozialen Veränderungen nur sehr langsam folgen. Die Frau ist in dem, was sie für gut und für schlecht, für richtig und unrichtig hält, viel weniger als der Mann festgelegt; sie bleibt anpassungsfähig. Sie übernimmt oft die Auffassung des Mannes, mit dem sie sich verbunden hat, ohne daß er darauf drängt, nur deshalb, weil sie selbst keine Neigung hat, ihre eigenen bisherigen Auffassungen dagegen zu stellen. Sie übernimmt im Beruf großenteils nicht gern leitende Stellungen, in denen sie bestimmen müßte; sie überläßt Anordnungen lieber anderen. Trotz aller Frauenförderung ist es bisher nicht gelungen, in leitende Stellungen auch nur annähernd so viele Frauen zu bringen, als zahlenmäßig erwartet werden müßte. Ich rechne hierher auch die Tatsache, daß man kaum eine Frau findet, die bei der Eheschließung von ihrem Recht Gebrauch macht, ihren Familiennamen zu behalten.

Dagegen ist die Frau eindeutig festgelegt und vom Mann nicht beeinflußbar, wenn es sich um Regungen des *Mitgefühls und der Fürsorge für Schwächere* handelt. Man möge vor allem bedenken, wie viel tiefer die fürsorgliche Gefühlsbindung der Frau an das Kind ist. Wahrscheinlich bedarf das Mädchen in der Entwicklung seiner Gefühlsrichtung des Kontakts mit Schwächeren, d. h. mit jüngeren Geschwistern. Man weiß, mit welcher Hingabe sich Mädchen oft ihrer jüngeren Geschwister annehmen. So scheint es biologisch vorgesehen zu sein, daß Mädchen in der Pubertät und danach Kontakt mit jüngeren Geschwistern suchen. Ihre Gefühlsentwicklung und zerebrale Systeme, die Träger derselben sind, können Schaden leiden, wenn jüngere Geschwister fehlen. Wenn ich grob auf Hirnsysteme überspringe, muß ich auf das verweisen, was ich oben gesagt habe.

Bei den *Paraphrenien* ist das zentrale Symptom die *Denkstörung*; Wahnvorstellungen und Sinnestäuschungen entspringen aus ihr. Die Wahnideen der affektvollen Paraphrenie, die eine affektive Grundlage haben, gehören nicht hierher; denn dabei handelt es sich um eine unsystematische Form von Schizophrenie. Die Ausreifung des Denkens erfolgt sicher in der späteren Kindheit, wenn der Mensch die kindliche Kurzschlüssigkeit mehr und mehr abstreift. In dieser Zeit ist beim männlichen Geschlecht, wie die Tabelle 4 zeigt, der Mangel an jüngeren Geschwistern nachteilig; er ist im Bezug auf die Brüder besonders hochgradig. Mit 43,8% sind die jüngeren Brüder nicht einmal halb so oft vertreten wie die älteren (90,6). Man würde an sich vielleicht erwarten, daß wie bei der Hebephrenie ältere Geschwister wichtiger sind, die Zahlen zeigen es anders. Um eine Erklärung zu geben, gehe ich von dem Gedanken aus, daß der Junge in der vorangegangenen Entwicklungsstufe seine Wertungen gewonnen hat, nach denen er sein späteres Leben gestalten soll. Zur männlichen Art gehört, wie ein Blick ins Leben zu zeigen scheint, die Neigung, eigene Auffassungen an andere heranzubringen, sie in diesem Sinne zu beraten und zu lenken. Der liebende Jüngling möchte die Geliebte belehren, möchte die Erkenntnisse, die er selbst gewonnen hat, auf sie übertragen. Der Eheman verbreitet in der Familie seine Auffassungen, er stößt in dieser Beziehung nur selten auf Widerstand, denn die Frau legt, wie wir sahen, meist keinen Wert darauf, abstrakte Wertvorstellungen durchzusetzen. Der Mann tritt auch außerhalb der Familie im Kreis seiner Freunde, seiner Bekannten, seiner Berufskollegen für seine Auffassungen ein, sucht sie dem anderen nahezubringen. Eine Frau kann sich dagegen sagen: „Was dieser und jener von diesen Dingen hält, das interessiert mich doch gar nicht“. Den Mann interessiert das, er nimmt dazu Stellung, neigt zu Streitgesprächen, auch wenn er persönlich an der Sache gar nicht beteiligt ist. All das weist darauf hin, daß dem Mann von Natur die Neigung eigen ist, beratend und lenkend auf andere einzuwirken. Sicher besteht die biologische Grundlage darin, daß ihm einstmals eine Führerrolle zugedacht wurde, durch die in der Familie und in Gruppen außerhalb der Familie ein Zusammenhalt gewährleistet werden sollte. Die veränderten sozialen Verhältnisse haben sichtlich noch keine biologische Korrektur herbeigeführt, denn der Mann behauptet auch heute noch weitgehend die Führung.

Die Entwicklung des Denkens in Richtung auf Beratung und Führung anderer erfolgt wieder nicht aus sich selbst heraus, sondern im Wechselspiel mit der Umwelt. Es müssen daher Menschen vorhanden sein, die geneigt sind, die Auffassungen, die an sie herangetragen werden, auch aufzunehmen. Von den Geschwistern können es nur die jüngeren sein, die ja sogar, wie wir bei Besprechung der Hebephrenien sahen, nach älteren Geschwistern blicken, um in ihnen Vorbilder zu gewinnen. Fehlen jüngere Geschwister, dann kann wieder die psychologische und die biologische Ausreifung gehemmt sein. Die Systemkrankheit bereitet sich vor.

Im Denken wie im Fühlen geht es, wie meine Ausführungen zeigen sollen, um die Richtung, die eingenommen wird. Das Denken selbst ist sicher bei der Frau nicht weniger entwickelt als beim Mann, und das Fühlen ist beim Mann nicht geringer, sondern nur von anderer Art als bei der Frau.

Bei den *weiblichen Paraphrenen* finden wir es wieder anders als bei den männlichen, aber doch nicht einfach gegensätzlich. Die jüngeren Brüder sind auch hier etwas vermindert, darauf werde ich gleich noch eingehen. In der Zahl der Schwestern ist gar kein verwertbarer Unterschied vorhanden (81,2:73,5). Ich kann demnach von dem Gedanken ausgehen, daß bei den weiblichen Paraphrenen der Aufbau der Geschwisterschaften ohne größere Bedeutung ist. Wie ich vermute, hängt das damit zusammen, daß die Mädchen früher als die Jungen auf eine sexuelle Partnerschaft vorbereitet sind. Für das Wechselspiel, das für ihre Ausreifung nötig ist, wurde von der Natur vielleicht bereits die Verbindung mit einem männlichen Partner vorgesehen. Um das zu erläutern, muß ich wieder auf die Verhältnisse bei unseren Vorfahren hinweisen. Die Frau hatte damals andere Aufgaben als heute. Als es noch keine Geburtenbeschränkung gab, blieb sie von den meisten Berufen nicht infolge fehlender Emanzipation ausgeschlossen, sondern auch weil sie nach der Verheiratung zwei bis drei Jahrzehnte lang immer wieder Kinder gebären und versorgen mußte. Daneben auch noch einen Beruf auszuüben, wäre nahezu unmöglich gewesen. So mag es kommen, daß die Frau in ihrer Entwicklung auf eine Tätigkeit in der Familie vorbereitet werden mußte. Von diesen Feststellungen gehe ich aus, wenn ich die Meinung äußere, daß das Denken der Mädchen frühzeitig auf einen Partner ihres zukünftigen Familienlebens hingelenkt werden sollte. Geschwister wurden biologisch in dieser Entwicklungsphase nicht mehr vorgesehen.

In diesen Gedankengang läßt sich die Beobachtung einfügen, daß das Gleichgewicht der Geschwister gesichert nur bei den Schwestern besteht. Bei den Brüdern sind die jüngeren doch deutlich vermindert (70,0:93,5). Wir werden bei Betrachtung der periodischen Katatonie sehen, daß bei Fehlen der Mutter die ältere Schwester zur Betreuung der jüngeren Brüder, aber nicht der jüngeren Schwestern, nötig ist. Vielleicht sollen die Mädchen in ihrer Denkrichtung biologisch auf die besondere Aufgabe, die sie jüngeren Brüdern gegenüber haben, vorbereitet werden, so daß deren Fehlen nachteilig ist.

Wenn die Mädchen schon in der späteren Kindheit nach einem Kontakt mit einem Partner verlangen, dann läßt sich daraus — das sei nebenher angeführt — vielleicht eine Erklärung dafür ableiten, daß sich die Paraphrenie viel häufiger bei Frauen als bei Männern findet, wie die Tabellen 1 und 3 zeigen. In Zeiten, die nicht lange zurückliegen, wurden die Mädchen an der Kommunikation mit einem männlichen Partner sehr gehindert. Sie wurden von ihren Eltern und Erziehern großenteils streng überwacht, damit sie nicht vorzeitig sexuellen Kontakt mit dem anderen Geschlecht aufnahmen. Dazu eine weitere Bemerkung von allgemeiner Bedeutung. Wenn sich bei meinen Erörterungen in verschiedener Weise ergeben hat, daß die biologischen Gegebenheiten den Forderungen einer modernen Gesellschaft nicht mehr gerecht werden, so weist das natürlich nicht darauf, daß ein falscher Weg eingeschlagen wurde, denn ethische Forderungen haben Vorrang vor biologischen. Selbstverständlich kann man nicht wünschen, daß die Frau Jahr für Jahr ein Kind zur Welt bringt, wie es früher einmal üblich war; hat sie aber kein Kind oder nur wenige Kinder, dann darf man sie nicht von der Arbeit im öffentlichen Leben ausschließen, für die sie nun Zeit und Kraft zur Verfügung hat. Die Möglichkeit, daß Kinderarmut das Auftreten systematischer Schizophrenien begünstigt, muß uns nur zu einem Streben nach geeigneten Gegenmaßnahmen veranlassen. Davon wird die Rede sein.

Der Annahme, daß bei den heranwachsenden Mädchen der Kontakt mit Geschwistern keine Rolle mehr spiele, scheint eine Beobachtung entgegenzustehen, die wir bei unseren *Zwillingsuntersuchungen* machten. Bei den eineiigen Zwillingen fanden sich keine Paraphrenen, auch keine des weiblichen Geschlechts. Der enge Kontakt mit der Schwester muß hier also doch sehr wirksam sein. Die Paraphrenie war sogar bei den zweieiigen Zwillingen selten. Den 6 Katatonen und 5 Hebephrenen unserer Beobachtung standen nur 1 Paraphrene (eine Frau, die einen Zwillingsbruder hatte) gegenüber. Schon der Kontakt zwischen zweieiigen Zwillingen scheint das Auftreten einer Paraphrenie zu hemmen. Wenn die oben genannte Zahl von 12 systematischen Schizophrenien bei unseren zweieiigen Zwillingen etwas unter der theoretischen Erwartung lag, so war die Seltenheit der Paraphrenie dafür verantwortlich. Danach hat es den Anschein, daß die Bedeutung der Kommunikation mit Geschwistern bei der Paraphrenie — auch bei weiblichen Patienten — eher größer wäre als bei der Hebephrenie und Katatonie. Ich habe aber oben schon erwähnt, daß *der Kontakt zwischen Zwillingen anderer Art ist als der Kontakt unter Geschwistern.* Wenn Geschwister nicht Zwillinge sind, dann sind sie entweder älter oder jünger, Zwillinge haben hier also keinen Platz. Die beiden Formen der Kommunikation haben auch nicht den gleichen Hintergrund. In einem Fall wird ein

Freund gesucht, mit dem eine enge seelische Verbindung möglich ist, am besten so wie mit einem eineiigen Zwilling; im anderen Fall richtet sich das Innere Streben des Kindes auf einen Freund, der mit seinem höheren oder geringeren Alter den eigenen biologischen Forderungen entgegenkommt. Wahrscheinlich sollte von Natur aus durch diese zweifache Form des Kontakts die normale Entwicklung des Kindes besonders gut gesichert werden.

Nach der Paraphrenie und der Hebephrenie muß nun die *Katatonie* genauer betrachtet werden. Bei ihr findet man bei männlichen wie weiblichen Probanden keine wesentlichen Unterschiede in den Geschwisterschaften. Man darf aber nicht daraus schließen, daß keine gegenseitige Beeinflussung besteht, da die Zahl aller Geschwister stark vermindert ist.

Zur Klärung des Sachverhaltes gehe ich von dem Umstand aus, daß bei der Katatonie eine *Störung der Willensabläufe* vorliegt. Die Entwicklung scheint hier dadurch gestört zu werden, daß zu wenig Geschwister überhaupt vorhanden sind. Für die Willensentwicklung ist bedeutsam, daß Kinder um ihren Rang miteinander wetteifern. Teils wollen sie in ernsten oder spielerischen Kämpfen vor sich selbst oder ihren Kameraden als Sieger dastehen, teils wetteifern sie in dem Verlangen, bei Erwachsenen etwas zu gelten. In solchem Streben und Kämpfen entwickelt sich der Wille. Es ist sicher nicht günstig, wenn das Kind seinen Willen immer durchsetzt, und ebenfalls nicht günstig, wenn es immer unterliegt. Daher sind sowohl relativ viele jüngere, d. h. schwächere wie auch relativ viele ältere, d. h. stärkere, Geschwister nachteilig. In beiden Fällen kann es zu einer Störung der Willensentwicklung und fehlerhaften Entwicklung zerebraler Systeme kommen; eine Katatonie kann sich vorbereiten. Da das Gleichgewicht der Geschwister ebenso nach der einen wie nach der anderen Seite hin nachteilig verschoben sein kann, gleicht sich das zahlenmäßige Verhalten zwischen älteren und jüngeren Geschwistern aus. Es muß sich jetzt aber die Gesamtzahl der Geschwister verringern, wie wir es bei der Katatonie tatsächlich fanden. Die beiden Geschlechter verhalten sich dabei gleichsinnig. Das weist darauf hin, daß die Willensentwicklung schon in früheren Kinderjahren abläuft, in der Jungen und Mädchen noch nicht so grundsätzlich voneinander verschieden sind wie nach der Pubertät. Dies läßt sich bestätigen. Schon kleine Kinder kämpfen um ihre Spielsachen; sie haben im 3. Lebensjahr sogar schon eine Trotzphase, die bereits einen recht kräftigen Willen erkennen läßt. Wenn die Entwicklung hier den anderen Entwicklungen, die uns bei der Hebephrenie und der Paraphrenie beschäftigt haben, so sehr vorauseilt, so liegt das sicher daran, daß der Mensch in der Zeit in der er seine Wertvorstellungen und seine gedankliche Ausrichtung gewinnt, die Welt schon kennengelernt haben muß, um sich ihr mit seinen neuen Fähigkeiten anzupassen. Kinder lernen mit einem steten Antrieb die Welt kennen, mit einem inneren Drang wenden sie sich jedem neuartigen Vorgang zu, der sich bietet. Sie sammeln damit die Erfahrungen, die sie schon in reichem Maße haben müssen, wenn die Ausreifung ihres Gefühlslebens und Denkens erfolgt.

Ich wollte nach all den erhobenen Befunden den Einfluß der Geschwister aufeinander noch genauer bestimmen und dachte, die Einwirkung sei vielleicht nicht mehr so groß, wenn der Altersunterschied mehrere Jahre betrage, da die Geschwister in diesem Fall im Alltag nicht mehr so viel zusammen sind. Als ich dies nachprüfte, fand sich aber das Gegenteil. Die Unterschiede zwischen älteren und jüngeren Brüdern und Schwestern vergrößerten sich, wenn ich die Geschwister ausschloß, die weniger als 3 Jahre älter oder jünger waren als der Proband. Dies zeigte sich nach Tabelle 5. Um einen unmittelbaren Vergleich zu ermöglichen, füge ich in Tabelle 6 die beiden vorigen Tabellen in der Weise zusammen, daß ich die Zahlen der älteren Geschwister in beiden Tabellen gleichsetze,

Tabelle 5
Ältere und jüngere Geschwister bei systematischen Schizophrenien mit und ohne die weniger als 3 Jahre älteren und jüngeren

			Ältere Brüder		Jüngere Brüder		Ältere Schwestern		Jüngere Schwestern	
Paraphrenie	Männliche	mit	87	(90,6)	42	(43,8)	81	(84,4)	53	(55,2)
	Probanden	ohne	70	(72,9)	25	(26,0)	55	(57,3)	37	(38,5)
	Weibliche	mit	159	(93,5)	119	(70,0)	138	(81,2)	125	(73,5)
	Probanden	ohne	107	(62,9)	91	(53,5)	111	(65,3)	90	(52,9)
Hebephrenie	Männliche	mit	32	(38,6)	54	(65,1)	39	(47,0)	53	(63,9)
	Probanden	ohne	20	(24,1)	37	(44,6)	22	(26,5)	38	(45,8)
	Weibliche	mit	87	(84,5)	54	(52,4)	91	(88,3)	54	(52,4)
	Probanden	ohne	67	(65,0)	37	(35,9)	66	(64,1)	30	(29,1)
Katatonie	Männliche	mit	79	(52,7)	72	(48,0)	76	(50,7)	67	(44,7)
	Probanden	ohne	58	(38,7)	46	(30,7)	63	(42,0)	39	(26,0)
	Weibliche	mit	50	(61,0)	42	(51,2)	47	(57,3)	48	(58,5)
	Probanden	ohne	38	(46,3)	26	(31,7)	36	(43,9)	33	(40,2)

Tabelle 6
Die vorige Tabelle in Prozentzahlen unter Gleichsetzung des Zählers

			Ältere Brüder	Jüngere Brüder	Ältere Schwestern	Jüngere Schwestern
Paraphrenie	Männliche	mit	90,6	43,8	84,4	55,2
	Probanden	ohne	90,6	35,3	84,4	56,7
	Weibliche	mit	93,5	70,0	81,2	73,5
	Probanden	ohne	93,5	79,5	81,2	65,8
Hebephrenie	Männliche	mit	38,6	65,1	47,0	63,9
	Probanden	ohne	38,6	71,4	47,0	81,2
	Weibliche	mit	84,5	52,7	88,3	52,4
	Probanden	ohne	84,5	46,7	88,3	40,1
Katatonie	Männliche	mit	52,7	48,0	50,7	44,7
	Probanden	ohne	52,7	41,8	50,7	31,4
	Weibliche	mit	61,0	51,8	57,3	58,5
	Probanden	ohne	61,0	41,8	57,3	52,5

also hier einen gemeinsamen Zähler herstelle. Im Nenner findet man nun die dazu ermittelten Zahlen für die jüngeren Geschwister. Der Abstand der jüngeren von den älteren Geschwistern ist jetzt unmittelbar abzulesen.

Man findet eine geringfügige Abschwächung des Unterschiedes bei den Schwestern der männlichen Paraphrenen; die jüngeren sind den älteren spurweise angenähert (statt

55,2 jetzt 56,7). Bei den weiblichen Paraphrenen weichen die jüngeren Brüder zahlenmäßig nicht mehr so deutlich von den älteren ab. Aber die Vergrößerung des Unterschiedes, die ich ankündigte, tritt an mehreren Stellen grob hervor. Anscheinend ist für die Entwicklung im allgemeinen erst ein größerer Altersunterschied zwischen den Geschwistern ausschlaggebend. Bei den männlichen Paraphrenen stehen den 90,6% älteren Brüdern jetzt noch weniger jüngere gegenüber (35,3 statt 43,8). Bei den männlichen Hebephrenen sind die älteren Geschwister jetzt häufiger geworden, besonders bei den Schwestern (jetzt 81,2 statt 63,9), aber auch bei den Brüdern (jetzt 71,4 statt 65,1). Entsprechend hat sich die Verminderung der jüngeren Geschwister bei den weiblichen Hebephrenen verstärkt (jetzt 46,7 statt 52,4, bzw. jetzt 40,1 statt 52,4). *In der jetzigen Gestalt weisen die Zahlen noch eindeutiger auf eine große Bedeutung der Geschwisterschaften hin.*

Eine Korrektur der im Beginn der Besprechung gegebenen Deutung scheint bei der *Katatonie* nötig zu sein, denn die Übereinstimmung aller Zahlen findet sich nicht mehr. Bei den männlichen Katatonen sind jetzt die jüngeren Schwestern, bei den weiblichen Katatonen die jüngeren Brüder erheblich in der Minderzahl (31,4:50,7 bzw. 41,8:61,0). Ich äußerte die Meinung, die Disharmonien durch einen Mangel an älteren oder andererseits einen Mangel an jüngeren Geschwistern glichen sich gegenseitig aus. Sichtlich geschieht das nicht in vollem Umfang, sofern die Geschwister gegenteiligen Geschlechts sind. Die Unterlegenheit, von der ich sprach, wirkt sich stärker aus, wenn das ältere Geschwister dem anderen Geschlecht angehört. Man versteht das vielleicht, wenn man bedenkt, daß dem anderen Geschlecht gegenüber von Natur gewisse Hemmungen bestehen.

Die Möglichkeit, daß eine bestimmte Konstellation in der Geschwisterreihe von Nachteil ist und zu einer Schizophrenie beitragen kann, wurde schon von manchen Autoren erörtert, ist aber biologisch zunächst schwer zu verstehen. Es kann doch nicht richtig sein, daß manche Kinder schon von Natur einer gewissen Gefahr entgegengehen. Man muß aber wieder auf Urzeiten zurückgehen, in denen die biologischen Festlegungen erfolgten. Einstmals lebten die Menschen wohl in einer Art von Herden zusammen, später jedenfalls in Großfamilien. In diesen Zeiten kam jedes Kind mit vielen anderen Kindern zusammen, die nicht von den gleichen Eltern stammten. Ob ein Elternpaar viele oder wenig Kinder hatte, war unter diesen Umständen unwesentlich. Da die Verhältnisse jetzt so ganz anders liegen, könnte man erwarten, daß die systematischen Schizophrenien bei uns noch häufiger sind, als es tatsächlich der Fall ist. Aber einerseits gibt es auch bei uns noch Möglichkeiten genug, daß Kinder außerhalb der eigenen Familie zusammenkommen. Andererseits muß man natürlich bedenken, daß wir in der Geschwisterkonstellation nur einen, wenn auch sehr wesentlichen ursächlichen Faktor vor uns haben. Sie führt allein sicher nicht zur Krankheit.

Ich frage mich nun, was hinzukommen mag, wenn die Krankheit wirklich auftritt. Eine Erbbedingtheit der Krankheit kann man kaum anführen, da sich bei den systematischen Schizophrenien so wenig Psychosen in der Verwandtschaft finden. Ich vermute dagegen, daß Wesenszüge, die an sich normal sind, unter ungünstigen Bedingungen zur Krankheit beitragen. Fähigkeit und Bereitschaft zum Kontakt sind beim Menschen von Natur verschieden. Wenn mancher mehr nach außen, ein anderer mehr nach innen lebt, so beruht das sicher vorwiegend auf einer angeborenen Eigenart. Kontaktschwäche und Introvertiertheit — im Begriff des Autismus sind beide Wesenszüge zusammengefaßt — führen dazu, daß der Mensch wenig Verbindung mit anderen sucht (Introvertiertheit) oder findet (Kontaktschwäche). So kommt durch diese Wesenszüge von innen her ein Mangel an Kommunikation zu dem äußeren Mangel, der durch ungünstige Geschwisterkonstellation entsteht, hinzu. Die Beobachtung scheint diesen Zusammenhang zu bestätigen, denn eine sehr bekannte Tatsache besagt, daß Schizophrene von jeher,

d. h. längst vom Beginn der Krankheit, sehr häufig autistisch sind. Frau von Trostorff[1] hat das gerade für die systematischen Schizophrenien, um die es hier geht, noch einmal gezeigt. Ich werde auf diesen ätiologischen Zusammenhang zwischen Wesensart und Entstehung systematischer Schizophrenie bei Besprechung der frühkindlichen Form noch einmal zurückkommen.

Nach diesen Erörterungen muß man folgern, daß die systematischen Schizophrenien in der modernen Zeit häufiger geworden sind. Die Menschen scheinen einerseits in früheren Zeiten mehr extravertiert gewesen zu sein, sie lebten mehr nach außen und ließen sich mehr von dem bestimmen, was unmittelbar an sie herantrat. Zum anderen hatten sie mehr Kinder. Man nimmt heute meist an, daß die Schizophrenien bei einfach lebenden Völkern ähnlich häufig sind wie bei uns. Dazu ist einerseits zu sagen, daß solche Schätzungen sehr unbestimmt sind. Wenn der Sachverhalt aber tatsächlich richtig gesehen wird, spricht er nicht gegen eine Zunahme der systematischen Schizophrenien. Ein Ausgleich kann dadurch erfolgen, daß andere endogene Psychosen seltener geworden sind. Die endogenen Psychosen verlaufen in verschiedenen Kulturen verschieden. Jilek[1], der sich eingehend mit diesem Problem beschäftigt hat, kam zu folgendem Ergebnis: „Die Häufigkeit von vorübergehenden psychotischen Episoden scheint sich in der modernen Gesellschaft zusammen mit der Verbesserung der hygienischen und Ernährungsverhältnisse vermindert zu haben; die Chronizität der Symptomgestaltung scheint dagegen in der westlichen Welt mehr betont zu sein als in Afrika." Ich fasse diesen Sachverhalt dahin auf, daß die systematischen Schizophrenien mit ihrem schleichenden Verlauf bei uns zugenommen haben, die zykloiden Psychosen dagegen seltener geworden sind. Auf letzteren Tatbestand komme ich noch zurück.

Eine weitere Frage stellt sich. Wenn die angenommenen Entwicklungsstörungen der Kindheit und Addoleszenz zu einer Schizophrenie führen können, dann fragt man sich, warum die Krankheit selbst erst später einsetzt. Nur bei den Katatonien der Kindheit folgt die Krankheit dem Kommunikationsmangel gleich nach. In den anderen Fällen darf man vermuten, daß die Entwicklungsstörung zunächst nur einen latenten Schaden in dem System, das in Frage kommt, erzeugt. Das eigentliche Versagen setzt dann wohl dadurch ein, daß das Erwachsenenalter erhöhte und anhaltende Forderungen stellt. Man kann anfügen, daß von den Menschen in einem frühen Erwachsenenalter mehr Aktivität und Affekt, von älteren Menschen mehr gedankliche Leistung erwartet wird. So würde die Reihenfolge, in der die verschiedenen Formen systematischer Schizophrenie zeitlich ausbrechen, nicht nur mit der Folge, in der die Entwicklungsstörungen ablaufen, in Zusammenhang stehen, sondern auch mit den Erfordernissen des späteren Lebens.

Durch unsere Befunde klärt sich nebenher in der Frage meiner *Klassifikation* ein Problem auf. Systematische Schizophrenien können sich im Sinne kombinierter Systemkrankheiten verbinden. Es scheinen sich aber nur katatone Formen unter sich, hebephrene Formen unter sich, paraphrene Formen unter sich zu kombinieren. Nur außerordentlich selten sind Kombinationen aus verschiedenen Gruppen zu beobachten. Dazu muß ich einfügen, daß es sich nicht um die Frage der Mischung von Symptomen handelt, sondern von zwei umschriebenen Unterformen systematischer Schizophrenie. Durch Einschränkung der Kombinationen auf Verbindungen innerhalb der gleichen Unterform ergibt sich diagnostisch eine große Erleichterung, aber theoretisch konnte ich die Ein-

[1] v. Ttrostorff, Sieglinde: Extraversion und Introversion sowie Kontaktfreudigkeit und Kontaktarmut bei normalen und präpsychotischen Persönlichkeiten. Jena, Gustav Fischer Verlag 1970.

[1] Jilek, W.: In: Biological Mechanisms of Schizophrenia. Igaku Shoin LTD. Tokyo 1974. S. 150.

schränkung früher nicht verstehen. Jetzt klärt sich der Befund auf. Jede Geschwisterkonstellation ist in einem bestimmten Zeitpunkt nur im Sinne einer Form von Schizophrenie nachteilig, da die Ausreifung der verschiedenen psychischen Funktionen in verschiedenen Altersstufen erfolgt. Es wird sehr selten vorkommen, daß in mehreren Stufen der Entwicklung die Geschwister und zugleich auch die Freunde fehlen, die für die Kommunikation nötig wären.

4. Prophylaxe der systematischen Schizophrenien

Solange man keine Ursache der Schizophrenie kannte, konnte man auch nichts zu ihrer Verhütung tun. Von sozialpsychiatrischer Seite glaubte man zwar, man könne das Auftreten der Krankheit einschränken, wenn man dem Kind ein harmonisches Leben ermögliche, es von Entbehrungen und Konflikten verschone. Konkrete Hinweise, daß auf diese Weise Erfolge zu erzielen sind, fanden sich nicht. Bei meinen Befunden ergab sich in diesem Sinne auch nichts. Dagegen erwies sich der Mangel an Umgang mit Geschwistern bzw. allgemeiner mit anderen Kindern als hochbedeutsam. Dadurch ergeben sich nun Möglichkeiten einer Prophylaxe. Da wir weder erreichen noch wünschen können, daß der Kinderreichtum der Familien wieder größer wird, muß unser Bemühen dahin gehen, dem Kind möglichst reichen Umgang mit Kindern außerhalb der Familie zu verschaffen. Vieles geschieht in dieser Hinsicht schon durch die Kindergärten. Ein Nachteil derselben besteht jedoch darin, daß hier Kinder gleichen Alters zu Gruppen zusammengefaßt werden, während das Kind gerade ältere und jüngere Kinder um sich haben soll. An manchen Orten ist man dazu übergegangen, Gruppen aus Kindern verschiedenen Alters zu bilden, was sicher von Vorteil ist. In der Schule kommen auch vorwiegend gleichaltrige Kinder zusammen, wenn auch hier die Möglichkeit, über den Klassenverband hinaus Kameraden zu finden, größer ist. Da es schwer ist, in Kindergärten und Schulen Änderungen vorzunehmen, sollte vor allem in Kinder- und Jugendverbänden darauf geachtet werden, daß ältere und jüngere Kinder zusammenkommen.

Soweit das Kind nicht in eine äußere Ordnung eingefügt ist, sondern sich selbst seinen Kameraden suchen kann, wird man seiner instinktiven Wahl viel Vertrauen schenken können. Ich bin überzeugt, daß ein Kind, das nach seinem Alter und seinem Entwicklungsstand einen Kameraden eines bestimmten Alters nötig hat, aus einem inneren Drang heraus in der entsprechenden Richtung strebt. Ein Junge in der Pubertät, der nach der biologischen Gesetzmäßigkeit, die angeführt wurde, einen Kameraden als Vorbild braucht, wird sich einem älteren Kameraden anschließen; ein Mädchen des gleichen Alters wird bei der hier anderen Gesetzmäßigkeit ein jüngeres Kind zu betreuen suchen. Den Kindern müssen aber die äußeren Möglichkeiten gegeben werden, den Kameraden, den sie biologisch nötig haben, zu suchen und zu finden; man muß ihnen die äußere Verbindung mit recht vielen Kindern verschiedenen Alters gestatten, damit sie wählen können. Es darf ihnen nicht vorgeschrieben werden, welchen Kameraden sie nehmen sollen. Viele Eltern und Erzieher verhalten sich hier nicht so, wie es dem Kind zuträglich ist; sie glauben, sie wüßten ihrerseits am besten, welcher Kamerad für das Kind geeignet ist, von welchem der günstigste Einfluß zu erwarten sei. Sie haben sicher da recht, wo es darum geht, das Kind von Kameraden fernzuhalten, die ein schlechtes Beispiel geben, aber sie verhüten damit nur eine falsche psychologische Entwicklung. Es ist möglich, daß sie zugleich die biologische Entwicklung hemmen, indem kein anderer Freund vorhanden ist, der hier nötig wäre. Wenn manche Kinder recht hartnäckig an einem Freund festhalten, den die Eltern nicht wünschen, dann können sie von einem unbewußten Bestreben, das biologisch richtiger lenkt als das Verlangen der Eltern, beherrscht sein.

Besonders bei Einzelkindern, die ihre Kameraden nur außerhalb der Familie finden können, ist es notwendig, daß man ihnen die Möglichkeiten gibt, selbst zu wählen. Gerade die Mütter von Einzelkindern verhalten sich oft nicht so, wie es für diese gut wäre. Sie möchten das Kind vor fremden, d. h., wie sie meinen, schädlichen Einflüssen schützen und binden es daher zu sehr an sich selbst. Erst dadurch entsteht für das Einzelkind eine ernste Gefahr; es würde sich, wenn es die Freiheit dazu hätte, den Freund suchen, den es in den verschiedenen Stufen der Entwicklung biologisch nötig hätte. Bei verständigen Eltern kann das Einzelkind in gewisser Beziehung sogar einen relativ günstigen Stand haben. Wenn Geschwister vorhanden sind, dann bieten sich diese dem Kind durch ihre ständige Gegenwart als Kameraden an, auch wenn sie mit ihrem Alter vielleicht seine biologischen Bedürfnisse nicht erfüllen können. Das Kind kann dadurch davon abgehalten werden, sich außerhalb des Hauses den richtigen Freund zu suchen. Wahrscheinlich macht sich das Einzelkind diesen Vorteil oft zunutze, wahrscheinlich würden sonst noch mehr von ihnen erkranken, als es tatsächlich geschieht.

Auch wenn man die zweite Form des Kontakts ins Auge faßt, die bei eineiigen Zwillingen eine solch große Rolle spielt, muß man dem Kind die Möglichkeit geben, den Freund selbst zu wählen. Hier braucht man gar nicht von einem instinktiven Streben zu sprechen. Rein psychologische Gründe führen dazu, daß Kinder, die sich verstehen, die ähnlich denken und fühlen, zueinander finden. In ihrem engen seelischen Kontakt schützen sie sich gegenseitig vor der Gefahr, die notwendige Verbindung mit der Umwelt zu verlieren. Wie bei Zwillingen genügt es, wenn wenigstens gegenüber einem Menschen völlige Aufgeschlossenheit besteht. Das notwendige Wechselspiel mit der Umwelt ist in diesem Fall gewährleistet.

Insgesamt kann man sagen, daß es Aufgabe der Eltern ist, das Kind nicht so sehr an sich zu binden, sondern es genügend freizugeben, damit es Anschluß an andere Kinder finden kann. Ich sage damit teilweise nichts Neues, denn man weiß seit langem, daß eine überbesorgte Mutter, die ihr Kind nur ständig betreuen möchte, diesem schadet. Allerdings wußte man bisher nicht, daß das Verhalten dieser Mutter zum Auftreten der schweren systematischen Schizophrenien beitragen kann. — Um kein Mißverständnis aufkommen zu lassen, möchte ich noch einmal nachdrücklich darauf hinweisen, daß ich die biologische Entwicklung im Auge habe; für die psychologische Entwicklung sind enge Kontakte mit den Eltern im Sinne von Vorbild und Erziehung notwendig.

b) Exogene und konstitutionelle Ursachen der unsystematischen Schizophrenien

Die unsystematischen Schizophrenien haben, wie wir sahen, eine erbliche Grundlage. Trotzdem müssen äußere Ursachen hinzukommen, wenn sich die Krankheit manifestieren soll. Auch hier wird sich der Einfluß, den Kinder aufeinander ausüben, als sehr bedeutsam erweisen.

1. Periodische Katatonie

Die Tabelle 7 zeigt zunächst, daß die periodischen Katatonen im Vergleich zu den beiden anderen unsystematischen Schizophrenen auffallend *wenige Geschwister* haben. Während man bei der affektvollen Paraphrenie 284,2, bei der Kataphasie 234,3 Ge-

Tabelle 7
Zahl der Geschwister bei den unsystematischen Schizophrenien (auf 100 Probanden)

Diagnose		Zahl der Probanden	Ältere Brüder		Jüngere Brüder		Ältere Schwestern		Jüngere Schwestern		Zusammen	
Affektvolle	♂ 25		21	(84,0)	8	(32,0)	21	(84,0)	15	(60,0)	65	(260,0)
Paraphrenie		120	97	(80,8)	63	(52,5)	109	(90,8)	72	(60,0)	341	(284,2)
	♀ 95		76	(80,0)	55	(57,9)	88	(92,6)	57	(60,0)	276	(290,5)
Kataphasie	♂ 120		81	(67,5)	62	(51,7)	76	(63,3)	57	(47,5)	276	(230,0)
		172	112	(65,1)	91	(52,9)	115	(66,9)	85	(49,4)	403	(234,3)
	♀ 52		31	(59,6)	29	(55,8)	39	(75,0)	28	(53,8)	127	(244,2)
Periodische	♂ 67		33	(49,3)	25	(37,3)	18	(26,9)	27	(40,3)	103	(153,7)
Katatonie		136	67	(49,3)	63	(46,3)	47	(34,6)	67	(49,3)	244	(179,4)
	♀ 69		34	(49,3)	38	(55,1)	29	(42,0)	40	(58,0)	141	(204,3)

Tabelle 8
Geschwister der periodischen Katatonen mit gesunden und kranken Eltern

		Zahl der Probanden	Ältere Brüder		Jüngere Brüder		Ältere Schwestern		Jüngere Schwestern		Zusammen	
Beide	♂ 37		18	(48,6)	14	(37,8)	14	(37,8)	16	(43,2)	62	(167,6)
Eltern		81	37	(45,7)	40	(49,4)	34	(42,0)	42	(51,9)	153	(188,9)
gesund	♀ 44		19	(43,2)	26	(59,1)	20	(45,5)	26	(59,1)	91	(206,8)
Ein	♂ 30		12	(40,4)	13	(43,4)	4	(13,3)	11	(36,7)	40	(133,4)
Elter		55	26	(47,3)	27	(49,1)	15	(27,3)	23	(41,8)	91	(165,5)
krank	♀ 25		14	(56,0)	14	(56,0)	11	(44,0)	12	(48,0)	51	(204,0)
Mutter	♂ 23		8	(34,8)	8	(34,8)	4	(17,4)	9	(39,1)	29	(126,1)
krank		39	18	(46,2)	16	(41,0)	11	(28,2)	17	(43,6)	62	(159,0)
	♀ 16		10	(62,5)	8	(50,0)	7	(43,8)	8	(50,0)	33	(206,3)
Vater	♂ 7		4	(57,1)	5	(71,4)	—	—	2	(28,6)	11	(157,1)
krank		16	8	(50,0)	11	(68,8)	4	(25,0)	6	(37,5)	29	(181,3)
	♀ 9		4	(44,4)	6	(66,7)	4	(44,4)	4	(44,4)	18	(200,0)

schwister findet, sind es bei der periodischen Katatonie nur 179,4. Das erinnert daran, daß auch bei den systematischen Schizophrenien die Katatonen die geringste Geschwisterzahl aufweisen. Die Grundlage für den Befund wird sich aber bei den beiden Formen als verschieden erweisen. Man kann zunächst die Vermutung äußern, daß die periodischen Katatonen deswegen wenige Kinder haben, weil sie sehr früh erkranken und daher wenig Zeit für die Fortpflanzung haben. In einem geringen Grade bestätigt sich das, denn die Probanden mit gesunden Eltern haben nach Tabelle 8 mehr Geschwister als die Probanden mit kranken Eltern (188,9:165,5). Aber nur bei den Männern, nicht bei den Frauen findet sich ein Unterschied, wie die Tabelle zeigt. Das beweist, daß noch ein anderer Grund, vielleicht nur ein anderer Grund maßgebend ist.

Es kommt ferner darauf an, ob der Vater oder ob die Mutter krank ist; nur im letzteren Fall ist die Kinderzahl herabgesetzt. Bei Erkrankung des Vaters ist die Kinderzahl (181,3) fast die gleiche (188,9) wie bei gesunden Eltern. Schließlich stellt man fest, daß der Einfluß der kranken Mutter nur die männlichen Probanden (167,6:126,1), nicht die weiblichen Probanden (206,8:206,3) betrifft. Der letztere Befund rührt, wie wir später sehen werden, daher, daß die männlichen Probanden wesentlich mehr als die weiblichen von einem Kranksein der Mutter abhängig sind. Man erkennt dies auch schon aus der Tabelle 8 bei folgender Überlegung. Die Gesamtzahl unserer männlichen und weiblichen Probanden ist annähernd gleich groß (männlich 67, weiblich 69), aber auf der Tabelle überwiegen bei gesunden Eltern die weiblichen Probanden (44:37), bei kranken Eltern die männlichen (30:25).

Nach all dem erkennt man, daß die verminderte Kinderzahl bei den Katatonen nicht mit ihrer frühen Erkrankung zu erklären ist, sondern eine eigene Bedeutung besitzt. Es ist zu fragen, ob sie dadurch zustande kommt, daß kleinere Geschwisterschaften das Auftreten der Krankheit begünstigen. Trifft es zu, dann müssen sich in größeren Geschwisterschaften relativ weniger Patienten finden als in kleineren. Die durchschnittliche Zahl der Geschwister ist bei der periodischen Katatonie wie Tabelle 7 zeigt, 1,79. Ich trennte, um meiner Frage nachzugehen, die Familien mit Geschwistern über diesen

Tabelle 9
Kranke Geschwister bei Probanden aus größeren und kleineren Geschwisterschaften bei der periodischen Katatonie

	Zahl der Probanden	„Korrigierte" Zahl der Geschwister	Zahl der kranken Geschwister	Prozent
Probanden aus größeren Geschwisterschaften	42	119,0	21	17,6
Probanden aus kleineren Geschwisterschaften	94	51,0	15	29,4
Zusammenfassung	136	170,0	36	21,2

Durchschnitt von Familien mit Geschwistern unter dem Durchschnitt. Praktisch bedeutet das, daß 1,5 Geschwister noch zur ersteren, 2,0 Geschwister zur zweiten Gruppe gehören. Die Zahl der Geschwister mußte "korrigiert" werden, da die Zahl der gesunden und kranken Geschwister zu vergleichen war, so daß es darauf ankam, ob die Geschwister das Erkrankungsalter schon überschritten hatten oder noch krank werden konnten. Die Tabelle 9 zeigt das Ergebnis. Bei den großen Geschwisterschaften beträgt die Krankheitsrate 17,6, bei den kleinen Geschwisterschaften 29,4. Es bestätigt sich also: *Die Wahrscheinlichkeit der Manifestation nimmt zu, wenn die Geschwisterschaft an Zahl abnimmt.*

Wir konnten die Bedeutung eines Geschwistermangels weiter erhärten, indem wir den *Geschwistern der Eltern* unserer Probanden Aufmerksamkeit schenkten. Wir verglichen die Zahl der Geschwister bei kranken Eltern mit der Zahl der Geschwister bei den gesunden Anlageträgern, um festzustellen, ob die letzteren aus größeren Geschwisterschaften stammten als die kranken Eltern. Frau von Trostorff stellte, soweit als möglich, die Zahl der Geschwister bei Vater und Mutter der Patienten fest. Es gelang ihr in 115 Fällen (59 männlichen Probanden und 56 weiblichen) zuverlässige Angaben zu erhalten. Unserer Fragestellung konnten nur Familien dienen, bei denen wir wußten, von welcher elterlichen Seite die Krankheit kam. In den meisten Fällen erhielten wir dafür genügend Hinweise. Wenn die Eltern selbst gesund waren, war doch häufig eines der Eltern schwer abnorm; in anderen Fällen fanden sich bei Geschwistern oder bei sonstigen Verwandten des Anlageträgers Psychosen oder schwere Abnormitäten. In der anderen Linie fand sich dagegen nichts wesentlich Auffälligeres, sie konnte in unserer Fragestellung außer acht bleiben. Bei einem dominanten Erbgang war diese einseitige Belastung zu erwarten. Aber es kamen doch einige Fälle vor, bei denen sich auf beiden Seiten Abnormitäten fanden (4 männliche und 2 weibliche Probanden). Sie mußten aus unserer Untersuchung ausscheiden. Ferner gab es einige Fälle, bei denen weder in der väterlichen noch in der mütterlichen Linie deutliche Abnormitäten festzustellen waren (6 männliche und 5 weibliche Probanden). So blieben 98 Probanden, bei denen wir prüfen konnten, wie sich die kranken Eltern und der nur in ihrem Erbgut kranken Eltern in Bezug auf die Größe der Geschwisterschaften verhielten. Man sieht in der Tabelle 10, daß die manifest Kranken wesentlich weniger Geschwister hatten als die gesunden Anlageträger (306:375). Die Erwartung erfüllt sich also. Durch die mehrfache Bestätigung kann es nun als erwiesen angesehen werden, *daß die Größe der Geschwisterschaft die Manifestation der periodischen Katatonie beeinflußt.*

Tabelle 10
Geschwister der gesunden und kranken Eltern bei periodischer Katatonie (in Klammern Prozent)

		Zahl der Eltern		Zahl der Geschwister	
Gesunde Eltern	Eltern der männlichen Probanden	22	48	77 180	(350,0) (375,0)
	Eltern der weiblichen Probanden	26		103	(396,2)
Kranke Eltern	Eltern der männlichen Probanden	27	50	84 153	(311,1) (306,0)
	Eltern der weiblichen Probanden	23		69	(300,0)

Meiner weiteren Fragestellung, welcher genaue Umstand es ist, der die Wirkung erzeugt, schicke ich die Bemerkung voraus, daß man an einen Mangel seelischer Kommunikation, wie er bei den systematischen Schizophrenien bedeutsam ist, nicht zu denken braucht, denn bei den Untersuchungen von schizophrenen Zwillingen hat sich kein Hinweis in dieser Richtung ergeben. Zunächst stellen wir, wenn wir zur Tabelle 7 zurückkehren, wieder Auffälligkeiten in der Konstellation der Geschwister fest. Es zeigt sich ein *Mangel an älteren Schwestern.* Er ist nicht groß, verstärkt sich aber, wenn wir nur die Probanden mit kranken Eltern ins Auge fassen, wie es in Tabelle 8 geschehen ist. Im Falle kranker Eltern beträgt die Zahl der älteren Schwestern bei den *männlichen Probanden* nur 13,3 gegenüber 36,7 jüngeren Schwestern. Die absoluten Zahlen sind zwar klein, aber das Ergebnis ist in Anbetracht der großen Differenz doch signifikant ($p < 0,05$). Bei den weiblichen Probanden findet man dagegen keinen ähnlichen Unterschied (44,0:48,0). Man erkennt, daß sich das Fehlen der älteren Schwester nur dann auswirkt, *wenn ein Elternteil krank ist, auch in diesem Fall nur bei den männlichen Probanden.* Nichts Neues ergibt sich, wenn man nur die Krankheit der Mutter ins Auge faßt. Bezüglich der Krankheit des Vaters sind die Zahlen so klein, daß sie nicht mehr verwertet werden können; es fällt aber auf, daß nach der Tabelle 8 die älteren Schwestern bei den männlichen Probanden mit kranken Vätern sogar ganz fehlen. Es könnte also sein, daß nicht nur die Krankheit der Mutter, sondern auch die Krankheit des Vaters bedeutsam ist, wenn zugleich eine ältere Schwester fehlt. Auf jeden Fall kann man jetzt schließen, daß die Mutter durch ihr Kranksein die Gefahr der Manifestation der Psychose erhöht, wenn zugleich keine ältere Schwester vorhanden ist.

Sollte man sich darüber wundern, daß ältere Schwestern allem Anschein nach in die Betreuung jüngerer Geschwister eingeschaltet sind, so verweise ich auf die häufige Beobachtung, daß die älteren Geschwister fast regelmäßig zur Betreuung der jüngeren Geschwister mit herangezogen werden. Besonders gilt das für die Mädchen. Die Jungen gehen mehr ihre eigenen Wege. Sicher werden die Mädchen von den Eltern nicht willkürlich stärker eingesetzt, sondern sie haben die bessere Eignung und auch die größere innere Bereitschaft zur Betreuung jüngerer Geschwister als Knaben. Ich möchte wieder meinen, daß die Mädchen schon biologisch für diese Rolle ausersehen sind. Wenn sich der doppelte Mangel von Mutter und älterer Schwester nur bei den männlichen Kindern auswirkt, so kann man auf eine größere Widerstandsfähigkeit der Mädchen hinweisen, die uns noch öfter begegnet. Es könnte andererseits auch sein, daß jüngere Schwestern des Probanden bei Fehlen der Mutter und älteren Schwester selbst schon in die Rolle einer Mutter hineinwachsen können, und aus diesem Grunde weniger leiden.

Tabelle 11
Kranke Geschwister der periodisch Katatonen mit gesunden und kranken Eltern

	Zahl der Probanden	„Korrigierte" Zahl der Geschwister	Kranke Geschwister	Prozent
Beide Eltern gesund	81	105,5	25	23,7
Vater oder Mutter krank	55	64,5	11	17,1
Mutter krank	39	41,5	7	16,9
Vater krank	16	23,0	4	17,4

Ich mußte es offen lassen, ob auch *kranke Väter* abgesehen von einer erblichen Übertragung zur Entstehung einer periodischen Katatonie beitragen können. Gegen eine Bedeutung des Vaters spricht eine Beobachtung, die sozialpsychiatrisch viel besprochen wurde, wonach Schizophrene viel häufiger von kranken Müttern als von kranken Vätern abstammen. Sicher beruhen diese Angaben der Literatur ganz vorwiegend auf Beobachtungen bei der periodischen Katatonie, denn diese stellt mit ihrer starken Erbbedingtheit bei weitem die meisten Schizophrenen, die kranke Eltern haben. ESSEN-MÖLLER[1] wies darauf hin, daß sich der Befund anders erklären lasse. Die Frauen heiraten durchschnittlich früher und erkranken durchschnittlich später an einer Schizophrenie, so daß sie mehr Möglichkeit haben, kranke Kinder zu bekommen. Der große Unterschied, den wir bei unseren Fällen fanden, läßt sich aber auf diese Weise sicher nicht erklären. Unter den 55 kranken Eltern, die auf Tabelle 1 und 11 verzeichnet sind, waren nicht weniger als 39 Mütter, dagegen nur 16 Väter. Bei der ebenfalls stark erblichen Kataphasie werden wir einen viel geringeren Unterschied zwischen kranken Müttern und kranken Vätern finden. Wahrscheinlich entsprechen die dortigen Zahlen

[1] ESSEN-MÖLLER, E.: Psychiatrische Untersuchungen an einer Serie von Zwillingen. Copenhagen, Munksgaard 1941.

den Berechnungen von ESSEN-MÖLLER. HESTON[1] hat aber doch die Auffassung widerlegt, daß es durch ein krankhaftes Verhalten der Mutter zur Krankheit kommen könne, denn seine im Heim aufgewachsenen Kinder von schizophrenen Müttern wurden ebenso häufig krank, wie Kinder die bei einer schizophrenen Mutter blieben. Aber wenn man die sozialpsychiatrische These in bestimmter Weise modifiziert, sprechen die Befunde von HESTON nicht mehr dagegen. Es kommt, wie ich meine, nicht auf das krankhafte Verhalten der Mutter an, sondern auf ihr Fehlen, sei es, daß sie hospitalisiert ist, sei es, daß sie durch ihre Krankheit als Mutter mit dem mütterlichen Einfluß ausfällt. Die Kinder, die im Heim aufwuchsen, mußten auch eine echte mütterliche Fürsorge entbehren. Wenn wir von den frühkindlichen Schizophrenien sprechen werden, wird zu erkennen sein, daß ein Heimaufenthalt die Mutter nicht zu ersetzen vermag. Auf das Fehlen der Mutter, nicht auf ihr krankhaftes Verhalten, kommt es also an. Das möchte ich gerade auch daraus schließen, daß ältere Schwestern zum Ausgleich dienen können; sie vermögen natürlich das krankhafte Verhalten der Mutter nicht zu verhindern, aber sie können bei den jüngeren Geschwistern die fehlende Mutter ersetzen.

Daß es nicht auf ein krankhaftes Verhalten der Mutter ankommt, fand durch eine weitere Beobachtung, die wir machen konnten, ihre unmittelbare Bestätigung. Kranke Mütter haben gar nicht mehr kranke Kinder als gesunde Anlageträger, sondern im Gegenteil weniger. Wir mußten das erstaunlicherweise feststellen. Die Tabelle 11 zeigt es. Die allgemeine Krankheitsrate bei den Geschwistern der periodischen Katatonen beträgt nach Tabelle 1 21,2. Sie steigt bei Probanden mit gesunden Eltern nach Tabelle 11 auf 23,7 an und sinkt bei kranken Eltern auf 17,1 ab. Daß hier etwas für die periodische Katatonie Spezifisches vorliegt, wird sich bestätigen, wenn die Kataphasie und die zykloiden Psychosen zur Sprache kommen werden, denn bei diesen Formen haben die Probanden mit kranken Eltern tatsächlich mehr kranke Geschwister. Ein sehr eigenartiger Befund bedarf also der Erklärung.

Es hat sich bisher ergeben: Die Zahl der Geschwister ist bei den Probanden mit periodischer Katatonie gering; es besteht ein Mangel an älteren Schwestern; dies trifft aber nur bei den männlichen Probanden zu, auch hier nur dann, wenn zugleich die Mutter krank ist; kranke Eltern haben im Vergleich zu gesunden Anlageträgern nicht mehr, sondern im Gegenteil weniger kranke Kinder. Der grobe Widerspruch, der in der letzten Feststellung zu liegen scheint, klärt sich auf, wenn man bedenkt, *daß ein nachteiliger Einfluß auf den Probanden nicht zugleich ein nachteiliger Einfluß auf seine Geschwister sein muß*. Durch den Ausfall eines Elternteils ist von den Töchtern nur die älteste bedroht, alle anderen Mädchen haben ja eine ältere Schwester; und von den Brüdern sind auch nur diejenigen bedroht, die älter sind als dieses älteste Mädchen. Die Probanden, die bei kranken Eltern keine ältere Schwester hatten, waren also mehr gefährdet als ihre Geschwister. Sind es dagegen bei gesunden Eltern andere Gründe, die zur Manifestation der Krankheit führen, dann werden davon die Geschwister wahrscheinlich alle in der gleichen Weise betroffen. Die Möglichkeit zu erkranken, ist bei ihnen jetzt ebenso groß wie bei den Probanden. Ich darf das an einem Beispiel noch deutlicher machen: Wenn unter 10 Kranken 5 keine ältere Schwester haben und erst unter dieser Voraussetzung manifest krank wurden, dann können ihre Geschwister erwarten, gesund zu bleiben. Dieser Fall liegt vor, wenn ein Elternteil krank ist. Die anderen 5 Kranken, deren Eltern gesund sind, sind alle in gleicher Weise gefährdet.

---

[1] HESTON, D. L.: Psychiatric disorders in foster home reared Children of schizophrenic mothers. British Journal of Psychiatry **112** 819–825 (1966).

Diese meine Deutung kann als bestätigt angesehen werden, wenn die männlichen Patienten, die gegen das Fehlen von Mutter und älterer Schwester empfindlich sind, weniger kranke Geschwister haben als die weiblichen. Nach Tabelle 12 trifft das zu; die männlichen Probanden haben 18,9, die weiblichen 22,7 kranke Geschwister.

Bei der Tabelle 12 fällt außerdem auf, daß die männlichen Probanden so sehr viel weniger Geschwister haben als die weiblichen. Dies hängt einesteils damit zusammen, daß die weiblichen Probanden bei allen Formen endogener Psychose mehr Geschwister haben. Aber so groß ist der Unterschied sonst nicht. Er erhöht sich bei der periodischen Katatonie dadurch, daß die männlichen, aber nicht die weiblichen Probanden relativ wenige ältere Schwestern haben.

Tabelle 12
Zahl der kranken Geschwister bei männlichen und weiblichen Probanden periodischer Katatonie

	Zahl der Probanden	„Korrigierte" Zahl der Geschwister	kranke Geschwister	Prozent
♂	67	68,5	13	18,9
♀	69	101,5	23	22,7
Zusammen	136	170,0	36	21,2

Aus der Tatsache, daß nur die Knaben gegenüber dem Verlust eines Elternteils empfindlich sind, darf nicht geschlossen werden, daß sich die periodische Katatonie bei Männern häufiger manifestieren müßte als bei Frauen. Bei letzteren können andere Einflüsse wirksamer sein. Wir trafen bei unseren Untersuchungen ähnlich viele weibliche wie männliche Patienten mit periodischer Katatonie. Man möchte sich fragen, welche Umstände bei Mädchen von größerem Schaden sein können. Vielleicht bedingt schon die weibliche Konstitution eine größere Krankheitsbereitschaft, so daß die Psychose häufiger aus der erblichen Disposition allein entsteht. Es könnte ferner sein, daß Mädchen gegenüber Erregungen unspezifischer Art empfindlicher sind als Knaben. In diesem Sinne ließe es sich deuten, daß M. Bleuler[1] in der Vorgeschichte weiblicher Schizophrener häufiger äußere Erschütterungen fand.

Wenn wir uns an unsere Befunde halten, bleibt die Frage, wie man sich wohl die genauere Art denken soll, nach der ein Mangel an Geschwistern bei männlichen und weiblichen Probanden wirksam wird, wie sich ferner bei männlichen Probanden der Mangel der Mutter und der älteren Schwester auswirkt. Ich möchte meinen, daß ein Vorhandensein von Geschwistern und von Eltern dem Kind die Sicherheit gibt, gegen Erschütterungen von außen geschützt zu sein. Hier würde auch der Vater seinen Platz finden, über dessen Beteiligung oben keine Entscheidung getroffen werden konnte. Ich denke, *Beschützung* und *Beschirmung* des Kindes, Fernhaltung ängstigender und erregender Einflüsse sind dazu angetan, das Auftreten der an sich erblichen periodischen Katatonie zu verhindern. Eine größere Geschwisterschaft, in der das Kind lebt, erhöht seine Sicherheit.

Eine Verallgemeinerung der Art liegt nahe, daß eine mangelhafte Behütung des Kindes den Schaden auch dann erzeugt, wenn Eltern und Geschwister zwar vorhanden sind,

[1] Bleuler, M.: Die schizophrenen Geistesstörungen. Stuttgart, Georg Thieme 1972.

aber ihre Aufgabe, das Kind zu beschirmen, nicht erfüllen. Bei einer Familie, in der von 10 Geschwistern 4 krank wurden, obwohl doch eine große Geschwisterschaft die Manifestationswahrscheinlichkeit der periodischen Katatonie herabsetzt, stellten sich die Verhältnisse folgendermaßen dar: Der Vater war Trinker und saß, wie es heißt, meist in Kneipen. Er schlug die Kinder viel; wenn ein kleines Kind schrie, schlug er es, oder er schlug ein älteres Kind, das er für die Unruhe des jüngeren verantwortlich machte. Wenn der Vater nach Hause kam, wurde die ganze Familie still, die Kinder verkrochen sich in eine Ecke. Die Mutter versuchte bei den Brutalitäten des Vaters manchmal dazwischen zu treten, wurde aber zurückgewiesen und oft selbst geschlagen. Man kann verstehen, daß in solch einer Familie, obwohl beide Eltern und viele Geschwister vorhanden waren, kein Gefühl der Sicherheit aufkommen konnte.

Unsere Auffassung schien sich bei *Zwillingsuntersuchungen* nach dem ersten Eindruck nicht zu bestätigen. In der Literatur wird oft vermerkt, daß von eineiigen Zwillingen mit Vorliebe der Zweitgeborene erkrankt, besonders wenn er zugleich körperlich schwächer und psychisch dem Partner unterlegen ist. Träfe dies bei unseren Fällen zu, dann könnte man argumentieren, der schwächere Zwilling bedürfe der Beschirmung mehr als der stärkere. Aber von unseren 6 eineiigen Zwillingen mit periodischer Katatonie waren die erstgeborenen 5 weiblichen Zwillinge alle entweder allein krank oder schwerer krank als die zweitgeborenen. Der kranke männliche Zwilling war zwar zweitgeboren, aber er dominierte stets über den Partner, der sich ihm fügte und gesund blieb. Ich glaube, der Widerspruch klärt sich dadurch auf, daß es nicht auf die Bedürftigkeit des Kindes ankommt, sondern auf den Grad des Schutzes, der von außen gegeben wird. Kinder bedürfen alle des Schutzes, der stärkere Zwilling nicht wesentlich weniger als der schwächere. Aber der letztere erfährt ständig eine zusätzliche Betreuung durch seinen stärkeren Partner. Unter seinem Schutz kann er sich immer wieder geborgen fühlen, während sein Partner der Außenwelt gegenüber auf sich selbst gestellt ist. Es läßt sich also darstellen, daß der stärkere Zwilling unter einer geringeren Behütung aufwächst als der schwächere.

Da die Einwirkungen, von denen die Entstehung der periodischen Katatonie abhängig ist, schon in der Kindheit erfolgen, also meist in einem größeren zeitlichen Abstand von dem Ausbruch der Krankheit, wird man annehmen müssen, daß zunächst nur eine Sensibilisierung des Nervensystems erfolgt, durch die eine größere Bereitschaft zu der an sich erblichen Krankheit erzeugt wird. Ob Erregungen und Ängste auch noch im *Erwachsenenalter* zur Entstehung einer periodischen Katatonie beitragen könne, bleibt unklar. Anhaltspunkte dafür ergaben sich aus unseren Untersuchungen nicht.

Durch die Art der Genese ist die *Prophylaxe* der periodischen Katatonie vorgezeichnet. Ob man in Bezug auf ihre Erbbedingtheit etwas unternehmen will und kann, sei dahingestellt. Aber das Kind gegen Verängstigungen abzuschirmen, stellt eine bedeutsame Aufgabe dar. Die Kinderarmut der modernen Zeit, die sich bei der systematischen Katatonie durch einen Umgang mit anderen Kindern ausgleichen läßt, ist bei der periodischen Katatonie eindeutiger von Nachteil. Geschwister tragen zur Sicherheit des Kindes bei, weil die Familie in sich zusammenhält, fremde Kinder können hier nicht eintreten. Es wäre nur dann der Fall, wenn es sich um eine Kindergemeinschaft handelte, deren Ziel es wäre, jeden einzelnen zu schützen und zu fördern. Leider neigen die Kinder nicht zu solchen Rücksichtnahmen, sondern die stärkeren pflegen sich im Gegenteil gegen schwächere zu stellen und machen manche von ihnen sogar zu „Zielscheiben“. Hier ist eine besondere Wachsamkeit der Eltern und Erzieher nötig, damit ein erblich gefährdetes Kind nicht durch Verängstigung einen zusätzlichen Schaden erleidet.

2. Affektvolle Paraphrenie

Bei der affektvollen Paraphrenie nehme ich, wie oben dargestellt, einen rezessiven Erbgang an. Eine konstitutionelle Voraussetzung durch die die Manifestationswahrscheinlichkeit erhöht wird, erkennt man daran, daß *Frauen wesentlich häufiger erkranken als Männer*. Unter unseren Probanden fanden sich, wie die Tabelle 1 zeigte, 95 Frauen und nur 25 Männer. Auch unter den Angehörigen waren mehr Frauen als Männer krank. Bei den 36 auf der Tabelle 1 aufgezeichneten kranken Geschwistern handelt es sich 23 mal um Frauen und nur 13 mal um Männer. Die Krankheitsrate von 13,3% bei den Geschwistern würde sich wesentlich erhöhen, wenn Männer mit der gleichen Häufigkeit krank würden wie Frauen. Es ist zu fragen, welcher Art wohl die genaueren Faktoren sind, die zu der größeren Manifestationswahrscheinlichkeit der Krankheit bei der Frau führen. In Anbetracht der „affektvollen" Art der Psychose wird man an die *größere affektive Labilität* der Frau denken. Man darf dann vielleicht folgern, daß nicht nur die geschlechtsbedingte Labilität, sondern auch eine Labilität individueller Art ursächlich bedeutsam ist.

Als Bekräftigung dieser Auffassung sehe ich die Beobachtung eines *eineiigen Zwillingspaares* an. Beide Schwestern erkrankten an affektvoller Paraphrenie, aber bei Felicitas begann die Krankheit 10 Jahre früher und verlief viel schwerer. Bei ihrer Schwester konnte man sogar daran denken, daß sie von Felicitas nur induziert sei. Letztere war immer ernster als ihre Schwester, oft deutlich niedergeschlagen; bei jedem Schicksalsschlag verlor sie Lust und Interesse am Leben. Ihre Schwester Lea war dagegen immer lebhaft und fröhlich. Sie bejahte das Leben. Es ist zu vermuten, daß die affektive Labilität von Felicitas dazu beitrug, daß die affektive Krankheit bei ihr früher auftrat und schwerer verlief.

Wenn sich auf diese Weise die Manifestation der affektvollen Paraphrenie erhöht, erhält man die Möglichkeit, eine Beziehung zu den Befunden der Tabelle 7 herzustellen. Man findet auf dieser, daß die *jüngeren Geschwister auffallend seltener vertreten sind als die älteren.*

Wenn man nach der Tabelle die älteren Geschwister zusammenzählt und ebenso die jüngeren, dann kommt man zu einem Verhältnis von 206 : 135 (bei männlichen Probanden von 42 : 23, bei weiblichen von 164 : 112). Die affektvollen Paraphrenen sind dementsprechend häufig die jüngsten in der Geschwisterreihe. Von den 120 Probanden waren 36 die jüngsten, 17 die ältesten. Es sind zwar grundsätzlich weniger Geschwister jüngeren Alters zu erwarten, da sie in eine Zeit größerer Geburtenbeschränkung fallen, aber keinesfalls können auf diese Weise derartig große Unterschiede entstehen. Es müssen innere Gründe, die sich speziell auf die affektvolle Paraphrenie beziehen, maßgebend sein. Ich suche das Problem in folgender Weise zu lösen.

Das Kind ist in seinem Gefühlsleben viel labiler als der Erwachsene. Die normale Ausreifung ist bei jüngeren Kindern erschwert, da sie von älteren Kindern beherrscht, geleitet und auf diese Weise in der Rolle des Kindes gehalten werden. Das jüngste Kind wird von den Eltern oft dadurch in der Entwicklung gehemmt, daß sie es gängeln und dadurch seine Ausreifung zu einer Selbständigkeit verzögern. Es ist bekannt, daß jüngste Kinder oft verlängert kindlich bleiben und oft auch im weiteren Leben eine verstärkte Bindung an die Eltern behalten. Bei manchen geht es so weit, daß man sie psychiatrisch infantil nennt. So mag es kommen, daß jüngere und jüngste Kinder in ihrem Gefühlsleben labiler bleiben als ältere und auf diese Weise eine größere Empfänglichkeit für die affektvolle Paraphrenie aufweisen. Das Gängeln stellt eine Art Unterdrückung des Eigenlebens dar, eine unmittelbare Unterdrückung kann die gleichen Folgen haben.

Ein Beispiel dafür, wie eine Mutter durch Strenge, gängelnd und unterdrückend die Entwicklung der Kinder, die affektvoll paraphren wurden, hemmte, brachte mir die Beobachtung eines *eineiigen Zwillingspaares*. Die Schwestern konnten bis ins Erwachsenenleben hinein kein Eigenleben führen, die Mutter überwachte all ihre Schritte. Es kam den Mädchen, auch als sie schon erwachsen waren, gar nicht in den Sinn, etwas zu unternehmen, ohne die Genehmigung der Mutter einzuholen. An einen Umgang mit Heranwachsenden des anderen Geschlechts war gar nicht zu denken. Folgender Vorfall zeigt, in welchem Ausmaß die Mutter herrschte. Als eine der Töchter im Alter von mehr als 30 Jahren nach Scheidung von ihrem Mann einen anderen heiraten wollte, den die Mutter nicht wünschte, wurde sie von dieser geschlagen. Die andere Zwillingsschwester unterwarf sich noch bedingungsloser. Sie erkrankte 22 Jahre früher als ihre Schwester an einer affektvollen Paraphrenie. Daß die Zwillinge unter einer derartigen Behandlung nicht zu selbständigen Persönlichkeiten ausreifen konnten, ist verständlich. Es blieb die kindliche Abhängigkeit und Beeinflußbarkeit, in der vordringlich eine Labilität der Gefühlssphäre enthalten ist.

In der Literatur ist viel davon die Rede, daß ein Kind, das später schizophren wurde, nicht in die Rolle hineinwachsen konnte, die ihm nach seinem Alter und seinem Geschlecht zukam. Wenn man den Begriff der „Rolle" genauer definiert und an eine mangelnde Ausreifung der Affektivität denkt, möchte ich in Bezug auf die affektvolle Paraphrenie — nur auf diese — zustimmen.

Die geeignete *Prophylaxe* leitet sich davon ab. Die Gefahr des Auftretens einer affektvollen Paraphrenie verringert sich trotz ihrer grundsätzlichen Erbbedingtheit, wenn man besorgt ist, daß sich das Kind rechtzeitig von den Eltern und den älteren Geschwistern loslöst und in die selbständige Haltung des Erwachsenen hineinfindet. Man trifft sich hier mit dem Bemühen der Psychotherapeuten, die bei infantilen Persönlichkeiten auf Ablösung vom Elternhaus drängen. Doch hat die Vorsorge schon früher einzusetzen, wenn die Fehlentwicklung noch nicht eingetreten ist.

3. Kataphasie

Wieder andere Ursachen ergeben sich neben der Erblichkeit bei der Kathaphasie, der dritten Form unsystematischer Schizophrenie.

Bei Tabelle 7 fällt auf, daß ähnlich, wenn auch nicht in gleichem Maße wie bei der affektvollen Paraphrenie, die älteren Geschwister zahlreicher sind als die jüngeren (227 : 176). Bei den weiblichen Probanden ist der Unterschied gering (70 : 57), bei den männlichen größer (157 : 119). Es ist also zu fragen, warum bei männlichen Kataphasikern relativ häufig jüngere Geschwister fehlen. Ich denke an folgende Möglichkeit: Bei der Kataphasie liegt eine besondere Form von Denkstörung vor, die vor allem das unanschauliche Denken betrifft. Die Kranken sprechen oft über objektive Verhältnisse geordnet, werden aber schnell verworren, wenn sie auf theoretische Fragen zu sprechen kommen. Es könnte sein, daß jüngere Geschwister mit ihrer extravertierten Haltung und ihrem konkreteren Denken einen günstigen Einfluß auf ältere ausüben. Zu verstehen ist in diesem Fall, daß die Verminderung der jüngeren Geschwister besonders beim männlichen Geschlecht hervortritt, da Männer mehr als Frauen zu theoretischen Gedankengängen neigen.

Unsere Deutung wurde gestützt, als wir die Herkunft unserer Patienten aus städtischen und ländlichen Gebieten prüften. Bei ähnlichen Untersuchungen hat man bisher nichts Sicheres gefunden, weil man Schizophrenie als Ganzes nahm. Tabelle 13 zeigt

Tabelle 13
Geburtsorte bei den drei usystematischen Schizophrenien

Geburtsorte	Affektvolle Paraphrenie		Kataphasie		Periodische Katatonie		Zusammen	
	♂	♀	♂	♀	♂	♀	♂	♀
Bis zu 2000 Einwohnern	11 (47,8)	44 (50,0)	39 (32,7)	16 (32,0)	26 (40,0)	33 (47,1)	76 (36,7)	93 (44,7)
	55 (49,5)		55 (32,5)		59 (43,7)		169 (40,7)	
Bis zu 20000 Einwohnern	4 (17,4)	15 (17,0)	25 (21,0)	13 (26,0)	16 (24,6)	8 (11,4)	45 (21,7)	36 (17,3)
	19 (17,1)		38 (22,5)		24 (17,8)		81 (19,5)	
Bis zu 100000 Einwohnern	1 (4,3)	8 (9,1)	10 (8,4)	2 (4,0)	7 (10,8)	8(11,4)	18 (8,7)	18 (8,7)
	9 (8,1)		12 (7,1)		15 (11,1)		36 (8,7)	
Über 100000 Einwohner	7 (30,4)	21 (23,9)	45 (37,8)	19 (38,0)	16 (24,6)	21 (30,0)	68 (32,9)	61 (29,3)
	28 (25,2)		64 (37,9)		37 (27,4)		129 (31,1)	
Zusammen	23	88	119	50	65	70	207	208
	111		169		135		415	

das Ergebnis unserer Untersuchungen. Die Gesamtzahlen sind ein wenig kleiner als bei Berechnung der Belastung mit Psychosen nach Tabelle 1, da nicht bei allen Patienten die Geburtsorte zu ermitteln waren. Wie man sieht, kommen die Kataphasiker relativ selten vom Land (32,5 gegenüber 49,5 bei der affektvollen Paraphrenie und 43,7 bei der periodischen Katatonie). Dagegen stammen sie relativ häufig aus der Großstadt (37,9 gegenüber 25,2 und 27,4 bei den beiden anderen Formen). Die Befunde sind signifikant ($p < 0,05$). Ich möchte sie, anknüpfend an meinen Gedankengang, zu der Tatsache in Parallele setzen, daß auf dem Land das konkrete Denken mehr vorherrscht als in der Großstadt, in der nicht nur beruflich, sondern auch in Themen des Alltags das abstrakte Denken stärker beansprucht wird. So bin ich der Meinung, daß die Manifestationswahrscheinlichkeit bei der Kataphasie erhöht wird, wenn das abstrakte Denken in der Kindheit und Jugend eine starke Beanspruchung erfährt, während sich die Krankheit trotz ihrer Erbbedingtheit großenteils nicht manifestiert, wenn das Denken in der Kindheit vorwiegend in konkrete Bahnen geleitet wird.

Besteht die Deutung zu Recht, dann kann man sich fragen, ob auch noch im Erwachsenenalter eine derartige Beeinflussung möglich ist. Wir suchten zur Lösung zu kommen, indem wir neben den Geburtsorten die *Wohnorte* der Patienten bei Beginn ihrer Krankheit feststellten. Im Zusammenhang mit der Bevölkerungsbewegung vom Land in die Stadt wohnten bei unseren Untersuchungen in der Großstadt mehr Menschen, als einige Jahrzehnte vorher. Dementsprechend hatten von unseren unsystematischen Schizophrenen 132 ihren Wohnort in der Großstadt, aber nur 119 waren in der Großstadt geboren. Bei der affektvollen Paraphrenie stieg die Zahl der Probanden, die sich nach Tabelle 13 auf 28 belief, auf 38 an; bei der periodischen Katatonie stieg sie von 37 auf 44. Bei der Kataphasie fehlte diese Steigerung. 64 Patienten wurden in der Großstadt geboren und fast genau so viele, nämlich 65, wohnten bei Beginn der Krankheit in der Großstadt. Die Zunahme der Bevölkerung durch Zuzug vom Lande brachte keine Zunahme von Personen, die an einer Kataphasie erkrankten. Ich schließe daraus, daß Menschen, die nicht in der Großstadt aufwachsen, sondern erst im Erwachsenenalter dorthin kommen, dem schädigenden Einfluß, welche die Großstadt in der Entstehung der Kataphasie ausübt, nicht mehr unterliegen.

Wenn eine Überbeanspruchung des Denkens in der Großstadt zur Entstehung der Kataphasie beiträgt, muß die Krankheit *in der modernen Zeit zugenommen haben*; denn die sprunghafte Entwicklung der Technik in der neueren Zeit beansprucht das Denken der Menschen unvergleichlich mehr, als es früher beansprucht wurde. Ich kann leider die Zahl meiner Frankfurter Kataphasiker nicht mit der Zahl der Berliner Fälle vergleichen, da ich in Frankfurt die gehemmte Form der Kataphasie noch nicht kannte. Es ist aber doch bedeutsam, daß ich in Frankfurt, also in einer etwa drei Jahrzehnte früheren Zeit, neben 26 affektvollen Paraphrenen und 23 periodischen Katatonen nur 17 Kataphasiker fand, denn die gehemmte Form ist viel seltener als die erregte. In der Berliner Serie stehen den 120 affektvollen Paraphrenen und 136 Katatonen 173 Kataphasiker gegenüber. Letztere sind also hier bei weitem am häufigsten.

Tabelle 14
Kranke Geschwister der kataphasischen Probanden mit gesunden und kranken Eltern

	Zahl	„Korrigierte" Zahl der Geschwister	Kranke Geschwister	Prozent
Probanden mit gesunden Eltern	123	231,0	26	11,3
Probanden mit kranken Eltern	45	74,5	20	26,8

Ein anderer Befund liefert eine bessere Aussage. Als wir die Berliner Untersuchungen erstmals statistisch auswerteten, trafen auf 94 affektvolle Paraphrene und 105 periopische Katatone 126 Kataphasiker. Durch Vermehrung von Untersuchungen stiegen die Zahlen an und erreichten die vorher angegebenen Werte. Es ergab sich nun, daß die Zunahme durch die neuen Fälle bei der Kataphasie 37,3%, bei der affektvollen Paraphrenie 27,7%, bei der periodischen Katatonie 29,5% betrug. Bei später geborenen Kranken war also die Kataphasie relativ häufiger als bei früher geborenen. Das durchschnittliche Geburtsjahr war bei den zuerst Untersuchten 1923, bei den später Untersuchten 1934. Das Ergebnis spricht also dafür, daß die Kataphasie in der neueren Zeit häufiger geworden ist.

Wenn die Funktion des Denkens, um die es bei der Kataphasie geht, durch eine Überforderung in der Großstadt geschädigt werden kann, dann darf man sicher annehmen, daß *kataphasische Eltern* nicht nur auf erblicher Grundlage, sondern auch durch ihre Denkstörung einen schädlichen Einfluß auf ihre Kinder ausüben können. Es ist dementsprechend zu erwarten, daß kranke Eltern mehr kranke Kinder haben als gesunde Anlageträger. Bei der periodischen Katatonie war dies nicht der Fall, bei der Kataphasie trifft es zu. Die auf Tabelle 1 aufgezeichneten 173 Probanden haben 50 kranke Eltern, 19 Väter und 31 Mütter. Da bei 5 Patienten beide Eltern krank waren, verteilen sich die 50 Fälle auf 45 Probanden. Wie Tabelle 14 zeigt, finden sich unter den Geschwistern der Probanden mit kranken Eltern 26,8 kranke Geschwister, unter den Geschwistern der Probanden mit gesunden Eltern nur 11,3.

Ich sehe keine Möglichkeit, den Unterschied in der Zahl der kranken Geschwister bei gesunden und bei kranken Eltern erbbiologisch zu erklären. Bei einem *dominanten Erbgang* ist eines der Eltern voller Erbträger, hat also erwartungsgemäß ebenso viele kranke Kinder wie ein manifest krankes Elter. Bei einem rezessiven Erbgang haben zwar gesunde Eltern nur halb so viele kranke Kinder (25%) wie ein gesundes Elter mit einem kranken (50%), aber es müßten hier kranke Geschwister häufiger sein als kranke Eltern, was nach Tabelle 1 nicht zutrifft. Man könnte auch versuchen mit der Annahme zum Ziel zu kommen, daß ein Gen dann zur Krankheit führt, wenn eine bestimmte Konstitution hinzukommt. Die Verhältnisse wären dann aber ähnlich wie bei einem rezessiven Erbgang; es müßten wieder mehr kranke Geschwister als kranke Eltern vorhanden sein. Tatsächlich findet man bei der Kataphasie nach Tabelle 1 aber sogar etwas mehr kranke Eltern als kranke Geschwister (15,3 : 14,8). So möchte ich bezüglich der Kataphasie der sozialpsychiatrischen Auffassung zustimmen, daß kranke Eltern auf Kinder in deren Entwicklungsjahren einen ungünstigen Einfluß ausüben können.

Der Nachteil, der von kranken Eltern bei der Kataphasie ausgeht, scheint sich noch erheblich zu verstärken, wenn beide Eltern krank sind, da dies doch bei nicht weniger als 5 Fällen zutraf. Mit einer besonderen Form des Erbgangs läßt sich auch dies nicht erklären. Bei unseren periodischen Katatonen waren nur in einem Fall beide Eltern krank; bei unseren affektvollen Paraphrenen traf es in keinem Fall zu.

Wir fragen noch, ob der Einfluß in gleichem Maße vom Vater wie von der Mutter ausgeht. Wir fanden unter den kranken Eltern 18 Väter und 31 Mütter. Der Unterschied mag sich nach den Berechnungen von ESSEN-MÖLLER, die oben erörtert wurden, erklären. Ein Einfluß scheint demnach von Vater und Mutter in gleicher Weise auszugehen. Das ist verständlich, da sich das Denken in einer Zeit entwickelt, in der die Betreuung der Kinder nicht mehr überwiegend durch die Mutter erfolgt.

Nach Tabelle 14 ist ferner zu errechnen, daß kranke Eltern weniger Kinder haben als gesunde (1,6 : 1,9). Dies konnte erwartet werden, entspricht ungefähr den Verhältnissen bei der periodischen Katatonie.

c) Exogene und konstitutionelle Ursachen der zykloiden Psychosen

Die sogenannten Schizophrenien, d. h. die Schizophrenien in der weiten Fassung des Begriffs, der heute meist üblich ist, stellen etwa in einem Drittel der Fälle zykloide Psychosen dar.

Nach Tabelle 15 läßt sich einerseits wieder errechnen, daß die gesunden Eltern mehr Kinder haben als die kranken (1,8 und 1,4). Zum anderen haben die Probanden mit gesunden Eltern ganz ungleich weniger kranke Kinder als die Probanden mit kranken Eltern (3,1 und 15,4). Da man an einen rezessiven Erbgang nicht denken kann — mehr Eltern als Geschwister sind krank —, möchte man aus den Zahlen entnehmen, daß man bei den zykloiden Psychosen fast gar nicht mehr an eine Erblichkeit denken kann.

Tabelle 15
Kranke Geschwister bei den zykloiden Psychosen mit gesunden und kranken Eltern

	Zahl	„Korrigierte“ Zahl der Geschwister	Kranke Geschwister	Prozent
Probanden mit gesunden Eltern	197	360,5	11	3,1
Probanden mit kranken Eltern	24	32,5	5	15,4
Zusammen	221	393,0	16	4,1

Ganz vorwiegend scheint das Kranksein der Eltern zu Krankheit der Kinder zu führen. Der Unterschied ist trotz der kleinen Zahl der kranken Eltern signifikant ($p < 0{,}05$). Um so dringender muß nach äußeren Ursachen gesucht werden. Wir prüfen wieder die *Geschwisterschaften.*

In Tabelle 16 erkennt man große Unterschiede in der Geschwisterzahl bei den drei zykloiden Psychosen. Die Zahlen sind nicht „korrigiert", da es jetzt nicht um Vererbung, sondern um gegenseitige Beeinflussung geht. Man findet bei der Angst-Glücks-Psychose und der Motilitätspsychose viele Geschwister (286,2 und 300,0), sehr wenige dagegen bei der Verwirrtheitspsychose (186,3). Bei den weiblichen Patienten mit Verwirrtheitspsychose ist die Zahl der Geschwister besonders klein (175,0). Umgekehrt haben die weiblichen Kranken mit Angst-Glücks-Psychose und mit Motilitätspsychose besonders viele Geschwister (311,1) und (329,3). Bei der Verwirrtheit liegt es daran, daß die älteren Schwestern ungewöhnlich stark vermindert sind, im anderen Fall daran, daß die jüngeren Schwestern (Angst-Glücks-Psychose) bzw. die älteren Brüder (Motilitätspsychose) stark vermehrt sind.

Zunächst ist ein Vergleich zwischen der Verwirrtheitspsychose und der Motilitätspsychose von Interesse. Es fragt sich, wie es kommen mag, daß das Vorhandensein vieler Geschwister die Bereitschaft zu einer *Motilitätspsychose*, ein Mangel an Geschwistern die Bereitschaft zu einer *Verwirrtheitspsychose* erhöht. Ich wies anläßlich meiner Zwillingsuntersuchungen[1] auf eine interessante Parallele hin. Bei Zwillingen — eineiigen wie zweieiigen — findet man relativ viele Fälle von Motilitätspsychose, während nur ein einziger Fall von Verwirrtheitspsychose zu finden war (bei einem zweieiigen Paar). Das Vorliegen einer Zwillingsschaft ebenso wie das Vorhandensein vieler Geschwister erhöht die Bereitschaft zur Motilitätspsychose und vermindert die Bereitschaft zur Verwirrtheitspsychose. *Der enge Kontakt zwischen Zwillingen scheint dem vermehrten Kontakt bei Vorhandensein vieler Geschwister zu entsprechen.*

Da sich in dieser Beziehung — anders als bei den systematischen Schizophrenien — eineiige und zweieiige Zwillinge gleich verhalten, war zu vermuten, daß der Einfluß sehr frühzeitig in der Kindheit erfolgt, wenn die psychische Gleichheit oder Verschiedenheit der Zwillinge noch keine wesentliche Rolle spielt. Sollte der Einfluß schon im Säuglingsalter stattfinden, so könnte er — von den Zwillingen jetzt abgesehen — nur von einem älteren Geschwister ausgehen, denn ein jüngeres Geschwisterchen ist in dieser Zeit noch nicht da. Nicht wesentlich anders ist es, wenn der Einfluß zwar nicht auf die Säuglingszeit, aber doch auf die ersten Lebensjahre beschränkt ist; denn wenn in dieser Zeit schon ein jüngeres Geschwisterchen vorhanden ist, kann es in seiner Hilflosigkeit doch noch keinen Einfluß auf ein anderes Kind ausüben. In der Tat läßt sich durch weitere Beobachtungen bestätigen, daß der Einfluß in der frühen Kindheit erfolgt, denn der Unterschied in der Zahl der Geschwister bei der Verwirrtheitspscyhose und der Motilitätspsychose ist fast nur durch *ältere Geschwister* hervorgerufen. Nach Tabelle 16 verhalten sich die älteren Geschwister bei den beiden Psychosen wie 172,3 : 78,1, die jüngeren wie 127,7 : 108,2. Es scheint somit gesichert zu sein, daß die ersten Lebensjahre maßgebend sind. Die Angst-Glücks-Psychose, die in der Geschwisterzahl insgesamt mit der Motilitätspsychose ungefähr übereinstimmt, zeigt die relative Vermehrung der älteren Geschwister nicht. Diese sind hier sogar etwas in der Minderzahl gegenüber den jüngeren Geschwistern. Ich füge bei, daß sich außer bei der Verwirrtheitspsychose und

---

[1] Leonhard, K.: Zwillingsuntersuchungen mit einer differenzierten Diagnose der endogenen Psychosen. Psychiat. Neurol. med. Psychol. 28 (1976) 78—88.

Tabelle 16
Geschwister bei den zykloiden Psychosen (in Klammern auf 100 Probanden)

Diagnosen			ältere Brüder	jüngere Brüder	ältere Schwestern	jüngere Schwestern	ältere Geschwister zusammen	jüngere Geschwister zusammen	Alle zusammen
Angst-	♂	38	22	28	34	18	56	46	102
Glücks-			(57,9)	(73,7)	(89,5)	(47,4)	(147,4)	(121,1)	(286,4)
Psychose		65					89	97	186
							(136,9)	(149,2)	(286,2)
	♀	27	15	19	18	32	33	51	84
			(55,6)	(70,4)	(66,7)	(118,5)	122,2)	(188,9)	(311,1)
Verwirrt-	♂	41	13	22	22	23	35	45	80
heits-			(31,7)	(53,7)	(53,7)	(56,1)	(85,4)	(109,8)	(195,1)
psychose		73					57	79	136
							(78,1)	(108,8)	(186,3)
	♀	32	15	16	7	18	22	34	56
			(46,9)	(50,0)	(21,9)	(56,3)	(68,8)	(106,3)	(175,0)
Motilitäts-	♂	25	19	17	9	13	28	30	58
psychose			(76,0)	(68,0)	(36,0)	(52,0)	(112,0)	(120,0)	(232,0)
		83					143	106	249
							(172,3)	(127,7)	(300,0)
	♀	58	65	38	50	38	115	76	191
			(112,1)	(65,3)	(86,2)	(65,5)	(198,3)	(131,0)	(329,3)
Zusammen	♂	104							
		221	149	140	140	142	289	282	571
			(67,4)	(63,3)	(63,3)	(64,3)	(130,8)	(127,6)	(258,4)
	♀	117							

der Motilitätspsychose nur noch bei den reinen phasischen Psychosen ein Hinweis dafür findet, daß die ersten Lebensjahre eine kritische Zeit darstellen.

Um die weiteren Vergleiche der Geschwisterzahlen durchführen zu können, stelle ich die durchschnittliche Zahl bei den zykloiden Psychosen insgesamt fest. Es finden sich bei 221 Probanden 571 Geschwister. Auf jede der vier Altersgruppen kommen also im Falle einer gleichmäßigen Verteilung 142,8, d. h. auf 100 Probanden 64,6 Geschwister. So kann ich nun Abweichungen nach oben oder nach unten erkennen. Indem ich meine Befunde nenne, führe ich schon Erklärungen dafür an. Da ich meine Deutungen in keinem Fall wirklich beweisen kann, sind sie nicht verbindlich und können vielleicht durch bessere, die weniger kompliziert sind, ersetzt werden. Die Befunde selbst aber bleiben. Da die Unterschiede, die sich zeigen, stark hervortreten, sind sie trotz der teilweise kleinen Zahlen signifikant, sofern ich sie hervorhebe ($p > 0,05$).

Ich gehe zuerst auf die Angst-Glücks-Psychose ein. Es handelt sich bei ihr um eine ausgesprochen affektive Krankheit, daher ist nach Entwicklungen und Störungen der Entwicklung in der Gefühlssphäre zu fragen. Da die Affekte bei dieser Psychose mit Vorliebe große Tiefe erreichen, kann man an die Tatsache denken, daß die Gefühle im Laufe der Kindheit eine Vertiefung erfahren. Ein kleines Kind weint zwar schnell und lacht auch gern, aber die Gefühle gehen in dieser Zeit noch nicht tief. Im Laufe der Zeit ändert sich das, ältere Kinder sind schon zu tiefen Gefühlsregungen fähig, sie können sich schon begeistern und können bis zum Suicid verzweifelt sein. In dieser Entwicklung der Gefühlsvertiefung hat man wohl die Störung zu suchen, die bei der Angst-Glücks-Psychose von Bedeutung ist.

Bei den *weiblichen Probanden* der Angst-Glücks-Psychose fällt auf, daß die Zahl der jüngeren Schwestern fast doppelt so groß ist (118,5), als dem Durchschnitt entsprechen würde (65). Ich vermute, daß hier *Spannungen im Gefühlsleben*, die durch jüngere Schwestern bei älteren erzeugt werden, eine Rolle spielen. Eine Vermehrung jüngerer Schwestern erhöht die Spannungen. Mädchen werden von den Eltern häufig zu Arbeiten im Haus herangezogen; vor allem war das in früheren Zeiten der Fall, als es noch mehr Kinder gab. Regelmäßig mußten ältere Mädchen mithelfen, jüngere Geschwister zu versorgen. In dem kindlichen Verstand konnte es den älteren scheinen, daß die Mutter die jüngeren vorzog, sie dagegen benachteiligte. Ich denke, die Spannungen, die auf diese Weise bei den in der Geschwisterreihe älteren Mädchen erzeugt werden, können das Gefühlsleben in der Entwicklung ungünstig beeinflussen und zur Entstehung einer Angst-Glücks-Psychose beitragen. Wenn Brüder nicht so viel mitarbeiten müssen, so spielt das im Bewußtsein der Mädchen keine wesentliche Rolle, denn sie haben eine andere Lebenseinstellung. Sollten sie von der Mutter bevorzugt werden, so beunruhigt das die Mädchen in ihrer subjektiven Haltung wenig. Jedenfalls war das so, als die Emanzipation der Frau noch nicht fortgeschritten war. Dementsprechend ist das Mittelmaß bei den 70,4 jüngeren Brüdern kaum überschritten.

Beim männlichen Geschlecht spielen ähnliche Eifersuchtssituationen keine wesentliche Rolle. Die Zahlen bei den *männlichen Probanden* weisen dementsprechend auf der Tabelle auch nicht in eine ähnliche Richtung. Dadurch wird natürlich nicht ausgeschlossen, daß Spannungen anderer Art bei Jungen an der Entstehung einer Angst-Glücks-Psychose beteiligt sind. Daß dies zutrifft, könnte aus der Tatsache entnommen werden, daß auch die männlichen Probanden relativ viele Geschwister haben, denn in großen Geschwisterschaften muß mehr geteilt und häufiger verzichtet werden. Spannungen können dadurch leichter entstehen. Mehr möchte ich auf etwas anderes aufmerksam machen, was sich bei den männlichen Probanden nach der Tabelle 16 zeigt, doch weise ich erst darauf hin, daß sich die Bedeutung von Spannungen bei der Entstehung der Angst-Glücks-Psychose bei unseren *Zwillingsuntersuchungen* zu bestätigen schien.

Von den diskordanten eineiigen Zwillingen erkrankte immer der psychisch schwächere, dem die Unterlegenheit Anlaß zu Eifersucht sein konnte. Wir sahen, daß dies bei der periodischen Katatonie nicht zutraf. Auch konkrete Hinweise auf das Vorliegen von Eifersucht fanden sich bei unseren Zwillingen mit Angst-Glücks-Psychose. Von einem Patienten heißt es, er sei seinem Zwillingsbruder nicht nur immer unterlegen gewesen, sondern habe auch bei den Eltern weniger gegolten. Einem Mädchen war es im Gegensatz zu ihrer gesunden Zwillingsschwester nicht gelungen, auf eine höhere Schule zu kommen, worunter es sehr litt. Eine Patientin machte in ihrer Kindheit viele körperliche Krankheiten durch, die zwar meist leichterer Art waren, sie aber doch in ihrer Leistungsfähigkeit immer wieder zurückwarfen. Die Schwester war körperlich immer gesund und beherrschte ihre Zwillingspartnerin. Eine Patientin erlitt mit 12 Jahren einen Wirbelsäulenbruch und mußte jahrelang auf einer Gipsschale schlafen. In diesem Fall traten die Spannungen bei dem kranken Zwilling unmittelbar hervor; es gab viel Streit zwischen den Mädchen, was sonst bei eineiigen Zwillingen selten ist. Man kann sehen, daß die Spannungen immer nur bei dem Zwilling auftraten, der krank wurde. Die Diskordanz ist dadurch verständlich.

Wenn man sich bei den *männlichen Probanden* mit Angst-Glücks-Psychose die Zahlen weiter ansieht, dann stellt man fest, daß zu viele ältere Schwestern (89,5) und zu wenig jüngere Schwestern (47,4) vorhanden sind. Dazu möchte ich die Gedanken äußern, die sich auf das Verhältnis von Mann und Frau, was das Lebensalter betrifft, beziehen. Es ist auffällig, daß in der Partnerwahl der Mann so allgemein die jüngere Frau, die Frau den älteren Mann sucht. Die Tatsache, daß die Fortpflanzungsfähigkeit bei der Frau früher erlischt als beim Mann, ist psychologisch bei der Partnerwahl sicher nicht ausschlaggebend; Liebende denken nicht daran, was 20 oder 30 Jahre später einmal sein wird. Die Fortpflanzungsfähigkeit ist aber biologisch festgelegt; das kann die Grundlage dafür sein, daß in der Partnerwahl ebenfalls auf biologischer Grundlage ein verschiedenes Alter zwischen Mann und Frau gefordert wird. Von solchen Gedanken ausgehend möchte ich die Vermutung äußern, daß von der Natur schon in einer Zeit, in der noch keine sexuellen Gefühle sprechen, d. h. in der Kindheit, ein Altersunterschied im Umgang der Geschlechter vorgesehen ist, so daß Disharmonien entstehen, wenn beim Jungen viele ältere und wenig jüngere Schwestern vorhanden sind. Bei den weiblichen Probanden stehen allerdings die älteren Brüder nur wenig gegen die jüngeren zurück (55,6 : 70,4), doch erwiesen sich die Mädchen schon wiederholt als widerstandsfähiger gegenüber Disharmonien als Jungen.

Wenn ich die Befunde zu erklären suche, die sich bei der *Motilitätspsychose* und der *Verwirrtheitspsychose* ergaben, so gehe ich von der Feststellung aus, daß im ersteren Fall zentral die Psychomotorik gestört ist, im letzteren das Denken. Es scheint, daß bei vielen älteren Geschwistern (Motilitätspsychose) die Entwicklung in dem einen seelischen Gebiet, bei Mangel an Geschwistern (Verwirrtheitspsychose) die Entwicklung in dem anderen seelischen Gebiet beeinträchtigt wird. Es war schon bei Besprechung der systematischen Schizophrenien von Störungen der Psychomotorik und Störungen des Denkens die Rede, doch handelte es sich dort um höchste menschliche Vorgänge, durch die das Kind zum Erwachsenen reift. Die Entwicklungen, von denen jetzt zu sprechen ist, laufen auf einer viel tieferen psychischen Ebene ab. Sie führen, wie ich vermute, dazu, daß äußere Eindrücke nicht mehr nur passiv hingenommen, sondern schon gedanklich festgehalten werden. Dadurch stehen sie für bedingt reflektorische Abläufe zur Verfügung die sich gleichzeitig einstellen, indem sich in Parallele zu den ersten Denkvorgängen die Psychomotorik entwickelt.

Für das Denken sind sicher viele Anregungen von außen von Vorteil, wenn es sich in Wechselwirkung mit der Umwelt entwickelt. Sind die Anregungen vermindert, weil wenig Geschwister vorhanden sind, dann entsteht die Gefahr, daß sich eine Störung einstellt und sich eine Verwirrtheitspsychose vorbereitet. Erfolgen sehr viele Anregungen, weil viele Geschwister vorhanden sind, so ist das für das Denken sicher nicht nachteilig, aber es kann zu einer Überforderung der Psychomotorik kommen, welche die Anregungen anhaltend reflektorisch und automatisch beantwortet. Eine Motilitätspsychose kann sich dadurch vorbereiten. So erkläre ich es mir, daß die Zahl der Geschwister, insbesondere der älteren Geschwister, auf die es ankommt, so sehr voneinander abweichen, indem auf 172,3 ältere Geschwister bei der Motilitätspsychose nur 78,1 ältere Geschwister bei der Verwirrtheitspsychose kommen. Die Überforderung oder Überreizung ist bei den labileren Mädchen eher möglich als bei den robusteren Knaben. So mag es kommen, daß die Motilitätspsychose, wie die Tabelle 1 zeigte, beim weiblichen Geschlecht viel häufiger ist als beim männlichen.

Wir wiesen auf eine Parallele hin, die zwischen dem Vorhandensein vieler Geschwister und einer Zwillingsschaft besteht. Die Überforderung in beiden Fällen scheint sich zu bestätigen, wenn wir die beiden eineiigen diskordanten Zwillinge die oben genannt wurden, ins Auge fassen. In beiden Fällen war der kranke Zwilling, der meines Erachtens überfordert wurde, zweitgeboren und körperlich und psychisch schwächer als sein Partner. Überdies war in einem Fall der kranke Zwilling bei der Geburt asphyktisch und erlitt dadurch vielleicht einen Hirnschaden. Bei den anderen eineiigen Zwillingen waren keine ähnlichen Unterschiede festzustellen, sie wirkten wahrscheinlich beide etwa im gleichen Maß aufeinander ein, sodaß sie beide erkrankten. Auf diese Weise erklärt es sich, daß, wie oben dargestellt, das *Galtonsche Gesetz* bei den Zwillingen mit Motilitätspsychose keine Gültigkeit besitzt. Die Konkordanz entsteht hier nicht durch Erbbedingtheit, sondern dadurch, daß sich die Zwillinge gegenseitig krank machen. Die zweieiigen Zwillinge sind immer in ihrer Art verschieden, so ist hier ein einseitig übermäßiger Einfluß naheliegend und die Diskordanz verständlich.

Wesentliche Besonderheiten ergeben sich, wenn man wieder *männliche und weibliche Probanden* trennt. Bei den weiblichen Probanden ist die Häufung der älteren Brüder ungewöhnlich groß (112,1), die Vermehrung der älteren Schwestern dagegen gering. Hier ist wieder daran zu erinnern, daß die robusteren Jungen eher als die zarteren Mädchen eine Überreizung erzeugen können. Dagegen betrifft die Verminderung der älteren Schwestern bei der Verwirrtheitspsychose ganz besonders die weiblichen Probanden (21,9). Die Anregung der Denkfunktion geht sichtlich angepaßter und demzufolge wirksamer von Mädchen zu Mädchen. Entsprechend findet man bei den männlichen Probanden gerade bei den Brüdern die Verminderung betont (31,7).

Entgegen der Erwartung stellt man ferner bei den *männlichen Probanden* fest, daß die älteren Schwestern bei der Motilitätspsychose nicht vermehrt, sondern im Gegenteil sehr deutlich vermindert sind (36,0). Wenn die schwächeren Mädchen bei den Brüdern keine Überreizung erzeugen können, so versteht man das. Aber warum im Gegenteil die Verminderung der Schwestern? Wir sahen schon bei Besprechung der periodischen Katatonie, daß das älteste Mädchen in der Geschwisterschaft eine besondere Rolle spielt. Es ist sichtlich biologisch dazu ausersehen, Mutterfunktion auszuüben. Wir sahen dort, daß es die fehlende Mutter ersetzen kann; der jetzige Befund spricht dafür, daß es der Mutter schon grundsätzlich in deren Aufgaben beigeordnet ist. Durch die Zuwendung der Mutter wird der Säugling zu seinen ersten Reaktionen angeregt, die zwar zunehmend einen affektiven Hintergrund aufweisen, aber doch zunächst vorwiegend motorischer Art sind. Für die normale Entwicklung der Motorik ist das Wechselspiel zwischen Mutter und kleinem Kind sicher notwendig. Die ältere Schwester aber scheint biologisch dafür vorgesehen zu sein, die Mutter in dieser ihrer Aufgabe zu unterstützen. So sehe ich die Tatsache, daß das Fehlen einer älteren Schwester die motorische Entwicklung beeinträchtigt und das Auftreten einer Motilitätspsychose fördert. Wenn der Einfluß nur den Jungen gilt, so findet man auch in dieser Hinsicht die Parallele bei der periodischen Katatonie, denn dort erwies sich das Fehlen der älteren Schwester ebenfalls nur bei den Knaben als wesentlich. Bei Mädchen scheint sich die Entwicklung allgemein autonomer, d. h. mit geringerer Abhängigkeit von der Verbindung mit der Umwelt zu vollziehen.

Nach all dem erwies sich die Geschwisterkonstellation auch bei den zykloiden Psychosen als hochbedeutsam. Man fragt sich aber, welche Umstände sonst noch zur Krankheit beitragen, da doch die Erbbedingtheit solch eine geringe Bedeutung zu haben scheint.

Ich denke bei dieser Frage vor allem an das *Temperament* der Probanden und ihrer Eltern. Wie Frau von Trostorff[1] genauer darstellte, fanden wir bei den zykloiden Psychosen häufig Besonderheiten des Temperaments, die an die Symptome der Krankheit erinnerten. Patienten mit Motilitätspsychose hatten in ihren gesunden Zeiten

[1] v. Trostorff, Sieglinde: Präpsychotische Temperamente bei den zykloiden Psychosen. Arch. Psychiat. 208 (1966) 61–90.

häufig ein „*Bewegungstemperament*"; sie zeichneten sich durch ihre lebhaften Ausdrucksbewegungen und ihre lebhafte Zuwendung aus; oder sie waren entsprechend der Bipolarität der Krankheit im Gegenteil deutlich arm an Ausdruck. Kranke mit Verwirrtheitspsychose wiesen in ihren gesunden Zeiten oft ein erregtes oder gehemmtes „*Denktemperament*" auf, waren entweder unkonzentriert in Gesprächen, die mit ihnen geführt wurden, oder kamen im Gegenteil im Gespräch zu langsam voran. Patienten mit Angst-Glücks-Psychose hatten häufig ein „*Angst-Glücks-Temperament*", d. h. sie waren überschwenglich mit starken und plötzlichen Schwankungen ihrer Gefühlslage. Auch bei vielen Verwandten der Kranken fanden wir solche Temperamente. Sie stellen an sich keine ungünstigen Varianten von Wesenszügen dar, man kann in mancher Beziehung das Gegenteil sagen. Die vermehrten Ausdrucksbewegungen, die man bei Patienten mit Motilitätspsychose in ihren gesunden Zeiten findet, erhöhen die Kontaktfähigkeit oft in erfreulicher Weise; ein langsameres Denken, das man bei den Kranken mit Verwirrtheitspsychose in gesunden Zeiten finden kann, ist meist auch das gründlichere; eine gewisse Überschwenglichkeit erhöht die Gefühlstiefe des Menschen. Temperamente dieser Art tragen aber wohl dazu bei, daß die ungünstigen Geschwisterkonstellationen, die gefunden wurden, ernstere Folgen haben. Die Konstellation muß in der gleichen Richtung wirksam sein, in welche die konstitutionelle Eigenart tendiert. Eine Gefahr besteht sicher nicht, wenn zum Beispiel die Geschwisterkonstellation zu einer Angst-Glücks-Psychose tendiert, die konstitutionelle Eigenart aber in einem Bewegungstemperament oder einem Denktemperament besteht.

Derartige Zusammenhänge sind bei der Frage nach der Entstehung psychischer Krankheiten auch allgemein von großem Interesse. Die Eigenarten des Temperaments sind normal, die Geschwisterkonstellationen sind alltäglich, aber bei einem ungünstigen Zusammentreffen, wenn zwei Tendenzen in gleiche Richtung zielen, dann droht die Psychose. *Aus Gesundem kann durch eine ungünstige Verbindung Krankes werden.*

Da die beiden festgestellten Komponenten, die zu einer zykloiden Psychose beitragen, recht verbreitet sind, versteht man, daß diese Psychosen recht häufig vorkommen. Sie sind in *einfacheren, ursprünglicheren Kulturen* wahrscheinlich noch mehr verbreitet als bei uns. Es hat sich gezeigt, daß bei der Angst-Glücks-Psychose und bei der Motilitätspsychose viele Geschwister vorhanden sind, bei der Verwirrtheitspsychose wenig. Es ist also anzunehmen, daß in Kulturen, in denen Kinderreichtum üblich ist, die beiden erstgenannten Formen relativ häufig vorkommen, die dritte Form dagegen selten. Daraus läßt sich schließen, daß die zykloiden Psychosen insgesamt bei Völkern mit Kinderreichtum häufiger sind als in unserer kinderarmen Kultur. Oben war davon die Rede, daß bei uns die systematischen Schizophrenien wohl häufiger sind. Dadurch mag ein Ausgleich erfolgen, so daß es verständlich wird, wenn man die Schizophrenien, zu denen in der weiten Fassung des Begriffs auch die zykloiden Psychosen gerechnet werden, in verschiedenen Kulturen in ähnlicher Häufigkeit antrifft.

Durch die verschiedene Genese der zykloiden Psychosen zeichnen sich verschiedene Wege der *Prophylaxe* ab. Will man die Angst-Glücks-Psychose verhüten, ist es angezeigt, Spannungen vom Kind fernzuhalten. Eltern und Erzieher sind hier sehr nachdrücklich angesprochen. Häufig werden Spannungen durch das Verhalten der Eltern nicht verhütet, sondern im Gegenteil erzeugt. Ich erinnere daran, daß Konflikte nicht selten vor den Kindern ausgetragen werden. Ferner wird die Eifersucht häufig dadurch genährt, daß Eltern ihre Zuneigung nicht allen Kindern im gleichen Maße zukommen lassen; oft wird ein Kind bevorzugt, ein anderes benachteiligt. Die Eltern bestreiten das zwar meist, aber objektiv kann man es oft feststellen. Häufig genügt es auch nicht, ein Kind nur vor Benachteiligung zu schützen. Kinder sind in ihrer Wesensart sehr verschieden, das muß im Umgang mit ihnen beachtet werden. In „*Kinderneurosen und Kinderpersönlichkeiten*“[1] habe ich das genauer dargestellt. Wenn ein Kind von „übernachhaltiger“ Art ist und daher zu Eifersucht neigt, muß man darauf Rücksicht nehmen. Auch bei gewissen anderen „*akzentuierten*“ *Wesenszügen*[2] ist die Bereitschaft zu Spannungen erhöht, sodaß die Gefahr für das spätere Auftreten einer Angst-Glücks-Psychose vermehrt ist. Ängstliche und emotive Kinder empfinden erregende Eindrücke tiefer. Gerade sie werden durch Streitigkeiten der Eltern oft verängstigt und in Unruhe versetzt. Sie reagieren auch schon auf alltägliche Ereignisse stärker als andere, so daß jeder Erzieher wissen und beachten sollte, wenn er ein ängstliches oder emotives Kind vor sich hat. Erziehern, die sich schon von sich aus in die Kinderseele einfühlen, braucht man dies nicht zu sagen, aber manchen anderen sollte es eingeprägt werden. Wieder in anderer Form geraten übergenaue Kinder leicht in Spannungen. Sie sind in ihren Pflichten zu gewissenhaft und leiden sehr darunter, wenn sie einen Fehler gemacht haben. Die Verpflichtungen in der Schule lasten oft schwer auf ihnen, besonders wenn es ihnen nach ihrer Begabung etwas schwer fällt, den Aufgaben nachzukommen. Man sollte solche Kinder bei Fehlern, die sie machen, eher trösten als tadeln. Ich kann nicht bestätigen, daß die Pädagogen die verschiedenen Reaktionsweisen der Kinder genügend beachten. Sie bemühen sich, den Fehler der Parteilichkeit, den viele Eltern machen, zu vermeiden, aber in einem tieferen Sinn wird die Behandlung dadurch nicht gerecht. Eine kleine Bestrafung, die einen robusten Jungen kaum berührt, kann ein empfindliches Kind tief verletzen. Ich will damit nicht für verschiedene Ahndung von gleichen Verfehlungen eintreten, die Strafe kann äußerlich die gleiche sein, aber sie muß an das eine Kind mit ganz anderen Worten und einem anderen Tonfall herangetragen werden als an das andere. Man verhütet auf diese Weise nicht nur Neurosen, sondern trägt auch zur Verhütung von zykloiden Psychosen bei. Patienten mit Angst-Glücks-Psychose sind häufig als Kinder verängstigt worden. Neurosen und Psychosen haben hier ausnahmsweise eine ähnliche Grundlage.

In der Prophylaxe der *Motilitätspsychose* und der *Verwirrtheitspsychose* ergibt sich durch die verschiedene Abhängigkeit von den Geschwistergrößen eine schwierige Aufgabe. Ist die Geschwisterzahl vermehrt, dann soll man acht geben, daß keine Motilitätspsychose entsteht; ist sie vermindert, soll man keine Verwirrtheitspsychose entstehen lassen. Sicher kann man regulierend manches tun. Dabei ist darauf zu achten, daß es vor allem auf das Vorhandensein oder Fehlen von älteren Geschwistern ankommt. Sind sie vorhanden, dann müssen sie von dem Säugling und dem kleinen Kind etwas ferngehalten werden, damit sie das Geschwisterchen nicht überfordern. Fehlen ältere Geschwister, dann sollte schon recht früh nach älteren Kindern außerhalb des Hauses Ausschau gehalten werden. Bei beiden Psychosen ist das Vorhandensein einer ältere Schwester, die der Mutter zur Seite steht, von Vorteil. Sie läßt sich nicht beschaffen, umsomehr muß man Sorge dafür tragen, daß die Mutter ihrem Säugling und kleinen Kind genügend Fürsorge schenkt. Es geht dabei nicht um gute äußere Versorgung, sondern um eine reiche psychische Beschäftigung mit dem Kind. Es ist erfreulich, daß in der DDR beste Möglichkeiten dafür geschaffen wurden, daß sich auch eine berufstätige Frau genügend ihrem Säugling widmen kann. Sie erhält genügend finanzielle Unterstützung und kann ihre Berufsarbeit ein volles Jahr unterbrechen, ohne den Arbeitsplatz zu verlieren.

[1] LEONHARD, K.: Kinderneurosen und Kinderpersönlichkeiten, VEB Volk und Gesundheit, Berlin 3. Aufl. 1967

[2] LEONHARD, K.: Akzentuierte Persönlichkeiten. VEB Volk und Gesundheit, Berlin. 2. Auflage 1976.

d) Exogene und konstitutionelle Ursachen der manisch-depressiven Krankheit

Bei der manisch-depressiven Krankheit stehen uns aus unseren Untersuchungen der letzten Jahre nur wenig Krankheitsfälle zur Verfügung. Wie schon vermerkt, liegt das daran, daß wir vorwiegend auf Abteilungen mit chronischen Patienten tätig waren. Trotzdem ergänzen die Befunde meine früheren Ergebnisse sehr wesentlich.

Bei der Frage nach den Gründen der Manifestationsschwankungen bei der manisch-depressiven Krankheit ist zunächst die Tatsache wesentlich, daß bei den Probanden und ihren Verwandten *kranke Frauen* viel häufiger sind als *kranke Männer*. Bei unseren jetzigen Probanden fanden sich 40 Frauen und 20 Männer. Von den in der Tabelle 1 aufgezeichneten 18 kranken Geschwistern sind 14 weiblichen und nur 4 männlichen Geschlechts. Die weibliche Konstitution scheint also das Auftreten der manisch-depressiven Krankheit zu fördern. Die stärkere affektive Erregbarkeit der Frau erzeugt wohl eine erhöhte Bereitschaft zu der affektiven Krankheit. Wir fanden Ähnliches schon bei der affektvollen Paraphrenie.

Tabelle 17
Kranke Geschwister der manisch-depressiven Probanden mit gesunden und mit kranken Eltern

	Zahl der Probanden	„Korrigierte" Zahl der Geschwister	Kranke Geschwister	Prozent
Eltern gesund	35	58,0	9	15,5
Mutter oder Vater krank	21	32,0	9	28,1
Zusammenfassung	60	90,0	18	20,0

Eine weitere Ursache für Manifestationsschwankungen tritt wieder dadurch hervor, daß Probanden mit kranken Eltern mehr kranke Geschwister haben als Probanden mit gesunden Eltern. Nach Tabelle 17 stehen 15,5 kranke Geschwister bei gesunden Eltern 28,1 bei kranken Eltern gegenüber. Ich vermute, daß durch die Krankheit der Eltern bei den Kindern eine Unruhe erzeugt wird, so daß im affektiven Bereich eine Labilität entsteht, die zur späteren Manifestation der Krankheit beiträgt. Konkrete Hinweise in dieser Richtung besitze ich aber nicht.

Als ich das Verhalten der Geschwisterschaften prüfen wollte, gab es Zufallsschwankungen durch die kleinen Zahlen, aber keinen Anhaltspunkt dafür, daß eine Geschwistergruppe zu stark oder zu wenig vertreten wäre. Dagegen ist die *Gesamtzahl der Geschwister* bei der manisch-depressiven Krankheit auffallend gering. Sie beträgt, wenn keine „Korrektur" vorgenommen wird, auf 100 Probanden 193,4, während bei den zykloiden Psychosen nach Tabelle 16 258,4 Geschwister vorhanden waren, obwohl hier die Verwirrtheitspsychose mit ihrer geringen Geschwisterzahl einbezogen ist. Aus diesem Befund möchte ich aber keine Schlußfolgerungen zur Genese der Krankheit ziehen, sondern annehmen, daß die manisch-depressiven Kranken einerseits durch die vielen Phasen, die vorkommen, in der Möglichkeit zur Zeugung von Kindern eingeschränkt sind, und andererseits in Anbetracht der Erblichkeit des Leidens, die sie oft durch kranke Verwandte vor Augen haben, von sich aus die Kinderzahl gering halten.

Zur Manifestation der manisch-depressiven Krankheit trägt dagegen wieder eine konstitutionelle Eigenart bei, die sich auf das Temperament bezieht. Man findet von der Krankheit alle Übergänge zu hypomanischen, subdepressiven und zyklothymen Temperamenten, die wieder keine genauen Grenzen gegenüber heiteren, ernsten und labilen Temperamenten aufweisen. Selbstverständlich haben Wesenszüge dieser Art — ich darf sie als *affektive Temperamente* zusammenfassen — im allgemeinen keinen Zusammenhang mit der manisch-depressiven Krankheit. Es trifft aber vielleicht für Übersteigerungen zu, wenn also Menschen in einem sehr ausgeprägten Maße hypomanisch, subdepressiv oder zyklothym sind. In einer Untersuchung, die ich zusammen mit Korff und Schulz durchführte[1], fanden wir bei den Eltern der Kranken in 17,7% affektive Temperamente vom Grad einer deutlichen Abnormität, bei den Geschwistern in 11,7%. Dazu kamen viele affektive Temperamente in normaler Breite, nämlich nicht weniger als 31,3% bei den Eltern und 25,6% bei den Geschwistern. Man könnte versucht sein, alle diese Auffälligkeiten auf die Krankheit zu beziehen und latente manisch-depressive Psychosen anzunehmen. Würde man sie den manifest Kranken zuzählen, käme man bei den Geschwistern etwa auf die 50%, die man bei einem dominanten Erbgang theoretisch erwartet. Bei den Eltern käme man aber auf 67,3%. Es ist daher ganz unwahrscheinlich, daß die Temperamente alle Ausdruck der manisch-depressiven Krankheit sind. Lediglich für die Temperamente, bei denen wir den Grad einer Abnormität annahmen, dürfte das zutreffen. Wir kamen seinerzeit zu einem Ergebnis, das ich heute noch zur Erklärung der Befunde heranziehe, nämlich: Die Manifestationswahrscheinlichkeit wird bei der manisch-depressiven Krankheit erhöht, *wenn zur erblichen Anlage ein affektives Temperament als selbständige Eigenheit hinzukommt.* Auf diese Weise wird das Nebeneinander der Krankheit und der normalen Temperamente in den Familien der manisch-depressiven Kranken verständlich. Auch theoretisch liegt diese Deutung nahe, denn Krankheit und Temperament müssen trotz ihrer grundsätzlichen Verschiedenheit doch im gleichen psychischen Bereich ihre Grundlagen haben. Man wird an die Auffassung erinnert, die ich zur Genese der zykloiden Psychosen äußerte, doch handelt es sich dort um andere Temperamentseigenarten.

Die Untersuchung von *Zwillingen* gab uns eine weitere Gelegenheit, die Temperamente bei der manisch-depressiven Krankheit zu beobachten. Man weiß, daß eineiige Zwillinge trotz ihrer sonstigen Wesensgleichheit oft in ihrem Temperament verschieden sind. Meist sind die Unterschiede nicht bedeutend, so daß man sie vielleicht auf äußere Einflüsse zurückführen kann. Wenn der körperlich kräftigere Zwilling die Führung übernimmt, kann er auch als der lebhaftere erscheinen. Manchmal kommen aber sogar entgegengesetzte Temperamente vor. Ich habe oben ein Zwillingspaar mit affektvoller Paraphrenie angeführt, bei dem der eine Partner zum Heiteren, der andere zum Ernsten bis leicht Depressiven neigte. Bei der manisch-depressiven Krankheit findet man Ähnliches öfter, sicher weil sie noch viel mehr als die affektvolle Paraphrenie zu einem bipolaren Verlauf neigt. Ich vermute, daß sich grobe Gegensätze im Temperament von eineiigen Zwillingen nicht mehr als normale Varianten verstehen lassen, sondern tatsächlich auf eine bipolare Krankheit verweisen.

Die *eineiigen Zwillinge* Leni und Martha G. waren in ihrem Temperament völlig verschieden. Leni war immer still und etwas lahm, Martha dagegen meist heiter oder sogar lustig. Leni hatte mit 38 Jahren ihre erste Depression. 20 Jahre später folgten weitere Depressionen, die teilweise mit Manien wechselten. Martha bekam mit 64 Jahren ihre erste Depression, mit 66 Jahren ihre zweite, in der sie Suicid beging. Ich möchte meinen, daß hier die gegensätzlichen Temperamente schon Ausdruck der bipolaren

[1] Leonhard, K., Ingrid Korff, H. Schulz: Die Temperamente in den Familien der monopolaren und bipolaren phasischen Psychosen. Psychiat, Neurol. med. Psychol. **143** (1962) 416—434.

Krankheit waren, d. h. schon als latente Äußerungen derselben aufgefaßt werden müssen. Entsprechend der Tatsache, daß die depressive Eigenart von Leni eher pathologisch erschien als die fröhliche der Schwester, begann ihre Krankheit viele Jahre früher. Temperament und Krankheit brauchen nicht dem gleichen Pol zugeordnet zu sein. Die fröhliche Patientin Martha hatte bis zu ihrem Tod nur Depressionen, die ernste Leni hatte auch Manien.

Wenn das Temperament, wie wahrscheinlich im vorliegenden Fall, schon Ausdruck der Krankheit selbst ist, kann man es nicht als ätiologischen Faktor zählen. Sonst trägt es aber, wie ich meine, zur Manifestation der Krankheit bei, indem es als selbständige Eigenart zur erblichen Disposition hinzutritt.

Die Bedeutung exogener Faktoren bleibt dadurch unberührt. Wenn es die Beunruhigungen sind, die durch die Krankheit eines Elternteils beim Kind erzeugt werden, dann fragt man sich, ob erregende Einflüsse auch noch im Erwachsenenalter zum Auftreten einer Krankheitsphase beitragen. Für manche scheint das selbstverständlich zu sein, geht doch in der englischen Psychiatrie die Meinung sogar teilweise dahin, endogene und reaktive Depressionen seien gar nicht zu unterscheiden. In der deutschen Psychiatrie sprach man früher viel von „provozierten" Melancholien und Manien, heute ist nur noch wenig davon die Rede, man scheint die reaktive Auslösung der endogenen Krankheit für selten zu halten. Ich selbst kann nach meinen Befunden keinen Beitrag zu dieser Frage geben.

Die *Prophylaxe* der manisch-depressiven Krankheit gewinnt dadurch eine Grundlage, daß jedenfalls in der Kindheit äußere Einflüsse eine wesentliche Rolle spielen, da kranke Eltern mehr kranke Kinder haben als gesunde Anlageträger. Man wird alles tun, um Kinder aus Familien mit manisch-depressiver Krankheit vor stärkeren Erregungen zu schützen und ihnen eine störungsfreie Umgebung zu geben. Die Forderung, familiäre Konflikte nicht in Gegenwart der Kinder auszutragen, mußten wir schon in Zusammenhang mit der Angst-Glücks-Psychose erheben, die ja mit der manisch-depressiven Krankheit eine gewisse Verwandtschaft hat. Die Forderung muß jetzt wiederholt werden. Wenn die Mutter selbst krank ist, wird man schwer etwas unternehmen können, denn Entfernung von der Mutter bringt für das Kind wieder Erregungen anderer Art. Was zur Prophylaxe der Angst-Glücks-Psychose außerdem noch gesagt wurde, läßt sich auch hier anführen, doch bleibt immer zu bedenken, daß die manisch-depressive Krankheit erblicher Natur ist, was bei der zykloiden Psychose im wesentlichen nicht zutrifft.

e) Exogene und konstitutionelle Ursachen der reinen phasischen Psychosen

Bei den reinen phasischen Psychosen, d. h., der *reinen Manie* und den *reinen Euphorien*, sowie der *reinen Melancholie* und den *reinen Depressionen*, stehen mir aus ähnlichen Gründen wie bei der manisch-depressiven Krankheit wieder nicht viele neue Fälle zur Verfügung. Manche der Ergebnisse sind daher zunächst nicht beweisend, aber im Zusammenwirken mehrerer Befunde, die in die gleiche Richtung zeigen, ergibt sich doch immer wieder eine Beweiskraft. Das wird sich gleich bei den folgenden Ergebnissen zeigen. In Tabelle 1 war zu sehen, daß bei den reinen phasischen Psychosen viel mehr Eltern als Geschwister krank waren (5,8:3,1). Das bedeutet zunächst vielleicht nicht viel, weil es sich nur um 71 Probanden handelt. Aber in Tabelle 2 sahen wir, daß sich dieses Verhältnis in gleicher Weise bei den depressiven wie den euphorischen Formen

Tabelle 18
Kranke Eltern und kranke Geschister bei der reinen Melancholie und bei reinen depressiven Psychosen

	Zahl der Probanden	„Korrigierte“ Zahl der Eltern	kranke Eltern	Prozent	„Korrigierte Zahl der Geschwister	Kranke Geschwister	Prozent
Reine Melancholie	16	32	4	12,5	26,5	2	7,5
Reine depressive Psychose	30	58	3	5,2	61,5	2	3,3

findet; mit einem ähnlichen Abstand sind in beiden Fällen die Eltern viel häufiger krank (2,1:1,4 bzw. 7,8:4,5). In Tabelle 18 habe ich nun auch noch zwischen der reinen Melancholie und den reinen Depressionen getrennt. Wieder sind in beiden Fällen kranke Eltern viel häufiger als kranke Geschwister (12,5:7,5 bzw. 5,2:3,3). Sicher hat man damit einen zuverlässigen Befund vor sich. Überdies hat sich Ähnliches auch schon bei meinen früheren Untersuchungen ergeben.

Die Psychosen bei den Verwandten verliefen erwartungsgemäß immer auf dem *gleichen* Pol wie bei den Probanden. Die depressiven Patienten hatten nur depressive Verwandte. Bei den beiden in Tabelle 2 aufgezeichneten Verwandten euphorischer Patienten handelte es sich um die Mutter eines konfabulatorisch-euphorischen Patienten, die ebenfalls konfabulatorisch-euphorisch war, und um die ebenfalls manische Schwester eines manischen Patienten. Die Monopolarität der Krankheiten bestätigt sich bei den Psychosen in der Verwandtschaft.

In Anbetracht der geringen Belastung müssen bei den reinen Formen äußere oder konstitutionelle Ursachen besonders maßgeblich beteiligt sein. Nach den Erfahrungen, die wir bei den anderen endogenen Psychosen gemacht hatten, fragten wir nach der *Zahl der Geschwister*. Es zeigte sich, daß diese bei den euphorischen Formen wesentlich größer ist als bei den depressiven. Nach Tabelle 19 findet man bei den euphorischen Formen auf 100 Probanden 344,0, bei den depressiven Probanden nur 258,7 Geschwister. Man möchte daran denken, daß bei den euphorischen Psychosen die Eltern häufig ein hypomanisches Temperament haben, durch das die Bereitschaft, Kinder zu zeugen, erhöht sein könnte. Wir brauchen aber diesen Gedanken nicht zu verfolgen, denn die folgende Beobachtung zeigt, daß andere Ursachen maßgebend sein müssen. Wenn man ältere und jüngere Geschwister trennt, dann ergibt sich, wie die Tabelle 19 in ihren weiteren Spalten zeigt, daß im wesentlichen nur die älteren Geschwister an dem Unterschied beteiligt sind. Er ist hier sehr groß (192,0:123,9). Bei den jüngeren Geschwistern ist er nicht beachtlich (152,0:134,8). Käme es auf die Zeugungsfreudigkeit der Eltern an, dann wäre natürlich die verschiedene Häufigkeit von älteren und jüngeren Geschwistern nicht zu verstehen.

Ich möchte aus dem Zahlenverhältnis entnehmen, daß die Manifestationswahrscheinlichkeit bei den euphorischen Formen durch eine *Vermehrung der älteren Geschwister*, bei den depressiven Formen dagegen durch eine *Verminderung der älteren Geschwister* erhöht wird.

Trifft dies zu, dann wird man wieder auf eine *transkulturelle Beobachtung* hingewiesen. Bei einfacher lebenden Völkern mit ihrem größeren Kinderreichtum sind, wie schon Kraepelin in Java feststellte, und wie seither oft bestätigt wurde, Manien viel häufiger.

Bei uns sind die euphorischen Formen der reinen phasischen Psychosen noch viel seltener, als es nach den Tabellen 2 und 19 scheint. Da sie zu einem chronischen Verlauf neigen, kamen sie relativ häufig in unsere Beobachtung. Wenn man glaubt, daß die reine Manie und die reinen Euphorien nur bei uns selten sind, müßte man allerdings wissen, ob die Manien bei den einfacher lebenden Völkern den reinen Formen angehören, oder ob die manisch-depressive Krankheit häufiger als bei uns mit manischen Phasen verläuft. In letzterer Beziehung gibt es unabhängig von kulturellen Verhältnissen große Unterschiede. Es wurde oben darauf hingewiesen, daß meine Frankfurter Patienten relativ viel häufiger manische Phasen hatten als meine Berliner.

Wenn im wesentlichen nur die *älteren Geschwister* von Einfluß sind, so erkläre ich mir das ebenso wie bei der Verwirrtheitspsychose und der Motilitätspsychose damit, daß der Einfluß schon in den ersten Lebensjahren erfolgt, wenn jüngere Geschwister teils noch nicht vorhanden, teils, wenn schon vorhanden, in ihrer Hilfsosigkeit noch nicht auf Geschwister einwirken können.

Tabelle 19
Zahl der Geschwister bei den monopolaren Psychosen (in Klammern auf 100 Probanden)

	Zahl der Probanden	Zahl der älteren Geschwister	Zahl der jüngeren Geschwister	Beide zusammen
Euphorische Formen	25	48 (192,0)	38 (152,0)	86 (344,0)
Depressive Formen	46	57 (123,9)	62 (134,8)	119 (258,7)

Der Einfluß, der anzunehmen ist, gilt sicher der Entwicklung des *Gefühlslebens*, denn die Störung betrifft bei den reinen Euphorien und den reinen Depressionen die Gefühlsseite der Psyche, bei der reinen Manie und der reinen Melancholie neben dem Denken und der Psychomotorik auch ganz besonders das Gefühl. Es war schon mehrmals von Entwicklungen in dieser psychischen Sphäre die Rede, jetzt kommt es wohl auf das erste Auftreten von Gefühlen an, wie man sie schon beim Neugeborenen feststellt. Manche Gefühlsregungen müssen sich sogar schon vor der Geburt vorbereitet haben, denn sie sind nach der Geburt sofort vorhanden. Die wichtigsten Triebregungen (Verlangen nach Nahrung, nach Flüssigkeit, nach Sauerstoff, nach Körperwärme), zeigen sich schon gleich nach der Geburt.

Wenn ich die relativ *große Kinderzahl* bei den euphorischen und die relativ *kleine Kinderzahl* bei den depressiven Formen zu deuten versuche, dann möchte ich die Vermutung aussprechen — ich drücke mich vorsichtig aus, da man vielleicht eine bessere Lösung finden wird —, daß durch die Anregungen, die von relativ vielen Geschwistern ausgehen, eine Überreizung zustandekommen kann, die zur Entstehung einer Manie beiträgt; daß andererseits bei relativ verminderter Kinderzahl durch einen Mangel an Anregungen die Beanspruchung ungenügend ist, so daß sich eine depressive Psychose vorbereitet. Die Lebhaftigkeit und Vielgeschäftigkeit der Manien könnte auf das Zuviel, die Hemmung der Depressionen auf das Zuwenig hinweisen. Eine Deutung ähnlicher Art habe ich der Vermehrung von Geschwistern bei der Motilitätspsychose, der Verminderung bei der Verwirrtheitspsychose gegeben. Da es sich auch dort um Vorgänge der frühen Kindheit handelt — bei keiner endogenen Psychose sonst fand sich dies — mag eine ähnliche Deutung berechtigt sein.

Eine innere Bereitschaft zur Krankheit zeigt sich wie bei der manisch-depressiven Krankheit wieder in dem häufigen Vorkommen eines affektiven Temperaments in der

Familie. In der erwähnten Arbeit mit KORFF und SCHULZ hatten von 263 Eltern und Geschwistern rein depressiver Patienten 34,2% ein affektives Temperament. Bei der geringen Erbbedingtheit der Krankheit ist hier das Vorhandensein des affektiven Temperaments wahrscheinlich noch wesentlicher als bei der manisch-depressiven Krankheit. Wohl in Zusammenhang mit dem lebhafteren und labileren Temperament der Frau ist auch bei den reinen Formen das weibliche Geschlecht viel häufiger vertreten als das männliche. Tabelle 1 zeigte das Verhältnis 45:26.

Während ein Manisch-depressiver mit nur depressiven Phasen im Temperament hypomanisch sein kann, findet man bei den reinen Formen eine *Parallelität zwischen Krankheit und Temperament*. Sollte das in einem Einzelfall nicht zutreffen, dann hat man wahrscheinlich eine manisch-depressive Krankheit fälschlicherweise als eine reine Form angesehen. Ich bin zwar der Meinung, daß man die bipolare Krankheit nach dem Zustandsbild auch dann erkennen kann, wenn sie bisher nur mit depressiven Phasen verlaufen ist, aber in seltenen Fällen kann sie doch eine reine Form so sehr nachahmen, daß man zu einer Verwechslung kommt. Daran muß ich denken, wenn wir in der erwähnten Arbeit mit KORFF und SCHULZ bei den Eltern und Geschwistern der depressiven Kranken doch auch heitere Temperamente fanden. Wenn ich nur die zähle, bei denen eine recht deutliche Hypomanie vorlag, sind es nicht viele, nämlich nur 2,7%. In einer späteren Arbeit[1] fand ich bei reinen euphorischen Patienten unter den Eltern und Geschwistern keine deutlich ausgeprägte subdepressive Persönlichkeit, aber doch auch ernste Menschen. Bei leichten Tendenzen des Temperaments zum Gegenpol hin braucht man noch nicht an eine Fehldiagnose zu denken. Eine Parallelität ist nur in dem ganz speziellen Gebiet zu erwarten, in welchem die reine Form abläuft. Eine selbstquälerische Depression ist erwartungsgemäß auch im Temperament selbstquälerisch, aber in allen anderen Bereichen der Gefühlssphäre braucht keine Abweichung von der Norm zu bestehen, es kann hier sogar in Gestalt einer Mischung, die sicher vorkommt, eine Tendenz zum heiteren Pol hin bestehen.

An das Temperament der Eltern muß man nicht nur insofern denken, als es als konstitutionelle Eigenart beim Kind wiedererscheinen und zur Krankheit beitragen kann, es leitet auch das Verhalten der Eltern in der Art, wie sie auf das Kind einwirken. Wenn, wie angenommen, von den Geschwistern eine Wirkung ausgeht, dann wohl auch von den Eltern. Eine hypomanische Mutter bringt in ihrer Lebhaftigkeit viel Anregungen an das Kind heran, es können zu viele Anregungen sein, so daß die Entstehung einer manischen Krankheit bei dem Kind gefördert wird, so wie zu viele Anregungen von Seiten der Geschwister nachteilig sind. Eine subdepressive Mutter bringt in ihrer Gehemmtheit vielleicht zu wenig Anregungen an das Kind heran, so daß ein Nachteil entsteht, wie wir ihn bei einem Mangel an Geschwistern fanden. So trägt ein affektives Temperament bei den Eltern nicht nur auf konstitutioneller Basis zur Entstehung einer reinen phasischen Psychose bei, sondern auch durch sein Vorhandensein während der Entwicklung des Kindes. Wenn ich diese Annahme dahin erweitere, daß die Krankheit selbst, also ein krankhaft manisches oder andererseits krankhaft depressives Verhalten der Mutter erst recht einen Einfluß auf die Entwicklung des Kindes und die Entstehung einer Psychose ausübt, so findet dies in der Tatsache eine Stütze, daß wir so viel mehr kranke Eltern als kranke Geschwister fanden. Zwar überwiegen auch bei anderen endogenen Psychosen die kranken Eltern, aber in keinem Fall in diesem Grad. Man müßte der Frage nachgehen, ob die Probanden ihre frühkindliche Entwicklung vielleicht

[1] LEONHARD, K.: Die Temperamente in den Familien der monopolaren euphorischen Psychosen. Psychiat. Neurol. med. Psychol. **15**, 203—206 (1963).

in einer Zeit durchmachten, in der die Mutter gerade eine manische oder andererseits gerade eine depressive Schwankung durchmachte. In dieser Richtung stehen mir leider keine Daten zur Verfügung.

Wenn ich von der *Mutter* sprach, nicht vom Vater, so war das begründet, denn unter den 8 kranken Eltern, die in der Tabelle 1 verzeichnet sind, war es 7 mal die Mutter und nur 1 mal der Vater. Auch dies weist darauf hin, daß es nicht so sehr auf Erblichkeit ankommt wie auf das Kranksein der Mutter. Gegen Erblichkeit spricht ferner wieder die Tatsache, daß Probanden mit kranken Eltern relativ mehr kranke Geschwister haben als Probanden mit gesunden Eltern. Die 8 Patienten mit kranken Eltern hatten 2 kranke Geschwister, die 63 Patienten mit gesunden Eltern hatten kaum mehr kranke Geschwister, nämlich 3. Ein rezessiver Erbgang kommt nicht in Frage.

Nun scheint aber doch bei einer Sonderform, bei der *reinen Melancholie*, auch Erblichkeit eine Rolle zu spielen, denn es fanden sich immerhin, wie Tabelle 18 zeigte, 7,5% kranke Geschwister. Aber das starke Übergewicht der kranken Eltern (12,5%) besteht auch hier. Ich würde die Befunde bei den kleinen absoluten Zahlen nicht beachten, wenn ich nicht bei früheren Untersuchungen schon Ähnliches gefunden hätte. Eine Erklärung läßt sich auch ohne Hinweis auf Erblichkeit geben. Im Gegensatz zu den reinen Depressionen geht die reine Melancholie mit einer Hemmung im Denken und Handeln einher. Die Krankheit muß daher verstärkt zu einem Mangel an Anregungen für die Kinder führen. Daher tragen wahrscheinlich solche Eltern noch mehr zur Krankheit der Kinder bei und beeinflussen häufiger neben dem Probanden noch ein zweites Kind nachteilig. Auch so kann sich die Vermehrung der kranken Eltern, andererseits auch der kranken Geschwister, erklären.

Die Frage nach der Ätiologie der reinen phasischen Psychosen läßt sich damit nicht abschließen, denn ein höchst eigenartiger Befund, der zu erheben war, bedarf noch der Klärung. Bei unseren *eineiigen Zwillingen* fanden sich 6 Fälle mit einer reinen Depression, von denen 5 der *gehetzten Depression* angehörten. Erstaunlich ist, daß in allen 6 Fällen der *Zwillingspartner ebenfalls krank war*. Wie oben schon erwähnt, wird die Regel, wonach Konkordanz bei eineiigen Zwillingen für Erbbedingtheit spricht, hier völlig durchbrochen. Bei der Motilitätspsychose, bei der wir Ähnliches sahen, waren doch wenigstens zwei Paare diskordant, bei der gehetzten Depression ist es kein einziges. Bei den zweieiigen Zwillingen fanden sich zwei reine phasische Psychosen; in beiden Fällen war der Partner gesund.

Es gilt zweierlei zu klären, einerseits, warum die gehetzte Depression, die doch nur eine der reinen Depressionen und damit eine sehr seltene Krankheit ist, bei den eineiigen Zwillingen so häufig vorkommt; zum anderen, warum in allen Fällen Konkordanz bestand, obwohl die Belastung mit Psychosen bei allen reinen Formen, darunter auch bei der gehetzten Depression, besonders gering ist. Nach Tabelle 1 fanden sich bei den Geschwistern der reinen phasischen Psychosen nur 3,1% kranke Geschwister.

Ich gehe davon aus, daß bei der gehetzten Depression die *Triebgefühle*, d. h. die Gefühle, die in der Triebsphäre entstehen, betroffen sind. Ich habe das in meiner „Biopsychologie der endogenen Psychosen"[1] begründet, und baue jetzt darauf auf. Die wichtigsten *Triebgefühle*, die des Hungers, des Durstes, des Verlangens nach Sauerstoff und nach der geeigneten Körpertemperatur, sind bereits bei der Geburt entwickelt, sie ermöglichen dem Säugling das Leben. Wenn sich in dieser Triebsphäre während der Entwicklung eine Störung einstellt, muß dies schon vor der Geburt geschehen. Daher kann ich meine Gedanken nicht mehr psychologisch formulieren, sondern muß in den

[1] LEONHARD, K.: Biopsychologie der endogenen Psychosen. Hirzel-Verlag, Leipzig 1970.

physiologischen Bereich zurückgehen. Mit dieser Voraussetzung vermute ich, daß Ernährungsstörungen im Uterus eine Störung in der Triebsphäre erzeugen können, wodurch eine Disposition für die gehetzte Depression geschaffen wird. Die Möglichkeit mangelnder Ernährung im Mutterleib liegt bei Zwillingen sehr nahe; für eineiige Zwillinge gilt das ganz besonders. Bei zweieiigen , die überwiegend getrennte Plazenten haben, sind die Ernährungsbedingungen günstiger; sie haben bekanntlich auch eine geringere Mortalität. Um meine Auffassung weiter zu verfolgen, prüfte ich, wann die Zwillinge mit gehetzter Depression geboren waren. Zwei Paare wurden in deutschen Hungerjahren 1918 und 1921 geboren, ein drittes Paar 1929, also in der Notzeit einer großen Arbeitslosigkeit. Bei meinen anderen eineiigen Zwillingen fanden sich keine solchen zeitlichen Zusammenhänge. Die Annahme liegt nahe, daß die Mütter der gehetzt depressiven Kranken in jenen Zeiten die Zwillinge im Mutterleib nicht genügend ernähren konnten. Die völlige Konkordanz erklärt sich bei dieser Voraussetzung von selbst, denn eine Ernährungsstörung im Mutterleib betrifft bei eineiigen Zwillingen fast immer beide. Bei den zweieiigen Zwillingen ist das anders, so daß hier eine Diskordanz verständlich ist.

Ich fand bei zweieiigen Zwillingen keine gehetzte Depression, aber ich stieß auf eine *unproduktive Euphorie*, die wie die gehetzte Depression eine Störung in der Triebsphäre aufweist, d. h. in dem euphorischen Pol derselben. Da es sich hier um eine außerordentlich seltene Krankheit handelt, spricht ihr Auftreten dafür, daß die Triebsphäre auch bei zweieiigen Zwillingen in Gefahr ist, einen Schaden zu erleiden. Dieser betraf nur einen der Zwillinge. Ich konnte außerdem nur noch *einen* zweieiigen Zwilling mit einer reinen phasischen Psychose finden, die Patientin litt an einer reinen Melancholie, die Zwillingsschwester war gesund.

Über die Beziehung zur Zwillingsschaft bei anderen reinen Depressionen als der gehetzten Form kann ich keine Aussage machen, da sich neben den 5 Fällen dieser Form nur eine *argwöhnische Depression* fand. Da auch hier Konkordanz vorlag, besteht der Verdacht, daß eine Störung in der Triebsphäre auch andere Gefühlsschichten nachteilig beeinflussen kann.

Im wesentlichen zeigt sich nach ihrer Häufigkeit bei Zwillingen aber, daß die gehetzte Depression andere genetische Voraussetzungen hat, als die anderen reinen Formen. Ob bei der gehetzten Depression die Einflüsse, die von der Mutter und den älteren Geschwistern ausgehen, trotzdem auch von Bedeutung sind, muß offen bleiben. Ich habe hier keine Hinweise. Vielleicht ist die Triebsphäre in ihrer Entwicklung zur Zeit dieser Einflüsse schon so weit fortgeschritten, daß sie dafür nicht mehr empfindlich ist.

Nachdem nunmehr die reinen phasischen Psychosen zur Sprache kamen, bin ich der Genese aller endogenen Psychosen nachgegangen. Ich muß abschließend die erstaunliche Feststellung treffen, daß sich ausnahmslos bei allen Formen *Auffälligkeiten in den Geschwisterschaften* fanden. Dies ist meines Erachtens nach ein alarmierendes Ergebnis. Es zeigt, daß Disharmonien im Umgang der Kinder untereinander tief ins biologische Geschehen eingreifen und zu endogenen Psychosen führen können. Man wußte bisher wohl, daß Kinder einen Einfluß aufeinander ausüben, aber niemand dachte daran, daß es ein Einfluß von diesem Ausmaß sein könnte. Nicht nur für den Bereich der endogenen Psychosen, sondern auch zur Erforschung der ontogenetischen und phylogenetischen Entwicklung des Menschen tauchen damit unerwartete Gesichtspunkte auf.

Der Einfluß der Kinder aufeinander beginnt schon sehr früh. Zunächst ist aber der Einfluß der Mutter doch noch ganz ausschlaggebend, wie wir nunmehr bei den Schizophrenien der frühen Kindheit sehen werden.

H. Klinik und Ätiologie der frühkindlichen Katatonie

Die schizophrene Sonderform, die man in der frühen Kindheit findet, ist in den vorigen Auflagen des Buches nicht beschrieben. Das rührt im wesentlichen daher, daß ich im Laufe meiner psychiatrischen Tätigkeit kaum schwere Schwachsinnszustände sah, die mich hätten belehren können. Allerdings kannte ich frühkindliche Schizophrene und habe sie, wie oben erwähnt, beschrieben, aber ich dachte, es handele sich um sehr seltene Fälle, die auch grundsätzlich gar nicht von Schizophrenen der späteren Kindheit zu trennen seien. Daß sich unter den vermeintlichen Idioten viele frühkindliche Schizophrenien finden, wußte ich nicht. Ich traf sie und erkannte ihre selbständige Bedeutung, als ich auf den Gedanken gekommen war, auf psychiatrischen Kinderabteilungen mit schwachsinnigen Patienten nach Schizophrenien — nicht der frühen Kindheit, sondern der Kindheit überhaupt — Ausschau zu halten. Ich dachte, höchstens den einen oder anderen Fall zu entdecken, traf tatsächlich auch nur sehr wenige Schizophrene, die im Laufe der späteren Kindheit erkrankt waren; dagegen stieß ich auf viele Fälle, die schon in der frühen Kindheit begonnen hatten, und lernte dieses Krankheitsbild jetzt in seiner großen Bedeutung kennen.

a) Abgrenzung der frühkindlichen Katatonie

KRAEPELIN[1] hat einstmals geäußert, (S. 912), manche der vermeintlichen Idiotien seien Schizophrenien, die in der frühen Kindheit begonnen hätten, so daß die weitere psychische Entwicklung stehengeblieben sei. Er bezog sich dabei auf Kranke, die, wie er schreibt, „*gespreizte Manieren*", „*Haltungs- und Bewegungsstereotypien*" oder eine „dauernde *negativistische Unzulänglichkeit*" zeigen. WEYGANDT[2] trat ihm entgegen und meinte, die Unruheerscheinungen stellten ein Rückbildungssyndrom des Gehirns dar. MAYER-GROSS[3] pflichtete WEYGANDT bei. Dann wurde die Frage nicht mehr diskutiert, man scheint die Auffassung KRAEPELINS als widerlegt angesehen zu haben, wie man aus Bemerkungen von PENROSE[4] und von HEALTON-WARD[5] entnehmen kann. Im Sinne von KRAEPELIN sprach aber neuerdings eine Feststellung von Elfriede ALBERT[6], wonach

---

[1] KRAEPELIN, E.: Psychiatrie, 8. Aufl. Bd. III, Leipzig, Ambrosius Barth 1913.

[2] WEYGANDT, W.: Idiotie und Dementia praecox. Z. Erforsch. jugendl. Schwachsinn **1**, 311—332 (1907).

[3] MAYER-GROSS, W.: Die Klinik, in BUMKE, Handbuch der Geisteskrankheiten, Bd. 9 (Springer, Berlin 1932).

[4] PENROSE, L. S.: The contribution of mental deficiency research to psychiatry. Br. J. Psychiat. **112**, 747—755 (1966).

[5] HEALTON-WARD, A.: Psychiosis in mental handicap. Br. J. Psychiat. **130**, 525—533 (1977).

[6] ALBERT, Elfriede: Katamnesen frühkindlicher Schizophrenien. Psychiat. Neurol. med. Psychol. Leipzig **32**, 54—63 (1980).

Menschen, die in der Kindheit an einer Schizophrenie erkranken, nicht nur die Symptome der Psychose zeigen, sondern in ihrer weiteren intellektuellen und allgemeinen psychischen Entwicklung zurückbleiben. Ich selbst bekenne mich nach meinen Beobachtungen zu dieser Auffassung und gehe noch über KRAEPELIN hinaus, da es noch andere als die von ihm genannten Syndrome gibt, die eine Schizophrenie der frühen Kindheit beweisen.

Ich kann mich auf eine große Zahl solcher Fälle beziehen, nachdem ich auf Abteilungen Untersuchungen vorgenommen habe, auf denen idiotische Kinder aufgenommen werden. Ich fand unter den 318 Patienten dieser Abteilungen nicht weniger als 117, bei denen ich den schweren Schwachsinnszustand auf eine Schizophrenie mit Beginn in der frühen Kindheit zurückführen mußte. In einer ersten Untersuchungsreihe waren es 76, in einer zweiten 41.

Die Kinder blieben meist auf den Abteilungen, auf denen sie aufgenommen waren, so daß ich manche antraf, die schon über 30 Jahre alt waren. Das Durchschnittsalter betrug 22,6 Jahre, das jüngste Kind war bei meinen Untersuchungen 6 Jahre alt. Es war für die Diagnose sehr vorteilhaft, daß die Mehrzahl der Patienten inzwischen erwachsen war, denn auf diese Weise konnten lange Verläufe nach Beginn der Krankheit in der frühen Kindheit überblickt werden. Nachteilig ist es andererseits, daß ich die Kinder nicht schon innerhalb der ersten 3 Lebensjahre sah. Ich konnte mir aber auch hierzu ein wenig Erfahrung verschaffen, da ich die Möglichkeit erhielt, in Heimen für Säuglinge und Kleinkinder Untersuchungen vorzunehmen. Ich fand hier 7 Kinder, die als frühkindlich schizophren anzusehen waren. Vier waren noch nicht drei Jahre alt, zwei Kinder noch nicht vier Jahre alt, eines noch nicht sechs Jahre alt. Ich werde diese Kinder unten anführen und bemerke jetzt schon, daß man die Diagnose auch schon in diesem Lebensalter stellen kann. Auf Unterschiede in den Zustandsbildern werde ich hinweisen. Das Symptom der „Anstoßautomatie", das im späteren Alter eine große Rolle spielt, findet man in den ersten Lebensjahren noch nicht. Die entsprechenden Automatismen sind in diesem Alter noch nicht ausgebildet. Hält man kleinen Kindern die Hand hin, dann greifen sie nicht oder nehmen vielleicht ein Spielen an und klatschen auf die hingehaltene Hand.

Die Diagnose ergab sich bei den 117 frühkindlichen Schizophrenien dadurch, daß sich die Syndrome fanden, die bei den systematischen Formen des Erwachsenenalters zu beobachten sind: es mußten lediglich Modifikationen beachtet werden, die durch die kindliche Psyche bedingt werden. Ich werde das ausführlich darstellen. Es trifft nicht zu, was viele Autoren behaupten, daß Schizophrenien der Kindheit ganz anders gestaltet seien als Schizophrenien des Erwachsenenalters. Vor allem die systematischen Schizophrenien bieten grundsätzlich die gleichen Bilder. Eben diese Formen sind es, die auch schon in der frühen Kindheit auftreten.

b) Frage einer organischen Bedingtheit der Krankheitsbilder

Mit der Deutung, die WEYGANDT den Fällen von KRAEPELIN gab, nahm er eine organische Grundlage an. Tatsächlich waren bei den Kranken, die ich beschreiben werden, nicht selten organische Hinweise zu finden, nämlich eine leichte oder mäßige *Erweiterung des Ventrikelsystems* oder *epileptische Anfälle*. Bei 17 der 117 Kranken fanden sich zu irgendeiner Zeit Krampfanfälle. Darunter sind 5 Patienten, bei denen diese nur vorübergehend in der frühen Kindheit auftraten, wahrscheinlich im Zusammenhang mit Infekten. Bei den restlichen 12 Fällen war die organische Genese der Krämpfe wahrscheinlich, sie wurde in 7 Fällen durch ein etwas erweitertes Ventrikelsystem bekräftigt. In nicht weniger als 19 weiteren, also insgesamt in 26 Fällen, fand sich ein erweitertes Ventrikelsystem. Es handelte sich in einem Fall um eine erhebliche Erweiterung des linken Hinterhorns; sonst waren es nur leichte Erweiterungen. Ich möchte bei diesen letzteren mit dem Schluß auf eine organische Schädigung zurückhaltend sein. Wenn etwas viel Luft eingeblasen wird, was früher öfter geschah, werden die Ventrikel bei dem kindlichen Gehirn, das noch sehr anpassungsfähig ist, leicht aufgebläht. *Neurologische Zeichen* sind in den Krankengeschichten nur in 5 Fällen verzeichnet: einmal eine leichte Spastizität der unteren Extremitäten, einmal eine Hypotonie mit geringer Hyperreflexie, einmal ein Spontan-Babinski bei gesteigerten PSR und ASR, einmal klonische PSR, einmal Strabismus divergenz, Babinski rechts, Oppenheim links. Es ist bemerkenswert, daß sich unter all den 117 Patienten nur in 5 Fällen neurologische Veränderungen, überdies geringen Ausmaßes, fanden. Es ist in einigen Fällen zwar vermerkt, daß die genaue Untersuchung durch die Unruhe des Kindes erschwert sei, aber meist findet man einen zuverlässigen neurologischen Befund. Das zeigt, daß jedenfalls schwere cerebrale Veränderungen fehlten. Paresen, Athetosen oder andere extrapyramidale Symptome fanden sich nicht. Der vermerkte Hydrocephalus büßt dadurch als organisches Zeichen noch mehr an Bedeutung ein. Es soll andererseits aber nicht unterbewertet werden, daß Hinweise auf ein organisches Geschehen reichlich vorhanden waren. EEG-Veränderungen sind dabei nicht einbezogen. Gröbere Veränderungen fanden sich nicht, leichtere bedeuten bei diesen Kindern kaum etwas. In fast allen Fällen wird überdies darauf hingewiesen, daß die Befunde wegen der Unruhe des Kindes nicht sicher zu verwerten seien.

Das Vorliegen organischer Zeichen spricht, wie man bisher schon weiß, nicht gegen eine Kindheitsschizophrenie. Es wurde von vielen Autoren gefunden. Ich nenne nur Kothe[1], Cameron[2], Villinger[3], Stutte[4], Eggers und Stutte[5]. Man kann daran denken, daß äußere Einwirkungen auf das Gehirn das Auftreten systematischer Schizophrenien, die als Systemkrankheiten ja selbst organischer Natur sind, fördern. Man kann den Zusammenhang aber auch anders sehen. Eine Gehirnkrankheit, vielleicht in Begleitung einer Kinderkrankheit, stellt ein schweres Leiden dar, das ein Kind eine Zeitlang im Kontakt mit der Umgebung behindert. Wir werden später zeigen, daß ein Mangel an Kommunikation auch in der Entstehung der frühkindlichen Schizophrenie eine wesentliche Rolle spielt; der Mangel an Kontakt mit der Umgebung kann auch dadurch zustande kommen, daß ein Kind eine Zeitlang körperlich behindert ist. Eindeutig trifft dies zu, wenn es längere Zeit in einem Krankenhaus sein muß. So könnte manchmal nicht die körperliche Krankheit, sondern der dadurch bedingte Kommunikationsmangel die psychische Veränderungen erzeugt haben.

Da neurologische Abweichungen bei meinen Fällen nur sehr spärlich vorhanden waren, stand die Diagnose einer „frühkindlichen Hirnschädigung“, die man bei schweren Schwachsinnszuständen fast stereotyp findet, auf schwachen Füßen. Wenn feststeht,

---

[1] Kothe, B.: Über kindliche Schizophrenie. Halle/Saale, Marhold 1957.

[2] Cameron, K.: A group of twenty-five psychiotic children. Rev. psychiat. inf. **25** (1958), 117–122.

[3] Villinger, W.: Symptomatologie der kindlich-jugendlichen Schizophrenien. Int. Kongressbericht **1** (1959), pp. 345–350.

[4] Stutte, H.: Endogen-phasiche Psychosen des Kindesalters. Acta paedopsychiat. **30** (1963), 34–42.

[5] Eggers, Ch., H. Stutte: Zur nosologischen Umgrenzung der kindlichen und präpubertalen Schizophrenie aus katamnestischer Sicht. Fortschr. Neurol. Psychiat. **37**, (1969), 305–318.

daß eine cerebrale Krankheit abgelaufen ist, dann pflegen neurologische Veränderungen nicht zu fehlen. Andererseits, wenn man bei Vorhandensein eines Hydrocephalus oder epileptischer Anfälle eine frühkindliche Schizophrenie annimmt, muß man sich in der Diagnose recht sicher fühlen. Ich möchte daher zunächst zeigen, daß ich eine Kindheitsschizophrenie — jetzt auch die spätere Kindheit eingeschlossen — zuverlässig zu diagnostizieren vermag.

c) Diagnose der Kindheitsschizophrenie

Ich habe während meiner klinischen Tätigkeit jedes Kind vorgemerkt, bei dem ich eine endogene Psychose annahm, und habe diese Patienten nachuntersucht, als sie erwachsen waren. Es handelte sich um 41 Kinder mit verschiedenen endogenen Psychosen. Eine Patientin war nicht mehr in der DDR, als ich sie nachuntersuchen wollte; ich konnte aber schriftlich erfahren, daß sie krank geblieben ist. Eine Patientin war ebenfalls weiterhin krank und ist mit 20 Jahren in einem psychiatrischen Krankenhaus verstorben. Einen Patienten habe ich nicht aufgesucht, weil die Angaben der Eltern das Fortbestehen der Krankheit eindeutig bestätigten. Die übrigen 38 Patienten habe ich persönlich nachuntersucht. Es fanden sich nur *4 Fehldiagnosen*. Lediglich innerhalb der endogenen Psychosen ergaben sich bei meiner differenzierten Diagnostik einige weitere Korrekturen. Bei einer Patientin hatte ich eine zykloide Psychose angenommen, bei der Nachuntersuchung fand sich eine periodische Katatonie. Umgekehrt hatte ich in zwei Fällen eine periodische Katatonie diagnostiziert, während bei der Nachuntersuchung zykloide Psychosen anzunehmen waren. In einem Fall hatte ich eine manisch-depressive Krankheit angenommen, bei der Nachuntersuchung ergab sich das Vorliegen einer monopolaren Depression.

Von diesen Verschiebungen bei Anwendung meiner differenzierten Diagnostik abgesehen, fanden sich bei den 41 Fällen also nur 4 Fehldiagnosen, zweimal eine Psychopathie, einmal eine Neurose, einmal eine Pubertätskrise bei Schwachsinn. So kann ich wohl von einer Bestätigung davon sprechen, *daß ich endogene Psychosen der Kindheit richtig zu diagnostizieren vermag.*

Von besonderem Interesse sind 15 Fälle, die der *systematischen Gruppe von Schizophrenie* angehören, da die Patienten, die schon in den ersten Lebensjahren erkranken, systematische Schizophrenien sind. Hier hat sich die früher gestellte Diagnose *ausnahmslos bestätigt.* Auch die *schlechte Prognose*, die bei den systematischen Schizophrenien generell anzunehmen ist, bestätigte sich. Von den 15 Patienten waren bei meinen Nachuntersuchungen 9 in einem psychiatrischen Krankenhaus dauerhospitalisiert, 3 lebten untätig zu Hause, eine weitere Patientin wurde durch Anleitung etwas in Beschäftigung gehalten. Nur in 2 Fällen ist eine berufliche Anpassung leidlich gelungen; die beiden Patienten sind mit einfacheren Arbeiten beschäftigt, sie zeigen aber durch Stereotypien und Starrheit ihrer Haltung das Fortbestehen einer Katatonie.

Tabelle 20 gibt eine Übersicht über die genannten Patienten, ergänzt durch Fälle, die später dadurch hinzukamen, daß wir bei unseren Untersuchungen von erwachsenen Schizophrenen in verschiedenen Krankenhäusern immer wieder einmal auf einen Patienten stießen, dessen Krankheit schon in der Kindheit begonnen hatte. Ich habe in den letzten 15 Jahren etwa 1500 Kranke mit endogener Psychose untersucht; darunter fanden sich 44 Schizophrene, bei denen die Krankheit bis in die Kindheit zurückverfolgt werden konnte. Da von den 1500 untersuchten Kranken die meisten schizophren waren, wurden von 100 Kranken zwei bis drei schon in der Kindheit krank. Die Zahl liegt

Tabelle 20
Alter der Kinder bei Beginn ihrer endogenen Psychosen

Diagnosen	Noch nicht 3 Jahre ♂	♀	Noch nicht 6 Jahre ♂	♀	Noch nicht 8 Jahre ♂	♀	Noch nicht 10 Jahre ♂	♀	Noch nicht 12 Jahre ♂	♀	Noch nicht 14 Jahre ♂	♀	Noch nicht 15 Jahre ♂	♀
50 Systematische Katatonien	10	3	11	7	2	1	3	2	1	1	6	1	2	–
	13		18		3		5		2		7		2	
13 Periodische Katatonien	–	–	–	–	2	–	–	–	1	–	4	4	1	1
					2				1		8		2	
5 Kataphasien	–	–	–	–	–	–	1	–	–	–	3	–	1	–
							1				3		1	
11 Cycloide Psychosen	–	–	–	–	–	–	–	–	–	–	2	3	5	1
											5		6	
4 Manisch-depressive Psychosen	–	–	–	–	–	–	–	1	–	–	1	–	1	1
							1				1		2	
4 Monopolare Depressionen	–	–	–	–	–	–	–	–	–	–	–	1	3	–
											1		3	
87 Psychosen	10	3	11	7	4	1	4	3	2	1	16	9	13	3
	13		18		5		7		3		25		16	

unterhalb der Werte, die von Kraepelin (1913, S. 910) mit 6,2% von Eugen Bleuler (zitiert nach Lutz[1]) mit 4,9% für einen Krankheitsbeginn der Schizophrenie in der Kindheit angegeben werden. Man kann daraus entnehmen, daß ich mit der Annahme der Entstehung einer Schizophrenie in der Kindheit zurückhaltend bin. Die 44 Fälle, die sich retrospektiv ergaben, sind auf der Tabelle den 37 Patienten hinzugezählt, die ich als Kinder sah und später als endogen psychiotisch bestätigen konnte. Ferner kommen 6 Fälle hinzu, auf die ich stieß, als ich, wie vermerkt, vermeintliche Idiotien untersuchte. Die 6 Kranken waren nicht frühkindlich psychotisch geworden, wie die vielen anderen, sondern erst in der späteren Kindheit. Sie konnten daher dort nicht eingereiht werden.

Wie man aus der Tabelle 20 ersieht, fehlen in der Kindheit *Paraphrenien*. Weder die systematische Paraphrenie noch die affektvolle Paraphrenie ist in der Kindheit zu finden. Wenn Wahnideen noch deutlich hervortreten, kann es sich um eine periodische Katatonie handeln, die oft mit ängstlichen Ideen und Sinnestäuschungen einhergeht, oder auch um eine Kataphasie, bei der konfabulatorische Ideen häufig sind. Die Angst-Glücks-Psychose geht ebenfalls häufig mit Wahnideen und Sinnestäuschungen einher.

[1] Lutz, J.: Zur Frage der Entstehung der Schizophrenie. In: Bleuler, M., Angst, J. (Hrsg.): Die Entstehung der Schizophrenie. Verlag Hans Huber, Bern/Stuttgart/Wien 1970.

Ferner finden sich in der Kindheit noch keine *Hebephrenien*; sie erscheinen erst im Laufe der Pubertät. Ich muß hier freilich anfügen, daß der Begriff der Hebephrenie von den meisten Psychiatern viel weiter gefaßt wird als von mir. Manche zykloiden Psychosen erscheinen in den Krankengeschichten als Hebephrenien.

Wenn systematische Schizophrenien in der Kindheit als Katatonien auftreten, so entspricht dies meinen früheren Befunden[1] und den Beobachtungen anderer Autoren (Spiel[2], Wieck[3], Sucharewa[4]). Dagegen äußern Herbauer[5] und Lempp[6], katatone Symptome gehörten nicht zu den Kardinalsymptomen der Kindheitsschizophrenien. Vielleicht denken diese Autoren vornehmlich an zykloide Psychosen, die in der späteren Kindheit, wie man an Tabelle 20 erkennt, stark in den Vordergrund treten. Außerdem ist die abweichende Auffassung der Autoren teilweise wohl die Folge der Vernachlässigung katatoner Symptome in der modernen psychiatrischen Diagnostik. Früher übersah man katatone Symptome nicht, gerade auch nicht bei den Schizophrenien der Kindheit. Kraepelin sprach bei Kindheitsschizophrenien von Katatonien. Raecke[7] veröffentlichte einen Artikel „Katatonien im Kindesalter“, Pönitz[8] einen Artikel „Beitrag zur Kenntnis der Frühkatatonie“. Vogt[9] benutzte zwar in der Überschrift nur den Begriff „Jugendirresein“, führte aber ebenfalls aus, daß katatone Symptome vorherrschen.

Die verschiedenen Formen endogener Psychosen beginnen, wie die Tabelle 20 zeigt, in verschiedenen Jahren der Kindheit. In den ersten Lebensjahren findet man nur systematische Katatonien. Nach dem 12. Lebensjahr häufen sich vor allem die zykloiden Psychosen. Nach dem 6. Lebensjahr erkrankten zwei meiner Patienten an einer periodischen Katatonie. Ich muß hier allerdings anfügen, daß ich drei weitere Patienten sah, die seit den ersten Lebensjahren krank waren und Verdacht auf eine periodische Katatonie erweckten. Vor allem ließ mich ihre aggressive Impulsivität, die bei periodisch Katatonen des Erwachsenenalters häufig ist, an diese Diagnose denken. Mit einem 15-jährigen imbezillen Jungen begannen wir eine Unterhaltung und forderten ihn auf, sich zu setzen. Er tat es, setzte sich aber auf einen anderen Stuhl, als wir vorgesehen hatten. Als Frau v. Trostorff ihn freundlich aufforderte, den Platz zu wechseln, stand er mit einem Lachen auf, machte Anstalten, sich auf den anderen Stuhl zu setzen, unterbrach aber, streichelte Frau v. Trostorff über die Wange und schlug sie dann ganz plötzlich ins Gesicht. Zugleich packte er ihre Brille und zerdrückte sie, so daß sie in Trümmern zu Boden fiel. Anschließend schlug er weiter auf sie ein, und riß sie an den

---

1 Leonhard, K.: Über kindliche Katatonien. Psychiat. Neurol. med. Psychol. **12** (1960), 1–2.

2 Spiel, W.: Die endogenen Psychosen des Kindes- und Jugendalters. Basel, Karger 1961.

3 Wieck, Ch.: Schizophrenie im Kindesalter. Hirzel-Verlag, Leipzig: 1965.

4 Sucharewa, G. J.: Die Bedeutung der vergleichenden Berücksichtigung des Lebensalters für die Untersuchung der Verlaufsgesetzmäßigkeiten der Schizophrenie bei Kindern und Jugendlichen. Acta paedopsychiat. **34** (1967), 307–320.

5 Herbauer, H.: Endogene Psychosen im Kindesalter: In Huber: Schizophrenie und Zyklothymie. Georg Thieme, Stuttgart 1969 pp. 39–47.

6 Lempp, R.: Psychosen im Kindes- und Jugendalter — eine Realitätsbezugsstörung — Störung des Realitätsbezuges. Eine Theorie der Schizophrenie. Huber, Bern–Stuttgart–Wien 1973.

7 Raecke, J.: Katatonie im Kindesalter. Arch. Psychiat. Nervenkrankh. 45 (1909), 245–279.

8 Pönitz, K.: Beitrag zur Kenntnis der Frühkatatonie. Z. ges. Neurol. Psychiat. 20 (1913), 343–357.

9 Vogt, H.: Über Fälle von Jugendirresein im Kindesalter. Allg. Zschr. Psychiat. **66** (1909), 542–573.

Haaren. Ich umklammerte ihn und hielt seine Arme an den Körper heran. Er suchte nun mit seinen Zähnen zu meinen Armen zu kommen und stieß mit seinen Füßen, an denen glücklicherweise weiche Schuhe waren, gegen meine Beine. Die herbeigerufene Schwester sprach ihm gut zu und hielt ihn an beiden Händen, was er geschehen ließ. Als später der Chefarzt mit ihm sprach, war er auch erst freundlich, biß ihn aber dann plötzlich in den Oberarm. Wir erfuhren jetzt erst, daß solche gefährlichen Attacken bei dem Patienten öfter vorkamen. — Ein 16-jähriges Mädchen, ebenfalls imbezill, war ähnlich aggressiv, schlug andere Kinder in grober Weise, einmal sogar mit einer Eisenstange, warf einmal einen großen Stein gegen den Kopf eines anderen Kindes. Die Patientin neigte außerdem zu Autoaggression und stieß sich einmal eine Scherenspitze tief in den Vorderarm. — Ein imbeziller Patient war in seinen ersten Lebensjahren ängstlich. Er fürchtete sich vor anderen Kindern, konnte aber auch aggressiv werden. Seit dem 9. Lebensjahr trat die Aggressivität immer stärker hervor. Er drohte, Großmutter und Bruder zu erschlagen, ging mit Fäusten auf seine Angehörigen und andere Personen los. Bei der Aufnahme in ein psychiatrisches Kankenhaus im Alter von 13 Jahren „tobte“ er, schlug mit Kopf und Fäusten gegen Wände und Schränke und griff die begleitende Mutter an. Er ist jetzt 27 Jahre alt und konnte wegen der fortdauernder schweren Aggressivität nie mehr aus dem Krankenhaus entlassen werden. Er schlägt plötzlich auf andere Menschen ein. Eine Schwester, die nicht acht gibt, kann plötzlich und ohne ersichtlichen Grund einen Schlag ins Gesicht bekommen.

Alle drei Patienten waren steif in ihren Bewegungen und Haltungen. Die Mutter des erstgenannten Patienten hat nach eigener Untersuchung eine periodische Katatonie. Durch sie wurden wir erst auf den Sohn aufmerksam. Der zuletzt genannte Patient zeigt eine starke familiäre Belastung, wie sie für die periodische Katatonie charakteristisch ist. Sein einziger Bruder ist einerseits imbezill wie er selbst, zeigte aber außerdem, als wir ihn im Alter von 19 Jahren sahen, eine solch schwere Unruhe am ganzen Körper, daß ich an eine Phase einer periodischen hyperkinetischen Katatonie dachte. Der unruhige Zustand bestand erst seit mehreren Monaten, konnte also ein akuter katatoner Schub sein. Der Vetter des Probanden war ebenfalls imbezill, veränderte sich aber vor einem halben Jahr, als er 23 Jahre alt war. Er verweigerte in der geschützten Werkstatt die Arbeit, griff seine Mitarbeiter an und wurde auch zu Hause gegen Angehörige und andere Personen aggressiv. Er schlug Scheiben ein und griff seine Mutter an. In der Klinik ist er jetzt teils freundlich, teils gereizt. Seine Bewegungen sind steif. Manchmal dreht er den Kopf iterativ hin und her. Es ist deutlich, daß er einen katatonen Schub hat. Für eine Erbform von Imbezillität spricht nichts. Alle vier Eltern der Brüder und ihres Vetters sind intelligente Menschen. Dagegen könnte bei dem gemeinsamen Großvater wieder eine erbliche Disposition zur periodischen Katatonie vorliegen, denn er ist kontaktarm, zeigt eine steife Haltung und hat eine unharmonische Mimik, die manchmal fast etwas grimassierend aussieht.

Wenn die drei Probanden, wie ich vermute, an einer periodischen Katatonie leiden, obwohl kaum eine Periodik erkennbar ist, muß man annehmen, daß diese Krankheit früh in der Kindheit beginnen und einerseits zu Retardierung, andererseits zu einem chronischen Zustand von Reizbarkeit und impulsiver Aggressivität führen kann.

Die Probanden könnten zeigen, daß ein sehr früher Krankheitsbeginn einen besonders schweren Zustand erzeugt. Aber auch unabhängig von diesen besonders gestalteten Fällen kann man aus dem verschiedenen *Erkrankungsalter* eine verschiedene *Prognose* der Kindheitsschizophrenien ableiten. Die systematischen Katatonien mit ihrem großenteils sehr frühen Beginn führen fast immer zu einem schweren Defekt, die zykloiden Psychosen mit ihrem späten Beginn heilen von jeder Phase. Sonach gibt der frühe Krankheitsdeginn also nicht unmittelbar die schlechte Prognose, sondern er weist nur darauf hin, daß die systematischen Schizophrenien mit ihrer ungünstigen Prognose besonders früh einsetzen.

d) Verteilung der Einzelformen frühkindlicher Katatonien

Ich brauche mich weiterhin nur mit den systematischen Katatonien zu beschäftigen, da ich nur diese mit Sicherheit in der frühen Kindheit beobachten konnte. Ich sehe jetzt von den 13 Fällen ab, die mit diesem frühen Beginn auf der Tabelle 20 verzeichnet sind, und beziehe mich auf die 117 Fälle, die ich auf den Abteilungen mit vermeintlichen idiotischen Patienten fand. Auf Tabelle 21 sind die Patienten mit ihren genaueren Diagnosen verzeichnet. Man findet die Einzelformen systematischer Katatonie, wie sie auch im Erwachsenenalter vorhanden sind. Die verschiedene Häufigkeit der Einzelformen, die auf der Tabelle angegeben ist, weist sicher nicht auf ein allgemein verschiedenes Vorkommen hin, sondern auf einen Unterschied in der Behandlungs- und Überwachungsbedürftigkeit der Kranken verschiedener Symptomatik. Die negativistischen

Tabelle 21
Die genaueren Diagnosen bei 117 Katatonien mit Beginn in den ersten Lebensjahren

Einfach-systematische Katatonien	männlich	weiblich	zusammen
Sprechbereite Katatonie	3	6	9
Sprachträge Katatonie	5	6	11
Proskinetische Kataonie	9	2	11
Negativistische Katatonie	14	6	20
Parakinetische Katatonie	7	3	10
Manierierte Katatonie	10	10	20
Zusammen	48	33	81
Kombiniert-systematische Katatonien	18	18	36
Zusammen	66	51	117

Kinder sind durch ihre Aggressionen und Autoaggressionen die schwierigsten Patienten; dadurch erklärt sich ihre große Zahl auf den Abteilungen. Die manierierten Katatonen, die nach Tabelle 21 ebenso häufig sind, machen durch ihre Bewegungs- und Unterlassungsmanieren viel Schwierigkeit.

Das *männliche Geschlecht* überwiegt zahlenmäßig. Das fand ich ähnlich bei der systematischen Katatonie des Erwachsenenalters. Es könnte sich damit erklären, daß die Jungen gegen eine Isolierung von Kameraden und von der Mutter — auf letzteres werden ich gleich zu sprechen kommen — empfindlicher sind als die Mädchen. Es fällt aber auf, daß bei der frühkindlichen Katatonie dieser Unterschied in den Geschlechtern nur bei den einfachen systematischen Katatonien vorhanden ist; bei den kombinierten Formen findet man die Mädchen ebenso häufig. Bei Erkrankung im Erwachsenenalter nähern sich die Zahlen von Männern und Frauen bei den kombinierten zwar auch etwas einander an, aber doch nicht in diesem Ausmaß. In einer Untersuchungsreihe von 209 katatonen Männern war das Verhältnis von einfachen zu kombinierten Fällen 100 : 47,1, bei 200 katatonen Frauen betrug es 100 : 56,9. Bei den männlichen Kindern besagen die Zahlen 48 und 18 der Tabelle, daß hier auf 100 einfache Formen nur 37,5 kombinierte treffen. Vielleicht lassen sich die Verhältnisse damit erklären, daß die männlichen Kinder biologisch empfindlicher sind als die weiblichen. Sie haben, wie man weiß, eine höhere Sterblichkeit. Es ergäbe sich folgende Erklärung: Die Mädchen erkranken relativ oft erst dann, wenn die Katatonie auf zwei Systeme zugleich trifft, die Jungen sterben relativ oft, wenn zwei Systeme zugleich ergriffen werde. Über eine Lebensgefährdung wird man sich nicht wundern, wenn ich die schweren Bilder der frühkindlichen Katatonie, besonders der kombinierten Formen, schildern werde. Wenn nicht die Krankheit selbst, so kann doch die Ernährungsstörung, die sich häufig einstellt, zum Tod führen.

e) Unterscheidung der frühkindlichen Katatonien von Schwachsinnszuständen

Ehe ich auf die spezifischen Syndrome eingehe, die eine systematische Katatonie der frühen Kindheit mit Sicherheit erkennen lassen, soll allgemeiner gesagt werden, wie die Unterscheidung von einer Idiotie möglich ist. Durch meine Ausführungen wird zunächst das, was man „Praecoxgefühl" nennt, in die Erörterung mit einbezogen und etwas konkreter unterbaut. Früher sagte man, von Schizophrenen bleibe man immer „wie durch eine Glasscheibe" getrennt. Dieses sogenannte „Gefühl" entsteht, wie ich feststellen kann, durch das *Fehlen natürlicher Ausdrucksbewegungen*, die unmittelbar von Mensch zu Mensch wirken. Man empfindet ihren Ausfall und ebenfalls ihre Steifheit bei Schizophrenen, sobald man sich ihnen zuwendet. Bei schizophrenen Kindern hat man das „Gefühl" noch deutlicher als bei erwachsenen Kranken. Gegenüber idiotischen Kranken fehlt es. Ich kann etwas überspitzt sagen: Idiotische Kranke verhalten sich in primitiven Reaktionen, die keine Intelligenz erfordern, normal, Schizophrene auch hier nicht. Redet man idiotische Kranke an, dann wenden sie sich mit Kopf und Augen zu, in ihrem Gesicht prägt sich, wenn auch oft nur wenig und recht plump, eine aufmerksame Zuwendung aus. Wenn sie nicht allzu tief idiotisch sind, ist die Zuwendung deutlicher, sie suchen Kontakt. Fragt man sie nach ihrem Namen, dann versuchen sie wahrscheinlich, diesen lallend auszusprechen. Sind sie auch dazu nicht in der Lage, dann pflegt sich doch ihr Gesicht aufzuhellen, wenn man sie mit ihrem Namen ruft. Tut man dies sehr freundlich, dann lächeln sie meist. Falls Schwachsinnige zufällig gerade ablehnend oder gereizt sind, dann muß man einen besonders freundlichen und aufmunternden Tonfall annehmen, dann erreicht man auch von ihnen eine gewisse Zuwendung, durch die man einen Kontakt gewinnt. Da Ausdrucksbewegungen unmittelbar wirken, wird man von einem freundlichen Blick oder einem Lächeln, auch wenn es von einem idiotischen Kranken kommt, berührt und kommt ihm dadurch gefühlsmäßig näher.

Bei Kindern mit Katatonie findet man all das anders, man kommt innerlich nie an sie heran, sie bleiben uns immer fremd; sie können sich äußerlich zuwenden, man vermag aber aus ihrem Gesichtsausdruck nicht abzulesen, ob es sich um eine Zuwendung im Sinne einer Kontaktaufnahme handelt oder vielleicht nur um eine reflektorische oder automatische Bewegung. Sie kommen manchmal mit Kopf und Augen oder sogar mit dem ganzen Körper heran, man weiß nicht, was dies bedeutet, da ihr Gesicht nichts darüber aussagt. Sie können lächeln, können übers ganze Gesicht lachen, man fragt sich vergebens, was das bedeutet. Lachen sie, weil sie sich freuen? weil sie sich über etwas belustigen? aus Freundlichkeit? oder vielleicht nur aus einem Automatismus oder einer Stereotypie? Ihre Ausdrucksbewegungen sprechen nicht mehr, ihre Gesichter sehen wie Masken aus, ihre Gesichtsbewegungen wie Grimassen. Durch diesen Mangel an natürlicher Kontaktaufnahme und natürlichen Ausdrucksbewegungen wirken kindliche Katatone auf ihre Altersgenossen wie Fremdkörper, die nicht in die Gemeinschaft passen. Die gesunden Kinder suchen vielleicht zunächst Kontakt, aber es tritt ihnen nichts entgegen, was sie verstehen, sie ziehen sich zurück und gehen um das kranke Kind herum.

Dieses schizophrene, vom Gesunden so empfundene Fremdsein, ist etwas anderes, als die autistische Zurückgezogenheit, wie sie ASPERGER[1] von seinen Patienten schildert. Deren Verhalten ist für den Normalen nicht unverständlich; denn dieser zieht sich unter gewissen Umständen auch in sich zurück. Ich bin darin mit ASPERGER selbst einig, der schreibt: „Es ist ganz allgemein eine Möglichkeit des Menschen, sich autistisch zu verhalten.“ Der Gesunde versteht demnach das Verhalten des Autisten, er lehnt es nur als Dauerhaltung ab und reagiert, wenn er noch ein Kind ist, leicht aggressiv darauf. Die Autisten von ASPERGER waren regelmäßig den Hänseleien von Seiten ihrer Altersgenossen ausgesetzt, sie verstanden selbst auch, wie die Hänselein gemeint waren, und reagierten mit Wutanfällen oder versteckten Bosheiten. Es handelt sich hier um einen Streit zwischen Kindern verschiedener Grundhaltung. Mit schizophrenen Kindern kommt solch ein Wechselspiel nicht mehr zustande. Die gesunden Kinder können das Verhalten des schizophrenen Kindes nicht mehr nachfühlen und vermögen daher nicht angepaßt darauf zu reagieren. Falls auch autistische Kinder in der Gemeinschaft als Fremdkörper wirken, so doch nie in dieser eigenartigen Weise. Man kann es so formulieren: Schizophrene Kinder haben für gesunde Kinder keine Seele mehr, autistische Kinder haben nur eine andere Seele. Man darf einen einfühlbaren Autismus nicht mit einer schizophrenen Unnahbarkeit verwechseln.

Wahrscheinlich trifft die Schilderung, die ich von schizophrenen Kindern gebe, für manche Autisten von KANNER[2] zu. Ist es der Fall, dann wird man auch die sonstige Symptomatik, die eine schizophrene Störung beweist, nicht vermissen. Einige Patienten von KANNER wurden ähnlich wie meine für idiotisch gehalten, während die Kinder von ASPERGER in ihren Leistungen meist über dem Durchschnitt standen.

Von einer Verwechslung mit einer Idiotie schützt man sich ferner dadurch, daß man genauer auf die Fähigkeiten achtet, die schizophrene Kinder noch besitzen. Man erkennt sie, wenn man sich den Kindern stärker widmet und die Schwierigkeiten, die sich durch die schizophrene Störung ergeben, zu überwinden oder zu umgehen versteht. Man stellt dann viele Fähigkeiten fest, die bei einem echten Schwachsinn höheren Grades keinesfalls mehr erwartet werden können.

Ich habe über zwei Mädchen berichtet, die für idiotisch gehalten wurden[3], aber tatsächlich frühkindlich kataton erkrankt waren. Das eine Mädchen konnte später einen Arbeitsvertrag in einer Wäscherei erhalten, das andere, das in Zusammenhang mit einer Manier nicht sprach und nicht schrieb, lernte unter intensiver Zuwendung durch die Mutter schließlich Schreibmaschine schreiben. Natürlich bleibt die intellektuelle Entwicklung der Kinder, die in den ersten Jahren ihres Lebens kataton werden, zurück, aber vielleicht mehr aus Mangel an Ausbildung als auf biologischer Grundlage. Man muß bedenken, daß ein gesundes Kind in den vielen Jahren des Schulbesuches nicht nur ungemein viele Kenntnisse erwirbt, sondern auch im logischen Denken ge-

---

[1] ASPERGER, H.: Zur Differentialdiagnose des kindlichen Autismus. Acta paedopsychiat. **35** (1968) 136–146.

[2] KANNER, L.: The specificity of early infantile autism. Z. Kinderpsychiat. 25 (1958), 108–113.
LEONHARD, K.: Als geistige Behinderung verkannte Kindhheitsscizophrenie. In: Nissen, G. (Hgb.): Psychiatrie des Schulalters. Verlag, Hans Huber, Bern–Stuttgart–Wien 1984, S. 28–46

fördert wird. Keines der Kinder meiner Beobachtung konnte beschult werden, die schizophrene Haltung verhinderte es in allen Fällen. Bei einer Patientin früherer Beobachtung, die jetzt 32 Jahre alt ist, erreichten die Eltern einstmals mit meiner Hilfe, daß sie Einzelunterricht erhielt und auf diese Weise eine gewisse Schulbildung durchmachte. Sie erwarb sich manche Kenntnisse und ist jetzt seit vielen Jahren trotz ihrer schweren katatonen Störung erfolgreich in einer geschützten Werkstatt tätig. Zum Mangel an Ausbildung kommt bei den schizophrenen Kindern der Mangel an Umgang mit anderen Menschen, vor allem mit ihren Altersgenossen, so daß sie auch wenig Allgemeinwissen erwerben können.

Idiotische Kinder bleiben oft auch in ihrer *körperlichen Entwicklung* zurück und sehen als Erwachsene noch wie Kinder aus. In dieser Beziehung verhalten sich die katatonen Kinder, wie wir sehen werden, ähnlich.

f) Zustandsbilder der frühkindlichen Katatonie

Wenn ich nun auf die Syndrome zu sprechen komme, die sich bei den Katatonien der frühen Kindheit finden, so nehme ich einige *Modifikationen*, die sich durch die kindliche Psyche ergeben, schon vorweg. In Zusammenhang mit der allgemeinen Retardierung bleibt die *Sprachentwicklung* zurück. Die Folge ist, daß bei Syndromen, die im Erwachsenenalter mit einer Spracharmut einhergehen, in der Kindheit ein völliger Mutismus besteht. Findet man aber bei einem katatonen Syndrom im Gegenteil einen erhöhten Sprachantrieb, dann bildet sich die Sprache trotz der Retardierung aus, wie man bei der sprechbereiten Katatonie sieht. Die größere *Bewegungsbereitschaft* des Kindes führt hier sogar dazu, daß sprachliche Äußerungen, wenn auch großenteils ohne Sinn, vermehrt hervortreten. Die kindliche Bewegungsbereitschaft ist auch sonst bedeutsam. Im Normalen kann man diese in ihrem Ausmaß erkennen, wenn man sieht, wie kleine Kinder auf dem Spielplatz durcheinanderwirbeln. Vor allem die Neigung, sich ständig den Vorgängen der Umgebung zuzuwenden, bleibt in der Krankheit erkennbar. So findet man bei einem Syndrom, welches im Erwachsenenalter mit einer fast völligen Abkehr von äußeren Vorgängen einhergeht, daß die Kinder doch noch um sich blicken, den Kopf drehen, wenn jemand zur Tür hereinkommt, zum Fenster sehen, wenn von dort ein Geräusch zu hören ist. Enthält andererseits ein Syndrom die Bereitschaft auf äußere Vorgänge mit automatischen Bewegungen zu reagieren, dann findet man diese Eigenart beim Kinde im verstärkten Maße, wie man bei der proskinetischen Katatonie feststellt. Eine andere Folge der motorischen Bereitschaft des Kindes greift stärker in die Syndromgestaltung ein. Manche Katatone neigen zu dranghaften Bewegungen. Bei Kindern kann diese Bereitschaft so massiv hervortreten, daß von Zeit zu Zeit, oft für lange Zeit, grobe schlagende und drehende Bewegungen pausenlos wiederholt werden. Man beobachtet dies bei der negativistischen Katatonie. Das iterative Wiegen mit dem Körper ist hier nicht zu zählen, da es auch bei idiotischen Kindern sehr häufig ist, sofern sie wenig angeregt werden. Aber schon ein ständiges Drehen und Wenden des Kopfes spricht viel eher für eine Katatonie. Gehört zum Syndrom eine Unruhe am ganzen Körper, wie man es bei der parakinetischen Katatonie findet, dann tritt diese Unruhe bei dem katatonen Kind verstärkt hervor.

Die Modifikation stellt man auch dann noch fest, wenn das Kind inzwischen älter oder gar schon erwachsen ist. Das ist außerordentlich wichtig und hängt wohl mit der allgemeinen Retardierung zusammen. Man kann aus diesem Grund manchmal schon aus dem Zustandsbild erschließen, daß die Krankheit schon in der frühen Kindheit begonnen hat.

Liegt ihr Anfang in der späteren Kindheit, dann findet man die Modifikationen, die wir im einzelnen bei jeder Form schildern werden, nicht mehr; nur in Andeutung stellt man sie noch fest. Wie es scheint, erfolgt bei voller Entwicklung der Sprache die Angleichung des Bildes an das des Erwachsenenalters. Wenn ich bei Annahme einer Katatonie der frühen Kindheit die Grenze bei dem vollendeten *dritten Lebensjahr* setze, so entspricht das wohl den objektiven Zusammenhängen. Ich sah zwei katatone Kinder, die mit 5 Jahren krank geworden waren (einen sprechbereiten Jungen und ein manieriertes Mädchen); die beiden boten schon die Bilder, die man bei Erkrankung in der späteren Kindheit und im Erwachsenenalter findet.

Zu den Modifikationen bei Beginn der Krankheit in der frühen Kindheit gehört auch ein *Fortbestehen der kindlichen Gefühlslabilität*. Obwohl die affektiven Äußerungen bei den katatonen Kindern ihren echten Ausdruck verlieren, springen sie doch noch verstärkt an. Wenn man bei einem Syndrom im Erwachsenenalter vielleicht nur noch gelegentlich ein Lächeln beobachtet, kann das gleiche Syndrom bei der frühen Entstehung der Krankheit mit einem kräftigen Lachen, das wegen des Fehlens eines echten Ausdruck als Grinsen erscheint, einhergehen. Ähnliches ist beim Weinen zu beobachten. Erwachsene Männer, die in den ersten Lebensjahren kataton erkrankten, können aus kleinen Anlässen noch weinen wie Kinder. In Angstäußerungen oder in einem Johlen kann man die affektive Labilität ebenfalls noch finden.

Ich habe nun die charakteristischen Syndrome der systematischen Katatonien anzuführen und zu zeigen, wie sie bei Kindern und Erwachsenen in gleicher Form, aber doch beim Kind modifiziert, hervortreten.

1. Einfach-systematische Katatonien der frühen Kindheit

Bei der *sprechbereiten Katatonie* findet man im Erwachsenenalter das vorschnelle Antworten mit Neigung zu Vorbeireden. Als wichtiges Symptom kommt hinzu, daß sich die Kranken mit einem leeren, ausdruckslosen Gesicht zuwenden, an welchem man nicht ablesen kann, welcher Art die innere Haltung bei ihren sprachlichen Äußerungen ist. Wenn die Krankheit schon in der frühen Kindheit begonnen hat, antworten die Kinder nicht nur, sondern sprechen auch spontan. Der Begriff der „Sprechbereitschaft" erfüllt sich dadurch noch besser als im Erwachsenenalter. Die sprechbereite Katatonie ist die *einzige systematische Form*, bei der sich die Sprache trotz eines Beginns in der frühen Kindheit *nicht zurückbildet*. Sicher liegt das daran, daß hier die Krankheit selbst sprachliche Äußerungen anregt. Allerdings fehlt bei den anderen Formen auch nur die *expressive Sprache*; was man zu den Kranken spricht, verstehen sie sehr gut.

Ein Patient ist jetzt 25 Jahre alt und wurde von jeher als idiotisch und bildungsunfähig angesehen. Er sprach bei meinen Untersuchungen schlecht artikuliert, man konnte ihn aber genügend verstehen. Er benannte die Gegenstände im Untersuchungszimmer fast alle richtig und zeigte damit, daß er nicht idiotisch war. Die Antworten kamen noch prompter, als man es bei Beginn der Krankheit im Erwachsenenalter findet. Neben den richtigen Antworten trat aber immer wieder ein *Vorbeireden* auf. War dies in einem Fall erfolgt, blieb der Patient, wie es auch sonst bei diesen Katatonen üblich ist, bei seiner falschen Bezeichnung, man konnte ihn drängen, soviel man wollte. So bezeichnete er ein Bild an der Wand als Buch. Er sagte nun im weiteren Gespräch, wenn man auf das Bild zeigte, immer von neuem: „Ein Buch, ein Buch." Später ging er dazu über, auch bei anderen Gegenständen zu sagen: „Ein Buch". Wenn er bei einer anderen Frage ein Lineal als „Stock" bezeichnete, obwohl es flach war, so war das vielleicht noch zu verstehen, aber er nannte dann auch ein Gießkännchen und einen Trichter „Stock". Als ich ihn gefragt hatte, wie sein Name sei, den er richtig angab, sagte er, als ich ihm kurz darauf einen Bleistift zeigte: „Name". Es sei ferner erwähnt, daß der Patient auch den charakteristischen *leeren Gesichtsausdruck* dieser Katatonen aufwies. Als eine kindliche Besonderheit kann man andererseits bezeichnen, daß der Patient regelmäßig auf die Gegenstände, die er benannte, mit dem Finger zeigte.

Abgesehen davon, daß er im Untersuchungszimmer auch solche Gegenstände richtig benannte, die in seinem Alltag nicht vorkamen, zeigte eine zufällige Beobachtung, daß es sich nicht um einen bildungsunfähigen Idioten handelte. Gegen Ende der Untersuchung wurde der Patient zunehmend weinerlich und schluchzte schließlich wie ein Kind. Während ich mich innerlich nach den Gründen fragte, kam die Krankenschwester herein und fragte, ob die Untersuchung noch lange dauere, der Autobus für den Ausflug stehe schon bereit. Es stellte sich heraus, daß der Patient geschluchzt hatte, weil er fürchtete, er werde bei dem Ausflug nicht mitgenommen. Er hatte den Zeitpunkt der Abfahrt richtig eingeschätzt und ging jetzt zufrieden mit der Schwester weg. Die fortbestehende Gefühlslabilität des Kindes war bei dem jetzt 25jährigen Mann sonach auch sehr eindrucksvoll zu erkennen.

Bei einem zehnjährigen Mädchen, das ebenfalls von jeher als idiotisch und bildungsunfähig galt, war die Sprache genügend artikuliert. Die Patientin äußerte bei einem steifen Gesichtsausdruck unter Pausen folgendes:

„Heute ist ein Tag — Der Onkel geht nach Hause — Auf Wiedersehn — Pudding gibts heute — Der Mann kommt nicht — Peggy (ihr Name) fährt nach Hause — Der Onkel geht nach Hause und die Frau — Kompott gibts heute — Eine Boulette gibts nicht — Der Onkel geht nach Hause — Heute ist ein Tag — ...". So ging es weiter. Das *Perseverieren* der sprechbereiten Katatonie ist hier sehr deutlich zu erkennen. Das *Vorbeireden* trat bei Fragen hervor. Nachdem die Patientin im Untersuchungszimmer viele Gegenstände richtig benannt hatte, zeigte ich auf die Gardine, sie sagte: „Ein Haus." (Die Frage wird wiederholt) „Eine Sonne". (Die Frage wird eindringlich wiederholt) „Eine Sonne." (Es wird auf den Heizkörper gezeigt) „Ein Dach, die Peggy geht nach Hause." (Wäscheklammer) „Ein Stock, eine Sonne, ein Dach, eine Sonne." (Schal) „Ein Dach." (Bist Du ein Mädchen oder ein Junge?) „Junge, die Frau geht nach Hause." (Bist Du ein Junge oder ein Mädchen?) „Junge, Mädchen, auf Wiedersehn." (Bist Du ein Mädchen?) „Mädchen, Junge, wie spät es auf meiner Uhr ist, heute ist ein Tag." —

Wieder ganz so, wie man es beim Erwachsenen findet, war das Kind nicht dazu zu bewegen, auf eine Frage, die es falsch beantwortet hatte, doch noch eine richtige Antwort zu geben. Bei der letzten Frage griff es dann kurzschlüssig das letzte Wort auf. Ähnliche Antworten kann man bei Kindern wie bei Erwachsenen provozieren. Fragt man: „Ist heute Mittwoch oder Dienstag?" können sie antworten: „Dienstag". Formuliert man nun anschließend: „Ist heute Dienstag oder Mittwoch?" dann können sie sagen: „Mittwoch".

Die Modifikation durch die kindliche Psyche ändert das Bild auch sonst wenig. Es kommt nur noch hinzu, daß die Kinder *impulsiv reagieren.* Die erhöhte Bewegungsbereitschaft führt bei ihnen nicht nur zu einem vermehrten Sprechen, sondern auch zu einem vermehrten Handeln. Äußeren Eindrücken gehen sie nach, auf Gegenstände, die sie nennen, zeigen sie, bei Ärger werden sie schnell aggressiv. Das beschriebene Mädchen schlug zwischendurch nach meiner Begleiterin, Frau v. TROSTORFF, über die es sich anscheinend ärgerte. Der geschilderte Junge zerriß im Zorn Wäsche, außerdem lief er oft weg. Es handelt sich hier um etwas anderes als die aggressiven und autoaggressiven Entladungen, die wir bei der negativistischen Katatonie kennenlernen werden, die viel dranghafter sind. Es fehlt auch die Autoaggressivität der negativistischen Katatonen.

Von ganz besonderem Interesse war mir ein *kleines Kind*, das ich in einem Heim sah. Das Mädchen war 2 Jahre und 2 Monate alt und war gleich nach der Geburt in das

Heim gekommen. Als ich es sah, war es sehr unruhig, griff nach allem, was es sah, hantierte kurz daran und wandte sich dann dem nächsten Gegenstand zu. Es lief dabei ständig im Zimmer umher. Da das Mädchen dazwischen auch ruhig sein konnte, war noch an die Unruhe eines kleinen Kindes zu denken, aber wahrscheinlich mischte sich schon die Impulsivität der sprechbereiten Katatonie bei. Die kleine Patientin ließ sich auf ein Stühlchen setzen und wandte sich bei Anrede mit einem Blick zu, den man nicht deuten konnte, da in ihrem Gesicht keine Regung zu erkennen war. In dieser Weise blickte sie oft lange auf mich, so daß man ihre Zuwendung fast als etwas herausfordernd empfinden konnte. Manchmal kam sie mit Kopf und Körper nahe zu mir heran und sah mich an. Nie verzog sie dabei eine Miene, das Gesicht blieb immer völlig leer. Es war die Zuwendung der sprechbereiten Katatonie, bei der man wegen der leeren Mimik nie weiß, was sie zu bedeuten hat. Eine Antwort gab das Mädchen nicht, es waren überhaupt noch keine sprachlichen Ansätze erkennbar. Aber in auffälliger Weise gab das Mädchen von Zeit zu Zeit einen Laut von sich, der wie „hu" klang. Die Schwester hatte uns schon auf diese Eigenart aufmerksam gemacht. Ganz selten erschien ein mehr zusammengesetzter Laut, bei dem man an die Andeutung eines unartikulierten Sprachlauts denken konnte. — Ich glaube, daß sich bei diesem zweijährigen Kind die Sprechbereitschaft in der Lautäußerung zeigte, da eine Sprachentwicklung noch nicht erfolgt war. Es handelte sich nicht um eine affektive Lautäußerung, wie sie auch sonst bei Katatonen der frühen Kindheit vorkommt, sondern um ein einfaches, stereotyp wiederkehrendes Rufen. Eine Bestätigung der Diagnose ergibt sich dadurch, daß das Mädchen zu anderen Kindern keinerlei Kontakt sucht, wie die Schwester von sich aus betonte. Sichtlich zeigt sich darin schon der Autismus der sprechbereiten Katatonen. Es ist hochinteressant, daß sich die sprechbereite Katatonie schon erkennen läßt, obwohl noch keine Sprache vorhanden ist.

Bei der *sprachträgen Katatonie* besteht im Erwachsenenalter das spezifische Syndrom darin, daß sich die Kranken kaum zuwenden, nicht oder nur sehr wortkarg antworten und sich statt dessen dauernd mit ihren Sinnestäuschungen beschäftigen. Bei Kindern dieser katatonen Form kommen zu den katatonen Unruheerscheinungen andere hinzu, die man nicht als Reaktionen auf Halluzinationen auffassen kann. Die Patienten blicken auch auf Gegenstände, die sie um sich haben, scheinen sie kurz zu betrachten, können sogar nach einem Gegenstand kurz greifen. Sicher ist die kindliche Bewegungsbereitschaft für diese Besonderheit verantwortlich, da Kinder normalerweise zu kurzschlüssiger Einstellung auf die Vorgänge der Umgebung neigen.

Bei einem *16jährigen Jungen* fand sich bei der Untersuchung folgendes: Blickt mit Kopf und Augen unruhig um sich, zieht die Brauen hoch, macht schüttelnde und nickende Kopfbewegungen, zeigt sprachliche Lippenbewegungen ohne Lautgebung, lächelt für sich, zuckt mit den Schultern, macht gestikulierende Bewegungen, blickt flüchtig nach mir, ohnem ich zu fixieren. Auf Anreden gibt er nie Antwort, wendet sich auch jedes Mal nur kurz zu. Die halluzinatorische Unruhe war bei dem Jungen so deutlich ausgeprägt, wie man sie bei Beginn der Krankheit im Erwachsenenalter nur dann noch sieht, wenn die Kranken gerade in einer Erregung sind. Es kamen bei dem Jungen aber Bewegungen hinzu, die keine Beziehung zu Sinnestäuschungen hatten, sondern auf die Umgebung gerichtet waren. Er blickte zwischendurch auf das Krankenblatt, schlug auch einmal darauf, machte mit seinen Händen unbestimmte Bewegungen, griff auch dazwischen zu seinem Gesicht herauf.

Es ist sehr beachtenswert, daß diese Katatonen, die nie ein Wort sprechen, sich doch innerlich sprachlich äußern. Ihre Lippenbewegungen lassen immer wieder ein Sprechen erkennen; die Sprache tritt also nur nicht nach außen hervor. — Die Antriebsarmut ist bei Entstehung der Katatonie in der frühen Kindheit ähnlich hochgradig wie bei Auftreten im Erwachsenenalter. Das Wiegen des Oberkörpers findet man besonders häufig.

Bei einem *Jungen*, der erst *zwei Jahre und einen Monat alt* war, den ich im Heim sah, konnte ich bereits eine sprachträge Katatonie annehmen. Er wandte sich nicht zu. Ich bemühte mich sehr, ihn zu einer Reaktion zu veranlassen, scherzte mit ihm, lachte, schlug ihn herausfordernd auf den Bauch. Er blickte nur ganz flüchtig auf. Es war zu erkennen, daß er die schizophrene Kontaktunfähigkeit hatte. Er war aber außerdem nach innen abgelenkt. Ohne Beziehung zur Umwelt traten in seinem Gesicht immer wieder kleine mimische Bewegungen auf, er zog die Stirne etwas hoch, zog die Brauen etwas zusammen. Manchmal sah er ohne etwas zu fixieren mit einem etwas ratlosen Blick um sich. Einmal drehte er den Kopf, sperrte den Mund auf und gab unter Lächeln einen Laut von sich. Immer wieder machte er auch kleine gestikulierende Bewegungen. Es war unverkennbar, daß der Junge nach innen abgelenkt war. Er wandte sich andererseits reflektorisch zu, wenn äußerlich etwas geschah. Als die Schwester durch das Zimmer ging, folgte er ihr mit seinen Blicken; als ein Geräusch zu hören war, sah er in die entsprechende Richtung. Einmal machte er sich an seinen Beinen zu schaffen. Solche Zuwendungen nach außen erfolgten noch mehr als bei etwas älteren sprachträgen Kindern. Einmal lief er mir sogar entgegen, als ich den Saal betrat; gleich wandte er sich aber wieder ab. Bei der steifen Haltung, der mangelnden Ansprechbarkeit und der ständigen Abgelenktheit nach innen konnte ich eine sprachträge Katatonie annehmen.

Bei einem *anderen Jungen*, der zwei Jahre und einige Tage alt war, mußte ich eine kombinierte Katatonie mit einer sprachträgen Komponente annehmen. Er bot das Bild, das ich unten für die sprachträge-proskinetische Katatonie schildern werde. Die proskinetische Unruhe mit Zuwenden zu den Gegenständen, mit Laufen zu den Gegenständen hin, war hochgradig. Aber dazwischen verharrte der Junge für kurze Zeit, sah mit etwas ratlosen Blick ins Leere, achtete in diesem Augenblick nicht auf das, was um ihn vorging, sondern schien mit sich selbst beschäftigt zu sein. Wie der vorher genannte Junge hatte er eine leichte mimische Unruhe, zog die Brauen leicht zusammen, als ob er sich innerlich auf etwas konzentrieren wollte. Immer wieder einmal blickte er mit etwas geneigtem Kopf und geöffnetem Mund schräg nach oben und schien zu horchen. Manchmal lächelte er für sich. Die Abgelenktheit nach innen schien sich durch die Angabe der Schwester zu bestätigen, die äußerte, das Kind sei manchmal „wie abwesend“, als ob es nichts hörte.

Bei diesen beiden kleinen Kindern war eine Abgelenktheit nach innen erkennbar, obwohl man noch ganz offen lassen muß, ob sie die Innenvorgänge schon als Stimmen erleben. Wahrscheinlich tritt die Abgelenktheit nach innen auch dann schon auf, wenn noch keine sprachliche Funktion vorhanden ist.

Bei der *proskinetischen Katatonie* des Erwachsenenalters findet man ein Sprechen mit geringer Lautstärke, das zum Murmeln werden kann; dazu ein Nesteln mit den Händen und ein Verbigerieren. Bei Beginn der Krankheit in der frühen Kindheit scheint die Abweichung des Bildes zunächst sehr groß zu sein, denn die Kranken sprechen nicht, murmeln auch nicht. Nur selten einmal beobachtet man, daß undeutlich ein Laut geäußert wird. Beim Erwachsenen ist der Sprachantrieb nur insofern vermindert, als die Lautstärke herabgesetzt ist.

Infolge der mangelnden Sprachentwicklung erscheint die Diagnose der proskinetischen Katatonie im Kindesalter zunächst sehr schwierig, denn Murmeln und Verbigerieren stellen fast die wichtigsten Symptome dieser Krankheit dar. Ein Ausgleich ergibt sich aber dadurch, daß die Unruhe mit dem Nesteln und Greifen bei Beginn der Krankheit in der frühen Kindheit besonders lebhaft vorhanden ist. Außerdem greift die automatische Bewegungsbereitschaft, die dem Nesteln zugrundeliegt, in der Kindheit noch über diese kleinen Bewegungen der Hände hinaus. Die Patienten nesteln nicht nur an sich selbst oder an dem, was sie mit den Händen erreichen können, sie holen mit ihren Bewegungen weiter aus, beugen sich vor, um Gegenstände erreichen zu können, stehen auf, um näher heranzukommen und laufen zu den Gegenständen hin. Ein *8jähriger Junge* rannte bei meinen Untersuchungen ständig im Zimmer umher und tastete, klopfte, kratzte an allem, was er erreichen konnte, dies immer nur für einen Augenblick, dann war er schon wieder dem nächsten Gegenstand zugewandt. Das Symptom der automatischen Zuwendung, das der proskinetischen Katatonie den Namen gab, ist demnach bei Entstehung der Krankheit in der frühen Kindheit besonders aufdringlich vorhanden und läßt die Katatonie sogar relativ leicht erkennen. Die „Anstoßautomatie" findet sich wie im Erwachsenenalter; man darf sie nur, wie gesagt, nicht erwarten, wenn die Kinder noch sehr klein sind. Bei dem erwähnten zweijährigen Jungen mit der kombiniert sprachträge-proskinetischen Katatonie konnte ich sie gar nicht prüfen, weil er sich in einem ständigen Wechsel immer wieder einem anderen Gegenstand zuwandte oder nach ihm hinlief.

Wieder trifft man eine übertriebene Zuwendung zu den Vorgängen der Umgebung auch dann noch, wenn die Kranken inzwischen in das Erwachsenenalter eingetreten sind. Bei einem Jungen, der mit 16 Jahren schon fast erwachsen war, fand sich das folgende Bild: Sieht auf dem Tisch einen Teller mit Pralinen, ergreift ihn und schüttet die Pralinen, da wir dazwischentreten wollen, in der Eile auf den Boden. Er sammelt sie auf. Dann öffnet er einen Schrank, der im Zimmer steht, schließt ihn wieder, öffnet eine Schublade, holt sich ein Stück Holz (Rest eines Spielzeugs) heraus, nestelt daran, legt es zurück, klopft an die Wand des Schranks, bewegt das Nachtkästchen hin und her, läuft zum Untersuchungsbett, ergreift eine Tasche, die dort liegt, legt sie wieder hin, entdeckt unter dem Tisch eine Praline, holt sie sich, nimmt wieder das Holz aus der Schublade, dreht es hin und her. Es wird ihm weggenommen, was er ohne Widerstand geschehen läßt. Ähnlich konnte man ihn in allen seinen Tätigkeiten, auch in seinem Verlangen nach den Pralinen, unterbrechen. Er leistete nie einen Widerstand. Bei den negativistischen Katatonen werden wir es ganz anders finden. Wenn diese etwas behalten wollen, halten sie es mit Affekt fest. Bei den proskinetischen Katatonen geschieht alles automatenhaft.

Affektive Regungen fehlen zwar nicht, sind aber durchwegs sehr kraftlos. Bei Ängstlichkeit, Weinerlichkeit, Freude belebt sich das sonst leere Gesicht deutlich mehr, als man es bei Beginn der Krankheit im Erwachsenenalter findet. Der äußere Ausdruck des Gefühls kann sich sogar etwas übertrieben darstellen. Die kindliche Eigenart im affektiven Verhalten zeigt sich darin. Ein Lachen über das ganze Gesicht kommt vor. Der beschriebene Junge stieß immer wieder einmal einen johlenden Laut mit Lachen aus. Es bleiben aber in jedem Fall mehr Äußerungen von Gefühlen als Gefühle selbst. Die Bereitschaft zu automatischen Bewegungen scheint sich auch im Ausdruck motorisch auszuwirken.

Die Flachheit der Gefühlsäußerungen ist zu beachten, wenn man die Proskinese der Kinder von der *Hypermetamorphose erethischer Imbeziller* unterscheiden will. Bei den Katatonen ist die Zuwendung automatisch, die Hypermetamorphose ist dagegen an Gefühle gebunden. Die Kinder wenden sich hier Dingen zu, an die sich Wünsche knüpfen oder die ihr Interesse erregen. Oft eilen sie mit lebhafter Freude im Gesicht und freudigen Lauten dahin, wo sie etwas lockt. Wenn nichts lockt und nichts interessiert, geht die Unruhe zurück. Ein hypermetamorphotischer Patient unserer Beobachtung war gar nicht zu untersuchen, solange die Tasche, in der Frau v. Trostorff Schokolade hatte, in seinem Gesichtskreis war, fast gewalttätig drängte er immer wieder dorthin. Als die Tasche entfernt war, wurde er ruhig, anderen Gegenständen wandte er sich nicht zu. Bei der Proskinese ist es dagegen fast gleichgültig, ob Dinge Interesse erregen oder nicht. Nach der Schokolade, die Frau v. Trostorff den Patienten anbot, griffen sie zwar auch eifriger, auch mit etwas schnelleren Bewegungen, aber sie griffen doch auch ständig nach anderen Gegenständen, die kein Verlangen wecken konnten. Der Ausdruck, der im Gesicht erscheint, unterscheidet sich auch von dem schwachsinniger Kranker, er behält immer etwas Steifes, auch ein lebhaftes Lachen erscheint maskenhaft. Die Ausdrucksbewegungen der erethischen Imbezillen behalten dagegen einen natürlichen Charakter.

Das Bild der *negativistischen Katatonie* ist, so könnte man sagen, im Kindesalter noch typischer als im Erwachsenenalter. Als ich diese Form zum ersten Mal schilderte, beschrieb ich die Symptome mit etwas aufdringlichen Worten. Ich milderte meine Be schreibung später ab. Bei den negativistischen Katatonen des Kindesalters traten aber die wesentlichen Symptome eher noch massiver hervor, als ich sie einstmals schilderte, nämlich der *Negativismus*, die *negativistischen Erregungen*, das *triebhafte Verlangen* und die *Aggressivität*. Beim Kind kommt eine *Autoaggressivität* hinzu. Mit der Aggressivität machte ich bei den jetzigen Untersuchungen schon Bekanntschaft, als ich über eine Abteilung ging und die Patienten flüchtig begrüßte, um zu sehen, ob ich Verdacht auf eine Katatonie haben könnte. Statt meine freundlichen Worte zu erwidern, schlug mir eine Patientin gleich die Brille von der Nase. Die Angriffe erfolgen bei der negativistischen Katatonie so plötzlich, daß sie durch Überwachung kaum verhindert werden können. Sie haben oft einen heftigen, manchmal direkt gefährlichen Charakter.

Die Patientin, die mir die Brille herunterschlug, sah ich einige Tage später im Untersuchungszimmer. Sie schlug sich jetzt selbst mit Gewalt ins Gesicht, teils rechts, teils links, teils mit beiden Händen zugleich. Dann plötzlich stieß sie mit dem Fuß nach mir. Als ich ihr meine Schuhsohle entgegenhielt, stieß sie dagegen. Anschließend schwang sie ein Bändchen, das sie mitgebracht hatte unter gleichzeitiger Drehung der Hand dauernd hin und her. Von Zeit zu Zeit nahm sie das Bändchen in den Mund, hielt es mit den Zähnen fest und riß ein Stück davon ab. Den Rest schwang sie wieder im Kreis. Ich suchte ihr das Bändchen abzunehmen. Sie wehrte sich heftig dagegen, schlug nach mir. Das iterative Schwingen des Bändchens wird uns noch beschäftigen. Zunächst zeigt sich eindrucksvoll, wie sehr negativistische Patienten, deren Krankheit in der frühen Kindheit begonnen hat, zu Aggressionen neigen. Ein Patient meiner Beobachtung hatte einem Mitkranken die Fingerkuppe abgebissen. Da die geschilderte Patientin schon 20 Jahre alt ist, zeigt sich auch wieder, daß sich die kindliche Besonderheit im Zustandsbild bis ins Erwachsenenalter hinein erhält.

Als ich der Patientin das Bändchen nehmen wollte, bahnte sich eine *negativistische Erregung* an, die für die Krankheit so sehr charakteristisch ist. Bei einem anderen Patienten provozierte ich sie eigens. Da sich der 12jährige Junge in seinem Negativismus nicht setzen wollte, suchte ich ihn dazu zu zwingen. Ich schob ihn gegen den Stuhl, er wehrte sich und tat das immer heftiger, als ich versuchte, meinen Willen durchzusetzen. Er drehte sich, wandte den Körper ab, riß sich los, rutschte unter meinen Händen weg und kam dadurch fast auf den Boden zu liegen. Er bewegte seine Hand so schnell, daß ich sie nicht ergreifen konnte. Ich hob ihn am Körper hoch, er kam mit raschen Bewegungen aber schon wieder frei und rutschte vom Sessel, auf den ich ihn glücklich gebracht hatte, nach unten. Er blieb Sieger, es gelang mir nicht, ihn auf den Sessel zu setzen, obwohl er körperlich sehr zurückgeblieben war und bei weitem nicht die Kräfte eines gesunden 12jährigen Jungen hatte. — Eine weibliche Patientin kam in eine negativistische Erregung, als sie das Zimmer verlassen wollte und die Türe verschlossen fand. Sie begann gellend zu schreien, dies so anhaltend, daß ihr zwischendurch der Atem ausging. Sie schlug mit der Faust und mit den Beinen nach mir, stieß gegen die Türe und stampfte auf den Boden. Ich reichte ihr eine Praline hin, sie blickte erst negativistisch weg, nahm sie dann aber doch und wechselte jetzt zwischen Schreien und Kauen.

Ähnliche Erregungen kommen auch ohne äußeren Anlaß vor und stellen dann spontane *affektive Entladungen* dar. Die Patienten können zornige Laute ausstoßen, unartikuliert schreien, Gegenstände zerstören, Kleider und Wäsche zerreißen. Es kommen auch freudige Entladungen mit Johlen und lautem Lachen vor. Auch diese lassen sich manchmal auslösen. Ein Patient, der von Frau v. Trostorff Schokolade erhalten hatte und noch mehr erwartete, stieß johlende Laute aus, hopste auf seinem Stuhl auf und ab und klatschte in die Hände. Kurz vorher war er in gereizter Erregung gewesen und hatte mit den Füßen auf den Boden gestampft. Auch triebhafte Wünsche suchen die Kranken mit Heftigkeit durchzusetzen; nach dem Essen verlangen sie gierig. Einen Patienten haben wir eigens beim Essen beobachtet. Er nahm den Löffel so voll und bewegte ihn so schnell, daß immer ein Teil vorher herausfloß. Trotzdem war der Teller schneller leer als bei den anderen Patienten. Er griff jetzt nach dem Teller seines Tischnachbars, der ihn aber festhielt. Darauf griff er mit seinem Löffel in den Teller eines anderen Patienten hinein. Als er auch hier nicht zum Ziel kam, lief er der Schwester mit seinem Teller solange nach, bis er eine zweite Portion erhalten hatte, die er ebenso schnell wie die erste verschlang. Von einem anderen Patienten berichtete die Krankenschwester: „Er sucht sich immer etwas zu essen, weiß genau, wo in der Küche die Sachen liegen und holt sie sich, wenn er eine Gelegenheit findet; er nimmt Essen sogar aus dem Abfalleimer." Auch im Sexuellen sind die Kranken ungehemmt. Ein Mädchen wollte in erotischer Haltung an mich herankommen und griff sich dann onanistisch zwischen ihre Beine. Allerdings konnte ich bei den männlichen Patienten keine sexuellen Aggressionen gegenüber den Schwestern beobachten. Es scheint sich eine kindliche Bereitschaft, sich einer Autoritätsperson zu fügen, zu erhalten; denn es war immer wieder festzustellen, daß sich auch sonst aggressive Kranke den Schwestern fügten. Im Onanieren scheinen die männlichen negativistischen Katatonen exzessiv zu sein.

Die Aggressivität ist bei der Entstehung der negativistischen Katatonie in der frühen Kindheit mit einer *Autoaggressivität* verbunden. Es handelt sich hier um eine wichtige Modifikation des Bildes, denn bei Entstehung der Krankheit im Erwachsenenalter kommt Ähnliches nicht mehr vor. Der Drang kann so heftig sein, daß man eine Pflegeperson fast dauernd neben den Patienten stellen muß, wenn man die Autoaggressivität verhindern will. Die Kranken schlagen sich mit der Faust ins Gesicht, stoßen sich mit dem Kopf gegen harte Gegenstände, beißen sich manchmal auch. Manche Patienten haben Narben im Gesicht oder sonst am Körper, da sie sich bis zu ernsten Verletzungen beschädigt haben. Die Autoaggressivität hat sicher die gleiche Grundlage wie die Aggressivität. Wenn sich die inneren Spannungen entladen möchten, werden die Kinder wohl in ihrer Hilflosigkeit und Angst vor den Erwachsenen dazu gedrängt, die Aggressionen gegen sich selbst zu richten. Vielleicht hat man einen Übergang zwischen Aggression und Autoaggression vor sich, wenn manche ihre Kleider zerreißen. Autoaggressionen kommen in affektiven Spannungen zwar auch bei anderen Katatonen und bei Schwachsinnigen vor, aber nie so heftig und so gefährlich wie bei der negativistischen Katatonie. Narben als Folge von Selbstbeschädigungen sah ich nur bei negativistischen oder negativistisch kombinierten Kindern. Wenn sich Schwachsinnige schlagen oder beißen, so geschieht dies auch nur in starker Gereiztheit. Manchmal erkennt man unmittelbar, daß die Autoaggressionen der Katatonen dranghaften Charakter haben und von den Patienten selbst nicht gewünscht werden; denn es kommt vor, daß sie den Schwestern von sich aus die Hände hinhalten, um festgebunden zu werden. Bei meiner Untersuchung ließ sich eine Patientin die Binde, die sich gelöst hatte, gerne wieder um die Hände schlingen, sie half dabei selbst mit. Was ihnen nicht recht ist, lassen sich negativistische Kinder keinesfalls gefallen. Mit fortschreitendem Alter gehen die Autoaggressionen allmählich zurück, doch fand ich sie noch bei manchen Patienten, die inzwischen mehr als 20 Jahre alt geworden waren.

Wenn im Augenblick keine Gereiztheit besteht, brauchen die Kranken nicht grob ablehnend zu sein, aber doch erkennt man immer wieder die Bereitschaft dazu. Sie wenden sich nicht gern zu, blicken nach unten oder zur Seite, befolgen Aufforderungen nicht oder nur zögernd, ziehen die Hand zurück, die man ergreifen will. Wie bei erwachsenen Katatonen der negativistischen Form kann man oft eine *Ambitendenz* hervorlocken, wenn man sehr betont freundlich zu ihnen spricht. Die Hand, die eben zurückgezogen wurde, kommt nun doch entgegen, und ein Lächeln zeigt die innere Bereitschaft.

Man darf das Reichen der Hand in natürlicher Situation nicht mit *Gegengreifen* verwechseln, dem die *Anstoßautomatie* zugrunde liegt. Negativistische Kranke des Erwachsenen- wie des Kindesalters, die in Gereiztheit die Hand, die man ergreifen will, ruckartig zurückziehen, können trotzdem in ruhiger Verfassung unentwegt nach der Hand greifen, die man ihnen immer wieder entgegenhält. Tiefere Automatismen springen hier an. Im Kindesalter fehlt die Anstoßautomatie allerdings öfter als bei Beginn der Krankheit im Erwachsenenalter. Sicher liegt das wieder daran, daß die Affekte, darunter auch der Affekt der Gereiztheit, leichter anspringen. Auf Ablehnung könnte man es auch zurückführen, daß die negativistischen Kinder *nie eine Antwort geben*; bei Erwachsenen erhält man, wenn sie ruhiger Stimmung sind, einsilbige Antworten. Aber wahrscheinlich entwickelt sich die expressive Sprache schon gar nicht, wenn die Ablehnung so früh beginnt.

Negativismus, *Ambitendenz* und *Gegengreifen* können sich beim Kind noch eindrucksvoller verbinden als beim Erwachsenen. Bei dem *Jungen*, den ich eben wegen seiner negativistischen Erregung beschrieben habe, zeigte sich das in folgender Weise: Ehe ich ihn handgreiflich zum Sitzen drängte, hatte ich ihn aufgefordert, sich zu setzen. Er ging rückwärts gegen einen Stuhl hin und schien sich setzen zu wollen, bewegte sich dann aber wieder in umgekehrter Richtung. Bei meiner erneuten Aufforderung wiederholte sich sein Verhalten. Bei der dritten Aufforderung setzte er sich wirklich, stand aber gleich wieder auf. Insoweit trat in sehr eindrucksvoller Form die Ambitendenz hervor, sie führte dauernd hin und her. Der Negativismus folgte nach, als ich den Jungen nun in Befehlston zum Setzen aufforderte. Er reagierte jetzt gar nicht mehr. Anschließend kam mein Drängen und seine geschilderte negativistische Erregung, bei der er auch schreiende Laute ausstieß. Als ich ihn nicht mehr drängte, sondern ihm in seine Erregung hinein meine Hand reichte, unterbrach er sein Schreien und griff meiner Hand entgegen. Das wiederholte sich nun unentwegt, so oft ich ihm meine Hand hinhielt, obwohl seine Hand zunächst noch etwas verkrampft war.

Die Bereitschaft zu negativistischen Erregungen wird sicher durch die kindliche Bewegungsbereitschaft erhöht. Das gilt noch mehr für ein weiteres Symptom, das die kindliche Form der Krankheit auszeichnet. Negativistische Kindheitskatatone wiederholen immer wieder bestimmte Bewegungen so anhaltend, daß *Iterationen* entstehen. Es wurde eine Patientin erwähnt, die ein Bändchen hin und her schwang. Eine andere Kranke schleuderte ständig ihre Hände hin und her. Ein männlicher Kranker, der sich bei der ersten Untersuchung nur ablehnend verhalten hatte, wurde ein anderes Mal im Tagesraum angetroffen, als er von einem Stück Tuch, das er wahrscheinlich von einem Bettuch abgerissen hatte, immer von neuem einen Streifen abtrennte, einen Knoten hineinmachte, um ihn dann zu Boden zu werfen. Die Bewegungen sind, wie man hier sieht, teilweise komplizierter als bei den üblichen Iterationen, z. B. dem Wiegen des Körpers. Sie stellen wohl auch Entladungen dar und werden nur dadurch bis zur Iteration einförmig, daß sich nicht immer wieder andere Bewegungsformen anbieten. Man kann eine Parallele zu den Autoaggressionen sehen, da auch diese am häufigsten in Form eines iterativen Schlagens gegen den Kopf erfolgen. Die Iterationen unterbrechen die sonst stumpfe Bewegungsarmut oft lange Zeit.

Schließlich sind es auch wieder Entladungen, wenn Zustände von *Verkrampfung* auftreten. Manchmal krampfen die Patienten den ganzen Körper zusammen, ziehen die Schultern ein, drücken die Arme an den Körper heran und verziehen das Gesicht zu einer Grimasse. Nach einigen Sekunden lösen sich diese Zustände, können aber während einer Untersuchung mehrmals auftreten.

In Ruhe sind die negativistischen Katatonen der frühen Kindheit nicht so bewegungsarm, wie man es bei Entstehung der Krankheit im Erwachsenenalter findet. Ähnlich, wie wir es bei der sprachträgen Katatonie sahen, wenden sie sich oft den Gegenständen der Umgebung zu und hantieren manchmal auch daran. Solche Bewegungen einfacher Zuwendung laufen in einem normalen Tempo ab. Im Affekt werden die Bewegungen dagegen im Erwachsenenalter und noch mehr im Kindesalter ruckartig schnell. Dadurch wird die Motorik eckig und abrupt, deutliche Verzerrungen entstehen aber nicht. Bei einem Patienten konnte man besonders gut beobachten, wie verschieden der Ablauf der Bewegungen in Ruhe und in Erregung war. Entsprechend der kindlichen Bewegungsbereitschaft zeigte der 17jährige Junge gewisse Zuwendungen zu den Gegenständen, die in seinem Blickfeld lagen. Er griff nach dem Wasserhahn, nach der Seife, leckte daran, klopfte auf ein Rohr der Heizung, all das in ruhigen, sogar etwas trägen Bewegungen. Als ich ihm aber einen Löffel, den er auf dem Tisch gesehen und an sich genommen hatte, wegnehmen wollte, verhinderte er das mit außerordentlich schnellen Bewegungen, mit denen er meinem Zugreifen auswich. Als es mir schließlich gelungen war den Löffel zu nehmen, brachte er ihn mit einer plötzlichen Bewegung doch gleich wieder an sich.

Im Affekt treten auch *Ausdrucksbewegungen* stärker hervor. Zorn sieht man den Kranken bei ihrem steifen Gesicht zwar wenig an, aber doch erscheint eine gewisse Verkrampfung. Andererseits kann das ambivalente Lächeln, das in guter Stimmung erscheint zu einem Grinsen über das ganze Gesicht werden.

Eine negativistische Katatonie konnte ich in einem Heim schon bei einem *Mädchen* von 3 Jahren und 6 Monaten beobachten. Es hielt den Kopf nach unten, als ich es sah, und blickte etwas unwillig, als ich es scherzhaft zu ermuntern suchte. Ich ließ mit meinen scherzhaften Handlungen nicht nach, tippte der kleinen Patientin auf die Nase, auf den Bauch. Schließlich hob sie den Kopf und begann, meine Bewegungen nachzuahmen, indem sie selbst auf ihre Nase tippte. Ich griff das gleich auf und machte ihr Bewegungen vor. Ich stieß meine Zeigefinger gegeneinander; sie reagierte erst nicht, ahmte dann aber mit ihren eigenen Zeigefingern nach. Sie setzte diese ihre Bewegung eine Weile fort, obwohl ich selbst sie unterbrach. So ahmte sie weitere Bewegungen, die ich machte, nach. Schließlich faltete sie ihre Hände, weil ich selbst, ohne mir dessen bewußt zu sein, meine Hände gefaltet hatte. Sie bewegte die gefalteten Hände eine Zeitlang auf und ab. Es folgte ein Schlagen auf ihren Bauch, auf meine Hand. Dann rieb sie eine Zeitlang an meiner Hand. Es kamen weitere Iterationen. Zugleich lächelte sie jetzt. Wegen ihrer unfreundlichen Ablehnung im Beginn, des folgenden ambivalenten Lächelns und der Neigung zu iterativen Bewegungen vermutete ich eine negativistische Katatonie. Die Auskunft, die die Schwester gab, bestätigte die Diagnose. Die kleine Patientin schlägt oft ihren Kopf gegen die Wand, schlägt sich manchmal ins Gesicht. Vor 1/4 Jahr riß sie sich alle Haare aus (ihre Haare sind dadurch jetzt noch spärlich). Sie wird auch oft aggressiv, reißt anderen Kindern die Haare aus. Als sie noch kleiner war, konnte man mit ihr Kontakt bekommen, jetzt gar nicht mehr. Das Bild entspricht also völlig dem einer negativistischen Katatonie der frühen Kindheit. Von besonderem Interesse ist das echopraktische Verhalten, das zwar einer kindlichen Neigung entspricht, sich aber mit dem Händefalten fortsetzte, als ich nicht mehr vormachte. Ich glaube, daß sich hier eine frühkindliche Form der Anstoßautomatie zeigte, da es dem Kind viel näher liegt, nachzuahmen als gegenzugreifen.

Die *parakinetische Katatonie* zeichnet sich im Erwachsenenalter durch eine motorische Unruhe aus, die mit Verzerrungen im Bewegungsablauf einhergeht. Besonders betroffen sind Mienen und Gesten, aber auch Reaktivbewegungen und Willkürbewegungen laufen unharmonisch ab. Dazu kommt ein impulsives Handeln. Bei Beginn der Krankheit in den ersten Lebensjahren findet man es ebenso, doch ist die Unruhe größer. Sie ist andererseits einförmiger. „Parakinetische Manieren", d. h. Bewegungen, die stereotyp wiederkehren, gehören zwar auch sonst zum Bild, treten aber beim Kind stärker hervor. Ein Patient legte in kurzen Abständen die Hände mit ihrer Rückseite aneinander und führte sie dann in dieser Stellung an die rechte Kopfseite, wo sie kurze Zeit verharrten, während die Finger unruhige Bewegungen machten und das Gesicht noch stärker als sonst verzerrt wurde. Es kann eine Parallele zu der Tatsache bestehen, daß negativistische Kinder einförmige Bewegungen bis zur Iteration machen. Der Bewegungsdrang, dem nicht immer wieder neue Bewegungen zur Verfügung stehen, kann bei beiden Erscheinungen zugrundeliegen. Bei dem Kind, das nun geschildert wird, war das Greifen zur Nase und zum Mund solch eine Stereotypie.

Der *Junge* war 7 Jahre alt und zeigte die Unruhe in hohem Maße. Er lachte beim Hereinkommen ins Zimmer übertrieben, wandte sich zu, blickte gleich wieder in eine andere Richtung, turnte auf dem Stuhl, saß bald so, bald anders, kniete sich auf den Stuhl, ließ sich wieder herunterfallen. Dann saß er kurze Zeit ruhig, machte aber mit den Händen drehende Bewegungen ins Leere. Er griff mit schnellen und verzerrten Bewegungen zur Nase herauf, zog die Hand über Nase und Mund herunter und stieß zugleich blasende und schnüffelnde Geräusche aus. Dann verdrehte er die eine Hand ruckartig und äußerte Lachlaute. Unter Spreizen der Finger griff er mit verzerrter Bewegung wieder zur Nase herauf und streifte wieder über den Mund herunter. Ohne erkennbaren Grund trat immer wieder ein Lachen auf, das grinsend aussah. Grimassierende Bewegungen am Mund und an den Augen waren ständig zu beobachten. Unabhängig vom Lachen stieß der Junge gelegentlich einen Laut aus, der nach einem „I" klang und keinen Ausdruckcharakter mehr erkennen ließ. Abgesehen von der Verzerrung hatten die Bewegungen meist etwas Ruckartiges an sich, sie kamen aber nicht so plötzlich wie bei negativistischen Katatonen, die in Affekt sind.

Bei einem *Patienten*, der in der frühen Kindheit erkrankte, war die Unruhe, obwohl er jetzt schon 26 Jahre alt war, immer noch recht groß. Er kam mit schnellen Schritten fast laufend ins Zimmer herein. Das Gesicht war zu einer Grimasse verzerrt. Im Sitzen griff er dann mit den Händen in verdrehter Haltung nach vorn, führte sie zusammen, entfernte sie wieder voneinander und machte zugleich unnatürliche Fingerbewegungen. Dazwischen zog er die Schultern hoch, verzerrte das Gesicht und stieß kurze Laute aus. Aufgefordert, sich ruhig zu verhalten, unterbrach er seine Unruhe für kurze Zeit und hielt die Hände verkrampft auf die Oberschenkel. Gleich setzten aber wieder geschraubte Bewegungen der Arme ein. Im Stehen beteiligten sich die Beine an der Unruhe, der Patient trippelte hin und her.

Bei Patienten, die erst im Erwachsenenalter erkrankt sind, findet man die Unruheerscheinungen nicht mehr in einem ähnlichen Ausmaß. Sie können hier sogar ziemlich unscheinbar sein, in Krankengeschichten werden sie oft gar nicht erwähnt. Demnach ist die Diagnose bei Beginn im frühen Lebensalter leichter zu stellen.

Bemerkenswert ist, daß die parakinetischen Katatonen, die schon in der Kindheit erkrankt sind, *nicht sprechen*. Wenn manche Laute ausgestoßen werden, sind es keine Sprechlaute, sie leiten sich sicher von Ausdruckslauten ab. Nicht einmal ihren Namen nannten unsere Patienten. Bei Krankheitsbeginn in der späteren Kindheit oder im Erwachsenenalter findet man dagegen die charakteristischen „abspringenden Bemerkungen“, in denen irgend etwas zur Situation oder auch unabhängig von ihr gesagt wird. Man sollte glauben, es müßte sich bei den Kindern wenigstens ein schlecht artikuliertes Sprechen einstellen, da doch die sprechbereiten Katatonen bei Beginn der Krankheit in den ersten Lebensjahren auch sprechen. Vielleicht wird die Artikulation selbst, die eine feine Koordination erfordert, durch die parakinetische Störung verhindert. Ein jetzt 15jähriges Mädchen, das ich außerhalb der Untersuchungsreihe sah, konnte Worte sagen, die aber so schlecht artikuliert waren, daß nur die Pflegemutter diese verstand. Die Patientin nannte mir alle Gegenstände im Zimmer, ich hätte aber ohne Hilfe kein einziges Wort verstanden.

Wie bei der proskinetischen Form so ist bei der parakinetischen Katatonie eine Abgrenzung gegenüber den Unruheerscheinungen *erethischer Imbeziller* nötig. Wenn diese in freudiger Stimmung sind, kommen sie oft in eine große allgemeine Unruhe, in der sie trippeln, stampfen, viel Gesten und Mienen bieten und viele unbestimmte schüttelnde und schleudernde Bewegungen mit den Händen machen, die ruckartig ablaufen und an katatone Parakinesen erinnern können. Letztere lassen aber den Affekt vermissen. Bei den Bewegungen der Imbezillen muß man mehr an eine Verwandtschaft mit choreatischen als mit parakinetischen Bewegungen denken. Die ständigen Unruheerscheinungen, die bei kleinen Kindern ablaufen, sind auch normalerweise den choreatischen verwandt. Bei tiefstehender Idiotie kann die Unruhe schon bei geringer Anregung und ohne Affekt auftreten. Das erschwert die Abgrenzung. Man findet dann aber charakteristischerweise allein die schüttelnden und schleudernden Bewegungen, die in ihrer Schnelligkeit fast in einen Tremor übergehen können. Zugleich tritt eine Verkrampfung der Schultergegend, teilweise auch des Gesichts auf. Man wird bei dieser Unruheerscheinung bemerkenswerterweise an einen Vorgang erinnert, den der normale Mensch an sich selbst beobachten kann. Wenn es morgens Zeit zum Aufstehen ist, entschließt er sich manchmal nicht gleich, sondern „dehnt“ sich zunächst einmal, d. h. verkrampft Körper und Gesicht und schließt der Verkrampfung manchmal schüttelnde Bewegungen der Arme an. Ähnlich verkrampft man auch bei einem heftigen Gähnen nicht nur das Gesicht sondern auch den Körper und kann ebenfalls die Neigung haben, anschließend die Arme zu schütteln. Wahrscheinlich handelt es sich um eine atavistische Erscheinung, die im extrapyramidalen System ihre Grundlage hat. In Parallele zur „Schüttellähmung“ könnte man von einem „*Schüttelkrampf*“ sprechen. Man kann das Syndrom in dieser Form nicht mehr mit einer parakinetischen Störung verwechseln. Ich weiß nicht, ob es bei Idiotie schon beschrieben wurde; ich habe es jetzt erst kennen gelernt.

Bei einem $5^1/_2$*jährigen Mädchen*, das ich in einem Heim sah, schien sich interessanterweise die erethische Unruhe mit einer parakinetischen zu verbinden. Das Kind fiel mir schon in die Augen, als ich zum ersten Mal den Saal betrat, in welchem es war. Als ich das Kind näher ansah, konnte ich beobachten, daß die parakinetischen Bewegungen, die in einer mittleren Geschwindigkeit abliefen, immer wieder von sehr schnellen Bewegungen abgelöst wurden, in denen die Arme teils auf und ab, teils hin und her geschleudert wurden. Die schnellen Bewegungen sahen nicht harmonisch aus, aber deutliche Verzerrungen waren nur bei den ruhigeren Bewegungen vorhanden. Bei letzteren kam es zu parakinetischen Stereotypien. Immer wieder hob die kleine Patientin den einen Arm verdreht nach oben und legte ihn kurz mit dem Handrücken an den Mund; oder klopfte in dieser Haltung kurz gegen das Gesicht; dazu stieß sie krächzende oder grunzende Laute aus. Es war zu erkennen, daß die schnellen schleudernden Bewegungen unter Affektregungen auftraten, denn das verzerrte Lachen, das sie auch sonst oft zeigte, wurde dabei zu einem Grinsen über das ganze Gesicht. Wahrscheinlich war die Patientin von früher Kindheit an imbezill; die Katatonie lagerte sich darüber. Dies kann als bestätigt angesehen werden, da das Kind mit seinen 5 Jahren trotz der Bemühungen der Schwestern „noch gar nichts kann", wie die Schwester sagte. Es war noch unsauber und konnte erst seit 1 Jahr laufen. Es aß noch nicht allein. An sich intelligente parakinetisch katatone Kinder lernen die einfachen Verrichtungen unter Anleitung recht schnell. Wahrscheinlich hat sich die Katatonie schon sehr früh entwickelt, denn schon in einem Bericht über das erst 9 Monate alte Kind heißt es; „Auffällig sind die drehenden Bewegungen mit den Händen und das Drehen und Schaukeln mit dem Kopf". Vielleicht begann die Katatonie wegen des organischen Schwachsinns besonders früh. Es war oben von dem Zusammenhang zwischen frühkindlicher Schizophrenie und organischer Hirnkrankheit die Rede.

Die *manierierte Katatonie* des Erwachsenenalters kann äußerlich ein recht verschiedenes Bild bieten, je nachdem in welcher Richtung sich die Manieren entwickelt haben. Im Falle einer mangelnden Anregung des Patienten können Unterlassungsmanieren hohe Grade erreichen. Bei therapeutischer Zuwendung bleiben die Manieren dagegen in erträglichen Grenzen. Sie lassen sich oft zu einer beruflichen Tätigkeit mit einem manieriert-gleichförmigen Tagesablauf ausgestalten. Durch Ausfall der Ausdrucksbewegungen sind die Kranken in Haltung und Mimik starr.

Bei Kindern mit manierierter Katatonie sind die Manieren einförmiger aufgebaut, sie treten mehr als *Stereotypien* hervor. Wahrscheinlich liegt das daran, daß noch keine sehr festen Handlungsmuster ausgebildet sind, die aufzugreifen wären. Das Wiegen mit dem Körper und Kopf tritt regelmäßiger hervor als bei anderen Katatonien. Mancherlei andere Stereotypien kommen dazu: Ein Patient wiegte den Kopf nicht nur in der üblichen langsamen Form, sondern er schüttelte ihn zwischendurch hin und her. Ein Kranker stieß von Zeit zu Zeit einen seiner Arme zur Seite und bewegte den Kopf in der gleichen Richtung; es entstand eine Art Fechterstellung. Eine Kranke führte immer wieder winkende Bewegungen aus und tat dies auch über der Schokolade, die ihr hingehalten wurde. Ein Kranker stieß von Zeit zu Zeit einen singenden oder schmatzenden Laut aus. Ein Kranker klopfte sich von Zeit zu Zeit auf das Knie. Manieren im eigentlichen Sinne fehlen nicht ganz. Eine Kranke lehnte bestimmte Speisen ab und legte sich im Aufenthaltsraum von Zeit zu Zeit auf den Fußboden. Ein Kranker nützte jede Gelegenheit aus, um zur Türe oder zum Fenster hinauszukommen, nicht etwa, um zu entweichen; vielmehr ging er dann draußen umher, bis er wieder hereingeholt wurde.

Daß die Vereinfachung der Manieren zu Stereotypien mit einer sehr frühen Entstehung der Krankheit zusammenhängt, zeigte mir ein Junge, der nicht zur Untersuchungsreihe gehört, sondern erst im Alter von 10 Jahren erkrankte. Er hatte viele echte Manieren. Als ich ihn ins Zimmer hereinrief, machte er Schritte hin und her, drehte den Körper zur Seite, ging vorwärts und rückwärts und kam nicht von der Stelle. Als ich ihn ins Zimmer hereingedrängt hatte und ihn bat, er möge noch einmal über die Schwelle gehen, machte er vor der Türe nur von neuem Trippelschritte. Energischer aufgefordert, trippelte er noch mehr und machte jetzt zusätzlich kleine Sprünge. Aufgefordert, die Türe zu öffnen, faßte er mit beiden Händen zugleich das äußerste Ende der Klinke und drückte sie herunter. Meine dringende Aufforderung, die Klinke mit einer

Hand anzufassen, beantwortete er mit einem verlegenen Blick. Ich nahm seine Hand und wollte sie zur Klinke führen, er widerstrebte so heftig, daß es mir nicht gelang. Zu Hause hatte er vorher eine Zeitlang die Manier, sich immer von neuem fast bis zur Erde zu bücken. Außerdem durfte man ihn nicht anfassen; er wich sofort aus. Solche Manieren, d. h. an bestimmte Situationen gebundene Stereotypien, sind bei Entstehung der Krankheit in der frühen Kindheit durch einfache Stereotypien ersetzt, die keinen Situationen zugeordnet sind.

Als Unterlassungsmanier fand sich bei allen meinen Kranken ein *Mutismus*. An sich können die Kranken sprechen, unerwartet sagen sie oft etwas. Als ich den Namen eines Patienten falsch aussprach, fiel mir dieser ins Wort und nannte ihn richtig. Ich konnte aber nicht erreichen, daß er mir ein Wort antwortete, auch nicht erreichen, daß er seinen Namen noch einmal sagte. Eine sonst stumme Patientin sagte plötzlich während der Untersuchung: „Wie lange dauert das noch?" Von einem Patienten berichtete mir der Pfleger, daß er auf der Abteilung nie ein Wort sage, aber mit seinen Angehörigen, die ihn besuchten, spreche. Deutliche Unterlassungsmanieren anderer Art konnte ich bei den Kindern nicht finden, wahrscheinlich liegt das an der kindlichen Bewegungsbereitschaft.

Es ist bemerkenswert, daß die manierierten Katatonen, trotz Beginns der Krankheit in der frühen Kindheit, sprechen können, da sich bei den Katatonen mit Antriebsverarmung die expressive Sprache gar nicht ausbildet. Aber die manierierten Katatonen können hier nicht einbezogen werden, sie sind durch Unterlassungsmanieren behindert. Bei den Bewegungsmanieren, die in der Kindheit überwiegen, kann man sogar eine erhöhte Aktivität feststellen. Weitgehend erloschen ist bei der manierierten Katatonie nur die Ausdrucksmotorik.

Aufdringlicher als im Erwachsenenalter treten bei den manierierten Katatonen der frühen Kindheit auch *Haltungsstereotypien* hervor. Man kann sagen, im Sinne einer Bewegungsmanier werden bestimmte Stellungen eingenommen und im Sinne einer Unterlassungsmanier nicht mehr gelöst. Ein Kranker hält ständig die Hände vor den Körper; eine Kranke hält die Hände in Fauststellung. Eine Kranke hält die Finger in extrem vertrackter Haltung, einen Finger quer über die anderen gelegt. Ein Kranker geht in Spitzfußstellung. Ein Kranker hält den Mund ständig verkrampft, indem er die Zahnreihen weit öffent, die Lippen aber durch starke Anspannung doch noch aneinanderbringt; sein Gesicht sieht auf diese Weise merkwürdig nach unten verlängert aus. Ein Kranker hält einen kleinen Gegenstand, z. B. ein Stückchen Schaumgummi, anhaltend zwischen Daumen und Zeigefinger und verhindert mit aller Kraft, daß man den Gegenstand herauszieht. Ich werde diesen Patienten zusammen mit seinem Bruder, der an einer kombinierten Katatonie leidet, unten genauer beschreiben.

Bei Beginn der Krankheit in der frühen Kindheit bleiben die Patienten allgemein beweglicher, die kindliche Bereitschaft, sich der Umgebung zuzuwenden, macht sich bemerkbar. Auch wenn sie auf Anrede nicht reagieren, beobachten sie doch die Vorgänge der Umgebung. Manche blickten bei meinen Untersuchungen so sehr um sich, daß ich anfangs den Verdacht hatte, sie seien halluzinatorisch abgelenkt. Es war auch zu beobachten, daß sie auf das reagierten, was ich in ihrer Gegenwart diktierte. Als ich zum Beispiel sagte, der Kranke drehe ständig seinen Kopf hin und her, unterließ er dies für eine Weile. Im Erwachsenenalter wollen die Patienten oft mit einem Lächeln, wie es scheint, zu erkennen geben, daß sie sich auch anders verhalten könnten. Im Kindesalter wird manchmal ein steifes Grinsen daraus. Die größere Beweglichkeit des Kindes erkennt man auch daran, daß die charakteristische *Starre* in Haltung und Mimik zwar vorhanden, aber doch nicht so stark ausgeprägt ist wie bei einem späteren Beginn der Krankheit.

In einem Heim sah ich ein *Mädchen von 1 Jahr und 3 Monaten*, das ich für manisch-kataton halte. Es ließ sich durch meine Bemühungen in keiner Weise zu einer Reaktion anregen. Es saß nur immer steif auf seinem Stühlchen und hielt die Arme seitwärts vom Körper ab. Mit langsamen Bewegungen drehte es den Kopf hin und her und wechselte dabei die Blickrichtung zwischen mir und Frau v. TROSTORFF. Da das Mädchen nur selten einmal in eine andere Richtung blickte, mußte man diese fortdauernde Bewegung als Stereotypie auffassen, mag auch die Bereitschaft des Kindes, sich äußeren Vorgängen zuzuwenden, eine Rolle dabei gespielt haben. Als ich meine Arme ausbreitete, um das Kind in den Arm zu nehmen, kam es mir mit seinen Armen in keiner Weise entgegen. Es hielt dann auch auf meinem Arm seine beiden Arme vom Körper ab. Die gleiche Haltung zeigte es, als es auf dem Arm der Schwester war. Bei der völlig fehlenden Reaktion auf Ermunterung, bei der steifen Haltung und den stereotypen Kopfbewegungen mußte ich eine manierierte Katatonie annehmen, die also schon innerhalb der ersten 15 Lebensmonate begonnen hat. Als ich die Schwester fragte, ob das Mädchen besondere Gewohnheiten habe, berichtete sie, es habe die Eigenart, den Körper nach hinten fallen zu lassen, wenn man es auf den Arm nehme. Hebe man es vom Boden auf, müsse man acht geben, daß es nicht mit dem Hinterkopf auf dem Boden aufschlage. Da nichts auf eine muskuläre Schwäche hinwies — als das Kind im Stühlchen saß und auf meinem Arm war, hielt es sich nicht anders als andere Kinder des gleichen Alters — mußte man ein stereotypes Verhalten vermuten.

Bei einem *Jungen*, der eben 2 Jahre alt geworden war, vermute ich ebenfalls eine manierierte Katatonie. Er verhielt sich bei meinen Ermunterungsversuchen ebenfalls völlig reaktionslos. Sein Gesicht war steif oder sogar starr. Sein Bruder, der $1^1/_2$ Jahre älter ist, befindet sich auch in dem Heim; er ist ein gesundes lebhaftes Kind. Er begann den neben ihm sitzenden Bruder zu belästigen. Er holte aus dessen Hosentasche einen Stein heraus — wahrscheinlich hatte er ihn vorher hineingesteckt — und schob ihn unter die Kapuze des Bruders und zog diese über das Gesicht nach vorne. Dann suchte er den Stein wieder, fand ihn aber nicht und bog nun den Kopf und Körper des Bruders weit nach vorn, um hinter seinem Rücken nach dem Stein suchen zu können. Als er ihn nicht fand, griff er wieder unter die Mütze und bog dabei den Kopf des Bruders grob hin und her. Dieser machte bei all dem nur einmal eine kurze Abwehrbewegung, sonst ließ er sich alles reaktionslos gefallen. In seiner steifen Mimik war nur ganz flüchtig ein Unwille erkennbar. Auch als die Schwester sich auf meinen Wunsch hin an den Jungen wandte, blieb er ohne Reaktion und ohne Mimik. Stereotypien konnte ich nicht feststellen; daher kann ich nicht beweisen, daß meine Diagnose zurecht besteht. Aber woran sollte der Junge sonst leiden? Eine normale oder psychopathische Introvertiertheit kann nicht solche Grade annehmen. Vielleicht hat die Krankheit erst vor kurzem begonnen, so daß die charakteristischen Symptome noch nicht alle vorhanden sind.

2. Kombiniert-systematische Katatonien der frühen Kindheit

Bei den kombinierten Katatonien sind meine Aussagen weniger verbindlich, da ich von jeder Kombination nur einige wenige Fälle beobachten konnte. Aber die Fälle der gleichen Kombination glichen sich großenteils so sehr, daß die festgestellten Syndrome als genügend gesichert angesehen werden konnten. Sie waren ja auch nicht erst entdeckt, sondern schon im Erwachsenenalter beobachtet. Beide Beschreibungen ergänzen sich gegenseitig. Manches Syndrom trat in seiner charakteristischen Form bei

Entstehung in der frühen Kindheit noch deutlicher hervor, so daß nun umgekehrt die Beschreibung, die ich für das Erwachsenenalter gegeben habe, bestätigt wurde.

Bei Verbindung einer *sprechbereiten* mit einer *sprachträgen* Katatonie erhöht sich im Erwachsenenalter das „Perseverieren" der sprechbereiten Katatonie, so daß immer von neuem wiederholt wird, nach Zwischenfragen noch einmal wiederholt wird, was einmal geäußert worden ist. Dazu kommt eine ständige halluzinatorische Abgelenktheit.

Eine Patientin, die in den ersten drei Jahren krank wurde und jetzt 23 Jahre alt war, beschäftigte sich bei meiner Untersuchung und auch sonst, wenn ich sie im Aufenthaltsraum sah, dauernd mit sich selbst. Sie flüsterte für sich, blickte um sich, gestikulierte auch zwischendurch etwas. Oft wandte sie Kopf und Augen horchend zur Seite. Eine Bestätigung des Halluzinierens ergab sich dadurch, daß sie sich öfter die Ohren zuhielt. Die sprachträge Komponente war nach diesem Verhalten gesichert. Würde diese allein bestehen, könnte man bei dem Auftreten in der frühen Kindheit keine Antwort erhalten. Aber die Patientin antwortete auf jede Frage, die ich ihr stellte. Leider war bei ihrer ganz unartikulierten Sprechweise nichts mit Sicherheit zu verstehen, es schien aber, daß sie oft nachsprach, was ich gefragt hatte. — Ein *anderer Patient* der jetzt 20 Jahre alt war, sprach zwar auch schlecht artikuliert, aber man konnte ihn doch meist verstehen. Das Echolalieren trat hier deutlich hervor. Die Eltern hatten das schon festgestellt und geäußert: „Er spricht alles nach wie ein kleiner Papagei". Bei meiner Exploration ergab sich: (Ist hier Brandenburg?) „Brandenburg". (Oder Berlin?) „Berlin". (Bist Du ein Junge?) „Junge". (Ist hier Abteilung 11?) „11". (Oder Abteilung 12?) „12". Ich spreche laut vor mich hin „Fensterrahmen", er wiederholt das Wort. So geschah es bei weiteren Worten, die ich vor mich hinsprach, ohne den Patienten anzusehen. Wenn ich mehrere Worte sprach, wiederholte er sie auch, aber die letzten Silben waren unartikuliert wie bei der vorher genannten Patientin ganz allgemein. Als ich sagte: „Nach Hause gehen", war das Wort „gehen" bei seinem Nachsprechen nur noch ein unbestimmter Laut.

Das *Echolalieren* werden wir noch bei anderen sprechbereiten Kombinationen finden Es stellt wohl eine kindliche Form des Perseverierens dar, indem die Kranken nicht eine Antwort, die sie gegeben haben, später wiederholen, sondern schon das nachsprechen, was sie hören.

Wenn sich eine *sprechbereite Katatonie* mit einer *proskinetischen Form* verbindet, entsteht bei Beginn der Krankheit im Erwachsenenalter ein verworrener Rededrang, in welchem man kaum noch einen sinnvollen Satz findet. Die erste Komponente erkennt man noch daran, daß Worte, die einmal ausgesprochen wurden, später öfter wieder erscheinen; die zweite Komponente führt dazu, daß manche Worte verbigatorisch wiederholt werden. Beim Kind treten beide Symptome noch deutlicher hervor als beim Erwachsenen. Da wenig Gedankeninhalte zur Verfügung stehen, setzt sich der Rededrang fast nur noch aus perseveratorischen und iterativen Worten zusammen. Ferner ist das Krankheitsbild beim Kind wieder durch die große Bereitschaft, sich den äußeren Vorgängen zuzuwenden, modifiziert. Es entsteht auf diese Weise ein Besprechen dessen, was die Kranken sehen.

Ein 11*jähriges Mädchen* begann beim Entreten ins Untersuchungszimmer gleich zu sprechen: „Ist es ein Buch? — Ist es ein Tisch? — Schokolade holen wir — Was ist das? (zeigt auf eine Mappe) — Tust Du nichts? — Schokolade holen wir — Ist der Onkel krank? — Suchst Du nichts? — Angst — ein Bleistift (zeigt auf die schreibende Ärztin). Ist es ein Stuhl? (zeigt auf den Se ssel). Ist es ein Stuhl, ein Stuhl? Ein Stuhl ist das — Wir essen Schokolade — Hast Du Angst? — Lampe an, oben eine Lampe — Tust Du nichts? — Tust Du nichts? — Was ist denn das, ein Onkel ist das. — Ist es eine Tante, ist es eine Tante? — Ein „Rumschreiber" — Ein „Uhrarm," eine Armbanduhr, ein Uhrarm — Armbanduhr — Tust Du nichts, hast Du Angst? — Ein Mädchen (zeigt auf ein Bild mit Kindern) — Ein Auto (Auf dem Bild ist auch ein Auto zu sehen) — Schuhe zumachen (öffnet und schließt den Reißverschluß an ihrem Schuh) — Onkel krank — Tust Du nichts? — Armbanduhr um — (zieht ihren Ärmel zurück, hat keine Uhr am Arm, will anscheinend die Uhr der Ärztin haben.) Blättert in einem Heft, das auf dem Tisch liegt und sagt: „Angucken, Buch, ein Hut, Onkel Angst hat, tust Du nichts?"

Man erkennt hier sehr eindrucksvoll, wie Worte, die einmal gesprochen worden sind, immer wieder erscheinen. Man stellt ferner fest, daß manche Worte iteriert werden. Dies war noch viel häufiger, als mitgeschrieben wurde. Die verstärkte Zuwendung durch die kindliche Art zeigt sich darin, daß immer wieder das besprochen wurde, was zu sehen war. Die meisten Gegenstände des Zimmers benannte das Mädchen richtig, daneben trat aber ein *Vorbeireden* auf. Bei einem Bild, auf dem keine Bücher zu sehen waren, sagte die Patientin: „Bücher". Bei einem leeren Blatt Papier sagte sie: „Spiele", bei einer Tonfigur: „Rute". Obwohl sie früher richtig von Büchern gesprochen hatte, bezeichnete sie eine Mappe — wie vorher das Bild — als „Buch". Auch *Wortneubildungen* erschienen. Obwohl sie vorher eine Heftklammer richtig als Klammer bezeichnet hatte, sagte sie später: „Bindarm". Wahrscheinlich klang ihr das Wort „Uhrarm" nach, das sie vorher an Stelle von Armbanduhr ausgesprochen hatte. Die Bezeichnung „Rumschreiber" sollte wohl bedeuten, daß man mit dem Kugelschreiber „herum"-schreiben könne. Es schienen noch weitere Wortneubildungen vorzukommen, aber Bezeichnungen, die den gezeigten Gegenständen nicht entsprachen, waren oft schwer zu verstehen, da die Patientin schlecht artikulierte und solche Worte nicht wiederholte. Das Mädchen erinnerte mit ihren sprachlichen Äußerungen an die Patientin, die ich oben als einfach-sprechbereit beschrieben habe. Auch jene Patientin zeigte nach den Gegenständen, die sie benannte; aber sie wandte sich den Gegenständen nicht zu, sie saß ruhig da, hatte ein steifes Gesicht und schien an nichts Interesse zu haben. Das jetzt beschriebene Mädchen war dagegen in ständiger Unruhe, zeigte nicht nur nach den Gegenständen, sondern beugte sich vor, um nahe heranzukommen und lief teilweise auch zu den Gegenständen hin. Es sprach auch viel anhaltender. Das andere Mädchen machte zwischen seinen Worten größere Pausen. Die proskinetische Komponente in einem Fall, ihr Fehlen im anderen, war deutlich.

Bei dem sprechbereit-proskinetischen Mädchen hatte ich trotz des charakteristischen Bildes anfangs Zweifel an der genannten Kombination, da die Mimik bei dem Kind nicht grob steif war, wie es bei der sprechbereiten und ähnlich auch bei der proskinetischen Katatonie im Erwachsenenalter der Fall ist. Aber proskinetische Kinder zeigen, wie oben erwähnt, mehr Ausdrucksbewegungen als Erwachsene. Überdies handelte es sich bei der geschilderten Patientin nicht um eine bewegte Mimik, sondern es prägte sich fast ständig ein lächelnder Ausdruck aus, der ihrer heiteren Stimmung entsprach. Ein anderes Mädchen der gleichen Kombination hatte während der Untersuchung fast immer ein weinerliches Gesicht.

Ich kann für diese Krankheitsform besonders gut zeigen, daß kindliche Gestaltung bestehen bleibt, wenn der Patient inzwischen erwachsen ist. Ich habe in der genannten früheren Arbeit einen Patienten kurz beschrieben, der in den ersten Lebensjahren an einer systematischen Katatonie erkrankte. Die genauere Kombination konnte ich damals noch nicht angeben, ich mußte inzwischen meine weiteren Beobachtungen machen. Diesen Patienten habe ich jetzt in einem Alter von 30 Jahren nachuntersucht und konnte feststellen, daß er ganz das Bild bietet, das ich eben bei dem Mädchen beschrieben habe. Die Befunde, die ich in seiner Kindheit festgehalten hatte, waren ebenfalls die gleichen. Der Patient sprach früher und auch jetzt viel, brachte aber immer nur die gleichen Redensarten vor und wiederholte viele iterativ. Er äußerte jetzt: „Das dauert aber sehr lange. Die Spritzen kriegen nur alte Leute. Wie lange dauert das noch? Das kriegen nur alte Leute. Kriegen die öfter, öfter, öfter? Dreimal und dann nicht mehr? Wenn 3 Jahre vorbei sind, dann vorbei und dann nicht mehr, überhaupt nicht mehr. Wieviel Jahre dauert das noch? Die Spritzen kriegen nur alte Leute.“ — Auch die Zuwendung war bei dem Patienten noch viel lebhafter als sonst bei Erwachsenen dieser kombinierten Katatonie. Er kam mit seinen Reden weit zu mir heran und tippte mir gelegentlich auf die Schulter.

Bei der *sprechbereit-negativistischen Katatonie* des Erwachsenenalters bleibt die Neigung zum Vorbeireden, oft werden aber einfach ablehnende Antworten gegeben oder die Kranken schweigen statt zu antworten. Dazu kommen die aggressiven Erregungen der negativistischen Komponente. Bei Beginn der Krankheit in den ersten Lebensjahren blicken die Kranken mehr um sich und neigen mehr zu Autoaggressionen als zu Aggression. Sonst findet man das gleiche Bild. — Eine *Patientin*, die jetzt schon 24 Jahre alt ist, blickte teils um sich, teils sah sie mich mit einem leeren Blick an, manchmal auch mit etwas feindlichem Blick von der Seite her. Auf Fragen gab sie teils Antwort, teils schwieg sie trotz Drängens. Als ich ihr den Rest eines hölzernen Spielzeuges aus der Hand nehmen wollte, wehrte sie sich. Die Gegenstände des Zimmers benannte sie richtig. Bei anderen Fragen schwieg sie oder redete vorbei. Meine „Standardbefragung“ verlief in folgender Weise. (Bist du ein Junge oder ein Mädchen?) „Ein Junge, ich heiße Gitta“. (Bist du ein Junge oder ein Mädchen?) „Ein Mädchen“. (Was nun? Ein Junge oder ein Mädchen?) „Ein Junge, ein Mädchen“. Nach anderen Fragen sagte sie später noch zweimal dazwischen: „Ein Junge“. — Ein *anderer Patient*, der von Geburt blind ist und jetzt 18 Jahre zählt, wußte erstaunlich viel, obwohl er für idiotisch gehalten wurde. So gab er mir seinen Geburtstag richtig an, ebenso die Adresse seiner Eltern, ferner das Datum und den Wochentag, an welchem er das letzte Mal in die Klinik gebracht worden war. Allerdings waren solche Angaben nur zu erhalten, wenn er nicht gerade vorbeiredete. Es kam zu folgendem Zwiegespräch: (Wo wohnst Du?) „Bei Vati“. (An welchem Ort?) „Bei Vati“. (Hier in Brandenburg?) „Ja“. (Oder bist Du von Potsdam?) „Ja“. (Oder von Berlin?) „Ja“. (Wie alt bist Du?) „10 Jahre“. (Wie lange bist Du schon hier?) „10 Jahre“. (Die Frage wird mit Betonung wiederholt.) „Auf der Kinderstation bin ich hier“. (Bist Du ein Junge oder ein Mädchen?) „Ein Junge und ein Mädchen“ (Du mußt doch entweder ein Junge oder ein Mädchen sein!) „Ein Junge und ein Mädchen“. Wenn man nicht erreichen konnte, daß eine falsche Antwort korrigiert wurde, so ließ sich das mit der sprechbereiten Katatonie allein erklären. Der Junge antwortete aber teilweise gar nicht, sondern schrie mit kurzen Unterbrechungen einen Laut heraus, der nach einem „A“ klang. Manchmal waren die Pausen so kurz, daß man fast von einem iterativen Schreien sprechen konnte. Man hatte wohl das negativistische Symptom der Iteration vor sich. Ferner trat die negativistische Komponente dadurch hervor, daß sich der Patient, wenn er nicht mechanisch daran gehindert wurde, seinen Oberarm blutig biß. Wahrscheinlich handelte es sich um ein Nagen am Arm, so daß auch hier die Iteration nicht fehlte. Die besondere Form der Selbstbeschädigung kam vielleicht dadurch zustande, daß der Patient wegen seiner Blindheit betont auf sensible Reize, die beim Beißen stärker sind als bei Schlagen, hingewiesen wird. Das Schreien kann durch eine Verlagerung der Motoris vom optischen auf das akustische Gebiet entstanden sein.

Bei Verbindung einer *sprechbereiten* mit einer *parakinetischen Katatonie* entsteht im Erwachsenenalter ein Rededrang, in welchem man noch die Elemente der ersten Form findet. Die parakinetische Unruhe wird daneben deutlich. Bei Auftreten der Krankheit in der frühen Kindheit ist die Sprache schlecht artikuliert. Ferner kann man neben kurzschlüssigen Antworten ein einfaches Nachsprechen finden.

Ein *Patient*, der jetzt schon 20 Jahre alt ist, hatte eine Unruhe am ganzen Körper in Form parakinetischer Bewegungen und sprach viel. Aber man konnte nichts verstehen, da die Artikulation so schlecht war. Nach Angabe der Schwester spricht er alles nach. Als ich ihm Worte vorsprach, äußerte er auch Worte, die aber nicht zu verstehen waren. Bei einer *Patientin* war der Rededrang geringer, man konnte hier trotz schlechter Artikulation vieles verstehen. Dabei wurde das *Vorbeireden* der sprechbereiten Katatonie deutlich. So gab die Patientin, die schon 35 Jahre alt ist, ihr Alter mit 7 Jahren an und wiederholte das bei späteren Fragen, obwohl sie zwischendurch andere Zahlen genannt hatte. Sie bezeichnete die meisten Gegenstände, die ihr gezeigt wurden, richtig, bildete aber teilweise neue Worte. So nannte sie ein Sitzkissen „Stuhldecke", ein hölzernes Lineal „Holzkamm". Es erschienen auch unverständliche Wortbildungen wie „Bunte" für einen Stempel. Das Wort „Füllung" für einen Papierkorb sollte wohl auf dessen Füllung hinweisen. Die schlechte Artikulation ist der parakinetischen Katatonie zuzuschreiben, die sprechbereite Katatonie ist dafür verantwortlich, daß das Sprechen nicht ausfällt. Echolalie trat bei der Patientin nicht hervor, vielleicht weil bei ihr der Drang zu sprechen geringer war als bei dem zuvor genannten Patienten.

Die völlige Ausdruckslosigkeit der sprechbereiten Katatonie glaubt man in der Kombination noch zu erkennen, obwohl infolge der parakinetischen Katatonie ständig grimassierende Bewegungen im Gesicht ablaufen. Insgesamt ist die Unruhe im Gesicht und auch am Körper geringer als bei der einfach-parakinetischen Katatonie.

Wenn im Erwachsenenalter zu einer *sprechbereiten Katatonie* eine *manierierte Form* kommt, dann sieht das Vorbeireden mehr als bei der einfachen Form beabsichtigt aus. Bei einem Kind, das noch nicht ähnlich überlegt, ist das weniger zu erwarten. Ferner stellt man im Erwachsenenalter fest, daß die perseveratorischen Antworten im weiteren Gespräch oft wiederkehren. Aus dieser Eigenart können beim Kind sprachliche Stereotypien entstehen. Ferner besteht hier eine Neigung, Fragen einfach zu wiederholen. Das *Echolalieren* ist hier noch deutlicher vorhanden als bei den Kombinationen, bei denen wir es schon getroffen haben. Als ich in Gegenwart eines Patienten erwähnte, daß ich ihn schon im Tagesraum gesehen habe, echote er: „Tagesraum". Als ich in seiner Gegenwart diktierte, sprach er immer wieder ein Wort aus dem Diktat nach. Dagegen wiederholte er nicht, wenn ich ein Wort ausdrücklich vorsprach. Man erkannte an diesem wechselnden Verhalten, daß an der Echolalie eine Manier beteiligt war.

Besonders eindrucksvoll trat mir die sprechbereit-manierierte Katatonie in der kindlichen Modifikation bei dem *9jährigen Bruder* einer Probandin entgegen, die ihrerseits an einer manierierten Katatonie litt. Wenn man ihm eine einfache Frage stellte, z. B. nach den Gegenständen im Zimmer fragte, dann antwortete er richtig, wiederholte aber einleitend immer die Frage selbst, etwa: (Was ist das?) „Was ist das, eine Ticktack." (Wie nennt man das?) „Wie nennt man das, Schuh." (Wo wohnst Du?) „Wo wohnst Du, Oranienburg." Als ich ihn einmal nicht richtig verstand, mahnte ihn die Schwester, deutlich zu sprechen. Er wiederholte: „Sprich deutlich, Ewald". Ferner äußerte der Junge stereotyp Redensarten, die er, als er noch zu Hause war, vom Vater gehört und damals wohl nachgesprochen hatte, z. B.: „Ewald, was hast Du gemacht, ob Du willst oder nicht, Du bist bitte ab halb achte!" Die letzte Äußerung ist schon in der Krankengeschichte vermerkt. Der Junge sprach sie bei mir weniger deutlich aus als andere Redensarten, wahrscheinlich, weil er sie schon so häufig gebraucht hatte. Im allgemeinen sprach er nicht sehr deutlich, aber doch genügend verständlich. Bei Redensarten, die vom Vater stammten, ahmte er auch den Rhythmus, in welchem er sie gehört hatte, nach. Er war zu Hause vor allem durch den Vater betreut worden, der invalide war, während die Mutter arbeiten ging.

Es ist bemerkenswert, daß der Junge, ebenso wie auch ein anderer der Kombination, dazwischen kurz ins Leere blickte, als ob er halluzinierte. Sollte es sich tatsächlich um eine halluzinatorische Abgelenktheit handeln, dann würde es nicht gegen die angenommene Kombinationsform sprechen, denn man beobachtet manchmal auch im Erwachsenenalter bei sprechbereiten Katatonen ein Halluzinieren.

Bei der *sprachträge-proskinetischen Katatonie* im Erwachsenenalter findet man neben der halluzinatorischen Abgelenktheit ein Nesteln und ein Murmeln. Dazu kommen phantastisch-konfabulatorische Symptome. Letztere sind, sollten sie vorhanden sein, bei Entstehung der Krankheit in der frühen Kindheit nicht zu ermitteln, denn weder sprachträge noch proskinetische Katatone dieses Beginns sprechen. Auch das Murmeln findet man nicht. Die halluzinatorische Abgelenktheit und proskinetische Unruhe kann man dagegen infolge der kindlichen Bewegungsbereitschaft verstärkt beobachten. Eine *Patientin* war mit Kopf und Augen ständig in Unruhe und flüsterte mit sich selbst. Dazu kam ein ständiges Nesteln, Tippen, Klopfen der Finger aneinander oder an einen Gegenstand. Bei einfach-proskinetischer Katatonie der frühen Kindheit gehen die Unruheerscheinungen über das Nesteln hinaus, indem sich die Kranken auch entfernteren Gegenständen zuwenden. In der Kombination schränkt die Abgelenktheit nach innen die Zuwendung nach außen wieder ein. So blieb es bei der Patientin bei den kleinen Bewegungen, die aber viel lebhafter vorhanden waren, als man sie bei Beginn der Krankheit im Erwachsenenalter findet. Eine andere Kranke der Kombination nestelte kaum an ihrer Kleidung, sondern nur ununterbrochen reibend und klopfend an den Fingern der anderen oder auch den Fingern der gleichen Hand. Auf Anrede wandten sich die Patienten mit leerem Ausdruck flüchtig zu und blieben halluzinatorisch abgelenkt.

Bei der *sprachträge-negativistischen Katatonie* des Erwachsenenalters geben die Kranken nie eine Antwort, dagegen flüstern sie mit sich selbst und zeigen auch in ihrer Haltung die halluzinatorische Abgelenktheit. Ferner hantieren sie viel an ihren Kleidern oder an Gegenständen, die sie vor sich haben. Bei Entstehung der Krankheit in der frühen Kindheit ist zu erwarten, daß sich die halluzinatorische Unruhe stark ausprägt. Eine *Patientin* flüsterte zwar nicht mit sich selbst, aber sie blickte ständig um sich, schüttelte den Kopf, machte abwehrende Bewegungen mit den Händen und hielt sich von Zeit zu Zeit die Ohren zu. Die negativistische Komponente äußerte sich darin, daß sich die Patientin bei Anrede in keiner Weise zuwandte. Die Schokolade, die sie erhielt, steckte sie nicht in den Mund, sondern ließ sie in ihrer Hand zerfließen. Sie wehrte sich heftig, als wir ihr die Schokolade daraufhin wieder nehmen wollten. Die negativistische Komponente bestätigt sich ferner dadurch, daß sie sich gegen den Kopf schlägt. Aggression und Autoaggression waren aber bei dieser und einer anderen Patientin der Kombination geringer als bei einfach negativistischer Katatonie. Vielleicht wirkt die Abgelenktheit nach innen mildernd. Das Hantieren war daran zu erkennen, daß die Patientin häufig an sich herumgriff und an ihren Haaren zupfte, es war aber nicht sicher gegenüber der starken halluzinatorischen Unruhe abzugrenzen. Dazwischen verkrampfte sie Gesicht und Körper, wie wir es bei der einfach-negativistischen Katatonie gesehen haben.

Bei der *sprachträge-parakinetischen* Katatonie findet man im Erwachsenenalter parakinetische Unruheerscheinungen und ein Sprechen mit den Stimmen. Dazu kommen wieder phantastisch-konfabulatorische Symptome, die beim Kind nicht zu finden sind. Die halluzinatorische Unruhe ist schon beim Erwachsenen im Zusammenhang mit der parakinetischen Störung stark ausgeprägt, beim Kind trifft dies wegen seiner Bewegungsbereitschaft noch mehr zu. Ein *Mädchen*, das in der frühen Kindheit erkrankte, aber jetzt schon 28 Jahre alt ist, sprach unter Grimassieren und einer parakinetischen Unruhe am ganzen Körper ständig ins Leere. Die Kranke blickte nach oben, zur Seite, manchmal auch nach hinten und sprach dauernd halblaut vor sich hin. Zu verstehen war wegen der schlechten Artikulation nichts. Wenn sie etwas ruhiger war, bewegte sie mit abgelenktem Gesichtsausdruck doch noch die Lippen. Die Unruheerscheinungen waren als halluzinatorisch bedingt zu erkennen, aber zugleich parakinetisch. — Ein *anderer Patient* der Kombination, der sich sonst ebenso verhielt, sprach nicht hörbar, bewegte aber dauernd flüsternd die Lippen.

Wenn sich eine *sprachträge Katatonie* mit einer *manierierten Katatonie* verbindet, kommen im Erwachsenenalter zur halluzinatorischen Abgelenktheit stereotype Bewegungen. Ähnliches gilt bei Entstehung in der frühen Kindheit. Eine *Patientin* dieser Kombination stieß beim Betreten des Untersuchungszimmers einige Laute aus, die wie „dödö" klangen. Andere Leute klangen wie „nana". Dazwischen bewegte sie dauernd flüsternd die Lippen; eine Zeitlang blickte sie immer wieder horchend schräg nach oben, öfter führte sie nickende Bewegungen aus. Diese Unruhe mit Flüstern, unverständlichen Lauten, Nicken, horchenden Haltungen, setzte sich ständig fort, dagegen reagierte sie auf Anrede in keiner Weise. Es kamen *Stereotypien* hinzu, die keinen Zusammenhang mit Halluzinationen erkennen ließen. Ein Schlagen mit der Hand am Gesicht vorbei konnte zwar zunächst noch als Abwehr von Sinnestäuschungen aufgefaßt werden, es setzte sich dann aber iterativ fort. Das Gesicht war steif, mimische Bewegungen fehlten. Letzteres spricht besonders für die manierierte Komponente, denn bei einer einfach-sprachträgen Katatonie beteiligt sich an der halluzinatorischen Unruhe auch die Mimik. Stereotype Haltungen fanden sich bei dieser Kombination ebenfalls. Eine *Patientin* hielt den Daumen krampfhaft gegen die anderen Finger gepreßt und zog ihre Hand zurück, wenn man die Haltung lösen wollte. Eindrucksvoller war die Haltungsstereotypie bei einer *anderen Patientin.* Sie hielt ihre rechte Hand während der Exploration die meiste Zeit in der Weise gegen das Gesicht, daß sie den Zeigefinder an die Nase und den Daumen an das Jochbein anlegte.

Bei der *proskinetisch-negativistischen Katatonie* werden im Erwachsenenalter ablehnende und nichtssagende Antworten gegeben. Statt das Nestelns erscheinen gröbere Bewegungen, indem die Kranken an sich und an den Gegenständen hantieren. Bei Krankheitsbeginn in der frühen Kindheit ist die Kombinationsform leichter zu erkennen, da hier die Handlungsimpulse verstärkt hervortreten. Sie wenden sich auch viel weiter nach außen. Ferner tritt das negativistische Verlangen, sich durchzusetzen, schneller und heftiger auf. Eine Erschwerung der Diagnose ergibt sich allerdings wieder dadurch, daß die Kranken keine Antwort geben.

Ein *11jähriger Junge* wollte sich in negativistischer Haltung in seinen Impulsen zum „Hantieren" nicht unterbrechen lassen. Er griff mit plötzlichen Bewegungen nach Gegenständen, die er sah, nach einem Bleistift, nach einem Aktenstück, nach Büchern. Blitzschnell nahm er ein Blatt unserer Aufzeichnungen und knüllte es zusammen. Er stand plötzlich auf und griff nach einer Mappe, die am anderen Ende eines langen Tisches lag. Er lief plötzlich zum Wasserhahn, der sich mehrere Meter hinter ihm befand. Als ich eine seiner Hände festhielt, griff er mit der anderen Hand schnell nach meiner Brille. Hinderte man den Jungen in seinem Tun, dann stieß er zornige Laute aus, stampfte mit den Füßen auf den Boden, riß an den Händen, die ihm festgehalten wurden. Ein anderes Mal war er besserer Stimmung. Er lächelte mich jetzt öfter an, seine Laute klangen jetzt freudig; mehrmals klatschte er in die Hände. Er hantierte diesmal ruhiger an Gegenständen, klopfte auf den Tisch, nestelte an seiner Kleidung, rüttelte an der Stuhllehne. Sein Gesicht blieb immer steif, das gelegentlich auftretende Lächeln änderte nichts daran; ein natürlicher Ausdruck trat nie auf.

Die *Schwester des Probanden,* jetzt 19 Jahre alt, leidet ebenfalls an einer proskinetisch-negativistischen Katatonie, die in der frühen Kindheit begann. Als ich sie in ihrem häuslichen Milieu besuchte, konnte ich sie nicht dazu überreden, mit uns in ein Zimmer einzutreten. Während ich mit ihren Eltern sprach, konnte ich durch die offene Türe sehen, wie sie auf dem Wohnungsflur immer wieder mit schnellen Schritten vorbeilief und dabei mit einem steifen Gesicht zu uns ins Zimmer hereinblickte. Wenn sie nicht zu sehen war, hörte man ihr Lärmen: Zuschlagen einer Türe, Schlagen gegen einen Gegenstand, Klirren eines Topfes. Immer wieder stieß sie einen Schrei aus. Als sie ruhiger geworden war, suchte ich sie und fand sie halb liegend auf ihrem Bett, wo sie eine Zeitung vor sich hinhielt. Ich fragte freundlich, was in der Zeitung stehe und wollte diese prüfend in die Hand nehmen. Sie fuhr sofort heftig dazwischen, riß die Zeitung an sich, schlug nach mir und stieß mit den Füßen nach mir. Dann zeigte sie eine Unruhe am ganzen Körper, nestelte an ihrer Kleidung, zog das Hemd aus der Hose heraus, zerrte daran, schüttelte die Hände und klopfte in gewissen Abständen iterativ auf ihren Körper. Bei freundlichen Worten, die ich an die Patientin richtete, verlor sich ihre Gereiztheit. Sie lächelte mich schließlich an und gab mir im Sinne der „Anstoßautomatie" die Hand immer von neuem. Als ich 2 Meter entfernt meine Hand hinhielt, stand sie sogar auf und ergriff meine Hand. Es waren alle charakteristischen Symptome der proskinetisch-negativistischen Katatonie vorhanden, auch das „Hantieren."

Autoaggressivität findet sich trotz der negativistischen Komponente nicht, Aggressivität nur in geringem Maße. So kam es, daß die letztgenannte Patientin sogar zu Hause sein konnte. Ich sah einen weiteren Patienten der Kombination bei seinen Eltern. Er riß in seiner heftigen Impulsivität zwar manchmal die Gardinen herunter, wurde aber gegen seine Angehörigen, zu denen ein Baby gehörte, nie aggressiv.

Bei der *proskinetisch-parakinetischen Katatonie* findet man im Erwachsenenalter wie im Kindesalter die größte Unruhe, die bei systematischen Katatonien vorkommt. Zu den verzerrten Bewegungen der einen Form tritt die automatische Zuwendung zur Umgebung der anderen Form. Im Erwachsenenalter kann man ferner die abspringenden Bemerkungen der parakinetischen Katatonie und das Verbigerieren der proskinetischen Katatonie beobachten. Bei Entstehung der Krankheit in der frühen Kindheit vermißt man sprachliche Äußerungen. Die Unruheerscheinungen treten dagegen noch stärker hervor.

Ein *6jähriges Mädchen* war bei meiner Untersuchung ohne Unterbrechung in Bewegung, es kletterte auf den Stuhl, hopste auf und ab, drehte sich, klopfte auf die Stuhllehne, gab schreiende Laute von sich, griff nach Gegenständen, die es sah, kniete sich auf den Stuhl, stellte sich darauf, kletterte herunter, wollte weglaufen, gab Laute von sich, die Freude auszudrücken schienen. Als es am Weglaufen gehindert wurde, verzog es das Gesicht, es deutete sich jetzt Ängstlichkeit an, doch war wegen der Steifheit des Gesichts der Ausdruckscharakter nicht sicher zu erkennen. Wenn die Patientin nach Gegenständen griff, tat sie dies verzerrt, z. B. konnte der greifende Arm verdreht, der andere Arm im Handgelenk überstreckt sein. Öfter machte sie, ohne zu greifen drehende und schüttelnde Bewegungen vor ihrem Gesicht. Laute waren immer wieder zu hören. Zum Beispiel rief sie „Mimimi".

Wenn sich das Gesicht wenig an der allgemeinen Unruhe beteiligte, so weist dies auf die proskinetische Komponente hin, bei welcher der Gesichtsausdruck leer ist. Im ganzen verband sich also immer wieder eine vermehrte Zuwendung zur Umgebung mit einer Verzerrung im Bewegungsablauf.

Bei Verbindung *proskinetischer* und *manierierter Katatonie* findet man im Erwachsenenalter ein Verbigerieren und ein Nesteln. Letzteres ist in eine Stereotypie eingerahmt, indem in gewissen Abständen immer wieder die gleiche Form des Nestelns hervortritt. Bei Entstehung der Krankheit in der frühen Kindheit sind wieder keine sprachlichen Äußerungen zu erwarten. Zu dem Nesteln treten hier teilweise weiter ausholende Bewegungen, die wir auch bei der einfach proskinetischen Katatonie der frühen Kindheit fanden. Da sie von Zeit zu Zeit in der gleichen Form auftreten, sind sie wie das Nesteln in eine Stereotypie eingerahmt.

Ein Patient mit dieser Kombination blickte mir betont entgegen als ich ihn ansprach, gab aber keine Antwort. Stattdessen begann er einen Arm vor- und rückwärts zu stoßen und setzte diese Bewegungen lange fort. Genauer sah sie folgendermaßen aus: er reibt die ulnaren Finger an den Daumen, macht Pronations- und Supinationsbewegungen, stößt zugleich den Arm rasch vor- und rückwärts. Genau in der gleichen Weise wiederholte sich die Bewegung, sie war auch an verschiedenen Tagen immer genau ebenso gestaltet. Manchmal trat das Reiben der Finger aneinander auch ohne die Armbewegung auf, so daß jetzt das Nesteln allein zu beobachten war. Bei einer der Untersuchungen war die Kleidung des Patienten mit Wollfaserchen übersät, er hatte also viel gezupft. Nach Angabe des Pflegers zerreißt er Kleidungsstücke, reißt Bettlaken in kleine Streifen, zerreißt seine Wolldecke und holt sich eine Decke von anderen Patienten. Dieses Zupfen und Reißen entspricht dem Nesteln und ist wieder in ein stereotypes Handeln eingerahmt. — Ein anderer *Patient* streckte bei nestelnden Fingerbewegungen unter Kopfbeugungen immer wieder seine Arme zur Seite. — Bei *einer Patientin* deutete sich, wie es schien, das verbigeratorische Murmeln der proskinetischen Katatonie an, da stereotyp unartikulierte Laute ausgestoßen wurden.

Der *jüngere Bruder* des ersten Patienten leidet an einer *einfach manierierten Katatonie.* Die beiden sind jetzt schon 35 bzw. 32 Jahre alt, erkrankten aber in den ersten Lebensjahren und wurden immer für idiotisch gehalten. Sie sind auf der gleichen Abteilung, meiden sich aber gegenseitig. Als ich den jüngeren sah, saß er völlig steif da; die Arme wurden an den Körper gehalten, die Finger dabei in verschiedenen Stellungen. Während der kleine Finger an der linken Hand im Grundgelenk überstreckt und an der rechten Hand der Zeigefinger von anderen Fingern abgehoben war, hielten sich die Hände gegenseitig fest. Wenn man die Haltung lösen wollte, widerstrebte der Patient so kräftig, daß es nicht gelang. Ein anderes Mal hatte er einen kleinen Gegenstand zwischen den Fingern (oben wurde eine ähnliche Haltungsstereotypie erwähnt). Er mußte immer etwas festhalten, entweder einen Gegenstand oder mit der einen Hand die andere. Das Gesicht des Patienten war immer völlig steif, daran ändere sich nichts, als er einmal lächelte und einmal sogar grinsend lachte. Es ist von großem Interesse, wie sich die Bilder bei den beiden Brüdern im ganzen grob unterscheiden, und doch die eine Komponente der Krankheit bei beiden vorhanden ist.

Wenn sich eine *negativistische Katatonie* mit einer *parakinetischen Katatonie* verbindet, wird im Erwachsenenalter die parakinetische Unruhe einförmiger. Dazu kommt, daß die Antworten teils abspringend wie bei der einen Form, teils ablehnend wie bei der anderen Form sind. Patienten, die frühkindlich an dieser kombinierten Katatonie erkranken, sprechen erwartungsgemäß nicht. Im Vergleich zu einfach-parakinetischen Kindern ist die Unruhe weniger hochgradig. Aggressionen und Autoaggressionen sind weniger dranghaft, sie rahmen sich mehr spielerisch in die parakinetischen Bewegungen ein.

Ein *9jähriger Junge* saß zunächst fast ruhig da, aber bald setzte eine Unruhe ein. Er schüttelte den Kopf hin und her, griff mit verdrehter Armhaltung zum Kopf, machte verzerrte Bewegungen mit den Fingern. Er zog ein Bein hoch und hantierte am Fuß. Es folgten ausfahrende Bewegungen der Arme. Zugleich zeigte er ein Grimassieren, vor allem ein grimassierend verzerrtes Lachen. Von Zeit zu Zeit stieß er einen Laut aus, der johlend nach einem „Eia" klang. Dazwischen schlug er sich mit der Faust gegen den Kopf. Immer wieder klopfte er iterierend an seine Schulter oder einen Oberschenkel. Auf der Abteilung war er oft gegen andere Kinder aggressiv. — Daß keine einfach-parakinetische Katatonie vorlag, erkannte man an der Aggressivität und den Iterationen, ferner daran, daß die Unruheerscheinungen kein hohes Maß zeigten. D

Johlen wurde wahrscheinlich durch beide Komponenten der Katatonie hervorgerufen.

Eine *Halbschwester*, 12 Jahre alt, war einfach negativistisch und bei meiner Untersuchung in besonders hohem Grade autoaggressiv. Ich hielt ihr die Hände fest, damit sie sich nicht mehr schlagen konnte, da rutschte sie auf dem Stuhl nach vorn und schlug ihren Kopf gegen die Stuhllehne. Ich hob sie hoch, damit der Kopf nicht mehr auf die Lehne traf; sie stieß nun ihren Kopf seitwärts gegen die Schulter. Als ich auch dies verhinderte, gelang es ihr vorübergehend, ihren Kopf gegen die hölzerne Seitenlehne des Stuhles zu schlagen. Es gelang mir kaum, das schwächliche Mädchen so zu halten, daß es sich nicht verletzen konnte. Die Autoaggressivität war so hochgradig, weil ich durch Festhalten eine negativistische Erregung ausgelöst hatte. Als ich das Mädchen an einem anderen Tag wiedersah, trat ich ihrer Autoaggressivität mehr beschwichtigend entgegen und konnte jetzt ihr Schlagen gegen den Kopf verhindern, indem ich immer wieder meine Hand dazwischenschob.

Die *negativistisch-manierierten Katatonen* geben im Erwachsenenalter keine Antwort und reagieren auch sonst kaum auf Anreden. Dagegen zeigen sie Unruheerscheinungen, die stereotyp oder sogar iterativ sind. Bei Entstehung der Krankheit im frühen Kindesalter treten die Stereotypien und Iterationen noch deutlicher hervor. Die Zuwendung ist besser. *Ein Kranker* dieser Art machte im Untersuchungszimmer iterative Rumpfbewegungen zur Seite und zugleich Drehbewegungen des Kopfes. Dann schüttelte er eine Zeitlang die Hand hin und her und wiederholte dies später immer wieder. Er hob die Beine vom Boden ab und bewegte sie vor- und rückwärts. Dazwischen saß er bewegungslos da und hielt die Arme vor den Körper. Die steifen Haltungen sind ähnlich charakteristisch wie die stereotypen Bewegungen. Diese selbst können zu einem kurzen Verharren in der Endstellung führen. *Ein Patient* griff in kurzen Abständen zum Gesicht herauf, führte hier die Fingerspitzen der beiden Hände zusammen und verharrte kurze Zeit in dieser Stellung. Dann wieder legte er beide Hände an die Jochbeine. Daraus entstand manchmal eine groteske Haltung, indem er die Handgelenke an das Gesicht anlegte und die Hände überstreckte, so daß sie wie Flügel vom Kopf abstanden. Durch die negativistische Komponente kam es in beiden Fällen zu Aggressionen und Autoaggressionen. Der erstgenannte Patient zerreißt Kleider und Wäsche und schlägt sich und andere. Einmal schlug er einen Mitpatienten derart, daß dieser am Kopf und an den Knien große Hämatome hatte. Im vorigen Jahr stieß er einmal seinen Kopf durch die Fensterscheibe, so daß er tiefe Verletzungen im Gesicht davontrug. In Zusammenhang damit hat er jetzt grobe Narben an Nase und am Kinn. Die schwere Autoaggression besteht bei dem Patienten noch, obwohl er jetzt 25 Jahre alt ist. Durch das gezielte Streben nach Selbstverletzung erkennt man, daß nicht nur eine negativistische Katatonie zugrunde liegt, sondern eine Willensbeteiligung im Sinne einer manierierten Katatonie hinzukommt. Ähnlich gezielt sah die Selbstbeschädigung einer *anderen Kranken* der gleichen Kombination aus. Als ich sie zum ersten Mal sah, war sie im Gesicht blutüberströmt, da sie den Kopf eben heftig gegen die Kante der Bettstelle gestoßen hatte, so daß das Gesicht voll von Verletzungen war. Die negativistische Neigung zu Selbstverletzung wird durch eine manierierte Komponente erhöht, wohl in Zusammenhang damit, daß die Tendenz zur Autoaggression durch die Manieriertheit aufgegriffen und verstärkt wird.

Durch die Autoaggression unterschieden sich die Patienten von Kranken, deren Leiden erst im Erwachsenenalter begann. Ferner ist die allgemeine Beweglichkeit besser erhalten. Die Iterationen wechseln ihre Gestalt mehr. Das triebhafte Verlangen tritt deutlicher hervor. Dadurch kamen wir bei dem zuerst geschilderten Patienten in unserer Diagnostik etwas in Schwierigkeiten. Da er nach der ersten flüchtigen Untersuchung Schokolade erhalten hatte, drängte er bei der nächsten Untersuchung ständig nach der Tasche von Frau v. TROSTORFF, in der sich die Schokolade befand. Ehe wir den Zusammenhang durchschauten, dachten wir eine proskinetische Zuwendung sei im Spiel.

Bei Verbindung *parakinetischer* und *manierierter Katatonie* findet man im Erwachsenenalter die parakinetische Unruhe wie bei der einfachen Form, aber die Bewegungen sind nicht nur verzerrt, sondern bekommen durch die manierierte Komponente etwas Steifes; sie laufen auch etwas langsamer ab. Die Unruhe ist eher anhaltender als bei der einfach-parakinetischen Katatonie. Man muß hier wieder bedenken, daß die manierierten Katatonen nicht nur Unterlassungs-, sondern auch Bewegungsmanieren haben. Bei Beginn in der frühen Kindheit verstärkt sich die Unruhe noch weiter. Sonst findet man ganz das gleiche Bild. Ein jetzt *16jähriger Junge* drehte und wendete den Kopf bei der Untersuchung nach verschiedenen Richtungen. Er ergriff meine Hand in unharmonischer Bewegung, gab sie wieder frei und griff ins Leere. Dann schob er das Gesicht weit vor und sperrte den Mund auf. Wieder griff er ins Leere und hielt die Finger unnatürlich überstreckt. Gleichzeitig stieß er einen Laut aus, der wie „bömö" klang. Sprachliche Äußerungen fehlten; oft lächelte er, teilweise lachte er stark und verkrampfte das Gesicht, so daß mehr eine Grimasse als ein Ausdruck entstand. Die Bewegungen liefen steif ab, das Rasche oder gar Ruckartige der einfach-parakinetischen Katatonie fand sich nicht. Außerdem war die Unruhe sehr einförmig, es hatten sich auch parakinetische Stereotypien herausgebildet, Vorstrecken der Arme, Vorschieben des Gesichts, Aufreißen des Mundes kamen immer wieder. Bei einer *anderen Patientin* waren die parakinetischen Stereotypien noch eindrucksvoller. Neben anderen, einförmig wiederkehrenden Bewegungen kam es immer wieder zu dem folgenden Bewegungsablauf: Hält die linke Hand steif vor das Gesicht, die Finger gebeugt, Daumen stark eingezogen, und klopft mit der rechten Hand auf die linke oder streift über diese hin. Die Verzerrungen waren bei beiden Kranken nicht so deutlich vorhanden wie bei einfach parakinetischen Katatonen. Die Versteifung durch die manierierte Komponente scheint zu einem gewissen Ausgleich zu führen.

In seltenen Fällen kombinieren sich *drei Katatonien*. Ich habe solche Fälle bei den Kranken des Erwachsenenalters nicht erwähnt, da es bei der dreifachen Verflechtung von Syndromen schwer ist, das Gesamtbild, das an sich wohl auch charakteristisch ist, noch genügend zu analysieren. Bei den Katatonien der frühen Kindheit treten die einzelnen Symptome oft deutlicher hervor, ich kann es daher wagen, in den folgenden Fällen Kombinationen aus drei Komponenten anzunehmen.

Bei einer *Patientin*, die in der frühen Kinderzeit erkrankte, aber jetzt schon 25 Jahre alt ist, fanden sich die Verzerrungen in einer Ausprägung, wie ich sie sonst nicht sah. Die Kranke kam schon in sehr vertrackter Haltung ins Untersuchungszimmer herein, Kopf gebeugt, Schultern hochgezogen, die rechte Hand schräg vor das Gesicht gelegt. Sie schüttelte dann mit verdrehten Bewegungen die Arme über dem Kopf und wiederholte Ähnliches immer wieder. Um ihr Gesicht zu sehen, mußte ich ihr den Kopf hochheben, dann zeigte sich, daß dauernd grimassierende Bewegungen abliefen, die keinen Ausdruckscharakter hatten. Manchmal wurde das linke Auge krampfhaft zugedrückt. Dazwischen saß die Patientin in ihrer verkrampften Haltung starr da und hielt die Arme zwischen die Beine geklemmt.

Die Züge der parakinetisch-manierierten Katatonie waren demnach ausgeprägt. Die allgemeine Verkrampfung war aber so hochgradig, daß sie vielleicht durch die beiden Komponenten allein nicht erklärt werden kann. Man wird an die Verkrampfung des ganzen Körpers erinnert, die bei der negativistischen Katatonie immer wieder einmal auftritt. Vielleicht kam diese als dritte Komponente hinzu. Ich möchte eine Bestätigung in der Tatsache sehen, daß die Kranke früher aggressiv war, andere Kinder biß, an den Haaren zog und sich auch selbst die Haare ausriß. Als sie 10 Jahre alt war, heißt es von ihr: „Aggressiv gegen andere Kinder, würgt sie am Hals und zwar so blitzschnell, daß man aufpassen muß, daß sie keinen Schaden anrichtet." Auch dieses Blitzschnelle der Bewegungen kann auf eine negativistische Komponente hinweisen.

Im *anderen Fall* war der Patient, so lange man ihn nicht anregte, abgelenkt; er gestikulierte und flüsterte mit seinen Stimmen. Bei Fragen bot er Perseverieren und Vorbeireden. Ich überlegte, ob es sich um einen *sprechbereit-sprachträgen* Kranken handeln könne, obwohl andere Katatone dieser Kombination nur unartikuliert sprechen. Als ich aber die Anstoßautomatie prüfte, die in diesem Fall positiv sein müßte, fehlte sie. Es fiel mir jetzt auf, daß das Gesicht des Patienten nicht nur steif, sondern deutlich starr war. Ich fand ferner in der Krankengeschichte Manieren verzeichnet. So hatte der Kranke jahrelang die Gewohnheit, Gegenstände, die er in die Hand bekam, hochzuwerfen und wieder aufzufangen. Ferner lief er in stereotyper Folge immer wieder weg und hielt sich tagelang in Wäldern auf. Ich mußte jetzt zusätzlich eine *manierierte* Komponente annehmen, durch die das verständliche Sprechen zu erklärt ist.

g) Ätiologie der frühkindlichen Schizophrenie

Nachdem gezeigt worden ist, wie man eine Katatonie, die in der frühen Kindheit entstand, erkennt, und wie sie sich von Schwachsinnszuständen unterscheidet, fragt man natürlich nach der *Ätiologie*.

Um zu einer Klärung zu kommen, suchten wir die *Mütter* an ihren Wohnorten auf und befragten sie nach der Entwicklung der Kinder in den ersten Lebensjahren und nach der Betreuung, die sie erfuhren. Ich sprach ausführlich mit 86 Müttern, 42 Vätern und mehreren Großmüttern der genannten 117 Patienten. Meine Mitarbeiterin Frau v. Trostorff bahnte mir die Wege. 31 Mütter konnten wir nicht erreichen, sie waren teils verstorben, teils nicht mehr im Lande. Durch Väter, Großmütter und auf Grund von Akten der Sozialfürsorge konnten wir uns in diesen Fällen genügend Einblick verschaffen

1. Psychosoziale Verursachung

Nach früheren Untersuchungen kam ich zu der Auffassung, daß bei Entstehung der Krankheit in der frühen Kindheit ein *Mangel an Kommunikation* maßgebend ist. Von 11 Kindern, die ich damals kannte, befanden sich 7 bei Beginn der Krankheit in einem Krankenhaus oder einem Heim. 2 weitere waren von Geburt an blind bzw. taub. Nur in 2 Fällen war nichts zu ermitteln, was für einen Kommunikationsmangel hätte sprechen können. Die Beobachtungen erinnerten an die Feststellungen von Spitz[1]. Das gilt um so mehr, als dieser bei den Säuglingen und Kleinkindern im Heim nicht nur eine schwere Retardierung, sondern auch katatone Symptome fand. Er spricht von „certain unusual postures of hands and fingers", von „extremely bizarre hand and finger movements"

[1] Spitz, R. A.: Hospitalism, an inquiry into the genesis of psychiatric conditions in early childhood. Psychoanal. Study Child 1 (1945), 53—74.

und charakterisiert das Gesamtbild als "presenting a picture of stuporous catatonia". Leider wurden die Fälle von SPITZ später nicht nachuntersucht. Ich vermute, daß sich viele von ihnen als echte Katatonien erwiesen hätten. Ich dachte anfangs an einen allgemeinen Mangel an Kommunikation, nicht so sehr an das Fehlen der Mutter, aber in den ersten Lebensjahren ist sicher diese ganz vordringlich maßgebend. An die „schizophrenogene Mutter" sollte man dabei nicht denken, eine schizophrene Mutter ist in den meisten Fällen besser als gar keine.

In dem Säuglingsheim, das SPITZ beschrieb, wurden die Kinder psychisch grob vernachlässigt. Das kommt in modernen Heimen nicht mehr vor, jedenfalls nicht in der DDR, in der die — teils staatlichen, teils konfessionellen — Heime gut geleitet, die Kinder gut betreut werden. Die Kindersterblichkeit in den Heimen ist sehr gering. Die vorbildlich geringe Säuglingssterblichkeit in der DDR ganz allgemein ist bekannt. Trotzdem weiß man hierzulande, daß durch das Heim nie die Mutter ersetzt werden kann, und neigt daher im Zweifelsfall dazu, das Kind lieber bei der Mutter zu belassen und diese zu unterstützen. In manchen Ländern ist man schneller bereit, das Kind einer Mutter, die sich in der Fürsorge nicht zu bewähren scheint, wegzunehmen. Das kann sogar dann zum Schaden des Kindes sein, wenn das Heim vorbildlich ist. Damit soll nicht bestritten werden, daß der Mangel bei der nachlässigen Mutter größer sein kann als der unvermeidliche Mangel in einem Heim. Oft werden Kinder zu Hause auch körperlich vernachlässigt, so daß sie wegen einer unmittelbaren Lebensgefährdung in ein Heim kommen müssen.

Ich hatte jetzt die Möglichkeit, meine damaligen ätiologischen Beobachtungen bei den *genannten 117 Patienten* nachzuprüfen. Es ergab sich: 41 Kinder sind in einem Dauerheim aufgewachsen; 32 kamen gleich nach der Geburt in das Heim, 9 etwas später, aber auch noch vor Ende des ersten Lebensjahres. 8 weitere Kinder waren in den ersten 3 Lebensjahren zeitweise in einem Dauerheim. 2 Kinder mußten in den ersten drei Lebensjahren mehr als die Hälfte der Zeit in einem Krankenhaus verbringen. 8 Kinder waren nur kürzere Zeiten in einem Krankenhaus, hatten aber nach den Berichten dort einen Hospitalismus. 1 Kind kam wegen einer Rückgratserkrankung mit 1 Jahr in ein Gipsbett und mußte nun $1^1/_2$ Jahre lang Tag und Nacht in dem Gipsbett liegen. 10 Kinder waren von Geburt an fast oder ganz blind. 3 waren fast oder ganz taub. Ich füge 2 Kinder an, die im ersten Lebensjahr wegen Otitis media doppelseitig radikaloperiert wurden und anschließend noch Monate lang an Vereiterung der Ohren litten. In einem Fall mußte das Kind anläßlich einer zweiten Operation 5 Monate im Krankenhaus bleiben, erlitt dadurch also einen zusätzlichen Mangel. 1 Kind hatte zwei taubstumme Eltern, war also sicher in der Kommunikation eingeschränkt. Ich habe damit 76 Kinder genannt. Bei recht vielen Kindern wurde berichtet, daß sie in den ersten Lebensjahren an Eiterungen aus den Ohren litten; ich zähle sie nicht, weil wir nicht feststellen konnten, wie schwer das Ohrleiden war und ob es eine wesentliche Hörminderung bedingt haben könnte. Ich zähle auch ein Kind nicht, das als Frühgeburt 4 Monate lang im „Brutkasten" liegen mußte. Ich glaube, schon die 76 Kinder unter 117 Kindern zeigen nachdrücklich, *daß der Kommunikationsmangel als eine sehr wesentliche Ursache der frühkindlichen Katatonie anzusehen ist.*

Von einem besonderen Interesse ist der *blinde Patient*, den ich oben mit seiner sprechbereit-negativistischen Katatonie beschrieben habe. Er hat eine Zwillingsschwester, die gesund blieb. Auch sie sah sehr schlecht, war aber dadurch als kleines Kind nicht ernstlich behindert. Zwei Operationen besserten ihr Sehvermögen noch, so daß sie eine Schule für Sehbehinderte besuchen und mit Erfolg 10 Klassen durchmachen konnte. Sie ist jetzt in Ausbildung zu einer Heilgymnastin. Bei dem Probanden änderten die

Behandlungsversuche nichts an seiner Blindheit. Ich nehme an, daß der schwere Kommunikationsmangel, dem er dadurch ausgesetzt war, zur frühkindlichen Katatonie führte, während die geringere Sehschwäche bei der Schwester die Verbindung mit der Umwelt nicht gröber behinderte und die psychische Gesundheit nicht ernster gefährdete.

Trotz der Bedeutung des Kommunikationsmangels, der im Heim nicht zu vermeiden ist, bleiben — das muß festgehalten werden — die meisten Heimkinder gesund. Von den genannten 41 Kindern wurden ja bei ihrem Durchschnittsalter von 22,6 Jahren jedes Jahr nur zwei in die Klinik aufgenommen. Gefährdet sind im wesentlichen nur die Kinder, die ganz im Heim aufwachsen. Das ergibt sich aus der Tatsache, daß den 41 Kindern, die dauernd im Heim waren, nur 8 gegenüberstehen, die zeitweise in einem Dauerheim waren. Die Differenz vervielfältigt sich noch, wenn ich feststelle, daß die 41 Kinder mit viel weniger gesunden Kindern in Beziehung zu setzen sind als die 8 Kinder; denn die meisten Kinder bleiben nur vorübergehend im Heim. Ich habe bei einem Heim nachgezählt, wie viele Kinder in einem Zeitraum von 10 Jahren während der ersten Lebensjahre dauernd oder andererseits nur vorübergehend dort waren. Es ergab sich, daß nur jedes 6. Kind ganz oder fast ganz im Heim aufwuchs; denn es fanden sich mit einem vorübergehenden Aufenthalt 1031 Kinder, mit einem dauernden Aufenthalt nur 167. In einem kleineren Heim war sogar nur jedes 8. oder 9. Kind dauernd dort; die Zahlen waren hier 506 und 58. Für Kinder, die nur vorübergehend im Dauerheim sind, besteht also keine ernstere Gefahr.

Ich darf gleich anfügen, daß sich auch für Wochenheimkinder keine Gefährdung ergab. Sie bleiben nach SCHMIDT-KOLMER[1] gegenüber Familienkindern zwar etwas zurück, aber wohl nur auf psychologischer, nicht auf biologischer Basis, da ihnen weniger Material zu psychischer Verarbeitung geboten wird. Bei 5 frühkindlichen Schizophrenen aus Wochenheimen meiner Untersuchungsreihe waren in drei Fällen zugleich Krankenhausaufenthalte erfolgt; einmal bestand zugleich eine Schwäche im Sehen. Nur in einem Fall konnte sonst nichts ermittelt werden, was eine Beeinträchtigung der Kommunikation herbeigeführt haben könnte. Wahrscheinlich entsteht bei solchen Kindern dann eine Gefahr, wenn sie auch an den Wochenenden keine fürsorgliche Mutter finden.

Um die Gefährdung, die bei einem Daueraufenthalt in einem Heim besteht, genauer zu bestimmen, fügte ich meiner *retrospektiven* Untersuchung eine *prospektive* an. Ich suchte mit Frau VON TROSTORFF in mehreren Heimen nach den vorliegenden Aufzeichnungen Kinder heraus, die im ersten Lebensjahr in ein Heim gekommen waren und sich mit drei Jahren noch dort befunden hatten, und ging ihrem weiteren Schicksal nach. Im Beginn dieses Vorgehens bezog ich auch Kinder ein, die nur vorübergehend im Heim waren und sah unter den ersten 16 Fällen keine Katatonie. Bei der dann vorgenommenen Auswahl fanden wir in den Aufzeichnungen 130 Kinder. In 21 Fällen konnte Frau VON TROSTORFF den jetzigen Aufenthalt nicht ermitteln. Bei den restlichen 109 Kindern (52 männlichen, 57 weiblichen) konnte ich prüfen, ob sie nach Ablauf der ersten Lebensjahre gesund oder krank waren. Es ergab sich, daß 92 normal oder geistig nur retardiert waren, 17 (7 männlichen und 10 weiblichen Geschlechts) dagegen kataton geworden waren. Ich habe diese letzteren persönlich untersucht; 12 waren einfach-systematisch, 5 kombiniert-systematisch kataton. Von den nicht katatonen Kindern habe ich diejenigen, die im Heim geblieben waren, persönlich untersucht, es waren 29. Ich zählte aber außerdem als nicht kataton alle Kinder, die nach dem Heimaufenthalt in die eigene oder eine fremde Familie kamen. Ich ging dabei von dem Gedanken aus, daß

[1] SCHMIDT-KOLMER, E.: Verhalten und Entwicklung des Kleinkinds. Zweite Auflage, Akademie-Verlag, Berlin 1960.

diese so schweren frühkindlichen Katatonien kaum einmal in der Häuslichkeit behandelt werden können. Ausnahmensweise kommt dies allerdings vor, so daß sich die Zahl der katatonen Kinder ein wenig erhöhen könnte. Im wesentlichen entspricht aber wohl das *Verhältnis 92 : 17* den objektiven Gegebenheiten, so daß etwa 5—6 nicht katatonen Fällen eine Katatonie gegenübersteht.

Nebenbei sei darauf aufmerksam gemacht, daß bei den 17 Katatonien das Übergewicht des männlichen Geschlechts, das ich bei den 117 Fällen des psychiatrischen Krankenhauses gefunden hatte, nicht vorhanden war, wie erkennbar ist (10 Mädchen, 7 Jungen). Es bestätigt sich damit, daß Jungen deshalb relativ häufiger als Mädchen in ein Krankenhaus kommen, weil sie schwieriger zu behandeln sind. Von den 17 Fällen, die ich jetzt gefunden habe, waren nur drei in einem psychiatrischen Krankenhaus, die anderen in einem Heim, einer vorübergehend auch zu Hause. Manche von ihnen kommen sicher später, wenn sie älter und schwieriger zu behandeln sind, in ein Krankenhaus. Sie waren jetzt durchschnittlich erst 11,5 Jahre alt.

Ich kehre nun zu den 117 Kranken zurück und frage, *welche Gründe dafür vorlagen, daß 41 von ihnen seinerzeit in ein Heim gekommen waren.* Es wäre möglich, daß es bei manchen geschah, weil sie schon vorher abnorm waren, so daß man den Heimaufenthalt gar nicht als Ursache für die Störung auffassen könnte. Ich gebe daher die Gründe an, die zur Aufnahme in das Dauerheim führten.

In nicht weniger als 22 Fällen gingen uneheliche Mütter wieder ihrer Berufsarbeit nach und konnten daher ihr Kind nicht bei sich behalten. Als die Kinder meiner Beobachtung geboren wurden, war die segensreiche, in der DDR jetzt geltende Bestimmung noch nicht in Kraft, wonach der Frau nach der Entbindung der Arbeitsplatz unter Fortzahlung von Krankengeld ein volles Jahr frei gehalten werden muß. — In einem weiteren Fall mußte die Mutter bald nach der Geburt des Kindes wieder arbeiten, weil der Vater trank und nicht für die Familie sorgte. In 8 Fällen hatte eine debile Mutter schon mehrere Kinder zu versorgen und kam mit einem weiteren Kind nicht zurecht. In 3 Fällen gab die Mutter ihr Kind ab, ohne daß eine Entschuldigung zu finden war. In einem dieser Fälle verließen die Eltern gleich nach der Geburt des Kindes die DDR und ließen das Kind zurück. Ein Kind war in Inzucht gezeugt, die Mutter wurde zusammen mit dem Kindsvater inhaftiert. Eine epileptische Mutter wollte ebenso wie ihr Mann nach der Geburt des Kindes wieder arbeiten und gab daher ihr Kind in ein Heim. In einem Fall waren beide Eltern zeitweise psychotisch und konnten das Kind nicht versorgen. In einem Fall erklärte eine schizophrene Mutter — vielleicht mit Recht —, sie könne kein weiteres Kind versorgen. In einem Fall hatte der Vater eine offene Tuberkulose. Damit habe ich 39 Fälle aufgezählt. In keinem dieser Fälle fand sich ein Anhaltspunkt dafür, daß das Kind schon bei der Aufnahme ins Heim abnorm gewesen wäre.

Nur in 2 Fällen könnte in dieser Beziehung ein Verdacht auftauchen. Die Kinder kamen hier nach der Geburt wegen körperlicher Krankheit in ein Krankenhaus und anschließend in ein Heim. Wir konnten nicht mehr ermitteln, warum sie nicht den Eltern zurückgegeben wurden. In einem dieser Fälle muß doch auch eine grobe Nachlässigkeit durch die Mutter vorgelegen haben, denn sie erfuhr, wie sie sich ausdrückte, erst $1^1/_2$ Jahre später, wo sich ihr Kind befand. Insgesamt läßt sich jedenfalls sagen, daß nichts dafür spricht, daß schon eine Abnormität für die Aufnahme in das Heim verantwortlich gewesen wäre. Ich sehe daher keine Möglichkeit, die Zusammenhänge anders zu sehen, als es geschah.

Ich kann weitere Befunde mitteilen, die darauf hinweisen, daß Patienten, die frühkindlich an Schizophrenie erkrankten, einem Mangel an Kommunikation ausgesetzt waren. Außer den 22 unehelichen Kinder, die ins Heim kamen, sind weitere 9 Kinder unehelich geboren. Es ist sehr daran zu denken, daß manche von ihnen zu Hause durch die uneheliche Mutter oder eine Ersatzmutter nicht genügend Fürsorge erfuhren. Ferner führe ich an, daß 19 Mütter debil waren. 7 davon hatten das später erkrankte Kind unehelich, sind also auch in den eben genannten 22 und 9 Kindern enthalten. Ebenfalls 7 Kinder der unehelichen Mütter sind in den 41 Kindern enthalten, die in ein Heim kamen. 6 andere wurden zu Hause vernachlässigt; sie hatten Ernährungsstörungen und mußten zeitweise in einem Krankenhaus behandelt werden. Sollte bei der häufigen Debilität der Mütter der Gedanke an einen erblichen Zusammenhang auftauchen, so sei vermerkt, daß eine Debilität nichts mit einer frühkindlichen Schizophrenie zu tun hat.

Oft kam die Vernachlässigung eines Kindes nicht dadurch zustande, daß die Mutter debil war, sondern sie kam wegen der vielen Kinder, die sie hatte, nicht mehr zurecht. Eine debile Mutter hatte zusammen mit einem ebenfalls debilen Mann 11 Kinder; das kranke Kind war das 10. in der Reihe. Die 10 anderen Kinder sollen im Leben zurechtgekommen sein. Meist aber waren manche der Kinder debiler Mütter ebenfalls debil. Eine debile Mutter hatte 7 Kinder, 4 waren älter als das kranke Kind. 4 der Geschwister waren debil und Hilfsschüler. — Eine debile Mutter hatte 10 Kinder, 3 uneheliche vor der Ehe mit 2 Männern und 7 eheliche. Der Kranke ist das 7. Kind. Von seinen Vollgeschwistern blieben 4 in der Schule zurück. Beim 5. Kind liegt nach eigener Untersuchung ebenfalls eine frühkindliche Katatonie vor. Ich werde die Entwicklung der beiden kranken Kinder unten beschreiben. — Eine debile Mutter hatte zusammen mit ihrem ebenfalls debilen Mann 6 Kinder. Die ersten 3 Kinder sind im Alter je nur 1 Jahr auseinander. 4 der Kinder waren Hilfsschüler und debil. Der Kranke ist das dritte Kind. — Eine debile Mutter hatte aus erster Ehe 2 Kinder, dann kamen zwei uneheliche Kinder, die sie grob vernachläsisgte. Sie heiratete einen zweiten Mann und lebte später mit einem dritten zusammen. Die beiden unehelichen Kinder wurden frühkindlich kataton. Ihre Entwicklung wird unten beschrieben. — Die Tatsache, daß die Mütter oft wegen vieler Kinder mit der Pflege nicht mehr zurechtkamen, wird dadurch betont, daß das kranke Kind oft das jüngste in der Geschwisterreihe war. Von den 117 Patienten waren 34 die jüngsten, nur 15 die ältesten Kinder.

Bei einer Vernachlässigung der Kinder durch debile Mütter möchten manche vielleicht statt der psychischen die *körperliche Vernachlässigung* in den Vordergrund rücken, mangelhafte Ernährung und Unsauberkeit in der hygienischen Betreuung. Aber um zu zeigen, daß die psychische Krankheit nicht dadurch entstehen kann, braucht man nur zu bedenken, daß Heim-Kinder so häufig erkranken, obwohl sie meist tadellos ernährt und hygienisch einwandfrei betreut wurden. Ich darf auch daran erinnern, daß die Kinder, die Spitz beschrieben hat, körperlich tadellos versorgt wurden.

Noch weitere Beobachtungen weisen bei den frühkindlichen Schizophrenien auf einen Mangel an Kommunikation hin. In drei Fällen, in denen keine Vernachlässigung festzustellen war, *wechselte die Betreuerin.* Vielleicht waren die Kinder auf ihre erste Bezugsperson festgelegt, so daß sie keine neue Betreuerin annehmen konnten.

Eines dieser Kinder wurde von der Mutter gleich nach der Geburt in Privatpflege zu einer Frau der Nachbarschaft gegeben. Die Mutter scheint sich dann wenig um das Kind gekümmert zu haben, denn sie konnte uns gar nichts darüber sagen, wie sich der Säugling bei der Pflegemutter entwickelte. Diese hatte ein Kind gleichen Alters und nahm sich auch das Pflegekindes sehr an. Im Alter von einem Jahr sollte das Kind in eine Tageskrippe kommen, fügte sich hier aber nicht ein und wurde nach einigen Wochen nicht mehr übernommen. Die Mutter stellte jetzt ihre Berufsarbeit ein und behielt das Kind bei sich. Es blieb zurück und kam mit 3 Jahren in ein Kinderkrankenhaus, wo man eine frühkindliche Hirnschädigung annahm. Als ich die Mutter fragte, an wem das

Mädchen mehr gehangen habe, an ihr oder an der Pflegemutter, antwortete sie, es habe an keiner von beiden gehangen. Daraus möchte ich schließen, daß die Mutter nicht die Bezugsperson war. Die mangelnde Zuneigung des Kindes zu ihr wäre sonst nicht verständlich. Also war wohl die Pflegemutter Bezugsperson, von deren genauerem Verhältnis zu dem Kind die Mutter gar nichts Genaueres sagen konnte. Sie versicherte nur, diese habe sich sehr des Kindes angenommen. So vermute ich, daß der Wechsel des Mädchens zur Mutter die Kommunikation zerstörte, die sich gegenüber der Pflegemutter entwickelt hatte. Man kann noch die Vermutung äußern, daß die Pflegemutter dem Kind mehr Gemütswärme entgegenbrachte als die Mutter, die etwas kühl erschien.

Ein Kind war bis zum Alter von $1^1/_2$ Jahren bei der Mutter. Dann bekam diese ein zweites Kind und gab das erste zur Großmutter, die das Kind sehr verwöhnt haben soll. Da letzteres wohl zutrifft, wie uns die Mutter an Beispielen erläuterte, könnte man an sich erwarten, daß sie für das Kind zur Bezugsperson wurde. Aber vielleicht war dieses schon so sehr auf die Mutter festgelegt, daß es bei deren Verlust keine neue Bezugsperson mehr annehmen konnte.

Ein Kind, das in den ersten Lebensjahren öfter in Krankenhäusern war und sicher dadurch litt, wurde zu Hause von der Mutter und mehr noch von der Großmutter betreut. Falls beide Bezugspersonen waren, so doch allem Anschein nach letztere mehr, wie sich uns bei unserem Besuch zu zeigen schien. Die Mutter berichtete sachlich von dem kranken Kind, man konnte keine Gefühlsbeteiligung erkennen. Die Großmutter war dagegen tief bewegt, als sie uns erzählte, sie konnte nur mit Mühe das Weinen unterdrücken; sie erklärte, das Kind sei ihr Liebling gewesen. Die ersten $1^1/_2$ Jahre lebte die Mutter mit dem Kind bei der Großmutter. Dann zogen die beiden in eine andere Stadt. Mit der Großmutter ging dem Kind vermutlich seine Bezugsperson verloren.

Auch im folgenden Fall möchte ich das vermuten.

Ein Junge war zusammen mit seiner ebenfalls katatonen Schwester — die beiden wurden oben geschildert — in den ersten zwei Lebensjahren stark an die Mutter gebunden. Diese fühlte sich aber durch ihn belastet, da sie schon die kranke Schwester zu betreuen hatte. Sie brachte ihn daher im Beginn des dritten Jahres in eine Tageskrippe. Hier war der Junge unruhig, schrie und aß nicht, obwohl er zu Hause ein guter Esser gewesen war. Nach etwa 10 Tagen wurde er in der Krippe nicht mehr angenommen. Die Mutter brachte ihn jetzt täglich in eine Fördergruppe, wo er trotz seines Widerstandes bleiben mußte. Mit 3 Jahren erreichte er die Altersgrenze, die in der Krippe gesetzt war, die Mutter mußte den Jungen wieder ganz nach Hause nehmen. Sie behielt ihn aber nicht, sondern gab ihn jetzt in ein Dauerheim. Als Begründung gab sie uns an: „Ich mußte den Jungen opfern für die Familie". Man könnte den Verdacht haben, daß das Kind erst im Dauerheim erkrankte und daher zu den Heimkindern zu rechnen wäre. Ich gewann aber keinen Anhaltspunkt dafür, daß das Fehlen der Mutter auch nach dem dritten Lebensjahr noch ausschlaggebend sein kann. Auch das Zustandsbild, das der Junge bei meiner Untersuchung bot, war das der Kinder, die schon vor Vollendung des dritten Lebensjahres erkranken. Das Fehlen jeder sprachlichen Äußerung, starke Aggressivität und Iterationen sprachen für einen solch frühen Beginn. Ich möchte den Zusammenhang daher anders sehen. Als der Junge von der Mutter gezwungen wurde, tagsüber im Förderheim zu bleiben, lehnte er die Mutter fortan ab und verlor damit seine Bezugsperson. Die Mutter ihrerseits lehnte das Kind auch ab. Sie war schon durch das andere kranke Kind überfordert und brachte keine mütterliche Fürsorge mehr auf.

So kamen zu den 76 Kindern viele hinzu, bei denen ein Mangel an Kommunikation vermutet werden konnte. Es bleiben von den 117 Kindern in der Tat nicht viele, bei denen kein Verdacht bestand.

Ich muß ferner daran denken, daß der *psychische Hospitalismus* eine größere Rolle spielt, als bisher erkennbar war. Es wurden nur 8 Kinder genannt, die daran litten, als sie vorübergehend im Krankenhaus waren. Objektiv waren es vielleicht mehr; nachträglich läßt sich die Störung oft nicht mehr feststellen. In diesem Zusammenhang kam ich zu dem Verdacht, daß das Auftreten eines Hospitalismus besonders dann droht, wenn die Bindung an die Mutter vorher besonders eng war. Eines der 8 genannten Kinder wurde von der gemütvollen Mutter in den ersten Lebensjahren besonders liebevoll betreut. Die Mutter hängt heute noch sehr an dem Kind, obwohl diese, jetzt 11 Jahre alt, mit seiner sprechbereiten Katatonie zu jedem Kontakt unfähig geworden ist. Als ich die Mutter fragte, wie sich das Kind bei Besuchen verhalte sagte sie: „Ganz fremd, als ob wir ganz fremde Menschen wären". Dabei liefen ihr die Tränen über die Wangen.

Mit $^1/_4$ Jahr lag das Kind mehrere Monate mit den Beinen in einem Spreizverband. Das gab der Mutter vermehrten Antrieb, sich ständig mit dem Kind zu beschäftigen. Es entwickelte sich gut. Als es zwei Jahre und einen Monat alt war, mußte es wegen einer Lungenentzündung in ein Krankenhaus. Wenn die Eltern die kleine Patientin besuchten, durften sie nur durch eine Glasscheibe nach ihr sehen. Sie stand in ihrem Bettchen, wackelte mit dem Körper hin und her und reagierte auf den Anblick der Eltern nicht. Der Arzt erklärte auf ihre besorgten Fragen, das Kind leide an Hospitalismus, das beste wäre, sie nähmen das Kind wieder nach Hause. So wurde es schon 12 Tage nach der Aufnahme mit medikamentöser Verordnung wieder entlassen. Zu Hause schien das Kind dann alles vergessen zu haben, was es vorher gelernt hatte, es sprach nicht mehr und näßte wieder ein. Allmählich besserte sich der Zustand, die Eltern meinen, das Kind sei dann wieder gewesen wie vorher, aber bald zeigten sich ernstere Störungen, die auf die beginnende Katatonie hinwiesen. Das Mädchen konnte keinen Kontakt mehr finden, es wurde von anderen Kindern abgelehnt und mißhandelt; es kam von der Tageskrippe mit Bißwunden nach Hause und wurde selbst aggressiv. Ich habe dieses sprechbereit-katatone Kind mit seinen eigenartigen Redensarten („heute ist ein Tag") oben ausführlich geschildert.

Das Auftreten dieses schweren Hospitalismus schon in den wenigen Tagen des Krankenhausaufenthalts möchte ich damit erklären, daß das Kind vorher in besonders inniger Verbindung mit der gemütswarmen Mutter gestanden hatte. Der Wechsel war dadurch besonders extrem und konnte besonders tief in das biologische Geschehen eingreifen. Es entstand anscheinend trotz des kurzen Aufenthalts im Krankenhaus ein Dauerschaden, der in eine frühkindliche Schizophrenie überleitete.

Ich möchte eine *Beobachtung, die ich in der eigenen Familie machte*, anfügen. Als meine jüngste Tochter 1 Jahr und 2 Monate alt war, mußte meine Frau verreisen, um Sachen, die im Krieg verlagert worden waren, nach Hause zu holen. Wir brachten das Kind in ein gutes nahegelegenes Privatheim, wo es etwa 10 Tage bleiben sollte. Als ich das Kind nach drei Tagen besuchte, bot sich mir aus der Ferne ein netter Eindruck. Die Kinder saßen an dem warmen Sommertag auf Decken auf einer Wiese und schienen zu spielen. Ich dachte, jetzt werde mein Töchterchen gleich seinen Vater erblicken, krabbelnd und laufend auf mich zukommen und in Freudeäußerungen ausbrechen. Stattdessen sah mich das Kind, als ich näherkam, mit einem leeren Blick an und reagierte überhaupt nicht auf meine Begrüßung. Es war, als ob es mich gar nicht kenne. Ich erschrak furchtbar, nahm das Kind auf meinen Arm und nahm es gleich mit mir zurück in mein Klinikzimmer, wo ich es mit Hilfe einer Ärztin der Klinik bis zur Rückkehr meiner Frau selbst betreute. Es war schnell — ich denke, als es eine Nacht in meinem Zimmer geschlafen hatte — wieder freundlich, wandte sich wieder zu, spielte wieder,

der Schädigung, welche die körperliche Entwicklung nachhaltig stört, früher im Säuglingsalter als die Schädigung, die eine frühkindliche Schizophrenie erzeugt. Der genannte Patient war im ersten Lebensjahr immer bei der Mutter und erst im zweiten und dritten Lebensjahr wegen Ernährungsstörung und Otitis wiederholt in einem Krankenhaus. Die kritische Phase für die zukünftige körperliche Entwicklung hatte er in dieser Zeit vielleicht schon hinter sich.

Ich vermute, daß die niederen Sinne nur für die erste körperliche Entwicklung bedeutsam sind. In dem Mangel an Anregung sind dagegen sicher die höheren Sinne maßgebend, das Sehen und das Hören; denn bei den systematischen Schizophrenien sind hohe seelische Funktionen ergriffen. Tatsächlich fanden wir ja auch viele blinde und taube Kinder unter unseren Kranken. Die Frustration in den tieferen Sinnen und die nachfolgende in den höheren Sinnen mögen sich in vielen Fällen überschneiden, so daß es zugleich mit der Krankheit zu einem körperlichen Rückstand kommt.

Der Kontakt im Bereich der höheren Sinne ist betont menschlicher Art. Die liebende Mutter, die sich dem Säugling zuwendet, ist ununterbrochen optisch und akustisch in Verbindung mit ihm; sie spricht mit dem Kind, lächelt ihm zu, macht erstaunte, ermunternde oder andere Gesichter, nickt, schüttelt den Kopf. Das Kind reagiert darauf, es versteht bereits Mienen, reagiert verschieden auf ein heiteres, trauriges oder zorniges Gesicht; es versteht zwar noch keine Sprache, aber es faßt schon die Laute auf, die in den Worten der Mutter dauernd enthalten sind, denn diese spricht nicht in einem sachlichen Tonfall, wenn sie z. B. „mein süßes Kind“, „mein Liebling“, „du kleiner Kerl“ ruft, sondern sie spricht in einem schmeichelnden, freudigen, ermunternden, manchmal auch mitleidigen Tonfall, den der Säugling schon versteht. Oft ruft sie auch nur „da, da, da“ oder ähnliche sinnlose Silben. All das stellt, wie ich glaube, den *spezifisch menschlichen Kontakt* dar, der dem Kind nicht fehlen darf, wenn es psychisch gedeihen und nicht Gefahr laufen soll, frühkindlich kataton zu werden.

2. Frage der Erbbedingtheit

Die Belastung mit Psychosen ist bei den systematischen Schizophrenien ganz allgemein sehr gering. Bei den Kindern meiner Beobachtung fand sich Ähnliches. Von den 117 Kranken hatten 10 (ohne den unten erwähnten Halbbruder) ein psychotisches Geschwister. Auf die Gesamtzahl von 228 Geschwistern berechnet sind das 4,4%. Da viele von den Geschwistern noch nicht erwachsen sind, bleibt offen, ob manche später noch schizophren werden. 8 unserer Kinder hatten einen psychotischen Elter (6 Mütter, 2 Väter). Nach Abzug von 30 unbekannten Vätern sind das 3,9%. Die systematischen Katatonien des Erwachsenenalters hatten bei meinen Nachuntersuchungen 2,7% kranke Geschwister und 3,5 kranke Eltern. Die leichte Vermehrung von kranken Geschwistern bei den kindlichen Katatonen braucht keinen Zusammenhang mit Erblichkeit zu haben; wenn ein Kind einem Mangel an Kommunikation ausgesetzt war, traf das häufig auch für ein Geschwister zu. In 9 Fällen war das Geschwister ebenfalls frühkindlich kataton; in einem Fall handelte es sich um eine Angst-Glücks-Psychose bei einer Schwester. Von den 8 kranken Eltern war eine Mutter periodisch depressiv, die anderen waren schizophren. Durch ihr krankhaftes Verhalten können die kranken Mütter aus äußeren Gründen nicht zur Katatonie der Kinder beigetragen haben. Nur eine parakinetische Mutter hatte ihr Kind die ersten $1^1/_2$ Jahre zu Hause, ehe es in ein Heim kam. Das Kind der periodisch depressiven Mutter war in den ersten Jahren bei ihr, aber diese hatte ihre erste Phase, als das Kind schon 7 Jahre alt war. Die anderen Kranken wurden der schizophrenen Mutter schon bald nach der Geburt weggenommen.

Die erwähnte parakinetische Mutter hatte ein ebenfalls parakinetisches Kind. Sonst war keine Gleichartigkeit der Psychosen zu sichern. Dagegen fand sich diese bei den Geschwistern, so daß wir hier auf die Bedeutung von Erblichkeit hingewiesen werden. Ich habe die Gleichartigkeit der systematischen Schizophrenien bei verschiedenen Familienmitgliedern auch bei Beginn der Krankheit im Erwachsenenalter gefunden und oben damit zu erklären versucht, daß zwar die Krankheit selbst vorwiegend durch äußere Ursachen entsteht, aber die Ausgestaltung derselben endogen bestimmt wird, nämlich davon abhängt, in welchem „System" sich eine Schwäche findet. Da die ätiologische Bedeutung der endogenen Bereitschaft gering ist, muß man annehmen, daß sich diese bei den meisten Menschen findet, wenn die äußeren Ursachen wirksam werden.

Die *katatonen Geschwister* unserer Patienten seien einzeln angeführt:

Der Bruder eines *negativistischen* Patienten ist ebenfalls negativistisch kataton. — Die Schwester eines anderen *negativistischen* Patienten ist kombiniert sprechbereit-negativistisch kataton. — Die gleiche Kombination zeigt die Schwester eines Mädchens mit *negativistischer* Katatonie. — Die Schwester einer *manierierten* Patientin ist ebenfalls manieriert kataton. — Der Bruder eines *manierierten* Patienten ist proskinetisch-manieriert kataton. — Der Bruder einer *sprechbereit-proskinetischen* Patientin ist proskinetisch kataton. — Der Bruder einer *sprechbereit-negativistischen* Patientin ist sprechbereit-manieriert kataton. — Die Schwester eines *proskinetisch-negativistischen* Patienten ist ebenfalls proskinetisch-negativistisch (ich habe die beiden Kranken oben geschildert). — Der Bruder eines *negativistisch-manierierten* Patienten ist manieriert kataton. — Die Halbschwester eines *negativistisch-parakinetischen* Patienten ist negativistisch kataton (Wieder relativ viele Geschwister kombiniert-krank!).

Wie bei den systematischen Schizophrenien des Erwachsenenalters findet man also bei den Geschwistern teils die gleiche Unterform von Katatonie; teils haben sie in einer Kombination wenigstens eine Form gemeinsam.

Sollte man nach diesen Befunden doch wieder geneigt sein, der Erbbedingtheit in der Entstehung der frühkindlichen Katatonie eine größere Bedeutung zuzumessen, so wird man wohl wieder anders denken, wenn man hört, wie die *Lebensgeschichte der kranken Geschwister* ist.

Der erstgenannte *negativistische* Patient kam mit 8 Monaten in ein Heim und blieb 9 Monate dort. Vor und nach diesem Heimaufenthalt hatte die Mutter nicht viel Zeit für ihn, da sie in ihrer eigenen Landwirtschaft schwer zu arbeiten hatte. Der kranke Bruder kam gleich nach der Geburt wegen Untergewichts in ein Heim und blieb 6 Monate dort. Dann wurde er von der Mutter ebenfalls mangelhaft betreut. Der Proband hat eine Zwillingsschwester, die sich normal entwickelte, in der Schule gut lernte, aber bei unserem Besuch sich recht auffällig verhielt. Sie saß, als wir mit der Mutter sprachen, ständig mit abgewandtem Gesicht daneben. Es war nicht zu erkennen, ob sie zuhören wollte, oder warum sie nicht wie ihre Schwester in ein anderes Zimmer ging. Als ich sie anredete, gab sie zögernd in etwas scheuer Art Antwort. Zugleich fiel bei ihren Bewegungen eine unharmonische deutlich eckige Motorik auf. Sie war nach der Geburt nicht wie der Zwillingsbruder in einem Heim. Es könnte sein, daß sie aus diesem Grunde gesund blieb, obwohl die Bereitschaft zur Katatonie in Anbetracht ihres eigenartigen Verhaltens und ihrer eckigen Motorik wohl vorhanden war. — Der *zweite negativistische Katatone* gehört zu einer Geschwisterschaft mit drei unehelichen und 7 ehelichen Kindern. Er wurde von der debilen Mutter vernachlässigt und war außerdem durch beiderseitige Ohreiterung längere Zeit schwerhörig. Die kranke Schwester wurde von der Mutter ähnlich vernachlässigt. Sie war außerdem im zweiten Lebensjahr mehrere Monate in einem Heim, da die Mutter in dieser Zeit krank war. — Bei der Schwester bleibt, wird es sicher vorwiegend von den primitiven Formen der Sinneseindrücke geleitet, die von der körperlichen Berührung mit der Mutter und von ihrem Geruch ausgehen. Bei dem Saugen kommen die Geschmacksreize hinzu. Die höheren Sinne, das Sehen und das Hören, spielen eine geringe Rolle. Laute des Lockens und Warnens können Bedeutung haben, aber ein junges Säugetier, etwa ein Fohlen, das ständig hinter der Mutter herläuft, hört dabei die meiste Zeit keinen Laut von ihr und scheint auch nicht viel nach ihr zu blicken.

Die primitiven Reize des Geruchs-, Geschmacks- und Tastsinns spielen sicher auch bei den Einflüssen, die von der menschlichen Mutter auf das Kind einwirken, eine Rolle und fördern dessen biologische Entwicklung. Wenn das Kind auf dem Arm getragen wird, spürt es ständig den mütterlichen Körper, es riecht die Haut und den Atem der Mutter. Wenn es gestillt wird, ist die Berührung mit der Haut besonders eng, der Geruch der Haut der Mutter kommt aus unmittelbarer Nähe. Geschmacks- und Geruchsreize von der Muttermilch kommen hinzu. Wenn Säuglinge, die gestillt werden, am besten zu gedeihen pflegen, dann liegt das sicher nicht nur daran, daß ihnen die Muttermilch am besten zuträglich ist; auch die begleitenden Reize der Berührung, des Geruchs, des Geschmacks fördern sein Gedeihen. Daher ist es kein voller Ersatz, wenn dem Säugling abgepumpte Frauenmilch geboten wird. Und andererseits, wenn sich bei einem Säugling mit Flaschenernährung Ernährungsstörungen einstellen, braucht man nicht immer nur an einen Fehler in der Nahrungswahl zu denken, die Störung kann auch davon herrühren, daß die Nahrung nicht in der biologisch vorgesehenen Art geboten wird. Entbehrt der Säugling in besonders grober Form die körperliche Nähe der Mutter oder einer Ersatzmutter, dann entsteht wahrscheinlich fast zwangsweise eine Ernährungsstörung, denn die Kinder, die Spitz beschrieben hat, litten alle körperlich und starben zu einem großen Teil trotz bester körperlicher Versorgung.

Bei vielen der schizophrenen Kinder meiner Beobachtung war neben der psychischen Krankheit eine *mangelnde körperliche Entwicklung* festzustellen. Die meisten sehen jünger aus als sie sind, viele sind mit 20 Jahren noch nicht in die Pubertät eingetreten, manche Frauen haben im Erwachsenenalter noch nie eine Periode gehabt, manche Männer haben keinen Bartwuchs und nur geringe Genitalbehaarung. Die körperliche Retardierung kann auch hochgradig sein. Eine katatone Patientin, die seit frühester Kindheit krank ist, sah mit 26 Jahren wie eine 15jährige aus, hatte noch nie die Periode und wies keine Genitalbehaarung auf. Sie ist 1,33 cm groß und fast kachektisch mager. Eine 12jährige Patientin sah wie eine 7jährige aus, war 108 cm groß und 22 kg schwer.

Man könnte daran denken, daß eine Frustration im Bereich der niederen Sinnesgebiete eine körperliche Störung und Retardierung und dadurch auch eine Bereitschaft zum Auftreten einer frühkindlichen Schizophrenie erzeugt. Dagegen spricht aber schon die Tatsache, daß es auch Katatone mit dem frühen Krankheitsbeginn gibt, die eine völlig normale körperliche Entwicklung durchmachen, rechtzeitig in die Pubertät kommen und später alle Zeichen eines erwachsenen Mannes oder einer erwachsenen Frau aufweisen. Einer meiner Patienten zeichnete sich sogar durch eine frühzeitige und kräftige körperliche Entwicklung aus. Er war mit 14 Jahren 175 cm groß und auch kräftig gebaut. Sein Gewicht war allerdings mit 48 kg noch einer kindlichen Konstitution gemäß. Die Geschlechtsorgane waren bereits entwickelt, um den Penisschaft gab es schon eine kräftige Behaarung, Bartwuchs fand sich noch nicht. Ich glaube nicht, daß hier ein abnormer Hochwuchs vorlag, da die Gesamtkonstitution des Jungen harmonisch war. Seine Größe entspricht der Tatsache, daß sein Vater 1,83 cm mißt und auch seine Mutter recht groß ist. Eine kräftige körperliche Entwicklung hatte den Jungen also nicht davor geschützt, frühkindlich schizophren zu werden. Vielleicht liegt der *Zeitpunkt* war aber noch eine Zeitlang ängstlich. Hätte ich es nicht erlebt, ich würde es nicht für möglich halten, daß bei einem Kind in drei Tagen solch eine schwere Veränderung auftreten kann. Das Heim hatte sicher keine Schuld, es besaß den besten Ruf, wir hatten auch selbst, als wir das Kind hinbrachten, den besten Eindruck. Ein Hospitalismus von dieser Schwere kann also in einem Heim, das sein Bestes tut, in kürzester Zeit auftreten. Wenn es gerade bei diesem meinem Töchterchen dazu kam, dann trug dazu — ich komme damit auf das vorher geschilderte Mädchen zurück — sicher die Tatsache bei, daß es von meiner Frau besonders innig betreut wurde. Es war ein Nachkömmling, eine Frühgeburt vom 8. Monat, lange Zeit recht schwächlich und bedurfte daher auch objektiv besonders der liebevollen Zuwendung.

Wenn man solch ein Erlebnis hatte, dann erkennt man sehr nachdrücklich, wie tief die Trennung von der Mutter in die biologische Entwicklung des kleinen Kindes eingreifen kann. So halte ich es nicht mehr für unmöglich, daß der schwere Hospitalismus, der bei dem zuerst geschilderten Mädchen während des 12tägigen Aufenthaltes im Krankenhaus auftrat, die krankhafte Entwicklung in Gang brachte, die zur Katatonie führte.

Die Beobachtung bei meinem Töchterchen zeigt nebenher auch, daß die Mutter nicht allein Bezugsperson für das Kind ist, daß der Vater doch auch teilhat, sei es selbst als Bezugsperson, sei es mit enthalten in der Bezugsperson, die von der Mutter verkörpert wird. Ich weiß nicht mehr, habe seinerzeit auch nicht so sorgfältig darauf geachtet, wie ich es heute tun würde, ob sich der Zustand bei dem Kind schon wieder völlig normalisiert hatte, als meine Frau zurückkam, oder ob doch ihre Gegenwart erst die letzte Genesung brachte. Aber auf jeden Fall wurde der schwere Hospitalismus schnell unterbrochen, als ich das Kind bei mir hatte. Ich kann angesichts der sonach gesicherten Bedeutung des Vaters auch bekräftigen, daß es nicht von Nachteil für das Kind ist, wenn neben der Mutter auch noch eine Großmutter Bezugsperson ist. Man hätte Verdacht haben können, daß nicht nur ein Wechsel in der Bezugsperson, sondern auch die Betreuung durch mehrere Bezugspersonen von Nachteil sein könnte.

Unter der Voraussetzung, daß ein Kind gegen den Verlust mütterlicher Zuwendung besonders empfindlich ist, wenn es vorher besonders viel Fürsorge erhalten hat, sind 5 Kinder von großem Interesse, bei denen ich keinen Anhalt für eine unterdurchschnittliche Kommunikation gefunden habe. Hier war die Patientin (es sind in allen Fällen Mädchen) das erstgeborene Kind. Das nächste Kind (4 mal ein Mädchen, 1 mal ein Junge) wurde $1^1/_2$ bis $2^1/_2$ Jahre später geboren. Es wurde von den Müttern bestätigt, daß sie sich besonders viel mit ihrem erstgeborenen Kind beschäftigten. In allen Fällen hatten sie viel Zeit für das Kind, denn keine von ihnen übte eine Berufsarbeit aus. So waren die Kinder sicher besonders stark an die Mutter gebunden und gegen die Minderung der Zuwendung infolge der Geburt des Geschwisterchens besonders empfindlich. In einem Fall war das aus den Angaben der Mutter direkt zu erkennen, denn sie äußerte, das Kind habe sich nach der Geburt des Schwesterchens „zurückgezogen" und sei von da ab immer merkwürdiger geworden. Vielleicht ist es nicht zufällig, daß es sich bei allen 5 Patienten um Mädchen handelte, denn die kräftigeren Jungen sind eher dazu befähigt, sich eine nachlassende Fürsorge durch eigene Aktivität zu erhalten oder wieder zu gewinnen. Schon kleine Kinder kämpfen bekanntlich um die Fürsorge der Eltern.

Wenn man das Fehlen einer Kommunikation mit der Mutter oder einer geeigneten Ersatzmutter als die wesentlichste Ursache der frühkindlichen Katatonie ansieht, dann möchte man *die Art des mütterlichen Einflusses* gerne genauer bestimmt sehen. Man muß die Erkrankung in dieser Zeit noch mehr als bei Entstehung einer systematischen Schizophrenie der späteren Kindheit *biologisch* sehen. Daher sei ein Blick auf das *Tierreich* erlaubt. Wenn das Säugetier nach der Geburt in der Nähe des Muttertieres *der Schädigung*, welche die körperliche Entwicklung nachhaltig stört, früher im Säuglingsalter als die Schädigung, die eine frühkindliche Schizophrenie erzeugt. Der genannte Patient war im ersten Lebensjahr immer bei der Mutter und erst im zweiten und dritten Lebensjahr wegen Ernährungsstörung und Otitis wiederholt in einem Krankenhaus. Die kritische Phase für die zukünftige körperliche Entwicklung hatte er in dieser Zeit vielleicht schon hinter sich.

Ich vermute, daß die niederen Sinne nur für die erste körperliche Entwicklung bedeutsam sind. In dem Mangel an Anregung sind dagegen sicher die höheren Sinne maßgebend, das Sehen und das Hören; denn bei den systematischen Schizophrenien sind hohe seelische Funktionen ergriffen. Tatsächlich fanden wir ja auch viele blinde und taube Kinder unter unseren Kranken. Die Frustration in den tieferen Sinnen und die nachfolgende in den höheren Sinnen mögen sich in vielen Fällen überschneiden, so daß es zugleich mit der Krankheit zu einem körperlichen Rückstand kommt.

Der Kontakt im Bereich der höheren Sinne ist betont menschlicher Art. Die liebende Mutter, die sich dem Säugling zuwendet, ist ununterbrochen optisch und akustisch in Verbindung mit ihm; sie spricht mit dem Kind, lächelt ihm zu, macht erstaunte, ermunternde oder andere Gesichter, nickt, schüttelt den Kopf. Das Kind reagiert darauf, es versteht bereits Mienen, reagiert verschieden auf ein heiteres, trauriges oder zorniges Gesicht; es versteht zwar noch keine Sprache, aber es faßt schon die Laute auf, die in den Worten der Mutter dauernd enthalten sind, denn diese spricht nicht in einem sachlichen Tonfall, wenn sie z. B. „mein süßes Kind“, „mein Liebling“, „du kleiner Kerl“ ruft, sondern sie spricht in einem schmeichelnden, freudigen, ermunternden, manchmal auch mitleidigen Tonfall, den der Säugling schon versteht. Oft ruft sie auch nur „da, da, da“ oder ähnliche sinnlose Silben. All das stellt, wie ich glaube, den *spezifisch menschlichen Kontakt* dar, der dem Kind nicht fehlen darf, wenn es psychisch gedeihen und nicht Gefahr laufen soll, frühkindlich kataton zu werden.

2. Frage der Erbbedingtheit

Die Belastung mit Psychosen ist bei den systematischen Schizophrenien ganz allgemein sehr gering. Bei den Kindern meiner Beobachtung fand sich Ähnliches. Von den 117 Kranken hatten 10 (ohne den unten erwähnten Halbbruder) ein psychotisches Geschwister. Auf die Gesamtzahl von 228 Geschwistern berechnet sind das 4,4%. Da viele von den Geschwistern noch nicht erwachsen sind, bleibt offen, ob manche später noch schizophren werden. 8 unserer Kinder hatten einen psychotischen Elter (6 Mütter, 2 Väter). Nach Abzug von 30 unbekannten Vätern sind das 3,9%. Die systematischen Katatonien des Erwachsenenalters hatten bei meinen Nachuntersuchungen 2,7% kranke Geschwister und 3,5 kranke Eltern. Die leichte Vermehrung von kranken Geschwistern bei den kindlichen Katatonen braucht keinen Zusammenhang mit Erblichkeit zu haben; wenn ein Kind einem Mangel an Kommunikation ausgesetzt war, traf das häufig auch für ein Geschwister zu. In 9 Fällen war das Geschwister ebenfalls frühkindlich kataton; in einem Fall handelte es sich um eine Angst-Glücks-Psychose bei einer Schwester. Von den 8 kranken Eltern war eine Mutter periodisch depressiv, die anderen waren schizophren. Durch ihr krankhaftes Verhalten können die kranken Mütter aus äußeren Gründen nicht zur Katatonie der Kinder beigetragen haben. Nur eine parakinetische Mutter hatte ihr Kind die ersten $1^1/_2$ Jahre zu Hause, ehe es in ein Heim kam. Das Kind der periodisch depressiven Mutter war in den ersten Jahren bei ihr, aber diese hatte ihre erste Phase, als das Kind schon 7 Jahre alt war. Die anderen Kranken wurden der schizophrenen Mutter schon bald nach der Geburt weggenommen.

Die erwähnte parakinetische Mutter hatte ein ebenfalls parakinetisches Kind. Sonst war keine Gleichartigkeit der Psychosen zu sichern. Dagegen fand sich diese bei den Geschwistern, so daß wir hier auf die Bedeutung von Erblichkeit hingewiesen werden. Ich habe die Gleichartigkeit der systematischen Schizophrenien bei verschiedenen Familienmitgliedern auch bei Beginn der Krankheit im Erwachsenenalter gefunden und oben damit zu erklären versucht, daß zwar die Krankheit selbst vorwiegend durch äußere Ursachen entsteht, aber die Ausgestaltung derselben endogen bestimmt wird, nämlich davon abhängt, in welchem „System" sich eine Schwäche findet. Da die ätiologische Bedeutung der endogenen Bereitschaft gering ist, muß man annehmen, daß sich diese bei den meisten Menschen findet, wenn die äußeren Ursachen wirksam werden.

Die *katatonen Geschwister* unserer Patienten seien einzeln angeführt:

Der Bruder eines *negativistischen* Patienten ist ebenfalls negativistisch kataton. — Die Schwester eines anderen *negativistischen* Patienten ist kombiniert sprechbereit-negativistisch kataton. — Die gleiche Kombination zeigt die Schwester eines Mädchens mit *negativistischer* Katatonie. — Die Schwester einer *manierierten* Patientin ist ebenfalls manieriert kataton. — Der Bruder eines *manierierten* Patienten ist proskinetisch-manieriert kataton. — Der Bruder einer *sprechbereit-proskinetischen* Patientin ist proskinetisch kataton. — Der Bruder einer *sprechbereit-negativistischen* Patientin ist sprechbereit-manieriert kataton. — Die Schwester eines *proskinetisch-negativistischen* Patienten ist ebenfalls proskinetisch-negativistisch (ich habe die beiden Kranken oben geschildert). — Der Bruder eines *negativistisch-manierierten* Patienten ist manieriert kataton. — Die Halbschwester eines *negativistisch-parakinetischen* Patienten ist negativistisch kataton (Wieder relativ viele Geschwister kombiniert-krank!).

Wie bei den systematischen Schizophrenien des Erwachsenenalters findet man also bei den Geschwistern teils die gleiche Unterform von Katatonie; teils haben sie in einer Kombination wenigstens eine Form gemeinsam.

Sollte man nach diesen Befunden doch wieder geneigt sein, der Erbbedingtheit in der Entstehung der frühkindlichen Katatonie eine größere Bedeutung zuzumessen, so wird man wohl wieder anders denken, wenn man hört, wie die *Lebensgeschichte der kranken Geschwister* ist.

Der erstgenannte *negativistische* Patient kam mit 8 Monaten in ein Heim und blieb 9 Monate dort. Vor und nach diesem Heimaufenthalt hatte die Mutter nicht viel Zeit für ihn, da sie in ihrer eigenen Landwirtschaft schwer zu arbeiten hatte. Der kranke Bruder kam gleich nach der Geburt wegen Untergewichts in ein Heim und blieb 6 Monate dort. Dann wurde er von der Mutter ebenfalls mangelhaft betreut. Der Proband hat eine Zwillingsschwester, die sich normal entwickelte, in der Schule gut lernte, aber bei unserem Besuch sich recht auffällig verhielt. Sie saß, als wir mit der Mutter sprachen, ständig mit abgewandtem Gesicht daneben. Es war nicht zu erkennen, ob sie zuhören wollte, oder warum sie nicht wie ihre Schwester in ein anderes Zimmer ging. Als ich sie anredete, gab sie zögernd in etwas scheuer Art Antwort. Zugleich fiel bei ihren Bewegungen eine unharmonische deutlich eckige Motorik auf. Sie war nach der Geburt nicht wie der Zwillingsbruder in einem Heim. Es könnte sein, daß sie aus diesem Grunde gesund blieb, obwohl die Bereitschaft zur Katatonie in Anbetracht ihres eigenartigen Verhaltens und ihrer eckigen Motorik wohl vorhanden war. — Der *zweite negativistische Katatone* gehört zu einer Geschwisterschaft mit drei unehelichen und 7 ehelichen Kindern. Er wurde von der debilen Mutter vernachlässigt und war außerdem durch beiderseitige Ohreiterung längere Zeit schwerhörig. Die kranke Schwester wurde von der Mutter ähnlich vernachlässigt. Sie war außerdem im zweiten Lebensjahr mehrere Monate in einem Heim, da die Mutter in dieser Zeit krank war. — Bei der Schwester des *negativistischen Mädchens* war ebenso wie bei der Probandin selbst nichts im Sinne einer exogenen Schädigung zu ermitteln. Jedoch ist folgendes bemerkenswert: Als die Probandin geboren wurde und ihre ersten Lebensjahre verbrachte, waren schon 4 Kinder vorhanden, die von der Mutter versorgt werden mußten. Als die kranke Schwester geboren wurde, waren 5 ältere Kinder vorhanden. Da die Mutter trotzdem in der Landwirtschaft voll arbeitete, ist daran zu denken, daß sie nicht in der Lage war, sich genügend mit den Kindern zu beschäftigen. — Die *manierierte* Patientin war in den ersten Jahren ihres Lebens fast immer krank und häufig im Krankenhaus. Die Schwester war in den ersten Lebensjahren auch viel krank. Die Mutter konnte sich wegen ihrer Nachtwachen wenig mit den Kindern beschäftigen. — Der *manierierte* Junge gehört zu einer Familie, in der die Mutter neben zwei ehelichen zwei uneheliche Kinder hatte, die beide kataton wurden, beide in gleicher Weise schwer vernachlässigt. Bei der Aufnahme in ein psychiatrisches Krankenhaus erschien der Bruder noch mehr verwahrlost als der Proband. Er war völlig verschmutzt. Beide Patienten wurden oben beschrieben. — Der Bruder der *sprechbereit-proskinetischen* Patientin wuchs ebenso wie der Proband im Heim auf. — Das *sprechbereit-negativistische* Mädchen gehört zu einer Familie, in der eine debile Mutter und ein debiler Vater 9 Kinder hatten. Das Mädchen war nach der Geburt 4 Monate zu Hause, dann wegen schlechter häuslicher Verhältnisse in einem Dauerheim. Der kranke Bruder ist Nachkömmling. Da die Mutter arbeitete, wurde er vorwiegend vom Vater betreut, der bei der Geburt des Kindes 60 Jahre alt war. Es ist zu vermuten, daß der debile und schon ältere Vater keine Mutter zu ersetzen vermochte. Der Junge wurde oben mit seiner ausgeprägten Echolalie beschrieben. — Der *proskinetisch-negativistische* Patient ist der oben ausführlich erwähnte Junge, den die Mutter, wie sie sich ausdrückte, „opfern“ mußte. Die Schwester wurde in ihrem dritten Lebensjahr, als die Mutter einige Wochen verreisen mußte, in ein Heim gebracht. Hier zeigte sie eine weinerliche Abwehr, schloß sich weder an Schwestern noch an andere Kinder an, biß und kratzte. Trotz diätischer Behandlung bekam sie Durchfälle. Sichtlich litt sie an Hospitalismus, der vielleicht zum Auftreten der Katatonie beitrug. — *Der negativistisch-manierierte* Patient kam mit $1^1/_2$ Jahren in ein Dauerheim, nachdem er vorher in einer Wochenkrippe gewesen war. Die Mutter mußte arbeiten, weil der Vater trank und nicht für die Familie sortge. Der kranke Bruder kam aus den gleichen Gründen schon im ersten Lebensjahr in ein Heim. — Schließlich die Halbgeschwister: Das Mädchen war wegen schlechter häuslicher Verhältnisse von Geburt an in einem Heim. Der Junge war aus den gleichen Gründen nach der Geburt 1 Jahr lang in einem Heim; dann wurde er von der debilen Mutter sehr nachlässig betreut. Die Kinder sind unehelich von verschiedenen Vätern.

Man findet demnach bei den kranken Geschwistern recht ähnliche Verhältnisse wie bei den Probanden. Es ist dadurch verständlich, daß sie ebenfalls krank wurden. Erblichkeit prägte die Krankheitsbilder in ihrer Gestalt, trug aber zum Auftreten der Krankheit wohl wenig bei.

Wir beobachteten bei unseren Hausbesuchen nebenher auch die *Mütter* und, wenn sie anwesend waren, die *Väter*. Schizophren war bei den Fällen, in denen zwei Kinder krank waren, keines der Eltern. 4 Mütter dieser 10 Kinder waren debil, sonst boten sie nichts Abnormes. Von den drei Vätern, die wir sahen, hatte einer, der Vater der beiden manierierten Geschwister, eine modulationsarme hastige Sprache, kaum eine Mimik und Gestik. Es ist möglich, daß er latent etwas von der manierierten Katatonie seiner Töchter hat.

Es fragt sich, was wir überhaupt bei den *86 Müttern* und *42 Vätern*, die wir sahen, beobachten konnten.

Ein *Vater* erinnerte an den eben erwähnten Mann. Er zeigte ein steifes fast starres Gesicht. Zwischendurch blickte er regungslos vor sich hin. Seine Worte stieß er impulsiv und schlecht artikuliert heraus. Auch er hatte ein manieriertes Kind. — Der *Vater* eines proskinetisch-parakinetischen Kindes wies ebenfalls kaum ein Mienenspiel auf. Er sprach ohne Modulation und hatte manchmal ein Zucken im Gesicht. — Die *Mutter* eines negativistischen Kindes war bei unserer Untersuchung steif in Haltung und Mimik. Es erschien nie ein freundliches oder auch nur verbindliches Lächeln in ihrem Gesicht. An dem kranken Kind zeigte sie keine Anteilnahme; sie hat es vor 6 Jahren — das Kind war damals 5 Jahre alt — zum letzten Mal gesehen. — Die *Mutter* eines sprachträgen Kindes war ebenfalls mimikarm, man konnte meinen, sie sei unfreundlich. Manchmal mußte man lange auf eine Antwort warten und erkannte erst dann, daß sie sich inzwischen besonnen hatte. — Eine Mutter hatte eine sehr unharmonische Motorik, so daß man an die parakinetische Katatonie ihres Sohnes erinnert wurde.

Auffälligkeiten, die mit einer Schizophrenie in Zusammenhang gebracht werden könnten, fanden sich sonst nicht. Die festgestellte Belastung durch 8 kranke Eltern erhöhte sich also kaum, wenn man sich die gesunden Eltern genauer ansieht. Es ließen sich andererseits manche Besonderheiten feststellen, die mit Schizophrenie genetisch nichts zu tun haben, sondern in manchen Fällen sogar in einer betonten Kontaktfreudigkeit bestanden. Manche Besonderheiten können dagegen zu einer Vernachlässigung des Kindes beigetragen haben. Von der Debilität, die oben genannt wurde, wird jetzt abgesehen.

Vier Mütter waren besonders gesprächig, zwei von ihnen zugleich klebrig, so daß es schwer war, die eigenen Fragen vorzubringen. Drei andere waren neben ihrer Gesprächigkeit allgemein lebhaft, so daß man sie als hypomanisch bezeichnen konnte. Eine *weitere Mutter* konnte ebenfalls als hypomanisch angesehen werden, aber sie zeigte so lebhafte Gemütsbewegungen, daß ich sie als überschwengliche Persönlichkeit auffaßte. Ähnlich verhielt sich eine *andere Mutter*, die aber zugleich paranoische Züge hatte und heftige Beschwerden gegen die Ärzte vorbrachte, die ihr Kind behandelt hatten. *Vier Mütter* zeigten tiefe Gemütsbewegungen, ohne lebhaft zu sein, ich hielt sie für emotive Persönlichkeiten. *Drei Mütter* waren körperlich und psychisch derb, eine davon war in ihrer Lebensführung unstet, die beiden anderen impulsiv in ihrer Reaktionsweise und bei unserem Gespräch schnell unwillig. Man konnte bei allen dreien epileptoide Züge annehmen. *Fünf Mütter* waren deutlich hysterisch, von Selbstlob erfüllt, obwohl sie ihre Kinder keineswegs sehr sorgsam behandelt hatten. Eine davon hatte daneben einen epileptoiden Zug; sie war grob asozial, ging ihren Männerbekanntschaften nach, während ihre Kinder zu Hause eingesperrt waren und hungerten. Eine andere dieser fünf Frauen war zugleich paranoid. Eine vorliegende Krankengeschichte bestätigte das. *Eine Mutter* war schwer alkoholsüchtig und geistig schon dermaßen depraviert, daß über ihre Persönlichkeitsstruktur nichts mehr ausgesagt werden konnte.

Man kann bei den hysterischen Persönlichkeiten einen Zusammenhang mit der Vernachlässigung ihrer Kinder sehen, aber ein erblicher Zusammenhang besteht weder hier noch bei den anderen Wesensstrukturen, die genannt wurden. Die Mütter, die wir außer den genannten sahen, waren unauffällige, oft recht aufgeschlossene, also ebenfalls keineswegs „schizoide“ Persönlichkeiten. Man konnte sich manchmal wundern, daß so kontaktfreudige Eltern ein katatones Kind hatten.

Allerdings muß von der *Gefühlskälte* mancher Mütter noch gesprochen werden. Immer wieder fiel uns auf, daß die Mütter ihre kranken Kinder nicht mehr besuchten. Manche wußten nicht einmal, wo sich diese jetzt aufhielten und ließen es sich von uns erzählen. Eine Mutter hatte vom Tod des Kindes gehört und erfuhr erst von uns, daß dies nicht

zutraf. Einer Mutter war nicht bekannt, daß ihr Kind, das sie seit dessen früher Kindheit nicht mehr gesehen hat, blind ist. Aus solchen Feststellungen allein darf man jedoch noch nicht auf eine Gefühlskälte der Mutter schließen. Man weiß, daß die Neigung, Unangenehmes, das nicht zu ändern ist, zu verdrängen, eine allgemeine menschliche Eigenschaft darstellt. Die Mütter hatten erkannt, daß das Kind unheilbar ist, sie hatten ihm bei Besuchen nicht helfen können, sie beruhigten sich mit dem Gedanken, es werde im Krankenhaus gut versorgt. Sie gingen wieder ihren Alltagspflichten nach. Die Haltung wird durch das schizophrene Verhalten der Kinder noch erleichtert, die, wie oben beschrieben, zu einer unmittelbaren emotionellen Kontaktaufnahme nicht mehr fähig sind. Die Kinder werden für die Mütter zu Fremdlingen. Oft wissen die Eltern gar nicht, ob sie bei Besuchen von den Kindern erkannt werden. Diese nehmen meist die Eßwaren, Obst, Süßigkeiten gerne entgegen, sonst zeigen sie keine Gefühlsreaktion. Manche lassen die Mutter allein sitzen, sobald sie die Eßwaren entgegengenommen haben.

Trotz allem, das Verhalten mancher Mütter geht, wie ich glaube, über das hinaus, was sich psychologisch verstehen läßt. Eine Mutter hatte wieder geheiratet und in ihrer jetzigen Ehe weitere Kinder. Diese wußten gar nicht, daß sie ein älteres krankes Geschwisterchen hatten. Vielleicht wollte die Mutter sie nicht durch den Gedanken daran belasten, aber sie hat sich auch selbst seit Jahren nicht mehr um den jetzt 21jährigen Patienten gekümmert, der fast blind und fast taub mit einer negativistischen Katatonie im psychiatrischen Krankenhaus lebt. Die Mutter blieb auch in dem langen Gespräch, das wir mit ihr über dieses ihr krankes Kind führte, kühl und unbeteiligt. — Eine Frau war bei unserem Besuch recht freundlich und gefällig, sie bot uns gleich Kaffee an, obwohl wir unangemeldet kamen. Man vermißte aber bei dem Gespräch, das wir über ihre kranke Tochter führten, jede Gemütsbewegung. Sie erkundigte sich nicht einmal nach dem Kind, das inzwischen 26 Jahre alt geworden war. Man kann zu ihrer Entschuldigung sagen, daß sie das Kind unehelich geboren hatte, aber schon in der Krankengeschichte wird tadelnd vermerkt, daß sie das Kind „verlassen" hat und bei unserem Gespräch hätte doch eine gewisse Gemütsbewegung erscheinen müssen. — Eine andere Mutter hatte ihr Kind in den ersten Jahren bei sich, konnte also eine Bindung zu ihm gewonnen haben. Aber als wir von seiner Entwicklung etwas erfahren wollten, wußte sie fast nichts vorzubringen. Sie schien nie mehr an das Kind zurückzudenken und hatte es seit vielen Jahren im Krankenhaus nicht mehr besucht. Auch diese Frau wirkte in dem Verhalten, das sie in unserem Gespräch bot, gemütsarm. — Wieder eine andere Mutter kam, als sie unseren Fragebogen erhalten hatte, zu uns in die Charité. Sie schien zu befürchten, daß man die Tochter, die jetzt 23 Jahre alt war, aus dem Krankenhaus entlassen wolle. Sie brachte zu ihrer Verteidigung gleich einen gesunden Sohn mit. Das Kind war 4 Jahre zu Hause, dann kam es in ein Heim. Seitdem hat sich die Mutter nie mehr um die Tochter gekümmert, sie im Heim und Krankenhaus nie besucht, sich auch nie nach ihr erkundigt. Sie fragte auch bei unserer Besprechung mit keinem Wort nach ihrem Kind. Die Frau lebte immer in guten Verhältnissen und hatte mit ihrem verstorbenen Mann eine Gärtnerei, die sie jetzt mit ihrem Sohn betreibt. Als wir ihr den Sinn unserer Nachfrage erklärt hatten, war sie nicht unfreundlich, blieb aber sachlich kühl.

Ich möchte nach diesen Beobachtungen doch annehmen, daß manche Mütter unserer Patienten von Natur gemütsarm sind. Sie konnten den Kindern wohl schon, als sie diese noch bei sich hatten, wenig Mutterliebe entgegenbringen, so daß sie an einem Mangel litten. Bei keiner dieser Mütter erschien aber die kühle Haltung als Abnormität. Sie boten sonst in ihrem Verhalten und ihrer Lebensführung, soweit wir diese ermitteln konnten, nichts Auffälliges.

Aus manchen Äußerungen der Eltern konnten wir entnehmen, daß das Kind von Anfang an selbst dazu beitrug, daß der Kontakt mit der Mutter mangelhaft war, denn immer wieder hörten wir, *das Kind sei schon vor seiner Krankheit sehr still gewesen.* Wir konnten nicht immer den Verdacht gewinnen, die „stille" Art sei schon der Beginn der Katatonie gewesen. Manchmal gaben die Eltern glaubhaft an, das Verhalten sei schon bald nach der Geburt aufgefallen. Die Kontaktfreudigkeit der Menschen ist sehr verschieden, auch Säuglinge verhalten sich hier schon verschieden. Ein Kind, das sich wenig zuwendet, regt die Mutter weniger zu Zuwendung an. So könnte es sein, daß Kinder, die von Natur kontaktschwach sind, dem Mangel an Kommunikation, die sie ebenso nötig haben wie andere Kinder, verstärkt ausgesetzt sind. Umgekehrt findet vielleicht ein konstitutionell sehr kontaktfreudiges Kind auch bei einem Mangel noch genügend Kommunikation. Als Beispiel dafür kann ich eine 19jährige hypomanische Probandin anführen, die eine tadellose Entwicklung hinter sich hat, obwohl sie in den ersten 5 Jahren ihres Lebens in einem Heim zubrachte und zudem sehr vernachlässigt worden war. Das Mädchen lernte spät laufen und konnte, als es mit 5 Jahren zu Pflegeeltern kam, noch kaum verständlich sprechen. Es hatte nur wenig Worte zu Verfügung, sprach diese stammelnd aus und war nicht fähig, einen kurzen Satz nachzusprechen. Die Pflegeeltern ließen dem Kind Sprachunterricht geben. Es holte nun schnell auf, kam mit 7 Jahren in die Schule, machte ohne Schwierigkeiten 10 Klassen durch und befindet sich jetzt in Ausbildung zu einer Krippenpsychologin. In ihrer hypomanischen Konstitution war die Patientin besonders kontaktfreudig und blieb vielleicht in Zusammenhang damit gesund.

3. Prophylaxe der frühkindlichen Katatonie

Aus den Befunden, die wir darstellen konnten, ergeben sich Möglichkeiten einer *Prophylaxe* dieser schweren Krankheit. Da nach meiner Auffassung viele angebliche Idiotien tatsächlich Katatonien sind, die in der frühen Kindheit entstanden, steht eine große Aufgabe vor uns. Es gilt, sehr viele Kinder vor einem schrecklichen Schicksal zu bewahren, indem man sie in ihren ersten Lebensjahren vor einer Isolierung schützt. Die moderne Psychiatrie gibt schon unabhängig von meinen Erkenntnissen entsprechende Ratschläge, fordert, daß ein kleines Kind nicht für längere Zeit von der Mutter getrennt wird, verlangt, daß bei Aufnahme in ein Krankenhaus die Mutter an der Pflege beteiligt wird, fordert, daß in Heimen den Schwestern die Möglichkeit zu einer individuellen Betreuung der Kinder gegeben wird, damit sie zu Ersatzmüttern werden können. Die Forderungen müssen aber noch viel nachdrücklicher erhoben werden, wenn man an die Katatonie der frühen Kindheit denkt. Die Fürsorgestellen sollten stets im Auge behalten, daß ihre Aufgaben nicht in erster Linie der körperlichen Betreuung gelten, sondern daß sie vordringlich auf die psychische Betreuung des Kindes achtgeben sollen. Ihr Bestreben sollte immer sein, dem Kind Mutter oder Ersatzmutter zu geben. Wenn ich oben sagte, eine psychisch kranke Mutter sei meist besser als gar keine, so möchte ich jetzt formulieren: Eine nicht allzu nachlässige Mutter ist doch noch besser als gar keine Mutter. Damit will ich keineswegs zum Ausdruck bringen, daß man eine Vernachlässigung des Kindes im häuslichen Milieu ignorieren sollte, sie kann auch ohne Krankenhaus- und Heimaufenthalt zu einem groben Mangel und zur Krankheit führen. Die Entziehung des Fürsorgerechts wird oft nicht zu umgehen sein. In der Abschätzung dessen, was getan werden soll, wie man das Kind am besten vor einem Schaden bewahrt, ist aber in jedem Fall größte Sorgfalt nötig. Manchmal führt doch Beratung und Ermahnung der Eltern genügend zum Ziel. Wenn nicht, wird in der DDR zum Vorteil des Kindes eine Betreuung durch Pflegeeltern und anschließend eine Adoption sehr gefördert.

So nachdrücklich meine Forderungen sind, sie sollen doch nicht zu einer Überbesorgtheit gegenüber einem Heimaufenthalt führen. Lediglich bei Dauerheimen droht ein Mangel an Kommunikation, dies auch hier nicht, wenn sich der Aufenthalt nur auf eine gewisse Zeit erstreckt. Allerdings kann eine Gefahr entstehen, wenn die vorübergehende Trennung von der Mutter zu einem Hospitalismus, ähnlich wie bei einem Krankenhausaufenthalt, führt. Ein Nachteil durch Aufenthalt in einem Wochenheim konnte nicht nachgewiesen werden. Gegenüber überängstlichen Müttern, die fürchten, sich nicht genügend dem Kind zuzuwenden, sei noch eigens betont, daß sich keinerlei Hinweis dafür ergab, daß schon die teilweise Trennung des Kindes von der Mutter durch deren Berufstätigkeit und die notwendige Betreuung in einer Tageskrippe von Nachteil sein könnte. Allerdings darf man verlangen, daß die Mutter dem Kind während der Abendstunden nicht durch Verpflichtungen außerhalb des Hauses entzogen wird.

Die Prophylaxe ist nach dem Gesagten bei der frühkindlichen Katatonie völlig anderer Art als bei systematischen Schizophrenien der späten Kindheit und des Erwachsenenalters, bei denen der Kontakt mit der Mutter nicht mehr den Ausschlag gibt.

4. Therapeutische Möglichkeiten bei der frühkindlichen Katatonie

Von Therapie bei den endogenen Psychosen wird in diesem Buch nicht gesprochen; sondern nur immer wieder von Prophylaxe. Bei der frühkindlichen Katatonie möchte ich aber doch einige Worte zur Frage der Therapie sagen, da sich hier wertvolle Hinweise ergaben. Als die bisherige Darstellung abgeschlossen war, aber zur Kontrolle weitere Untersuchungen angeschlossen wurden, konnte zunächst bestätigt werden, daß von den Heimkindern manche frühkindlich kataton werden. Nach meiner obigen Darstellung fielen auf etwa 7 gesunde Heimkinder ein katatones. Jetzt trafen auf 62 gesunde Heimkinder 7 Kranke, also etwa auf 9 gesunde ein katatones Kind. Das sind unbedeutend weniger Kranke. Aber etwas Neues ergab sich insofern, als von den 7 Kindern 3 im häuslichen Milieu lebten und hier eine Sonderschule besuchten. Von den 14 früher untersuchten Heimkindern war dagegen nur ein Junge im häuslichen Milieu, ohne hier eine Sonderschule zu besuchen. Von den 117 Kranken, die ich in dem psychiatrischen Krankenhaus sah, waren ausnahmslos alle als schulunfähig angesehen worden. Die Leitung in dem Heim, in welchem wir jetzt untersuchten, war sehr bestrebt, die Kinder spätestens im dritten Lebensjahr, wenn die Verlegung in ein anderes Heim hätte folgen müssen, in ein häusliches Milieu zu entlassen. Dadurch konnten sichtlich zusätzliche Schäden durch Hospitalisierung verhütet werden, denn die Patienten, die wir zu Hause trafen, boten deutlich mildere Bilder als die Kinder unserer vorigen Untersuchung. Ein parakinetischer Junge und ein parakinetisch-manieriertes Mädchen waren nicht in dem Ausmaß unruhig wie die vorigen Kinder ähnlicher Form. Die kindliche Bewegungsbereitschaft, die ich sehr betont habe, scheint sich weniger nachteilig ausgewirkt zu haben, weil sie sich in einer abwechslungsreicheren Umgebung mehr in normalen Formen entladen konnte. Beide gaben — anders als die früheren Patienten — auf einfache Fragen Antwort. Ein sprechbereites Mädchen reihte nicht sinnlos Worte und Sätze inkohärent aneinander, sondern zeigte nur die geschilderte Bereitschaft zu vorschnellen Antworten. Die sichere Diagnose ergab sich nur dadurch, daß das Mädchen auch das sonstige Bild der sprechbereiten Katatonie, die steife Haltung, das ausdruckslose Gesicht und die autistische Beziehungslosigkeit zu äußeren Situationen bot. Auch Anstoßautomatie zeigte es.

Den Krankheitsvorgang selbst kann man, wie man meinen möchte, durch verbesserte äußere Anregungen nicht beeinflussen, doch möchte ich auch hier gewisse Hoffnungen wecken, zu denen ich durch eigenartige Beobachtungen kam. Theoretisch könnte man Erwartungen haben, obwohl die Katatonien der frühen Kindheit zu den systematischen Formen gehören, die sicher organischer Natur sind, denn das Nervensystem ist, solange es nicht ausgereift ist, noch beeinflußbar. Davon war oben ausführlich die Rede, als ich von der Bedeutung der Kommunikation sprach. Nun meine Beobachtungen: Neben den 7 genannten Heimkindern fanden sich 3, die ich im Beginn meiner Untersuchung für kataton hielt, während sich im weiteren Gespräch ergab, daß sie nach ihrer Lebensführung und Lebensgestaltung als gesund anzusprechen waren. Sie fielen schon bei der Begrüßung grob auf; sie nahmen mit steifer Bewegung die hingereichte Hand und zeigten nicht den geringsten Ausdruck in ihrem Gesicht. Man konnte nicht erkennen, ob sie über unser Kommen überrascht, erfreut oder ärgerlich waren, ob sie sich innerlich auf den angekündigten Besuch eingestellt hatten oder nicht. Sie saßen im Zimmer dann streif da und beantworteten unsere Fragen einsilbig und weiter ganz ohne mimische Beteiligung. Einer von ihnen lächelte manchmal, aber auch dieses Lächeln zeigte keinen echten Ausdruck, man konnte nicht entscheiden, was das Lächeln bedeutete. Die Sprache war monoton und von geringer Lautstärke. Als ich einen von ihnen bat, etwas lauter zu sprechen, geschah das zunächst nicht, aber zwischendurch sprach er dann plötzlich ein Wort unnatürlich laut aus. Es war wieder nicht zu erkennen, warum es so wechselte. Man konnte bei allen dreien daran denken, daß sie unwillig waren, aber dem widersprach die Tatsache, daß sie auf Fragen willig eingingen und fortfuhren, meine vielen Fragen willig zu beantworten. An der steifen Haltung änderte sich in der langen Exploration nichts. Gesten traten gar nicht auf. Demnach fehlte den drei Jugendlichen — sie waren 16, 18 und 21 Jahre alt — die Motorik des Ausdrucks, wie man es von katatonen Patienten so gut kennt.

Als ich sie aber über ihren bisherigen Lebensweg befragte, ergab sich nichts Auffälliges. Der 16jährige hat in der Schule sehr gute Leistungen, eine Zeitlang war er sogar der Beste. In zwei Jahren macht er das Abitur. Seine Berufswünsche sind etwas ungewöhnlich, wie er selbst sagt, da er daran denkt, Europawissenschaften zu studieren. Aber er ist nicht darauf festgelegt. Er verwendet zu Hause viel Zeit auf Schularbeiten, hat aber auch Freunde und geht gerne zu Discos. Der 18jährige machte die 10-Klassen-Schule ohne Schwierigkeiten durch und ist jetzt in der Lehre als Maschinenschlosser. Er hat auch hier keine Schwierigkeiten. Wir konnten auch sonst von ihm selbst und seinen Eltern nichts Abnormes ermitteln. Er hat Freunde und eine Freundin und gehört zu einem Marineclub, da er als Soldat zur Marine gehen will. Die Frage, ob er ein Einzelgänger sei, beantworteten er und seine Eltern mit nein.

Der 21jährige junge Mann ist zusätzlich zu seiner steifen Art ausgesprochen autistisch. Sein berufliches Fortkommen bietet aber auch hier keine Auffälligkeiten. Er hatte in der Schule zunächst keine guten Leistungen, holte aber im Laufe der Jahre auf und konnte die 10. Klasse mit gutem Erfolg abschließen. Er lernte dann als Maurer aus, blieb aber nicht bei diesem Beruf, der ihm nicht gefiel, sondern macht zur Zeit eine neue Lehre als Fernmechaniker. Wir trafen bei unserem Besuch erst nur die Mutter, die gleich erklärte, ihr Sohn sei Einzelgänger, unterscheide sich sehr von seinen drei älteren Geschwistern. Er sei immer für sich, habe kaum Kameraden, gehe nicht zu Discos. Er sei aber sehr fleißig, habe im Betrieb schon oft Prämien bekommen. Zur Zeit sei er nicht zu Hause, weil ihn ein Arbeitskamerad gebeten habe, ihm beim Einräumen seiner Wohnung zu helfen. Sonst sei er in seiner Freizeit immer zu Hause. Als wir den jungen Mann später selbst sprachen, bestätigte sich der schwere Autismus. Er hat, wie er sagte, kein Interesse am Umgang mit anderen Menschen, er freut sich vielmehr, daß er an Wochenenden allein sein kann. Er macht dann Hausaufgaben, hört Radio, sieht fern oder er schläft. Er interessiert sich für Sport, aber, wie er selbst sagt, nur passiv, d. h. er sieht sich Sportveranstaltungen im Fernsehen an. Früher interessierte er sich auch für Musik, erlernte ein Instrument, ist aber jetzt davon abgekommen. Eine Änderung in seinem Verhalten ist in all den Jahren zu keinem Zeitpunkt erfolgt. Es findet sich kein Knick in der Persönlichkeit. Im Betrieb ist er sehr geschätzt. Zu Hause achtet er auf Ordnung und hat kürzlich die Wohnung neu tapeziert. Von all dem berichtete er ohne innere Anteilnahme; jedenfalls konnte man bei seinem steifen Gesicht keine Teilnahme erkennen.

Man möchte hier vielleicht eine *autistische Psychopathie* im Sinne von ASPERGER vermuten, aber abgesehen davon, daß mit dieser Annahme ätiologisch nichts gewonnen wäre, kann man das autistische Verhalten nicht getrennt von der allgemeinen Steifigkeit und Ausdruckslosigkeit — man konnte bei dem jungen Mann geradezu von einer Starre in Haltung und Mimik sprechen — beurteilen.

Da diese drei ehemaligen Heimkinder so sehr Katatonen gleichen, ihr ausdrucksloses Verhalten jeden unmittelbaren seelischen Kontakt ausschloß und das sogenannte „Präcox-Gefühl" sehr eindeutig auslöste, vermute ich, daß hier tatsächlich in der frühen Kindheit eine Katatonie einsetzte, aber zum Stillstand kam, ehe sie die Lebensgestaltung wesentlich beeinträchtigen konnte. Auf Grund dieser Vermutung denke ich an *therapeutische Möglichkeiten.* Woran könnte es liegen, daß die drei Probanden keine fortschreitende Krankheit bekamen? Bei Katatonien der späteren Kindheit und des Erwachsenenalters stellt das *Fehlen von Geschwistern* eine Gefährdung dar. Vielleicht kann man die Fortentwicklung einer Katatonie therapeutisch aufhalten, wenn man dem Kind viele Kameraden vermittelt. Die drei waren mit Kameraden nach dem Heimaufenthalt gut versorgt. Der Letztgenannte hatte 3 Geschwister, einen von ihnen, einen lebhaften Mann, drei Jahre älter als der Proband, lernten wir selbst kennen. Der 18jährige hatte nicht weniger als 5 Geschwister. Der 16jährige hatte einen Bruder, der zwei Jahre älter ist, viele Freunde hatte und den Probanden in seine Kreise einbezieht. So denke ich, daß bei den drei Kindern im ersten Lebensjahr, wenn das Fehlen der Mutter ausschlaggebend ist, eine Katatonie einsetzte, die aber zum Stillstand kam, als in den folgenden Jahren viele Kameraden vorhanden waren, die in dieser Zeit für die biologische Entwicklung wichtiger sind als die Mutter. Sollte meine Vermutung zutreffen, dann würde sich damit die Möglichkeit einer echten Therapie eröffnen. Hätte man das Einsetzen einer frühkindlichen Katatonie nicht verhütet, so könnte man therapeutisch doch erreichen, daß sie zum Stillstand kommt. Ich würde hier verallgemeinernd eine Vermutung äußern: Es könnte sein, daß sich die Entwicklung einer Katatonie ganz allgemein in zwei Schritten vollzieht, indem zuerst die Ausdrucksmotorik und dann erst die übrige Motorik ergriffen wird. Die volle Katatonie entsteht vielleicht erst, wenn letzteres geschieht.

Meine Bemerkungen zur Prophylaxe und vielleicht möglichen Therapie der frühkindlichen Katatonie weisen noch einmal darauf hin, wie wichtig doch feinere nosologische Trennungen im Bereich der endogenen Psychosen sind. Die theoretische Notwendigkeit hatte ich von jeher im Auge, die praktische Notwendigkeit konnte ich mit dieser *Neuauflage der „Aufteilung der endogenen Psychosen und ihre differenzierte Ätiologie"* noch viel nachdrücklicher aufzeigen als in den früheren Auflagen.

Sachregister